Intensivtraining W&G BIVO
für die Abschlussprüfung KV Profil E

Theorie, Aufgaben & Lösungen

Dr. Henry Goldmann
Elias Birchmeier
Mariella Leonforte
André Pfister
Pia Stamm
Sascha Gloor
Matthias Brunner

Alle Rechte vorbehalten
Ohne Genehmigung des Herausgebers ist es nicht gestattet, das Buch oder Teile daraus in irgendeiner Form zu reproduzieren.

Haftungsausschluss
Trotz sorgfältiger inhaltlicher Kontrolle wird keine Haftung für die Richtigkeit, Vollständigkeit und Aktualität der Inhalte verlinkter Seiten übernommen. Die Verantwortung für diese Seiten liegt ausschliesslich bei deren Betreibern.

© by KLV Verlag AG

Layout und Cover
KLV Verlag AG, CH-Schaffhausen

9. Auflage 2021

ISBN 978-3-85612-750-3

KLV Verlag AG | Breitwiesenstrasse 9 I CH-8207 Schaffhausen
Telefon +41 71 845 20 10 | info@klv.ch | www.klv.ch

Inhaltsverzeichnis

	Vorwort	5
	Zur Arbeitsweise für Lernende	7
	Erklärung Icons	8
	Hinweise zur aktualisierten 9. Auflage 2021	9

1 Finanzwirtschaftliche Zusammenhänge — 12

1.1	Grundlagen	12
1.2	Zinsrechnen, Verrechnungssteuer	30
1.3	Fremde Währungen	40
1.4	Buchhaltung des Warenhandelsbetriebs	46
1.5	Mehrwertsteuer	56
1.6	Betriebliche Kalkulation	69
1.7	Mehrstufige Erfolgsrechnung im Warenhandel	80
1.8	Verluste aus Forderungen (Debitorenverluste)	87
1.9	Abschreibungen	92
1.10	Zeitliche Rechnungsabgrenzung, Rückstellungen	102
1.11	Lohnabrechnung	110
1.12	Abschluss Einzelunternehmung	117
1.13	Abschluss Aktiengesellschaft	126
1.14	Grundsätze der Bewertung	134
1.15	Break-Even-Analyse, Deckungsbeiträge	142
1.16	Analyse der Bilanz & Erfolgsrechnung	151

2 Betriebswirtschaftliche Zusammenhänge — 164

2.1	Unternehmungsmodell	164
2.2	Aufbauorganisation	175
2.3	Marketing	188
2.4	Personalwesen	199
2.5	Versicherungen	207
2.6	Finanzierung, Kapitalanlage	225
2.7	Methodenkompetenzen	240

3 Recht & Staat — 246

A	Rechtslehre	246
3.1	Grundlagen des Rechts	246
3.2	Entstehungsgründe von Obligationen	259
3.3	Allgemeine Vertragslehre	263
3.4	Kaufvertrag	281
3.5	Mietvertrag	292
3.6	Arbeitsvertrag	301
3.7	Gesellschaftsrecht	310
3.8	Familienrecht	322
3.9	Erbrecht	330
3.10	Schuldbetreibung & Konkurs	339
3.11	Steuerrecht	348

	B	Staatslehre	356
	3.12	Staats- und Regierungsformen	356
	3.13	Rechtsstaat	358
	3.14	Gewaltentrennung, Behörden	359
	3.15	Rechte und Pflichten	362
	3.16	Gesetzgebung auf Bundesebene	364
	3.17	Staatslehre – Aufgaben	367

4 Gesamtwirtschaftliche Zusammenhänge — 376

4.1	Bedürfnisse, Güter, Produktionsfaktoren	376
4.2	Wirtschaftskreislauf, Wirtschaftsleistung	382
4.3	Marktwirtschaft	389
4.4	Wachstum & Strukturwandel	399
4.5	Ziele der Wirtschafts- & Sozialpolitik	405
4.6	Konjunktur	409
4.7	Geldwertstörungen	414
4.8	Globalisierung	420
4.9	Ökologie, Energie	426
4.10	Fiskal- & Geldpolitik	436
4.11	Arbeitslosigkeit, Sozialer Ausgleich	446
4.12	Parteien & Verbände	450
4.8	Globalisierung	420
4.9	Ökologie, Energie	426
4.10	Fiskal- & Geldpolitik	436
4.11	Arbeitslosigkeit, Sozialer Ausgleich	446
4.12	Parteien & Verbände	450

5 Fallstudien – QV-Simulation — 462

Teil 1	Fallbeispiel NewSports AG: Dokumentation	462
	Fallbeispiel NewSports AG: Aufgaben	465
Teil 2	Minicases	478

6 Lösungen zu allen Kapiteln — 497

1	Finanzwirtschaftliche Zusammenhänge	498
2	Betriebswirtschaftliche Zusammenhänge	525
3	Recht & Staat	539
4	Gesamtwirtschaftliche Zusammenhänge	557
5	Fallstudien – QV-Simulation	572
	Teil 1 Fallbeispiel NewSports AG – Lösungen	572
	Teil 2 Minicases – Lösungen	575

Anhang — 581

Stichwortverzeichnis	582

Vorwort

Liebe Abschluss-Kandidatin
Lieber Abschluss-Kandidat

Sie schaffen es! Das Qualifikationsverfahren steht vor der Tür. Sie wollen das Maximum erreichen. Es geht um Sie und Ihre Zukunft. Wir freuen uns, dass wir Sie mit diesem Intensivtrainingsbuch unterstützen dürfen. Der KLV ist bekannt für **K**lare, **L**ösungsorientierte und **V**erständliche Lernmedien. Diese begleiten zahlreiche Lernende durch ihre Lehrzeit hindurch. Dieses Buch hat unser Autorenteam für Sie geschrieben, damit Sie sich optimal auf die W&G-Abschlussprüfung vorbereiten können.

Wir bedanken uns ganz herzlich beim Autorenteam für den engagierten Einsatz. Diese 9. Auflage ist weiterhin nach BIVO aufgebaut, aber nochmals an die Erkenntnisse aus den Abschlussprüfungen seit 2015 angepasst. Falls Sie an uns Anregungen und Wunsche haben, freuen wir uns auf Ihre Mitteilung via info@klv.ch. Gerne nehmen wir Ihre Hinweise entgegen, damit auch andere Lernende davon profitieren können.

Lernen ist Arbeit. Und wer arbeitet, will Erfolg. Diesen Erfolg wünschen wir Ihnen mit einem bestmöglichen Ergebnis an Ihrer Abschlussprüfung.

Alles Gute wünscht Ihnen

Der KLV Verlag

Dr. Henry Goldmann
Fachdidaktiker Wirtschaft und Recht
Initiant und Co-Begründer des Buches 2008

André Pfister
Lehrperson Wirtschaft und Gesellschaft

Pia Stamm
Lehrperson Wirtschaft und Gesellschaft

Sascha Gloor
Lehrperson Wirtschaft und Gesellschaft

Mariella Leonforte
Lehrperson Wirtschaft und Gesellschaft;
Fachdidaktikerin Wirtschaft und Recht

Matthias Brunner
Lehrperson Wirtschaft und Gesellschaft

Elias Birchmeier
Lehrperson Wirtschaft und Gesellschaft

Zur Arbeitsweise für Lernende

Hilfreiche Tipps zum Einsatz dieses Buches

Damit Sie aus diesem Buch das Maximum für eine erfolgreiche Abschlussprüfung herausholen können, haben wir folgende Tipps zusammengestellt:

1. Markieren Sie im Inhaltsverzeichnis diejenigen Gebiete, die Sie für sich als am dringendsten erachten. Wenn Sie viele Gebiete anstreichen müssen, dann erstellen Sie eine Dringlichkeitsliste und sortieren Sie die Themengebiete von «sehr unsicheres Wissen» bis «sicheres Wissen».

2. Jetzt beginnen Sie beim dringendsten Gebiet und studieren zuerst die Kurz-Theorie. Danach lösen Sie jede Aufgabe nach bestem Wissen und Können durch. **Wir raten stark davon ab, plötzlich während einer Aufgabe nochmals in der Theorie oder gar in den Lösungen nachzuschauen. Beenden Sie die Aufgabe zuerst, damit Sie Lücken aufdecken können.**

3. Wenn klar ist, dass Sie bei einer Aufgabe nichts oder wenig gewusst haben, schlagen Sie auch dann nicht gleich in den Lösungen nach. Setzen Sie lieber alles daran, anhand Ihrer Schulunterlagen und anhand der Kurz-Theorie in diesem Buch das fehlende Wissen nachzuholen und die Antwort herauszufinden.

4. Erst jetzt vergleichen Sie Ihre Aufgaben mit den Lösungen hinten im Buch! (Wer schon beim Ausfüllen der Aufgaben gleichzeitig in den Lösungen nachschaut, «betrügt» sich selber, hat einen geringeren Lerneffekt und hat vor allem kein klares Bild über den tatsächlichen Wissensstand!)

5. Anschliessend kann das aufgebaute Wissen mit alten QV-Serien vertieft und damit gefestigt werden: ***www.klv.ch*** → Downloads → LAP/QV-Downloads

6. Schliessen Sie sich mit einem oder mehreren Lernenden für regelmässige Lerntreffs zusammen. Gemeinsam wissen Sie mehr. Ausserdem erweitert ein Erfahrungsaustausch den individuellen Wissenshorizont.

7. Wir wünschen Ihnen gute Lernerlebnisse mit diesem Buch!

Unsere zeitlichen Tipps:

- Ab **Januar** des Abschlussjahres: Systematische Repetition mit unserem Buch, wie oben beschrieben
- Ab **April** des Abschlussjahres: Wöchentlich eine Abschluss-Serie lösen

Erklärung Icons

 Theorieteil

 Aufgaben zu den Themen

 Lösungen zu den Aufgaben

 Guter Ratschlag oder nützliche Hinweise

 Theorie an einem Beispiel einfach erklärt

Qualitätsansprüche

KLV steht für **K**LAR • **L**ÖSUNGSORIENTIERT • **V**ERSTÄNDLICH.

Bitte melden Sie sich direkt bei uns, wenn Sie irgendwo Verbesserungsmöglichkeiten sehen oder wenn Sie Fehler entdecken:
Meldung direkt an den Verlag: info@klv.ch oder Telefon 071 845 20 10
Wir reagieren immer!

Hinweise zur aktualisierten 9. Auflage 2021

Schon seit 14 Jahren erfährt unser Trainingsbuch bei Lehrenden und Lernenden ein äusserst positives Echo. Was wir oft zu hören bekommen: «Mit diesem Buch arbeiten wir sehr gerne. Es ist alles drin: Theorie, Aufgaben, Lösungen – und das zu allen Prüfungsthemen!»

Diese neunte Auflage ist die Verbesserung und Erweiterung der achten Auflage. Sie entspricht voll und ganz den Anforderungen der seit 2012 geltenden Bildungsverordnung und bereitet fundiert auf die Abschlussprüfung vor.

Die wesentlichen Änderungen der 9. Auflage:

- aktuelle Prozentzahlen der Sozialversicherungsbeiträge im Kapitel Lohnabrechnung
- Rechtliche Änderungen ab 1.1.2020
- aktualisierte Jahreszahlen

Wir wünschen den Benützerinnen und Benützern viele gute Lernerlebnisse mit diesem Buch und einen erfolgreichen Abschluss der Lehre!

Das Autorenteam

Finanzwirtschaftliche Zusammenhänge

Kapitel 1

1.1	Grundlagen	1.10	Zeitliche Rechnungsabgrenzung, Rückstellungen
1.2	Zinsrechnen, Verrechnungssteuer	1.11	Lohnabrechnung
1.3	Fremde Währungen	1.12	Abschluss Einzelunternehmung
1.4	Buchhaltung des Warenhandelsbetriebs	1.13	Abschluss Aktiengesellschaft
1.5	Mehrwertsteuer	1.14	Grundsätze der Bewertung
1.6	Betriebliche Kalkulation	1.15	Break-Even-Analyse, Deckungsbeiträge
1.7	Mehrstufige Erfolgsrechnung im Warenhandel	1.16	Analyse der Bilanz & Erfolgsrechnung
1.8	Verluste aus Forderungen (Debitorenverluste)		
1.9	Abschreibungen		

Hinweis:
Falls in den Aufgaben im Teil Rechnungswesen keine Konten vorgegeben sind, sind die Konten des Kontenplans auf dem hinteren Buchdeckel zu verwenden.

Grundlagen

1 Finanzwirtschaftliche Zusammenhänge

1.1 Grundlagen

> **Leistungsziele BIVO**
> - Ich gliedere Bilanzen von KMU mit den Gruppen UV, AV, FK und EK und erkläre die Gliederungsprinzipien.
> - Ich zeige anhand von Beispielen der Kapitalbeschaffung, Kapitalrückzahlung, der Vermögensbeschaffung und des Vermögensabbaus die Auswirkungen auf die Bilanz auf (Aktiv-/Passivtausch).
> - Ich erläutere den Aufbau der Erfolgsrechnung. Ich eröffne die Buchhaltung, verbuche einfache Belege, führe Journal und Hauptbuch und schliesse die Buchhaltung mit der Verbuchung des Erfolgs ab.
> - Ich erkläre die Auswirkungen von erfolgswirksamen, nicht erfolgswirksamen, liquiditätswirksamen und nicht liquiditätswirksamen Geschäftsfällen auf die Bilanz und die Erfolgsrechnung. Ich ordne Geschäftsfälle zu.
> - Ich erkläre den Aufbau und die Konten einer Buchhaltung anhand der Klassen, Hauptgruppen und Einzelkonti 1–9 des Kontenrahmens KMU. Ich ordne die Konten zu.

1.1.1 Bilanz / Aktiv- und Passivkonten

Aktiven　　　　　　　　　　　**Bilanz per 31.12.2020**　　　　　　　　　　Passiven

Umlaufvermögen			Fremdkapital		
Kasse	5		Verbindlichkeiten LL	300	
Bankguthaben	45		Bankverbindlichkeiten	45	
Wertschriften	100		Darlehen	200	
Forderungen LL	500		Hypotheken	355	900
Handelswaren	150	800			
Anlagevermögen			**Eigenkapital**		
Maschinen	320		Aktienkapital	1 000	
Mobilien	80		Reserven	40	
Fahrzeuge	100		Gewinnvortrag	10	
Immobilien	700	1 200	Jahresgewinn	50	1 100
		2 000			2 000

Bilanz	Gegenüberstellung der **Vermögenswerte (Aktiven)** auf der einen und der **Schulden (Passiven)** auf der anderen Seite.
Bilanzstichtag	Zeitpunkt des Rechnungsabschlusses, meist Ende Jahr (31.12.). Das Datum wird zur Bilanz geschrieben.
Bilanzsumme	Total Aktiven bzw. Total Passiven
Umlaufvermögen	**Alle flüssigen Mittel** (Kasse, Bankguthaben, kotierte Wertschriften) und **weiteres Vermögen** wie Forderungen LL und Handelswaren, welche **innerhalb eines Jahres** zu flüssigen Mitteln umgewandelt werden. Die Gliederung erfolgt nach dem Liquiditätsprinzip (was zuerst zu Geld gemacht werden kann, kommt an erster Stelle).
Anlagevermögen	**Vermögen,** das für **längere Zeit** einer Nutzung zugedacht ist.

Grundlagen

Fremdkapital	**Schulden gegenüber Dritten.** Gliederung nach dem Fälligkeitsprinzip (was zuerst zurückbezahlt wird, kommt an erster Stelle): Kurzfristiges FK (Verbindlichkeiten LL, Bankschulden) mit Fälligkeit bis ein Jahr. Langfristiges FK (Darlehen, Hypotheken) mit Fälligkeit länger als ein Jahr.
Eigenkapital	Kapital, das die Eigentümer zur Finanzierung der Aktiven eingebracht haben. Merksatz: **Schulden des Geschäfts gegenüber dem Inhaber** (den Inhabern). Berechnung: Aktiven − Fremdkapital = Eigenkapital

zur weiteren Unterteilung der Bilanzgruppen → siehe Kapitel **1.1.5 Kontenrahmen/Kontenplan**

Soll	**Aktivkonto**	Haben		Soll	**Passivkonto**	Haben
Anfangsbestand						Anfangsbestand
		Abnahmen −			Abnahmen −	
Zunahmen +						Zunahmen +
		Schlussbestand (Saldo)			Schlussbestand (Saldo)	

Soll/Haben	Soll = linke Kontoseite Haben = rechte Kontoseite
Anfangsbestand	Wird aus der Eröffnungsbilanz übertragen. Beispiel: Forderungen LL / Bilanz Bilanz / Verbindlichkeiten LL
Schlussbestand	Wird in die Schlussbilanz übertragen. Beispiel: Bilanz / Mobilien Darlehen / Bilanz
Aktivtausch	Geschäftsfall beinhaltet zwei Aktivkonten. Beispiel: Kunden bezahlen eine fällige Rechnung in bar. → Kasse nimmt zu / Forderungen LL nehmen ab
Passivtausch	Geschäftsfall beinhaltet zwei Passivkonten. Beispiel: Umwandlung von Verbindlichkeiten LL in eine Darlehensschuld. → Verbindlichkeiten LL nehmen ab / Darlehen nimmt zu
Kapitalbeschaffung	Geschäftsfall beinhaltet die Zunahme eines Aktivkontos und eines Passivkontos. Die Bilanzsumme steigt. Beispiel: Kauf eines Fahrzeuges gegen Rechnung. → Fahrzeuge nehmen zu / Verbindlichkeiten LL nehmen zu
Kapitalrückzahlung	Geschäftsfall beinhaltet die Abnahme eines Passivkontos und eines Aktivkontos. Die Bilanzsumme sinkt. Beispiel: Banküberweisung zur Begleichung von Lieferantenrechnungen. → Verbindlichkeiten LL nehmen ab / Bankguthaben nimmt ab

Grundlagen

1.1.2 Erfolgsrechnung / Aufwand- und Ertragskonten

Aufwand		Erfolgsrechnung 2020		Ertrag
Handelswarenaufwand	920	Handelserlöse	2 000
Lohnaufwand	400	Finanzertrag	10
Raumaufwand	90		
Versicherungsaufwand	35		
Verwaltungsaufwand	50		
Werbeaufwand	80		
Sonstiger Betriebsaufwand	300		
Abschreibungen	85		
Finanzaufwand	20		
Jahresgewinn	30		
	2010		2010

Aufwand	Ein Aufwand ist ein **Verbrauch** von Vermögenswerten bzw. ein **Wertverzehr (Kosten)** für die Erstellung von Gütern und Dienstleistungen (z. B. Raummiete, Personalkosten, Abschreibungen von Anlagevermögen).
Ertrag	Ein Ertrag entsteht in der Regel durch den Verkauf von Gütern und Dienstleistungen. Es ist der **Erlös (Verdienst)** aus der Unternehmenstätigkeit und bedeutet eine **Wertzunahme** für die Unternehmung (z. B. Handels-, Dienstleistungserlöse, Finanzertrag).
Erfolgsrechnung (ER)	Die Erfolgsrechnung ist die **Gegenüberstellung von Aufwänden und Erträgen** für einen bestimmten Zeitraum, meistens für ein Jahr. Sie zeigt als Ergebnis den **Jahresgewinn oder -verlust** der Unternehmung. Achtung: «Erfolg» steht für beides: positiver Erfolg = Gewinn; negativer Erfolg = Verlust Reihenfolge in der ER: zuerst der wichtigste Aufwand bzw. Ertrag der Unternehmung Handel: Handelswarenaufwand, Handelserlöse Fabrik: Materialaufwand, Produktionserlöse Dienstleistung (DL): Lohnaufwand, Dienstleistungserlöse
erfolgswirksam	Buchungssatz mit einem Erfolgskonto → der Erfolg (Gewinn/Verlust) wird dadurch verändert.
erfolgsunwirksam	Buchungssatz mit zwei Bilanzkonten → keine Auswirkung auf den Erfolg.
liquiditätswirksam	Buchungssatz, durch den die liquiden Mittel (Kasse, Bankguthaben, Bankschuld) verändert werden

Grundlagen

Soll	**Aufwandkonto**	Haben
Zunahmen +	Abnahmen (Minderung) –	
	Saldo	

Soll	**Ertragskonto**	Haben
Abnahmen (Minderung) –	Zunahmen +	
Saldo		

Merke	Aufwand- und Ertragskonten beginnen immer mit Null; sie haben keinen Anfangsbestand!
Saldo	Der Saldo wird in die Erfolgsrechnung übertragen, z. B.: ER / Lohnaufwand DL-Erlöse / ER
Merksatz	1. Jeder neue Aufwand kommt auf die Sollseite, z. B. **Raumaufwand** / Bank 2. Jeder neue Ertrag kommt auf die Habenseite, z. B. Kasse / **DL-Erlöse**
Gefahrenquelle	– Aufwände führen zu einer Abnahme des Vermögens im Haben, z. B. die Kasse nimmt ab. Aber der Aufwand wird grösser im Soll! – Erträge führen zu einer Zunahme des Vermögens im Soll, z. B. die Bank nimmt zu. Aber der Ertrag wird grösser im Haben!

Grundlagen

1.1.3 Buchungssätze

Um alle Buchungssätze immer richtig zu bilden, müssen Sie die Kontenregeln der vier Kontenarten (Aktivkonto; Passivkonto; Aufwandkonto; Ertragskonto) mit hundertprozentiger Sicherheit auswendig können!

a) Grundregel zur richtigen Bildung von Buchungssätzen

	1.	**Welche zwei Konten sind betroffen?** (Sind es Aktiv-, Passiv-, Aufwands- oder Ertragskonten?)
	2.	**Wie verändert sich jedes Konto?** (Zu- oder Abnahme? Alle Kombinationen sind möglich.)
	3.	**Auf welcher Seite muss in jedem Konto eingetragen werden?** (Wo im Soll und wo im Haben?)
	4.	**Buchungssatz bilden: Soll-Konto / Haben-Konto + Betrag** (Zuerst das Konto mit Soll-Eintrag, dann das Konto mit Haben-Eintrag aufschreiben.)
Kontrolle beim Buchen		Was im Konto im Soll eingetragen wird, erscheint beim Buchungssatz als Soll-Buchung.

Bsp.

S	Abschr.	H
50		

→

Soll	Haben	Betrag
Abschr.		50

und für Haben-Buchung gilt entsprechend:

Bsp.

S	Fahrzeuge	H
		50

→

Soll	Haben	Betrag
	Fahrzeuge	50

b) Doppel-Smile: Die perfekte Buchungsmethode*

1. Zwei Kontenkreuze zeichnen + den Doppelsmile

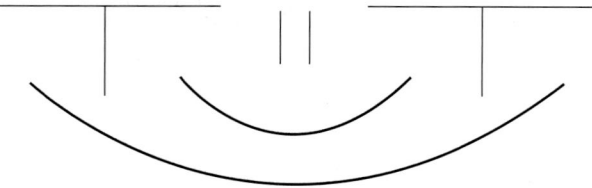

2. Überlege: Welche zwei Konten sind betroffen? → Kontenkreuze beschriften

3. Wähle dein Lieblingskonto und beschrifte es mit den Regeln für + und –
   → Trage den Betrag im Lieblingskonto ein

4. Trage den zweiten Betrag entlang dem Smiley-Bogen im anderen Konto ein
   → Bilde den Buchungssatz: Soll-Konto / Haben-Konto + Betrag

* © von Patrik Solis und Berat Aliu → win-win-box.ch

1.1.4 Eröffnungs- und Abschlussbuchungen

a) Eröffnungsbuchungen

Bei der Eröffnung der Buchhaltung am 1.1. des Jahres werden die Anfangsbestände aller Aktiv- und Passivkonten aus der Bilanz in die Konten übertragen. Dieser Übertrag erfolgt in der echten Buchhaltung mit Buchungssätzen:

	Aktivkonto		Passivkonto	
kommt aus Bilanz →	AB	–	–	AB ← kommt aus Bilanz
	+	Saldo	Saldo	+

Eröffnungsbuchungen: **Betrag:**

Aktivkonten:	Aktivkonto	/ Bilanz	AB
Passivkonten:	Bilanz	/ Passivkonto	AB

b) Abschlussbuchungen

Beim Jahresabschluss überträgt man alle Salden in die Schlussrechnungen Bilanz und Erfolgsrechnung. Auch dieser Übertrag erfolgt in der echten Buchhaltung mit Buchungssätzen:

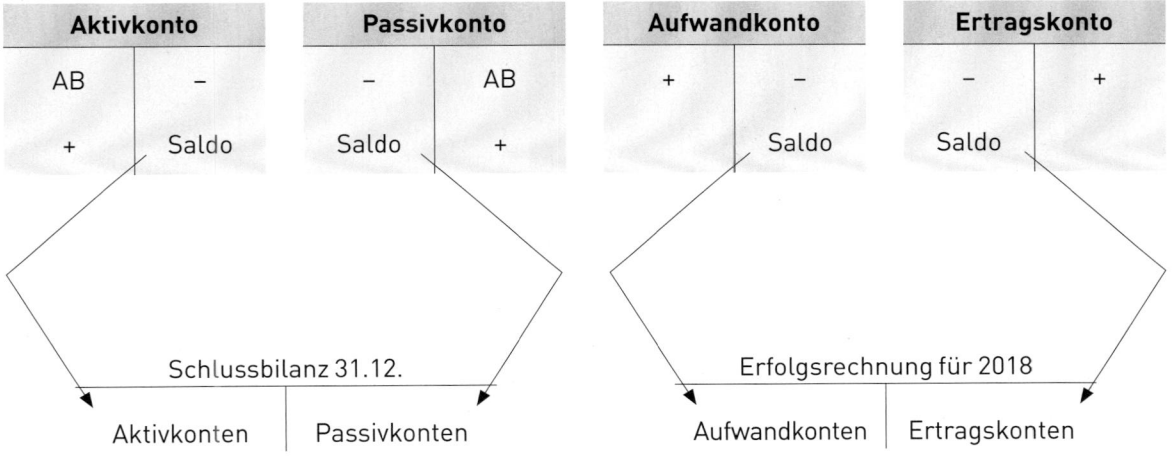

Abschlussbuchungen: **Betrag:**

Aktivkonten:	Bilanz / Aktivkonto	Saldo
Passivkonten:	Passivkonto / Bilanz	Saldo
Aufwandkonten:	Erfolgsrechnung / Aufwandkonto	Saldo
Ertragskonten:	Ertragskonto / Erfolgsrechnung	Saldo
Gewinn (aus ER):	Erfolgsrechnung / Jahresgewinn	Gewinn
Verlust (aus ER):	Jahresverlust / Erfolgsrechnung	Verlust

Finanzwirtschaftliche Zusammenhänge

Grundlagen

1.1.5 Kontenrahmen/Kontenplan (Kontenplan KMU für QV-Verwendung)

1 Aktiven

10 Umlaufvermögen

Konto	Bezeichnung
100	**Flüssige Mittel und Wertschriften**
1000	Kasse
1020	Bankguthaben (Bank; PostFinance)
1060	Wertschriften (mit Börsenkurs)
110	**Forderungen**
1100	Forderungen aus Lieferungen und Leistungen (Debitoren)
1170	Vorsteuer MWST
1176	Verrechnungssteuer (Guthaben)
120	**Vorräte**
1200	Handelswaren (Warenvorrat)
1210	Rohstoffe
1260	Fertige Erzeugnisse (Fertigfabrikate)
1270	Unfertige Erzeugnisse (Halbfabrikate)
130	**Aktive Rechnungsabgrenzungen**
1300	Bezahlter Aufwand des Folgejahres bzw. noch nicht erhaltener Ertrag (Transitorische Aktiven)

14 Anlagevermögen

140	**Finanzanlagen**
1400	Wertschriften
1440	Darlehen (Aktivdarlehen)
150	**Mobile Sachanlagen**
1500	Maschinen und Apparate
1509	WB Maschinen und Apparate
1510	Mobiliar und Einrichtungen
1519	WB Mobiliar und Einrichtungen (inkl. Informatik, Kommunikation)
1520	Büromaschinen
1530	Fahrzeuge
1539	WB Fahrzeuge
1540	Werkzeuge und Geräte
160	**Immobile Sachanlagen**
1600	Geschäftsliegenschaften (Immobilien)
1609	WB Geschäftsliegenschaften
170	**Immaterielle Werte**
1700	Patente, Lizenzen

2 Passiven

20 Kurzfristiges Fremdkapital

200	**Verbindlichkeiten aus Lieferungen und Leistungen**
2000	Verbindlichkeiten aus Lieferungen und Leistungen (Kreditoren)
210	**Kurzfristige verzinsliche Verbindlichkeiten**
2100	Bankverbindlichkeiten (Bankschulden)
220	**Übrige kurzfristige Verbindlichkeiten**
2200	Geschuldete MWST (Umsatzsteuer)
2206	Verrechnungssteuer
2261	Beschlossene Ausschüttungen (Dividenden)
2270	Verbindlichkeiten für Sozialversicherungen
230	**Passive Rechnungsabgrenzungen und kurzfristige Rückstellungen**
2300	Noch nicht bezahlter Aufwand bzw. erhaltener Ertrag des Folgejahres (Transitorische Passiven)
2330	Kurzfristige Rückstellungen

24 Langfristiges Fremdkapital

2430	Obligationenanleihen
2450	Darlehen (Passivdarlehen)
2451	Hypotheken
2600	Rückstellungen

28 Eigenkapital

280	**Eigenkapital Aktiengesellschaft**
2800	Aktienkapital
2900	Reserven
2970	Gewinnvortrag/Verlustvortrag
2979	Jahresgewinn oder Jahresverlust
280	**Eigenkapital Einzelunternehmen**
2800	Eigenkapital
2850	Privat
2891	Jahresgewinn oder Jahresverlust

3 Betrieblicher Ertrag aus Lieferungen und Leistungen

3000	Produktionserlöse (Produktionsertrag)
3200	Handelserlöse (Warenertrag)
3400	Dienstleistungserlöse (Dienstleistungsertrag)
3600	Übriger Ertrag
3805	Verluste Forderungen (Debitorenverluste)
3900	Bestandesänderungen fertige und unfertige Erzeugnisse (Halb- und Fertigfabrikate)

4 Aufwand für Material, Handelswaren und Dienstleistungen

4000	Materialaufwand Produktion
4200	Handelswarenaufwand (Warenaufwand)
4400	Aufwand für bezogene Dienstleistungen

5 Personalaufwand

5000	Lohnaufwand
5700	Sozialversicherungsaufwand
5800	Übriger Personalaufwand

6 Übriger betrieblicher Aufwand, Abschreibungen sowie Finanzergebnis

6000	Raumaufwand
6100	Unterhalt, Reparaturen, Ersatz (URE)
6200	Fahrzeugaufwand
6300	Versicherungsaufwand
6400	Energie- und Entsorgungsaufwand
6500	Verwaltungsaufwand
6600	Werbeaufwand
6700	Sonstiger Betriebsaufwand
6800	Abschreibungen
6900	Finanzaufwand (Zinsaufwand)
6950	Finanzertrag (Zinsertrag)

7 Betrieblicher Nebenerfolg

7000	Ertrag Nebenbetrieb
7010	Aufwand Nebenbetrieb
7500	Ertrag betriebliche Liegenschaft
7510	Aufwand betriebliche Liegenschaft

8 Betriebsfremder, ausserordentlicher, einmaliger oder periodenfremder Aufwand und Ertrag

8000	Betriebsfremder Aufwand
8100	Betriebsfremder Ertrag
8500	Ausserordentlicher Aufwand
8510	Ausserordentlicher Ertrag
8900	Direkte Steuern

9 Abschluss

Konto	Bezeichnung
9000	Erfolgsrechnung
9100	Bilanz

Der Kontenrahmen KMU dient für kleine und mittlere Unternehmen in der Schweiz als Grundlage für eine systematische Ordnung aller Konten. Jede Unternehmung leitet daraus für die Verbuchung ihrer Geschäftsfälle einen Kontenplan ab.

Gliederungsstufe	Nummern
Kontenklasse	1 – 9
Kontenhauptgruppe	10 – 99
Kontengruppe	100 – 999
Konten	1000 – 9999

Die meisten Unternehmungen führen ihre Buchhaltung elektronisch, und jede Buchhaltungs-Software verwendet statt der Kontennamen die Nummern. Gebucht wird immer eine vierstellige Nummer. Die erste Nummer gibt Auskunft, ob es ein Aktiv-, Passiv-, Aufwands- oder Ertragskonto ist. Mit der zweiten Nummer geht man mehr ins Detail (z. B. UV, FK etc.) usw.

Konto 1440

Nummer	Gliederungsstufe	Bezeichnung
1	Kontenklasse	Aktiven
14	Kontenhauptgruppe	Anlagevermögen
140	Kontengruppe	Finanzanlagen
1440	Konten	Darlehen (Aktivdarlehen)

Konto 2200

Nummer	Gliederungsstufe	Bezeichnung
2	Kontenklasse	Passiven
20	Kontenhauptgruppe	kurzfristiges Fremdkapital
220	Kontengruppe	übrige kurzfristige Verbindlichkeiten
2200	Konten	geschuldete MWST

Einteilung der Kontenklassen:

1 Aktiven (eingeteilt in Umlaufvermögen 10 und Anlagevermögen 14)
2 Passiven (eingeteilt in kurzfristiges Fremdkapital 20, langfristiges Fremdkapital 24 und Eigenkapital 28)
3 Betrieblicher Ertrag aus Lieferungen und Leistungen
4 Aufwand für Material, Handelswaren und Dienstleistungen (aus Kerngeschäft)
5 Personalaufwand
6 Übriger betrieblicher Aufwand, Abschreibungen sowie Finanzergebnis (für das Kerngeschäft)
7 Betrieblicher Nebenerfolg
8 Betriebsfremder, ausserordentlicher, einmaliger oder periodenfremder Aufwand und Ertrag
9 Abschluss

Grundlagen

Spezialfälle

- WB-Konten beim Anlagevermögen: Die Wertberichtigungskonten (WB) sind Korrekturkonten zum jeweiligen Aktivkonto. Sie haben die Buchungsregeln von Passivkonten, werden aber in der Bilanz bei den Aktiven als Minus-Posten aufgeführt; darum der Name: «Minus-Aktiv-Konto».
- Eigenkapital: Je nachdem, ob man die Buchhaltung einer Aktiengesellschaft (AG) oder einer Einzelunternehmung führt, verwendet man die entsprechenden Kontennamen und -nummern.
- Konto 3710 Eigenverbrauch: Es kommt nur in der Einzelunternehmung vor, wenn der Inhaber Handelswaren für den Eigenbedarf bezieht: Privat / Eigenverbrauch.
- 3805 Verluste aus Forderungen: Dies ist im Prinzip ein Aufwandkonto, ähnlich wie Abschreibungen. Es wird gebraucht bei erfolglosen Kundenbetreibungen: Verluste aus Forderungen / Forderungen LL. Weil es aber in der ER auf der Ertragsseite aufgeführt wird, als Abzugsposten des Handelswaren- oder DL-Erlöses, heisst es «Minus-Ertragskonto» und wird in der Kontenklasse 3 aufgeführt.
- 6950 ist ein Ertragskonto, wird in der ER auf der Ertragsseite aufgeführt, steht aber im Kontenrahmen als «Gegenpol» direkt beim Finanzaufwand!
- Betrieblicher Nebenerfolg: Gehört zwar nicht zum Kerngeschäft der Unternehmung, aber doch zur «normalen, alltäglichen» Unternehmenstätigkeit.
- Kontenklasse 8: Diese Aufwände und Erträge fallen ausserhalb der normalen Unternehmenstätigkeit an.

1.1.6 Kontierungsstempel

In der Praxis dürfen Buchungen nur anhand von Geschäftsbelegen (Rechnungen, Quittungen, Kontoauszügen) erfolgen. Sehr viele Unternehmungen versehen heute noch jeden Beleg mit einem Kontierungsstempel: Darin werden die Nummern aus dem Kontenplan eingetragen, sodass ersichtlich ist, in welchen Konten dieser Geschäftsfall zu verbuchen ist.

Beispiel
Belastungsanzeige der Bank über CHF 11 500 für:
Auszahlung der Löhne CHF 9 000, Bezahlung Lieferanten CHF 2 500

Vorgehen beim Ausfüllen eines Kontierungsstempels:

1. Buchungssätze mit Betrag notieren
2. Kontonummern aus Kontenplan dazuschreiben
3. Alle Kontonummern im Kontierungsstempel in der Spalte «Kontonummern» auflisten.
4. Beträge im Soll bzw. im Haben eintragen
5. Total im Soll und im Haben ausrechnen, als Rechnungskontolle.

| Buchungssatz: | Lohnaufwand (5000) | / Bank (1020) | CHF | 9 000 |
| | Verbindlichkeiten LL (2000) | / Bank (1020) | CHF | 2 500 |

Beleg-Nummer:		
Kontonummer	**Betrag**	
	Soll	**Haben**
5000	9 000	
2000	2 500	
1020		11 500
Total	11 500	11 500
Visum: PSI		

Anhand der Kontierungsstempel werden dann die Geschäftsfälle im Journal des elektronischen Buchungssystems eingegeben. Die Software besorgt die Konteneinträge sowie die Saldierung und den Jahresabschluss automatisch!

1.1 Grundlagen – Aufgaben

Achtung: Die Aufgaben im Teil Grundlagen weisen einen klar tieferen Schwierigkeitsgrad auf als bei der Abschlussprüfung. Sie dienen zum Festigen der Sicherheit in den Grundlagen und zum «Anwärmen» für die Fortsetzung.

1.1.1 Bilanz und Erfolgsrechnung

Ein vor zwei Jahren gegründetes Unternehmen, welches sich mit IT Informatikberatung beschäftigt, weist per 31.12.2020 folgende Kontensaldi in alphabetischer Reihenfolge aus:

Abschreibungen	44	Lohnaufwand	360
Aktienkapital	100	Mobilien	36
a. o. Ertrag	49	Raumaufwand	34
Bankschuld	10	Reserven	8
Darlehen	14	sonstiger Betriebsaufwand	79
DL-Ertrag	540	Transitorische Aktiven	1
Dividenden	2	Transitorische Passiven	2
Fahrzeuge	12	Verbindlichkeiten LL	8
Finanzaufwand	3	Verluste aus Forderungen	3
Forderungen LL	33	Werbeaufwand	10
Gewinnvortrag	1	Wertberichtigung Fahrzeuge	4
Handelswaren (Ersatzteile)	4	Wertschriften	8
Hard- und Software	110	Wertschriftenertrag	1
Kasse	2		

Erstellen Sie eine gut gegliederte Bilanz und Erfolgsrechnung und berechnen Sie den Jahreserfolg.

Grundlagen – Aufgaben

1.1.2 Buchungssätze

Bilden Sie die Buchungssätze zu den Geschäftsfällen des Reisebüros Lüthy. Markieren Sie auch, welche der unten stehenden Buchungen erfolgswirksam sind.

Es sind folgende Konten (in alphabetischer Reihenfolge) möglich:

Abschreibungen	Finanzaufwand	Lohnaufwand	Reparaturen
Bank	Finanzertrag	Maschinen	Verbindlichkeiten LL
Darlehen	Forderungen LL	Mietaufwand	Verwaltungsaufwand
Dienstleistungsertrag	Hypotheken	Mietertrag	Werbung
Eigenkapital	Immobilien	Mobilien	Wertschriften
Fahrzeuge	Kasse	PostFinance	

Nr.	Geschäftsfälle		Buchungssatz		Erfolgs-wirksam (ankreuzen)
	Buchungsgrund	Betrag in CHF	Soll	Haben	
1.	Barbezug ab Bankkonto	500			
2.	Kauf von Mobiliar auf Kredit	4 000			
3.	Verkauf von Reisen auf Kredit	20 000			
4.	Bankbelastung für Zinsen	600			
5.	Miete durch Post bezahlt	3 000			
6.	Erhöhung der Kapitaleinlage durch Posteinzahlung	40 000			
7.	Barzahlung von Reparaturen	540			
8.	Abschreibungen auf Mobilien	4 100			
9.	Rabattgewährung an Kunden	750			

Nr.	Geschäftsfälle		Buchungssatz		Erfolgs-wirksam (ankreuzen)
	Buchungsgrund	Betrag in CHF	Soll	Haben	
10.	Verkauf von Wertschriften durch Bank	5 780			
11.	Mieter zahlen Miete auf Post ein	8 400			
12.	Rechnung für Inserate	3 200			
13.	Gehaltsauszahlungen durch Bank	45 000			
14.	Barkauf von Büromaterial	400			
15.	Immobilienkauf mit Hypotheken finanziert	650 000			
16.	Kreditverkauf eines alten Kopierers	5 000			
17.	Bankgutschrift für Zinsen (keine VSt berücksichtigen)	845			
18.	Barzahlung von Löhnen	24 000			
19.	Als Kapitalerhöhung überschreibt der Eigentümer sein Privatauto dem Geschäft	35 000			
20.	Darlehensaufnahme und Gutschrift des Betrages auf Bankkonto	50 000			

1.1.3 Auswirkungen auf den Reingewinn

Geben Sie bei den folgenden Geschäftsfällen an, wie sich der Reingewinn verhält:
Zunahme: +   Abnahme: –   keine Auswirkung: 0

Nr.	Geschäftsfälle einer Käsehandlung	Auswirkung
1.	Wir erhalten auf eingekauften Waren nachträglich einen Mengenrabatt.	
2.	Wir kaufen ein neues Geschäftsauto auf Kredit.	
3.	Wir erhalten eine Gutschrift für retourniertes, fehlerhaftes Büromaterial.	
4.	Wir verkaufen Käse gegen bar.	
5.	Der Eigentümer hebt für private Zwecke Geld von der Bank ab.	
6.	Einem Kunden gewähren wir nachträglich einen Freundschaftsrabatt.	

Grundlagen – Aufgaben

1.1.4 Lücken ergänzen

Die Grössen, bei welchen noch kein Eintrag steht, sind aus den übrigen Angaben der betreffenden Zeile zu errechnen und in die Lücken einzutragen.

Summe Aufwand laut Erfolgsrechnung	Summe Ertrag laut Erfolgsrechnung	Summe Aktiven laut Bilanz	Summe Passiven laut Bilanz	Erfolg (Gewinn + Verlust –)
	250 000	100 000	90 000	
110 000		70 000		+ 20 000
	210 000		160 000	– 30 000
	960 000	410 000	430 000	
390 000			280 000	+ 45 000
	480 000	250 000		– 10 000

1.1.5 Falsche Antworten

Bei den folgenden Fragen ist es möglich, dass eine oder mehrere Antworten **falsch** sind. Kreuzen Sie die **falschen** Geschäftsfälle zu den gegebenen Buchungssätzen an.

a)	Kasse / Bankverbindlichkeiten
	Bareinzahlung auf das Bankkonto
	Bezug vom Bankomaten
	Banküberweisung an Lieferanten
	Barzahlung eines Kunden auf unsere Bank

b)	Warenertrag / Forderungen LL
	Warenrücksendung eines Kunden
	Von uns gewährter Skonto
	Von Lieferanten gewährte Rabatte
	Warenlieferung an Kunden auf Kredit

c)	Büromaterial / Verbindlichkeiten LL
	Barkauf von Büromaterial
	Kauf einer Büromaschine gegen Rechnung
	Verkauf von Waren auf Kredit
	Kauf von Fotokopierpapier auf Kredit

d)	Finanzaufwand / Bankguthaben
	Rückzahlung einer Hypothek
	Bankgutschrift für Zinsen
	Bankbelastung für Zinsen
	Rückzahlung eines Aktivdarlehens durch die Bank

1.1.6 Geschäftsfälle der Firma Roland Steffen

a) Zu den nachstehenden Geschäftsfällen der Firma Roland Steffen, Gärtnerei, sind die Buchungen mit Betrag anzugeben. Zur Lösung dürfen nur folgende Konten verwendet werden:

Abschreibungen	Finanzaufwand	PostFinance
Bankschuld	Forderungen LL	Verbindlichkeiten LL
Eigenkapital	Geräte (Leitern, Werkzeuge)	Verkauf von Pflanzen
Einkauf Pflanzen	Kasse	Verwaltungsaufwand
Ertrag aus Gartenarbeiten	Lohnaufwand	
Fahrzeuge	Mietaufwand	

Nr.	Geschäftsfall	Buchungssatz Soll	Buchungssatz Haben	Betrag
1.	Für gekauftes Büromaterial zahlen wir sofort mit PostFinance CHF 480.00.			
2.	Der Kreditkauf einer neuen Leiter wurde irrtümlich mit CHF 2 100.00 gebucht statt mit CHF 1 200.00. Die Buchung ist zu berichtigen.			
3.	Wir senden einer Kundin die Rechnung für die Lieferung von 3 Sträuchern. Stückpreis CHF 400.00.			
4.	Der Geschäftsinhaber erhöht seine Kapitaleinlage durch Einzahlung auf das Bankkonto, CHF 5 000.00.			
5.	Wir gewähren der Kundin (vgl. 3) nachträglich einen Rabatt von CHF 200.00. Den Restbetrag bezahlt sie bar.			
6.	Die Bank schickt uns folgende Abrechnung: a) Zinsbelastung CHF 1 100.00 b) Banküberweisung eines Kunden von CHF 3 800.00 (Rechnung schon verbucht).			
7.	Für das Umgraben eines Gartens zahlt der Kunde unserem Gärtner bar CHF 850.00.			
8.	Wir kaufen einen neuen Lieferwagen zum Listenpreis von CHF 28 000.00. CHF 4 000.00 zahlen wir sofort an mit Bankscheck, den Rest bleiben wir schuldig.			

Grundlagen – Aufgaben

Nr.	Geschäftsfall	Buchungssatz Soll	Buchungssatz Haben	Betrag
9.	Nachträglich gewährt uns der Autoverkäufer (vgl. 8) 10% Rabatt auf den Listenpreis.			
10.	Der Kunde (Nr. 7) ist mit der Arbeit des Gärtners nicht zufrieden. Wir erstatten ihm CHF 100.00 per PostFinance zurück.			
11.	Wir überweisen dem Autoverkäufer (vgl. 8 und 9) den Restbetrag per PostFinance unter Abzug von 2% Skonto.			

b) Nennen Sie diejenigen Nummern der Geschäftsfälle 1 bis 11, deren Buchungssätze liquiditätswirksam sind.

1.1.7 Konteneinträge und Abschlussbuchungen

Ausgangslage in der Buchhaltung eines Reisebüros

Forderungen LL	
AB 2100	

Verbindlichkeiten LL	
	AB 1800

Verwaltungsaufwand	

DL-Ertrag	

1. Wie lauten die Eröffnungsbuchungen?

		Soll	Haben	Betrag
a)	bei Forderungen LL			
b)	bei Verbindlichkeiten LL			

2. Tragen Sie die folgenden Geschäftsfälle in den Konten ein:

    a) Rechnungsversand für eine gebuchte Reise, CHF 870
    b) Eingang einer Rechnung für Blumenschmuck im Empfangsraum, CHF 150
    c) Gutschrift für den Kunden bei a) wegen Routenkürzung, CHF 110
    d) Begleichung der Rechnung von b) durch die Post unter Abzug von 2% Skonto

3. Schliessen Sie die vier Konten ab und nennen Sie die Abschlussbuchungen.

		Soll	Haben	Betrag
a)	Forderungen LL			
b)	Verbindlichkeiten LL			
c)	Verwaltungsaufwand			
d)	Dienstleistungsertrag			

1.1.8 Eröffnungs- und Abschlussbuchungen

Sie treffen folgende Konten an, die alle bereits saldiert sind:

Forderungen LL	
AB 30 200	28 000
54 000	800
	S 55 400
84 200	84 200

Eigenkapital	
6 000	AB 52 000
	12 000
S 58 000	
64 000	64 000

DL-Ertrag	
800	54 000
S 53 200	
54 000	54 000

Geben Sie mit Buchungssatz an, wie die folgenden Vorgänge in diesen Konten gebucht worden sind:

1. Eröffnung des Kontos Eigenkapital:

   _____

2. Abschluss des Kontos Forderungen LL:

   _____

3. Abschluss des Kontos DL-Ertrag:

   _____

4. Warum gibt es keine Buchung für die Eröffnung des Kontos DL-Ertrag? (Antwort in einem Satz!)

   _____

   _____

Grundlagen – Aufgaben

1.1.9 Vereinfachter Kontenplan nach Kontenrahmen KMU

Mario Cortesi hat vor kurzem ein Fitness-Studio eröffnet. Bei der Einrichtung der Buchhaltung nimmt er den vereinfachten Kontenplan nach Kontenrahmen KMU als Grundlage (siehe hintere Umschlagsseite).

Für einige Posten seines Studios weiss er nicht, welchem Konto sie korrekt zuzuordnen sind. Nennen Sie für die folgenden Posten des Fitness-Studios die zutreffende Kontonummer aus dem Kontenplan KMU.

Nr.	Posten im Fitness-Studio	Kontonummer
1.	Einkauf von Pflegemitteln für die Fitness-Geräte, z. B. Kriechöl, Schmierfett, Reinigungs-Spray usw.	
2.	Die Registrierkasse im Büro zur Abrechnung von Bareinnahmen und zur Aufbewahrung von Bargeld.	
3.	Die Einnahmen aus dem Verkauf der Jahresabonnements.	
4.	Die Gesamtauslagen für die Eröffnungsfeier (mit einem speziellen Flyer, einer engagierten Sängerin, Snacks und Apéro-Getränken).	
5.	Das Blumenabonnement bei der Gärtnerei Tanner: Für eine angenehme Atmosphäre im Empfangsbereich liefert die Gärtnerei jede Woche einen Blumenstrauss im Wert von CHF 30.	

1.1.10 Kontierungsstempel

Füllen Sie in der Einzelunternehmung K. Döring die Kontierungsstempel korrekt aus. Es sind nur die Kontennummern aus dem Kontenplan zu verwenden.

Tipp: Schrittweise vorgehen wie in der Theorie beschrieben.

a) Rechnungseingang von Firma Büro-Fürrer per 7. Juni:
– Ihr Einkauf: Laser Jet Color Printer
  HP-3022 «all-in-one»   CHF   1 980.00
– Gutschrift: Ihre Rücksendung von zwei defekten
  Toner-Patronen (vgl. Rechnung vom 25.5.)   ./. CHF   142.00
  Totalbetrag (zahlbar innert 30 Tagen)   CHF   1 838.00

Konto	Soll	Haben
Total		

b) Belastungsanzeige der Kantonalbank:
 - Teilrückzahlung Darlehen   CHF   9 000.00
 - Zinsbelastung 5 ½ % für 6 Monate   CHF   860.00
   Totalbetrag   CHF   9 860.00

Konto	Soll	Haben
Total		

1.2 Zinsrechnen, Verrechnungssteuer

Leistungsziele BIVO

- Ich berechne Zinsen gemäss der Zinsformel.
- Ich forme die Formel um und bestimme für Rechnungen mit Obligationen und Kredite die Grössen Kapital (K), Zinssatz (p) und Zeit (t).
- Ich erkläre den Auszug und den Zinsausweis eines Bankkontos und verbuche das Abschlussbetreffnis.
- Ich erkläre die Funktion der Verrechnungssteuer auf Vermögenserträgen. Ich berechne sie und verbuche sie.

Der **Zins** ist **der Aufwand oder Ertrag für eine vorübergehende Überlassung** des Kapitals. Der Gläubiger leiht dem Schuldner einen bestimmten Betrag (Kapital) und erhält auf diesem seinen Ertrag (Zinsen). Derjenige, der die Zinsen bezahlt hat somit einen Zinsaufwand, derjenige, der diese erhält einen Zinsertrag.

1.2.1 Zinsformel

Zinsformel für ein Jahr (Jahreszins)

$$\text{Zins} = \frac{\text{Kapital} \times \text{Zinsfuss}}{100} \qquad \text{oder anders ausgedrückt:} \quad Z = \frac{K \times p}{100}$$

Zinsformel für Anzahl Tage (Marchzins)

$$\text{Zins} = \frac{\text{Kapital} \times \text{Zinsfuss} \times \text{Anlagedauer}}{100 \times 360} \qquad \text{oder anders ausgedrückt:} \quad Z = \frac{K \times p \times t}{100 \times 360}$$

Umkehrung der allgemeinen Zinsformel

$$Z = \frac{K \times p \times t}{100 \times 360} \Rightarrow p = \frac{Z \times 100 \times 360}{K \times t} \Rightarrow K = \frac{Z \times 100 \times 360}{p \times t} \Rightarrow t = \frac{Z \times 100 \times 360}{K \times p}$$

Merktipp:
Grundformel für Z auswendig können, und für alle anderen gilt: Z × 100 × 360 ist im Zähler, die übrigen zwei Grössen sind im Nenner!

1.2.2 Tageberechnung

Anlagedauer
Gemäss Usanz (Gepflogenheit im Geschäftsverkehr, Gebrauch) wird die Anlagedauer von Schweizerischen Geldinstituten nicht nach dem genauen Kalender, sondern nach folgenden Regeln berechnet:

- **ein Zinsjahr hat 360 Tage**
- **ein Zinsmonat hat 30 Tage (auch wenn dieser effektiv 28 oder 31 Tage hat)**
- **der letzte Kalendertag gilt für die Zinsberechnung immer als der dreissigste Tag**

Zinsrechnen, Verrechnungssteuer

Beispiele:

01.10.	–	30.10.		29 Tage
01.10.	–	31.10.		29 Tage
31.10.	–	30.11.		30 Tage
31.01.	–	28.02.	(kein Schaltjahr)	30 Tage
31.01.	–	28.02.	(Schaltjahr)	28 Tage
31.01.	–	29.02.		30 Tage
24.02.	–	28.02.	(kein Schaltjahr)	6 Tage
24.02.	–	28.02.	(Schaltjahr)	4 Tage

Merke:
Jede durch 4 teilbare Jahreszahl ist ein Schaltjahr!

Tipp zum Berechnen:

- Zuerst die gegebenen Daten «umdenken» gemäss der Regel; erst dann die Tage berechnen nach dem Prinzip: Startdatum + ? Tage = Schlussdatum
  Anwendung am Beispiel 31.01. – 28.02. (kein Schaltjahr)
  Umdenken: 31.01. = letzten Tag = 30.; 28.02. im Normaljahr = 30.
  Rechnen: 0 + ? = 30 → **30 Tage** (Startdatum 30. = 0 beim Berechnen!)

- Alternativ: Minus rechnen: z. B. 02.02. – 28.02. (kein Schaltjahr)
  Umdenken: 28.02. im Normaljahr = 30.
  Rechnen: 30 – 2 = 28 Tage

1.2.3 Verrechnungssteuer

Die Verrechnungssteuer ist eine vorbeugende Massnahme gegen Steuerhinterziehung. Inländische Kapitalerträge (Zinsen, Dividenden, Lotteriegewinne) werden mit 35 % besteuert.

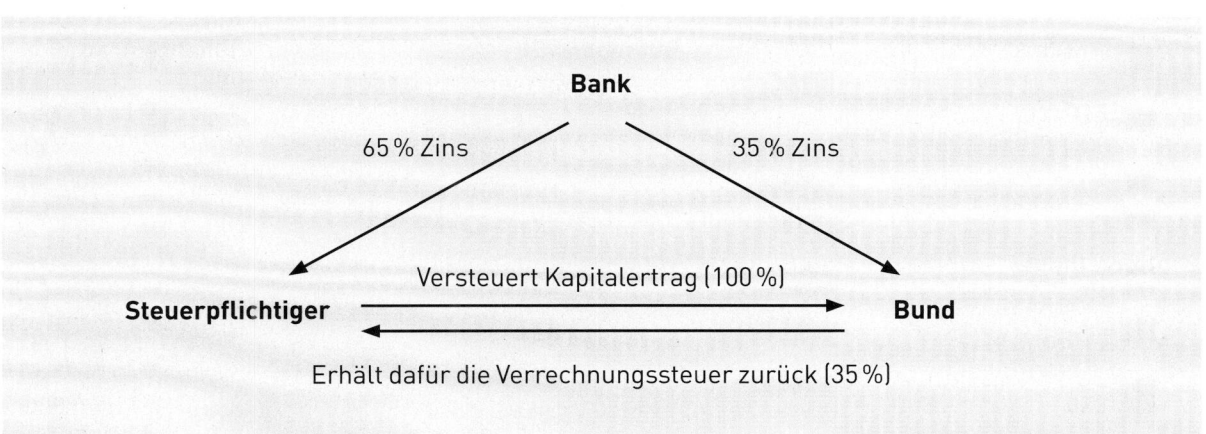

Der Bankkunde erhält von der Bank nur 65 % ausbezahlt. Die 35 % Verrechnungssteuer, welche die Bank der Steuerverwaltung überweist, kann der Bankkunde vom Staat zurückfordern, wenn er sein Einkommen und sein Vermögen in der Steuererklärung korrekt deklariert. Folglich bedeutet die abgezogene Verrechnungssteuer für den Kunden eine Forderung gegenüber dem Staat = Guthaben Verrechnungssteuer.

Auf welchen Erträgen wird die Verrechnungssteuer erhoben?

Grundsätzlich auf allen Zinserträgen von Post- und Bankkonten, sowie auf Zinserträgen von Obligationen und Dividendenerträgen von Aktien und auf Lottogewinnen von über CHF 1 Mio.

Ausnahmen!
Erträge ohne Verrechnungssteuerabzug: Zinserträge von nicht mehr als CHF 200.00 pro Jahr bei privaten Sparkonten, Lohnkonten, Anlagekonten auf Bank und PostFinance sowie bei Lottogewinnen bis CHF 1 Mio. (Geschäftskonten, sogenannte Kontokorrente, unterliegen auch bei Zinsen unter CHF 200.00 immer der Verrechnungssteuer, weil sie mehrmals jährlich abgeschlossen werden!)

Zinsrechnen, Verrechnungssteuer

Verbuchung von Zins und Verrechnungssteuer:
Zins und Verrechnungssteuer können auf zwei Arten verbucht werden. Die **Nettomethode** ist gebräuchlicher, aber bei Aufgaben mit Kontoauszügen der Bank kann die **Bruttomethode** passender sein.

Beispiel mit einem Bruttozins von CHF 800

Aufstellung			
Bruttozins	100 %	CHF	800
./. Verrechnungssteuer	– 35 %	CHF	– 280
= Nettozins	65 %	CHF	520

Buchungssätze Nettomethode			
Guthaben Verrechnungssteuer	/	Finanzertrag	280
Bank	/	Finanzertrag	520

Aufstellung			
Bruttozins	100 %	CHF	800
./. Verrechnungssteuer	– 35 %	CHF	– 280
= Nettozins	65 %	CHF	520

Buchungssätze Bruttomethode			
Bank	/	Finanzertrag	800
Guthaben Verrechnungssteuer	/	Bank	280

Beide Buchungsarten führen zum gleichen Ergebnis:

Nettomethode:

Bank	
520	
	S 520

Guthaben VSt	
280	
	S 280

Finanzertrag	
	280
S 800	520

Bruttomethode:

Bank	
800	280
	S 520

Guthaben VSt	
280	
	S 280

Finanzertrag	
	800
S 800	

1.2.4 Zinsen auf Obligationsanleihen

Mit Obligationsanleihen nehmen der Staat oder Grossunternehmungen sehr viel Fremdkapital auf, z. B. CHF 100 Millionen. Der einzelne Sparer/Kapitalanleger kann Anteile von dieser Obligationsanleihe kaufen und erhält dafür jährlich den Zins. Für die Zinsberechnung ist allein der Nominalwert als Kapital massgebend. Alle anderen Angaben (Kurswert, Laufzeit, Jahr, Herausgeber) spielen keine Rolle. Der Zins unterliegt dem Verrechnungssteuerabzug. Zur genauen Erklärung der Obligationsanleihe als Mittel der Unternehmungsfinanzierung und der Kapitalanlage → siehe Teil Betriebswirtschaftliche Zusammenhänge, Kap. 2.6: Finanzierung, Kapitalanlage

Beispiel: Karin S. kauft an der Börse für nominal CHF 25 000 2½ %-Obligationen der Bernischen Kraftwerke AG zum Kurs von 98; Zinstermin 30. April.

Wie viel Nettozins wird Karin S. jährlich erhalten und wie verbucht sie ihn?

$$Z = \frac{25\,000 \times 2.5}{100}$$

CHF 625.00	Zins brutto
CHF − 218.75	./. 35 % VSt.
CHF 406.25	Zins netto

Text	Soll	Haben	Betrag
Nettozins (65 %)	Bank	Finanzertrag	406.25
VSt (35 %)	Guthaben VSt	Finanzertrag	218.75

1.2.5 Kontokorrent-Konten

Kontokorrente (correre = laufen) sind Bankkonten von Unternehmungen zur Abwicklung des gesamten Zahlungsverkehrs.

Was ist der Unterschied zwischen einem Kontokorrent und einem Spar- oder Gehaltskonto?

	Kontokorrentkonto (correre = laufen)		Privatkonto (Gehalts-/Sparkonto)
Wer braucht es?	nur Unternehmungen		Privatpersonen / Sparer / Angestellte
Wozu dient es?	zur Abwicklung des ganzen Zahlungsverkehrs		zum Sparen und zum Aufbewahren von Geld
In welcher Form kommt es vor?	aus Sicht der Unternehmung		aus Sicht des Sparers: Bankguthaben (ein Überziehen ist nur beschränkt möglich mit hohem Soll-Zins)
	Bankguthaben (im schwarzen Bereich)	**Bankschuld** (wenn überzogen)	
	aus Sicht der Bank		aus Sicht der Bank: Kreditoren-Konto: die Bank hat eine Schuld beim Sparer
	Kreditoren-KK Schuld der Bank beim Kunden	**Debitoren-KK** Guthaben der Bank beim Kunden	
Zinsfuss	sehr tief 0 % – 0.5 %	hoch 2 % – 12 %	zur Zeit 0 % – 0.75 %

Zinsrechnen, Verrechnungssteuer

Die Bank schickt der Unternehmung den Kontoauszug **aus Banksicht.** Als Buchhalterin/Buchhalter der Unternehmung haben Sie diesen Kontoauszug in die Sicht der Unternehmung zu «übersetzen» und müssen den Zins **aus unternehmerischer Sicht verbuchen.**

Beispiel
Kontoauszug aus Banksicht: Kreditoren-Kontokorrent

Datum	Text	Belastung	Gutschrift
01.01.	Saldovortrag		6000
10.01.	Barbezug	1000	
20.01.	Überweisung von Kunden		2000
31.01.	Zins brutto		120
31.01.	Verrechnungssteuer	42	
31.01.	Gebühren und Spesen	10	
31.01.	Saldo zu Ihren Gunsten	7068	
	Total	**8120**	**8120**

Verbuchung dieses Kontoauszuges in der Unternehmung:

Datum	Soll	Haben	Betrag
01.01.	Bank	Bilanz	6000
10.01.	Kasse	Bank	1000
20.01.	Bank	Forderungen LL	2000
31.01.	Bank	Finanzertrag*	120
31.01.	Guthaben VSt	Bank*	42
31.01.	Finanzaufwand	Bank	10

* Verbuchung mit Bruttomethode!

1.2 Zinsrechnen, Verrechnungssteuer – Aufgaben

Hinweis:
Die Zinsen auf dem Finanzmarkt sind aktuell sehr tief (fast bei Null). Für gewisse Kapitalanlagen werden sogar Negativzinsen verlangt! In den folgenden Aufgaben finden Sie aus rein mathematischen Überlegungen keine aktuellen Zinssätze; sprich die Zinssätze in den Aufgaben sind höher als die Marktzinsen!

1.2.1 Tage berechnen

Berechnen Sie die Tage (Rechnungsweg nicht erforderlich).

Datum	Tage
01. Jan. 2019 – 30. Juni 2019	
31. Aug. 2020 – 01. März 2021	
17. Jan. 2020 – 28. Feb. 2020	
15. März 2019 – 27. Nov. 2019	
27. Feb. 2019 – 02. April 2019	
28. Feb. 2020 – 05. Juni 2020	

1.2.2 Bruttozins berechnen

Ein Kapital von CHF 40 000.00 wird zu 1.75 % angelegt. Nach 9 Monaten erhöht die Bank den Zinsfuss auf 2.25 %. Ein Jahr nach der Kapitalanlage hebt der Sparer das Geld wieder ab. Wie hoch war der Bruttozins für das ganze Jahr?

1.2.3 Sparguthaben berechnen

Eine Bank verzinst die Sparguthaben von Kindern und Jugendlichen zu 1.5 %. Gewöhnliche Sparer erhalten nur 0.75 %. Ein Sparer hat CHF 3 600.00 auf seinem Konto. Wie viel Franken müsste ein Jugendlicher auf seinem Sparkonto haben, damit er in 150 Tagen gleich viel Zins erhält wie der normale Sparer in 7 Monaten?

Zinsrechnen, Verrechnungssteuer – Aufgaben

1.2.4 Zinsfuss berechnen

Die Lampenfirma Lucent AG nimmt am 30. Juni bei einer Bank ein Darlehen von CHF 45 000.00 auf. Der Zinssatz beträgt 5%. Drei Monate später wird aufgrund der aktuellen Geldnachfrage der Zinssatz angepasst. Die Lucent AG zahlt nach einem Jahr das Darlehen inklusive eines Zinses von CHF 1 850.00 zurück.

Berechnen Sie, auf wie viele Prozente der Zinssatz nach drei Monaten angepasst wird.

1.2.5 Datum berechnen

Sara Lehner leiht einer Bekannten am 22. Februar CHF 15 000.00, verzinslich zu 1.5%. Nach Ablauf der Kreditfrist erhält sie CHF 15 080.00 (inklusive Zins) zurück. Welches war das Ablaufdatum des Kredites?

1.2.6 Bruttozins und Kapital berechnen

Frau Klotz erhält auf ihrem zu 0.75% verzinsten Sparkonto für ein Jahr CHF 163.80 Nettozins gutgeschrieben.

a) Wie viel Franken beträgt der Bruttozins?

b) Wie viel Franken beträgt das Kapital, das sie auf ihrem Konto angelegt hat?

1.2.7 Nettozins, Bruttozins, Verrechnungssteuer

Reto Thommen wird von der Berner Kantonalbank ein Nettozins von CHF 390.00 gutgeschrieben.

a) Wie viel Franken beträgt der Bruttozins?

b) Stellen Sie eine übersichtliche Bankabrechnung mit Bruttozins, Verrechnungssteuer und Nettozins dar.

c) Verbuchen Sie die Gutschriftanzeige aus Sicht von Reto Thommen.

Text	Buchungssatz		Betrag
	Soll	Haben	

1.2.8 Kontoabschluss Macheto GmbH

Die Macheto GmbH hat ein Kontokorrent bei der UBS. Aus dem Kontoabschluss per 31.12.2020 gehen folgende Angaben hervor:

Sollzins: CHF 40.50
Kommission: CHF 19.30
Spesen: CHF 15.00

a) Hat die Macheto GmbH ein Guthaben oder eine Schuld bei der UBS? Um was für ein Kontokorrent handelt es sich somit?

b) Wie bucht die Macheto GmbH Zins, Kommission und Spesen?

Text	Buchungssatz		Betrag
	Soll	Haben	
Zins			
Kommission			
Spesen			

1.2.9 Kontokorrentkonto der Swissmezia AG

Die Swissmezia AG wickelt ihren gesamten Zahlungsverkehr über ein Kontokorrentkonto bei der ZKB ab. Am Ende des ersten Semesters erhält sie folgenden Kontoauszug der ZKB:

Datum	Text	Verkehr Soll	Haben	Saldo
01.01.	Saldovortrag		15 000.00	15 000
14.02.	Bareinzahlung		8 000.00	23 000
02.03.	Zahlungen an Lieferanten	16 000.00		7 000
10.04.	Zahlungen von Kunden		6 000.00	13 000
30.06.	Habenzins brutto		8.45	13 008.45
30.06.	VST 35 %	2.95		13 005.50
30.06.	Kommission/Spesen	10.60		12 994.90
	Saldo per 30.06.			12 994.90
	Umsatz	16 013.55	29 008.45	

a) Handelt es sich aus Banksicht um ein Debitoren- oder um ein Kreditorenkontokorrent? (mit Begründung)

b) Verbuchen Sie die Geschäftsfälle gemäss Kontoauszug bei der Swissmezia AG!

Journal

Datum	Buchungssatz Soll	Haben	Betrag
14.02.			
02.03.			
10.04.			
30.06.			
30.06.			
30.06.			

1.2.10 Verbuchen von Kapitalerträgen auf Obligationen

Berechnen und verbuchen Sie die Zinsen.

a) Die Hofer AG besitzt 3%-Obligationen der Stadt Zürich, Nominalwert CHF 230 000.00, aktueller Kurswert an der Börse CHF 252 000.00. Wie verbucht die Hofer AG die jährliche Zinsgutschrift der Bank?

b) Die Glarner Kantonalbank schreibt der Schreinerei Möhl GmbH den Nettozins für die 2½%-Obligationen der Kraftwerk Oberhasli gut: CHF 1495.00

　　1. Verbuchen Sie für die Schreinerei Möhl GmbH die Gutschrift der Bank.

　　2. Wie hoch ist der Nominalwert dieser Obligation?

1.3 Fremde Währungen

Leistungsziele BIVO

- Ich beschreibe den Unterschied zwischen dem Noten- und Devisenkurs.
- Ich berechne für den An- und Verkauf von fremden Währungen die Beträge gemäss aktuellen Kursen.

Jeden zweiten Franken verdient die Schweiz im Ausland. Aus diesem Grund gehört das Rechnen mit fremden Währungen zum Tagesgeschäft.

Grundlage für Umrechnungen zwischen einer ausländischen Währung und dem Schweizer Franken sind die von den Banken täglich veröffentlichten Kursblätter.

1.3.1 Kurstabelle (Kursblatt)

Devisen- und Notenkurse vom 29. Mai 2020

Land	Währung	ISO-Kürzel	Einheit	Devisen		Noten	
				Ankauf	Verkauf	Ankauf	Verkauf
USA	US-Dollar	USD	1	0.966	1.004	0.945	1.033
Grossbritannien	Pfund Sterling	GBP	1	1.187	1.233	1.150	1.300
Europa (EWU)	Euro	EUR	1	1.075	1.115	1.067	1.130
Schweden	Schwedische Krone	SEK	100	11.048	11.482	10.511	12.217
Dänemark	Dänische Krone	DKK	100	12.231	12.698	11.516	13.250
Norwegen	Norwegische Krone	NOK	100	9.756	9.999	9.657	10.093
Japan	Yen	JPY	100	0.931	0.976	0.895	0.993
Kanada	Kanadischer Dollar	CAD	1	0.731	0.760	0.706	0.795

Merke: Die Angaben in der Kurstabelle sind immer in Schweizer Franken!
Also gilt: 1 oder 100 ausländische Einheiten = x Schweizer Franken

Definition Kurs: Der Kurs ist der Preis in einheimischer Währung für 1 oder 100 Einheiten der Fremdwährung.
(→ daraus folgt: Auf Kurstabellen in Deutschland lauten die Angaben: 1 oder 100 ausländische Einheiten = x Euro)

> 1 Einheit gilt für die «grossen» Währungen: Euro, Dollar, Pfund
> 100 Einheiten gelten für alle anderen Währungen

1.3.2 Wahl des richtigen Umrechnungskurses:

Devisenkurs: Wenn der Geldwechsel in **Buchgeld** erfolgt: Überweisungen, Kreditkartenzahlungen, Zahlungen mit Bankkarte oder Check.

Notenkurs: Wenn die **Fremdwährung** von der Bank als **Bargeld** gehandelt wird.

Merke: Bei der Wahl, ob Devisen- oder Notenkurs ist matchentscheidend, in welcher Form die **Fremdwährung** gehandelt wird: ob als Bargeld oder als Buchgeld. (Ob die Schweizer Franken in bar oder als Buchgeld benützt werden, spielt hier keine Rolle.)

Ankaufkurs: Wenn die Bank bei der Umrechnung **Fremde Währung** entgegennimmt.
→ die Bank kauft Fremde Währung:
Kunde → Fremde Währung → **Bank**

Verkaufskurs: Wenn die Bank bei der Umrechnung **Fremde Währung** weggibt.
→ die Bank verkauft Fremde Währung:
Bank → Fremde Währung → Kunde

1.3.3 Umrechnungen

Alle Umrechnungen erfolgen immer mit Dreisätzen. Es gibt drei Arten von Berechnungen:
(Die Kurse sind aus der Kurstabelle abzulesen.)

Umrechnung von Schweizer Franken in Fremde Währung

Beispiel: Für die Ferien wechselt Bruno CHF 400 in Euros um.

CHF 1.130 – EUR 1 ⇒ $x = \dfrac{400 \times 1}{1.130}$ ⇒ EUR 353.98

CHF 400 – EUR x

Rundungsregel: Wenn nichts anderes vorgegeben → auf zwei Stellen genau.

Umrechnung von Fremder Währung in Schweizer Franken

Beispiel: Die Cis AG lässt einem Lieferanten in den USA den Rechnungsbetrag von 1350 Dollar überweisen.

USD 1 – CHF 1.004 ⇒ $x = \dfrac{1350 \times 1.004}{1}$ ⇒ CHF 1355.40

USD 1350 – CHF x

Rundungsregel: Auf die nächsten 5 Rappen auf- oder abrunden.

1.3 Fremde Währungen – Aufgaben

1.3.1 Berechnungen

Machen Sie die notwendigen Umrechnungen auf einem separaten Blatt. Benutzen Sie zum Lösen der folgenden Aufgaben das Kursblatt zu Beginn des Kapitels:

a) Thomas hat seine Ferien in Finnland verbracht. Er bringt noch EUR 450.00 zurück und lässt sich den Gegenwert auf seinem Konto gutschreiben.
b) Frau Parrin überweist ihrer in Tokio studierenden Tochter CHF 1800.00 auf das dortige Konto. (auf ganze Yen runden)
c) Lotti Roth kauft bei der Bank dänische Kronen im Gegenwert von CHF 350.00.
d) Dragan hat in Deutschland eine Verkehrsbusse kassiert. Den deutschen Einzahlungsschein von EUR 150.00 bezahlt er am Postschalter in Schweizer Franken ein. Wie viele Franken muss er einzahlen?
e) Gian bezieht mit seiner Kreditkarte in München ab einem Bankomat EUR 800.00. Wie hoch wird die Belastung auf seinem Bankkonto?
f) Rita kauft online ein amerikanisches Software-Tool zu USD 154.00. Sie bezahlt online per Kreditkarte. Wie hoch wird die Kontobelastung?

1.3.2 Zahlungsverkehr mit Japan

Die Firma Yamaha, Tokio, überweist der Exped AG, Kloten, JPY 650 000.00. Berechnen Sie den Betrag, den die Credit Suisse Kloten der Exped AG gutschreibt, nach Abzug von CHF 15.00 Spesen.

a) Welchen Kurs wendet die Bank an? Kreuzen Sie an.

Noten	Kauf
Devisen	Verkauf

b) Wie viele CHF wird die Bank der Exped AG gutschreiben?

1.3.3 Schweizer Exportfirma

Eine Schweizer Exportfirma offeriert einem Kunden in Paris ein Produkt zum Schweizer Verkaufspreis von CHF 2167.00. Die Faktura soll aber in Euro ausgestellt werden. Zur Umrechnung überlegt man wie folgt: Tageskurs der Schweizer Bank für eine Überweisung, welche die Exportfirma von Paris erhält (gemäss Kursblatt) + 5 % Zuschlag, aufgerundet auf die nächsten 10 Euro.

Auf welchen Betrag wird die Faktura ausgestellt?

1.3.4 Handelsfirma

Eine Handelsfirma beauftragt ihre Bank, einem deutschen Lieferanten EUR 11 300.00 zu überweisen. Gleichentags erhält sie aus London eine Überweisung von GBP 8264.00. Auf wie viel Franken lautet netto die Belastung oder Gutschrift auf dem Bankkonto? Verwenden Sie die Kurse aus der Kurstabelle.

1.3.5 Umrechnungskurs

Leila kauft in Wien ein Paar High-Heels für EUR 117.50. Die Euros für den ganzen Aufenthalt hat sie sich vor der Abreise in Zürich am Bankschalter besorgt (gemäss Kursliste). Eine Woche später, auf einer Geschäftsreise in London, entdeckt sie die genau gleichen High-Heels für GBP 84.90.

Für einen Vergleich wendet sie den Londoner Umrechnungskurs an:
CHF 1 = GBP 0.769

a) Wo werden die High-Heels günstiger angeboten?
b) Wie viele Prozent im Vergleich zum teureren Verkaufsort hat sie gespart oder hätte sie sparen können?

Fremde Währungen – Aufgaben

1.3.6 Berechnungen

Familie Schweizer hat ein Weekend gebucht in einem 4-Sterne-Hotel in Stockholm/Schweden. Das Arrangement kostet fix SEK 8980.00. Sie wollen das Arrangement bar beim Check-In bezahlen und wollen nun die beste Möglichkeit des Geldwechsels ausrechnen aus drei verschiedenen Varianten.

Berechnen Sie von a) bis c) jede Variante und nennen Sie bei d) den Unterschied zwischen der besten und der schlechtesten.

a) Wechsel am Bankschalter in Zürich gemäss Kurstabelle

b) Wechsel am Bankschalter in Stockholm, wo folgende Kurse für 1 Schweizer Franken gelten:
   Devisen: Kauf   8.115   Verkauf   8.201
   Noten: Kauf   8.085   Verkauf   8.296

c) Barzahlung mit Franken im Hotel zum Umrechnungskurs des Hotels:
   1 CHF = SEK 7.95

d) Unterschied beste und schlechteste Variante

1.3.7 Sinkende Kurse

Der Kurs in der Schweiz für USD ist in den vergangenen 15 Jahren von 1.49 auf 0.93 gesunken.

a) Berechnen Sie die prozentuale Veränderung des USD in den vergangenen Jahren auf zwei Kommastellen.

b) Ivan hat sich damals eine neue Windjacke für USD 306.60 gekauft. Heute würde dieselbe Jacke USD 350.20 kosten. Um wie viele Schweizer Franken ist die Windjacke in den letzten Jahren günstiger oder teurer geworden?

1.3.8 Verkauf gegen fremde Währung

Der österreichische Handelsreisende Meinrad Falke befindet sich auf einer Geschäftsreise in der Schweiz. Er hält beim Bauernhof von Reto Töbeli an und kauft direkt ab Hof 10 Kilogramm Bio-Zwetschgen. Der Preis für ein Kilogramm Zwetschgen beträgt CHF 5.50. Herr Falke hat allerdings nur Euros und US-Dollars dabei. Da der Landwirt Töbeli sich das gute Geschäft nicht entgehen lassen möchte, nimmt er den Betrag in Fremdwährungen an. Töbeli wird am gleichen Tag noch auf die Bank gehen und den Betrag in Schweizer Franken wechseln.

Die Tageskurse sind dem Kursblatt zu entnehmen.

a) Wie viele Euros wird der Landwirt Töbeli von Meinrad Falke für die 10 Kilogramm Zwetschgen verlangen müssen, damit er CHF 5.50 je Kilo einnimmt (auf ganze Euros aufrunden)?

b) Falke offeriert ihm für die 10 Kilogramm Zwetschgen statt dem bei a) berechneten Euro-Betrag USD 60.00. Welchem Verkaufspreis je Kilogramm in Schweizer Franken würde dieses Angebot entsprechen (auf Rappen genau runden)?

c) Zwei Monate später will erneut eine deutsche Touristin ihre Einkäufe bei Reto Töbeli in Euro begleichen. Er erkundigt sich bei seiner Bank über die aktuellen Eurokurse und erhält ohne genauere Erklärung vier Angaben:
1.201   1.139   1.186   1.142
Für die Wahl des zutreffenden Kurses füllt er diese 4 Zahlen in das bekannte Schema ein. Was er sicher weiss: die tiefste Zahl ist immer der Noten-Ankauf.
Tragen Sie jetzt die vier Zahlen korrekt ins Schema ein.

Noten		Devisen	
Kauf	Verkauf	Kauf	Verkauf

1.4 Buchhaltung des Warenhandelsbetriebs

Leistungsziele BIVO

- Ich verbuche typische Geschäftsfälle des Warenhandels mit Rabatten, Skonti, Bezugskosten, Sonderverkaufskosten und MWST.
- Ich führe die Konten Handelswarenaufwand, Handelserlös und Vorrat Handelswaren (als ruhendes Konto).

1.4.1 Überblick und wichtige Grössen

Lieferanten	Wareneinkauf		Warenverkauf	**Kunden**
Konto:	→	Waren-	→	Konto:
Verbindlichkeiten LL	Konto	handel	Konto	Forderungen LL
(Kreditoren)	Warenaufwand		Warenertrag	(Debitoren)

Alles, was den Einkauf betrifft, wird über das Konto Handelswarenaufwand verbucht und alles, was den Verkauf betrifft, über das Konto Handelserlöse. Das Konto Handelswaren ist ein ruhendes Konto und wird nur für die Korrektur des Lagers am Jahresende benötigt.

Die Konten Handelswarenaufwand und Handelswaren werden zu Einstandspreisen geführt.
Das Konto Handelserlöse wird zu Verkaufspreisen geführt.

Soll	**Handelswarenaufwand**	Haben
Einkäufe	Rabatte	
Bezugskosten	Skonto	
	Rücksendungen	
Vorratsabnahme	Vorratszunahme	
	Saldo	
	(= Handelswaren-	
	aufwand	
	= Einstandswert der	
	verkauften Waren)	

Soll	**Handelserlöse**	Haben
Rabatte	Handelserlöse	
Skonto		
Rücknahmen		
Versandkosten		
Saldo		
(= Nettoerlös)		

Soll	**Handelswaren**	Haben
Anfangsbestand		
Vorratszunahme	Vorratsabnahme	
	Endbestand	

Zunahme Handelswaren: *Handelswaren / Handelswarenaufwand*
Abnahme Handelswaren: *Handelswarenaufwand / Handelswaren*

Einstandswert der eingekauften Ware = Saldo im Konto Handelswarenaufwand **vor** Verbuchung der Vorratsveränderung.

Diese Zahl zeigt: Für wie viel Franken haben wir Waren eingekauft in diesem Jahr?

> **Tipp zum Berechnen:** Die Zahl der Vorratsveränderung abdecken und dann ausrechnen: Wie hoch wäre jetzt der Saldo?

Einstandswert der verkauften Handelswaren (Warenaufwand) = Saldo im Konto Handelswarenaufwand **nach** Verbuchung der Vorratsveränderung.
Diese Zahl zeigt: Für wie viel Franken – zu Einkaufspreisen! – haben wir in diesem Jahr Waren für den Verkauf **verbraucht**? Der Verbrauch kann höher sein als der Einkauf (→ Vorratsabnahme), oder der Verbrauch kann weniger sein als der Einkauf (→ Vorratszunahme).

Verkaufswert der verkauften Waren (Nettoerlös) = Saldo im Konto Handelserlöse

Diese Zahl zeigt: Für wie viel Franken – zu Verkaufspreisen – haben wir in diesem Jahr Waren verkauft?

Bruttogewinn
→ Saldo Handelserlöse – Saldo Handelswarenaufwand = Bruttogewinn

Diese Zahl zeigt: Wie viel Franken haben wir allein aus dem Warenhandel verdient, noch ohne Abzug des Gemeinaufwandes (vgl. Kapitel 1.7: Mehrstufige Erfolgsrechnung).

Reingewinn
→ Bruttogewinn – Gemeinaufwand = Reingewinn
(kann nur berechnet werden, wenn der Gemeinaufwand bekannt ist)

1.4.2 Typische Buchungen

Wareneinkauf		
Geschäftsfall	Soll	Haben
Wareneinkauf auf Kredit:	Handelswarenaufwand	Verbindlichkeiten LL
Rücksendungen an Lieferanten:	Verbindlichkeiten LL	Handelswarenaufwand
Rabatte von Lieferanten:	Verbindlichkeiten LL	Handelswarenaufwand
Zahlung an Lieferanten unter Abzug von Skonto: Skonto:	Verbindlichkeiten LL	Handelswarenaufwand
Zahlung:	Verbindlichkeiten LL	Bank
Bezugskosten bar bezahlt zu unseren Lasten:	Handelswarenaufwand	Kasse
Bezugskosten bar bezahlt zu Lasten des Lieferanten (Frankolieferung vereinbart):	Verbindlichkeiten LL	Kasse

Buchhaltung des Warenhandelsbetriebs

Warenverkauf		
Geschäftsfall	Soll	Haben
Warenverkauf auf Kredit:	Forderungen LL	Handelserlöse
Rücksendungen von Kunden:	Handelserlöse	Forderungen LL
Rabatte an Kunden:	Handelserlöse	Forderungen LL
Zahlung von Kunden unter Abzug von Skonto: Skonto:	Handelserlöse	Forderungen LL
Zahlung:	Bank	Forderungen LL
Versandkosten bar bezahlt zu unseren Lasten (Frankolieferung):	Handelserlöse	Kasse
Versandkosten bar bezahlt zu Lasten des Kunden:	Forderungen LL	Kasse

1.4.3 Verbuchung der Bestandesänderung am Jahresende

1. Am Jahresende wird der Wert des Warenlagers (= Inventar) ermittelt. Diese Zahl ist in den Aufgaben jeweils vorgegeben.
   → Den Inventarwert als Saldo (Schlussbestand) des Kontos Handelswaren eintragen!

2. Der betragsmässige Unterschied zwischen Anfangs- und Schlussbestand ist die Vorratsveränderung während des Jahres:

   AB > SB: Es wurden mehr Waren vom Lager weggenommen als neu dazukamen → man hat also in diesem Jahr gesamthaft mehr Waren verkauft als eingekauft → Lagerabnahme.

   Buchung: Handelswarenaufwand / Handelswaren 100

Soll	Handelswaren		Haben	
AB	300			
			100	
		S	200	← aus Inventar

   SB > AB: Das Lager ist Ende Jahr grösser als zu Beginn → man hat also in diesem Jahr gesamthaft mehr Waren eingekauft als verkauft → Lagerzunahme.

   Buchung: Handelswaren / Handelswarenaufwand 100

Soll	Handelswaren		Haben	
AB	300			
	100			
		S	400	← aus Inventar

1.4 Buchhaltung des Warenhandelsbetriebs – Aufgaben

1.4.1 Warenverkehr verbuchen

Verbuchen Sie die nachstehenden Geschäftsfälle der Kleiderfirma H. Schraner mit Buchungssatz und Betrag (wo er noch fehlt) im Journal. Verwenden Sie die Konten des Kontenplans.
(hintere Umschlagsseite)

Nr.	Text	Buchungssatz Soll	Buchungssatz Haben	Betrag
1.	Kreditverkäufe von Kleidern.			16 000
2.	Die Fracht für die obige Sendung wird bar bezahlt. Die Fracht geht zu Lasten des Kunden.			200
3.	Die Lieferantenrechnungen für Warenbezüge treffen ein.			11 000
4.	Die Fracht für die obige Ware (Nr. 3) wird zu unseren Lasten bar bezahlt.			150
5.	Ein Kunde begleicht eine Rechnung von CHF 2000.00 unter Abzug von 2 % Skonto durch Banküberweisung.			
6.	Wir senden einem Lieferanten mangelhafte Ware zurück.			300
7.	Beim Versand von Waren bezahlen wir die Fracht in bar. Die Fracht geht zu unseren Lasten.			150
8.	Ein Kunde sendet uns mangelhafte Ware zurück. (Gutschrift)			400
9.	Die Fracht auf eingekaufter Ware wird bar bezahlt. Die Fracht geht zu Lasten des Lieferanten.			200
10.	Nach Abzug von 2 % Skonto überweisen wir dem Lieferanten CHF 2940.00 per Bank.			
11.	Wir gewähren einem Kunden 15 % Rabatt auf den Rechnungsbetrag von 18 600.00.			

1.4.2 Fehlende Grössen ermitteln

Ermitteln Sie die fehlenden Grössen und ergänzen Sie die Tabelle.

	Anfangs-bestand	End-bestand	Vorrats-verände-rung	Waren-einkauf	Handels-waren-aufwand	Netto-erlös	Brutto-gewinn
a)	50			230	180		– 36
b)		360		1 100	890	1 424	
c)	915	865				1 320	+ 220
d)		240		850	640		0

	Vorrats-änderung	Waren-einkauf	Handels-waren-aufwand	Netto-erlös	Brutto-gewinn	Gemein-aufwand	Rein-gewinn
e)		480		900		440	– 40
f)	+ 70		400		200		30

1.4.3 Geschäftsfälle der Rotondo AG verbuchen

Bilden Sie die Buchungssätze der Rotondo AG. Verwenden Sie die Konten des Kontenplans KMU. Führen Sie die drei Warenkonten und zusätzlich die Konten Forderungen LL und Verbindlichkeiten LL.

Nr.	Geschäftsfall	Buchungssatz Soll	Buchungssatz Haben	Betrag
1.	Anfangsbestand Warenvorrat: 4000			
2.	Wareneinkauf bei der Baer AG auf Kredit für 16 500.			
3.	Bei Eintreffen der Ware (Nr. 2) bezahlen wir dem Transporteur 600 in bar. Es ist aber Franko-lieferung abgemacht.			
4.	Wir verkaufen Waren auf Kredit an die Dürr GmbH zu 28 000.			
5.	Beim Versand obiger Ware bezahlen wir bar 900 Transport-kosten zu unseren Lasten.			
6.	Von der Baer AG erhalten wir eine Rabattgutschrift von 10 % auf dem Warenwert.			

Buchhaltung des Warenhandelsbetriebs – Aufgaben

Nr.	Geschäftsfall	Buchungssatz		Betrag
		Soll	Haben	
7.	Wir begleichen die Restschuld (vgl. Nr. 2, 3 und 6) bei der Baer AG unter Abzug von 2% Skonto (Skonto berechnet vom Nettowarenwert) durch die Post.			
8.	Die Dürr GmbH retourniert mangelhafte Waren und erhält von uns eine Gutschrift von 1200.			
9.	Mit unserem Einverständnis zieht Dürr GmbH 5% Rabatt ab vom Lieferwert der Ware (vgl. Nr. 4) und zahlt die Restschuld (vgl. Nr. 8) unter Abzug von 1% Skonto per Bank.			

Abschluss

Nr.	Geschäftsfall	Soll	Haben	Betrag
10.	Das Inventar zeigt einen Lagerendbestand von 3200. Verbuchen Sie Lageränderung und Endbestand!			
11.	Schliessen Sie die übrigen 4 Konten ab. (Saldo + Abschlussbuchung)			

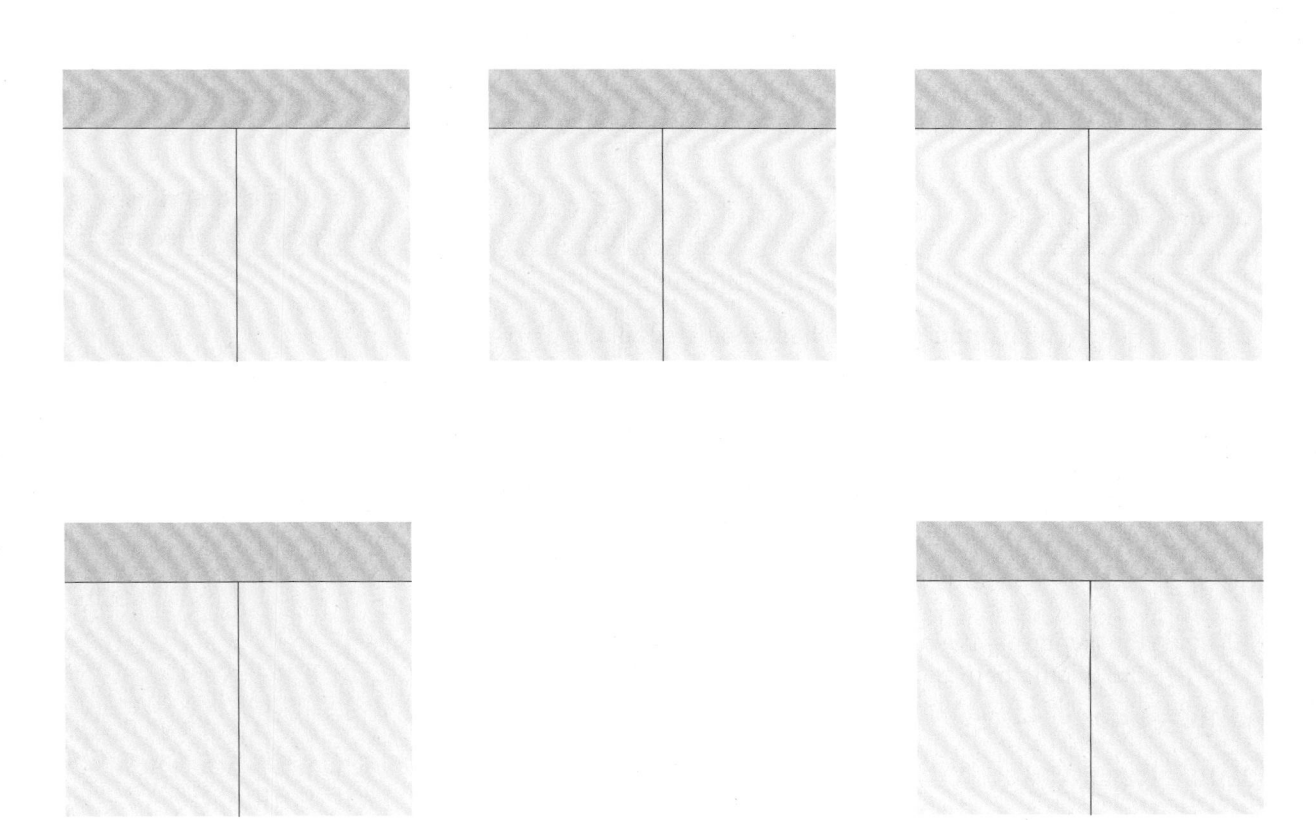

1.4.4 Geschäftsfälle erkennen

Welche Geschäftsfälle im Warenhandel führten zu den nachfolgenden Buchungen? Bilden Sie ganze Sätze zur Beschreibung des Geschäftsfalles. Es gibt keine Wiederholungen von gleichen Geschäftsfällen.

Nr.	Buchungssatz		Betrag	Beschreibung des Geschäftsfalles
	Soll	Haben		
1.	Handelserlöse Bank	Ford. LL Ford. LL	32 1568	
2.	Handelswaren- aufwand	Kasse	800	
3.	Handelserlöse	Ford. LL	200	
4.	Kasse	Handelserlöse	1200	
5.	Handelswaren- aufwand	Verb. LL	2550	
6.	Verb. LL	Kasse	125	

1.4.5 Konto Handelserlöse führen

Führen Sie das Konto Handelserlöse für die Kleider-Boutique Palmer. Füllen Sie auf jeder Zeile das leere Feld aus. Entweder ist der Betrag auf der richtigen Seite oder der passende Text einzusetzen. Berechnen Sie am Schluss den Saldo und tragen Sie diesen mit der Schlussaddition ein.

Datum	Text	Handelserlöse	
		Soll	Haben
12.08.	Barverkauf von Kleidern für CHF 1270.00.		
29.08.	Eine Kundin retourniert ein beschädigtes Kleid und erhält CHF 490.00 Barentschädigung.		
03.09.	Versandspesen zu unseren Lasten bar bezahlt, CHF 80.00.		
13.09.	Versand von Kleidern gegen Rechnung (CHF 2300.00).		
16.09.		300	
02.10.			4300
10.10.	Ein Kunde zahlt eine Rechnung von CHF 1500.00 unter Abzug von 2% Skonto per PostFinance.		
31.10.	Saldo		
31.10.	Total		

1.4.6 Richtige Bezeichnungen einsetzen

Ordnen Sie die Buchstaben A bis D den richtigen Bezeichnungen zu (Achtung: es kann auch leere Felder geben!).

A Saldo Handelswaren
B Saldo Handelswarenaufwand
C Saldo Handelserlöse
D Bruttogewinn

Nr.	Bezeichnung	Buchstabe
1.	Handelswaren zu Verkaufspreisen	
2.	Verkaufserlös minus Rabatte, Skonti, Rücksendungen	
3.	Warenverbrauch zu Einstandspreisen	B
4.	Nettoerlös aus Verkauf von Waren	C
5.	Inventarwert des Warenlagers	A
6.	Nettoerlös minus Handelswarenaufwand	D
7.	Bestandesänderung	

1.4.7 Warenkonten führen

Aus den Warenkonten kennen wir folgende Angaben (Zahlen in CHF 1000):

Anfangsbestand	4 500	Bezugskosten	900
Einkäufe brutto	17 400	Rücksendungen von Kunden	1 750
Verkäufe brutto	27 400	Rücksendungen an Lieferanten	800
Rabatte von Lieferanten	580	Endbestand	3 800

a) Schreiben Sie die drei Konten an und tragen Sie diese Zahlen in die Warenkonten ein (ohne Buchungssätze).

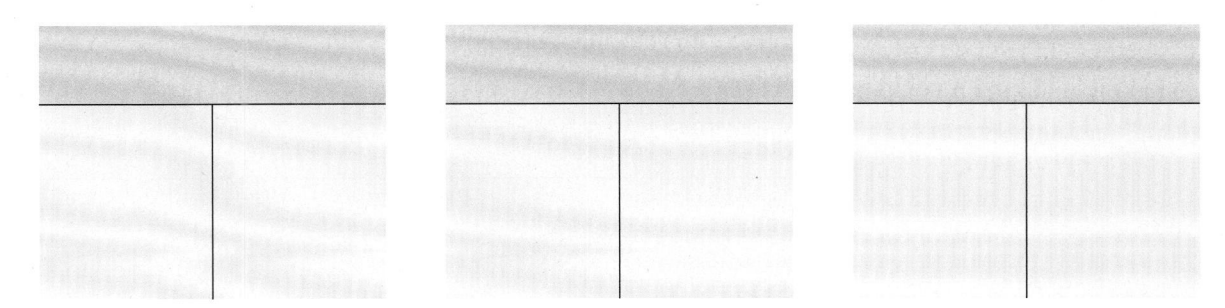

Buchhaltung des Warenhandelsbetriebs – Aufgaben

b) Wie lautet die Buchung zur Warenbestandesveränderung samt Betrag? (Buchungssatz mit Betrag)

c) Wie gross ist der Einstandswert der verkauften Waren?

d) Wie hoch ist der Nettoerlös?

e) Wie hoch ist der Einstandswert der eingekauften Waren?

f) Wie hoch ist der Bruttogewinn in Franken und in Prozenten des Handelswarenaufwandes (Rechnungsweg angeben)?

g) Wie gross wird der Reinerfolg, wenn der Gemeinaufwand (Löhne, Miete, Abschreibungen, Zinsen, Übriger Aufwand) CHF 7250.00 beträgt?

h) Wie würden sich zusätzliche Mietkosten von CHF 800.00 auswirken?

   1. auf den Bruttogewinn?

   2. auf den Reingewinn?

1.4.8 Fachbegriffe des Warenhandels anwenden

Gegeben sind folgende Grössen:

Einstandswert verkaufte Waren: 2580	Schlussbestand Handelswaren: 590
Vorratsveränderung: Zunahme von 260	Bezugsspesen: 80
Skontoabzüge bei Lieferantenzahlungen: 40	Rabatte an Kunden: 220
Wareneinkäufe brutto: 3050	Versandspesen zu eigenen Lasten: 90
Bruttogewinn: 1330	Verlust: – 120

Gesucht sind folgende Grössen:	Lösungen
Warenverkäufe brutto	4220
Rücksendungen an Lieferanten	250
Anfangsbestand Handelswaren	330
Nettoerlös	3910
Gemeinkosten	1450
Einstandswert eingekaufte Waren	2840

Zur Berechnung der gesuchten Grössen sollen Sie hier die drei Warenkonten führen.

Handelswaren		Handelswarenaufwand		Handelserlöse	

1.5 Mehrwertsteuer

> **Leistungsziele BIVO**
> - Ich zeige die Unterschiede zwischen der Netto- und Saldomethode auf. Ich berechne die Mehrwertsteuer.
> - Ich verbuche die Vorsteuer auf Einkäufen und Investitionen und die geschuldete MWST auf Verkäufen von Gütern und Dienstleistungen nach der Nettomethode.

1.5.1 Das Prinzip der Mehrwertsteuer (MWST)

Die MWST ist die wichtigste indirekte Bundessteuer. «Indirekt», weil sie nicht direkt beim Konsumenten (Endkäufer eines Produktes oder einer Dienstleistung) eingezogen wird, sondern indirekt: Jede an der Produktions- und Handelskette beteiligte Unternehmung muss dem Bund Mehrwertsteuer abliefern, darf aber die Steuer über die Verkaufspreise auf die Kunden abwälzen, so dass am Schluss der Kette der Endkäufer, der Konsument, mit dem Preis der gekauften Ware oder Dienstleistung die ganze MWST bezahlt!

«Mehrwertsteuer» heisst sie, weil bei jeder Unternehmung der von ihr geschaffene Mehrwert besteuert wird: das ist die Wertdifferenz zwischen den Kosten der Herstellung und dem Ertrag aus dem Verkauf.

1.5.2 Das System der MWST am Beispiel eines Warenhauses

Kleiderfabrik →	CHF	Warenhaus →	CHF	Kunde (Endverbraucher)	CHF
Die Kleiderfabrik kauft Stoff von der Weberei ein: inkl. 7.7% MWST	107.70				
Verkaufspreis des Kleides + 7.7% MWST	400.00 30.80 430.80	Warenhaus kauft Kleid von der Kleiderfabrik: inkl. 7.7% MWST	430.80		
		Verkaufspreis Kleid: + 7.7% MWST	750.00 57.75 807.75	Der Kunde bezahlt im Warenhaus für das Kleid inkl. 7.7% MWST	807.75
Steuerabrechnung mit der Steuerverwaltung des Bundes: Umsatzsteuer auf Verkauf: ./. Vorsteuer aus Einkauf: = abzuliefernde MWST	 30.80 7.70 23.10	Steuerabrechnung mit der Steuerverwaltung des Bundes: Umsatzsteuer auf Verkauf: ./. Vorsteuer aus Einkauf: = abzuliefernde MWST	 57.75 30.80 26.95	Der Kunde zahlt somit die ganze MWST! Weberei: Kleiderfabrik: Warenhaus: Total	 7.70 23.10 26.95 57.75
→ Die Kleiderfabrik bezahlt keinen einzigen Franken MWST aus dem «eigenen» Sack!		→ Das Warenhaus bezahlt keinen einzigen Franken MWST aus dem «eigenen» Sack!		→ Der Endverbraucher bezahlt die ganze MWST aus dem «eigenen» Sack!	

Aus der Steuerabrechnung ergibt sich das Buchungsprinzip für jede Unternehmung:

Sie darf von der auf den Verkäufen erhobenen MWST (= Umsatzsteuer) die bei den Einkäufen bezahlte MWST (= Vorsteuer) abziehen. Die Differenz (= Mehrwertsteuer) ist an den Staat abzuliefern:

	Umsatzsteuer	(verlangte MWST von den Kunden = geschuldete MWST)
–	Vorsteuer	(auf Lieferantenrechnungen bezahlte MWST = Vorsteuer MWST)
=	abzuliefernde MWST	(an die eidgenössische Steuerverwaltung)

1.5.3 Mehrwertsteuer-Sätze

Die Mehrwertsteuer unterscheidet folgende Prozentsätze:

7.7 % Normalsatz:
Gilt **für alle Waren und Dienstleistungen,** die nicht ausdrücklich einem reduzierten Steuersatz zugeteilt sind.

3.7 % Spezial-Satz für Hotelübernachtungen:
Dieser reduzierte Satz wurde zum Schutz der einheimischen Tourismusindustrie eingeführt.

2.5 % Reduzierter Satz für **Güter des täglichen Bedarfs:**
Nahrungsmittel, Medikamente, nichtalkoholische Getränke, Bücher/Zeitschriften, Radio/TV-

0 % **Steuerfrei:**
Spital- und Arztleistungen, Bankdienstleistungen, Kino, Konzerte, Sportanlässe, Schulen, Versicherungen, Vermietung und Verkauf von Liegenschaften und wenige andere.

0 % **Ebenfalls steuerfrei:**
Lieferungen ins Ausland (Exporte): Diese werden dann im Ausland mit den dortigen, viel höheren, Mehrwertsteuern belastet.

Den Normalsatz muss man kennen. Die anderen Sätze werden in den Aufgaben angegeben, falls sie gebraucht werden.

1.5.4 Verbuchung der Mehrwertsteuer nach der Nettomethode

Einkäufe und Verkäufe

Bei jedem Einkauf und bei jedem Verkauf gibt es zwei Buchungssätze: einen für den Wert der Ware (100 %) und einen für die Mehrwertsteuer (7.7 %).

Beispiel:

Lieferanten —— Einkauf ——▶ ■ —— Verkauf ——▶ Kunden

Einkauf Waren für total 2 692.50 (inkl. MWST):				**Warenverkauf für total 8 077.50 (inkl. MWST):**			
1.	Warenaufwand	Verbindl. LL	2500[1]	1.	Forderungen LL	Warenertrag	7500[1]
2.	Vorsteuer MWST	Verbindl. LL	192.50[1]	2.	Forderungen LL	Geschuldete MWST	577.50[1]
Einkauf Mobilien zu 2000 (ohne MWST):				**Warenverkauf bar für 3000 (ohne MWST):**			
1.	Mobilien	Verbindl. LL	2000	1.	Kasse	Warenertrag	3000
2.	Vorsteuer MWST	Verbindl. LL	154	2.	Kasse	Geschuldete MWST	231

Vorsteuer MWST ist ein **Aktivkonto**, Geschuldete MWST ist ein **Passivkonto**!

Hinweis: Die Kontenführung «Vorsteuer MWST» und «Geschuldete MWST» für dieses Beispiel ist am Ende dieses Teilkapitels aufgeführt.

[1] Wenn Beträge «inklusiv MWST», also zu 107.7 % angegeben sind, müssen sie mit einem Dreisatz auseinandergenommen werden, um den Warenwert und die MWST zu trennen.

Mehrwertsteuer

Beispiel Warenverkauf:

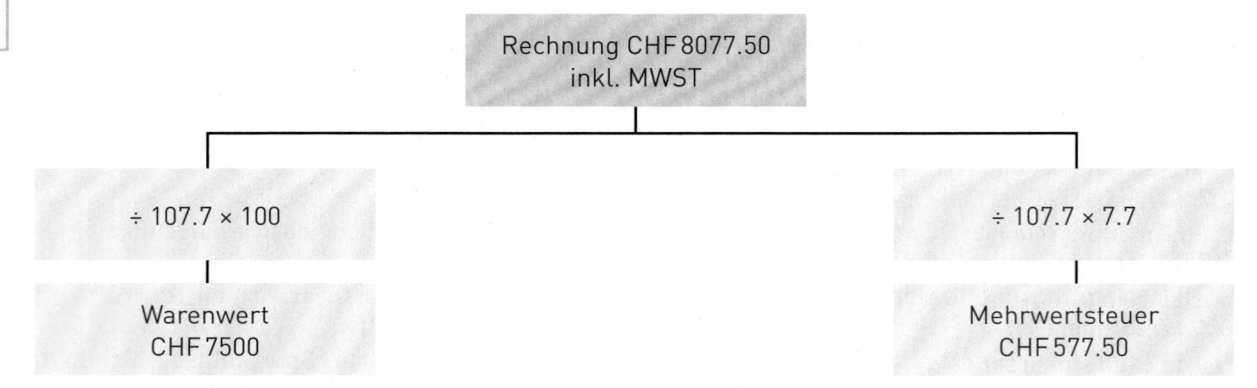

Rechnung CHF 8077.50 inkl. MWST

- ÷ 107.7 × 100 → Warenwert CHF 7500
- ÷ 107.7 × 7.7 → Mehrwertsteuer CHF 577.50

Rücksendungen, Rabatte, Skonti bei Ein- und Verkauf

Bei jedem solchen Geschäftsfall gibt es wieder zwei Buchungen, und zwar die genau umgekehrten Buchungen wie beim Ein- und Verkauf.

Fortsetzung des Beispiels:

Der Waren-Lieferant gewährt 10 % Rabatt:				Rücksendung von Kunden für 538.50 (inkl. MWST):			
1.	Verbindl. LL	Warenaufwand	250	1.	Warenertrag	Forderungen LL	500 [1]
2.	Verbindl. LL	Vorsteuer MWST	19.25	2.	Geschuldete MWST	Forderungen LL	38.50 [1]
(von jedem Betrag der Einkaufsbuchung 10 % nehmen!)				[1] mit Dreisatz aufgeteilt.			

Bezahlung an Lieferanten bzw. Zahlung von Kunden

Bei Geschäftsfällen mit Rücksendungen, Rabatt, Skonti: zur Ermittlung des richtigen Überweisungsbetrages einfach das entsprechende Konto skizzieren und die Beträge eintragen: entweder bei Verbindlichkeiten LL oder bei Forderungen LL! Kontenführung «Vorsteuer MWST» und «Geschuldete MWST» siehe weiter unten.

Abrechnung mit der Steuerverwaltung

In der Praxis erfolgt die Abrechnung vierteljährlich, in den Aufgaben immer am Schluss der Aufgabe. Dabei gibt es immer zwei Schritte:

1. Die Summe des Kontos «Vorsteuer MWST» darf von der Schuld «Geschuldete MWST» abgezogen werden: Geschuldete MWST / Vorsteuer MWST 327.25
2. Im Konto «Geschuldete MWST» wird die Restschuld ausgerechnet und an den Staat überwiesen: Geschuldete MWST / Bank 442.75

+	Vorsteuer MWST	−	−	Geschuldete MWST	+
	192.50	19.25	38.50		577.50
	154.00	1) 327.25			231.00
			1) 327.25		
			2) 442.75		
S		0	S		0
	346.50	346.50	808.50		808.50

1.5.5 Spezialfall: Abrechnung mit dem Saldosteuersatz

Kleine Unternehmungen können, mit einer speziellen Bewilligung der Steuerverwaltung, eine einfachere Abrechnungsmethode anwenden als die Nettomethode. Die Saldomethode hat folgende Regeln:

1. Einkäufe und Verkäufe werden mit nur einer einzigen Buchung erfasst, und zwar immer mit dem Inklusiv-Betrag (107.7 %).
   → Während des Jahres braucht es keine Konten «Vorsteuer MWST» und «Geschuldete MWST».
2. Bei der Abrechnung kann die Vorsteuer nicht zurückverlangt werden. (→ darum auch kein Konto «Vorsteuer MWST»); die Abrechnung erfolgt hier halbjährlich.
3. Dafür aber muss auf der Summe aller Verkäufe (wo den Kunden ganz normal 7.7 % MWST belastet werden) nicht 7.7 % an den Bund abgeliefert werden, sondern ein deutlich tieferer MWST-Satz, eben: der Saldosteuersatz. Dieser ist in den Aufgaben immer vorgegeben.
4. Die Höhe des Saldosteuersatzes wird von der Steuerverwaltung festgesetzt und ist je nach Branche der Unternehmung unterschiedlich; z. B. 6.1 % für Treuhand-Unternehmungen, 2.1 % für Möbelgeschäfte. Warum so grosse Unterschiede? Das hängt von den Vorsteuern der jeweiligen Branche ab, welche ja bei der Saldosteuermethode nicht abzugsfähig sind. Darum: hohe Vorsteuern, z. B. bei Handels- und Produktions-Unternehmungen → tiefer Saldosteuersatz. Wenig Vorsteuern, z. B. Dienstleistungsunternehmungen → hoher Saldosteuersatz (aber immer klar tiefer als die 7.7 %!).

Für den Erhalt der Bewilligung gibt es klare Bedingungen:

- Verkaufsumsatz tiefer als CHF 5 Millionen pro Jahr
- Abzuliefernde MWST kleiner als CHF 100 000 pro Jahr

Beispiel zur Berechnung und Verbuchung der geschuldeten MWST eines Architekturbüros:
- Summe versandter Honorarrechnungen inkl. 7.7 % MWST: CHF 43 500
- Saldosteuersatz gemäss Bewilligung der eidg. Steuerverwaltung: 5.6 %

Ausrechnung: Umsatz[1] × Saldosteuersatz → CHF 43 500 × 5.6 % = CHF 2 436 → Die abzuliefernde MWST beträgt CHF 2 436

Verbuchung:
a) Geschuldete MWST: DL-Ertrag   an Geschuldete MWST   2436
b) Überweisung per Bank: Geschuldete MWST   an Bank   2436

Nettomethode	Saldosteuersatz
- Gilt für alle Unternehmungen (= Normalfall). - Immer zwei Buchungen pro Einkauf oder Verkauf: 100 % und 7.7 %. - Die Vorsteuer wird im Konto «Vorsteuer MWST» erfasst und darf von der Umsatzsteuer abgezogen werden. - Die abgelieferte Steuer beträgt 7.7 % auf dem geschaffenen Mehrwert (Umsatzsteuer ./. Vorsteuer).	- Nur für kleine Unternehmungen mit spezieller Bewilligung. - Nur eine Buchung bei Ein- und Verkauf, zu 107.7 %. - Die Vorsteuer wird nicht erfasst und kann nicht abgezogen werden. - Die abgelieferte MWST wird mit dem (tieferen) Saldosteuersatz aus dem Verkaufsumsatz (= 107.7 %) berechnet. - Der Saldosteuersatz wird angegeben. Er ist je nach Branche verschieden, aber immer klar tiefer als 7.7 %.
kein Unterschied: dem Kunden werden 7.7 % auf die Verkaufspreise belastet	

[1] Achtung: Der Umsatz wird für diese Berechnung als 100 % angesehen, (in Wirklichkeit ist er 107.7 % des tatsächlichen Umsatzes).

1.5 Mehrwertsteuer – Aufgaben

1.5.1 MWST-Beträge berechnen in einem Warenhaus

Alle leeren Felder sind auszufüllen, nur in den letzten zwei Spalten ist der Betrag entweder in der einen oder in der anderen Spalte einzusetzen.

Nr.	Geschäftsfall	Umsatz ohne MWST	Umsatz mit MWST	MWST %-satz	Vorsteuer MWST	Geschuldete MWST
1.	Kauf Mobilien	2 900.00		7.7 %		
2.	Warenverkauf		50 619.00	7.7 %		
3.	Einkauf Blumen		5 125.00		125	
4.	Verkauf Lebensmittel			2.5 %		590.00
5.	Hotelaufenthalt Direktor (beruflich)		518.50	3.7 %		
6.				7.7 %		5 832.75

1.5.2 Mehrwertsteuerabrechnung im Warenhaus GO

Sie sind Buchhalterin/Buchhalter im Warenhaus «GO». Das Warenhaus muss mit der Steuerverwaltung vierteljährlich die MWST nach der Nettomethode abrechnen und führt dazu die beiden Konten «Vorsteuer MWST» und «Geschuldete MWST».

Zu den nachstehenden Geschäftsfällen im Monat September sind die Buchungssätze samt Betrag anzugeben. Es stehen die Konten des Kontenplans KMU zur Verfügung (hintere Umschlagsseite):

Die Konten «Vorsteuer MWST» und «Geschuldete MWST» sind gemäss den Buchungen weiter zuführen. Der Mehrwertsteuersatz beträgt immer 7.7 %.

Der Saldovortrag in den Konten Vorsteuer MWST und Geschuldete MWST umfasst die Beträge der zwei Vormonate Juli und August. Die Anzahl Linien hängt nicht zusammen mit der Anzahl notwendiger Buchungssätze!

Geschäftsfälle

02.09.	Barkauf von Büromaterial inkl. MWST	CHF	430.80
04.09.	Wir erhalten die Rechnung für eine Werbekampagne	CHF	4 600.00
	+ 7.7 % MWST	CHF	354.20
	= Rechnungsbetrag	CHF	4 954.20
10.09.	Wir kaufen ein Fahrzeug auf Kredit, inkl. MWST	CHF	23 694.00
12.09.	Auf das gekaufte Fahrzeug (10.09.) erhalten wir 10 % Rabatt		
17.09.	Warenverkäufe auf Kredit; Warenwert exkl. MWST	CHF	66 000.00
21.09.	Rücksendungen von Kunden (inkl. MWST)	CHF	8 616.00
30.09.	Abrechnung mit der Steuerverwaltung:		
	1. Verrechnung von Vorsteuer und Umsatzsteuer		
	2. Überweisung der Steuerschuld durch Banküberweisung		
	3. Saldierung der Konten Vorsteuer MWST und Geschuldete MWST (Saldo eintragen, ohne Buchungssatz)		

Mehrwertsteuer – Aufgaben

Datum	Buchungssatz		Betrag	Vorst. MWST		Geschuldete MWST	
	Soll	Haben		Soll	Haben	Soll	Haben
01.09.	Saldovortrag:			6 480			15 560

Mehrwertsteuer – Aufgaben

1.5.3 Autoreparaturwerkstatt A. Weibel

Die Autoreparaturwerkstatt A. Weibel in Wil repariert Autos aller Marken und verkauft daneben gebrauchte Autos. A. Weibel verbucht die Mehrwertsteuer nach der Nettomethode. Verbuchen Sie die unten stehenden Geschäftsfälle unter Verwendung folgender Konten:

Bank	Geschuldete MWST	Verbindlichkeiten LL
Einrichtungen	Kasse	Verkaufsertrag
Fahrzeuge	Reparaturaufwand	Vorsteuer MWST
Forderungen LL	Reparaturertrag	

1. A. Weibel schickt eine Rechnung an einen Privatkunden für Reparaturarbeiten an einem Ford: Rechnungsbetrag inkl. 7.7 % MWST   CHF   4 308.00

2. Rechnung eines Lieferanten für einen neuen Autolift und Reparatur eines alten Kühlers:
   Autolift   CHF   5 923.50
   + Reparatur Kühler   CHF   538.50
   Rechnungsbetrag inkl. 7.7 % MWST   CHF   6 462.00

3. Verkauf eines 1999er Mercedes E 320. Der Kunde bezahlt in bar.
   Verkaufspreis inkl. 7.7 % MWST   CHF   36 348.75
   – Rabatt 20 %   CHF   7 269.75
   Zahlung   CHF   29 079.00

4. Der Kunde Treier zahlt seine Rechnung für den reparierten VW:
   Rechnungsbetrag inkl. 7.7 % MWST (bereits verbucht)   CHF   5 385.00
   – Skonto 2 %   CHF   107.70
   Gutschrift auf Bank   CHF   5 277.30

5. Kauf eines Abschleppwagens aus Genf für das eigene Geschäft auf Kredit:
   Kaufpreis inkl. 7.7 % MWST   CHF   15 885.75
   + Barzahlung Lieferkosten inkl. 7.7 % MWST   CHF   969.30
   Betrag Total   CHF   16 855.05

6. Verkauf einer Fiat-Occasion gegen bar. Preis inkl. 7.7 % MWST   CHF   8 616.00

7. Rücknahme eines irrtümlich an einen Kunden auf Kredit gelieferten Alfa Spider. Verkaufspreis inkl. 7.7 % MWST   CHF   13 462.50

8. Verrechnung der Vorsteuer und der Umsatzsteuer (Tipp: Konten führen).

9. Überweisung der MWST per Bank.

Mehrwertsteuer – Aufgaben

Nr.	Buchungssatz		Betrag
	Soll	Haben	
1.			
2.			
3.			
4.			
5.			
6.			
7.			
8.			
9.			

Vorsteuer MWST	

Geschuldete MWST	

Mehrwertsteuer – Aufgaben

1.5.4 Geschäftsfälle in einem Ingenieurbüro

Verbuchen Sie die Geschäftsfälle im Ingenieurbüro Clara Boss. Führen Sie die zwei Konten für die MWST. Es gilt immer der MWST-Satz von 7.7 %. Verwenden Sie den Kontenplan KMU.

Geschäftsfälle

1. Kauf eines neuen Fotokopierers auf Kredit zu CHF 2 154.00 inkl. MWST
2. Versand von Rechnungen an diverse Kunden für CHF 53 850.00 inkl. MWST
3. Auf den Fotokopierer (Nr. 1) erhalten wir einen Rabatt von 5 %
4. Einem Kunden von Nr. 2 gewähren wir einen Rabatt (inkl. MWST) von CHF 753.90
5. Ein Kunde (vgl. Nr. 2) hat von uns eine Rechnung über CHF 18 847.50 erhalten. Er überweist uns diesen Betrag unter Abzug von 2 % Skonto per Bank.
6. Von der Restschuld für den Fotokopierer (vgl. 1 und 3) ziehen wir 2 % Skonto ab und überweisen den verbleibenden Betrag per Bank.

Quartalsabschluss
7. Wir verrechnen die Vorsteuer mit der Umsatzsteuer
8. Überweisung der geschuldeten MWST per Bank

Nr.	Buchungssatz Soll	Buchungssatz Haben	Betrag
1.			
2.			
3.			
4.			
5.			
6.			
7.			
8.			

Vorsteuer MWST	

Geschuldete MWST	

Mehrwertsteuer – Aufgaben

1.5.5 Vergleich Nettomethode/Saldomethode

a) Wie lauten die Buchungssätze mit Betrag für die aufgeführten Geschäftsfälle bei der Nettomethode und bei der Saldomethode?

Geschäftsfall	Nettomethode	Saldomethode
Warenverkauf auf Kredit für CHF 1884.75 (inkl. 7.7% MWST)		
Rücksendung schadhafter Waren an den Lieferanten zu CHF 323.10 (inkl. 7.7% MWST)		
Kauf eines Fahrzeuges zu CHF 12 000 (exkl. MWST) gegen Rechnung.		
Rabattgewährung an einen Kunden in der Höhe von CHF 269.25 (inkl. 7.7% MWST)		
Rechnung für die Geschäftsräume für 3 Monate (Monatsmiete CHF 5100) im Voraus.		

b) Berechnen Sie aus den Angaben die an die Steuerverwaltung abzuliefernde MWST

Nettomethode	Saldomethode
Summe Konto «Geschuldete MWST»: 7610 Summe Konto «Vorsteuer MWST»: 4180	Saldosteuersatz: 6.1% Verkaufsumsatz zu 107.7%: 212 000

c) Welche Unternehmungen rechnen die MWST auf welche Art ab?

Nettomethode	Saldomethode

1.5.6 Mehrwertsteuer anhand von Belegen verbuchen

Das Dorfcafé in Wohlen betreibt ein schmuckes Kaffee und eine bekannte Konditorei. Irma Lutzinger führt im Dorfcafé von Wohlen die Buchhaltung. Frau Lutzinger hat diverse Belege auf ihrem Schreibtisch liegen. Die Belege finden Sie auf den folgenden Seiten.

Verbuchen Sie die Belege. Verwenden Sie nur die Kontennummern des Kontenplans auf der hinteren Umschlagsseite. Die Mehrwertsteuer wird nach der Nettomethode verbucht.

Beleg Nr.	Buchungssatz		Betrag
	Soll	Haben	
1.			
2.			
3.			
4.			
5.			

Beleg Nr. 1

Dorfcafé Wohlen
Dorfstrasse 34
5611 Wohlen
Tel: 056 787 89 89

Renate Weddinger
Rotbachstrasse 45
8057 Zürich

Wohlen, 4. Juni 2020

Rechnung   687679
CHE – 106.919.020 MWST
Auftrag: 1892090

Rechnung

Hochzeitstorte (Erdbeertraum) für 50 Personen aus eigener Konditorei	560.00
handgefertigte Dekoration Brautpaar	40.00
2.5 % MWST	15.00
Total inkl. MWST	**615.00**

Zahlbar innert 30 Tagen. Besten Dank für Ihren Auftrag.

Mehrwertsteuer – Aufgaben

Beleg Nr. 2

NETSTREAM *NetStream – mehr als einfach nur telefonieren.*

Netstream AG, Neugutstrasse 66, 8600 Dübendorf

Kunden Nr.: 578080
CHE – 106.919.015 MWST
Datum: 01.09.2020

Dorfcafé Wohlen
Dorfstrasse 34
5611 Wohlen

Rechnung Nr. 67782

Siemens Telefon S566-XP	1 Stk.	184.95
Porto und Verpackung	1	14.85
Netto-Betrag		199.80
+ MWST 7.7 % von CHF 199.80		15.40
Rechnungstotal inkl. MWST		215.20

Zahlbar innerhalb von 30 Tagen.

Besten Dank für Ihren Auftrag.

Beleg Nr. 3

Büro Sibler AG
Wettingerstrasse 5
5431 Wettingen

Quittung

5 Tintenpatronen	CHF	80.60
9 Papier (500 Blatt)	CHF	34.50
Total	CHF	115.10
darin enthaltene MWST 7.7 %:	CHF	8.25

CHE – 109.919.127 MWST
Datum: 3.10.2020

Vielen Dank für Ihren Einkauf.

Es bediente Sie Sandra Stiegler.

Beleg Nr. 4

Designario
Bahnhofstrasse 56
5400 Baden
Ihr Einrichtungshaus in der Nähe.

12.10.2020

Rechnungsbeleg

Wandgestell 300x20	CHF 355.00
Bürostuhl	CHF 120.30
Totalbetrag inkl. MWST	**CHF 475.30**
7.7 % MWST CHE – 106.919.305 MWST	CHF 34.00

Danke,
dass Sie bei uns eingekauft haben.

Finanzwirtschaftliche Zusammenhänge

Beleg Nr. 5

Maurer Roland Putz
Kirchengasse 5
8957 Spreitenbach

Kunden Nr.:			1235.099
CHE – 106.919.413 MWST
Datum:			23.11.2020

Dorfcafé Wohlen
Dorfstrasse 34
5611 Wohlen

Abrechnung für Reparaturarbeiten

Reparatur Mauer Backstube	22 Stunden à 120.00	CHF	2640.00
Material		CHF	600.00
Anfahrt (pauschal)		CHF	90.00
Netto-Betrag ohne MWST		CHF	3330.00
+ MWST 7.7% von CHF 3330.00		CHF	256.40
Rechnungstotal inkl. MWST		**CHF**	**3586.40**

Vielen Dank für Ihren Auftrag.
Zahlbar bis: 31.12.2020

1.6 Betriebliche Kalkulation

Leistungsziele BIVO

- Ich stelle auf der Grundlage vorgegebener Kalkulationssätze ein Kalkulationsschema für Handels- und andere Dienstleistungsbetriebe auf.
- Ich berechne die folgenden Grössen und zeige deren Bedeutung für die Preisgestaltung auf: Handelswarenaufwand / Nettoerlös / Einstandswert der eingekauften Waren / Einstandswert der verkauften Waren / Bruttogewinn, Bruttogewinnquote, Bruttogewinnzuschlag / Selbstkosten / Gemeinkosten / Reingewinn.

a) Das Kalkulationsschema

Kalkulation heisst Preisberechnung. Mit Hilfe des Kalkulationsschemas können alle Kosten der von uns angebotenen Waren erfasst werden mit dem Ziel, einen kostendeckenden Verkaufspreis zu berechnen.

Das Kalkulationsschema besteht aus drei zusammenhängenden Teilen:
Einkaufskalkulation: vom Bruttokreditankauf bis zum Einstandspreis
Interne Kalkulation: vom Einstandspreis zum Nettoerlös. Hier gibt es zwei Berechnungswege: einstufig oder zweistufig
Verkaufskalkulation: vom Nettoerlös zum Bruttokreditverkaufspreis

Übersicht Kalkulationsschema (ohne Mehrwertsteuer)

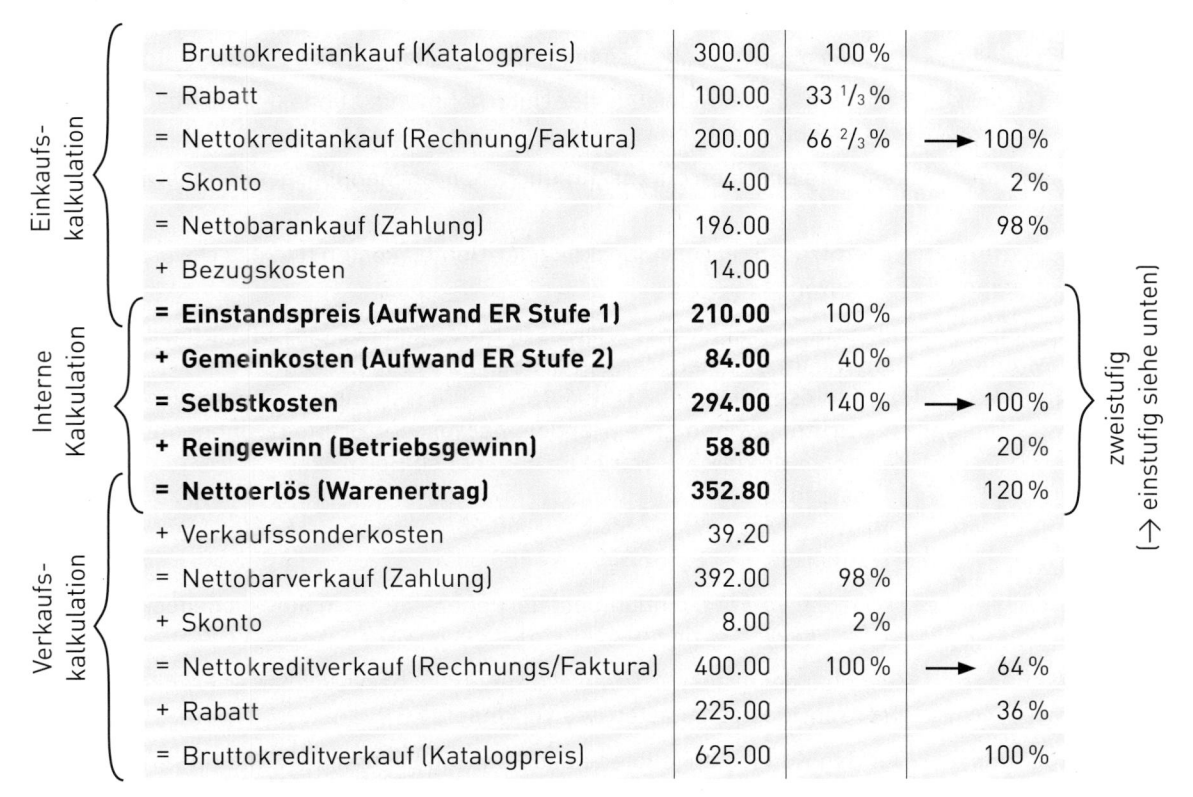

Einkaufskalkulation	Bruttokreditankauf (Katalogpreis)	300.00	100 %
	− Rabatt	100.00	33 $\frac{1}{3}$ %
	= Nettokreditankauf (Rechnung/Faktura)	200.00	66 $\frac{2}{3}$ % → 100 %
	− Skonto	4.00	2 %
	= Nettobarankauf (Zahlung)	196.00	98 %
	+ Bezugskosten	14.00	
Interne Kalkulation	**= Einstandspreis (Aufwand ER Stufe 1)**	**210.00**	100 %
	+ Gemeinkosten (Aufwand ER Stufe 2)	**84.00**	40 %
	= Selbstkosten	**294.00**	140 % → 100 %
	+ Reingewinn (Betriebsgewinn)	**58.80**	20 %
	= Nettoerlös (Warenertrag)	**352.80**	120 %
Verkaufskalkulation	+ Verkaufssonderkosten	39.20	
	= Nettobarverkauf (Zahlung)	392.00	98 %
	+ Skonto	8.00	2 %
	= Nettokreditverkauf (Rechnungs/Faktura)	400.00	100 % → 64 %
	+ Rabatt	225.00	36 %
	= Bruttokreditverkauf (Katalogpreis)	625.00	100 %

zweistufig (→ einstufig siehe unten)

Interne Kalkulation einstufig:
In der Praxis ist der einstufige Berechnungsweg mehr verbreitet.

Einstandspreis	210.00	100 %
+ Bruttogewinn	**142.80**	**68 %**
= Nettoerlös	**352.80**	**168 %**

Betriebliche Kalkulation

b) Erklärungen zum Schema

Zahlen im Beispiel		Ausgangspunkt ist ein angenommener Bruttokreditankaufspreis von CHF 300.00
Prozentsätze		Die Prozentsätze für – Rabatt und Skonto beim Einkauf – Gemeinkosten – Reingewinn – Rabatte und Skonti an Kunden können in jeder Unternehmung und in jeder Aufgabe anders sein. Aber das Prinzip der gezeigten Prozentblöcke (welche Grösse ist 100%) ist immer so!
Rabatt beim Einkauf		Es gibt mehrere Arten von Rabatten: Mengenrabatt; Treuerabatt; Wiederverkaufsrabatt (= Händlerrabatt): für Detailhändler, welche die Ware weiterverkaufen. **Achtung**: Wenn in einer Aufgabe zwei Rabattarten vorkommen, z.B. Händlerrabatt 20% und Treuerabatt 3%, so muss man diese in zwei getrennten Stufen abziehen: BKrAP 100% falsch wäre die Addition beider Rabatte: – Händlerrabatt 20% 100% = Händlerpreis 80% → 100% – 23% – Treuerabatt 3% = 77% falsch! = NKrAP 97%
Skonto beim Einkauf		Vergünstigung bei rascher Zahlung, meistens 2% innerhalb von 10 Tagen
Bezugskosten		Transport, Zoll, Transportversicherung
Einstandspreis		Summe aller Warenkosten bis zum Eintreffen der Ware in der Unternehmung
zweistufig	Gemeinkosten	Zuschlag für die Aufwände der Unternehmung: Löhne, Miete, Abschreibungen, Werbung, Zinsen usw.
	Reingewinn	Zuschlag für einen durchschnittlichen, branchenüblichen Reingewinn
einstufig	Bruttogewinn	Gesamtzuschlag zur Abdeckung der Gemeinkosten und des erwarteten Reingewinns
BG-Zuschlag und BG-Marge (= BG-Quote)		Der Bruttogewinn wird meistens in Prozenten des Einstandspreises angegeben, wie im Beispiel. Manchmal aber wird er in Prozenten des Nettoerlöses angegeben, also: NErl = 100%! Dann nennt man diesen Prozentsatz Bruttogewinnmarge (Handelsmarge) oder Bruttogewinnquote. Wie hoch wird die BG-Marge im gegebenen Beispiel? Einstandspreis 210.00 59.52% ← Ergänzung zu 100% + Bruttogewinn 142.80 **40.48%** ← $\frac{142.80 \times 100}{352.80}$ = Nettoerlös 352.80 100.00%
Nettoerlös		Erwartete Verkaufseinnahmen, bei denen alle Warenkosten gedeckt sind und ein Reingewinn erzielt wird.
Verkaufssonderkosten		Zuschlag der Transportkosten zum Kunden bei vereinbarter Frankolieferung (Transportkosten zulasten des Verkäufers).
Skonto beim Verkauf		Der den Kunden angebotene Skontoabzug bei rascher Zahlung wird vorgängig zum Preis dazugeschlagen. (Bei Nicht-Beanspruchung vergrössert sich der Reingewinn!)
Rabatt beim Verkauf		Der den Kunden gewährte Rabatt wird vorgängig zum Preis dazugeschlagen. (Bei Nicht-Beanspruchung vergrössert sich der RG!)

→

Betriebliche Kalkulation

Prozentblöcke in der Verkaufskalkulation	Immer die untere Zahl des Dreierblocks = 100 %! Warum? Bei der Verkaufspreisberechnung wird die Sichtweise des Kunden angenommen: Er zieht vom BKrVP als 100 % z. B. 36 % Rabatt ab und zahlt dann noch 64 %. Darum heisst es im Schema: NKrVP 64 % + Rabatt 36 % = BKrVP 100 %

c) Grafische Übersicht zum Kalkulationsschema

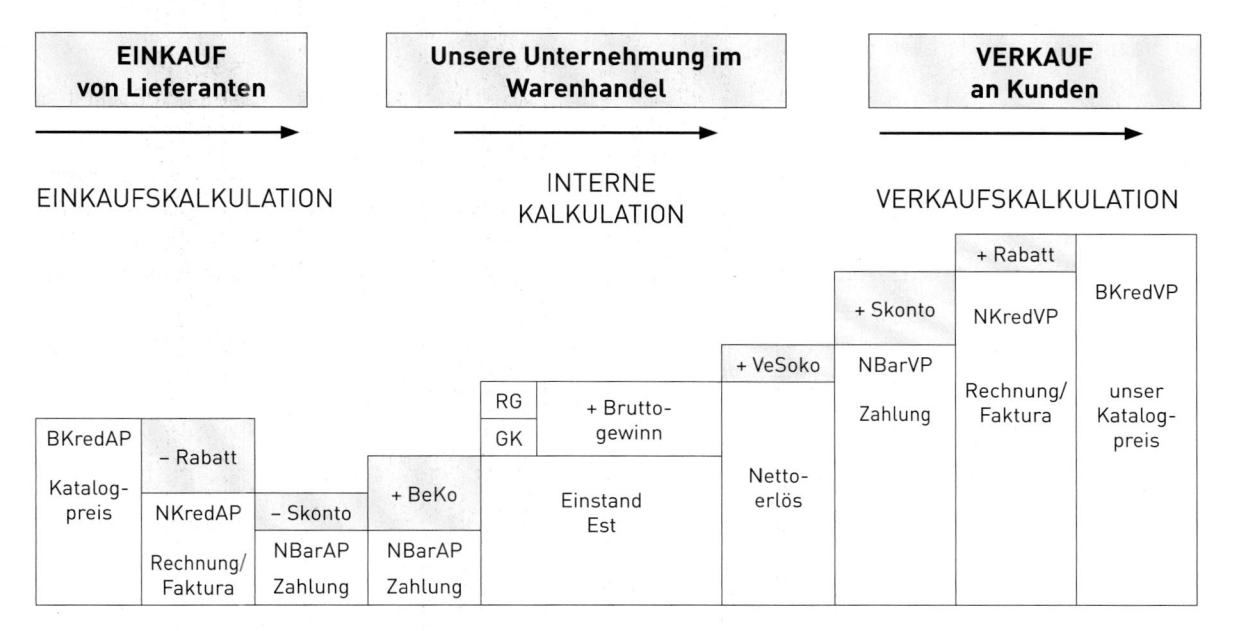

EINKAUF von Lieferanten	Unsere Unternehmung im Warenhandel	VERKAUF an Kunden
EINKAUFSKALKULATION	INTERNE KALKULATION	VERKAUFSKALKULATION

Einkauf:
- BKredAP Katalogpreis
- – Rabatt → NKredAP Rechnung/Faktura
- – Skonto → NBarAP Zahlung
- + BeKo → NBarAP Zahlung

Intern:
- RG, GK → Einstand Est
- + Bruttogewinn

Verkauf:
- Nettoerlös
- + VeSoko → NBarVP Zahlung
- + Skonto → NKredVP Rechnung/Faktura
- + Rabatt → BKredVP unser Katalogpreis

d) Berechnen von Zuschlagssätzen

Wenn in einer Aufgabe die Frankenbeträge bekannt, aber die Zuschlagssätze in Prozenten gesucht sind, so erfolgt die Berechnung immer mit einem Dreisatz.

Beispiel:

Einstand	CHF	300.00	100 %	100 %
+ Gemeinkosten	CHF	75.00	x %	25 %
= Selbstkosten	CHF	375.00		125 %

GK-Zuschlag in %? → $\dfrac{\text{Gemeinkosten} \times 100}{\text{Einstand}}$ → $\dfrac{75 \times 100}{300}$ = 25 % Gemeinkostenzuschlag

Berechnungswege für die am häufigsten gefragten Zuschlagssätze:

– Reingewinnzuschlag: $\dfrac{\text{Reingewinn} \times 100}{\text{Selbstkosten}}$ = … %

– Bruttogewinnzuschlag: $\dfrac{\text{Bruttogewinn} \times 100}{\text{Einstand}}$ = … %

– Bruttogewinnquote (-marge): $\dfrac{\text{Bruttogewinn} \times 100}{\text{Nettoerlös}}$ = … %

Betriebliche Kalkulation

e) Spezialfall: Kalkulation im Dienstleistungsbetrieb

Auch die Verkaufspreise von Dienstleistungsbetrieben (DL) müssen sorgfältig kalkuliert werden: Treuhandbüros, Rechtsanwälte usw. verlangen von den Kunden einen **Stunden-Tarif in Franken.** Andere DL-Betriebe verlangen einen Preis für die spezielle DL, z. B. der Schuhmacher für das Neu-Besohlen; der Coiffeur für «Waschen-Schneiden»; die Privatschule für einen bestimmten Kurs. Alle diese Kalkulationen beruhen auf den **Lohnkosten** für diese Dienstleistung! Und in allen Fällen müssen im Verkaufspreis – wie beim Warenhandel – die Gemeinkosten und ein angemessener Reingewinn mit einberechnet werden. Statt GK und RG kann auch im DL-Betrieb ein Bruttogewinn zu den Lohnkosten dazugerechnet werden.

So ergeben sich für die Kalkulation im DL-Betrieb drei wesentliche Unterschiede zur Kalkulation im Warenhandel:

1. Es gibt **keine Einkaufskalkulation**, da ja eine DL erbracht und keine Handelsware eingekauft wird.

2. Am Anfang der **internen Kalkulation** steht deshalb nicht der Einstandspreis, sondern am Anfang stehen die Lohnkosten, die für diese Dienstleistung aufgebracht wurden.

   Somit lautet die Interne Kalkulation:

Lohnkosten	Lohnkosten
+ Gemeinkosten	
= Selbstkosten	+ Bruttogewinn
+ Reingewinn	
= Nettoerlös	= Nettoerlös

3. Die **Verkaufskalkulation** bei Dienstleistungen ist praktisch gleich wie im Handelsbetrieb. Als Endergebnis ergibt sich der den Kunden verrechnete Preis für die DL (Schuhmacher/Coiffeur/Privatschule) oder ein den Kunden verrechneter Stundenansatz (Rechtsanwalt/Treuhandbüro).

f) Tipps zum Kalkulationsschema:

1. Es hilft nichts: Das ganze Kalkulationsschema – inkl. die zwei Arten der internen Kalkulation – muss auswendig gelernt werden.

2. Bei Kalkulationsaufgaben zuerst überprüfen: Welche Teile des Schemas kommen darin vor? Es können ein, zwei oder alle drei Teile in einer Aufgabe vorkommen. Diesen Teil des Schemas (auswendig) aufschreiben.

3. Die gegebenen Zahlen an der richtigen Stelle im Schema einsetzen, die Frankenbeträge wie die Prozentsätze. Dabei die Prozentsätze immer zu einem «Dreierblock» vervollständigen. Die gesuchten Grössen lassen sich dann leicht mit Dreisätzen errechnen (wie im Beispiel).

4. Wenn in einer Kalkulationsaufgabe eine bestimmte Grösse gar nicht vorkommt – z. B. nur Rabatt, kein Skonto oder keine Sonderverkaufskosten: dann bei dieser Stufe einfach CHF 0 eintragen, aber das (auswendig gelernte) Schema nicht ändern.

5. Je nach Aufgabenstellung ist von oben nach unten zu rechnen oder von unten nach oben. In diesem Fall müssen alle Vorzeichen (= Rechenzeichen) umgekehrt werden (+ wird –).

1.6 Betriebliche Kalkulation – Aufgaben

Grundregeln bei Kalkulationsaufgaben:
- Das Kalkulationsschema ist aufzustellen. Bezeichnungen dürfen abgekürzt werden.
- Ergebnisse deutlich kennzeichnen: markieren oder unterstreichen
- Ergebnisse nach den üblichen Rundungsregeln runden: Beträge auf 5 Rp., Prozentangaben auf zwei Stellen genau.

1.6.1 Einkaufskalkulation

Der Nettokreditankaufspreis eines Artikels betrug CHF 1596.00, der Nettobarankaufspreis war CHF 1580.05. Die Zoll- und Transportkosten betrugen CHF 370.00. Vom Lieferanten haben wir 5 % Rabatt erhalten.

a) Wie hoch war der Katalogpreis des Lieferanten?
b) Wie viel Prozent Skonto durften wir bei der Zahlung innert 10 Tagen abziehen?
c) Wie hoch wird der Einstandspreis für diesen Artikel in CHF?

1.6.2 Berechnung des Einstandspreises

Die Handels AG kauft in Frankreich 10 Industriestaubsauger zu je EUR 151.60. Der Lieferant gewährt neben einem Rabatt von 30 % noch 2 % Skonto bei Zahlung innert 10 Tagen. Die Bezugskosten betragen CHF 50.50 für die ganze Sendung. Die Bank rechnet die Euro zum Kurs von 1.06 um.

a) Wie hoch wird der Einstandspreis für einen Staubsauger, wenn die Handels AG innert 8 Tagen bezahlt?

- Immer zuerst die ganze Sendung berechnen; erst am Schluss auf ein Stück umrechnen.
- Bei Kauf in fremder Währung erfolgt die Umrechnung erst auf der Stufe der Zahlung. Rabatt und Skonto werden also noch in fremder Währung gerechnet.
- Euros auf einen Cent runden.

b) Wie hoch wäre der Einstandspreis für einen Staubsauger, wenn die Handels-AG erst nach 30 Tagen bezahlt?

1.6.3 Interne Kalkulation

Aus der internen Kalkulation einer Unternehmung sind die folgenden Zahlen bekannt:
Einstandswert: eine halbe Million Franken
Reingewinn: CHF 42 000.00
Nettoerlös: CHF 742 000.00

a) Erstellen Sie aus diesen Angaben die vollständige Interne Kalkulation sowohl einstufig wie auch zweistufig! Daraus sollen insbesondere ersichtlich sein:
– die Gemeinkosten und
– der Bruttogewinn in Franken

b) Errechnen Sie die folgenden Zuschlagssätze in Prozent:
– Gemeinkostenzuschlag   – Reingewinnzuschlag
– Bruttogewinnzuschlag   – Bruttogewinnmarge

1.6.4 Fehlende Grössen ermitteln

Ermitteln Sie die fehlenden Grössen in der internen Kalkulation und ergänzen Sie die Tabelle.

Tipp: Erstellen Sie für jede Teilaufgabe ein passendes Kalkulationsschema.

	einstufig a)	ein- und zweistufig b)	zweistufig c)	ein- und zweistufig d)
Einstand	300.00		2 000.00	360.00
Gemeinkosten in CHF	–			
Gemeinkostenzuschlag (GK in % vom Einstand)	–	14 %		150 %
Selbstkosten	–		6 500.00	
Reingewinn in CHF	–	800.00	– 975.00	
Reingewinnzuschlag (RG in % von den SK)	–			
Nettoerlös				
Bruttogewinn in CHF	400.00	1 500.00	–	
Bruttogewinnzuschlag (BG in % vom Einstand)		30 %	–	200 %

1.6.5 Bruttogewinn und Gemeinkosten berechnen

Ein Detaillist erzielte im letzten Geschäftsjahr einen Nettoerlös von CHF 850 200.00. Er rechnete mit einem Bruttogewinn-Zuschlag von 60 % des Einstands. Im Bruttogewinn-Zuschlag war ein Reingewinn-Zuschlag von 10 % der Selbstkosten enthalten. Berechnen Sie:

a) den Bruttogewinn in CHF.

b) die Gemeinkosten in CHF.

Betriebliche Kalkulation – Aufgaben

c) Mit welchem Gemeinkostenzuschlagssatz hat der Detaillist gerechnet?

1.6.6 Kalkulation in der Mobilia AG

Das Möbelgeschäft Mobilia AG rechnet für die Berechnung der Verkaufspreise mit einem Bruttogewinnzuschlag von 75 %. Nun verlangt ein Kunde eine Offerte für den Nachttisch «Dream», dessen Einstandspreis CHF 172.00 beträgt.

Zu welchem Katalogpreis (exkl. MWST und auf ganze Franken gerundet) wird die Mobilia AG den Nachttisch anbieten, wenn sie folgende Verkaufskonditionen einbezieht:

Rabattgewährung 10 %; Skonto 2 %
Versandkosten an den Kunden bei Frankolieferung: CHF 15.00

1.6.7 Kalkulation im Bürofachgeschäft

Eine Papeterie möchte ihren Kunden einen neuen, vollautomatischen Aktenvernichter anbieten. Wegen der grossen Konkurrenz kann der Aktenvernichter maximal zu einem Katalogpreis von CHF 2279.00 angeboten werden.
Die Papeterie rechnet mit folgenden Bedingungen:
- Auslieferung «frei Haus», wofür in der Kalkulation ein Durchschnittsbetrag von CHF 30.00 berechnet wird.
- Rabatt 3 % ab 3 Stück, 6 % ab 5 Stück
- Skonto 1.5 % bei Zahlung innert 10 Tagen.

a) Wie hoch wird der Nettoerlös sein für den Aktenvernichter?
   - Berechnen Sie die Zwischenresultate auf zwei Stellen genau, das Resultat auf 5 Rappen genau.
   - Bezeichnen Sie die Zwischenresultate mit den Fachbegriffen. (Platz für Lösung auf nächster Seite)

Geheimtipp: In der Verkaufskalkulation werden der maximal angebotene Rabatt und der angebotene Skonto dazugerechnet, unabhängig davon, ob der Kunde diese Angebote beansprucht oder nicht.

b) Die Papeterie rechnet mit einem Bruttogewinnzuschlag von 80 %. Wie hoch wird der Bruttogewinn (auf 5 Rappen runden)? Falls Sie bei a) kein Ergebnis haben: Nehmen Sie einen Nettoerlös von CHF 2150.00 an.

c) Wie hoch darf der Bruttokreditankauf für diesen Aktenvernichter höchstens sein, wenn die Papeterie beim Einkauf mit folgenden Bedingungen rechnet:
   – Bezugskosten pro Gerät CHF 28.00
   – kein Einkaufsrabatt, aber Skontoabzug beim Einkauf 2 % bei rascher Zahlung.
   Runden Sie die Zwischenresultate auf 2 Stellen und das Endresultat auf 5 Rp. Falls Sie bei b) kein Ergebnis haben: Nehmen Sie einen Bruttogewinn von CHF 995.00 an.

1.6.8 Kalkulation im Dienstleistungsbetrieb

Kalkulation in der Fahrradwerkstatt von Carlo Bruni: Für Reparaturarbeiten an einem Velo rechnet Carlo mit Lohnkosten von CHF 120.00 pro Stunde (inkl. Sozialleistungen). Er kalkuliert mit einem Bruttogewinnzuschlag von 60 % der Lohnkosten. Der Materialverbrauch wird extra in Rechnung gestellt.

a) Wie viel muss Carlo Bruni für eine Reparatur verlangen, welche 1¼ Stunden dauert und bei der Ersatzmaterial im Werte von CHF 66.50 gebraucht wird?
b) Carlo Bruni schätzt, dass für diese Reparatur Gemeinkosten in der Höhe von CHF 72.00 angefallen sind. Mit welchem Reingewinn kann er dann rechnen, und welchem Reingewinnzuschlag würde das entsprechen?

1.6.9 Kalkulation – Gesamtaufgabe

Die Bürokult AG bietet exklusives Büromobiliar an. Lea Canonica arbeitet nach erfolgreichem KV-Lehrabschluss nun seit drei Monaten als Assistentin des Sales-Managers. Soeben hat er ihr den Auftrag eines Kunden zur Bearbeitung übergeben: Der Kunde interessiert sich für eine Designer-Büro-Einrichtung aus den USA. Die ganze Garnitur wird per Seefracht in Einzelteilen importiert und muss anschliessend beim Kunden montiert werden.

Der Sales-Manager beauftragt Lea Canonica zu berechnen, zu welchem Preis diese Einrichtung (exkl. MWST) dem Kunden offeriert werden soll. Sie soll mit Hilfe des Kalkulationsschemas alle nötigen Zwischenschritte aufstellen und berechnen. Folgende Angaben stehen ihr zur Verfügung:

Der Katalogpreis des US-Lieferanten beträgt USD 28 000.00. Als Zwischenhändler erhält die Bürokult AG 20% Wiederverkaufsrabatt. Die Rechnung des Lieferanten wird die Bürokult AG innert 10 Tagen bezahlen, damit sie von den 2% Skonto profitieren kann.

Für die Umrechnung in Schweizer Franken stehen Lea Canonica folgende Buchkurse zur Auswahl:

Devisen-Kauf	Devisen-Verkauf	Noten-Kauf	Noten-Verkauf
1.0097	1.0326	0.9683	1.0588

Die Fracht- und Zollkosten der Planzer Transport AG betragen CHF 2640.00.

Die Bürokult AG rechnet mit einer Bruttogewinnmarge (Bruttogewinn in Prozenten vom Nettoerlös) von 40%. Dem Kunden soll ein Rabatt von 10% angeboten werden sowie 2% Skonto bei Zahlung innert 10 Tagen. Verkaufssonderkosten fallen keine an, da die Liefer- und Montagekosten über den Bruttogewinn abgedeckt sind.

a) Stellen Sie für Lea das vollständige Kalkulationsschema auf mit den Fachbegriffen, den Beträgen sowie den Prozentsätzen im Dreierblock. Alle Frankenbeträge sind auf 5 Rappen zu runden.

(weiterer Platz für die Lösung auf Folgeseite)

b) Im unter a) berechneten Bruttogewinn ist ein Reingewinnzuschlag von 15 % eingerechnet (Reingewinn in Prozenten der Selbstkosten).
Berechnen Sie, wie viele Schweizer Franken der Reingewinn sowie die Gemeinkosten in dieser Offerte betragen.

1.7 Mehrstufige Erfolgsrechnung im Warenhandel

Leistungsziele BIVO

Ich erstelle eine Erfolgsrechnung eines Warenhandelsbetriebs mit den Grössen Bruttogewinn, Betriebserfolg sowie Unternehmenserfolg und erkläre die Ergebnisse.

Sinn und Zweck der mehrstufigen Erfolgsrechnung ist es, die erreichten Zahlen besser auswerten zu können. Somit lassen sich Stärken und Schwächen der Unternehmung einfacher herauslesen.

Die dreistufige Erfolgsrechnung
Die dreistufige Erfolgsrechnung wird nach folgendem Schema gegliedert:

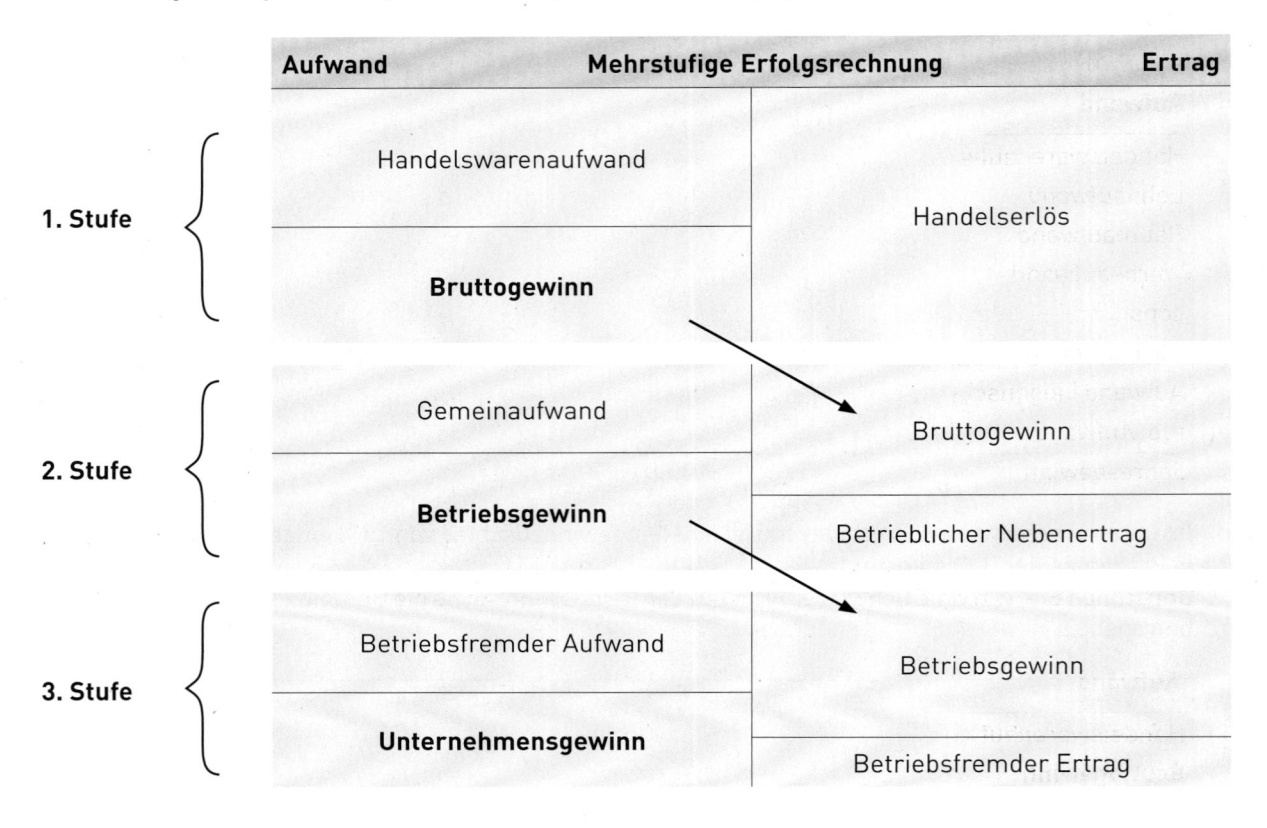

	Aufwand	Mehrstufige Erfolgsrechnung	Ertrag
1. Stufe	Handelswarenaufwand		Handelserlös
	Bruttogewinn		
2. Stufe	Gemeinaufwand		Bruttogewinn
	Betriebsgewinn		Betrieblicher Nebenertrag
3. Stufe	Betriebsfremder Aufwand		Betriebsgewinn
	Unternehmensgewinn		Betriebsfremder Ertrag

Was zeigen die einzelnen Stufen?

1. Stufe: Sie zeigt als Ergebnis den **Bruttogewinn,** die fast wichtigste Grösse im Warenhandel. Der Bruttogewinn zeigt den **Gewinn vor Deckung der Gemeinkosten.**

2. Stufe: Mit dem Bruttogewinn müssen also die Gemeinkosten (= Gemeinaufwand wie Löhne, Raumaufwand, Abschreibungen usw.) gedeckt werden können. Dann ergibt sich ein **Betriebsgewinn:** So viel hat die Unternehmung mit ihrem **Kerngeschäft** (= unternehmerische Haupttätigkeit) erwirtschaftet. Als betrieblicher Nebenerfolg kommt am häufigsten ein Zinsertrag (Finanzertrag) bei betrieblich notwendigen Bankkonten vor. Deckt der Bruttogewinn die Gemeinkosten nicht, so ergibt sich ein Betriebsverlust. Dieser zeigt sich wie folgt in der zweiten Stufe:

	Bruttogewinn
Gemeinaufwand	Betrieblicher Nebenerfolg
	Betriebsverlust

3. Stufe: Hier werden die betriebsfremden und die ausserordentlichen Aufwände und Erträge aufgelistet. Typische Posten in der 3. Stufe sind Liegenschaftsaufwand und -ertrag. Ausserordentliche Posten sind unerwartete, unvorhersehbare Aufwände oder Erträge. Als Ergebnis ergibt sich der Unternehmensgewinn oder ein Unternehmensverlust. Das ist der **Gesamterfolg** der Unternehmung aus allen betrieblichen und nichtbetrieblichen Geschäftstätigkeiten.

Falls es in einer Handelsunternehmung keine betriebsfremde Aufwände und Erträge gibt, wird nur eine zweistufige ER erstellt. Fabrikations- und Dienstleistungsunternehmungen können immer nur eine zweistufige ER erstellen, weil es dort die erste Stufe mit dem Bruttogewinn gar nicht gibt.

Beispiel eines Handelsbetriebes:

a) Einstufige Erfolgsrechnung, mit schlechtem Informationsgehalt:

Aufwand	Erfolgsrechnung 2020		Ertrag
Handelswarenaufwand	500	Handelserlöse	1 000
Lohnaufwand	100	Betr. Finanzertrag	20
Raumaufwand	40	Betriebsfremder Ertrag	190
Werbeaufwand	45		
sonstiger Betriebsaufwand	90		
Abschreibungen	30		
Aufwand Liegenschaft	45		
a. o. Aufwand	200		
Jahresgewinn	160		
	1 210		1 210

b) Dreistufige Erfolgsrechnung in **Kontenform**, mit erweitertem Informationsgehalt:

Aufwand	Erfolgsrechnung 2020		Ertrag
Handelswarenaufwand	500	Handelserlöse	1 000
Bruttogewinn	**500**		
	1 000		1 000
		Bruttogewinn	**500**
Lohnaufwand	100	Betr. Finanzertrag	20
Raumaufwand	40		
Werbeaufwand	45		
sonstiger Betriebsaufwand	90		
Abschreibungen	30		
Betriebsgewinn	**215**		
	520		520
		Betriebsgewinn	**215**
Aufwand Liegenschaft	45	Betriebsfremder Ertrag	190
a. o. Aufwand	200		
Unternehmensgewinn	**160**		
	405		405

c) Dreistufige Erfolgsrechnung in **Berichtsform:**

Die Berichtsform kommt häufiger vor als die Kontenform! Hier werden **die drei Stufen untereinander** aufgelistet. Das Ergebnis der ersten Stufe wird automatisch zum Ausgangspunkt der zweiten, und es müssen die Vorzeichen eingesetzt werden: + für Erträge, – für Aufwände.

	Handelserlöse	1000
–	Handelswarenaufwand	500
	Bruttogewinn	**500**
–	Lohnaufwand	100
–	Raumaufwand	40
–	Werbeaufwand	45
–	sonstiger Betriebsaufwand	90
–	Abschreibungen	30
+	Betr. Finanzertrag	20
	Betriebsgewinn	**215**
+	Betriebsfremder Ertrag	190
–	Aufwand Liegenschaft	45
–	a. o. Aufwand	200
	Unternehmensgewinn	**160**

1.7 Mehrstufige Erfolgsrechnung im Warenhandel – Aufgaben

1.7.1 Dreistufige Erfolgsrechnung der Firma Ernst Danuser

Die ungeordneten Zahlen aus der provisorischen Erfolgsrechnung der Firma Ernst Danuser für das Jahr 2020 lauten:

Abschreibungen	68 000
Ausserordentliche Abschreibungen	13 100
Betriebsfremder Ertrag	19 221
Ertrag Liegenschaft	48 320
Finanzaufwand (betrieblich)	20 000
Finanzertrag (betrieblich)	110 000
Handelserlöse	6 160 000
Handelswarenaufwand	4 990 000
Lohnaufwand	635 000
Raumaufwand	216 000
sonstiger Betriebsaufwand	111 000
Sozialversicherungsaufwand	120 000
Werbeaufwand	132 000

Erstellen Sie eine dreistufige Erfolgsrechnung in Kontoform mit Ausweis von Bruttogewinn oder -verlust, Betriebsgewinn oder -verlust und Unternehmungsgewinn oder -verlust.

Mehrstufige Erfolgsrechnung im Warenhandel – Aufgaben

1.7.2 Auswirkung von Geschäftsfällen auf den Gewinn

Wie wirken sich die unten aufgeführten Geschäftsfälle auf den Bruttogewinn, den Betriebsgewinn und auf den Unternehmungsgewinn aus?

+ = Zunahme   – = Abnahme   0 = keine Auswirkung

Nr.	Geschäftsfall oder Buchungssatz	Brutto-gewinn	Betriebs-gewinn	Unter-nehmungs-gewinn
1.	Aktive Rechnungsabgrenzung / sonstiger Betriebsaufwand			
2.	Wertschriftenertrag / Wertschriftenbestand			
3.	Das Guthaben gegenüber Kunde Y ist abzuschreiben.			
4.	Kunde X zieht 2 % Skonto vom Rechnungsbetrag ab.			
5.	Bankbelastung für Darlehenszinsen.			
6.	Bestandeszunahme des Warenlagers.			

1.7.3 Dreistufige Erfolgsrechnung in Berichtsform

Die einstufige Erfolgsrechnung der Einzelunternehmung Fabio Brioni Lederwaren zeigt folgendes Bild:

Aufwand	Erfolgsrechnung 2020		Ertrag
Handelswarenaufwand	372 000	Handelserlöse	550 000
Lohnaufwand	122 000	Immobilienertrag	112 000
Raumaufwand	24 000	Ausserordentlicher Ertrag	6 000
sonstiger Betriebsaufwand	38 000		
Immobilienaufwand	54 000		
Finanzaufwand	24 000		
Unternehmungsgewinn	34 000		
	668 000		668 000

Folgende Informationen sind noch über Fabio Brioni Lederwaren bekannt:

– Die Einzelunternehmung von Fabio Brioni besitzt ein Mehrfamilienhaus in Frauenfeld. Mit dem eigentlichen Kerngeschäft, dem Verkauf von Lederwaren, hat die Liegenschaft nichts zu tun.
– Fabio Brioni spekuliert gerne an der Börse. Er hatte in diesem Jahr allerdings kein glückliches Händchen und hat einen relativ hohen Verlust von CHF 24 000.00 erlitten. Das Geld für die Börsengeschäfte nimmt Brioni aus den liquiden Mitteln der Unternehmung.
– Brioni hat erst kürzlich einen Lieferwagen über dem Buchwert verkauft. Er hat diesen Verkaufsgewinn als ausserordentlichen Ertrag verbucht.

Erstellen Sie für Fabio Brioni eine dreistufige Erfolgsrechnung in Berichtsform. Lösen Sie die Aufgabe auf einem separaten Blatt.

1.7.4 Aussagen zur mehrstufigen Erfolgsrechnung

Kreuzen Sie an, ob die Aussagen zur mehrstufigen Erfolgsrechnung richtig (R) sind oder falsch (F).
Richtige Aussagen sind zu begründen, falsche Aussagen sind zu korrigieren.

Nr.	Aussage	R	F
1.	Die endgültige Abschreibung einer Forderung bei Kunden vermindert den Bruttogewinn. **Begründung/Korrektur:**		
2.	Der Skontoabzug eines Kunden bei der Bezahlung einer fälligen Rechnung führt letztlich zu einer Verminderung des Unternehmensgewinns. **Begründung/Korrektur:**		
3.	Die Verbuchung der Nettolohnauszahlung an die Mitarbeitenden beeinflusst den Betriebsgewinn negativ, hat aber keinen Einfluss auf den Unternehmensgewinn. **Begründung/Korrektur:**		
4.	Eine Kapitalerhöhung in der Einzelunternehmung von CHF 10 000 steigert sowohl den Betriebs- wie auch den Unternehmungsgewinn. **Begründung/Korrektur:**		

1.7.5 Die Auswirkung von Buchungstatsachen auf die mehrstufige Erfolgsrechnung

Bilden Sie auf jeder Zeile zuerst den Buchungssatz und beurteilen Sie dann den Einfluss auf die dreistufige Erfolgsrechnung; die erste Zeile dient als Beispiel.
+ Gewinnzunahme / − Gewinnabnahme / 0 keine Auswirkung

Nr.	Geschäftsfall und Buchungssatz	Brutto-gewinn	Betriebs-gewinn	Unter-nehmens-gewinn
Bsp.	Barentnahme ab Bankomat **Kasse / Bank**	0	0	0
1.	Der Einzelunternehmer erhöht das Eigenkapital durch die Überschreibung einer Privatliegenschaft aufs Geschäft.			
2.	Das Warenlager wird durch eine unvorhersehbare Überschwemmung zu 80 % vernichtet.			
3.	Im abgelaufenen Jahr wurden mehr Waren verkauft als eingekauft.			
4.	Eine im Januar abgeschriebene Kundenforderung wird zwei Monate später doch noch auf die Bank überwiesen.			
5.	Zinsgutschrift der Bank auf dem Kontokorrentkonto.			
6.	Versandfrachten auf Warenverkäufen bar bezahlt zu unseren Lasten.			

1.8 Verluste aus Forderungen (Debitorenverluste)

> **Leistungsziele BIVO**
> Ich buche Verluste aus Forderungen (Debitorenverluste) inkl. Kostenvorschuss, Verlustschein, Zahlungen nach Abschluss des Betreibungsverfahrens, ohne MWST-Rückbuchungen.

Wenn ein Kunde nicht zahlt und betrieben werden muss, dann erhalten wir meistens nur ganz wenig oder gar kein Geld mehr. Für den nicht einbringbaren Betrag stellt das Betreibungsamt einen Verlustschein aus. Den Anteil, den wir noch erhalten, nennt man Konkursdividende. Der Rest der Forderung ist verloren und muss abgeschrieben werden; die Buchung heisst:

Verluste Forderungen / Forderungen LL

Typische Buchungen bei Zahlungsausfällen von Kunden:

1. Schriftliche Mahnung: **keine Buchung**
   (da sich am Forderungsbetrag im Konto Forderungen LL nichts ändert)

2. Einleitung der Betreibung. Das Betreibungsamt verlangt einen **Kostenvorschuss,** der sofort bar bezahlt wird: **Forderungen LL / Kasse**
   (Der Kostenvorschuss wird nicht als «verlorener Aufwand» behandelt, sondern wird vom Kunden zurückgefordert, darum Forderungen LL)

3. Nach abgeschlossener Betreibung erhält man oft noch einen kleinen Teil der Forderung überwiesen (**= Konkursdividende**): **Bank / Forderungen LL**
   Der grössere Rest der Forderung muss **abgeschrieben werden:**
   Verluste Forderungen / Forderungen LL
   Variante zu 3.: Manchmal erhält man noch vor Abschluss der Betreibung den ganzen Betrag vom Kunden und zusätzlich einen Verzugszins. Das führt zu zwei Buchungen:
   Bank / Forderungen LL (die Gesamtforderung)
   Bank / Finanzertrag (der Verzugszins)

4. **Nachträglicher Eingang** einer bereits abgeschriebenen Kundenforderung:
   a) Eingang im gleichen Geschäftsjahr: **Bank / Verluste Forderungen**
   b) Eingang im Folgejahr: **Bank / ausserordentlicher Ertrag**

   Erläuterung: Erfolgt der Zahlungseingang im gleichen Geschäftsjahr wie die Abschreibung der Forderung, so kann diese Abschreibung wieder ausgeglichen werden. Aber sobald das Buchhaltungsjahr abgeschlossen ist, kann die Erfolgsrechnung nicht mehr korrigiert werden und der Zahlungseingang ist im neuen Jahr als ausserordentlicher Ertrag zu behandeln.

5. Spezialfall **Nachlassvertrag**: Anstatt eine Betreibung einzuleiten, kann der Gläubiger mit dem Schuldner auf privater Basis einen Nachlassvertrag abschliessen: Dabei erhält er einen Teil der Forderung auf sicher, verzichtet aber freiwillig auf den Rest der Forderung. Daraus entstehen zwei Buchungen:
   Bank / Forderungen LL (Teilzahlung)
   Verluste Forderungen / Forderungen LL (Forderungsverzicht)

Verluste Forderungen bedeuten für die Unternehmung eine Minderung der Erträge aus Warenverkäufen oder Dienstleistungs-Erträgen. Es ist also ein sog. **Minus-Ertragskonto**, d.h. es hat die gleichen Buchungsregeln wie ein Aufwandkonto, wird aber in der Erfolgsrechnung als Minus-Posten der Erträge wie folgt aufgeführt:

Erfolgsrechnung 2020		
Handelserlöse	600	
./. Verluste Forderungen	−90	510

1.8 Verluste aus Forderungen (Debitorenverluste) – Aufgaben

1.8.1 Buchhaltung der Handelsfirma SILAG

Führen Sie das Journal der Handelsfirma SILAG. Verwenden Sie die Konten aus dem Kontenplan.

Datum	Text	Buchungssatz Soll	Haben	Betrag
14.01.	Das Konkursverfahren gegen Habe & Co ist abgeschlossen. Von unserer Gesamtforderung von CHF 15 000.00 erhalten wir noch eine Konkursdividende von 30 % mit Postüberweisung; der Rest ist abzuschreiben.			
10.04.	Eine Forderung von CHF 4 500.00 gegenüber Kunde H. Gut hatten wir im Vorjahr vollständig abgeschrieben. Nun überweist H. Gut CHF 1 000.00 auf unser Postkonto.			
28.05.	Dem Kunden Habegg liefern wir Waren auf Kredit für CHF 35 000.00.			
02.06.	Für eine Forderung von CHF 8 000.00 leiten wir gegen den Kunden Waser die Betreibung ein. Den Kostenvorschuss von CHF 400.00 zahlen wir bar.			
19.06.	Dem Kunden Habegg (vgl. 28.05.) gewähren wir einen Rabatt von 10 %.			
30.06.	Habegg begleicht unser Guthaben (vgl. 28.05./19.06.) unter Abzug von 1 % Skonto durch Postüberweisung.			
05.07.	Vom Lieferanten B. Kundert beziehen wir Waren auf Kredit für CHF 17 000.00.			
05.07.	Die Bezugskosten von CHF 600.00 auf obiger Ware bezahlen wir bar zulasten des Lieferanten.			
25.08.	Kunde Waser (vgl. 02.06.) überweist uns per Post den Betrag für die Forderung.			

1.8.2 Richtige Aussagen

Kreuzen Sie die richtigen Aussagen an.

	Das Konto «Verluste Forderungen» ist ein Minus-Aktivkonto.
	Den Kostenvorschuss für Betreibungen bezahlt zuerst der Gläubiger.
	Die Versendung einer Mahnung wird nicht verbucht.
	Betreibungen werden direkt durch den Gläubiger an den Schuldner verschickt.
	Die Kosten der Betreibung übernimmt die Gemeinde.
	Der Saldo des Kontos Verluste Forderungen steht normalerweise im Soll.

1.8.3 Geschäftsfälle verbuchen und Konten führen

Verbuchen Sie die nachstehenden Geschäftsfälle der Firma XY, Warenhandel, im Journal und führen Sie die Konten Forderungen LL und Verluste Forderungen. Die Eröffnungs- und Abschlussbuchungen sind ebenfalls verlangt. Verwenden Sie für die Buchungssätze die Konten des Kontenplans.

Datum	Text	Buchungssatz		Betrag
		Soll	Haben	
01.01.	Anfangsbestand Forderungen LL: CHF 36 000.00.			
14.03.	Den Kunden Forster haben wir für unsere Forderung von CHF 4 000.00 schon dreimal gemahnt. Jetzt leiten wir die Betreibung ein und leisten einen Kostenvorschuss in bar von CHF 400.00.			
03.06.	Warenversand auf Rechnung an verschiedene Kunden für CHF 21 000.00.			
07.06.	Versandkosten zu unseren Lasten bar bezahlt, CHF 1 500.00.			
08.07.	Der Kunde Weinig ist mit seiner Zahlung in Verzug. Wir senden ihm die 2. Mahnung für den geschuldeten Betrag von CHF 6 000.00.			
19.07.	Von verschiedenen Kunden sind Zahlungen in der Höhe von CHF 19 000.00 auf unser Postkonto eingegangen.			

Verluste aus Forderungen (Debitorenverluste) – Aufgaben

Datum	Text	Buchungssatz Soll	Haben	Betrag
11.08.	Das Konkursverfahren gegen Kunde Forster (vgl. 14.03.) ist abgeschlossen. Von unserer Forderung erhalten wir noch CHF 1 400.00 als Konkursdividende in bar. Der Rest ist abzuschreiben.			
15.09.	Vor einem Jahr haben wir eine Forderung gegenüber C. Hartmann abgeschrieben. Jetzt erhalten wir von ihm überraschend eine Postüberweisung von CHF 1 500.00.			
17.10.	Kunde Kamber, der uns CHF 2 800.00 schuldet, befindet sich in Zahlungsschwierigkeiten. Es wird folgendes vereinbart: Er übergibt uns sofort einen PC im Wert von CHF 1 400.00. CHF 1 000.00 wird er uns anfangs Januar nächsten Jahres per Post überweisen. Den Rest der Forderung erlassen wir ihm.			
25.11.	Von Kunde Forster (vgl. 11.08.) erhalten wir unerwartet eine Überweisung von CHF 600.00 auf unsere Bank.			
31.12.	Abschluss der Konten			

Forderungen LL

Soll	Haben

Verluste Forderungen

Soll	Haben

1.8.4 Buchungen bei Zahlungsausfällen von Kunden

Nennen Sie die Buchungssätze mit Betrag zu den folgenden Geschäftsfällen. Verwenden Sie die Konten des Kontenplans. Alle Zahlungsvorgänge werden über die Bank abgewickelt.

Nr.	Geschäftsfall	Buchungssatz Soll	Buchungssatz Haben	Betrag
1.	Wir erhalten vom Betreibungsamt aus einer abgeschlossenen Pfändung gegen Kunde A: a) den Forderungsbetrag inkl. Betreibungsvorschuss von CHF 3 800 b) einen Verzugszins von CHF 90			
2.	Aufgrund des Nachlassvertrages mit Kunde B erhalten wir von der ursprünglichen Forderung noch 40 % = CHF 5 000; auf den Rest verzichten wir.			
3.	Den Kunden C haben wir schon zweimal erfolglos gemahnt. Jetzt erhält er die letzte Mahnung über CHF 2 650 mit der Androhung auf Betreibung. Gleichzeitig belasten wir ihm einen Verzugszins von CHF 110 für die Zeit seit Fälligkeit der Forderung bis jetzt.			
4.	Aus der Betreibung gegen Kunde D über CHF 12 400 erhalten wir eine Konkursdividende von 15 % und für den Rest einen Verlustschein.			
5.	Die Forderung von CHF 6 200 gegenüber Kunde E wurde am 30. Mai abgeschrieben. Jetzt überweist er uns noch CHF 1 400.			
6.	Im Februar des Folgejahres erhalten wir vom Kunden F nochmals CHF 1 600 überwiesen.			

Abschreibungen

1.9 Abschreibungen

Leistungsziele BIVO

- Ich berechne Abschreibungen nach der linearen und nach der degressiven Methode (Anschaffungswert, Buchwert, Wertberichtigung).
- Ich verbuche Abschreibungen auf dem Anlagevermögen nach der direkten und indirekten Methode und führe die Konten (ohne Gewinn und Verlust auf der Veräusserung von Anlagevermögen).

1.9.1 Überblick

Die **Posten des Anlagevermögens:** Fahrzeuge, Mobilien, Maschinen, werden beim Kauf als Aktiv-Zunahme verbucht (→ Anschaffungswert). Durch den Gebrauch werden sie abgenützt; das führt zu einer Wertabnahme. Die Abnützung wird am Jahresende im **Aufwandkonto Abschreibungen** verbucht (= Wertberichtigung). Dafür gibt es zwei Berechnungsmethoden (→ «welcher Betrag?») und zwei Verbuchungsmethoden (→ «wie verbuchen?»)

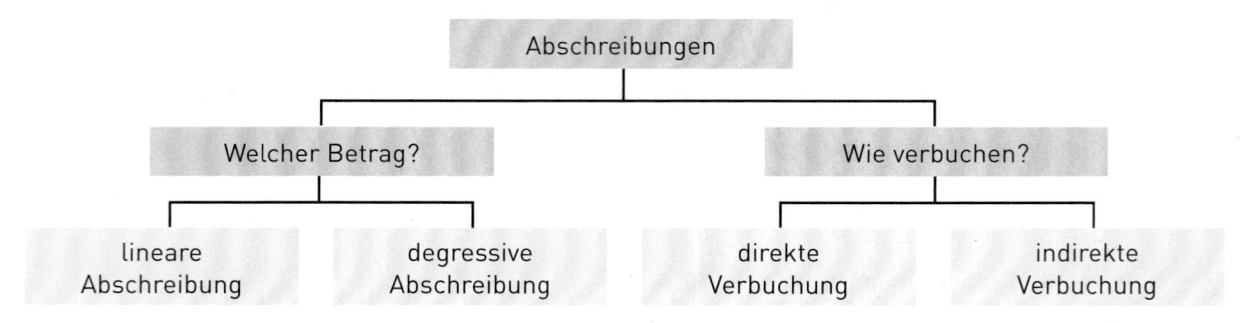

```
                        Abschreibungen
            ┌───────────────┴───────────────┐
      Welcher Betrag?                  Wie verbuchen?
      ┌─────┴─────┐                    ┌─────┴─────┐
   lineare     degressive           direkte     indirekte
 Abschreibung  Abschreibung        Verbuchung   Verbuchung
```

Jede Kombination ist möglich: linear/direkt; linear/indirekt
degressiv/direkt; degressiv/indirekt

Aus der Aufgabenstellung ist immer klar zu erkennen, welche Berechnung und welche Verbuchung verlangt ist.

Ausgangspunkt jeder Abschreibung ist der **Anschaffungswert** (= Neuwert). Er umfasst mehr als nur den Kaufpreis der Anlage, nämlich:

Katalogpreis ./. Rabatt ./. Skonto + Bezugskosten + Installationskosten = Anschaffungswert.

Und deshalb gilt: Transport- und Installationskosten einer Maschine werden als Aktivzunahme verbucht (und nicht etwa als Aufwand): Maschinen / Kasse (oder Bank)

Der **Buchwert** (= Jetztwert) ergibt sich jeweils nach der jährlichen Abschreibung:
Anschaffungswert ./. Abschreibung = Buchwert

1.9.2 Lineare Abschreibung

- Abschreibung immer vom Anschaffungswert
- jedes Jahr gleicher Abschreibungsbetrag

    → lineare Wertabnahme →

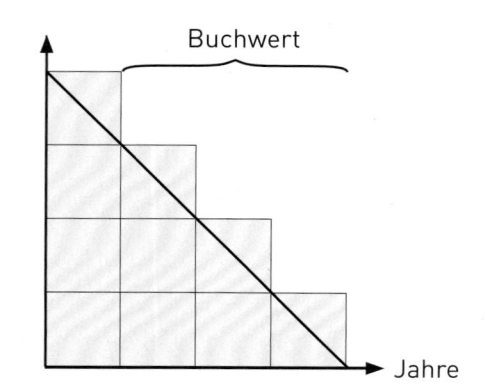

- Abschreibungsbetrag bzw. Abschreibungs-Prozentsatz ergeben sich aus der geschätzten Nutzungsdauer. Beispiel:

    Anschaffungswert einer Maschine CHF 60 000, geschätzte Nutzungsdauer 5 Jahre
    60 000 ÷ 5 = 12 000 jährliche Abschreibung

    Daraus den Prozentsatz ermitteln: 60 000 – 100 %
                                        12 000 – 20 % → Prozentsatz für die Abschreibung

Spezialfall: Wenn am Ende der Nutzungsdauer noch mit einem **Liquidationserlös** gerechnet wird, ergibt sich die jährliche Abschreibung so:

Beispiel: bei obiger Maschine wird am Ende der 5 Jahre mit einem Liquidationswert von 5 000 gerechnet.
60 000 ./. 5 000 = 55 000.
Dieser Betrag ist innert 5 Jahren abzuschreiben: 55 000 ÷ 5 = 11 000 jährliche Abschreibung

1.9.3 Degressive Abschreibung

- Abschreibung immer vom Buchwert
  (= Restwert/Jetztwert)
  (nur im 1. Jahr Abschreibung vom
  Anschaffungswert, weil dort natürlich
  Anschaffungswert = Buchwert)
- jedes Jahr sinkender Abschreibungsbetrag

    → degressive Wertabnahme
    (am Anfang viel, dann immer weniger)

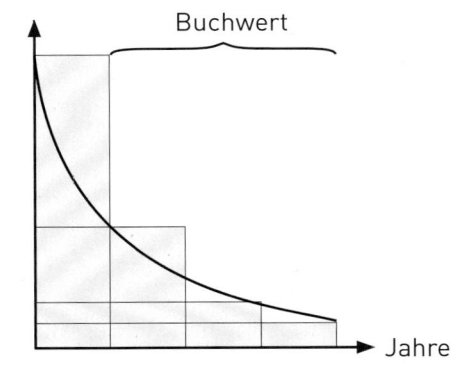

- Der Abschreibungs-Prozentsatz ist vorgegeben; in der Praxis wird oft der Prozentsatz der linearen Abschreibung verdoppelt.

    Beispiel: Anschaffungswert einer Maschine CHF 60 000; Abschreibung degressiv mit jährlich 40 %:

Anschaffungswert	60 000	
Abschreibung 1. Jahr	– 24 000	(40 % von 60 000)
Buchwert Anfang 2. Jahr	36 000	
Abschreibung 2. Jahr	– 14 400	(40 % von 36 000)
Buchwert Anfang 3. Jahr	21 600	
Abschreibung 3. Jahr	– 8 640	(40 % von 21 600)
Buchwert Anfang 4. Jahr	12 960	
usw.		

- Weil der Restwert zwar immer kleiner, aber bei dieser Methode nie Null wird, muss durch Managemententscheid irgendwann der gesamte Restwert abgeschrieben werden.

Abschreibungen

1.9.4 Direkte Abschreibung

Direkte Abschreibung heisst: Die Wertverminderung wird direkt im Anlagekonto abgebucht. Die typischen Buchungssätze heissen:

> **Abschreibungen / Maschinen**
> **Abschreibungen / Mobilien**
> **Abschreibungen / Fahrzeuge**

Das Konto Abschreibungen steht immer im Soll, das Anlagekonto immer im Haben!

Als Ergebnis zeigt das Anlagekonto immer den aktuellen **Buchwert** (= Jetztwert oder Zeitwert) der Anlage.

Vorteil: einfache Buchungen
Nachteil: Ab dem zweiten Jahr seit der Anschaffung sieht man nicht mehr,
– wie hoch der Anschaffungswert war und
– wie viel insgesamt bis jetzt abgeschrieben wurde:

1. Jahr				2. Jahr				3. Jahr			
Masch		Abschr		Masch		Abschr		Masch		Abschr	
AB 60 000	12 000	12 000		AB 48 000	12 000	12 000		AB 36 000	12 000	12 000	
	S 48 000		S 12 000		S 36 000		S 12 000		S 24 000		S 12 000
↓ Bilanz		↓ ER									

Anschaffungswert und gesamte bisherige Abschreibungen nicht erkennbar!

1.9.5 Indirekte Abschreibung

Indirekte Abschreibung heisst: Hier will man den jährlichen Abschreibungsbetrag nicht sofort vom Anlagekonto abziehen, sondern man will die jährlichen Abschreibungsbeträge auf einem Extra-Konto ansammeln, dem Konto Wertberichtigung, abgekürzt WB.
Die typischen Buchungssätze heissen:

> **Abschreibungen / WB Maschinen**
> **Abschreibungen / WB Mobilien**
> **Abschreibungen / WB Fahrzeuge**

Das Konto Abschreibungen steht immer im Soll, das Wertberichtigungskonto immer im Haben!

Das WB-Konto ist kein eigenständiges Konto, sondern es ist ein Korrekturkonto zum Anlagekonto mit dem einzigen Zweck, die jährlichen Abschreibungen anzusammeln (= kumulieren). Es hat die Buchungsregeln – / + wie ein Passivkonto, aber es wird als «Minus-Aktiv-Konto» bezeichnet: erstens, weil es den Wert des Anlagekontos vermindert, und zweitens, weil es in der Bilanz auf der Aktivseite aufgeführt wird, als Korrekturposten zum Anlagekonto (siehe Beispiel).

Vorteil der indirekten Abschreibung: Man kann zu jedem Zeitpunkt
a) den Anschaffungswert erkennen (aus dem Anlagekonto) sowie
b) die Summe aller bisherigen (= kumulierten) Abschreibungen (aus dem WB-Konto) wie auch
c) den Buchwert der Anlagen (Saldo Anlagekonto ./. Saldo WB-Konto):

	Masch		WB Masch		Abschr		a	Bilanz 31.12.		p
1. Jahr	AB 60 000		AB 0	12 000	12 000		Anlagevermögen			
		S 60 000		S 12 000		S 12 000	Masch	60 000		
							./. WB Masch	– 12 000	48 000	
2. Jahr	AB 60 000		AB 12 000	12 000	12 000		Anlagevermögen			
		S 60 000		S 24 000		S 12 000	Masch	60 000		
							./. WB Masch	– 24 000	36 000	
3. Jahr	AB 60 000		AB 24 000	12 000	12 000		Anlagevermögen			
		S 60 000		S 36 000		S 12 000	Masch	60 000		
							./. WB Masch	– 36 000	24 000	

Die Bilanz zeigt also immer den Anschaffungswert, die kumulierten Abschreibungen und den Buchwert der Anlagen!

Merksatz: – Jede Abschreibung beginnt mit: Abschreibungen / ....
– Im Haben sieht man, ob direkt oder indirekt abgeschrieben wird:
  direkt: an Maschinen   indirekt: an WB Maschinen

1.9.6 Verkauf einer gebrauchten Maschine zum Buchwert

Es kommt vor, dass eine gebrauchte Anlage, auf der über mehrere Jahre Abschreibungen gemacht wurden, zum Buchwert verkauft und damit ausgeschieden wird.

Beispiel: Ein Fahrzeug mit einem Anschaffungswert von CHF 50 000 wird zum Buchwert von CHF 10 000 bar verkauft.
Grundregel für alle solchen Aufgaben: Zuerst die Ausgangslage in den Anlagekonten skizzieren, und dann verbuchen!

a) **bei direkter Abschreibungsmethode:** Hier ist es ganz einfach, weil das Anlagekonto immer direkt den Buchwert zeigt!

	Fahrzeuge	
1. Ausgangslage	AB 10 000	
2. Buchung Verkauf: Kasse / Fahrzeuge 10 000		10 000
3. Saldo		S 0

b) **bei indirekter Abschreibungsmethode:** Weil die bisherigen Abschreibungen im WB-Konto stehen, muss dieses mit einer Extra-Buchung aufgelöst (→ «auf Null gestellt») werden!

			Fahrzeuge		WB Fahrzeuge	
1.	Ausgangslage* Anschaffungswert 50 000 – Buchwert – 10 000 = kumulierte Abschr 40 000		AB 50 000			AB 40 000
2.	Verkauf: Kasse / Fahrzeuge			10 000		
3.	WB-Konto auflösen: WB Fahrz / Fahrzeuge			40 000	40 000	
4.	Saldo		S** 0		S** 0	

* Im Beispiel sind die kumulierten Abschreibungen nicht vorgegeben. Sie können aber leicht errechnet werden mit dieser Formel!
** Nach dem Verkauf ist das Fahrzeug nicht mehr vorhanden → beide Konten müssen als Saldo Null aufweisen!

Abschreibungen – Aufgaben

1.9 Abschreibungen – Aufgaben

1.9.1 Abschreibung auf einer Produktionsmaschine

Die Metal-Suisse AG in Lausanne kauft eine Produktionsmaschine zum Preis von CHF 112 000.00 gegen Rechnung. Der Lieferant gewährt einen Rabatt von 15 %. Zusätzlich werden der Metal-Suisse AG die Versandkosten von CHF 800.00 und Montagekosten von CHF 4 000.00 belastet. Die Metal-Suisse AG rechnet mit einer Nutzungsdauer der Produktionsmaschine von 5 Jahren.

a) Wie hoch ist der Anschaffungswert der Produktionsmaschine?

b) Wie hoch wird der jährliche Abschreibungsbetrag?
   Und wie hoch wird der Prozentsatz für die jährliche Abschreibung?

c) Handelt es sich um lineare oder degressive Abschreibung? Begründen Sie Ihre Antwort.

d) Angenommen, die Metal-Suisse AG kann am Ende der Nutzungsdauer mit einem Liquidationserlös von CHF 15 000.00 rechnen. Wie hoch wäre dann der jährliche Abschreibungsbetrag?

1.9.2 Abschreibungen auf einem Lastwagen

Die Transport AG beschafft einen neuen Lastwagen: Anschaffungswert CHF 125 000.00. Das Management steht vor der Entscheidung, diesen Lastwagen linear mit 15 % oder degressiv mit 30 % abzuschreiben. Unklar ist zudem, ob direkt oder indirekt abgeschrieben werden soll.

a) Je nach Entscheid: Wie lauten die Buchungen für die Abschreibungen des Lastwagens im 1. Jahr?

Nr.	Abschreibungsmethode	Buchungssatz		Betrag
		Soll	Haben	
1.	direkt und linear			
2.	indirekt und linear			
3.	direkt und degressiv			
4.	indirekt und degressiv			

b) Das Management hat sich definitiv für die indirekte Methode entschieden. Offen ist noch, ob linear oder degressiv abgeschrieben wird.
Wie lauten die indirekten Abschreibungsbuchungen für diesen Lastwagen im 3. Jahr nach der Anschaffung?

Abschreibungsmethode	Buchungssatz		Betrag
	Soll	Haben	
linear			
degressiv			

1.9.3 Abschreibungen auf einer IT-Anlage

Am 01.01.2020 wird eine IT-Anlage zu CHF 80 000.00 gekauft.

a) Wenn die Anlage linear mit 12.5 % jährlich abgeschrieben wird:
   a1. Wie hoch ist der Abschreibungsbetrag im 3. Jahr?

   _____

   a2. Wie hoch ist der Buchwert am Ende des 5. Jahres?

   _____

b) Wenn die Anlage degressiv mit 25 % jährlich abgeschrieben wird:
   b1. Wie hoch wird der Abschreibungsbetrag im 3. Jahr?

   _____

   b2. Wie hoch ist der Buchwert am Ende des 4. Jahres?

   _____

Abschreibungen – Aufgaben

c) Die Anlage wird degressiv mit 30 % jährlich abgeschrieben, indirekte Methode:
Welchen Saldo wird das Konto WB IT-Anlage am 31.12.2022 aufweisen?

1.9.4 Berechnungen zu linearer und degressiver Abschreibung

Anfangs 2018 wurden Mobilien gekauft. Die Abschreibung beträgt jährlich 20 % vom Buchwert. Es wird mit der indirekten Methode abgeschrieben. Ende 2020 beträgt der Buchwert der Mobilien CHF 2560.00.

a) Wie lautet der Buchungssatz mit Betrag für die Abschreibung Ende 2020?

b) Wie lauteten Ende 2019 Buchungssatz und Betrag für die Abschreibung?

c) Welches war der Anschaffungswert dieser Mobilien?

1.9.5 Verkauf einer gebrauchten Maschine

Eine Maschine wurde vor vier Jahren zu CHF 60 000.00 angeschafft. Bisher wurden auf dieser Maschine CHF 52 000.00 abgeschrieben. Jetzt wird diese Maschine ausgeschieden und kann zum Buchwert gegen bar verkauft werden.
Tipp: Konten in der Ausgangslage skizzieren.

a) Wie lautet die Verkaufsbuchung mit Betrag, wenn bisher direkt abgeschrieben wurde?

b) Welche Buchungen (mit Betrag) fallen beim Verkauf an, wenn die Maschine bisher indirekt abgeschrieben wurde?

1.9.6 Buchungen in der Taxiunternehmung RAPID AG

Aus der Bilanz der RAPID AG ist folgendes bekannt:

Anschaffungswert der 10 Fahrzeuge: CHF 450 000.00
Kumulierte Abschreibungen auf Fahrzeugen: CHF 150 000.00

Verbuchen Sie die folgenden Geschäftsfälle mit Betrag und führen Sie die Konten Fahrzeuge und WB Fahrzeuge.

Nr.	Text	Buchungssatz Soll	Buchungssatz Haben	Betrag
1.	Eröffnungsbuchung der Fahrzeuge und der Wertberichtigung Fahrzeuge.			
2.	Ein gebrauchtes Fahrzeug (Anschaffungswert CHF 35 000.00, kumulierte Abschreibungen CHF 25 000.00) wird zum Buchwert gegen bar verkauft.			
3.	Ein neues Taxi wird gegen Rechnung für CHF 40 000.00 gekauft.			
4.	Ein Fahrzeug (Anschaffungswert CHF 26 000.00, Buchwert CHF 6 000.00) wird gegen ein neues eingetauscht, Anschaffungswert CHF 40 000.00. Dabei wird das alte Fahrzeug zum Buchwert in Zahlung genommen. Der Aufpreis wird per Bank überwiesen.			
5.	Vor dem Abschluss ist eine Abschreibung von 20 % vom Anschaffungswert aller vorhandenen Fahrzeuge vorzunehmen.			
6.	Verbuchung des Abschlusses der Konten Fahrzeuge und WB Fahrzeuge.			

Fahrzeuge

Soll	Haben

WB Fahrzeuge

Soll	Haben

Abschreibungen – Aufgaben

1.9.7 Änderung der Abschreibungsmethode

Die Warta AG hat ihre Geschäftsfahrzeuge bisher direkt abgeschrieben, mit jährlich 20% vom Anschaffungswert. Der Buchhalter verliess die Unternehmung Ende 2019. Am 01.01.2020 trifft die neu eingestellte Buchhalterin folgende Situation vor:

    Anfangsbestand Fahrzeuge: CHF 100 000.00

Sie weiss, dass Ende 2019 folgende Abschreibung verbucht wurde:
    Abschreibungen / Fahrzeuge   CHF 50 000.00

a) Wie hoch war der Anschaffungswert der Fahrzeuge?

b) Die neue Buchhalterin will ab jetzt die Fahrzeuge indirekt abschreiben. Nach der Eröffnung des Fahrzeug-Kontos tätigt sie die notwendige Buchung für die Umstellung von der direkten zur indirekten Abschreibung.
Wie lautet der Buchungssatz mit Betrag für die Umstellung?

c) Ende 2020 verbucht sie die jährliche Abschreibung auf Fahrzeuge indirekt. Nennen Sie Buchungssatz und Betrag!

d) Wie werden die Fahrzeuge in der Bilanz Ende 2020 aufgeführt? Skizzieren Sie die Bilanz und zeigen Sie den Eintrag für die Fahrzeuge.

1.9.8 Anlagewerte aus der Bilanz ermitteln

Bei der Radical Sports AG, Herstellerin von hochwertigen Skis und Snowboards, wird das Anlagevermögen zum Teil direkt, zum Teil indirekt abgeschrieben.
Die Schlussbilanz per 31.12. weist auf der Aktivseite, in der Gruppe Anlagevermögen, folgende Posten und Beträge auf:

Maschinen und Geräte	180 000	
– WB Maschinen und Geräte	– 105 000	75 000
Mobiliar		32 000
Fahrzeuge	80 000	
– WB Fahrzeuge	– 35 000	45 000
Geschäftsliegenschaft	1 300 000	
– WB Geschäftsliegenschaft	– 800 000	500 000

a) Wie hoch ist die Summe der kumulierten Abschreibungen bei den indirekt abgeschriebenen Anlageposten?

b) Wie hoch ist der Buchwert der Mobilen Sachanlagen?

c) Das Mobiliar wurde vor 5 Jahren angeschafft und seitdem mit der direkten Methode abgeschrieben. Es wird mit einer Nutzungsdauer von 7 Jahren gerechnet.
Welches war der Anschaffungswert der Mobilien? (Rechnungsweg angeben)

1.10 Zeitliche Rechnungsabgrenzung, Rückstellungen

> **Leistungsziele BIVO**
>
> - Ich erkläre die Zielsetzung und die Bedeutung von zeitlichen Rechnungsabgrenzungen und Rückstellungen.
> - Ich verbuche entsprechende Beispiele und führe die Konten: Aktive Rechnungsabgrenzungen / Passive Rechnungsabgrenzungen / Rückstellungen.

Zeitliche Rechnungsabgrenzung:
- **Aktive Rechnungsabgrenzungen (aRa) für Forderungen**
- **Passive Rechnungsabgrenzungen (pRa) für Verbindlichkeiten**

Hinweis: Die «alten» Bezeichnungen für die zeitliche Rechnungsabgrenzung sind
- Transitorische Aktiven (TA) für aktive Rechnungsabgrenzungen (aRa)
- Transitorische Passiven (TP) für passive Rechnungsabgrenzungen (pRa)

1.10.1 Überblick

Eine zeitliche Rechnungsabgrenzung ist immer am **Jahresende** nötig. Dann wird mit der Erfolgsrechnung (ER) der Gewinn oder Verlust des abgelaufenen Geschäftsjahres errechnet. Damit der Erfolg möglichst unverfälscht ausgewiesen werden kann, müssen bestimmte Aufwände und Erträge vor dem Abschluss noch korrigiert werden.

Für diese Jahresend-Korrekturen braucht man immer die zwei Konten **aktive Rechnungsabgrenzung und passive Rechnungsabgrenzung.** Da diese beiden Konten nur für die Abgrenzung von Geschäftsfällen benötigt werden (was wird zum abzuschliessenden Jahr, was zum neuen Jahr gerechnet?), löst man sie sofort nach der Eröffnung im neuen Jahr wieder auf. Folglich gibt es während des Jahres nie Buchungen mit Rechnungsabgrenzungskonten.

Folglich gilt:
- Aktive Rechnungsabgrenzung (aRa) = vorübergehende **Guthaben am Jahresende**
- Passive Rechnungsabgrenzung (pRa) = vorübergehende **Schulden am Jahresende**

1.10.2 Verbuchung

Bei der zeitlichen Rechnungsabgrenzung gibt es vier typische Fälle. Um zum richtigen Buchungssatz und zum richtigen Betrag zu kommen, macht man am besten jedes Mal zuerst eine Skizze und überlegt dann immer die gleichen drei Fragen:

Grundskizze   31.12.   Folgejahr
|—————————————————|—————————————————|

1. Frage:
Welches Aufwand- oder Ertragskonto ist betroffen?
Dieses ergibt sich immer «automatisch» aus dem Geschäftsfall.

2. Frage:
a) Wenn bei 1. ein Aufwandkonto betroffen ist:
   Haben wir dem alten Jahr zu viel Aufwand oder zu wenig Aufwand belastet?
   → Wenn zu viel Aufwand belastet: **aRa / Aufwandkonto**
   → Wenn zu wenig Aufwand belastet: **Aufwandkonto / pRa**

b) Wenn bei 1. ein Ertragskonto betroffen ist:
   Haben wir dem alten Jahr zu viel Ertrag oder zu wenig Ertrag gutgeschrieben?

- → Wenn zu viel Ertrag gutgeschrieben: **Ertragskonto / pRa**
- → Wenn zu wenig Ertrag gutschrieben: **aRa / Ertragskonto**

3. Frage:
Welches ist der richtige Betrag zum Buchungssatz?
a) Wenn ein Aufwandkonto betroffen ist:
   Wie viel haben wir zu viel belastet oder zu wenig belastet?
b) Wenn ein Ertragskonto betroffen ist:
   Wie viel haben wir zu viel gutgeschrieben oder zu wenig gutgeschrieben?
   In vielen Fällen braucht es hier einen Dreisatz, nämlich dann, wenn der Betrag des Geschäftsfalles zum Teil im alten und zum anderen Teil im neuen Jahr anfällt.

Nach der dritten Frage hat man den richtigen Buchungssatz mit dem richtigen Betrag für die Rechnungsabgrenzung am 31.12.! Er heisst immer:

aRa / (Aufwand- oder Ertragskonto)
oder
(Aufwand- oder Ertragskonto) / pRa

→ Merke: Das Gegenkonto von aRa/pRa ist immer ein Konto aus der ER!

Rückbuchung am 1. Januar des Folgejahres: Direkt nach der Eröffnung der Konten erfolgt die **Rückbuchung** aller Abgrenzungsbuchungen vom Jahresende. Rückbuchung heisst: **Buchung** vom 31.12. genau **umkehren**!

1.10.3 Fachausdrücke:

Für die vier typischen Buchungen gibt es Fachbegriffe, die wenig hilfreich sind, die man aber trotzdem richtig sollte zuordnen können:
- zu viel Aufwand belastet: aRa / Aufwandkonto
  Diese Buchung nennt man: **Aufwandvortrag**, weil damit der im alten Jahr zu viel belastete Aufwand ins neue Jahr *vorgetragen* wird.
- zu wenig Aufwand belastet: Aufwandkonto / pRa
  Diese Buchung nennt man: **Aufwandnachtrag**, weil damit der im alten Jahr zu wenig belastete Aufwand noch im alten Jahr *nachgetragen* (= nachgeholt) wird.
- zu viel Ertrag gutgeschrieben: Ertragskonto / pRa
  Diese Buchung nennt man: **Ertragsvortrag**, weil damit der im alten Jahr zu viel gutgeschriebene Ertrag ins neue Jahr vorgetragen wird.
- zu wenig Ertrag gutgeschrieben: aRa / Ertragskonto
  Diese Buchung nennt man: **Ertragsnachtrag**, weil damit der im alten Jahr zu wenig belastete Ertrag noch im alten Jahr *nachgetragen* (= nachgeholt) wird.

1.10.4 Beispiele:

a) mit Betragsberechnung **b)** ohne Betragsberechnung

a) Ein Darlehensnehmer (Aktivdarlehen) wird uns den Jahreszins von CHF 900 für die Zeit vom 31.10.2019 bis 31.10.2020 nachschüssig (= am 31.10.2020) überweisen.
Wie lautet die Abgrenzung am 31.12.2019?

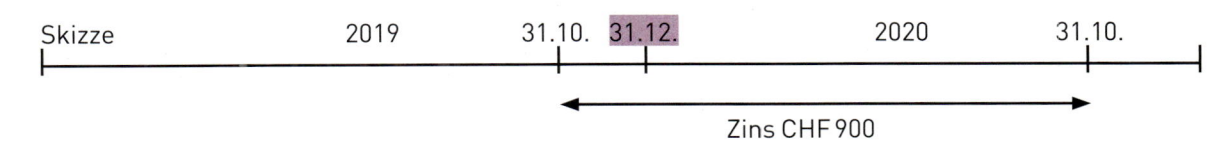

Skizze: 2019 — 31.10. — **31.12.** — 2020 — 31.10.
Zins CHF 900 (von 31.10.2019 bis 31.10.2020)

1. Das Ertragskonto Finanzertrag (Zinsertrag) ist betroffen.
2. Am 31.12.2019 haben wir dem alten Jahr zu wenig Ertrag gutgeschrieben.
   → **aRa / Finanzertrag** (Ertragsnachtrag)

3. Den Teil vom 31.10. bis 31.12. haben wir zu wenig gutgeschrieben
900 ÷ 12 = Monatszins 75; 75 × 2 = CHF 150
Die Abgrenzungsbuchung am 31.12.2019 heisst: aRa / Finanzertrag CHF 150
Rückbuchung am 01.01.2020: Finanzertrag / aRa CHF 150

b) In einer Versicherungsunternehmung: Ein Kunde hat uns am 30. November 2019 die ganze Jahresprämie 2020 für seine Hausratversicherung von CHF 1 200 im Voraus überwiesen.
1. Das Ertragskonto Dienstleistungsertrag ist betroffen.
2. Wir haben dem alten Jahr zu viel Ertrag gutgeschrieben:
→ Dienstleistungsertrag / pRa
3. Der ganze Betrag wurde zu viel gutgeschrieben: CHF 1 200
Die Buchung am 31.12.2019 heisst: Dienstleistungsertrag / pRa CHF 1 200
Rückbuchung am 01.01.2020: pRa / Dienstleistungsertrag CHF 1 200

Rückstellungen

Überblick:
Rückstellungen sind Schulden für einen in der Zukunft erwarteten, hohen Aufwand. Aber weder die genaue Höhe noch der Zeitpunkt des Eintrittes sind bekannt.

Verbuchung:

Bildung von Rückstellungen
Der geschätzte zukünftige Aufwand wird als Schuld auf dem Passivkonto Rückstellungen verbucht; der Buchungssatz heisst immer:
(das zum Fall passende) **Aufwandkonto an Rückstellungen** + Betrag (es ist immer ein geschätzter Betrag, der aber in den Aufgaben vorgegeben ist).

Wahl des Aufwandkontos je nach Fall:
1. Prüfen Sie, ob ein zusätzliches Aufwandkonto für diese Aufgabenstellung im Kontenplan vorhanden ist, z. B. «Garantieaufwand», «Prozessaufwand».
2. Falls nein, dann buchen Sie gemäss Kontenplan über ….
   a) «Sonstiger Betriebsaufwand», wenn der Aufwand zum normalen betrieblichen Geschäftsrisiko gehört. Beispiel: Ein Bauunternehmen muss immer wieder mit Garantieansprüchen der Kunden rechnen, wenn ein Baufehler passiert:
   Sonstiger Betriebsaufwand / Rückstellungen
   b) «Ausserordentlicher Aufwand», wenn es ein betriebsfremder oder ein periodenfremder Aufwand ist. Beispiel: Ein Bauunternehmen wird auf einen hohen Schadenersatz eingeklagt, weil wegen eines Planungsfehlers ein Balkon eingestürzt ist:
   Ausserordentlicher Aufwand / Rückstellungen

Typische Fälle für die Bildung von Rückstellungen
– Eine Unternehmung wird eingeklagt, woraus durch Gerichtsentscheid in der Zukunft Bussen, Prozesskosten, Schadenansprüche entstehen können.
– Unzufriedene Kunden erheben Garantieansprüche wegen Mängeln an der Kaufsache.

Rückstellungen in der Bilanz
Meistens gehört das Passivkonto Rückstellungen zum langfristigen Fremdkapital. Nur wenn der Eintritt des Schadenfalles in weniger als 12 Monaten vermutet wird, zählt Rückstellungen zum kurzfristigen Fremdkapital.

Auflösung von Rückstellungen
– wenn die Verpflichtung in der geschätzten Höhe eintritt und per Bank bezahlt wird:
Rückstellungen / Bank
– wenn die Verpflichtung höher ausfällt als der geschätzte Betrag im Konto Rückstellungen, Zusatzbuchung: Ausserordentlicher Aufwand / Bank (→Differenzbetrag)
– wenn die Verpflichtung gar nicht eintritt oder tiefer ausfällt als der Stand im Rückstellungskonto:
Rückstellungen / Ausserordentlicher Ertrag (→Differenzbetrag)

1.10 Zeitliche Rechnungsabgrenzung, Rückstellungen – Aufgaben

1.10.1 Verbuchungen am Jahresende

Nennen Sie die Buchungssätze mit Betrag beim Abschluss am 31.12.2020.

Tipp: Nicht alle Geschäftsfälle sind automatisch Rechnungsabgrenzungen!

Nr.	Text	Buchungssatz Soll	Buchungssatz Haben	Betrag
1.	Im Dezember wurde eine Maschine repariert. Die Rechnung ist noch nicht eingetroffen. Gemäss Kostenvoranschlag wird die Reparatur CHF 30.00 kosten.			
2.	Von den anfangs Dezember ausbezahlten Lohnvorschüssen von insgesamt CHF 20 000.00 betreffen 60 % die Dezemberlöhne und 40 % die Januarlöhne.			
3.	Eine grosse Rechnung für Büromaterialbezüge ist noch ausstehend im Betrag von CHF 15 000.00. Davon sollen 1/3 zulasten des neuen Jahres gehen.			
4.	Wir haben die Haftpflicht- und Kaskoprämien für die Geschäftsfahrzeuge von CHF 8 000.00 am 30.09. für ein Jahr im Voraus einbezahlt.			
5.	Es sind noch nicht gebuchte Rechnungen unserer Warenlieferanten in der Höhe von CHF 190.00 zum Vorschein gekommen.			
6.	Wir haben von einer Partnerfirma ein zu 6 % verzinsliches Darlehen von CHF 1 000.00 erhalten. Zinstermine 30.4. und 31.10. Die aufgelaufenen Zinsen sind zu berücksichtigen (nachschüssig).			
7.	Auf den Wareneinkäufen steht uns noch ein Mengenrabatt von ca. CHF 300.00 zu. Die Gutschrift ist aber noch nicht eingetroffen.			
8.	Gemäss Kontoauszug der Bank vom Dezember ist noch ein Zinsaufwand von CHF 120.00 zu buchen.			
9.	Von unserem diesjährigen Verkaufsumsatz von CHF 180 000.00 werden wir den Kunden anfangs Januar noch 5 % Umsatzbonus gutschreiben (dieses Jahr betreffend).			
10.	Wie lautet die Rückbuchung am 01.01.2021 für den Fall Nr. 3?			

1.10.2 Rechnungsabgrenzungen und Rückstellungen per 31.12.

Führen Sie das Journal auf dem Arbeitsblatt.

1. Am 30. November haben wir die Vollkaskoversicherungsprämie von CHF 610.00 für unser Geschäftsfahrzeug bezahlt. Die Prämie betrifft das kommende Kalenderjahr.

2. Der Darlehensschuldner E. Schär zahlt uns den Darlehenszins von 8 % jeweils am 15. März und 15. September für das vergangene Semester. Das Darlehen beträgt CHF 50 000.00.

3. Der Kunde Ch. Linder hat 5 % Umsatzbonus zugut. Seine Warenbezüge betrugen im abgelaufenen Jahr CHF 90 000.00.

4. Unser Untermieter O. Weibel hatte am 31. Oktober die Halbjahresmiete von CHF 18 000.00 zum Voraus bezahlt.

5. Die Rechnung der TRANSAG für Transportkosten auf importierten Waren ist noch ausstehend. Sie wird sich auf ungefähr CHF 3 000.00 belaufen.

6. Dem Kunden W. Bader haben wir noch am 27. Dezember Waren geliefert für 9 500.00. Die Rechnung dafür wird erst Anfang Januar gesendet.

7. Für Prozessrisiken wird eine Rückstellung von CHF 35 000.00 gebildet.

8. Für eine drohende, erhebliche Schadenersatz-Forderung wurde in den letzten drei Jahren eine Rückstellung von total CHF 850 000.00 gebildet. Jetzt konnte man sich in einem Vergleich gütlich einigen: Wir überweisen CHF 450 000.00 per Bank an den Kläger. Der Rest der Rückstellung wird aufgelöst.

Nr.	Buchungssatz		Betrag
	Soll	Haben	

1.10.3 Rechnungsabgrenzungen aus verschiedenen Sichtweisen

Verbuchen Sie die folgenden Rechnungsabgrenzungen.

a) Thomas Spörli hat von Reto Röteli ein Darlehen von CHF 60 000.00 erhalten. Der Zins von 5 % wird nachschüssig Ende September bezahlt. Verbuchen Sie die zeitliche Abgrenzung für Thomas Spörli am Jahresende.

b) Verbuchen Sie nun die zeitliche Abgrenzung für den Gläubiger Reto Röteli am Jahresende (siehe a).

c) Wie lautet die Rückbuchung am 1.1. des Folgejahres in der Buchhaltung des Gläubigers Reto Röteli?

d) Die Frawa AG bezahlt der Immobilienverwaltung IMMOVIT Ende Oktober den Mietzins für ein halbes Jahr im Voraus: CHF 12 000.00.
Wie verbucht die Frawa AG die zeitliche Abgrenzung am Jahresende?

e) Wie verbucht die IMMOVIT die Abgrenzung des Mietzinses am Jahresende?

f) Wie lautet die Rückbuchung am 01.01. des Folgejahres in der Buchhaltung der IMMOVIT?

1.10.4 Prozessrückstellungen

Wegen eines jetzt angelaufenen Prozesses rechnet die Schwerini AG heute (2020) mit Prozesskosten von CHF 90 000.00, die zu Beginn des Jahres 2023 anfallen könnten. Zur Absicherung sollen Rückstellungen von CHF 90 000.00 gebildet werden, gleichmässig verteilt auf drei Jahre.

a) Wie lauten Buchungssatz und Betrag für die jährliche Rückstellung während dieser drei Jahre?

b) Welchen Saldo weist das Rückstellungskonto per 31.12.2021 auf?

c) Im Jahre 2023 belaufen sich die tatsächlichen Prozesskosten auf CHF 110 000.00 und werden per Bank bezahlt. Verbuchen Sie diesen Geschäftsfall.

d) Wie würden die Buchungssätze mit Betrag lauten, wenn im Jahr 2023 sich die tatsächlichen Prozesskosten auf CHF 80 000.00 belaufen würden. Sie werden wiederum per Bank bezahlt.

_____

_____

1.10.5 Geschäftsfälle erkennen

Kreuzen Sie für den gegebenen Buchungssatz den (einzig) richtigen Geschäftsfall an.

1. Versicherungsaufwand an aktive Rechnungsabgrenzungen

☐ Rechnungsabgrenzung am 31.12. von vorausbezahlten Prämien

☐ Rechnungsabgrenzung am 31.12. von aufgelaufenen (nachschüssigen) Prämien

☐ Rückbuchung von aufgelaufenen, noch nicht bezahlten Prämien

☐ Rückbuchung von vorausbezahlten Prämien

2. Aktive Rechnungsabgrenzungen an Mietertrag

☐ Rückbuchung von im voraus erhaltenen Mietzinsen

☐ Rechnungsabgrenzung am 31.12. von aufgelaufenem, noch nicht erhaltenen Mietzins für vermietete Räume

☐ Rechnungsabgrenzung am 31.12. für im voraus erhaltenen Mietzins von vermieteten Räumen

☐ Rechnungsabgrenzung am 31.12. für im voraus bezahlte Miete von gemieteten Räumen

3. Finanzertrag an passive Rechnungsabgrenzungen

☐ Rechnungsabgrenzung am 31.12. für im voraus erhaltene Zinsen eines Aktivdarlehens

☐ Rückbuchung eines im voraus erhaltenen Darlehenszinses (Aktivdarlehen)

☐ Rechnungsabgrenzung am 31.12. für aufgelaufene (nachschüssige) Zinsen eines Aktivdarlehens

☐ Rechnungsabgrenzung am 31.12. für aufgelaufene (nachschüssige) Zinsen eines Darlehens

4. Rückstellung an Bank

☐ Bildung einer Rückstellung durch Bankzahlung

☐ Auflösung einer nicht mehr benötigten Rückstellung durch Abhebung von der Bank

☐ Bezahlung einer Konventionalstrafe durch Auflösung der für dieses Risiko gebildeten Rückstellung

☐ Bankabhebung zur Auflösung von Rückstellungen

1.10.6 Unterscheidung zwischen verschiedenen Buchungstatsachen

Nennen Sie die Buchungssätze mit Betrag in der Treuhandunternehmung Fides GmbH.

Nr.	Geschäftsfall	Buchungssatz Soll	Buchungssatz Haben	Betrag
1.	Ende Juni wird wegen des Vorwurfs der Steuerhinterziehung eine Rückstellung von CHF 30 000 für eine im Folgejahr erwartete Busse gebildet.			
	Buchungen am 31.12.:			
2.	Rechnung des Lokalradios vom 22. Dez. (noch nicht verbucht) über CHF 7 500 für einen im Dezember geschalteten Werbespot zur Ankurbelung des Weihnachtsgeschäftes.			
3.	Für das zu 6 % verzinsliche Darlehen der Bank von CHF 100 000, Zinstermine 31.03. und 30.09., sind die aufgelaufenen Zinsen zu berücksichtigen.			
4.	Am 31.10. haben wir Versicherungsprämien von CHF 1 800 für ein halbes Jahr im Voraus bezahlt.			
5.	Bescheid des Steueramtes: Das Verfahren wegen Steuerhinterziehung (vgl. Nr. 1) wird definitiv eingestellt. Die Rückstellung von Ende Juni kann aufgelöst werden.			
6.	Anfangs Dezember wurden Lohnvorschüsse bezahlt: CHF 3 000 für Dezember CHF 5 000 für Januar			
7.	Vor 2 Jahren wurden Rückstellungen von CHF 20 000 gebildet für eine drohende Strafe wegen unlauteren Wettbewerbs. Die soeben ausgesprochene Strafe von CHF 12 000 wird per Bank bezahlt.			
8.	Ein grosser Firmenkunde wird auf die diesjährige Rechnung von CHF 48 000 im Januar einen Treuerabatt von 5 % erhalten.			

Lohnabrechnung

1.11 Lohnabrechnung

> **Leistungsziele BIVO**
>
> Ich erkläre den Aufbau einer Lohnabrechnung und die Begriffe Bruttolohn und Nettolohn. Ich berechne die Versicherungsabzüge AHV, IV, EO, ALV, NBU und die Pensionskassenabzüge gemäss Vorgaben.

Bei der Lohnabrechnung werden den Angestellten die **Arbeitnehmerbeiträge** vom Bruttolohn abgezogen und den Sozialversicherungen gutgeschrieben. Der verbleibende Nettolohn wird den Angestellten ausbezahlt. Gleichzeitig hat die Unternehmung die **Arbeitgeberbeiträge** an die Sozialversicherungen zu entrichten:

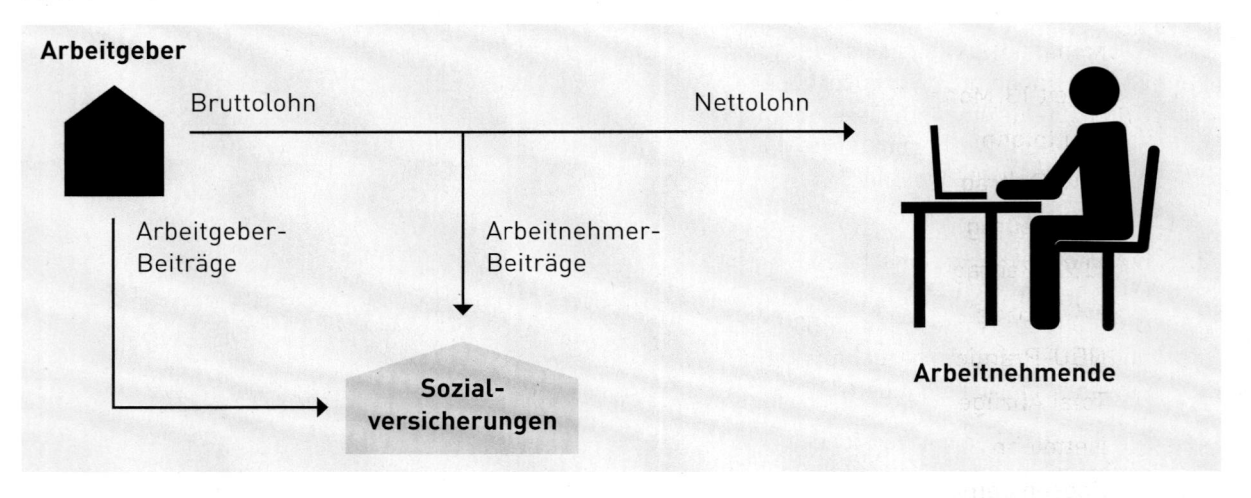

Arbeitgeberbeiträge		Total der Sozialversicherungsbeiträge	Arbeitnehmerbeiträge		Berechnungsbasis pro Monat
AHV/IV/EO	5.275 %	10.55 %	5.275 %	AHV/IV/EO	Bruttolohn
ALV	1.1 %	2.2 %	1.1 %	ALV	Bruttolohn bis max. 12 350
ALV 2	0.5 %	1 %	0.5 %	ALV 2	Bruttolohn über 12 350
PK/BVG steigend nach Alter	6 %–11 %	12 %–22 %	6 %–11 %	PK/BVG steigend nach Alter	«Versicherter Lohn*»
BU	0.1 %–2 %	Unfallversicherung BU | NBU	0.4 %–2 %	NBU	Bruttolohn bis max. 12 350

*Jahreslohn
– Koordinationsabzug
= Versicherter Lohn

Der Koordinationsabzug ist immer vorgegeben. Er entspricht ca. einer AHV-Monatsrente. Hintergrund: Mit der Pensionskasse soll ja der «normale» Lebensstandard oberhalb der Existenzsicherung (→ AHV-Abzug!) gesichert werden. Ohne diesen Abzug wäre die Existenzsicherung unnötig, doppelt abgedeckt.

Lernstoff: Sie müssen die Prozentsätze nicht auswendig können, aber eine Lohnabrechnung mit vorgegebenen Angaben konkret erstellen und die Auszahlung an die Arbeitnehmenden verbuchen können.

Lohnabrechnung

Beispiel einer Lohnabrechnung mit Verbuchung für Carla Sato, 35, Geschäftsleiterin der schweizweit tätigen Imbisskette Frifo AG:

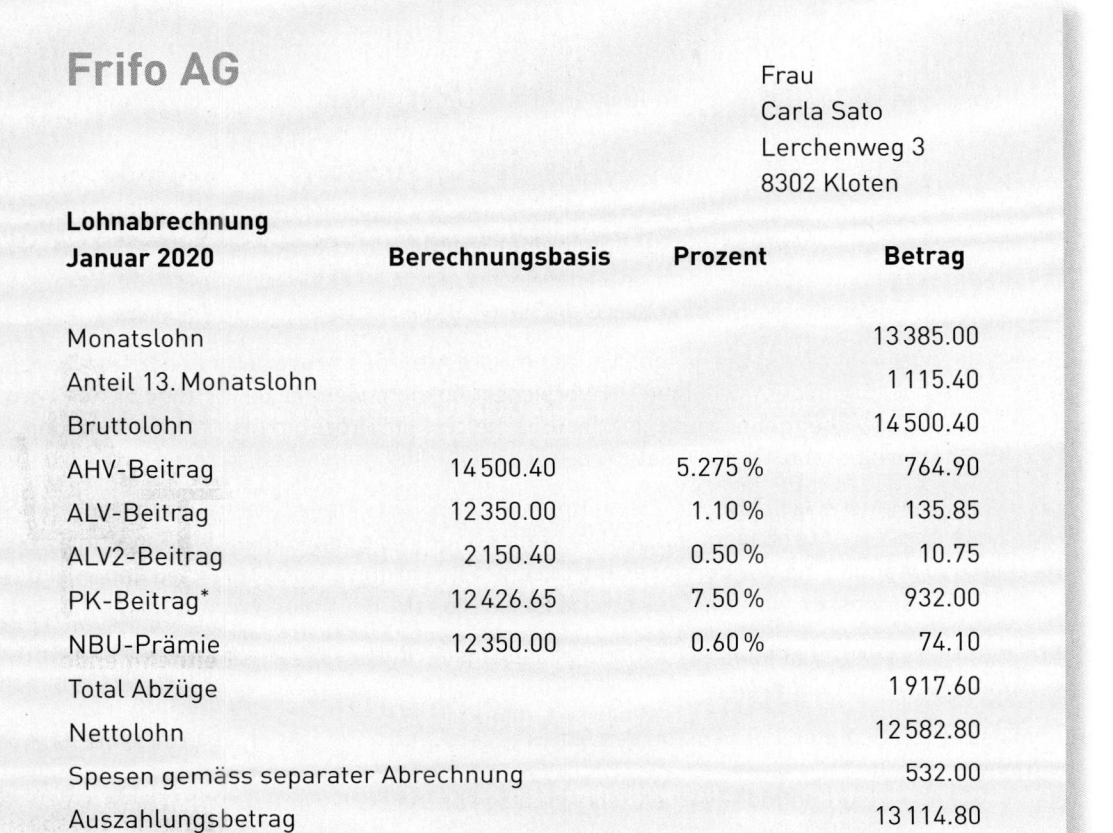

Frifo AG

Frau
Carla Sato
Lerchenweg 3
8302 Kloten

Lohnabrechnung Januar 2020

	Berechnungsbasis	Prozent	Betrag
Monatslohn			13 385.00
Anteil 13. Monatslohn			1 115.40
Bruttolohn			14 500.40
AHV-Beitrag	14 500.40	5.275 %	764.90
ALV-Beitrag	12 350.00	1.10 %	135.85
ALV2-Beitrag	2 150.40	0.50 %	10.75
PK-Beitrag*	12 426.65	7.50 %	932.00
NBU-Prämie	12 350.00	0.60 %	74.10
Total Abzüge			1 917.60
Nettolohn			12 582.80
Spesen gemäss separater Abrechnung			532.00
Auszahlungsbetrag			13 114.80

Die Auszahlung erfolgt am 25. Jan. 2020 auf das PC-Konto 80-149166-6

*Berechnung PK-Beitrag:

1. Schritt: Der Koordinationsabzug ist immer vorgegeben: 2020 beträgt er pro Jahr CHF 24885 = pro Monat 2073.75. Damit kann der Versicherte Lohn als Berechnungsbasis berechnet werden: Jahreslohn – Koordinationsabzug = Versicherter Lohn. Berechnung hier auf zwei Wegen möglich:
a) Jahreslohn (13 × 13385.00) CHF 174005.00 – Koordinationsabzug CHF 24885.00 = Versicherter Jahreslohn CHF 149120.00 : 12 = Versicherter Monatslohn CHF 12426.65
b) Monatslohn inkl. Anteil 13. Monatslohn: CH 14500.40 – monatl. Koordinationsabzug CHF 2073.75 = Versicherter Monatslohn CHF 12426.65
2. Schritt: PK-Prozente vom Versicherten Lohn = PK-Beitrag. Hier: 7.5% von CHF 12426.65 = CHF 932.00

Die Überweisungen des Nettolohns und der Spesen per Bank sind wie folgt zu buchen:

Nettolohn	Lohnaufwand / Bank	12 582.80
Spesen	übriger Personalaufwand / Bank	532.00

Lohnabrechnung

Erläuterungen zur Lohnabrechnung:

AHV/IV/EO	Zweck und Details zu diesen Sozialversicherungen: → Kapitel Versicherungen
Bruttolohn	Monatslohn gemäss Vertrag + weitere Lohnbestandteile z. B. Überstundenzahlung, Anteil 13. Monatslohn = Bruttolohn
ALV 2	Weil der gesetzliche ALV-Beitrag nur bis zu max. CHF 148 200 Bruttojahreslohn erhoben wird, wurde für höhere Einkommen ein «Solidaritätsbeitrag» von 0.5 % beschlossen. Basis dafür ist die Rechnung: Tatsächlicher Bruttolohn ./. 12 350 = Basis für ALV2.
PK/BVG	Die Prozentsätze hängen vor allem vom Alter des Arbeitnehmenden ab, aber auch von der jeweiligen PK-Versicherung, über welche die PK abgewickelt wird. Der Arbeitgeber muss mindestens gleich viele Prozente übernehmen wie der Arbeitnehmer; aber viele Arbeitgeber übernehmen einen höheren Prozentanteil.
NBU/BU	Manche Arbeitgeber übernehmen die NBU auf eigene Kosten. Dann erscheint dieser Abzug nicht auf der Lohnabrechnung. Die schwankenden Prozentsätze hängen mit der Versicherung zusammen, wo diese Unfallversicherungen abgeschlossen werden. Obergrenze ist ein Monats-Bruttolohn von 12 350.00.
Nettolohn	Bruttolohn ./. Arbeitnehmerbeiträge an die Sozialversicherungen = Nettolohn
Totale Lohnkosten des Arbeitgebers	Die totalen Lohnkosten des Arbeitgebers sind höher als die Bruttolöhne, nämlich: Bruttolöhne + Arbeitgeberbeiträge an die Sozialversicherungen = Totale Lohnkosten des Arbeitgebers
Lohnabrechnung Lernende	Der AHV-Abzug wird erst ab dem Jahr des 18. Geburtstages erhoben, der PK-Abzug erst ab dem Jahr des 25. Geburtstages.

1.11 Lohnabrechnung – Aufgaben

1.11.1 Wissensfrage zur Lohnabrechnung

Kreuzen Sie die korrekten Aussagen an und korrigieren Sie fehlerhafte Aussagen zu einer korrekten Aussage.

Nr.	Korrekt	Aussage & Korrektur
1.		Die Unfallversicherung ist je hälftig vom Arbeitgeber und vom Arbeitnehmer zu übernehmen. Korrektur:
2.		Der Monatslohn ist immer auch der Bruttolohn. Korrektur:
3.		Der Koordinationsabzug ist notwendig, damit für die existenzsichernde Rente in der Pensionskasse kein Abzug erfolgt. Korrektur:
4.		Als Basis für die Berechnung der Pensionskassen-Prozente dient die Rechnung: Versicherter Lohn – Koordinationsabzug = Basis für die PK-Prozente. Korrektur:
5.		Der AHV-Abzug von 5.275 % deckt auch die Abzüge für die Invalidenversicherung und für die Erwerbsersatzordnung EO ab. Korrektur:
6.		Der Unterschied zwischen dem Bruttolohn und dem Nettolohn besteht in den Arbeitnehmer- und in den Arbeitgeberbeiträgen an die Sozialversicherungen. Korrektur:
7.		Der ALV2-Beitrag für Bruttolöhne über CHF 12 350 beträgt 0.5 %. Demnach werden bei einem Bruttolohn von 14 000 für ALV2 CHF 70 abgezogen. Korrektur:
8.		Die totalen Lohnkosten des Arbeitgebers umfassen: Nettolöhne + die Arbeitgeber- und Arbeitnehmerbeiträge an die Sozialversicherungen. Korrektur:

Lohnabrechnung – Aufgaben

1.11.2 Berechnen von Abzügen in einer Lohnabrechnung

Sie erhalten alle Angaben zur Lohnabrechnung einer Angestellten und sollen danach die gestellten Fragen beantworten (mit Angabe des Rechnungsweges):

Nina Corti ist Filialleiterin einer internationalen Modeboutique. Ihr Monatsgehalt beträgt CHF 12 600. Der 13. Monatslohn wird anteilmässig jeden Monat ausbezahlt.
Es gelten folgende Abzüge: AHV 5.275 %, ALV bis 12 350: 1.1 %, ALV2 auf den Lohnanteil über 12 350: 0.5 %, PK/BVG 8 % vom versicherten Lohn; Koordinationsabzug 2 073.75, NBU 0.8 % bis 12 350; kein NBU-Abzug auf Lohnanteile über 12 350.

a) Wie hoch ist Nina Cortis Bruttolohn in der Lohnabrechnung?

b) Wie hoch sind: 1. AHV-Abzug 2. ALV-Abzug 3. ALV2-Abzug?

c) Wie hoch ist der versicherte Lohn für den PK-Abzug?

d) Wie hoch ist der PK/BVG-Abzug?

e) Wie hoch wird der Nettolohn?

f) Der Nettolohn wird an Nina Corti per Bank überwiesen, gleichzeitig erhält sie die Spesen ersetzt, welche sie auf einem Kongress zulasten des Geschäftes aus privatem Geld vorgestreckt hat. Wie lauten die Buchungen für die Auszahlung, ohne Beträge:

1.11.3 Lohnabrechnung erstellen

Boris Vanic ist Buchhalter in einem Buchverlag. Sein Jahresgehalt (inkl. 13. Monatslohn) beträgt CHF 66 300. Für die Lohnabrechnung gelten folgende Bedingungen:
– Der 13. Monatslohn wird im Monat Dezember als ganzes ausgezahlt.
– AHV 5.275 %   ALV 1.1 % (bis 12 350)   ALV2 0.5 % (über 12 350)
– PK 8 %; der Koordinationsabzug beträgt 24 885 vom Jahreslohn
– NBU 0.8 % (bis 12 350)
– Monatliche pauschale Spesenentschädigung: 200

a) Erstellen Sie die Lohnabrechnung für den Monat November 2020.
Folgende Grössen sollen aufgeführt sein: Bruttolohn; die einzelnen Abzüge; das Total der Abzüge; Nettolohn; Auszahlungsbetrag.

Tipp: Zuerst die Spalten «Berechnungsbasis» und «Prozent» ausfüllen, dann die Beträge berechnen.

Herr
Boris Vanic
Lendiweg 3
8400 Winterthur

Lohnabrechnung November 2020	Berechnungsbasis	Prozent	Betrag

b) Erstellen Sie die Lohnabrechnung für den Dezember 2020 mit denselben Vorgaben.

Lohnabrechnung Dezember 2020	Berechnungsbasis	Prozent	Betrag

c) Am 18. Dezember wird der Dezemberlohn per Bank auf das Postscheckkonto 80-149169-6 von Boris Vanic überwiesen. Wie lauten die Buchungssätze mit Betrag?

Lohnabrechnung – Aufgaben

d) Wie viel Nettolohn (ohne Spesen) wird Boris Vanic im ganzen Jahr 2020 verdient haben, wenn das vertragliche Monatsgehalt immer gleich war im Jahr 2020?

1.11.4 Lohnabrechnungen vervollständigen

Sie sollen zwei Lohnabrechnungen für den Monat Juni fertigstellen. Hier sind alle notwendigen Angaben:

Laura Good, 26, ist Kauffrau in der Trading AG, vertraglicher Monatslohn 5 200. Der 13. Monatslohn wird zur Hälfte im Juni und zur Hälfte im Dezember ausbezahlt. Im Mai hat sie für CHF 900 Überstunden geleistet, die im Juni zur Auszahlung kommen.

Lisa Pari, 42, ist Direktorin in der Trading AG, vertraglicher Monatslohn 12 600. Der 13. Monatslohn wird jeden Monat anteilmässig ausbezahlt. Im Mai hat Lisa Pari auf einer Geschäftsreise Hotelübernachtungen und Verpflegung für CHF 850 privat ausgelegt. Anhand der Belege werden ihr im Juni diese Spesen zusammen mit dem Gehalt ausbezahlt.

Weitere Angaben: AHV 5.275 % / ALV 1.1 % (bis 12 350) / ALV2 0.5 % (über 12 350);
PK: für Angestellte von 25–29 Jahren: 6 % / von 30–34: 6.5 % / von 35–39: 7 % / von 40–44: 7.5 %;
der Koordinationsabzug beträgt CHF 24 885 vom Jahreslohn
NBU: 1.2 % (bis 12 350)

Wegen der unterschiedlichen Angaben werden nicht alle Zeilen bei beiden Angestellten gebraucht.

Lohn-bestandteile	Laura Good			Lisa Pari		
			Betrag			Betrag
Monatslohn Juni						
13. Monatslohn						
Überstunden						
Bruttolohn						
Abzüge	Basis	Prozent		Basis	Prozent	
AHV						
ALV						
ALV2						
PK						
NBU						
Total Abzüge						
Nettolohn						
Spesen						
Auszahlung						

1.12 Abschluss Einzelunternehmung

> **Leistungsziele BIVO**
> - Ich führe für eine Einzelunternehmung den Jahresabschluss durch.
> - Ich führe das Privat- und Eigenkapitalkonto.
> - Ich weise den Erfolg in der Erfolgsrechnung aus und verbuche diesen.

1.12.1 Grundprinzip der Buchhaltung in der Einzelunternehmung

Die Besonderheit in der Einzelunternehmung besteht darin, dass der Eigentümer ganz eng mit der Unternehmung verflochten ist. In der Buchhaltung braucht es aber eine klare Unterscheidung zwischen «Geschäft» und «Eigentümer». Deshalb gilt:
→ Alle Geschäftsfälle sind aus der **Sicht der Geschäftsbuchhalterin/des Geschäftsbuchhalters** zu betrachten und zu verbuchen, und der Eigentümer ist als aussenstehende Person aufzufassen.
→ Alle Vorgänge zwischen Geschäft und Eigentümer werden auf zwei verschiedenen Konten erfasst:

Unternehmung | | **Eigentümer**

	Unternehmung	
– EK +	Das Passivkonto Eigenkapital («Schulden des Geschäftes beim Inhaber») zeigt die langfristigen Kapitaleinlagen (im Haben) und Kapitalrückzüge (im Soll).	
– Privat +	Das Konto Privat zeigt alle anderen Vorgänge zwischen Geschäft und Eigentümer: – Belastungen für Privatbezüge (im Soll); – Gutschriften für Eigenlohn und Eigenzins (im Haben). Am besten wird das Konto Privat als «Tochter» vom Konto Eigenkapital aufgefasst: Es hat die gleichen Buchungsregeln; die Differenz wird aufs Eigenkapital übertragen und nicht in die Bilanz!	

1.12.2 Die typischen Geschäftsfälle in der Einzelunternehmung

Aus dem Grundprinzip ergeben sich folgende Buchungen für die Vorgänge zwischen Geschäft und Eigentümer:

a) Buchungen im Konto Eigenkapital (langfristig)

Geschäftsfall		Buchungssatz	Soll	Eigenkapital	Haben
1.	Eröffnung	Bilanz / EK		AB	800 000
2.	Verbuchung des Gewinnes aus dem Vorjahr (→ Verlustverbuchung vgl. Teilkapitel 1.12.4)	Jahresgewinn / EK			20 000
3.	Kapitalerhöhung (hohe Beträge)	Bank / EK			45 000
4.	Kapitalrückzug (hohe Beträge)	EK / Bank	15 000		
5.	Ausgleich mit Privatkonto (→ Soll-/Habenüberschuss vgl. Teilkapitel 1.12.3) Bsp. Sollüberschuss (Bezüge › Gutschriften)	EK / Privat	3 000		
6.	Saldo (Schlussbestand)	EK / Bilanz	S 847 000		
			865 000		865 000

b) Buchungen im Konto Privat (kurzfristig)

Geschäftsfall	Buchungssatz	Soll Privat	Haben
1. Privatbezüge ab Kasse, PostFinance oder Bank	Privat / liquide Mittel	13 000	
2. Warenbezüge für privaten Gebrauch (nur in Handelsbetrieben möglich)	Privat / Handelswarenaufwand	24 000	
3. Vom Geschäft bezahlte Privatrechnung (z. B. für Miete, Einkäufe, Arztrechnung, etc.)	Privat / liquide Mittel	40 500	
4. Lohngutschrift, falls nicht ausbezahlt, für die Arbeit des Inhabers im Geschäft (= Eigenlohn)	Lohnaufwand / Privat		55 000
5. Zinsgutschrift auf das Eigenkapital (= Eigenzins)	Finanzaufwand / Privat		16 000
6. Privat bezahlte Geschäftskosten	Sonstiger Betriebsaufwand / Privat		3 500
7. Ausgleich mit Eigenkapital (→ Soll-/Habenüberschuss vgl. Teilkapitel 1.12.3) Bsp. Sollüberschuss → analog a) Buchung im Konto Eigenkapital	EK / Privat		3 000
		77 500	77 500

1.12.3 Besonderheiten des Kontos «Privat» beim Abschluss

Das Konto Privat kann beim Abschluss entweder einen Sollüberschuss oder einen Habenüberschuss aufweisen:

Privatkonto Sollüberschuss	
Belastungen + Privatbezüge	Gutschriften
	Differenz

Privatkonto Habenüberschuss	
Belastungen + Privatbezüge	Gutschriften
Differenz	

– Die Differenz wird mit Buchungssatz auf das Konto Eigenkapital übertragen und nicht in die Bilanz. Also erscheint das **Konto Privat nie in der Bilanz**!
– Ausgleichsbuchung bei Sollüberschuss: Eigenkapital / Privat 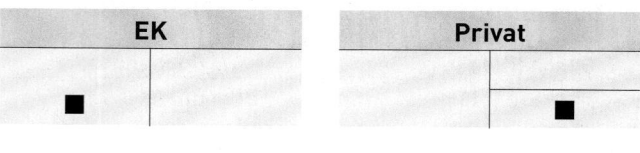
– Ausgleichsbuchung bei Habenüberschuss: Privat / Eigenkapital

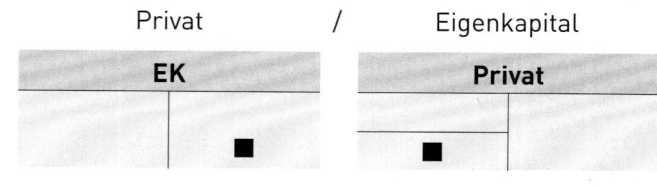

1.12.4 Die Verbuchung von Gewinn oder Verlust in der Einzelunternehmung

1. Der Gewinn oder Verlust ergibt sich aus der Erfolgsrechnung

Aufwand	ER	Ertrag
Jahresgewinn		

Aufwand	ER	Ertrag
		Jahresverlust

2. Der Gewinn steht dem Eigentümer zu; das führt zu einer Erhöhung des EK.
   Ein Verlust ist vom Eigentümer zu tragen. Dies führt zu einer Verminderung des EK.

3. Die Verbuchung von Gewinn oder Verlust erfolgt in zwei Schritten: Der Gewinn oder Verlust wird am Jahresende auf ein Zwischenkonto gebucht: Konto «Jahresgewinn» oder Konto «Jahresverlust». Und wird von dort erst zu Beginn des Folgejahres aufs Konto EK übertragen.

   a) Gewinnverbuchung:
      - Buchung am 31.12.: Erfolgsrechnung / Jahresgewinn
      - Buchung am 01.01. des Folgejahres: Jahresgewinn / Eigenkapital

   b) Verlustverbuchung:
      - Buchung am 31.12.: Jahresverlust / Erfolgsrechnung
      - Buchung am 01.01. des Folgejahres: Eigenkapital / Jahresverlust

   Die Konten «Jahresgewinn» und «Jahresverlust» sind Unterkonten des Kontos Eigenkapital und werden nur für den Jahresabschluss gebraucht.

1.12.5 Das Unternehmereinkommen

Das Jahreseinkommen des Einzelunternehmers besteht immer aus drei Elementen:

Eigenlohn + Eigenzins + Gewinn (– Verlust) = Unternehmereinkommen

> **Merke:** Es hat auf die Höhe des Unternehmereinkommens keinen Einfluss, ob dem Unternehmer während des Jahres mehr oder weniger Eigenlohn bzw. Eigenzins gutgeschrieben wird!

Begründung:
- tieferer Eigenlohn bzw. Eigenzins → tieferer Aufwand in der ER → höherer Gewinn
- höherer Eigenlohn bzw. Eigenzins → höherer Aufwand in der ER → tieferer Gewinn
→ die Summe aus Eigenlohn + Eigenzins + Gewinn bleibt gleich!

1.12 Abschluss Einzelunternehmung – Aufgaben

1.12.1 Geschäftsfälle in einer Einzelunternehmung

a) Verbuchen Sie die Geschäftsfälle in der Einzelunternehmung Boris Kramer, Handel mit Hard- und Software. Führen Sie das Konto Privat (unten). Verwenden Sie die Konten des Kontenplans auf dem hinteren Umschlag. Boris Kramer = BK

Nr.	Geschäftsfall	Soll	Haben	Betrag
1.	BK bezieht PC-Artikel für den Privatgebrauch im Wert von CHF 240.			
2.	BKs Tochter Gina erhält für Ferienarbeit im väterlichen Geschäft CHF 540 bar ausbezahlt.			
3.	Für ein Mittagessen mit seinem Jugendfreund entnimmt BK der Kasse CHF 160.			
4.	Die von BK privat ausgelegten Geschäftsreisespesen von CHF 250 werden ihm gutgeschrieben.			
5.	BK überschreibt dem Geschäft sein bisheriges Privatauto als Kapitalerhöhung zum Buchwert von CHF 6 000.			
6.	Für eine private Ferienreise lässt sich BK zulasten des Bankkontos USD 600 auszahlen, zum Kurs 0.91.			
7.	Für das Eigenkapital von 70 000 erhält BK eine Zinsgutschrift von 3 %.			
8.	BK verkauft einem Bekannten PC-Zubehör für CHF 1 150 gegen bar.			
9.	BK hat den Lieferwagen für einen privaten Partyservice benützt und ersetzt dem Geschäft Fahrzeugspesen von CHF 480.			
10.	Von total CHF 6 000 Eigenlohn (für den Monat Dezember) hebt BK $1/3$ direkt bar vom Bankkonto ab, $2/3$ lässt er sich gutschreiben.			
11.	Der Reingewinn von CHF 7 800 gemäss ER wird auf das Konto Jahresgewinn verbucht.			

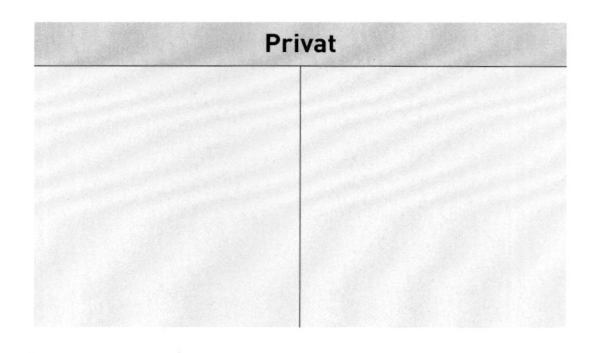

Privat	

b) Wie lauten Buchung und Betrag für den Ausgleich des Privatkontos?

c) Kreuzen Sie an, ob es sich um einen Soll- oder Habenüberschuss handelt:

☐ Sollüberschuss   ☐ Habenüberschuss

d) Berechnen Sie das Unternehmereinkommen von BK (Rechnungsweg angeben)

e) Wenn BK sich kein monatliches Eigengehalt verrechnen würde: Wie hoch wäre dann das Unternehmereinkommen?

1.12.2 Das Eigenkapital in der Einzelunternehmung Helga Hirt (HH)

a) Verbuchen Sie die Geschäftsfälle des Jahres 2020 und führen Sie das auf der nächsten Seite stehende Konto Eigenkapital (EK). In der Schlussbilanz des Vorjahres betrug das EK CHF 120 000.

Datum	Geschäftsfall	Buchungssatz		Betrag
		Soll	Haben	
01.01.	Eröffnung des Kontos Eigenkapital.			
21.01.	HH lässt sich vom Buchhalter CHF 2 000 aus der Kasse geben zur Barbezahlung einer Zahnarztrechnung.			
20.03.	HH überschreibt dem Geschäft eine Liegenschaft im Wert von CHF 800 000 und die darauf lastende Hypothek von CHF 300 000.			
15.05.	HH schenkt ihrem 12-jährigen Sohn einen gebrauchten Geschäfts-PC im Jetztwert von CHF 700.			
28.07.	Wegen pessimistischer Aussicht reduziert HH die Kapitaleinlagen um CHF 100 000 durch Banküberweisung auf ihr privates Bankkonto.			
31.12	HH verbucht CHF 6 000 für die Verzinsung des Eigenkapitals.			
31.12.	Das Privatkonto ist auszugleichen. Es weist am Jahresende einen Sollüberschuss von CHF 4 500 auf.			
31.12.	Der Verlust gemäss ER von CHF 5 500 ist zu verbuchen.			
31.12.	Abschluss Konto Eigenkapital.			→

Soll	Eigenkapital	Haben

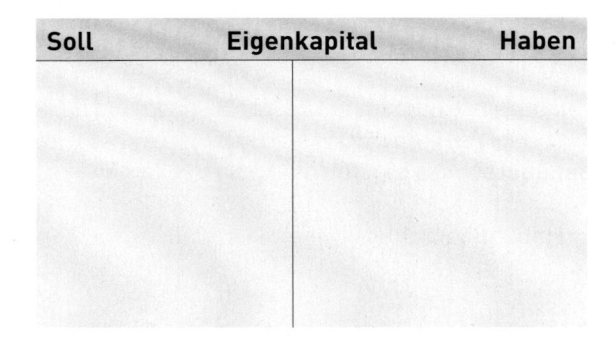

b) Verbuchung von Gewinn/Verlust über mehrere Jahre, beginnend am 01.01.2021: Ausgangspunkt ist das Eigenkapital der Firma Helga Hirt Ende 2020 bei Aufgabe a). Während des Jahres gibt es jetzt aber keine Veränderungen des EK. Tätigen Sie die Buchungen und führen Sie das Konto Eigenkapital. Andere Konten müssen nicht geführt werden.

Datum	Geschäftsfall	Buchungssatz Soll	Buchungssatz Haben	Betrag	Eigenkapital Soll	Eigenkapital Haben
01.01.2021	Eröffnung Eigenkapital					
01.01.	Verrechnung des Vorjahresverlustes mit dem Eigenkapital.					
31.12.	Der Gewinn von CHF 11 500 gemäss ER wird verbucht.					
31.12.	Abschluss Eigenkapital					
01.01.2022	Eröffnung Eigenkapital					
30.01.	Verrechnung des Vorjahresgewinns mit dem Eigenkapital.					
31.12.	Der Verlust von CHF 2 800 gemäss ER wird verbucht.					
31.12.	Abschluss Eigenkapital					
01.01.2023	Eröffnung Eigenkapital					
30.01.	Verrechnung des Vorjahresverlustes mit dem Eigenkapital.					

1.12.3 Buchungen in der Treuhandfirma Bruno Waser

a) Verbuchen Sie für das Treuhandbüro Bruno Waser (BW) im Journal die unten aufgeführten Geschäftsfälle und führen Sie das Privatkonto (Folgeseite). Verwenden Sie den Kontenplan im hinteren Umschlag.
Zusätzliche Angaben: Das Eigenkapital betrug zu Beginn des Jahres CHF 60 000.00. Die Ehefrau Joya arbeitet ebenfalls im Geschäft mit. Der Sohn Toni ist 17 Jahre alt.

1. Lohnüberweisung an Joya Waser durch die Post, CHF 3 800.00.
2. Als Kapitaleinlage überschreibt BW dem Geschäft seine Liegenschaft im Wert von CHF 500 000.00. Gleichzeitig übernimmt das Geschäft auch die darauf lastende Hypothek von CHF 300 000.00.
3. Für Privatzwecke bezieht BW Bargeld vom Postscheck-Konto, CHF 1 800.00.
4. BW schenkt seinem Sohn Toni einen gebrauchten PC des Geschäftes im Buchwert von CHF 900.00.
5. Die Stromrechnung von CHF 600.00 wird per Bank bezahlt. CHF 400.00 betreffen die Privatwohnung des Ehepaars Waser, der Rest betrifft die Geschäftsräume.
6. Sohn Toni benützt einen grossen Kellerraum des Geschäftes als Übungslokal für seine Band. Dafür werden BW vom Geschäft CHF 300.00 belastet.
7. Für die mit privatem Geld bezahlten Spesen der letzten Geschäftsreise bezieht BW CHF 360.00 aus der Kasse.
8. BW begleicht eine Lieferantenrechnung von CHF 1 400.00 aus der eigenen Tasche.
9. Das durch die eingebrachte Liegenschaft erhöhte Eigenkapital wird zu 5 % verzinst.
10. BW wird ein Monatsgehalt von CHF 9 000.00 gutgeschrieben.
11. Der gemäss Erfolgsrechnung erzielte Reingewinn von CHF 14 000.00 ist zu verbuchen.
12. Das Privatkonto ist auszugleichen.

Nr.	Buchungssatz		Betrag
	Soll	Haben	
1.			
2.			
3.			
4.			
5.			
6.			
7.			
8.			
9.			
10.			
11.			
12.			

Privatkonto

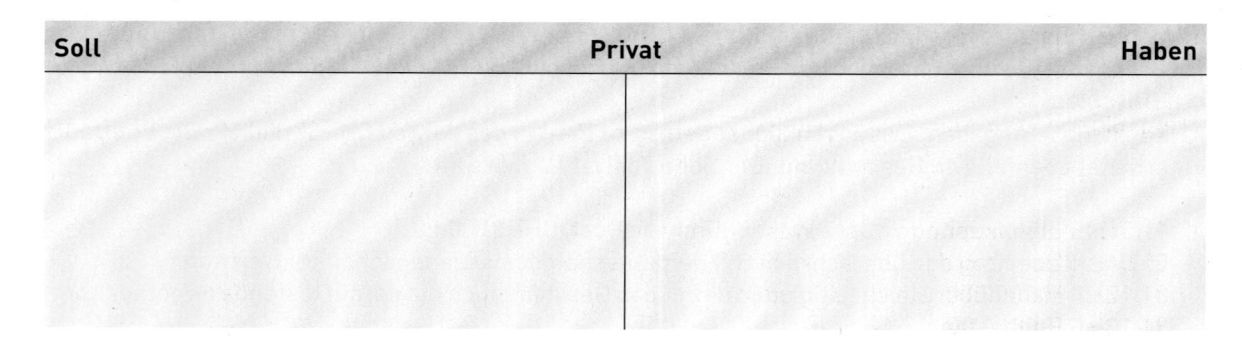

Soll	Privat	Haben

b) Wie hoch ist das Unternehmereinkommen von BW? (Rechnungsweg!)

c) Um wie viel würde das Unternehmereinkommen steigen oder sinken, wenn der Eigenzins von 5 % nur auf dem Anfangskapital berechnet wurde? (mit Rechnungsnachweis!)

1.12.4 Eigenkapital- und Privatkonto am Jahresende

Berechnen Sie die gefragten Grössen.

Tipp: Skizzieren Sie die Konten Eigenkapital und Privat.

a) 01.01.: Eigenkapital 440
01.01.: Übertrag des Jahresgewinns vom Vorjahr 51
31.12.: Habenüberschuss Privatkonto 11
31.12.: Endbestand Eigenkapital?

Eigenkapital	Privat

b) Eigenkapital am 01.01. 120 000
Eigenkapital am 31.12. 126 500
Übertrag des Jahresgewinns vom Vorjahr am 1.01. 12 500
Wie gross ist die Differenz im Konto Privat?
Bezeichnen Sie diese als Soll- bzw. Habenüberschuss.

Eigenkapital	Privat

c) Eigenkapital am 31.12. 220
Privatkonto Sollüberschuss 12
Übertrag des Verlustes vom Vorjahr am 01.01. 20
Anfangsbestand Eigenkapital am 01.01.?

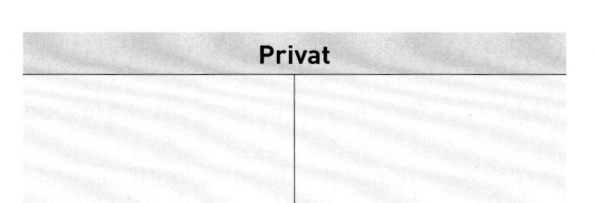

Eigenkapital	Privat

1.13 Abschluss Aktiengesellschaft

> **Leistungsziele BIVO**
>
> - Ich führe für eine Aktiengesellschaft den Jahresabschluss durch.
> - Ich verbuche die Erfolgsverteilung gemäss Beschluss der Generalversammlung (vorgegebener Gewinnverteilungsplan).
> - Ich führe die Konten für das Aktienkapital, die Gewinnreserven, die beschlossenen Ausschüttungen und den Gewinnvortrag.

1.13.1 Die wichtigen Bilanzkonten in der Aktiengesellschaft

Um die Gewinnverteilung in der AG korrekt zu verbuchen, muss man die für die AG typischen Konten kennen:

Aktiven	Bilanz vom 31.12.2020		Passiven
Umlaufvermögen	700 000	**Fremdkapital**	100 000
		Beschlossene Ausschüttungen	30 000
Anlagevermögen	900 000	**Eigenkapital**	
		Aktienkapital	1 000 000
		Reserven	400 000
		Gewinnvortrag	10 000
		Jahresgewinn	60 000
	1 600 000		1 600 000

- Schuld der AG bei den Aktionären: beschlossener Gewinnanteil (Dividende), der später ausbezahlt wird
- Statutenmässig festgelegtes Aktienkapital. Eingeteilt in z. B. 100 000 Aktien zu je CHF 10 Nennwert
- Zurückbehaltene Gewinne früherer Jahre → = Eigenkapital
- Restgewinn des Vorjahres, der im neuen Jahr zusammen mit dem neuen Gewinn verteilt wird.[1]
- Reingewinn des aktuellen Jahres, gemäss Erfolgsrechnung [2]

[1] Wenn im Vorjahr ein Rest-Verlust übrig blieb, dann heisst das Konto: «Verlustvortrag», und es ist ein «Minus-Passiv-Konto».

[2] Wenn sich im aktuellen Jahr ein Verlust ergibt, dann heisst das Konto «Jahresverlust», und es ist dann auch ein «Minus-Passiv-Konto».

1.13.2 Die Gewinnverbuchung am Jahresende und die Eröffnung im Folgejahr

Bei der AG erfolgen die Gewinnermittlung und die Gewinnverteilung zeitlich getrennt in zwei Schritten:

Am Jahresende wird der Gewinn in der Erfolgsrechnung berechnet und verbucht:
    Erfolgsrechnung   /   Jahresgewinn

Das Konto «Jahresgewinn» gehört in der Schlussbilanz zur Kontenhauptgruppe «Eigenkapital». Es ist ein Passivkonto (siehe Bilanzbeispiel oben).

Nach der Eröffnung des Kontos Jahresgewinn am 01.01. des Folgejahres wird der Gewinn ins Konto Gewinnvortrag übertragen:
    Jahresgewinn   /   Gewinnvortrag

Erst im Frühling des neuen Jahres entscheidet die Generalversammlung der AG über die Verwendung des Gewinns.

1.13.3 Gewinnverteilungsplan und Verbuchung der Gewinnverteilung im Folgejahr

Aufgrund des Beschlusses der Generalversammlung wird ein Gewinnverteilungsplan erstellt. Er zeigt, wie viel zur Verfügung steht und wie der Gewinn verteilt wird. Die Verbuchung erfolgt dann entlang dieses Gewinnverteilungsplans.

Beispiel: Ausgangslage ist die AG-Bilanz der vorherigen Seite. Die Generalversammlung beschliesst:
- Reservezuweisung CHF 15 000
- Dividende für die Aktionäre: 5 % (Die Dividende wird in Prozenten des Aktienkapitals (AK) angegeben. → AK = 100 %. Mit einem Dreisatz können die Dividende in Franken oder die Dividendenprozente berechnet werden.)
- der Rest ist auf die neue Rechnung vorzutragen (→ Gewinnvortrag)

Gewinnverwendung		Buchungssatz/Kommentar		Konto Gewinnvortrag
Gewinnvortr. des Vorj.	10 000	Bilanz / Gewinnvortrag		AB 10 000
+ Jahresgewinn 2020	60 000	Jahresgewinn / Gewinnvortrag		60 000
= Bilanzgewinn	70 000	(darüber kann die GV verfügen)		
− Reservezuweisung	− 15 000	Gewinnvortrag / Reserven	15 000	
− 5 % Dividende	− 50 000	Gewinnvortrag / Beschlossene Ausschüttungen	50 000	
Neuer Gewinnvortrag	5 000	Gewinnvortrag / Bilanz	S 5 000	
			70 000	70 000

1.13.4 Verbuchung eines Jahresverlustes

Am **Jahresende** wird der Verlust in der Erfolgsrechnung berechnet und verbucht:
    Jahresverlust   /   Erfolgsrechnung

Das Konto «Jahresverlust» gilt als «Minus-Passivkonto», wird aber in der Bilanz an der gleichen Stelle aufgeführt wie das Konto Jahresgewinn:

Aktiven	Bilanz vom 31.12.2020		Passiven
Umlaufvermögen	70 000	**Fremdkapital**	22 000
Anlagevermögen	90 000	**Eigenkapital**	
		Aktienkapital	100 000
		Reserven	40 000
		Gewinnvortrag	1 000
		./. Jahresverlust	− 3 000
	160 000		160 000

Nach der Eröffnung des Kontos Jahresverlust am 01.01. des Folgejahres wird der Verlust ins Konto Gewinn- bzw. Verlustvortrag übertragen:
    Gewinn- bzw. Verlustvortrag   /   Jahresverlust

Erst im **Frühling des Folgejahres** wird ein Verlust aufgrund des Beschlusses der Generalversammlung über die Reserven gedeckt:
    Reserven   /   Gewinn- bzw. Verlustvortrag

Abschluss Aktiengesellschaft

1.13.5 Die Ausschüttung der Dividende an die Aktionäre

Bei der Gewinnverteilung wurde die beschlossene Dividende ins Konto «Beschlossene Ausschüttungen» verbucht. Dies ist ein Konto des **kurzfristigen Fremdkapitals**. Denn die Dividende wird nach der GV an die Aktionäre ausbezahlt.

Tatsächlich werden aber nur 65 % der Dividenden direkt per Bank ausbezahlt. 35 % Verrechnungssteuer muss die AG der Steuerverwaltung zuweisen. Die Aktionäre können die 35 % Verrechnungssteuer später, mit der Einreichung der Steuererklärung, vom Staat zurückverlangen.

Verbuchung der Dividendenausschüttung. Fortsetzung des Beispiels:

Beschlossene Ausschüttungen	/	Bank	3250	65 % von 5000
Beschlossene Ausschüttungen	/	(geschuldete) Verrechnungssteuer	1750	35 % von 5000; Schuld gegenüber der Steuerverwaltung
(geschuldete) Verrechnungssteuer	/	Bank	1750	Überweisung der geschuldeten Verrechnungssteuer

1.13.6 Verbuchung des Dividenden-Eingangs beim einzelnen Aktionär

Für den einzelnen Aktionär stellt die Überweisung der Dividende einen **Finanzertrag** dar. Die noch ausstehende Verrechnungssteuer ist ein Guthaben gegenüber der Steuerverwaltung.

Beispiel: Der Aktionär X besitzt 100 Aktien der AG aus unserem Beispiel und verbucht in seiner Buchhaltung die Dividenden-Ausschüttung:
- Nennwert seiner 100 Aktien: 100 × CHF 10 = CHF 1000.00
  Davon 5 % Dividende: CHF 50.00
- Buchungen: Bank / Finanzertrag 32.50 (65 %)
  Guthaben Verrechnungssteuer / Finanzertrag 17.50 (35 %)

1.13 Abschluss Aktiengesellschaft – Aufgaben

1.13.1 Gewinnverbuchung der Rowald AG

Die Schlussbilanz vor Gewinnverbuchung per 31.12.2020 der Rowald AG zeigt folgendes Bild:

Aktiven	Schlussbilanz per 31.12.2020		Passiven
Umlaufvermögen		**Fremdkapital**	
Kasse	30 000	Verbindlichkeiten LL	20 000
Forderungen LL	10 000	Darlehen	60 000
Materialbestand	60 000		
Anlagevermögen		**Eigenkapital**	
Mobilien	30 000	Aktienkapital	500 000
Maschinen	40 000	Reserven	40 000
Immobilien	530 000	Gewinnvortrag	1 000
		Jahresgewinn	?
	700 000		700 000

a) Berechnen Sie den Jahresgewinn der Schlussbilanz.

b) Verbuchen Sie den Gewinn beim Jahresabschluss 2020 ins Konto «Jahresgewinn».

c) Verbuchen Sie am 01. Januar 2021 den Übertrag des Gewinns in das Konto «Gewinnvortrag».

d) Erstellen Sie einen übersichtlichen Gewinnverwendungsplan der Rowald AG. Die Rowald AG beschliesst an der Generalversammlung vom 10. April 2021 Folgendes:
   - Zuweisung an die gesetzlichen Reserven, CHF 10 000.00
   - nachher 10 % Dividende an die Aktionäre
   - Der Rest ist auf die neue Rechnung vorzutragen.

Abschluss Aktiengesellschaft – Aufgaben

e) Verbuchen Sie die Gewinnverteilung.

Nr.	Text	Buchungssatz		Betrag
		Soll	Haben	
1.	Reservezuweisung			
2.	Dividendenzuweisung			

f) Die beschlossene Dividende wird am 15. April an die Aktionäre per Bank überwiesen. Verbuchen Sie diese Ausschüttung unter Berücksichtigung der Verrechnungssteuer von 35 %.

g) Das Aktienkapital der Rowald AG ist in 50 000 Aktien mit je einem Nennwert von CHF 10.00 eingeteilt. Die Gartina GmbH besitzt 200 Aktien der Rowald AG. Verbuchen Sie für die Gartina GmbH die Gutschriftsanzeige der Bank vom 20. April 2021 für die Dividendenauszahlung.

h) Verbuchen Sie am 10. Mai die Banküberweisung der geschuldeten Verrechnungssteuer an die Eidgenössische Steuerverwaltung.

1.13.2 Gewinnverteilung bei der Innovazionis AG

Die Bilanz der Innovazionis AG weist am Jahresende zusammengefasst folgende Zahlen aus:

Diverse Aktiven	CHF	11 040 000
Diverse Schulden	CHF	5 560 000
Aktienkapital	CHF	4 800 000
Reserven	CHF	180 000
Verlustvortrag	CHF	300 000
Jahresgewinn	CHF	800 000

a) Am 01.01. wird der Jahresgewinn auf das Konto Verlust- bzw. Gewinnvortrag übertragen. Wie lautet der Buchungssatz inkl. Betrag?

b) Die Generalversammlung hat folgende Gewinnverwendung beschlossen:
   - Beseitigung des Verlustvortrages
   - Zuweisung an die gesetzlichen Reserven CHF 300 000
   - Ausschüttung von 4 % Dividenden an die Aktionäre
   - Zuweisung des Rests an den neuen Gewinnvortrag

   Erstellen Sie einen übersichtlichen Gewinnverwendungsplan.

c) Verbuchen Sie die Reservenzuweisung und die beschlossene Dividende (unter Verwendung des Konto Gewinnvortrag).

d) Welchen Reservenbestand hat nun die Innovazionis AG nach der Gewinnverteilung?

e) Der Aktionär Alex Turinger (Einzelunternehmung) besitzt 4000 Aktien mit einem Nennwert von CHF 100. Verbuchen Sie (mit Betrag) den Dividendeneingang auf dem Bankkonto der Einzelunternehmung Alex Turinger. Die Verrechnungssteuer ist auch zu verbuchen.

1.13.3 Jahresabschluss der Katomba AG

Die Katomba AG weist per 31.12.2020 folgende Zahlen aus.

Aktienkapital	1 600 000		Immobilien	1 900 000
Darlehensschuld	40 000		Liquide Mittel	30 000
Erfolg	?		Maschinen	350 000
Forderungen LL	40 000		Mobilien	150 000
Gewinnvortrag	10 000		Reserven	330 000
Hypotheken	400 000		Verbindlichkeiten LL	30 000
			Vorräte	70 000

a) Erstellen Sie die Bilanz und berechnen Sie den Erfolg.

b) Verbuchen Sie den Gewinn am 31.12. ins Konto Jahresgewinn.

c) Verbuchen Sie am 01.01.2021, nach Konteneröffnung, den Gewinn ins Konto Gewinnvortrag.

d) Verbuchen Sie im Frühling 2021 alle Vorgänge im Zusammenhang mit der Gewinnverwendung entsprechend den Angaben.
Führen Sie das Konto Gewinnvortrag. Vorgaben der Generalversammlung zur Gewinnverwendung:
- Reservezuweisung 10 % vom Jahresgewinn
- es sollen 7 % Dividende ausgeschüttet werden
- der Rest verbleibt im Konto Gewinnvortrag

Text	Buchungssätze		Gewinnvortrag	
	Soll	Haben	Soll	Haben
Anfangsbestand (alter GV + Jahresgewinn)				
Reservenzuweisung				
Dividende				
Abschluss Gewinnvortrag				
Kontototal				

e) Sandra Minetta besitzt Aktien der Katomba AG. Sie erhält auf ihrem Bankkonto CHF 1 001.00 Nettodividende gutgeschrieben. Wie hoch ist der gesamte Nennwert der Katomba-Aktien von Sandra Minetta?

1.13.4 Verlust der Ziwa AG

Aus der Bilanz der Ziwa AG vom 31. Dezember 2020 ist bekannt:
Aktienkapital   100 000
Reserven   30 000
Gewinnvortrag   500
Jahresverlust   2 500

a) Der Verlust wird am Jahresende verbucht. Wie lautet die Buchung?

b) Zu Beginn 2021 wird der Verlust ins Konto Gewinnvortrag übertragen. Buchungssatz?

c) Wie hoch ist jetzt der provisorische Saldo im Konto Gewinnvortrag? Handelt es sich um einen Soll- oder um einen Habensaldo?

d) Im Frühling 2021 wird der Verlust gemäss Beschluss der Generalversammlung über die Reserven gedeckt. Wie lauten dafür Buchungssatz und Betrag?

1.13.5 Berechnung der Dividende

Die Rowe AG weist in der Bilanz beim Eigenkapital folgende Positionen aus:
Aktienkapital 300 000 / Reserven 42 000 / Gewinnvortrag 1 000
Im letzten Geschäftsjahr erzielte die Rowe AG einen Jahresgewinn von CHF 38 000.
Im neuen Jahr wird dieser Gewinn – zusammen mit dem Gewinnvortrag des Vorjahres – wie folgt verteilt:
– Reservezuweisung CHF 10 000
– Dividende an die Aktionäre: so viele ganze Prozente wie möglich

a) Wie viele ganze Dividendenprozente kann die Rowe AG den Aktionären maximal zuweisen? (Berechnung angeben)

b) Wie viele Franken bleiben übrig als Gewinnvortrag für das kommende Jahr? (Berechnung angeben)

1.14 Grundsätze der Bewertung

> **Leistungsziele BIVO**
> - Ich erkläre die Bewertungsgrundsätze nach dem Obligationenrecht und zeige die Bedeutung und die Unterschiede zwischen dem Anschaffungswert, dem Buchwert, dem Veräusserungswert und dem Marktwert auf.
> - Ich erkläre das Prinzip der vorsichtigen Bewertung anhand von typischen Beispielen und beschreibe ihre Auswirkungen auf den Jahreserfolg und die stillen Reserven.

1.14.1 Grundlagen der Bewertung

Zum Schutze der Gläubiger, Lieferanten und Teilhaber von Unternehmungen gibt es im OR ausführliche Vorschriften zur kaufmännischen Buchführung und speziell zur korrekten Bewertung der Bilanzposten: OR 957 bis 962

Die Grundprinzipien dieser Vorschriften sind:
- eine zu hohe Bewertung der Vermögensposten ist verboten → Deshalb gibt es im OR Höchstbewertungsvorschriften.
- eine zu tiefe Bewertung der Vermögensposten ist erlaubt. → Dies führt zu «Stillen Reserven».

Bilanzposition	Höchstbewertungsvorschrift	OR-Artikel	Erläuterung
Aktiven			
Anlagevermögen: Mobilien, Fahrzeuge usw.	Anschaffungswert, abzüglich der notwendigen Wertberichtigung (Abschreibungen)	960a	Nach der Anschaffung verringert sich der Bilanzwert jährlich um die Abschreibung. Berechnung des Anschaffungswertes: Katalogpreis ./. Rabatt ./. Skonto + Bezugskosten + Installationskosten = Anschaffungswert
Aktiven mit beobachtbaren Marktpreisen → Börsenkotierte Wertpapiere wie Aktien und Obligationen	Kurswert am Bilanzstichtag	960b	Je nach Kurswert am Bilanzstichtag kann der Bilanzwert auch höher sein als der Anschaffungswert.
Warenvorräte	Zum Anschaffungswert (= Einstandswert). Wenn aber der aktuelle Veräusserungswert tiefer ist als der Anschaffungswert, so ist dieser tiefere Wert einzusetzen. → Niederstwertprinzip	960c	Beispiel Modebranche: Wenn Kleider im Lager eines Modehauses wegen einem starken Wandel in der Mode nicht mehr zum Einstand abgesetzt werden können, so müssen sie zu einem klar tieferen Wert eingesetzt werden.
Passiven			
Rückstellungen	Müssen im notwendigen Umfang gebildet werden für drohende, zukünftige Aufwände.	960e	Siehe Kapitel **1.10 Rückstellungen** Art. 960e Abs. 4: Nicht mehr benötigte Rückstellungen müssen nicht aufgelöst werden (→ Stille Reserven!).

Grundsätze der Bewertung

Beispiele von Aufgaben, in der gleichen Reihenfolge wie obige Tabelle. Gefragt ist immer: Zu wie viel CHF ist dieser Posten in der Bilanz vom 31.12.2020 einzusetzen?

Bilanzposition	Erläuterung	Bilanzierbarer Höchstwert in der Bilanz vom 31.12.2020
Anlagevermögen: Die Transport AG hat am 01.01.2015 einen Lastwagen zu CHF 120 000 angeschafft. Nutzungsdauer 8 Jahre, lineare Abschreibung.	120 000 ÷ 8 = 15 000 notwendige jährliche Abschreibung → 6 Jahre = 90 000	CHF 30 000
Aktiven mit beobachtbarem Marktpreis: Die Pfyl AG hat vor drei Jahren 200 Aktien der Chemie AG zum Kurs 21 pro Aktie gekauft. Durchschnittskurs über alle 3 Jahre: CHF 26 Durchschnittskurs im Dezember 2017: CHF 19 Börsenkurs am 31.12.2020: CHF 22	Kurswert vom Bilanzstichtag: 200 × 22	CHF 4 400
Warenvorräte: Die Fineshoe AG hat einen Warenvorrat an Schuhen zum Einstandswert von CHF 26 000. Wegen Preiseinbrüchen könnte man diese Schuhe heute zu CHF 22 000 einkaufen. Wegen Modeänderung könnten zur Zeit im Verkauf für diese Schuhe höchstens CHF 19 000 erzielt werden.	Bewertung zum tieferen der angegebenen Werte (= Niederstwertprinzip)	CHF 19 000
Rückstellungen: Die Fastfood-Kette Chicken-Wings wurde im Juni 2020 von einer Kunden verklagt zu Schadenersatz und Genugtuung von CHF 50 000 wegen einer Verbrennung an der Zunge durch «zu heisses Fleisch». Der Prozessentscheid wird Mitte 2021 erwartet.	Drohender zukünftiger Aufwand: Zeitpunkt und Höhe ungewiss	**Mindestwert** in der Bilanz für Rückstellungen: CHF 50 000

Merke: Einige Bilanzpositionen haben keinen Bewertungsspielraum und müssen zum effektiven Wert (Nennwert) eingesetzt werden. Hier die wichtigsten davon:
- Liquide Mittel (Kasse, Bank)
- Verbindlichkeiten LL
- Bankschulden, Darlehen, Hypotheken
- Vorsteuer MWST und Geschuldete MWST
- Eigenkapital / Aktienkapital

Grundsätze der Bewertung

1.14.2 Fachbegriffe im Zusammenhang mit der Bewertung

Fachbegriffe	Beispiel
Anschaffungswert: Kaufpreis ./. Minderungen (Rabatt/Skonto) + Zusatzkosten (Transport/Installation), ohne Vorsteuer	Kauf von Mobilien zu CHF 60 000 inkl. 7.7 % MWST, Rabatt 5 %, Skonto 2 %, Bezugskosten CHF 1 200. → 60 000 – 5 % Rabatt = 57 000.00 – 2 % Skonto = 55 860.00 + 1200 Bezugskosten = 57 060.00 – 7.7 % MWST (57 060 ÷ 107.7 × 100) = **52 980.50**
Buchwert: Aktueller Wert eines Aktivpostens in der Buchhaltung.	Ein Lieferwagen wurde seit der Anschaffung zu CHF 60 000 drei Jahre lang degressiv mit 30% abgeschrieben: 1. Jahr: 60 000 ./. 30 % = 42 000 2. Jahr: 42 000 ./. 30 % = 29 400 3. Jahr: 29 400 ./. 30 % = **20 580** Bilanzwert = Buchwert
Marktwert: Aktueller Wert eines Vermögenspostens, der jetzt bei einem Verkauf auf dem Markt erzielt werden könnte. (= **Veräusserungswert**)	Die im Warenlager befindlichen 60 Tablet-PCs eines Elektronikgeschäftes, Einstandswert CHF 550 pro Stück, könnten aktuell auf dem Markt zu CHF 620 pro Stück verkauft werden. → Marktwert **CHF 37 200**
Liquidationswert: Geschätzter Wert eines Anlagepostens (Fahrzeuge, Maschinen) zum Zeitpunkt der Ausserbetriebsetzung oder bei Auflösung der Unternehmung infolge Konkurs.	Für die zu CHF 240 000 angeschaffte Maschine wird bei Ersatz in 6 Jahren mit einem Liquidationserlös von CHF 8 000 gerechnet.

1.14.3 Auswirkungen vorsichtiger Bewertung: Stille Reserven

a) Überblick
- zu hohe Bewertung der Vermögenslage: verboten!
  → OR Vorschriften 957–962 zur richtigen Bewertung
- zu tiefe Bewertung der Vermögenslage: erlaubt nach schweizerischem Recht!

Dadurch ergeben sich in der Unternehmung zwei verschiedene Bilanzen:
- Externe Bilanz: zeigt für die Aussenwelt die tieferen Vermögenswerte
- Interne Bilanz: zeigt fürs Management die tatsächlichen Vermögenswerte
  → den Unterschied zwischen dem tiefer gezeigten Vermögen (externe Bilanz) und dem tatsächlichen Vermögen (interne Bilanz) nennt man Stille Reserven!

Definition Stille Reserven: Differenz zwischen dem tiefer gezeigten Vermögen (externe Bilanz) und dem tatsächlichen Vermögen (interne Bilanz)

b) Typische Bilanzpositionen für Stille Reserven in der externen Bilanz

Aktiven	**Bilanz**	Passiven
Umlaufvermögen Warenvorrat		**Fremdkapital** Rückstellungen*
Anlagevermögen Mobilien Fahrzeuge Maschinen		**Eigenkapital**

* bei den Rückstellungen werden Stille Reserven gebildet durch einen höheren Rückstellungsbetrag als notwendig. Dadurch wird die Schuldensituation gegen aussen schlechter gezeigt als sie tatsächlich ist.

c) Zweck Stiller Reserven

Wer seine finanzielle Lage extern schlechter zeigt als sie wirklich ist, begeht kein Unrecht, sondern die Unternehmung verschafft sich damit eine «versteckte» Sicherheit: Man hat mehr Vermögen als es gemäss externer Bilanz den Anschein macht → Stille Reserven.

Beispiel: Externe Bilanz und Interne Bilanz
In der externen Bilanz dieser Handelsunternehmung werden einige Aktivposten absichtlich tiefer gezeigt als sie wirklich sind und die Rückstellungen höher:

Externe Bilanz			
Kasse	10	Verbindlichkeiten LL	20
Bank	70	Darlehen	40
Forderungen LL	40	**Rückstellungen**	**30**
Warenvorrat	**40**		
Mobilien	**50**	Eigenkapital	110
Fahrzeuge	**30**	Gewinn	40
	240		240

Interne Bilanz			
Kasse	10	Verbindlichkeiten LL	20
Bank	70	Darlehen	40
Forderungen LL	40	**Rückstellungen**	**10**
Warenvorrat	**50**		
Mobilien	**65**	Eigenkapital	110
Fahrzeuge	**40**	Gewinn	95
	275		275

d) Gewinn und Stille Reserven

Wie können die Posten des Anlagevermögens tiefer bewertet werden als sie sind? → Durch zu hohe Abschreibungen! → Auswirkung auf die Erfolgsrechnung: Der Gewinn wird damit tiefer gezeigt als er wäre bei «richtigen» Abschreibungen. Folglich: Bei der Bildung von Stillen Reserven wird der Gewinn extern tiefer gezeigt als er intern wirklich ist!

Beispiel: Betrieblich notwendige Abschreibungen (intern): 60; Gebuchte Abschreibungen (extern): 80. Damit wurden Stille Reserven von 20 auf dem Anlagevermögen gebildet.

Externe Erfolgsrechnung			
Aufwände		Erträge	
Diverse Aufw.	460	Diverse Ertr.	660
Abschreibung	80		
Reingewinn	120		
	660		660

Interne Erfolgsrechnung			
Aufwände		Erträge	
Diverse Aufw.	460	Diverse Ertr.	660
Abschreibung	60		
Reingewinn	140		
	660		660

1.14 Grundsätze der Bewertung – Aufgaben

1.14.1 Bewertung einer Produktionsmaschine

Anfangs 2020 wurde eine Produktionsmaschine angeschafft: Katalogpreis 162 000, Rabatt 10 %, Transportkosten 5 400, Montagekosten 8 196; alles inklusive 7.7 % MWST
Die Abschreibungen auf dieser Maschine werden jeweils am Jahresende degressiv zu 40 % vorgenommen.

a) Mit welchem Betrag wird diese Maschine höchstens aktiviert beim Kauf?

☐ 97 200 ☐ 145 800 ☐ 147 052.80
☐ 148 000 ☐ 159 396 ☐ 162 000

b) Zu welchem Wert darf die Maschine in der Bilanz vom 31.12.2021 maximal bilanziert werden?

☐ 29 600 ☐ 53 280 ☐ 58 320

c) Wie heissen die Fachbegriffe für die Werte bei a) und bei b)?

bei a)

bei b)

1.14.2 Bilanzierung von börsenkotierten Aktien Ende 2020

Die Trade AG besitzt 50 Pharma-Aktien, die sie im September 2018 zum Kurs von 64 gekauft hat. Der gesamte Kauf inklusive Spesen betrug CHF 3 212. Die Kursentwicklung seit damals war stark schwankend. Folgende Kursangaben sind bekannt:

– 31.12.2020: 76
– 31.12.2019: 57
– 31.12.2018: 68
– Durchschnitt Dezember 2020: 72
– Durchschnitt aller Kurse seit Kauf: 65

a) Zu welchem Wert dürfen die Aktien am 31.12.2020 maximal bilanziert werden?

b) Die Trade AG setzt diese Aktien tatsächlich zu 3000 in die Bilanz ein.
Wie gross ist dann die Stille Reserve auf diesen Aktien?

1.14.3 Bewertung des Warenlagers in einem Handelsunternehmen

Das Warenhaus Merkur AG setzt den Lagerbestand an Waren zum Werte von CHF 90 000 in die Bilanz ein. Der Anschaffungswert der Waren am Lager betrug CHF 120 000, der aktuelle Marktwert der Waren beträgt CHF 190 000.

a) Zu welchem Wert darf die Merkur AG das Warenlager maximal in der Bilanz einsetzen?

b) Wenn das Warenlager in der Bilanz bei CHF 90 000 belassen wird: Was bedeutet das buchhaltungsmässig für die Merkur AG? (Fachbegriff + Betrag nennen!)

1.14.4 Berechnung der Stillen Reserven

In der externen Schlussbilanz einer Schuhfabrik sind die Produktionsmaschinen um 30 % unterbewertet. Der ausgewiesene Wert in der externen Bilanz beträgt CHF 525 000. Kreuzen Sie die richtige(n) Aussage(n) an:

☐ Es bestehen Stille Reserven auf den Maschinen in der Höhe von 157 500.
☐ Es bestehen Stille Reserven auf den Maschinen in der Höhe von 225 000.
☐ Durch die Unterbewertung der Maschinen wird das Obligationenrecht verletzt.
☐ Durch die Unterbewertung zeigt die AG die Vermögenslage gegen aussen besser als sie tatsächlich ist.
☐ Die Unterbewertung der Maschinen entsteht durch höhere Abschreibungen als betrieblich notwendig wären.
☐ Die Unterbewertung der Maschinen entsteht durch Manipulation der tatsächlichen Zahlen.

1.14.5 Externe und Interne Schlussbilanz

Die Bilax AG veröffentlicht die folgende Bilanz:

Externe Bilanz per 31.12.			
Umlaufvermögen		**Kurzfristiges Fremdkapital**	
Kasse	10	Verbindlichkeiten LL	35
Bank	20	**Langfristiges Fremdkapital**	
Forderungen LL	45	Darlehen	45
Handelswaren	75	Hypotheken	120
		Rückstellungen	110
		Eigenkapital	
Anlagevermögen		Aktienkapital	100
Fahrzeuge	55	Reserven	50
Mobilien	60	Gewinnvortrag	5
Liegenschaften	210	Jahresgewinn	10
	475		475

Auf verschiedenen Positionen dieser externen Bilanz sind Stille Reserven enthalten, nämlich:
Handelswaren: 10; Fahrzeuge: 25; Mobilien: 15; Liegenschaften: 40; Rückstellungen: 20

Grundsätze der Bewertung – Aufgaben

a) Erstellen Sie die Interne Bilanz dieser Unternehmung, indem Sie bei allen Posten die tatsächlichen Werte eintragen. Weisen Sie den effektiven Jahreserfolg aus.

Interne Bilanz per 31.12.	
Umlaufvermögen	**Kurzfristiges Fremdkapital**
Kasse	Verbindlichkeiten LL
Bank	**Langfristiges Fremdkapital**
Forderungen LL	Darlehen
Handelswaren	Hypotheken
	Rückstellungen
Anlagevermögen	**Eigenkapital**
Fahrzeuge	Aktienkapital
Mobilien	Reserven
Liegenschaften	Gewinnvortrag
	Jahresgewinn

b) Wie hoch sind die Stillen Reserven der Bilax AG?

_____

c) Nennen Sie mind. zwei Bilanzpositionen, die laut Vorschriften keinen Bewertungsspielraum haben

_____

1.14.6 Richtige und falsche Vermögensbewertung in der Bilanz

Korrigieren Sie falsche Aussagen.

Nr.	Aussage	Richtig	Falsch
1.	Das vor 12 Jahren zu 2.5 Millionen Franken gekaufte Gebäude hat heute einen Verkehrswert von mindestens 6 Millionen Franken. Es wird vorsichtig bilanziert mit 4 Millionen Franken. Korrektur:		
2.	Eine Apotheke hat vor 6 Monaten 40 elektrische Zahnbürsten zu CHF 80 pro Stück beschafft. Ende Jahr sind noch 5 dieser Geräte im Lager. Inzwischen ist der Markt eingebrochen; die restlichen elektrischen Zahnbürsten können im nächsten Jahr höchstens noch zu CHF 30 abgesetzt werden. In der Bilanz werden wegen der gesetzlichen Vorschriften CHF 400 eingetragen. Korrektur:		
3.	Wegen eines angelaufenen Schadenersatz-Prozesses wurden vor zwei Jahren Rückstellungen von 600 gebildet. Im soeben erfolgten Gerichtsurteil wurde die Unternehmung freigesprochen. Der CEO verfügt, dass die Rückstellungen trotzdem bilanziert werden sollen, das sei gesetzlich nicht verboten. Korrektur:		
4.	Ein Anfang 2019 zu CHF 80 000 gekauftes Fahrzeug wird linear mit 20 % abgeschrieben. Wenn es Ende 2020 mit CHF 42 000 bilanziert wird, so sind in diesem Posten Stille Reserven von 6 000 enthalten. Korrektur:		

1.15 Break-Even-Analyse, Deckungsbeiträge

> **Leistungsziele BIVO**
>
> Für einfache Beispiele berechne ich auf der Grundlage von fixen Kosten, variablen Kosten und dem Verkaufspreis Menge oder Umsatz bei der Nutzschwelle. Dabei erkläre ich die Bedeutung von Deckungsbeiträgen.

1.15.1 Grundlagen

Um seine Gewinnziele zu erreichen, muss jedes Warenhandelsgeschäft folgende Fragen mit Zahlen beantworten können:
- Ab welchem Verkaufsumsatz machen wir Gewinn? → Break-Even-Analyse
  Erläuterung: Für jedes Geschäft gibt es einen berechenbaren Verkaufsumsatz, bei welchem genau die Schwelle zwischen Gewinn und Verlust erreicht wird: An diesem Punkt sind alle Gemeinkosten gedeckt, aber es gibt noch keinen Gewinn. Das ist der Break-Even-Punkt, auch **Nutzschwelle** genannt.
- Wie viel trägt jedes verkaufte Stück bei zur Deckung der Gemeinkosten? → Deckungsbeitrag.
  Je mehr jedes verkaufte Stück zur Deckung der Gemeinkosten beiträgt, desto schneller kann bei steigendem Umsatz die Gewinnzone über dem Break-Even-Punkt erreicht werden.

1.15.2 Fixe und Variable Kosten

Ausgangspunkt zur Beantwortung der Grundfragen ist der mittlere Teil aus dem Kalkulationsschema von Kapitel 1.6: die einstufige und die zweistufige interne Kalkulation:

einstufig	zweistufig		
Einstand	Einstand		
	+ Gemeinkosten		Daraus ergibt sich:
+ Bruttogewinn	= Selbstkosten	**GK**	Der BG setzt sich immer
	+ Reingewinn	**+ RG**	zusammen aus Gemeinkosten
= Nettoerlös	= Nettoerlös	**= BG**	und Reingewinn

In diesem Schema sind nun fixe und variable Kosten zu unterscheiden:
- **Variable Kosten:** Einstand, Nettoerlös, Bruttogewinn
  Definition: veränderliche Kosten: Diese Kosten ändern sich je nach verkaufter Menge: bei geringen Verkäufen wird weniger eingekauft, und der Bruttogewinn wird weniger. Bei vielen Verkäufen muss viel eingekauft werden und der Bruttogewinn wird grösser.
- **Fixe Kosten:** Gemeinkosten (Miete, Löhne, Zinsen, Abschreibungen, usw.)
  Definition: gleichbleibende Kosten, unabhängig von der verkauften Menge: die Miete, die Löhne des Geschäftes müssen jeden Monat bezahlt werden, unabhängig davon, ob viel oder wenig Ware verkauft wurde. Genau so bei Abschreibungen, Zinsaufwand, Verwaltungsaufwand usw.
  Präzisierung: Bei genauer Betrachtung können sich auch fixe Kosten ändern, aber nicht direkt abhängig von der Verkaufsmenge, sondern etappenweise, sprunghaft: ab einer bestimmten Verkaufsmenge braucht es zusätzliche Angestellte, Büroräume → Sprungfixkosten! In den Aufgaben sind die Gemeinkosten immer als fix anzusehen!

1.15.3 Berechnung des Deckungsbeitrages

Aus der einstufigen internen Kalkulation ergibt sich: Der Unterschied zwischen Nettoerlös und Einstandspreis ist der Bruttogewinn: So viel verdient das Geschäft pro verkauftes Stück:

Beispiel: Handel mit Haarspray:

Einkauf zu 7.00; Verkauf zu 12.00; Gemeinkosten pro Jahr: 14 000.00

Unser Warenhandel

Lieferant → Kunde

Einkauf vom Lieferanten zu CHF 7.00 pro Stück

Verkauf an Kunden zu CHF 12.00 pro Stück

	Nettoerlös	12.00
–	Einstand	– 7.00
=	BG	5.00 pro Stück
=	Deckungsbeitrag (DB) pro Stück	

→ Bruttogewinn BG und Deckungsbeitrag DB sind gleichbedeutende Begriffe!
In Aufgaben können beide Begriffe vorkommen oder nur einer von beiden; das macht keinen Unterschied.

Je höher der Verkauf, desto höher werden die gesamten Deckungsbeiträge:

Verkaufte Menge × DB pro Stück = Gesamter Deckungsbeitrag.

Aus der Summe der Deckungsbeiträge sind zuerst die (fixen) Gemeinkosten zu decken. Erst wenn die Gemeinkosten gedeckt sind, entsteht pro zusätzlich verkauftes Stück ein Reingewinn:

Gesamter Deckungsbeitrag
– Gemeinkosten
= Gewinn oder Verlust

Fortsetzung **Beispiel:** Geschäftserfolg bei verschiedenen jährlich erreichten Umsätzen an Haarsprays:

	2500 Sprays	2800 Sprays	3200 Sprays
Gesamter Deckungsbeitrag:	12 500.00	14 000.00	16 000.00
– Gemeinkosten	– 14 000.00	– 14 000.00	– 14 000.00
= Erfolg (Gewinn od. Verlust)	Verlust 1 500.00	Gew/Verl 0.00	Gewinn 2 000.00

Erkenntnis:
Es müssen 2800 Sprays verkauft werden, um die Gemeinkosten zu decken.

Break-Even-Analyse, Deckungsbeiträge

1.15.4 Berechnung der Nutzschwelle (break-even-point)

Im vorherigen Beispiel wurde nachträglich aus den bekannten Verkaufszahlen der Gewinn oder Verlust berechnet. Bei der Nutzschwelle aber wird planerisch, im Voraus die Frage gestellt:

Wie viele Stück müssen mindestens verkauft werden, damit gerade die Gemeinkosten gedeckt sind?

Wenn man diesen Break-Even-Punkt kennt, weiss man im Voraus: Jeder tiefere Verkaufsumsatz bringt Verlust, jeder höhere Verkaufsumsatz bringt Reingewinn.

Berechnungsfrage: Wie viel Mal müssen wir den DB pro Stück verdienen, bis die Gemeinkosten gedeckt sind?

Formel: $\dfrac{\text{Gemeinkosten}}{\text{DB pro Stück}}$ = Nutzschwelle in Stück

Fortsetzung **Beispiel:**
– Berechnung der Nutzschwelle: 14 000 ÷ 5 = 2800 Sprays
– Falls die GK auf CHF 18 000 steigen: was wäre dann die Nutzschwelle? 18 000 ÷ 5 = 3600 Sprays

Mengenmässige und wertmässige Nutzschwelle:

a) **Mengenmässige Nutzschwelle:** Wie im obigen Beispiel wird gefragt: Bei welcher Verkaufsmenge können die Gemeinkosten gerade gedeckt werden?

b) **Wertmässige Nutzschwelle:** Die Frage kann aber auch heissen: Bei welchem Verkaufsumsatz in Franken wird die Nutzschwelle erreicht? Das ist die Frage nach dem **Nettoerlös** bei der Nutzschwelle.

Berechnung: Nutzschwelle in Stück × Nettoerlös pro Stück = Gesamter Nettoerlös bei der Nutzschwelle

Fortsetzung **Beispiel:** 2800 Sprays × CHF 12.00 = CHF 33 600.00

c) Wertmässige Nutzschwelle ohne Stückzahlen: Bei manchen Aufgaben kennt man keine Stückpreise und keine Stückzahlen. Dafür muss dann aus der Kalkulation der Bruttogewinnzuschlag bekannt sein.
Beispiel: Aus der Kalkulation eines Warenhandels ist bekannt:
Einstand 100 %
+ BG 75 %
= NErl 175 %

Das bedeutet: Zu jedem Einstandspreis werden 75 % dazugerechnet; das gibt dann den Verkaufspreis.
Die (fixen) Gemeinkosten in diesem Betrieb sind CHF 120 000.00
Welches ist der nötige Nettoerlös bei der Nutzschwelle?

Frage zur Berechnung: Wenn der gesamte Bruttogewinn genau so gross ist wie die Gemeinkosten, dann ist die Nutzschwelle erreicht!

Berechnung:
BG   120 000   75 %
NErl   ??   175 %   → CHF 280 000

Antwort: Bei einem Verkaufsumsatz von CHF 280 000 sind die GK gerade gedeckt!

Merke:
Bei der Nutzschwelle gilt:
– Reingewinn = 0
– Gesamter Deckungsbeitrag (Bruttogewinn) = Gemeinkosten
– Nettoerlös = Fixkosten + variable Kosten
                      Selbstkosten

1.15.5 Vorgegebene Gewinnziele erreichen

Hier lautet die Frage: Wie viel Stück müssen wir mindestens verkaufen, um einen bestimmten Gewinn zu erzielen? In diesen Fällen muss der gesamte Deckungsbeitrag nicht nur die Gemeinkosten abdecken, sondern zusätzlich diese Gewinnvorgabe!

Fortsetzung **Beispiel Haarspray:** Wie viele Sprays müssen umgesetzt werden, um einen Reingewinn von CHF 6 000 zu erzielen?

```
      Gemeinkosten        14 000.00
    + geplanter RG          6 000.00
    = notwendiger DB       20 000.00   ÷   5.00 (DB pro Stück)  =  4000 Sprays
```

Antwort: Bei 4000 verkauften Sprays werden die Gemeinkosten gedeckt, und zusätzlich wird ein Gewinn von CHF 6 000 erreicht.

Fortsetzung **Beispiel**: Bei welchem Verkaufsumsatz in Franken wird ein Gewinn von CHF 6 000 erreicht?
→ 4000 Sprays × 12.00 (NErl pro Stück) = CHF 48 000.00

1.15 Break-Even-Analyse, Deckungsbeitrag – Aufgaben

1.15.1 Deckungsbeitrag und Nutzschwellen im Getränkehandel

Luis und Laura wollen einen Handel mit einer neuen Generation von Super-Energy-Drinks beginnen: Einkauf direkt vom Produzenten, Verkauf an Ladengeschäfte und Kioske.

Aufgrund ihrer Planung können sie von folgenden Zahlen ausgehen:
Einkauf zu CHF 3.00 / Dose   Verkauf zu CHF 4.50 / Dose

Die monatlichen Gemeinkosten ihres Handels setzen sich aus folgenden Posten zusammen:
- Miete des Raumes
- Gehalt für sie selbst und für eine Teilzeitangestellte
- Abschreibung des neu gekauften Mobiliars
- Zinsen für einen aufgenommenen Betriebskredit
- Verwaltungsaufwand wie Büromaterial, Strom, Telefon

Das Total dieser Gemeinkosten beträgt CHF 18 000.00 pro Monat.

a) Wie hoch ist der Deckungsbeitrag pro Dose, in Franken und in Prozent des Einstandspreises?

b) Welchen Gewinn oder Verlust erzielt das Geschäft bei monatlich 10 000 verkauften Dosen?

c) Wie viele Dosen müssen die beiden pro Monat verkaufen, damit die Gemeinkosten gerade gedeckt sind (mengenmässige Nutzschwelle)?

d) Bei welchem Verkaufsumsatz wird die Nutzschwelle erreicht (wertmässige Nutzschwelle)?

e) Bei welchem monatlichen Verkaufsumsatz wird ein Reingewinn von CHF 4500.00 erzielt?

1.15.2 Die Autoscooter Wieland GmbH

Eine Fahrt mit einem Wagen der Autoscooter Wieland GmbH kostet CHF 5.00. Der Betrieb rechnet mit variablen Kosten pro Einzelfahrt von CHF 1.00. Die Buchhaltung zeigt ausserdem folgende fixen Kosten:
- Mietaufwand für die Standplätze   CHF 20 000.00
- Verwaltungskosten   CHF 50 000.00

a) Im Vorjahr wurden 12 000 Einzelfahrten verkauft. Wie hoch war der Gewinn oder Verlust?

b) Herr Wieland möchte im kommenden Jahr einen Gewinn von CHF 35 000.00 erzielen. Wie viele Einzelfahrten muss er dafür verkaufen?

c) Wie hoch müssen die Fahrteinnahmen mindestens sein, damit die Autoscooter Wieland GmbH die Nutzschwelle erreicht?

d) Herr Wieland will seine Anlage vergrössern: neue Wagen kaufen, mehr Standplätze besuchen. Dadurch würden die Fixkosten pro Jahr um CHF 50 000 ansteigen; die variablen Kosten und die Fahrpreise bleiben gleich. Wie viele Einzelfahrten müssen zusätzlich verkauft werden, damit die Nutzschwelle erreicht wird?

Break-Even-Analyse, Deckungsbeitrag – Aufgaben

1.15.3 OpenAir St. Gallen

Das OpenAir St. Gallen gehört zu den ältesten Musikfestivals der Schweiz. Jedes Jahr verwandelt sich das Sittertobel am letzten Juni-Wochenende zum Nabel der Schweizer Festivalszene.

Das OpenAir St. Gallen ist heute mit seinen rund 100 000 Besuchern pro Jahr das zweitgrösste Open Air der Schweiz. Einzig das Open Air Frauenfeld lockt noch mehr Besucher an. Abgesehen von den hochklassigen Acts, die jedes Jahr in St. Gallen auf der Bühne stehen, ist der Austragungsort das absolute Highlight. Seit 1981 findet das Festival im malerischen Sittertobel in der Nähe der Stadt St. Gallen statt.

Die treuen Festivalbesucher haben der Stadt St. Gallen den Übernahmen «Schlammgallen» verliehen, da es am mehrtägigen Open Air oft in Strömen regnet und sich das Festivalgelände in eine Schlammlandschaft verwandelt. Trotzdem war das Festival viele Jahre in Folge ausverkauft.

1. Annahme: Die Fixkosten pro Tag für den Anlass betragen CHF 2.9 Mio., variable Kosten gibt es keine. Der Eintritt pro Tag kostet CHF 102.00.

    a) Wie hoch ist aufgrund dieser Annahmen der Erfolg des Anlasses, wenn während der vier Festivaltage durchschnittlich 27 000 Besucher pro Tag gezählt werden? Bezeichnen Sie Ihr Resultat mit Gewinn bzw. Verlust.

    b) Bei wie vielen Besuchern/Tag ist die Nutzschwelle erreicht?

2. Aufgrund stetig steigender Musikergagen und der rückläufigen Besucherzahl wegen grosser Sommer-Festival-Konkurrenz überlegen sich die Veranstalter, den Preis für einen Dreitagespass auf CHF 250.00 zu erhöhen. Demgegenüber stehen Gesamtkosten von CHF 8.7 Mio.

    a) Wie viele Zuschauer müssten kommen, wenn auf jeden Fall die Nutzschwelle erreicht werden soll?

    b) Mit Sponsorengeldern könnte ein Verlust von CHF 325 000.00 verkraftet werden. Wie viele Besucher müssten nun einen Dreitagespass kaufen?

1.15.4 Berechnungen im Warenhaus Weco AG

Vom Warenhaus Weco AG sind aus dem letzten Geschäftsjahr folgende Zahlen bekannt:

Nettoerlös	CHF 2 640 000
Warenaufwand	CHF 1 200 000
Gemeinkosten	CHF 800 000

a) Wie hoch war der Bruttogewinn des Warenhauses in Franken und in Prozenten vom Warenaufwand?

b) Wie hoch war der Gewinn oder Verlust im letzten Jahr?

c) Bei welchem Nettoerlös wäre die Nutzschwelle erreicht worden?

d) Bei welchem Nettoerlös würde das Warenhaus einen Gewinn von CHF 800 000 erzielen?

1.15.5 Im Kleidergeschäft «Henry's Choice»

Im Kleidergeschäft Henry's Choice betragen die fixen Gemeinkosten CHF 38 700.
Der Bruttogewinnzuschlag beträgt in diesem Geschäft 43 %.

a) Bei welchem wertmässigen Umsatz wird die Nutzschwelle erreicht?

b) Tatsächlich erzielte «Henry's Choice» einen Nettoerlös von CHF 320 320. Wie gross wird der Reingewinn?

Break-Even-Analyse, Deckungsbeitrag – Aufgaben

1.15.6 Kalkulation für die Schulgemeinde

Die Gemeinde Kilchberg betreibt einen Mittagshort für Kinder der Mittel- und Oberstufe. Der Hort ist an fünf Tagen von 11:00–14:30 Uhr geöffnet. Die Kinder erhalten ein 3-Gang-Mittagessen und werden von Fachpersonen betreut.

Die Finanzverwalterin der Schulgemeinde rechnet mit folgenden Einnahmen und Kosten:
- Einnahmen pro Kind und Tag: CHF 29.00 (ein «Tag» = 11:00–14:30 Uhr)
- Fixe Kosten pro Tag: CHF 450.00
- Variable Kosten pro Kind und Tag: CHF 13.50

Beantworten Sie der Finanzverwalterin die folgenden Fragen. Dabei ist der Rechnungsweg anzugeben.

a) Wie hoch ist der Deckungsbeitrag pro Kind und Tag?

b) Am bestbesuchten Tag des letzten Monats kamen 35 Kinder in den Mittagshort. Welcher Gewinn oder Verlust resultierte daraus?

c) Bei wie vielen Kindern pro Tag wird der Break-Even-Point erreicht (Ergebnis auf ganze Kinder aufrunden)?

d) Nicht immer kommen genügend Kinder in den Hort, um die Nutzschwelle zu erreichen. Die Gemeinde bietet an, die jeweilige Differenz mit einer Subvention zu decken.
Wenn an einem Tag nur 16 Kinder den Mittagshort benützen, wie hoch wird dann die Subvention für diesen Tag sein?

1.16 Analyse der Bilanz & Erfolgsrechnung

> **Leistungsziele BIVO**
>
> Ich analysiere einfache Bilanzen und Erfolgsrechnungen mit den folgenden Kennzahlen und beurteile die finanzielle Lage in Bezug auf Liquidität, Sicherheit und Rentabilität kritisch anhand von vorgegebenen Richtwerten: Liquiditätsgrad 2 / Umsatz-, Gesamtkapital- und Eigenkapitalrendite / Eigenfinanzierungsgrad / Fremdfinanzierungsgrad / Anlagendeckungsgrad 2

1.16.1 Grundlagen

Hier geht es um die Beurteilung der finanziellen Lage einer Unternehmung. Für diese Beurteilung sind drei Hauptaspekte von Bedeutung:

1. **Liquidität** = Zahlungsbereitschaft: Ist die Unternehmung jederzeit in der Lage, ihre kurzfristigen Schulden zu bezahlen?
2. **Sicherheit:** Ist die Finanzierung genügend solide, um das langfristige Bestehen der Unternehmung zu sichern?
3. **Rentabilität** = Verhältnis zwischen Gewinn und Kapitaleinsatz: Steht für die Eigentümer der Gewinn in einem befriedigenden Verhältnis zum Risiko des Kapitaleinsatzes?

Die konkrete Analyse erfolgt mit Kennzahlen, welche anhand der Bilanz und der Erfolgsrechnung berechnet werden. Für jeden der drei Hauptaspekte können typische Kennzahlen ausgerechnet werden. Sie werden immer als Prozentzahlen angegeben.
Die Beurteilung der Unternehmung geschieht dann dadurch, dass die errechneten Kennzahlen mit vorgegebenen Richtwerten verglichen werden. Richtwerte sind Mindestwerte, die unbedingt erreicht werden sollten; oder es sind Vergleichszahlen von Unternehmungen der gleichen Branche, die man mindestens erreichen möchte.

1.16.2 Ausgangslage zur Berechnung von Kennzahlen: Bilanz und Erfolgsrechnung

Die Erklärung und Berechnung der einzelnen Kennzahlen erfolgt anhand eines Beispiels. Folgende Zahlen einer Warenhandels-Unternehmung sind bekannt:

Aktiven			Bilanz per 31.12.2020			Passiven
UV				**FK**		
Liquide Mittel				**kurzfristiges FK**		
Kasse		8 000		Verbindlichkeiten LL	95 000	
Bankguthaben		10 000	18 000	Bankverbindlichkeiten	34 000	129 000
Forderungen				**langfristiges FK**		
Forderungen LL		110 000		Darlehen		260 000
Vorsteuer MWST		23 000	133 000			
				EK		
Vorräte				Aktienkapital	200 000	
Handelswaren			292 000	Reserven	14 000	
				Gewinnvortrag	4 000	
AV				Jahresgewinn	56 000	274 000
Mobilien		180 000				
Fahrzeuge		40 000	220 000			
			663 000			663 000

Analyse der Bilanz & Erfolgsrechnung

Aufwand	Erfolgsrechnung 2020		Ertrag
Handelswarenaufwand	944 000	Handelserlöse	1 413 000
Lohnaufwand	154 000		
Raumaufwand	140 000		
Verwaltungsaufwand	81 000		
Abschreibungen	28 000		
Finanzaufwand	10 000		
Jahresgewinn	56 000		
	1 413 000		1 413 000

1.16.3 Liquidität

Als einzige Kennzahl wird hier der Liquiditätsgrad 2 berechnet, das ist die wichtigste Kennzahl zur Beurteilung der Zahlungsfähigkeit einer Unternehmung. (Es gibt auch einen Liquiditätsgrad 1 und einen Liquiditätsgrad 3, welche aber nicht zum QV-Stoff gehören.)

Liquiditätsgrad 2 (Quick Ratio)

Berechnung	$\frac{(\text{Flüssige Mittel} + \text{Forderungen}) \times 100}{\text{kurzfristiges Fremdkapital}} = \frac{151\,000 \times 100}{129\,000} = 117.05\,\%$
Beurteilung	Es wird berechnet, ob die kurzfristig verfügbaren Mittel (Liquide Mittel + Forderungen) genügend gross sind, um die kurzfristigen Schulden zu bezahlen. Jedes Ergebnis über 100 % ist ausreichend. Also ist der Richtwert: **mindestens 100 %.**

1.16.4 Sicherheit

Die Sicherheit wird anhand von drei Kennzahlen berechnet.

a) Eigenfinanzierungsgrad

Berechnung	$\frac{\text{Eigenkapital} \times 100}{\text{Gesamtkapital}} = \frac{274\,000 \times 100}{663\,000} = 41.33\,\%$
Beurteilung	Es wird berechnet, wie viel Prozent vom Gesamtkapital (= Bilanzsumme) das Eigenkapital ausmacht. Grundsätzlich gilt: Je höher dieser Prozentsatz, desto sicherer steht die Unternehmung da! Weil sich aber eine 100 %ige Eigenfinanzierung negativ auf die Rentabilität auswirkt (siehe dort), gilt als allgemeiner Richtwert: **mindestens 30 %.**

b) Fremdfinanzierungsgrad

Berechnung	$\dfrac{\text{Fremdkapital} \times 100}{\text{Gesamtkapital}} = \dfrac{389\,000 \times 100}{663\,000} = 58.67\,\%$
Beurteilung	Der Fremdfinanzierungsgrad gibt den prozentualen Anteil des Fremdkapitals am Gesamtkapital an. Das zeigt eben: zu wie viel Prozent ist die Unternehmung verschuldet? Grundsätzlich gilt: Je tiefer die Verschuldung, desto weniger abhängig ist die Unternehmung von fremden Kapitalgebern. Als allgemeiner Richtwert gilt: **30–70 %** ist o. k.

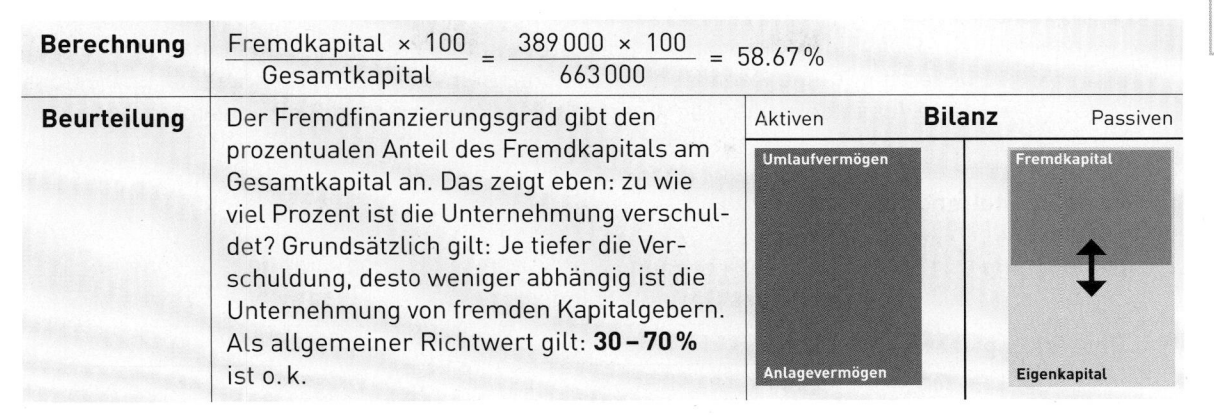

Beachte: Eigenfinanzierungsgrad und Fremdfinanzierungsgrad hängen zusammen: sie ergänzen sich immer auf 100 % (41.33 % + 58.67 % = 100 %). → Wenn man eine Kennzahl ausgerechnet hat, ergibt sich die andere «automatisch» durch Ergänzung auf 100 %!

c) Anlagedeckungsgrad 2 (Goldene Bilanzregel)

Berechnung	$\dfrac{(\text{Eigenkapital} + \text{langfr. FK}) \times 100}{\text{Anlagevermögen}} = \dfrac{534\,000 \times 100}{220\,000} = 242.73\,\%$
Beurteilung	Es wird berechnet, zu wie viel Prozent das Anlagevermögen durch langfristiges Kapital finanziert ist. Der Richtwert ist: **mindestens 100 %**. Warum? Weniger als 100 % bedeutet, dass ein Teil des Anlagevermögens durch kurzfristiges Fremdkapital finanziert ist, und das wäre eine grosse Gefahr für die Sicherheit! Dieser Grundsatz wird als «Goldene Bilanzregel» bezeichnet: Langfristiges Vermögen sollte langfristig finanziert sein, sonst ist die Sicherheit nicht mehr gegeben.

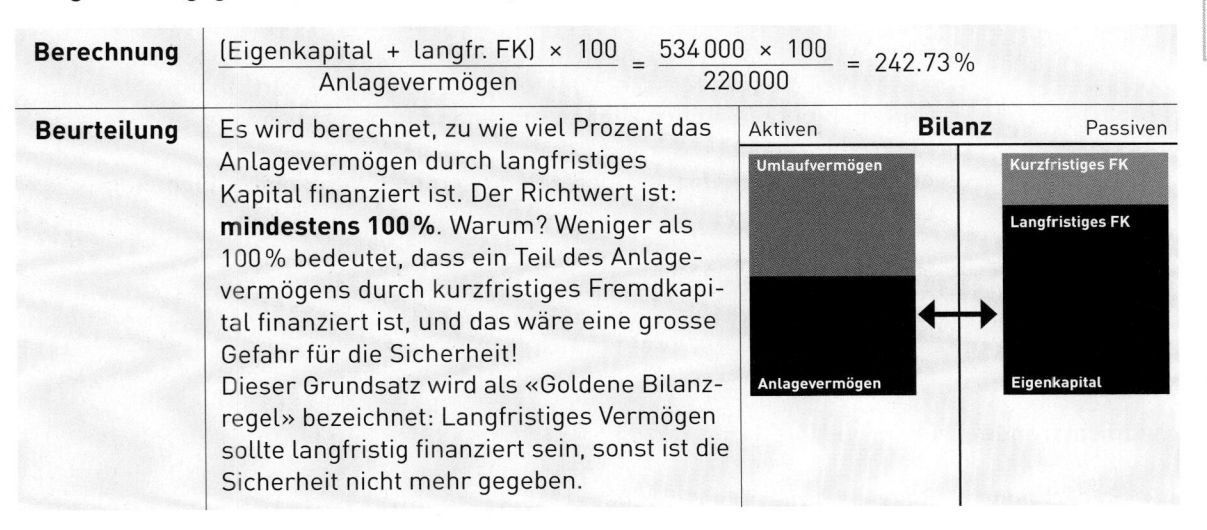

1.16.5 Rentabilität

Die Rentabilität kann mit drei verschiedenen Kennzahlen beurteilt werden. Für die Eigentümer der Unternehmung ist die Eigenkapitalrendite die wichtigste Kennzahl!

a) Eigenkapitalrendite

Berechnung	$\dfrac{\text{Reingewinn} \times 100}{\text{eingesetztes Eigenkapital}^{1}} = \dfrac{56\,000 \times 100}{218\,000} = 25.69\,\%$

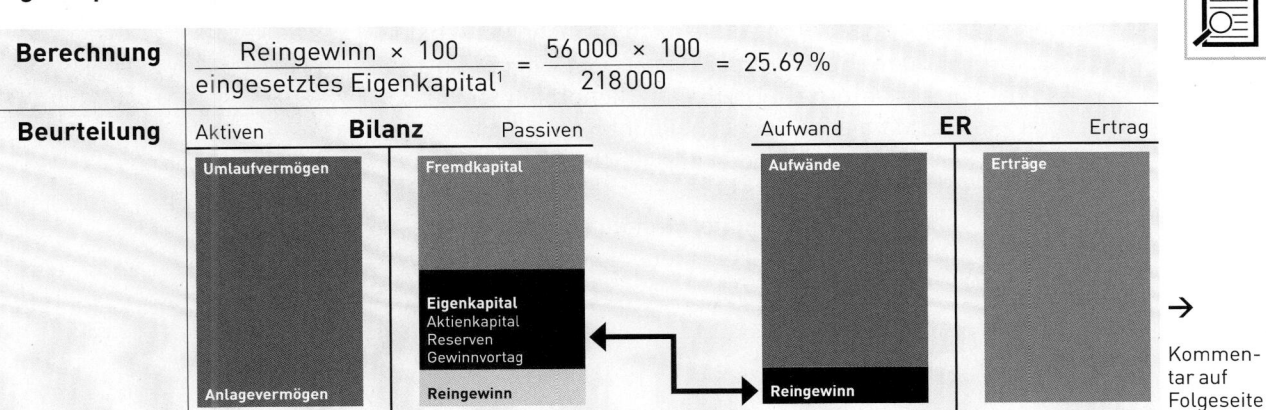

→ Kommentar auf Folgeseite

[1] Eigenkapital Ende Jahr ohne den Jahresgewinn
Anstelle des eingesetzten Kapitals kann auch mit dem durchschnittlichen Kapital gerechnet werden: (Anfangsbestand + Schlussbestand) / 2. Achten Sie auf die vorgegebene Formel.

Analyse der Bilanz & Erfolgsrechnung

Es wird berechnet, wie viel Prozent der Reingewinn vom Eigenkapital beträgt. Je höher, desto besser; aber was ist der Richtwert?
→ Die Eigentümer sind mit ihrer Investition ein Risiko eingegangen und erwarten dafür eine Rendite, die klar höher sein soll als der Zinsfuss für Spargelder.
→ Als allgemeiner Richtwert gilt: **Marktzinsen plus Risikozuschlag**

b) Gesamtkapitalrendite

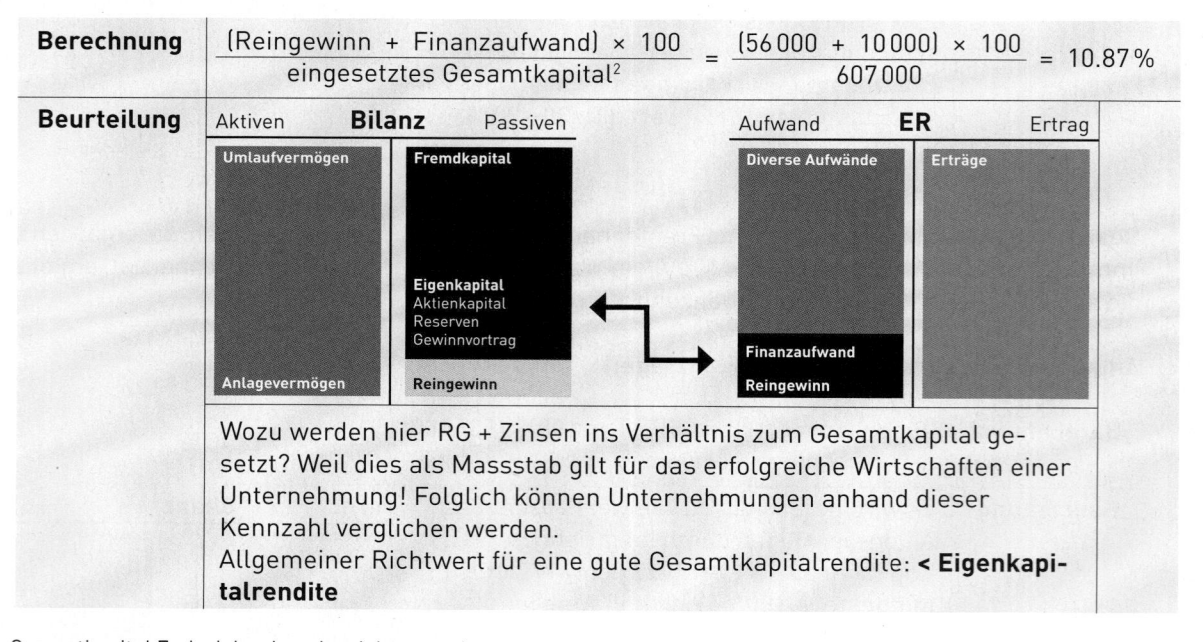

Berechnung	$\dfrac{(\text{Reingewinn} + \text{Finanzaufwand}) \times 100}{\text{eingesetztes Gesamtkapital}^2} = \dfrac{(56\,000 + 10\,000) \times 100}{607\,000} = 10.87\%$
Beurteilung	Wozu werden hier RG + Zinsen ins Verhältnis zum Gesamtkapital gesetzt? Weil dies als Massstab gilt für das erfolgreiche Wirtschaften einer Unternehmung! Folglich können Unternehmungen anhand dieser Kennzahl verglichen werden. Allgemeiner Richtwert für eine gute Gesamtkapitalrendite: **< Eigenkapitalrendite**

2 Gesamtkapital Ende Jahr ohne den Jahresgewinn
Anstelle des eingesetzten Kapitals kann auch mit dem durchschnittlichen Kapital gerechnet werden: (Anfangsbestand + Schlussbestand) / 2. Achten Sie auf die vorgegebene Formel.

c) Umsatzrendite

Berechnung	$\dfrac{\text{Reingewinn} \times 100}{\text{Verkaufsumsatz}} = \dfrac{56\,000 \times 100}{1\,413\,000} = 3.96\%$ (also fast 4 %)
Beurteilung	Hier wird berechnet: Wie viel Prozent vom Verkaufsumsatz (Nettoerlös) macht der Reingewinn aus? Im Beispiel lässt sich das so übersetzen: Bei jedem Franken Verkaufsumsatz entstehen 4 Rappen Gewinn. Für die Umsatzrendite gibt es keinen allgemeinen Richtwert. Sie ist **je nach Branche verschieden**: Bei Warenhäusern ca. 3 %, bei Billig-Discountern ca. 1 %, bei Markenprodukten bis 8 %. Mit dieser Kennzahl können am ehesten Unternehmungen der gleichen Branche verglichen werden. Die Umsatzrendite wird oft auch als Reingewinnmarge bezeichnet.

1.16 Analyse der Bilanz & Erfolgsrechnung – Aufgaben

Hinweis für die Abschlussprüfung:
In den Aufgaben zur Analyse von Bilanz und Erfolgsrechnung werden die Formeln vorgegeben. Damit Sie aber solche Aufgaben korrekt lösen und die richtigen Zahlen aus Bilanz und Erfolgsrechnung zum Einsetzen in den Formeln heraussuchen können, sollten Sie den Aufbau der Formeln und ihren Sinn verstehen.
Zudem müssen Sie die Gliederung der Bilanz in die Kontengruppen beherrschen, damit Sie die Formeln anwenden können (vgl. Kap. 1.1.5).
In den nachfolgenden Aufgaben können Sie die Formeln aus dem Theorieteil verwenden.

1.16.1 Kennzahlen in einer Handelsunternehmung

Von einer Handelsunternehmung sind die folgenden Zahlen aus Bilanz und Erfolgsrechnung bekannt:

Aktiven	Bilanz per 31.12.2020		Passiven
Umlaufvermögen		**Fremdkapital**	
Kasse	6 000	Verbindlichkeiten LL	20 000
Bankguthaben	15 000	Bankschuld	110 000
Forderungen LL	49 000	Passive Rechnungsabgrenzung	9 000
Handelswaren	292 000	Darlehen (langfristig)	230 000
Aktive Rechnungsabgrenzung	43 000		
Anlagevermögen		**Eigenkapital**	
Mobilien	90 000	Aktienkapital	250 000
Immobilien	180 000	Reserven	22 000
		Gewinnvortrag	4 000
		Jahresgewinn	30 000
	675 000		675 000

Aufwand	Erfolgsrechnung 2020		Ertrag
Handelswarenaufwand	866 000	Handelserlöse	1 220 000
Lohnaufwand	122 000		
Raumaufwand	120 000		
Verwaltungsaufwand	16 000		
Werbeaufwand	17 000		
Abschreibungen	38 000		
Finanzaufwand	11 000		
Jahresgewinn	30 000		
	1 220 000		1 220 000

Analyse der Bilanz & Erfolgsrechnung – Aufgaben

a) Berechnen Sie folgende Kennzahlen (auf eine Stelle nach dem Komma genau), unter Angabe des Rechnungsweges:

1. Eigenkapitalrendite
2. Gesamtkapitalrendite
3. Umsatzrendite
4. Fremdfinanzierungsgrad
5. Anlagedeckungsgrad 2
6. Liquiditätsgrad 2

b) Für die Beurteilung der Kennzahlen erhalten Sie zusätzliche Angaben:
 – Vergleichbare Handelsunternehmungen erzielen für jeden Franken Verkaufsumsatz ca. 3 Rappen Gewinn.
 – Die Eigentümer möchten unabhängig bleiben von Fremdkapitalgebern. Deshalb soll die Unternehmung zu jeder Zeit mehr eigen- als fremdfinanziert sein. Weiter erwarten sie, dass ihr Kapitaleinsatz um 6 % besser rentiert als konventionelle Banksparkonten mit 0.5 %.

Beurteilen Sie jetzt folgende Kennzahlen, die Sie unter a) bereits berechnet haben.

Kennzahlen	Beurteilung (ankreuzen)	Begründung
1. Eigenkapitalrendite	☐ gut ☐ genügend ☐ ungenügend	
2. Umsatzrendite	☐ gut ☐ genügend ☐ ungenügend	
3. Eigenfinanzierungsgrad	☐ gut ☐ genügend ☐ ungenügend	
4. Liquidität der Unternehmung	☐ gut ☐ genügend ☐ ungenügend	

1.16.2 Beurteilung eines Kreditgesuches

Die Ernst AG ist eine Fabrikationsunternehmung für Baustoffe aller Art. Vom Jahr 2020 sind folgende Abschlussrechnungen bekannt. Alle Zahlen sind in 1000 angegeben.

Aktiven	Bilanz vom 31.12.2020	Passiven	
Flüssige Mittel	100	Lieferantenschulden	900
Kundenguthaben	800	Bankschuld	1200
Vorräte	600	Darlehen langfristig	700
Maschinen	1500	Aktienkapital	400
Mobilien	500	Reserven	250
		Gewinnvortrag	20
		Jahresgewinn	30
	3500		3500

Aufwand	Erfolgsrechnung 2020	Ertrag	
Materialaufwand	900	Produktionsertrag	2500
Personalaufwand	1000		
Verwaltungsaufwand	200		
Abschreibungen	120		
Finanzaufwand	250		
Jahresgewinn	30		
	2500		2500

Die Ernst AG beantragt bei ihrer Hausbank einen Kredit in der Höhe von 600 zur Finanzierung neuer Maschinen. Sie sind der/die Kreditsachbearbeiter/in dieser Bank und haben die Aufgabe, dieses Kreditgesuch anhand von Kennzahlen der Ernst AG zu beurteilen. Gehen Sie dabei in der vorgegebenen Reihenfolge vor!

1. Berechnen Sie die folgenden Kennzahlen. Geben Sie immer den Rechnungsweg an, wie Sie die Kennzahl berechnet haben. Runden Sie die Ergebnisse auf eine Stelle nach dem Komma.

    a) Liquiditätsgrad 2

    b) Eigenfinanzierungsgrad

    c) Anlagedeckungsgrad 2

    d) Umsatzrendite

Analyse der Bilanz & Erfolgsrechnung – Aufgaben

e) Eigenkapitalrendite

f) Gesamtkapitalrendite

2. Jetzt sollen Sie einzelne dieser Kennzahlen beurteilen, ob sie gut, genügend oder ungenügend sind. Jede Beurteilung ist zu begründen.

   a) Liquiditätsgrad 2

   b) Eigenfinanzierungsgrad: Hierzu erhalten Sie folgende Zusatzinformation:
   In der Bauindustrie gilt es als ungeschriebenes Gesetz, dass $1/3$ Eigenfinanzierung oder mehr notwendig sind für langfristige Sicherheit.

   c) Eigenkapitalrendite: Hierzu erhalten Sie folgende Zusatzinformation:
   Die Marktzinssätze bewegen sich zwischen 0 % und 1 %. Die Baubranche hat ein klar höheres Unternehmerrisiko als andere Produktionsunternehmungen.

   d) Anlagedeckungsgrad 2

3. Geben Sie jetzt Ihrem Chef eine Empfehlung ab: Soll der angefragte Kredit von 600 bewilligt werden oder nicht? Falls ja: Begründen Sie Ihre Empfehlung mit den zwei positivsten Kennzahlen. Wenn nein: Begründen Sie Ihre Empfehlung mit den zwei negativsten Kennzahlen.

1.16.3 Kennzahlen von COOP

Der Detailhandelsriese COOP wies im Geschäftsbericht 2020 folgende Zahlen aus:
- Verkaufsumsatz: 27 Milliarden Franken
- Zinsaufwand: 124 Millionen Franken
- Reingewinn: 462 Millionen Franken
- Eigenkapital: 7 262 Millionen Franken
- Bilanzsumme: 16 880 Millionen Franken

Berechnen Sie folgende Kennzahlen auf eine Stelle genau, unter Angabe des Rechnungsweges.

Tipp: Schreiben Sie die Zahlen in Mio. auf: 1 Milliarde = 1000 Mio.

1. Eigenkapitalrendite

2. Eigenfinanzierungsgrad

3. Umsatzrendite

4. Gesamtkapitalrendite

5. Fremdfinanzierungsgrad

1.16.4 Kennzahlen berechnen und beurteilen

Für die Berechnung der Kennzahlen eines Warenhauses stehen die Erfolgsrechnung und die Bilanz zur Verfügung (Zahlen in CHF 1 000):

Aufwand	Erfolgsrechnung 2020		Ertrag
Handelswarenaufwand	1 750	Handelserlöse	3 000
Lohnaufwand	540		
Mietaufwand	520		
Sonstiger Betriebsaufwand	80		
Abschreibungen	50		
Finanzaufwand	20		
Jahresgewinn	40		
	3 000		3 000

Aktiven	Bilanz per 31.12.2020		Passiven
Umlaufvermögen		**Fremdkapital**	
Kasse	20	Verbindlichkeiten LL	130
PostFinance	35	Bankschuld	175
Forderungen LL	145	Passive Rechnungsabgrenzung	15
Handelswaren	300	Darlehen	410
Anlagevermögen		**Eigenkapital**	
Mobilien	190	Eigenkapital	600
Immobilien	680	Jahresgewinn	40
	1 370		1 370

Von anderen Warenhäusern sind folgende Vergleichszahlen bekannt:
- Der Fremdfinanzierungsgrad liegt zwischen 60 %–70 %.
- Die EK-Rendite im Warenhandel ist eher tiefer als in anderen Branchen, wenige Prozente über den allgemeinen Marktzinsen (ca. 2 %).
- Wegen der starken Konkurrenz kann in der Branche Warenhandel nur noch eine tiefe Umsatzrendite erzielt werden, zwischen 1 %–2 %.
- Die Gesamtkapitalrendite liegt meistens ca. 2 %–4 % tiefer als die EK-Rendite.

Berechnen Sie nun die folgenden Kennzahlen auf eine Kommastelle genau. Für den Kommentar verwenden Sie die Vergleichszahlen bzw. die allgemein bekannten Richtwerte.

Liquiditätsgrad 2

Formel und Berechnung	Kommentar

Analyse der Bilanz & Erfolgsrechnung – Aufgaben

Anlagedeckungsgrad 2

Formel und Berechnung	Kommentar

Eigenfinanzierungsgrad

Formel und Berechnung	Kommentar

Eigenkapitalrendite

Formel und Berechnung	Kommentar

Umsatzrendite

Formel und Berechnung	Kommentar

Gesamtkapitalrendite

Formel und Berechnung	Kommentar

Finanzwirtschaftliche Zusammenhänge

Analyse der Bilanz & Erfolgsrechnung – Aufgaben

1.16.5 Veränderung von Kennzahlen

Wie wirken sich die unten aufgeführten Geschäftsfälle auf die drei bezeichneten Kennzahlen aus? Das Bankkonto ist ein Kreditorenkontokorrent (= Bankguthaben).

+ = Zunahme der Kennzahl
− = Abnahme der Kennzahl
0 = keine Auswirkung auf die Kennzahl

Tipp: Erfolgswirksame Buchungen verändern immer auch das Eigenkapital.

Nr.	Geschäftsfall oder Buchungssatz	Liquiditätsgrad 2	Eigenfinanzierung	Anlagedeckungsgrad 2
1.	Der Geschäftsinhaber erhöht das Eigenkapital durch Einzahlung auf das Bankkonto.			
2.	Buchung: Bank / Forderungen LL			
3.	Kauf von Büromöbeln auf Rechnung.			
4.	Buchung: Mobilien / Kasse			
5.	Buchung: Fahrzeuge / Verbindlichkeiten LL			
6.	Warenverkauf gegen bar.			

1.16.6 Kennzahlen in einer Uhrenfabrik

Die Uhrenfabrik Timing AG ist zu einem Teil mit Eigenkapital und zu einem anderen Teil mit langfristigen Darlehen und mit Hypotheken (auf der Fabrikliegenschaft) finanziert. Vor zwei Jahren hat die Buchhaltung folgende Kennzahlen ermittelt:
- Eigenkapitalrendite (Gewinn in Prozent des eingesetzten Eigenkapitals): 7.5 %
- Eigenfinanzierungsgrad (Eigenkapital in Prozent des Gesamtkapitals): 40 %
- Liquiditätsgrad 2
  (Flüssige Mittel + Forderungen in Prozent der kurzfristigen Verbindlichkeiten) 105 %

In den letzten zwei Jahren sind sowohl die Zinsen für Darlehen wie auch die Hypothekarzinsen gesunken. Wenn man jetzt diese drei Kennzahlen erneut berechnen würde: Wie wären die Auswirkungen im Vergleich zu vor zwei Jahren?
+ = Kennzahl steigt   − = Kennzahl sinkt   0 = Kennzahl bleibt unverändert
Kreuzen Sie das Zutreffende an und begründen Sie Ihren Entscheid.

Kennzahl	Auswirkung	Begründung
Eigenkapitalrendite		
Eigenfinanzierungsgrad		
Liquiditätsgrad 2		

Betriebswirtschaftliche Zusammenhänge

Kapitel 2

2.1 Unternehmungsmodell
2.2 Aufbauorganisation
2.3 Marketing
2.4 Personalwesen
2.5 Versicherungen
2.6 Finanzierung, Kapitalanlage
2.7 Methodenkompetenzen

Unternehmungsmodell

2 Betriebswirtschaftliche Zusammenhänge

2.1 Unternehmungsmodell

Leistungsziele BIVO

- Ich beschreibe anhand von Fallbeispielen die typischen Anliegen der Anspruchsgruppen an die Unternehmungen und die Branche auf und schildere Zielkonflikte.
- Ich ordne anhand einfacher Fallbeispiele für die Unternehmung bedeutende Entwicklungen den Umweltsphären zu (ökonomisch, sozial, technologisch und ökologisch).
- Ich unterscheide in einfachen Fallbeispielen Leitbild, Unternehmungsstrategie und Unternehmenskonzept.

2.1.1 Einführung ins Unternehmungsmodell

Das Unternehmungsmodell hat zum Zweck, die Zusammenhänge der Unternehmung mit ihrer Umwelt übersichtlich darzustellen. Dazu gehören neben den Anspruchsgruppen (die mit einer Unternehmung in direkter Beziehung stehen) auch die Umweltsphären, deren Entwicklung die Unternehmung aktiv beobachten muss. *

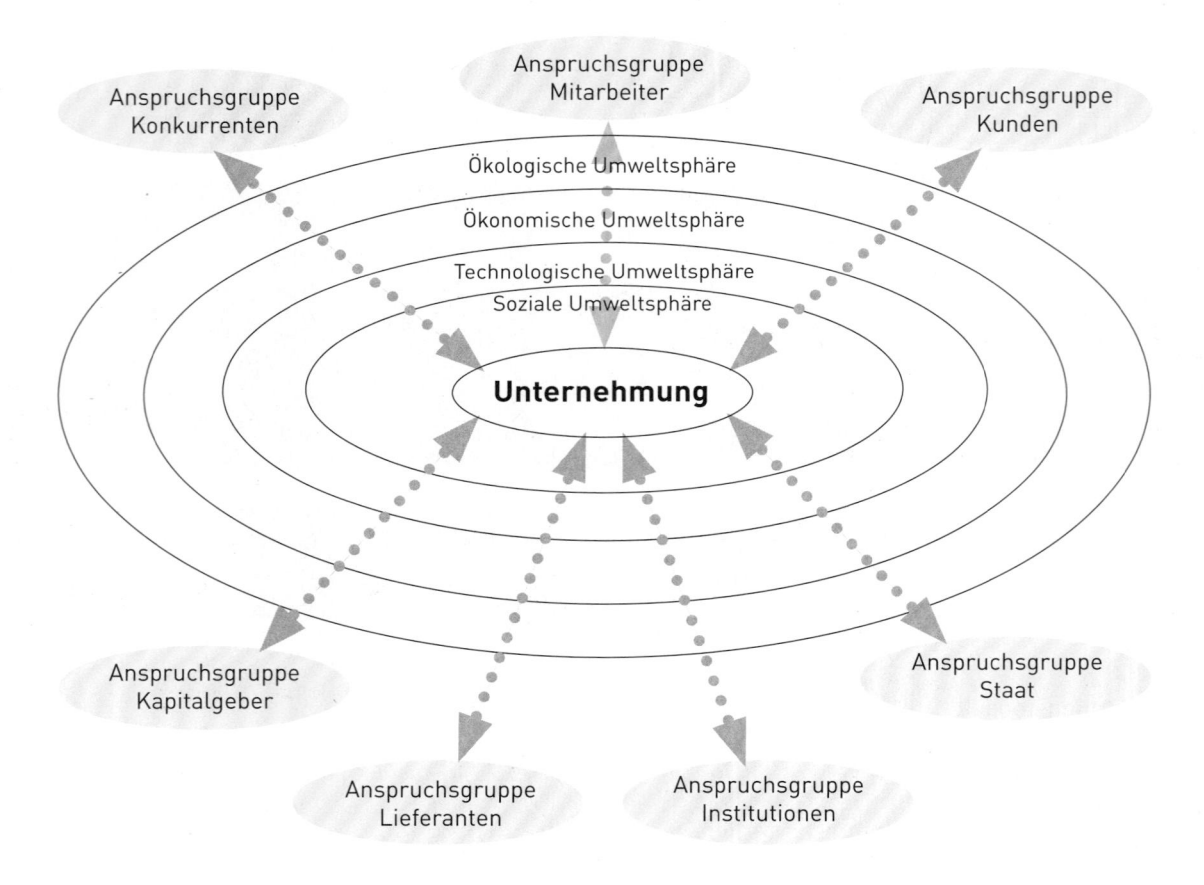

Anspruchsgruppe Konkurrenten
Anspruchsgruppe Mitarbeiter
Anspruchsgruppe Kunden

- Ökologische Umweltsphäre
- Ökonomische Umweltsphäre
- Technologische Umweltsphäre
- Soziale Umweltsphäre

Unternehmung

Anspruchsgruppe Kapitalgeber
Anspruchsgruppe Lieferanten
Anspruchsgruppe Institutionen
Anspruchsgruppe Staat

* Anmerkung: In manchen Fachbüchern findet man das Unternehmungsmodell mit fünf Umweltsphären. Dabei werden die rechtlichen Entwicklungen, die jetzt in der sozialen Umweltsphäre erhalten sind, aus dieser herausgelöst, und so entsteht eine fünfte Umweltsphäre; die rechtliche Umweltsphäre.

2.1.2 Anspruchsgruppen der Unternehmung

Verschiedene Anspruchsgruppen (= engl. Stakeholder) haben Erwartungen und Ansprüche an die Unternehmung. Der richtige Umgang mit diesen Ansprüchen und den daraus entstehenden Zielkonflikten (2.1.3) ist entscheidend für den Erfolg der Unternehmung. Umgekehrt (aber weniger bedeutsam) hat auch eine Unternehmung Ansprüche an die Anspruchsgruppen.

Anspruchsgruppe	Anspruchsgruppen erwarten von der Unternehmung	Unternehmung erwartet von Anspruchsgruppe
Kunden	– gute Qualität – umweltschonende Produkte – gutes Preis-/Leistungsverhältnis – guter Service	– rasche Bezahlung der Rechnungen – ehrliche Interessenäusserung – Kundentreue
Lieferanten	– regelmässige Bestellungen – pünktliche Zahlungen	– pünktliche und korrekte Lieferungen – gutes Preis-/Leistungsverhältnis
Kapitalgeber – **Fremdkapitalgeber**	Fremdkapital-Geber: – Entschädigung für das Kapital (Zinsen) – Rückzahlung bei Fälligkeit – Information über den Geschäftsverlauf	Fremdkapital-Geber: – Erhöhung der Kredite – niedrige Zinsen
– **Eigenkapitalgeber** (engl. Shareholder)	Eigenkapital-Geber: – Entschädigung für das Kapital (Gewinne/Dividenden) – Mitspracherecht – Information über den Geschäftsverlauf	Eigenkapital-Geber: – Erhöhung der Eigenkapitaleinlage – Treue
Mitarbeiter (Arbeitnehmer)	– sichere Arbeitsplätze – gute Entlöhnung – gute Sozialleistungen – Wertschätzung und gutes Arbeitsklima	– Treue zur Unternehmung – Ehrlichkeit und Verlässlichkeit – gute Arbeitsleistungen
Konkurrenz	– faires Verhalten im Wettbewerb (Preise, Werbung)	– Wettbewerb mit fairen Mitteln
Staat (Bund, Kantone und Gemeinden)	– Einhaltung der Gesetze – pünktliche Steuerzahlungen – Schaffen von Arbeitsplätzen	– gute Infrastruktur (Verkehrswege, Elektrizität etc.) – günstige Unternehmungssteuern
Institutionen (Medien, Arbeitnehmer-/Arbeitgeberverbände, Parteien, Interessengruppen)	– Medien: Informationen – Arbeitnehmerverbände (Gewerkschaften): Zufriedenstellende Abschlüsse von Gesamtarbeitsverträgen (GAV's) – Vereine: Finanzielle Unterstützung durch z. B. Sponsoring – Naturschutzorganisationen: Umwelt- und Tierschutz	– gute Beziehungen – Unterstützung bei Problemen

Unternehmungsmodell

2.1.3 Zielbeziehungen

a) Zielkonflikt

Jede Anspruchsgruppe hat ganz unterschiedliche Erwartungen an die Unternehmung, welche meistens **nicht gleichzeitig** erfüllbar sind: Es entstehen verschiedene Zielkonflikte für die Unternehmung.

Beispiele:

Mitarbeiter erwarten Lohnerhöhungen (→ hohe Kosten)	← ⚡ →	Kunden erwarten günstige Preise (nur möglich bei tiefen Kosten)
Staat und Institutionen erwarten Umweltschutzmassnahmen (→ hohe Kosten)	← ⚡ →	Kapitalgeber erwarten hohe Gewinne (→ niedrige Kosten)
Kunden erwarten möglichst günstige Preise	← ⚡ →	Konkurrenz erwartet möglichst faire Preise (→ nicht zu tief)

b) Zielharmonie

Möglich ist aber auch, dass sich Erwartungen gegenseitig unterstützen.

Beispiel:
Kunden erwarten umweltschonende Produkte   ← = →   Institutionen/Staat erwarten umweltschonende Produktionsverfahren

c) Zielneutralität

Falls sich die Erwartungen zweier Anspruchsgruppen nicht beeinflussen, spricht man von Zielneutralität.

Beispiel:
Mitarbeiter erwarten gute Sozialleistungen   ← ≠ →   Kunden erwarten einen guten Service

2.1.4 Umweltsphären

Die Unternehmung wird beeinflusst und ist abhängig von den Entwicklungen der Umwelt. Um konkurrenzfähig zu bleiben, muss die Unternehmung diese Entwicklungen beobachten (Presse, Fachzeitschriften, Kongresse) und sich proaktiv (= vorausschauend) anpassen. Folgende Umweltsphären sind zu berücksichtigen:

Umweltsphäre	Definition und Beispiele
Ökologische Umweltsphäre	Der Bezug zu Natur und Umwelt. **Beispiele**: – nachhaltige Nutzung der Ressourcen (Rohstoffe) – Vermeidung und Recycling von Abfällen – Reduktion von Emissionen (z. B.: CO_2)
Ökonomische Umweltsphäre	Die gesamtwirtschaftlichen Rahmenbedingungen und Entwicklungen. **Beispiele**: – Zinsniveau, Teuerung (Inflation/Deflation) – Konjunkturlage (gesamtwirtschaftliches Wachstum, Konsumentenstimmung, Arbeitslosenrate) – Wechselkurse – Preise auf den Beschaffungsmärkten (Kapital-, Arbeits- oder Rohstoffmarkt)

Umweltsphäre	Definition und Beispiele
Technologische Umweltsphäre	Die technologischen Entwicklungen und der technische Fortschritt. **Beispiele**: – Erfindungen und Innovationen (Neuentwicklungen) – neue Produktionsverfahren – Verbesserungen bei Produkten
Soziale Umweltsphäre (darin eingeschlossen: rechtliche Umweltaspekte)	Das gesellschaftliche Umfeld einer Unternehmung und die Gesetze und Verordnungen des Staates. **Beispiele**: – politische, kulturelle, ethische und soziale Veränderungen (Sitten, Wertvorstellungen, Mode) – demographische Entwicklung (Alterspyramide, Bildung) – neue Gesetze und Vorschriften, die einen Einfluss auf die Unternehmung haben (Arbeitsrecht, Umweltbestimmungen, Sicherheitsvorschriften, Steuern etc.) → Rechtliche Umweltsphäre – internationale Regelungen (Markenschutz, Zollbestimmungen, Menschenrechte etc.) → Rechtliche Umweltsphäre

2.1.5 Unternehmungsstrategie und Unternehmungsleitbild

Um einerseits die Unternehmungsziele zu erreichen und um andererseits die verschiedenen Erwartungen bestmöglich zu erfüllen, stellt das Management eine **Unternehmungsstrategie** auf und leitet daraus ein Unternehmungsleitbild ab (für die Öffentlichkeit) und ein Unternehmungskonzept (für das Management).

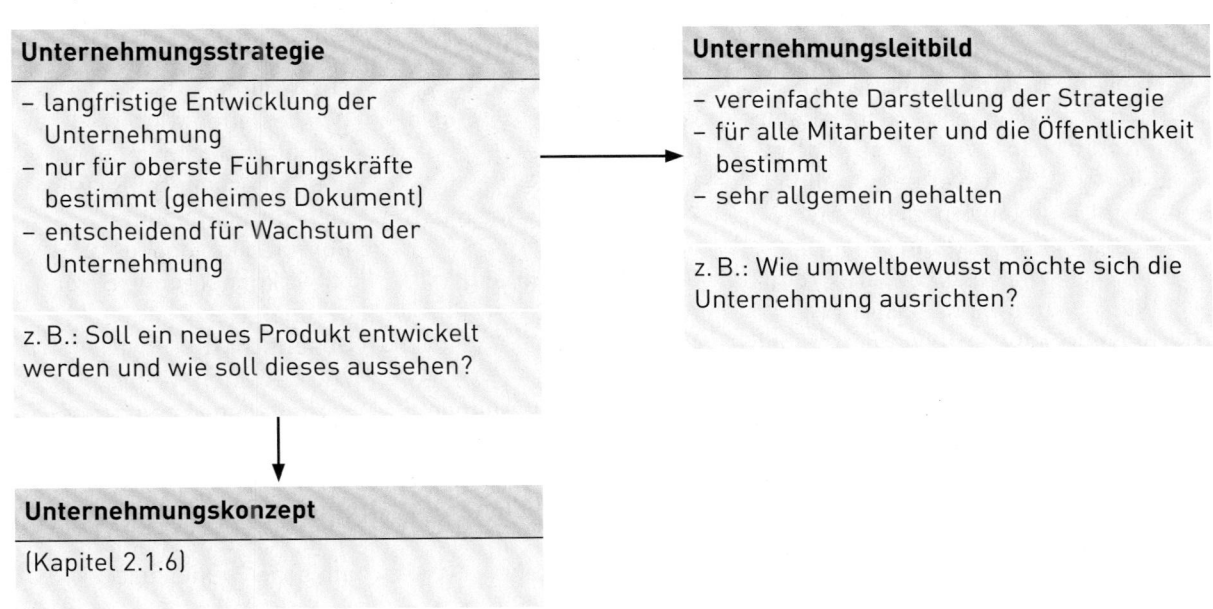

Unternehmungsstrategie	Unternehmungsleitbild
– langfristige Entwicklung der Unternehmung – nur für oberste Führungskräfte bestimmt (geheimes Dokument) – entscheidend für Wachstum der Unternehmung z. B.: Soll ein neues Produkt entwickelt werden und wie soll dieses aussehen?	– vereinfachte Darstellung der Strategie – für alle Mitarbeiter und die Öffentlichkeit bestimmt – sehr allgemein gehalten z. B.: Wie umweltbewusst möchte sich die Unternehmung ausrichten?

Unternehmungskonzept

(Kapitel 2.1.6)

2.1.6 Unternehmungskonzept

Die Umsetzung der langfristigen Unternehmungsstrategien in die mittel- und kurzfristige Unternehmungsplanung erfolgt mittels des Unternehmungskonzeptes. Darin werden die Ziele in den drei wichtigsten Unternehmensbereichen festgelegt und es wird aufgeführt, mit welchen Mitteln und mit welchen Verfahren diese Ziele erreicht werden sollen.

Unternehmungsmodell

Betriebswirtschaftliche Zusammenhänge

	Unternehmungskonzept		
	Leistungswirtschaftlicher Bereich Produkte, Dienstleistungen und Kunden	**Finanzwirtschaftlicher Bereich** Finanzen	**Sozialer Bereich** Beziehungen zu Mitarbeitenden und Umwelt
Ziele **Was** soll erreicht werden?	**Marktziele** Welche Bedürfnisse will man befriedigen? Welche Marktsegmente bearbeiten? Welche Marktstellung anstreben? **Produktziele** Welche Art und Qualität soll das Produkt aufweisen? Welche Mengen sollen hergestellt werden? Welches Sortiment (flach, tief, breit, schmal) soll angeboten werden?	**Gewinn** Welchen Reingewinn und welche Rendite streben wir an? **Kapital** Wie viel flüssige Mittel stellen wir sicher (Liquidität)? **Wirtschaftlichkeit** Welche Produktivitätsziele wollen wir erreichen?	**Mitarbeiter** Welche Arbeitsbedingungen (Lohn, Arbeitsplatzbedingungen, Betriebsklima, Firmensport, Mitwirkungsrechte) streben wir an? **Gesellschaft und Umwelt** Welche Ansprüche der Gesellschaft (Umweltschutz, faires Verhalten, Sponsoring) sollen erfüllt werden?
Mittel **Womit** können die Ziele erreicht werden?	**Personal** Mit wie viel Personal und welcher Qualifikation der Mitarbeiter arbeiten wir? **Produktionsmittel** Mit wie viel Umlauf- und Anlagevermögen (Rohstoffe, Maschinen, EDV, Fahrzeuge etc.) wollen wir wirtschaften?	**Kapitalbedarf** Mit wie viel Kapital soll die Herstellung unserer Produkte und Dienstleistungen finanziert werden? **Kapitalstruktur** Wie viel soll der Anteil von Eigenkapital bzw. Fremdkapital betragen?	**Soziale Einrichtungen** Mit welchen Einrichtungen und Systemen (Zeitgemässe Entlöhnung, Sozialleistungen, Ausbildungszentrum, Kantine, Sportanlagen, Personalbus) können wir unsere sozialen Ziele erreichen?
Verfahren **Wie** können die Ziele erreicht werden? **Wie** werden die Mittel eingesetzt?	**Organisation** Wie und in welcher Reihenfolge werden die Arbeitsschritte erledigt (Aufbau-/Ablauforganisation)? **Entwicklung** Wie sollen unsere Produkte und Dienstleistungen entwickelt werden? Eigenforschung oder Erwerb von Lizenzen? **Beschaffung** Wie finden wir geeignetes Personal? Wie beschaffen wir unsere Rohstoffe? **Produktion** Wie stellen wir unsere Produkte und Dienstleistungen her? Make or Buy? Einzel-, Serien- oder Massenfertigung? **Absatz** Wie setzen wir unsere Produkte und Dienstleistungen ab? Wie gestalten wir unseren Marketing-Mix?	**Liquidität** Wie stellen wir die Liquidität sicher? **Finanzierung** Wie beschaffen wir das nötige Kapital? **Gewinnverwendung** Wie erfolgt die Gewinnverwendung? **Versicherung** Welche Versicherungen sollen wir abschliessen, um uns vor finanziellen folgen von Schadensfällen zu schützen? **Zahlungsverkehr** Wie soll der Zahlungsverkehr abgewickelt werden? Post- und/oder Bankkonto?	**Mitarbeiter** Wie gestalten wir die Verhaltensnormen gegenüber Mitarbeitern (Richtlinien zur Lohnpolitik, Kommunikationskultur, Mitwirkungsrechte, Beförderungen)? **Gesellschaft** Wie gestalten wir die Verhaltensnormen gegenüber der Öffentlichkeit und dem Staat (Richtlinien für den Umweltschutz, Sponsoring, Public Relations, ethische Grundsätze)?

2.1 Unternehmungsmodell – Aufgaben

2.1.1 Anspruchsgruppen eines Quatierladens

In der folgenden Tabelle finden Sie verschiedene Forderungen von Anspruchsgruppen eines Quartierladens. Nennen Sie jeweils eine zutreffende Anspruchsgruppe.

Nr.	Forderungen der Anspruchsgruppen	Anspruchsgruppe
1.	Wir wünschen uns, dass die Rechnungen für den Einkauf von Gemüse schneller beglichen werden.	
2.	Der Wettbewerb ist manchmal hart, trotzdem wünschen wir uns Fairness.	
3.	Das Preis-Leistungs-Verhältnis soll stimmen.	
4.	Wir möchten einen angemessenen Gewinn erwirtschaften.	
5.	Wir möchten gerne, dass unsere Arbeitszeiten flexibel sind.	
6.	Wir wollen, dass die Steuern pünktlich bezahlt werden.	
7.	Wir wünschen uns eine Beteiligung an der Entscheidungsfindung der Führungskräfte.	

2.1.2 Anspruchsgruppen der Migros und Zielkonflikte

a) Bei den einzelnen Abschnitten fehlen die *Titel*. Jeder Titel enthält den Namen einer Anspruchsgruppe. Fügen Sie jeweils die passende Anspruchsgruppe in die Felder als Titel ein.

Unternehmensleitbild der Migros
«Unser Engagement für die Lebensqualität»

Leitsatz
Als Schrittmacherin am Markt wollen wir unsere Marktführerschaft ausbauen, indem wir unser Leistungsangebot für unsere Kundinnen und Kunden noch attraktiver machen.
Im kulturellen, sozialen und ökologischen Engagement bleiben wir beispielhaft.

Die Migros ist das Schweizer Unternehmen, das sich mit Leidenschaft für die Lebensqualität seiner Kundinnen und Kunden einsetzt.
Wir bieten Qualitätsprodukte und -dienstleistungen zu günstigen Preisen an.

Als vorbildliche Arbeitgeberin schaffen wir Voraussetzungen für ein motivierendes und leistungsorientiertes Arbeitsklima, das die besten Kräfte anzieht.

Unternehmungsmodell – Aufgaben

> Basierend auf der freien Marktwirtschaft und dem Leistungswettbewerb streben wir die direkte Zusammenarbeit mit unseren Produzenten an.
> Wir verbessern Produkte und Dienstleistungen laufend und setzen zudem ökologische und soziale Standards bei Arbeits- und Produktionsbedingungen.
>
> Gegenüber unseren Genossenschafterinnen und Genossenschaftern verpflichten wir uns Werte zu schaffen, die den langfristigen und unabhängigen Fortbestand der Migros sicherstellen.
>
> **Gesellschaft**
> Wir fördern die freie, verantwortliche Entfaltung des Menschen.
> Mit dem Kulturprozent unterstützen wir einerseits das aktive künstlerische Schaffen und damit die Auseinandersetzung mit der Gesellschaft, andererseits fördern wir den breiten Zugang zu Kultur und Bildung.
> Wir tragen Sorge zur Umwelt und erbringen Pionierleistungen.
>
> **Werte**
> Wir sind freundlich und setzen uns für die Anliegen unserer Kundinnen und Kunden ein.
> Wir handeln mutig, kreieren Neues und sind verantwortungsbewusst.
> Wir begegnen uns respektvoll, fair und mit Menschlichkeit.
> Wir sind leistungsfreudig und schaffen Werte.

b) Nennen Sie noch weitere Ansprüche, die *nicht konkret im Leitbild* erwähnt werden, für die folgenden Anspruchsgruppen.

Anspruchsgruppe	Ansprüche
Kunden	
Lieferanten	
Mitarbeiter	

c) Welches sind die drei weiteren Anspruchsgruppen der Migros, die *nicht im Leitbild* erwähnt werden? Nennen Sie auch je einen Anspruch.

d) Formulieren Sie Zielkonflikte zwischen je zwei unterschiedlichen Anspruchsgruppen der Migros.

Anspruchsgruppen	Zielkonflikt
Kunden → Migros ← Mitarbeiter	
Kapitalgeber → Migros ← Institutionen	

2.1.3 Zielkonflikte

Formulieren Sie stichwortartig Zielkonflikte zwischen den folgenden Anspruchsgruppen einer beliebigen Unternehmung X.

a)
Anspruchsgruppen	Zielkonflikt
Mitarbeiter → Unternehmung X ← Kapitalgeber	

b)
Anspruchsgruppen	Zielkonflikt
Kunden → Unternehmung X ← Lieferanten	

Unternehmungsmodell – Aufgaben

2.1.4 Zielbeziehungen

Kreuzen Sie die zutreffende Zielbeziehung zwischen den Anspruchsgruppen eines Unternehmens an.

	Zielkonflikt	Zielharmonie	Zielneutralität
Die Mitarbeiter fordern eine Lohnerhöhung. Die Kunden möchten hohe Preisnachlässe.			
Die Lieferanten erwarten regelmässige Bestellungen, während die Mitarbeiter faire Arbeitsbedingungen möchten.			
Der Staat führt strengere Umweltvorschriften ein während der Verein ProNatura sich für die Renaturierung von Flussufern einsetzt.			
Der Gewerbeverband startet eine Kampagne zur Förderung der Geschäfte in der Innenstadt. Die Konkurrenz eines Schuhgeschäfts in der Innenstadt erwartet faire Werbung.			
Der Staat erhöht die Mehrwertsteuer, während die Kunden tiefe Preise möchten.			

2.1.5 Umweltsphären einer Unternehmung

Zu welchen Umweltsphären einer kleinen Bierbrauerei in Olten gehören die folgenden Erscheinungen (Nennen Sie immer nur *die wichtigste Umweltsphäre*, die betroffen ist)?

A = technologische Umwelt   C = ökonomische Umwelt
B = ökologische Umwelt   D = soziale Umwelt

Nr.	Aussage	Umweltsphären
1.	Mehr und mehr ausländische Brauereien drängen mit Tiefst-Preisen auf den Schweizer Markt. Die Konkurrenz für die kleine Bierbrauerei in Olten wird härter.	
2.	Die neue Film-Verordnung verbietet Alkohol-Werbung im Kino.	
3.	In Deutschland wurde ein neues Brauverfahren zur Herstellung eines alkoholreduzierten Bieres entwickelt.	
4.	Ein neues Umweltschutzgesetz schreibt Maximalwerte für den CO_2-Ausstoss von Autos und Heizungen vor.	
5.	Die Brauerei beschliesst den Ersatz von Alu-Dosen durch Glas-Flaschen, weil letztere bei der Entsorgung weniger Schadstoffe hinterlassen.	
6.	Weil zwei Konkurrenz-Firmen Konkurs gemacht haben, kann die kleine lokale Brauerei in Olten mehr Bier absetzen.	
7.	Die Aufklärungskampagne «no drugs, no alcohol, no problems» der Suchtkommission hat dazu geführt, dass Jugendliche weniger Alkohol trinken.	

2.1.6 Umweltsphären

Ordnen Sie die folgenden *kursiv gedruckten* Entwicklungen der entsprechenden Umweltsphäre zu.

Nr.	Entwicklung	Technologische Umweltsphäre	Ökonomische Umweltsphäre	Soziale Umweltsphäre	Ökologische Umweltsphäre
1.	Die *Arbeitslosigkeit* im Kanton Zürich sank im vergangenen Monat um 714 Personen und die Arbeitslosenquote um 0.1 Prozentpunkte auf 3.4 Prozent.				
2.	Die Nachrichten der Medien über die Finanzkrise haben dazu geführt, dass die *Leute wieder sparsamer sind* als früher. Wir stellen eine Abnahme bei den Onlinebestellungen fest.				
3.	Der *Arbeitsmarkt für Lehrkräfte* ist seit einem Jahr sehr trocken. Die Personalabteilung unserer Schule schaltet im Vergleich zum letzten Jahr fast doppelt so viele Stelleninserate auf.				
4.	Ein *neuer Gesamtarbeitsvertrag (GAV)* erhöht die Mindestlöhne für Bäcker und Konditoren. Wir spüren ein höheres Angebot an Arbeitskräften der Branche.				
5.	Auf der Messe Industrie, Wissenschaft & Technik wird eine *neue Nähmaschine* vorgestellt. Das neue Nähverfahren bringt qualitativ stark verbesserte Nähmöglichkeiten von Kleidungsstücken, was sich im Vergleich von verschiedenen Kleidungsstücken auf den Verkauf und damit auf unseren Verkaufsumsatz auswirken kann.				
6.	Die Grundeinstellung für Druckaufträge unseres Grossraumbüros wurde neu auf «beidseitiges Kopieren» eingestellt. Die IT-Abteilung beabsichtigt damit eine *Verringerung der Papierabfälle*.				
7.	Die Einstellung *grosser Bevölkerungskreise* gegenüber dem Tabakkonsum und entsprechender Werbung wird zunehmend kritischer.				

2.1.7 Unternehmungsstrategie und Unternehmungsleitbild

Entscheiden Sie durch Ankreuzen, ob die folgenden Aussagen für die Unternehmungsstrategie oder für das Unternehmungsleitbild zutreffen.

Nr.	Aussage	Leitbild	Strategie
1.	... enthält allgemein gehaltene Aussagen in folgendem Stil: «Die Bedürfnisse unserer Kunden und die Anliegen unserer Mitarbeiterinnen sind uns sehr wichtig.»		
2.	... erlaubt interessierten Kreisen, sich über die Unternehmung zu informieren, z. B. per Internet oder in einer Broschüre.		
3.	... ist ein streng vertrauliches Papier, das nur der Geschäftsleitung und den höheren Führungskräften zugänglich ist.		

Nr.	Aussage	Leitbild	Strategie
4.	... dient auch der PR (Public Relations) und der Werbung für die Unternehmung.		
5.	... soll der Öffentlichkeit und den Mitarbeitern die grundlegenden Ziele und Absichten der Unternehmung aufzeigen.		

2.1.8 Unternehmungskonzept eines Telekommunikationsanbieters

Gegeben sind Aussagen zum Unternehmungskonzept eines Telekommunikationsanbieters. Kreuzen Sie an, zu welchem Bereich des Konzeptes der *kursiv* gedruckte Teil gehört.

Nr.	Aussage	Lösung			
1.	Der skizzierte Lebenszyklus des neu lancierten Mobiles zeigt, dass in drei Monaten *erstmals ein Gewinn* in der Höhe von CHF 500 000.00 erzielt werden kann.		Leistung	Finanzen	Soziales
		Ziele			
		Mittel			
		Verfahren			
2.	Das *breite Angebot an internen Weiterbildungsmöglichkeiten* ermöglicht es vor allem unseren Lehrabgängern, eine passende Abteilung zu finden.		Leistung	Finanzen	Soziales
		Ziele			
		Mittel			
		Verfahren			
3.	Der neue Shop im Stadtzentrum soll neu mit einer Bar ausgestattet werden. Wir benötigen dafür *zwei neue Angestellte*.		Leistung	Finanzen	Soziales
		Ziele			
		Mittel			
		Verfahren			
4.	Die diesjährige Geräteserie soll neu auch über die beiden momentan führenden Mobilehändler in der Schweiz *vertrieben* werden.		Leistung	Finanzen	Soziales
		Ziele			
		Mittel			
		Verfahren			
5.	Die in den Pausenräumen neu platzierten *PET-Boxen* sollen unsere Mitarbeiter für noch mehr Nachhaltigkeit sensibilisieren.		Leistung	Finanzen	Soziales
		Ziele			
		Mittel			
		Verfahren			
6.	Für die Realisierung unseres neuen Projektes benötigen wir zusätzlich *sieben Millionen Franken Fremdkapital*.		Leistung	Finanzen	Soziales
		Ziele			
		Mittel			
		Verfahren			

2.2 Aufbauorganisation

Leistungsziele BIVO

- Ich erkläre die Funktion der Aufbauorganisation und die folgenden Formen anhand von Fallbeispielen: Organisationsformen (Linien-, Stab-Linien-Organisation) / Aufbauorganisation nach Funktionen / Aufbauorganisation nach Divisionen (Produkte, Märkte) / Profitcenter
- Für diese Organisationsformen zeige ich die Besonderheiten bei den Aufgaben, der Kontrollspanne, bei Dienstweg und bei der Gliederung der Hierarchiestufen und Kompetenzen auf.
- Ich erkläre die Funktionen, die Inhalte und den Einsatz der folgenden Instrumente: Stellenbeschreibung / Funktionendiagramm / Pflichtenheft
- Ich beurteile in einfachen Stellenbeschreibungen die Übereinstimmung von Aufgaben, Kompetenzen und Verantwortung.

2.2.1 Übersicht

Organisation

Aufbauorganisation

Die Aufbauorganisation legt die Struktur und Hierarchie der Organisation fest.

Instrumente:
- Organigramm
- Stellenbeschreibung

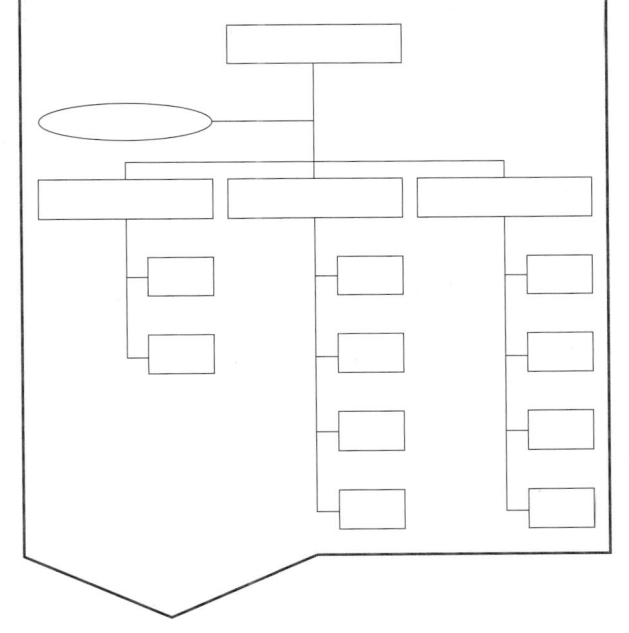

Ablauforganisation

Die Ablauforganisation regelt die Reihenfolge der Arbeitsprozesse.

Instrumente:
- Flussdiagramm

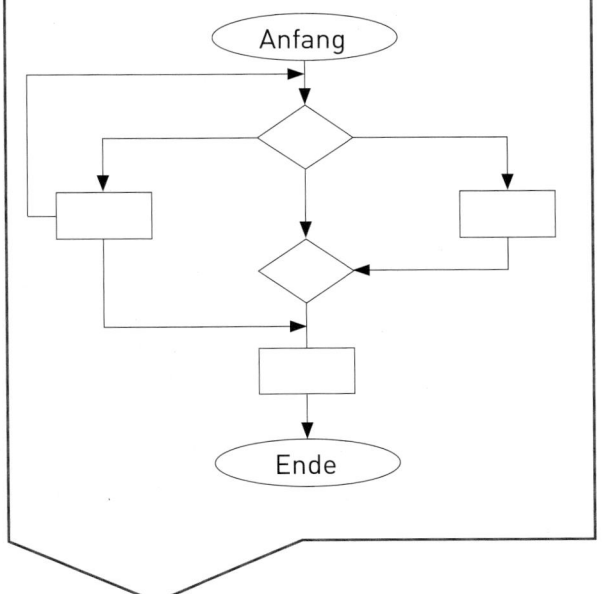

Dieses Kapitel behandelt nur die Aufbauorganisation; denn sie ist bei allen Unternehmungen ähnlich und hat einheitliche Fachbegriffe. Grossunternehmungen haben eine gut ausgebaute und grafisch festgelegte Aufbauorganisation, die allen Mitarbeitenden zugänglich ist. Bei kleinen und mittleren Unternehmungen (KMUs) ist die Aufbauorganisation oft nur für die Inhaber und Manager grafisch aufgezeichnet.

Die Ablauforganisation ist von Unternehmung zu Unternehmung sehr unterschiedlich und kann deshalb nicht vertieft behandelt werden. QV-relevant sind aber die Unterschiede zur Aufbauorganisation.

2.2.2 Wichtige Begriffe

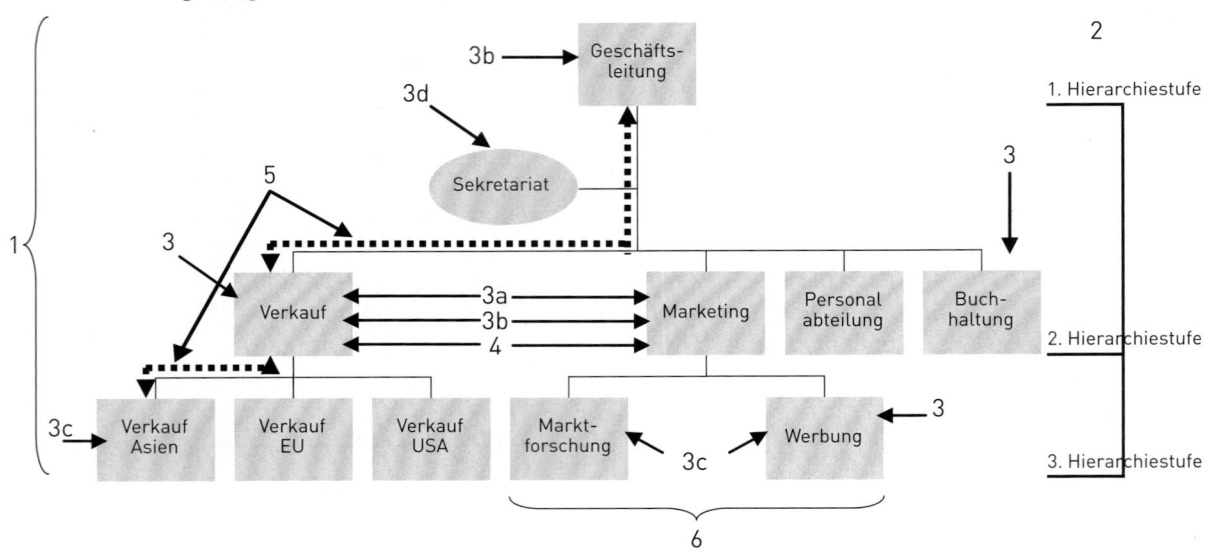

Abbildung: Im obigen Organigramm handelt es sich um eine Stab-Linienorganisation.

Begriff	Erklärung	Beispiele aus obiger Grafik
1. Organigramm	Die Abteilungen und Stellen einer Unternehmung werden **grafisch dargestellt**.	Die gesamte Darstellung.
2. Hierarchie	**Rangordnung** der Stellen, von der obersten bis zur untersten.	Im obigen Organigramm sieht man drei Hierarchiestufen. Bemerkung: Hierarchiestufen ≠ Gliederungsebene (siehe Kapitel **2.2.7 Gliederungsarten**)
3. Stelle	Eine Stelle umfasst alle Teilaufgaben eines Mitarbeiters; kleinste Einheit im Organigramm. Die Details sieht man in der Stellenbeschreibung.	Jedes Kästchen/jede Ellipse im Organigramm ist eine Stelle.
a) **Linienstelle** (oft als Rechteck dargestellt)	Sie kann unterstellten Mitarbeiter/-innen Weisungen geben und muss die Anordnungen der vorgesetzten Stelle befolgen. – befolgungspflichtig – weisungsberechtigt	Einzelbeispiel: Der Verkauf muss die Anordnungen der Geschäftsleitung umsetzen und Anweisungen an die Stelle Verkauf Asien weitergeben.
b) **Leitende Stelle**	Diese ist anderen Stellen vorgesetzt und hat entsprechend Weisungsbefugnisse. – weisungsberechtigt	Geschäftsleitung, Verkauf und Marketing
c) **Ausführende Stelle**	Diese hat keine untergeordneten Stelle(n) und ist lediglich befolgungspflichtig. – befolgungspflichtig – NICHT weisungsberechtigt	Personalabteilung, Buchhaltung, Verkauf Asien, Verkauf EU, Verkauf USA, Marktforschung, Werbung.
d) **Stabstelle** (oft als Ellipse dargestellt)	Stelle mit beratender und/oder unterstützender Funktion. Diese hat normalerweise keine Weisungsbefugnisse gegenüber den Linienstellen. – befolgungspflichtig – NICHT weisungsberechtigt	Sekretariat mit unterstützender Funktion für die Geschäftsleitung.

Begriff	Erklärung	Beispiele aus obiger Grafik
4. Abteilung	In einer Abteilung werden mehrere Stellen meist gleicher oder zumindest ähnlicher Art zusammengefasst.	Die Abteilung Marketing umfasst die Stellen Marktforschung und Werbung. Die Abteilung Verkauf umfasst die drei Stellen darunter.
5. Dienstweg	Der formale Weg, über den **Weisungen fliessen** müssen.	Der Leiter der Stelle Verkauf Asien möchte mit der Geschäftsleitung in Kontakt treten: Dienstweg über Linienstelle Verkauf.
6. Kontrollspanne	**Anzahl Stellen**, die einer vorgesetzten Stelle direkt **untergeordnet** sind.	Die Kontrollspanne der Leiterin Marketing umfasst zwei Stellen. Aber Achtung: Die Kontrollspanne der Geschäftsleitung umfasst 5 Stellen, nämlich 4 Linien- und eine Stabstelle.

2.2.3 Stellenbeschreibung

Eine Stelle ist die kleinste organisatorische Einheit einer Unternehmung. Zu jeder Stelle gehört auch eine klare Stellenbeschreibung, die neben den Angaben zur **Stellung im Betrieb** auch folgende Merkmale beinhaltet:

Aufgabe/Funktion: Was sind die genauen Arbeitsinhalte (Einzelaufgaben) der Stelle?

Kompetenzen: Welche Kompetenzen (=Entscheidungsbefugnisse) beinhaltet die Stelle?

Verantwortung: Für welche Handlungen und Ergebnisse trägt der Stelleninhaber die Verantwortung?

Die Aufgaben, Kompetenzen und die Verantwortung sollen **kongruent** (übereinstimmend) sein.

kongruent (übereinstimmend):

KOMPETENZ
VERANTWORTUNG
AUFGABE/FUNKTION:

nicht kongruent:

KOMPETENZ	
VERANTWORTUNG	
AUFGABE/FUNKTION:	

Pflichtenheft: Der Aufgabenteil der Stellenbeschreibung wird im Pflichtenheft detailliert beschrieben. Es umfasst alle Aufgaben, welche wiederum in Unteraufgaben bzw. in Arbeitsschritte unterteilt sind. Das Pflichtenheft dient als Informationsinstrument für den Stelleninhaber, aber auch als Kontroll- und Beurteilungsinstrument für den Vorgesetzten.

Funktionendiagramm: Dies ist eine Tabelle (Fachwort: Matrix), in der den einzelnen Stellen die Aufgaben/Funktionen mit den zugehörigen Kompetenzen zugeordnet sind. Dadurch entsteht eine gute Übersicht, wer für was zuständig ist im Unternehmen. (Beispiel auf Folgeseiten)

Aufbauorganisation

Funktionendiagramm (Beispiel): P = Planen / E = Entscheiden / A = Ausführen

	Stelle 1	Stelle 2	Stelle 3	Stelle 4
Aufgabe/Funktion A	P		E	A
Aufgabe/Funktion B		A	P/E	
Aufgabe/Funktion C		P/E/A		
Aufgabe/Funktion D	P/E			A
Aufgabe/Funktion E		A	E	P
Aufgabe/Funktion F	P		E/A	

2.2.4 Linienorganisation

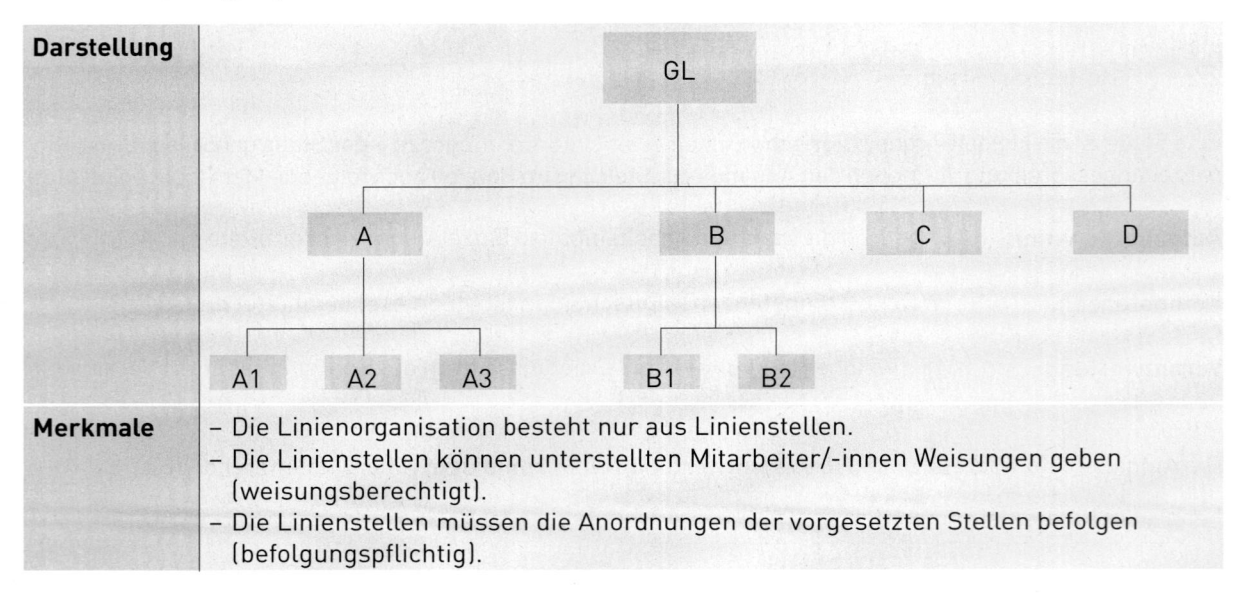

Darstellung	
	GL → A, B, C, D; A → A1, A2, A3; B → B1, B2
Merkmale	– Die Linienorganisation besteht nur aus Linienstellen. – Die Linienstellen können unterstellten Mitarbeiter/-innen Weisungen geben (weisungsberechtigt). – Die Linienstellen müssen die Anordnungen der vorgesetzten Stellen befolgen (befolgungspflichtig).

2.2.5 Stab-Linienorganisation

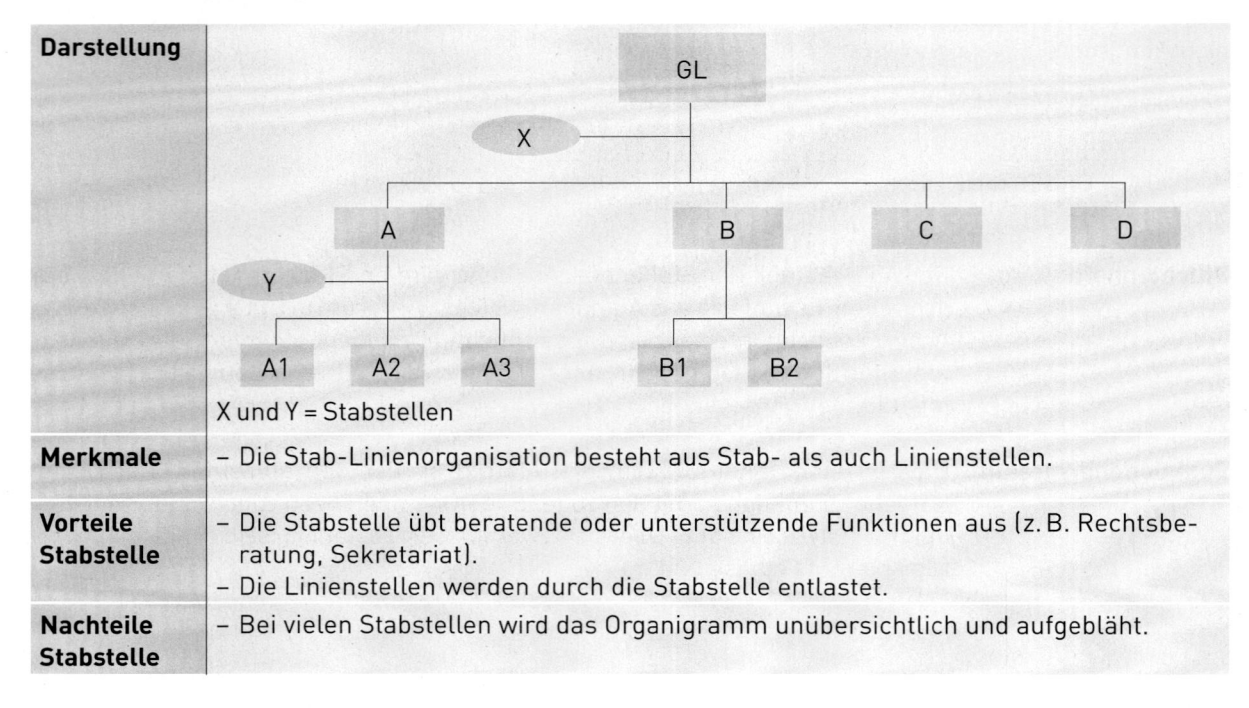

Darstellung	
	GL mit Stabstelle X → A, B, C, D; A mit Stabstelle Y → A1, A2, A3; B → B1, B2 X und Y = Stabstellen
Merkmale	– Die Stab-Linienorganisation besteht aus Stab- als auch Linienstellen.
Vorteile Stabstelle	– Die Stabstelle übt beratende oder unterstützende Funktionen aus (z. B. Rechtsberatung, Sekretariat). – Die Linienstellen werden durch die Stabstelle entlastet.
Nachteile Stabstelle	– Bei vielen Stabstellen wird das Organigramm unübersichtlich und aufgebläht.

2.2.6 Kontrollspanne

Als Kontroll- oder Leitungsspanne bezeichnet man die Anzahl Ausführungsstellen, welche einer übergeordneten Stelle **direkt unterstellt** sind.

Breitengliederung

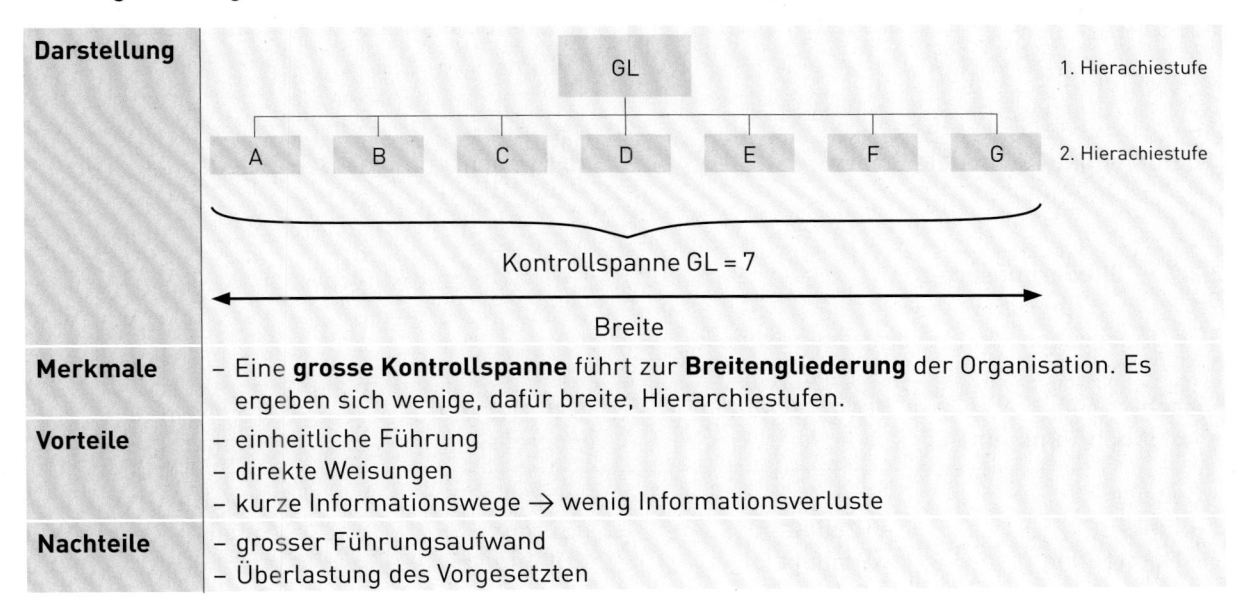

Darstellung	GL (1. Hierachiestufe) → A, B, C, D, E, F, G (2. Hierachiestufe); Kontrollspanne GL = 7; Breite
Merkmale	– Eine **grosse Kontrollspanne** führt zur **Breitengliederung** der Organisation. Es ergeben sich wenige, dafür breite, Hierachiestufen.
Vorteile	– einheitliche Führung – direkte Weisungen – kurze Informationswege → wenig Informationsverluste
Nachteile	– grosser Führungsaufwand – Überlastung des Vorgesetzten

Tiefengliederung

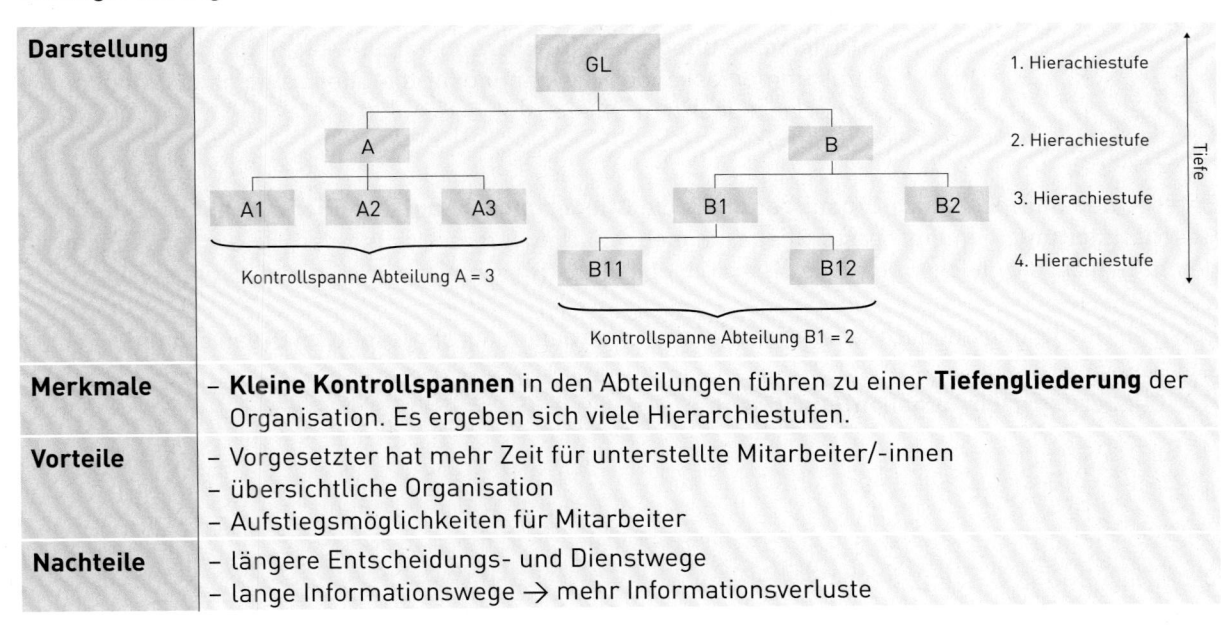

Darstellung	GL (1. Hierachiestufe); A, B (2. Hierachiestufe); A1, A2, A3, B1, B2 (3. Hierachiestufe); B11, B12 (4. Hierachiestufe); Kontrollspanne Abteilung A = 3; Kontrollspanne Abteilung B1 = 2; Tiefe
Merkmale	– **Kleine Kontrollspannen** in den Abteilungen führen zu einer **Tiefengliederung** der Organisation. Es ergeben sich viele Hierarchiestufen.
Vorteile	– Vorgesetzter hat mehr Zeit für unterstellte Mitarbeiter/-innen – übersichtliche Organisation – Aufstiegsmöglichkeiten für Mitarbeiter
Nachteile	– längere Entscheidungs- und Dienstwege – lange Informationswege → mehr Informationsverluste

Hinweis: Die Kontrollspanne umfasst sowohl Linien- wie auch Stabstellen!

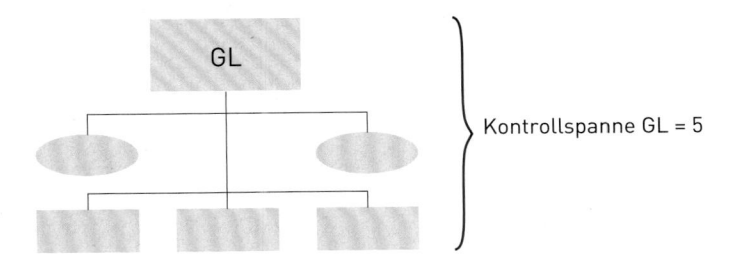

Kontrollspanne GL = 5

Aufbauorganisation

Faustregel:

allgemein gilt:

| bei unterschiedlichen, anspruchsvollen Aufgaben (z. B. Produktentwicklung) | bei gleichartigen Aufgaben (z. B. Fliessband, Callcenter, Ausbildung) |

bis zu vier untergeordnete Stellen — bis zu acht untergeordnete Stellen

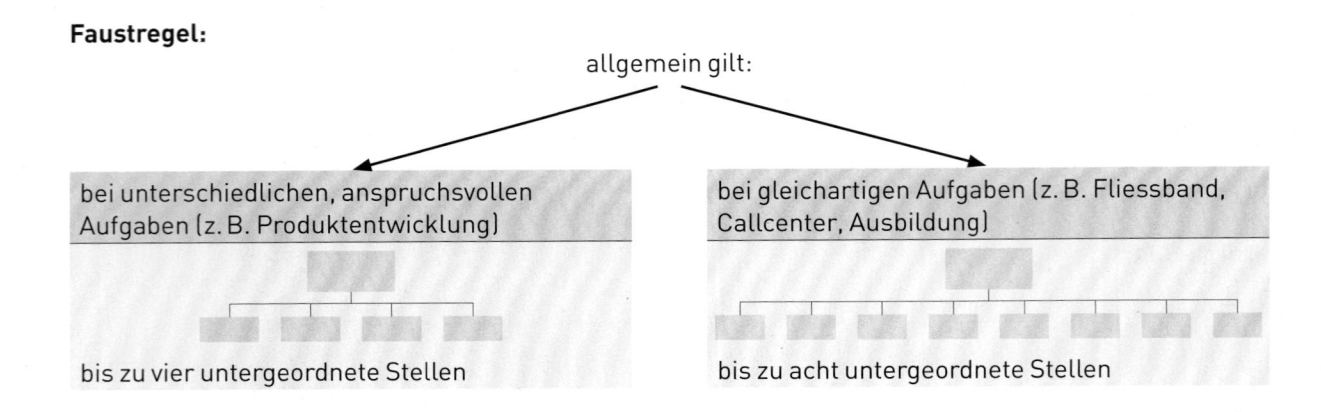

2.2.7 Gliederungsarten

Eine Organisation kann auf drei Arten gegliedert werden:

Nach Aufgaben/Funktionen	Nach Produkten	nach Märkten geografisch	Nach Märkten Kundengruppen
Beispiel: – Einkauf – Herstellung – Verkauf – Administration	Beispiel: – Produkt A – Produkt B – Produkt C – Produkt D	Beispiel: – Europa – USA – Asien – Australien	Beispiel: – Spital – Apotheke – Private

= **Divisionale Gliederung** (Gliederung nach Divisionen)
= zusammenfassende Bezeichnung für die Gliederung nach Produkten oder nach Märkten

Entscheidend für das ganze Organigramm ist die **Gliederungsart auf der Ebene direkt unterhalb der Geschäftsleitung,** genannt: erste Gliederungsebene. Die Nummerierung der Gliederungsebenen ist demnach nicht die gleiche wie bei den Hierarchiebenen: 2. Hierarchieebene = 1. Gliederungsebene.

Beispiel: Gliederungsmöglichkeiten einer Pharmaunternehmung, dargestellt im Organigramm

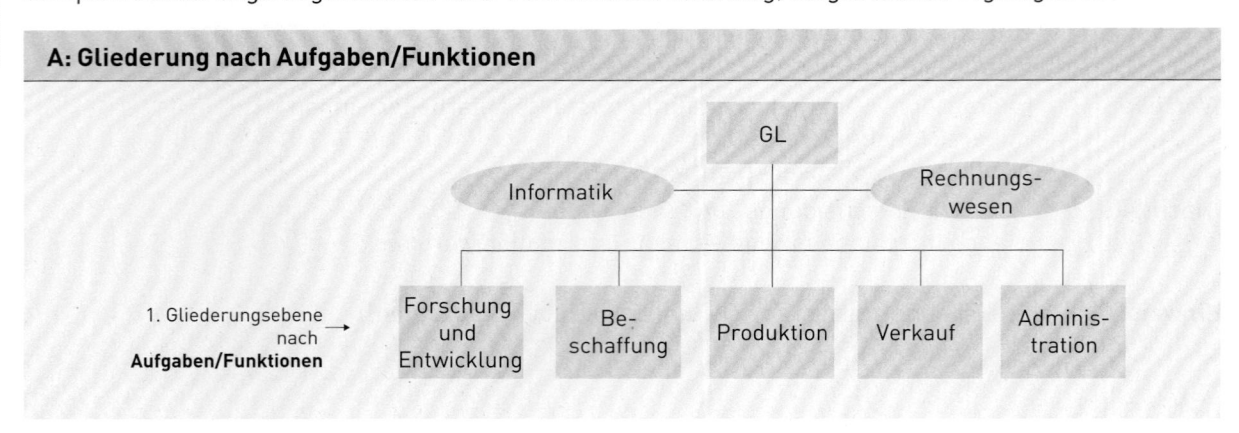

A: Gliederung nach Aufgaben/Funktionen

GL
Informatik — Rechnungswesen

1. Gliederungsebene nach **Aufgaben/Funktionen** → Forschung und Entwicklung | Beschaffung | Produktion | Verkauf | Administration

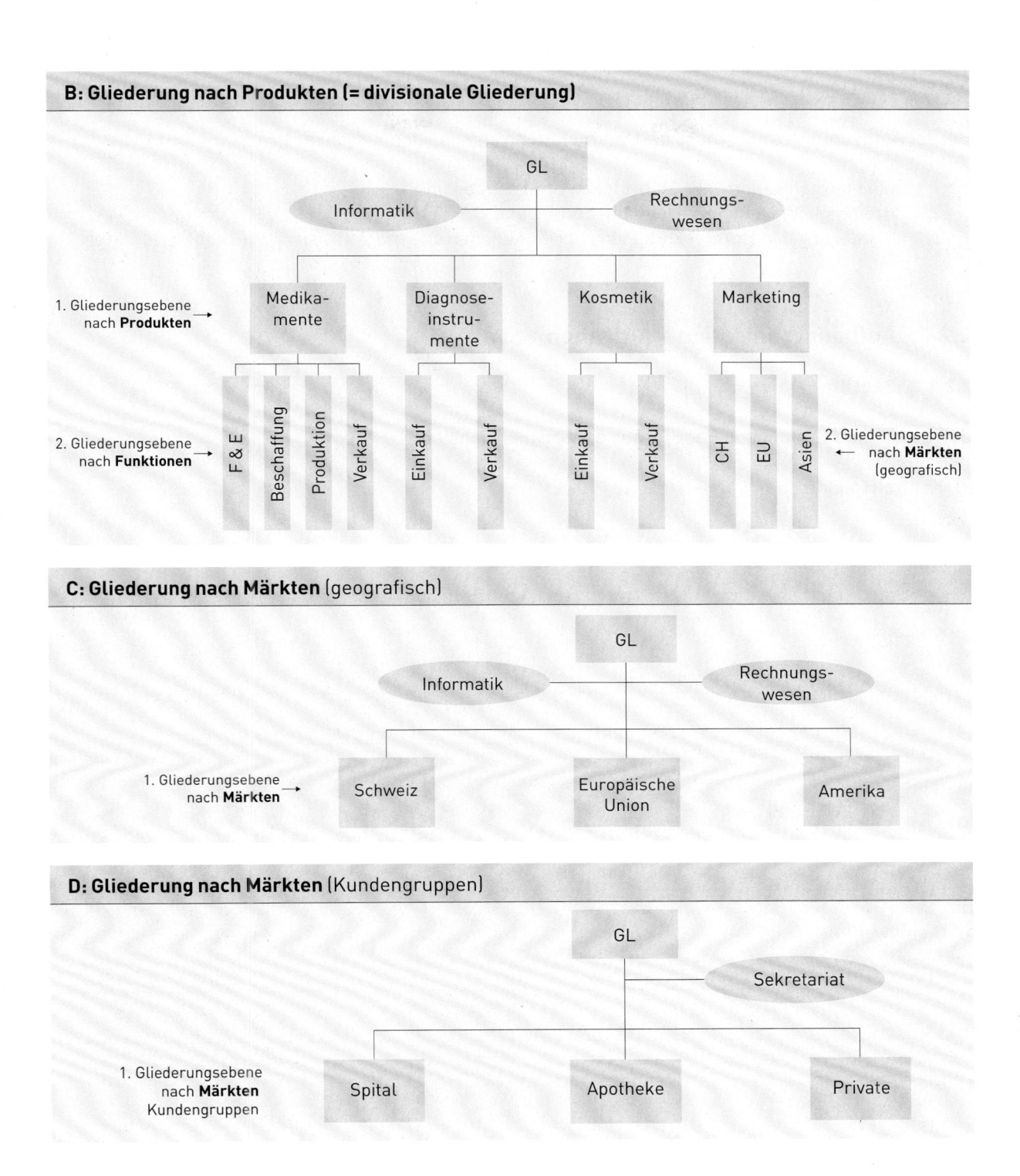

Aufbauorganisation

B: Gliederung nach Produkten (= divisionale Gliederung)

```
                          GL
         Informatik ─────┼───── Rechnungs-
                         │       wesen
         ┌───────────┬───┴────┬───────────┐
      Medika-    Diagnose-  Kosmetik   Marketing
      mente      instru-
                 mente
```

1. Gliederungsebene nach **Produkten**

2. Gliederungsebene nach **Funktionen**:
   - Medikamente: F&E, Beschaffung, Produktion, Verkauf
   - Diagnoseinstrumente: Einkauf, Verkauf
   - Kosmetik: Einkauf, Verkauf
   - Marketing: CH, EU, Asien → 2. Gliederungsebene nach **Märkten** (geografisch)

C: Gliederung nach Märkten (geografisch)

```
                          GL
         Informatik ─────┼───── Rechnungs-
                         │       wesen
              ┌──────────┼──────────┐
           Schweiz   Europäische  Amerika
                       Union
```

1. Gliederungsebene nach **Märkten**

D: Gliederung nach Märkten (Kundengruppen)

```
                GL ───── Sekretariat
         ┌───────┼───────┐
       Spital  Apotheke Private
```

1. Gliederungsebene nach **Märkten** Kundengruppen

2.2.8 Profit-Center

Ein Profit-Center ist eine Abteilung der Unternehmung, die organisatorisch und finanziell selbstständig geführt wird.

- Der Erfolg/Profit muss erfassbar sein, d.h. der Aufwand und Ertrag müssen pro Abteilung separat ermittelt werden können.
- Profit-Center können nur bei Gliederung nach Divisionen gebildet werden, nicht bei einer Gliederung nach Funktionen.
- Abteilungen, welche als Profit-Center organisiert sind, können im Prinzip wie eine eigenständige Unternehmung wirtschaften.
- Vorteil: Grössere Motivation und gezieltes Engagement für den Profit der eigenen Abteilung.
- Nachteil: Egoistisches Denken nur fürs Profit Center und nicht mehr für die ganze Unternehmung.

2.2.9 Fazit

Bei der Aufbauorganisation muss die Unternehmung entscheiden zwischen:

1. Linienorganisation oder Stab-Linien-Organisation und
2. Breitengliederung oder Tiefengliederung und
3. Gliederung der einzelnen Ebenen nach Funktionen oder nach Divisionen (Produkte/Märkte)

2.2 Aufbauorganisation – Aufgaben

2.2.1 Begriffe

Definieren Sie die folgenden Begriffe aus der Organisationslehre.

a) Kontrollspanne

b) Stabstelle

c) Linienstelle

d) Dienstweg

e) Hierarchie

f) Organigramm

g) Divisionale Gliederung

2.2.2 Aussagen beurteilen

Entscheiden Sie, ob die folgenden Aussagen richtig (R) oder falsch (F) sind. Die falschen Aussagen sind zu berichtigen.

Nr.	Aussage	R	F
1.	Linienstellen sind befolgungspflichtig, aber nicht weisungsberechtigt. Korrektur:		
2.	Leitende Stellen sind auch immer eine Linienstelle. Korrektur:		
3.	Leitende Stellen sind weisungsberechtigt. Korrektur:		
4.	Leitende Stellen sind immer befolgungspflichtig. Korrektur:		
5.	Leitende Stellen können übergeordnete Stellen haben. Korrektur:		
6.	Die oberste leitende Stelle hat keine übergeordneten Stellen. Korrektur:		
7.	Ausführende Stellen sind nie eine Linienstelle. Korrektur:		
8.	Stabstellen sind weisungsberechtigt, aber nicht befolgungspflichtig. Korrektur:		
9.	Ausführende Stellen sind weisungsberechtigt. Korrektur:		
10.	Ausführende Stellen haben keine untergeordneten Stellen. Korrektur:		
11.	Ausführende Stellen haben immer übergeordnete Stellen. Korrektur:		

Aufbauorganisation – Aufgaben

2.2.3 Auswahlfragen zur Organisation

Kreuzen Sie an, ob die folgenden Aussagen richtig oder falsch sind.

Nr.	Aussage	Richtig	Falsch
1.	Eine Tiefengliederung einer Organisation hat kleine Kontrollspannen, dafür mehr Hierarchiestufen.		
2.	Die Gesamtheit der Regelungen für die Aufteilung der Aufgaben und die Abläufe der Arbeiten bezeichnet man als Organisation.		
3.	Eine grosse Kontrollspanne kann dann sinnvoll sein, wenn die unterstellten Mitarbeiterinnen gleichartige Tätigkeiten ausführen.		
4.	Zwischen Unternehmungen gibt es in der Aufbauorganisation grössere Unterschiede als in der Ablauforganisation.		
5.	Das Direktionssekretariat ist ein typisches Beispiel einer Linienstelle.		
6.	Aus dem Organigramm einer Unternehmung kann man sehen, wie viele Mitarbeiter sie hat.		

2.2.4 Lückentext

Setzen Sie in den Lücken des folgenden Textes die richtigen Abkürzungen ein:

Linienstellen (= LS)   Stabstellen (= StS)   Dienstwege (= DW)

_____ haben das Recht, den unterstellten Mitarbeitern Anweisungen zu erteilen und sind ihrerseits verpflichtet, die Anweisungen ihrer Vorgesetzten zu befolgen. Sie können bei ihrer Arbeit von _____ unterstützt und beraten werden. Alle Informationen und Anweisungen in einer Unternehmung sollten über _____ erfolgen.

_____ müssen zwar auch Anweisungen von vorgesetzten Stellen befolgen, aber sie haben keine _____ unter sich.

2.2.5 Stellenbeschreibung

a) Ein Grundsatz der Organisation heisst: Für jede Stelle sollten drei Punkte übereinstimmen (kongruent sein), nämlich:

   1. _____

   2. Kompetenzen

   3. _____

b) Ordnen Sie die folgenden Inhalte dem richtigen Bereich einer Stellenbeschreibung zu. Falls der Inhalt nicht zur Stellenbeschreibung gehört, markieren Sie «gehört nicht zur Stellenbeschreibung».

1. «Das Sekretariat ist für den Versand von Geschäftsbriefen zuständig.»
   ☐ Aufgabe ☐ Kompetenz ☐ Verantwortung ☐ gehört nicht zur Stellenbeschreibung

2. «Für die Stelle als Bademeister wird ein eigenes Ausgabenbudget vorgegeben.»
   ☐ Aufgabe ☐ Kompetenz ☐ Verantwortung ☐ gehört nicht zur Stellenbeschreibung

3. «Der Einkauf garantiert die pünktliche Beschaffung der benötigten Waren.»
   ☐ Aufgabe ☐ Kompetenz ☐ Verantwortung ☐ gehört nicht zur Stellenbeschreibung

4. «Der Stelleninhaber XY verdient brutto 85 000.00 pro Jahr.»
   ☐ Aufgabe ☐ Kompetenz ☐ Verantwortung ☐ gehört nicht zur Stellenbeschreibung

5. «Die Geschäftsleitung erstellt jedes Jahr einen Jahresbericht.»
   ☐ Aufgabe ☐ Kompetenz ☐ Verantwortung ☐ gehört nicht zur Stellenbeschreibung

c) Was versteht man unter Kompetenzen einer Stelle?

_____

_____

2.2.6 Organigramm des Transportunternehmens LogistEx AG

Das Transportunternehmen LogistEx AG transportiert Güter durch ganz Europa. Der Gründer Alfred Losli ist Verwaltungsrat der Firma. Seine Tochter Margrit Losli hat von ihrem Vater die Geschäftsleitung der LogistEx AG übernommen. Ihre Schwester Lena Losli leitet das Marketing während Toni Meier die Buchhaltungs-Abteilung führt. Daneben gibt es die Abteilungen Transport Italien (Sandra Staub), Transport Schweiz (Hans Arpiger) und Transport Deutschland (Kevin Büchi).

a) Zeichnen Sie ein übersichtliches Organigramm mit Funktionen und deren Verantwortlichen der LogistEx auf.

b) Der Lernende der LogistEx AG möchte einige Informationen über sein Unternehmen sammeln, nämlich: *Kompetenzen, Dienstweg, Kontrollspanne, Hierarchie, Stelleninhaber, Verantwortung, Lohn*. Welche dieser Informationen sind ersichtlich ...

1. ... aus dem Organigramm?

2. ... aus der Stellenbeschreibung?

2.2.7 Organigramm eines Computer-Vertriebs

Das Organigramm eines Computer-Vertriebs ist nach einer Stab-Linien-Organisation strukturiert. Die erste Gliederungsstufe unterhalb der Geschäftsleitung ist gegliedert nach Märkten, die zweite Gliederungsstufe ist nach Produkten gegliedert. Die Personalabteilung und die Buchhaltung sind als Stabstellen direkt der Geschäftsleitung unterstellt. Im weiteren kommen folgende Stelle vor:
Absatzgebiet Asien, Absatzgebiet Europa, Absatzgebiet USA, Laptop, Desktop, Server, Assistentin der Geschäftsleitung.

Erstellen Sie ein gut gegliedertes Stab-Linien-Organigramm.

2.2.8 Profit Center

a) Was ist das Hauptmerkmal, wenn eine Abteilung als Profit Center funktioniert? Formulieren Sie einen Satz dazu.

b) Das Organigramm einer Unternehmung kann gegliedert sein ..
   – nach Funktionen / Tätigkeiten;   – nach Divisionen

1. Bei welcher Gliederungsart ist die Bildung von Profit Centers nicht möglich?

2. Begründen Sie Ihre Auswahl in einem ausformulierten Satz.

3. Welche Gliederungsarten umfasst die Bezeichnung «Gliederung nach Divisionen»?

2.2.9 Funktionendiagramm

Im Tennisclub TC Longline kommt es immer wieder zu Diskussionen und Ärger im Vorstand, weil gewisse Clubaufgaben doppelt gemacht und andere dafür vergessen werden. Der neu gewählte Präsident möchte dies nun ändern und sucht nach einem Instrument, mit welchem die Aufgaben/Tätigkeiten des Vorstands den zuständigen Vorstandsmitgliedern (Stellen/Funktionen) zugeordnet werden können. Im Internet hat er sich schlau gemacht und ist auf das Instrument «Funktionendiagramm» gestossen:
Jede Aufgabe/Tätigkeit beinhaltet die drei Kompetenzen: Planung, Entscheidung und Ausführung, welche den zuständigen Stellen/Funktionen zugeordnet werden können. Die Kompetenzen der Aufgabe/Tätigkeit «Turnierplanung» hat er bereits zugeordnet, die Kompetenzen der anderen Aufgaben/Tätigkeiten nur teilweise.
Vervollständigen Sie das Funktionendiagramm, indem Sie die Kompetenzen der Aufgaben/Tätigkeiten den zuständigen Stellen/Funktionen zuordnen.

Zu verteilende Kompetenzen: P = Planen (= etwas entscheidungsreif vorbereiten)
E = Entscheiden
A = Ausführen

Stelle/Funktion (Wer?) / (Was?) (Aufgabe/Tätigkeit)	Sportchef	Restauration	Finanzen	Präsident
Turnierplanung erstellen	P, A			E
Bestätigung Turnieranmeldung; Rechnung mit Turniergebühr versenden	P			
Getränke einkaufen		A		
Jahresbudget mit vierteljährlichen Controllingberichten				

2.3 Marketing

Leistungsziele BIVO

- Ich erkläre in einfachen Fallbeispielen die folgenden grundlegenden Zusammenhänge und Instrumente im Bereich des Marketing und zeige deren Bedeutung bzw. deren Aussagekraft auf: Lebenszyklus von Produkten / Marktsegmentierung und Formen / Marktziele (Bedürfnisse, Teilmärkte, Kundensegmente) / Produktziele (Art und Qualität, Sortimentstiefe und -breite, Umsatz) / Marktgrössen (Potenzial, Anteil, Volumen, Segment) / Marktstellung / Marktforschung und deren Instrumente
- Ich gestalte für ein konkretes Produkt und eine konkrete Dienstleistung den Marketing-Mix stimmig. Dabei lege ich begründet die Marketinginstrumente hinsichtlich Product, Place, Price und Promotion fest.

2.3.1 Definition und Überblick

Definition Marketing: Marketing ist kundenorientiertes Denken, Entscheiden und Handeln in der ganzen Unternehmung.
Nicht korrekt wäre: Marketing = Werbung (denn Werbung ist nur ein kleiner Teil des ganzen Marketing!)

Überblick und Logik: Ausgangspunkt für das ganze Marketing sind die Überlegungen bei der Gründung einer Unternehmung:
  a) Zuerst werden mit Hilfe einer Marktanalyse die Marktziele und die Produktziele festgelegt (Kapitel 2.3.2).
  b) Dann wird der Marketing-Mix entwickelt (Kapitel 2.3.3), bestehend aus den vier Marketinginstrumenten: product, price, place, promotion (→ die 4 p`s)

2.3.2 Marktziele und Produktziele

Marktziele beziehen sich immer auf die Kunden und ihre Bedürfnisse.
Produktziele beziehen sich immer auf die Produkte und ihre Herstellung.

Marktziele	Produktziele
Bedürfnisse	**Produkt/Dienstleistung**
– Welche Bedürfnisse der Nachfrager sollen befriedigt werden? – Die Marktanalyse liefert Informationen und Erkenntnisse zu: Kundenbedürfnisse, Kundenverhalten, Marktgrössen **Marktanalyse** **Marktforschung** / **Markterkundung** systematisch, wissenschaftlich, teuer z. B. Befragungen, Tests, Beobachtungen, Auswertung interner/externer Quellen (Datenanalyse) / eigene Umfragen, kostengünstig z. B. Gespräche mit Kunden; Kundenkontakte per Facebook	– Welche Art von Produkten bieten wir an, und in welcher Qualität? – Wodurch hebt sich unser Produkt von der Konkurrenz ab? – siehe bei «product» im Kapitel **2.3.3 Marktgrössen**

Marketing

Marktziele	Produktziele
Marktsegmente	**Sortiment**

– Auf welchen Märkten und an welche Marktsegmente (Teilmärkte/Zielgruppen) wollen wir unsere Produkte/Dienstleistungen verkaufen?
– Mögliche Marktsegmentierung:
  – Demografische (Alter, Geschlecht, …)
  – Geografische (Region, Stadt/Land, Sprache, …)
  – Kundenverhalten (Mediennutzung, Preissensibilität, …)
  – Psychografische (Soziale Klasse, Lebensstil, …)
	– Wie breit/schmal soll unser Sortiment sein?
	– Wie tief/flach soll unser Sortiment sein?
	→ siehe bei «product» im Kapitel **2.3.3 Marktgrössen**

Marktstellung	**Produktionsmenge**

Welche Marktstellung (Marktanteil) wollen wir erreichen?
 	
Die drei zentralen Marktgrössen:
– **Marktpotenzial:** maximale mögliche Anzahl an zu verkaufenden Produkten/Dienstleistungen in einem bestimmten Markt, angegeben in Stück (Absatz) oder in CHF (Umsatz) oder in Anzahl Personen. Z. B.: Wie viele Autos könnten in der Schweiz maximal verkauft werden?
– **Marktvolumen:** effektive Anzahl an verkauften Produkten in einem bestimmten Markt, angegeben in Stück (Absatz) oder in CHF (Umsatz) oder in Anzahl Personen. Z. B.: Wie viele Autos wurden tatsächlich in der Schweiz verkauft?
– **Marktanteil:** Anteil einer Unternehmung X am Marktvolumen, wird immer in Prozenten (%) des Marktvolumens angegeben. Z. B.: Wie viele Autos hat unsere Unternehmung verkauft?
Aus dem Marktanteil ist abzuleiten: der angestrebte Verkaufsumsatz
 	
Zwei spezielle Marktzustände:
– **Gesättigter Markt:** Das Marktvolumen ist fast so gross wie das Marktpotenzial.
– **Wachstumsmarkt:** Der Abstand zwischen Marktvolumen und Marktpotenzial ist gross, das Marktvolumen kann weiter zunehmen.
	– Welche Mengen an Produkten sollen hergestellt werden?
	– Abhängigkeit von:
	  – angestrebten Marktanteil
	  – Lagerbeständen
	  – wirtschaftlicher Lage

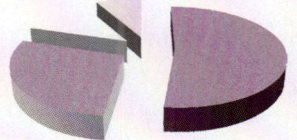

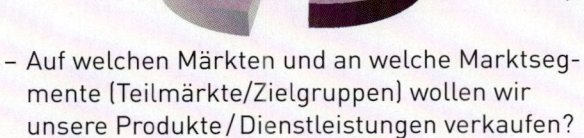

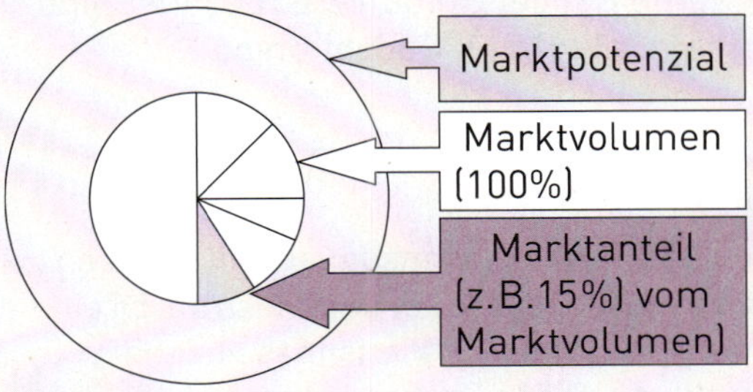

Marketing

2.3.3 Marketing-Mix: Die vier Marketinginstrumente

1. Begriff

Marketing-Mix
= optimale Kombination der vier gleichzeitig einzusetzenden Marketinginstrumente → **4 P's**

- Produkt-/Sortimentspolitik (**p**roduct)
- Preispolitik (**p**rice)
- Distributionspolitik (**p**lace)
- Kommunikationspolitik (**p**romotion)

2. Product (Produktgestaltung/Sortimentsgestaltung)

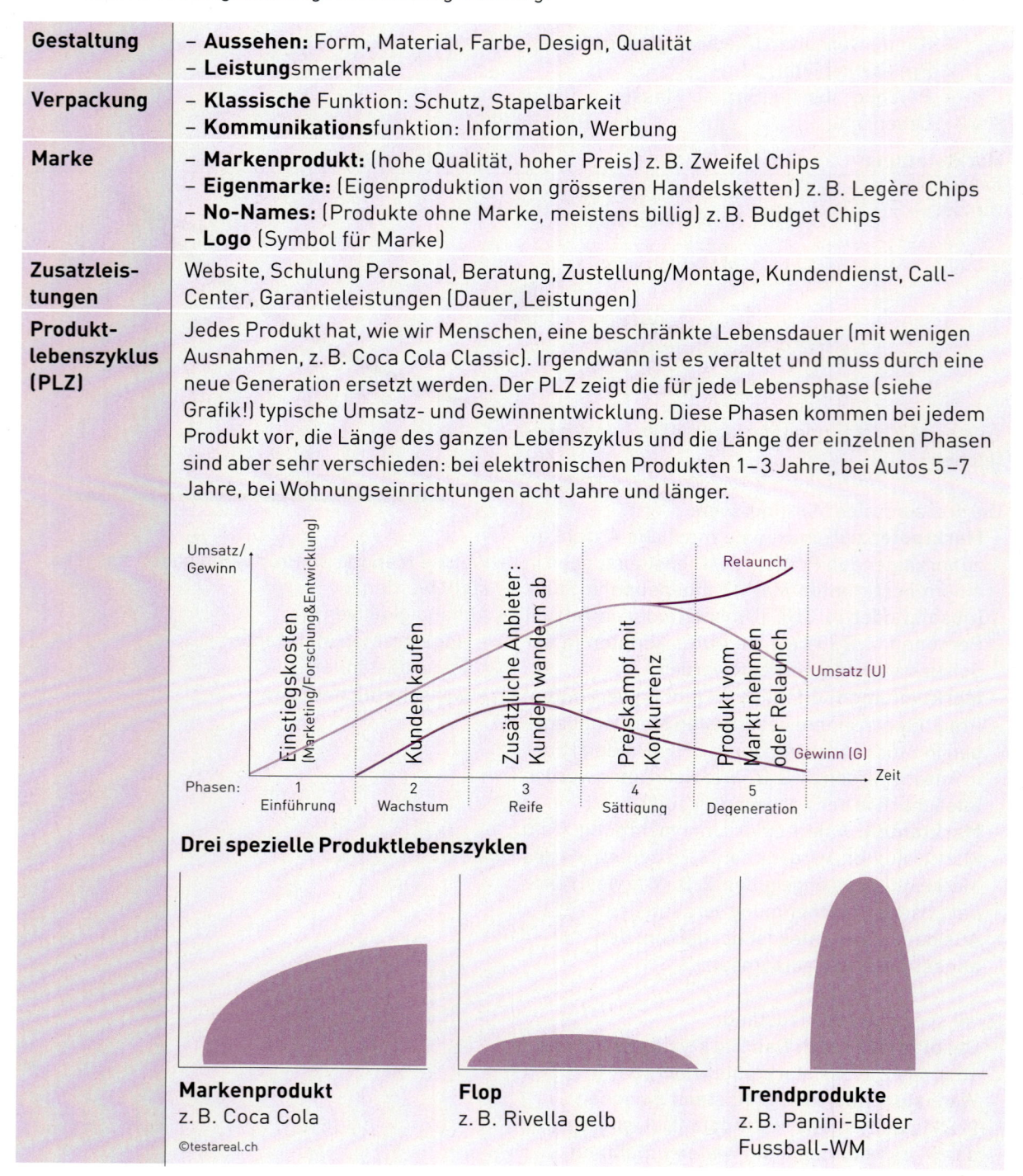

Gestaltung	– **Aussehen:** Form, Material, Farbe, Design, Qualität – **Leistung**smerkmale
Verpackung	– **Klassische** Funktion: Schutz, Stapelbarkeit – **Kommunikations**funktion: Information, Werbung
Marke	– **Markenprodukt:** (hohe Qualität, hoher Preis) z. B. Zweifel Chips – **Eigenmarke:** (Eigenproduktion von grösseren Handelsketten) z. B. Legère Chips – **No-Names:** (Produkte ohne Marke, meistens billig) z. B. Budget Chips – **Logo** (Symbol für Marke)
Zusatzleistungen	Website, Schulung Personal, Beratung, Zustellung/Montage, Kundendienst, Call-Center, Garantieleistungen (Dauer, Leistungen)
Produktlebenszyklus (PLZ)	Jedes Produkt hat, wie wir Menschen, eine beschränkte Lebensdauer (mit wenigen Ausnahmen, z. B. Coca Cola Classic). Irgendwann ist es veraltet und muss durch eine neue Generation ersetzt werden. Der PLZ zeigt die für jede Lebensphase (siehe Grafik!) typische Umsatz- und Gewinnentwicklung. Diese Phasen kommen bei jedem Produkt vor, die Länge des ganzen Lebenszyklus und die Länge der einzelnen Phasen sind aber sehr verschieden: bei elektronischen Produkten 1–3 Jahre, bei Autos 5–7 Jahre, bei Wohnungseinrichtungen acht Jahre und länger.

Phasen: 1 Einführung | 2 Wachstum | 3 Reife | 4 Sättigung | 5 Degeneration

Phase 1: Einstiegskosten (Marketing/Forschung&Entwicklung)
Phase 2: Kunden kaufen
Phase 3: Zusätzliche Anbieter: Kunden wandern ab
Phase 4: Preiskampf mit Konkurrenz
Phase 5: Produkt vom Markt nehmen oder Relaunch

Umsatz (U), Gewinn (G), Relaunch

Drei spezielle Produktlebenszyklen

Markenprodukt
z. B. Coca Cola

Flop
z. B. Rivella gelb

Trendprodukte
z. B. Panini-Bilder Fussball-WM

©testareal.ch

Sortiment

		Sortimentsbreite →	
	Sortiment	**schmal** wenige Produktgruppen	**breit** viele verschiedene Produktgruppen
Sortimentstiefe ↓	**flach** nur einen oder wenige unterschiedliche Artikel der gleichen Produktgruppe	Selecta-Automat am Bahnhof	Discounter
	tief viele unterschiedliche Artikel von der gleichen Produktgruppe	Fachgeschäft	Warenhaus

3. Price (Preisgestaltung)

Preisbestimmung	– kostenorientierte aufbauende Preisfestlegung, oder – wettbewerbsorientierte abbauende Preisfestlegung	
Preisdifferenzierung nach ...	**Personen**	Senioren-/Juniorenpreise, Ausbildung, Mitgliedschaft, Gruppe
	Geografische Märkte	Berg-/Talpreise, Schweiz-/Auslandpreise
	Verpackung	ein-/mehrfarbig, Materialwahl, gross-aufwändig/klein-bescheiden
	Kennzeichen zur Wiedererkennung	No-Name-/Markenprodukte
	Zeit	Tag-/Nacht, Haupt-/Nebensaison, Einführungsrabatte
Konditionenpolitik	– Zeitpunkt Zahlung (vor, bei oder nach Lieferung) – Zahlungsfrist (10 Tage, 30 Tage etc.) – Zahlungsmethode (bar, per Rechnung, Kreditkarte)	– Übernahme Versandkosten – Skonto – Rabatte

4. Place (Distributionspolitik = Vertriebsgestaltung)

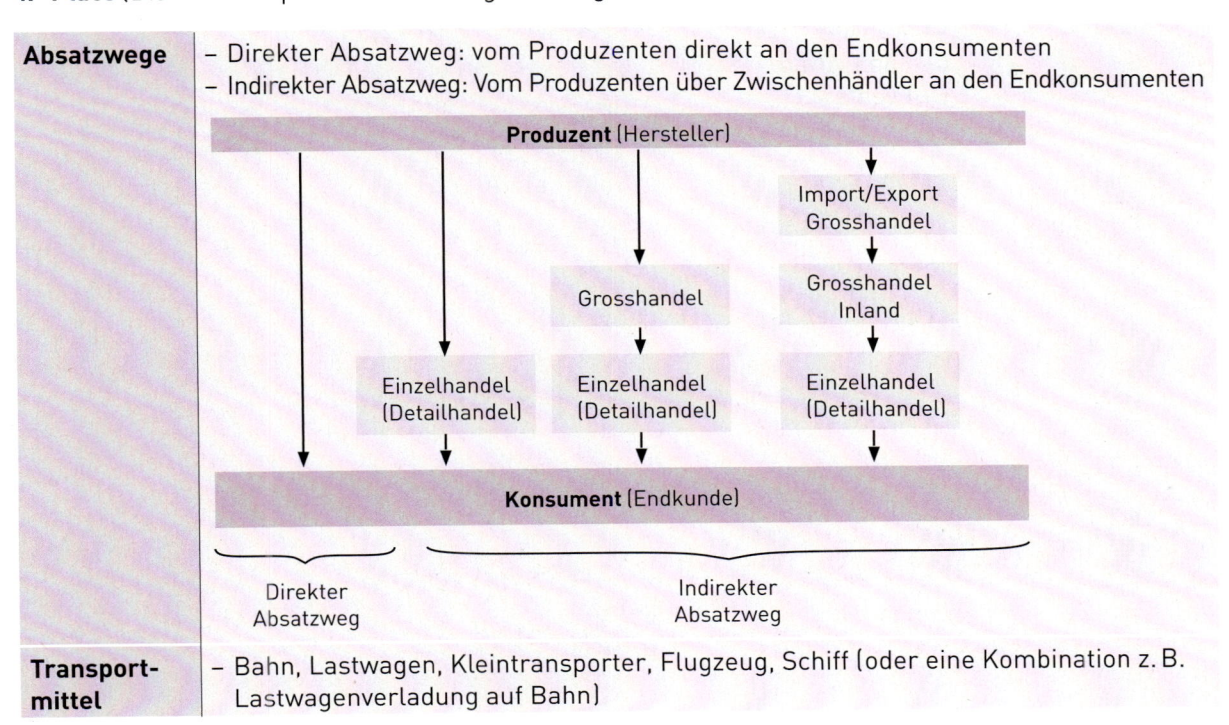

Absatzwege	– Direkter Absatzweg: vom Produzenten direkt an den Endkonsumenten – Indirekter Absatzweg: Vom Produzenten über Zwischenhändler an den Endkonsumenten

```
                        Produzent (Hersteller)
              │         │              │
              │         │              ▼
              │         │        Import/Export
              │         │         Grosshandel
              │         │              │
              │         ▼              ▼
              │     Grosshandel    Grosshandel
              │         │           Inland
              │         │              │
              ▼         ▼              ▼
         Einzelhandel Einzelhandel Einzelhandel
         (Detailhandel)(Detailhandel)(Detailhandel)
              │         │              │
              ▼         ▼              ▼
                    Konsument (Endkunde)

         └─Direkter─┘ └────Indirekter────┘
          Absatzweg        Absatzweg
```

Transportmittel	– Bahn, Lastwagen, Kleintransporter, Flugzeug, Schiff (oder eine Kombination z. B. Lastwagenverladung auf Bahn)

5. Promotion (Kommunikationsgestaltung)

Werbung	**AIDA-Formel**
	– **A**ttention Aufmerksamkeit erregen
	– **I**nterest Interesse wecken
	– **D**esire Wunsch auslösen, das Bedürfnis zu befriedigen
	– **A**ction Handlung auslösen (Kauf, Probefahrt, Prospekt bestellen etc.)
	
	Werbekonzept
	– Werbebotschaft
	    – Informative Werbung (sachliche Angaben um Grundnutzen)
	    – Suggestive Werbung (Emotionen wecken über Zusatznutzen)
	
	– Werbeträger (wo wird Werbung gemacht?)
	
	  TV │ Radio │ Zeitungen │ Fachzeitschriften │ Prospekte │ Plakatwand │ Internet │ Person
	
	– Werbemittel (in welcher Form wird Werbung gemacht?)
	
	  TV │ Radio │ Zeitungen │ Fachzeitschriften │ Prospekte │ Plakatwand │ Internet │ Person
	  TV-/Radio-Spots │ Inserate │ Plakate │ Banner │ Flyer

Verkaufsförderung Sales Promotion	– Werbegeschenke; Gratismuster – Wettbewerbe, Events – Persönlicher Verkauf an Messen, per Telefonmarketing
Öffentlichkeitsarbeit Public Relations (PR)	Ausrichtung auf die Öffentlichkeit zur Vertrauensbildung der Kunden gegenüber der Unternehmung. – Betriebsbesichtigungen, Tag der offenen Tür – Pressekonferenzen – Publikationen – Website – Sponsoring – Events

2.3 Marketing – Aufgaben

2.3.1 Begriff Marketing

Von den folgenden Definitionen für Marketing können eine, keine oder mehrere richtig sein. Kreuzen Sie die richtige(n) Aussage(n) an.
Unter Marketing versteht man …

- [ ] Handel betreiben.
- [ ] den Vertrieb und die Werbung für die Produkte und Dienstleistungen.
- [ ] das Ziel, den Leuten Dinge zu verkaufen, die sie nicht brauchen.
- [ ] die Gesamtheit aller Massnahmen für den Absatz der Produkte und Dienstleistungen.
- [ ] die Art und Weise, wie die Absatzverfahren eingesetzt werden.
- [ ] eine unternehmerische Denkhaltung, die alle Aktivitäten auf die Kunden ausrichtet.

2.3.2 Markt- und Produktziele

a) Das Ehepaar Bridler will ein neues Restaurant eröffnen. Bei der Planung haben sie sich verschiedene Ziele gesetzt. Kreuzen Sie an, ob es sich jeweils um ein *Produktziel* oder um ein *Marktziel* handelt.

Nr.	Zielsetzung	Produktziel	Marktziel
1.	Wir benötigen eine Küche, in der täglich 80 Gerichte zubereitet werden können.		
2.	Die Speisekarte soll mindestens 5 Vorspeisen, 8 Hauptspeisen und 6 Desserts umfassen.		
3.	Wir wollen Bedürfnisse nach ganzen Menüs wie nach à-la-carte-Gerichten ansprechen.		
4.	Wir wollen bevorzugt junge, moderne, erfolgreiche Berufsleute als Gäste gewinnen.		
5.	Im Kreis der gehobenen Restaurants streben wir einen Marktanteil von 5 % innerhalb von drei Jahren an.		
6.	Unser Wochenumsatz soll am Ende des ersten Jahres bei ca. CHF 9 000.00 liegen.		

2.3.3 Marktgrössen

a) Anna und Paolo wollen am Strand in Rimini eine Strandbar eröffnen. Natürlich wird ihre Bar nicht die einzige Strandbar sein. Sie müssen sich deshalb verschiedene Überlegungen machen. Ordnen Sie den drei Aussagen die Fachwörter «Marktpotenzial», «Marktvolumen», «Marktanteil» zu.

Nr.		Fachwort
1.	Gegenwärtig besuchen ca. 3000 Touristen täglich eine Strandbar in Rimini.	
2.	Maximal könnten 10 000 Touristen täglich eine Strandbar aufsuchen, denn so viele Touristen tummeln sich täglich am Strand.	
3.	Bis in fünf Monaten wollen Anna und Paolo täglich 600 Touristen in ihrer Strandbar bedienen können.	

Marketing – Aufgaben

b) Berechnen Sie den angestrebten Marktanteil von Anna und Paolo. Der Lösungsweg ist anzugeben.

c) Erklären Sie die folgenden Begriffe kurz, aber möglichst genau:

Marktvolumen	Marktpotenzial

2.3.4 Marktsituationen

Im Theorieteil sehen Sie eine Grafik mit den Marktgrössen «Marktpotenzial», «Marktvolumen» und «Marktanteil». Skizzieren Sie jetzt auf die gleiche Art, mit den richtigen Grössenverhältnissen, eine solche Grafik nach folgenden Vorgaben.

a) Der Markt ist zu 98 % gesättigt. Die Unternehmung X ist ein Nischenanbieter mit einem Marktanteil von nur 5 %.

b) Es handelt sich um einen Markt mit einem grossen Wachstumspotenzial. Die Unternehmung Y hat einen Marktanteil von 25 %.

c) Der Markt ist zu ca. 80 % gesättigt. Die Unternehmung Z ist Marktleader (Monopolist) mit einem Marktanteil von 75 %!

2.3.5 Produktlebenszyklus

Um welche Phase des Produktlebenszyklus handelt es sich bei den folgenden Aussagen? Kreuzen Sie die zutreffende Lösung an.

	Aussagen	Einführung	Wachstum	Reife	Sättigung	Degeneration
a)	Wegen der hohen Entwicklungskosten sowie der Werbekosten entsteht ein Defizit.					
b)	Wenn das Produkt nicht weiterentwickelt wird (Sonderedition, Spezialangebote), wird es noch rascher als geplant vom Markt verschwinden.					
c)	Der Gewinn erreicht seinen Höhepunkt. Gleichzeitig müssen jedoch wegen des Kampfes um Marktanteile die Preise gesenkt werden.					
d)	Die ersten Konkurrenten treten mit Nachahmerprodukten am Markt auf.					
e)	Das Marktvolumen erreicht das Marktpotenzial. Wegen des harten Verdrängungswettbewerbs müssen die Preise weiter gesenkt werden.					

2.3.6 Sortiment

a) Vergleichen Sie jeweils die zwei genannten Unternehmungen in Bezug auf die Sortimentsgestaltung. Kreuzen Sie an, welche Sortimentsbegriffe zutreffen.

Nr.	Unternehmung	breit	schmal	flach	tief
1.	Vergleich auf dem **Getränkemarkt**				
	a) Getränkehandlung Lanz AG				
	b) Selecta-Automat am Bahnhof				
2.	Vergleich von **Fluggesellschaften**:				
	a) Charterfluggesellschaft Robin-Air: fliegt drei Ferieninseln täglich 2× an				
	b) Fluggesellschaft Eurostar: fliegt 90 Destinationen 1× pro Woche an				
3.	Vergleich von **Supermärkten**:				
	a) MIGROS				
	b) COOP				

b) Erklären Sie in eigenen Worten:

1. Was versteht man unter einem **tiefen** Sortiment?

2. Und was ist ein **breites** Sortiment?

Marketing – Aufgaben

c) Die Weinhandlung «Isola M» nennt sich «klein und fein». Auf einer Verkaufsfläche von 45m² führt sie neun Weinmarken der spanischen Ferieninsel Mallorca im Sortiment. Von jedem dieser Weine sind drei bis acht Jahrgänge erhältlich, in drei verschiedenen Flaschengrössen.
Vergleichen Sie Isola M mit anderen Weingeschäften und kreuzen Sie die einzig zutreffende Aussage zum Sortiment an. Begründen Sie Ihre Wahl mit überzeugenden Argumenten.

Auswahl	Sortiment	Begründung für Ihre Wahl
	tief und flach	
	schmal und tief	
	breit und schmal	
	tief und breit	
	breit und flach	
	flach und schmal	

2.3.7 Marketing-Mix

a) Es gibt die vier Marketing-Instrumente, genannt die 4 P's. Ergänzen Sie die fehlenden P's mit den englischen Begriffen. Beschreiben Sie auch was diese 4 P's bedeuten.

Englischer Begriff	Bedeutung (möglichst genau!)
Price	Die Preispolitik, z. B. Aktionen, Zahlungsmodalitäten, etc.
Place	
P	
P	

b) Zu welchem Marketing-Instrument gehören die folgenden Überlegungen des Marketingleiters eines Parfümherstellers bei der Einführung eines neuen Parfüms?

Nr.	Überlegungen	Marketing-Instrument (englischer Begriff)
1.	Der Vertrieb erfolgt ausschliesslich über Fachgeschäfte.	
2.	Das neue Parfüm wird unter dem Namen «scent of a woman» verkauft.	
3.	Die Parfümerien sollen mit einem überdurchschnittlichen Wiederverkaufsrabatt gewonnen werden, dieses Parfum ins Sortiment aufzunehmen.	
4.	Der berühmte Designer Mario Colani wird mit der Entwicklung einer aussergewöhnlichen Fläschchen-Form beauftragt.	

2.3.8 Absatzweg

Bei den Vertriebskanälen (Place) unterscheidet man zwischen dem direkten und dem indirekten Absatzweg.

a) Erklären Sie diese beiden Absatzwege in Stichworten.

Direkter Absatzweg:

Indirekter Absatzweg:

b) Nennen Sie zu jedem Absatzweg zwei Beispiele eines Produktes, welches auf diese Art vertrieben wird.

Direkter Absatzweg:

Indirekter Absatzweg:

c) Die Bäckerei Surber in Luzern vertreibt ihre Produkte sowohl über den direkten als auch über den indirekten Absatzweg. Beschreiben Sie beide Absatzwege für diese Bäckerei:

Direkt	Indirekt

2.3.9 Werbemittel

Jedes Werbemittel hat bestimmte Eigenschaften. Ordnen Sie die nachstehenden Aussagen durch Ankreuzen dem richtigen Werbemittel zu. Pro Linie sind eine oder mehrere Ankreuzungen möglich.

Nr.	Eigenschaften	Inserat/Plakat	Werbung im Lokalradio	Werbebrief/Flugblatt	Schaufenster	Fernsehspot
1.	spricht nur den Hörsinn an					
2.	sehr teuer					
3.	geeignet für lokale Anbieter					
4.	spricht nur den Sehsinn an					
5.	sehr hohe Reichweite möglich					

Marketing – Aufgaben

2.3.10 Werbekonzept

Werbung wird immer über bestimmte Werbeträger verbreitet. Welchem Werbemittel sind die folgenden Werbeträger zuzuordnen?
Die erste Zeile ist als Beispiel bereits gelöst.

Nr	Werbeträger	Werbemittel
Bsp.	Schweizer Fernsehen SRF	TV-Spot
1.	Schweizer Illustrierte	
2.	Radio Energy	
3.	Plakatwand im HB Zürich	
4.	Prospekt-Ständer im Kino Abaton	
5.	Facebook	

2.3.11 AIDA-Formel

Bei der AIDA-Regel in der Werbung ist es wichtig zu wissen, was mit jedem Buchstaben genau erreicht werden soll. Ergänzen Sie den jeweiligen Buchstaben mit dem englischen Ausdruck und beschreiben Sie (auf Deutsch), was mit jedem Buchstaben der AIDA-Regel erreicht werden soll. Sie müssen für jeden Buchstaben einen ganzen Satz formulieren, wie im Beispiel.

	Englischer Begriff	Erklärung
A		
I		
D	desire	Es soll der Wunsch geweckt werden, das Produkt zu besitzen.
A		

2.3.12 Werbung und Public Relations

Public Relations (PR) und Werbung sind nicht dasselbe. Beantworten Sie die gestellten Fragen.

	Werbung	Public Relations (PR)
An wen richtet sich die Werbung bzw. die PR?		
Was soll damit erreicht werden?		
Je zwei Beispiele, wie Werbung bzw. PR gemacht wird.		

2.4 Personalwesen

> **Leistungsziele BIVO**
> - Ich beschreibe die folgenden grundlegenden Elemente des Personalmanagements und erläutere die Bedeutung für meine persönliche Berufsentwicklung und Leistungsfähigkeit: Personalbedarf (Stellenbeschreibung) / Personalrekrutierung (Interview, Assessment) / Personaladministration / Personalhonorierung / Personalbeurteilung (Zielvereinbarung, MAG) / Personalentwicklung (Weiterbildung, Portfolio) / Personalaustritt

2.4.1 Begriff, Ziele und Phasen im Personalwesen

a) Begriffe
Die folgenden Begriffe kommen in gleicher Bedeutung immer wieder vor:
- Personalwesen (PW)
- Personalmanagement (PM)
- Human Resource Management (HRM)

b) Ziele der Personalpolitik
- Gewinnen und Halten der optimalen Mitarbeiter
- Festlegung der Löhne und Lohngerechtigkeit
- Weiterbildung der Mitarbeiter
- Gestalten und Verbessern des Arbeitsklimas und der Führungskultur
- Bündeln aller Kräfte auf das Unternehmensziel

c) Phasen des Personalmanagements
- Personalbeschaffung
- Personalbetreuung / Personalförderung
- Personalaustritt

2.4.2 Personalbeschaffung (vor dem Arbeitsverhältnis)

Personal-bedarfsplanung	- **Wie viele** Arbeitskräfte werden **wann** und **wo** benötigt? - **Welche** Qualifikationen (Ausbildung) müssen sie aufweisen? (Anforderungen für eine bestimmte Stelle → *Kapitel 2.2.3 Stellenbeschreibung*)

Personal-rekrutierung	- **Wie** gewinnt die Unternehmung die richtigen Mitarbeiter?
	  - Personalwerbung
	  - **Interne** Personalsuche
	    Vorteile: kostengünstig; kurze Einarbeitungszeit
	    Nachteile: kein «neues Blut» von aussen; alte Stelle muss neu besetzt werden
	  - **Externe** Personalsuche
	    Vorteile: grosse Auswahl; neues Wissen und neue Erfahrungen kommen
	    Nachteile: teuer und aufwändig; Gefahr der Fehlbesetzung
	  - Das Stelleninserat wird anhand von Stellenbeschreibung und Pflichtenheft (→ Kapitel 2.2.3) attraktiv formuliert, enthält aber keine Angaben zum Gehalt, weil das immer Verhandlungssache ist.

Interview	- Das Interview ist ein **Gespräch** am Vorstellungstermin mit dem Personalchef / der Personalchefin zur Prüfung der Eignung des Bewerbers / der Bewerberin.
Assessment-Center	- Bei Kader- und Lehrstellen wird häufig ein **systematisches Auswahlverfahren** eingesetzt, um realitätsnahe Beurteilungen zu machen (z. B. Rollenspiele, Gruppendiskussionen, Unternehmungsplanspiele.).

2.4.3 Personalbetreuung/Personalförderung (während dem Arbeitsverhältnis)

a) Personaladministration
Die Personaladministration umfasst alle Arbeiten, die im Zusammenhang mit dem Personal anfallen:
- Lohnabrechnungen erstellen, Löhne auszahlen;
- Arbeitszeiten und Ferien planen, erfassen, kontrollieren;
- Arbeitsverträge erstellen, Personaldossiers führen

b) Personalhonorierung

Lohnarten AN = aus Sicht des Arbeitnehmers, AG = aus Sicht des Arbeitsgebers

	Beispiele	anzuwenden bei...	Vorteile	Nachteile
reiner Zeitlohn Fix vereinbarte Lohnhöhe.	Stundenlohn Tageslohn Monatslohn Jahreslohn	– Arbeiten, bei denen es schwierig ist, die Leistung genau zu messen – kreativen Arbeiten – Arbeiten, die gefährlich sind	– AG: einfache Abrechnung (aufgrund der Arbeitszeit) – AN: Lohnsicherheit	– AG: geringer Leistungsanreiz – AN: überdurchschnittlicher Einsatz lohnt sich finanziell nicht
reiner Leistungslohn (Akkordlohn) Die Höhe des Lohnes hängt von der geleisteten Arbeitsmenge ab.	**Mengenakkord** (Geld für Anzahl produzierte Einheiten) **Zeitakkord** (Zeitgutschrift pro produzierte Einheit; bei Zeitunterschreitung → mehr Lohn)	– Arbeiten, die regelmässig sind und sich wiederholen – Arbeiten, die genau messbar sind wie z.B. Mauern bauen, Adressen eintippen, Krawatten nähen etc.	(sowohl für Mengen- wie Zeitakkord) – AG: Anreiz für mehr Leistung – AN: Lohnhöhe kann selbst beeinflusst werden	(sowohl für Mengen- wie Zeitakkord) – AG: komplizierte Abrechnung – AN: höheres Risiko von Unfällen/Überarbeitung
Prämienlohn (Mischform aus Zeitlohn und Leistungslohn)	Fixer Zeitlohn plus ein leistungsbezogener Lohnzusatz (→ Tabelle leistungsbezogene Lohnzusätze).			

Leistungsbezogene Lohnzusätze

Name	Umschreibung	Beispiele
Provision	fixer Grundlohn + Zusatzentschädigung pro Anzahl Verkaufsabschlüsse	Versicherungsmakler: CHF 50 pro neu abgeschlossene Versicherung
Umsatzbeteiligung	fixer Grundlohn + ein Prozentsatz vom erzielten Verkaufsumsatz	Verkäuferin: 1% vom erzielten Umsatz
Bonus	fixer Grundlohn + von der Geschäftsleitung fixierte Zusatzentschädigung für besondere Leistungen	Bankmanager im Investmentbanking für gewinnbringende Geschäfte
Gratifikation	fixer Grundlohn + Geldbelohnung oder Nichtmonetäres am Jahresende für den Erfolg der Unternehmung, der Abteilung oder der einzelnen Person	Grati von CHF 100 für alle Angestellten nach einem guten Geschäftsjahr
Gewinnbeteiligung	fixer Grundlohn + vertraglich abgemachter Anteil am Gewinn	Topmanager, deren Tätigkeit gewinnwirksam ist

Spezialformen: nicht leistungsbezogene Lohnzusätze

Name	Umschreibung	Beispiele
Soziallohn	fixer Grundlohn + Zuschlag entsprechend dem Dienstalter oder dem Lebensalter	CHF 100 Lohnerhöhung pro Dienstjahr
Familienzulage	fixer Grundlohn + Zuschlag entsprechend dem Familienstatus	CHF 200 Lohnzuschlag pro Kind
Naturallohn	Anstatt oder ergänzend zum Zeitlohn: Entschädigung in Sachleistungen, wie Unterkunft und Verpflegung.	Praktikanten in der Landwirtschaft oder im Hotel: «Kost + Logie + CHF 500 Taschengeld pro Monat»
Fringe Benefits = Lohnnebenleistungen	fixer Grundlohn + zusätzliche Gratis-Sachleistungen	– Privatbenützung des Geschäftswagen – bezahltes Handy – Fitnessabo

Lohnabrechnung

→ Siehe Kapitel **1.11 Lohnabrechnung**

c) Personalbeurteilung

Mitarbeiter werden regelmässig durch ihre Vorgesetzten beurteilt. Am **Mitarbeitergespräch** (MAG) werden die vereinbarten Ziele (**Zielvereinbarung**) mit den erreichten verglichen und besprochen. Ziele können sein: Anzahl Verkäufe, Umsatzhöhe, Kundenzufriedenheit usw. Mitarbeitergespräche stellen für Mitarbeiter und Vorgesetzte aber auch eine Möglichkeit dar Lob und Kritik auszusprechen.

d) Personalentwicklung

Das Ziel der Unternehmung sind gute Leistungen und hohe Arbeitszufriedenheit der Mitarbeitenden. Die Unternehmung unterstützt die Mitarbeitenden mit Schulungsmassnahmen zur besseren Bewältigung der Herausforderungen bei der Arbeit und zur Steigerung der Motivation (z. B. Weiterbildungen, Umschulungen, Coaching, Karriereplanung).

2.4.4 Personalaustritte (am Ende des Arbeitsverhältnisses)

Personalaustritte durch ...

- Ablauf eines befristeten Arbeitsvertrags
- Kündigung durch AN oder AG
- gegenseitiges Einvernehmen
- Pensionierung
- Tod eines Mitarbeiters

→ Siehe auch Kapitel **3.6 Arbeitsvertrag**

2.4 Personalwesen – Aufgaben

2.4.1 Begriffe zuweisen

Weisen Sie die Nummern der folgenden Begriffe der richtigen Erklärung zu.

Nr.	Begriff		Nr.	Begriff
1.	Stellenbeschreibung			Mit den Mitarbeitern werden in regelmässigen Abständen die vereinbarten Ziele mit den erreichten Zielen verglichen und besprochen.
2.	Interview			Freiwillige Zusatzleistungen wie Zusatzferien, Sportangebote oder nicht arbeitsbezogene Weiterbildungsmöglichkeiten.
3.	Personaladministration			Aufgaben, Kompetenzen, Verantwortung, Eingliederung in das Organigramm.
4.	Personalentwicklung			Massnahmen, die dazu dienen, Mitarbeiter auf ihre künftigen Herausforderungen vorzubereiten.
5.	Fringe Benefits			Vorstellungsgespräch, bei dem sich ein neuer Mitarbeiter dem Unternehmen vorstellt.
6.	Personalbeurteilung			Alle Arbeiten, die im Zusammenhang mit Mitarbeitern anfallen.
7.	Personalaustritte			Mitarbeiter verlassen ein Unternehmen.

2.4.2 Gleichbedeutende Begriffe

PW / PM / HRM sind **Abkürzungen** im Personalwesen. Was bedeutet jeder dieser drei Begriffe korrekt ausgeschrieben?

2.4.3 Aufgaben des Personalmanagements

Dina Tabic hat soeben ihre neue Stelle als HRM (Human Resource Manager) bei der Privatbank Wealth AG angetreten. Im Computer studiert sie die für das Personalwesen angelegten Ordner; es sind genau drei: A) Personalbeschaffung; B) Personalbetreuung; C) Personalaustritt. Jeder Ordner enthält hunderte von Dateien. Für mehr Übersichtlichkeit entschliesst sie sich als erstes dafür, fünf Unterordner anzulegen, nämlich:
1. Personalbeurteilung 2. Personaladministration und -entwicklung 3. Personalhonorierung
4. Personalbedarfsplanung 5. Personalrekrutierung

a) Ordnen Sie die fünf Unterordner dem richtigen Hauptordner zu, indem Sie die entsprechende Zahl eintragen.

Hauptordner:	Personalbeschaffung	Personalbetreuung	Personalaustritt
Unterordner:			

b) Im nächsten Schritt sind die unzähligen Dateien dem richtigen Unterordner zuzuordnen (Hauptordner nur dann nennen, wenn kein Unterordner zutrifft). Treffen Sie die korrekte Zuordnung für die folgenden sieben Dateien. Setzen Sie bei jeder Datei die Nummer des richtigen Ordners ein.

Dateiname	Unterordner/Hauptordner
Excel-Liste Stellenwachstumsplan	
Arztzeugnis H. G.	
Protokoll Mitarbeitergespräch mit R. G.	
Bewerbungsdossier K. H.	
Arbeitszeugnis P. S.	
Inserat für Stelle Empfangssekretariat	
Liste Gehaltsabrechnungen April	
Ablaufplanung Weihnachtsessen	

2.4.4 Personalbeschaffung

a) Nennen Sie die Ziele der Personalbedarfsplanung. Formulieren Sie dazu mindestens vier Fragesätze, die alle mit einer «W»-Frage beginnen: wie viel… / wo… / wann… / welche….

Personalwesen – Aufgaben

b) Das Personal kann man entweder extern oder intern (innerhalb der Unternehmung) rekrutieren. Nennen Sie je einen Vorteil und einen Nachteil der externen bzw. internen Personalsuche.

	Interne Rekrutierung	Externe Rekrutierung
Vorteil		
Nachteil		

c) Interne oder externe **Stellenbesetzung**. Es geht im Folgenden um eine Bergbahn mit Berg-Restaurant und gesamthaft 60 Mitarbeitenden. Darauf sollen sich Ihre Überlegungen beziehen.
Kreuzen Sie an, ob in den folgenden Fällen die interne oder die externe Personalsuche zu bevorzugen ist.

Nr.	Situation	intern	extern
1.	Zwischen Weihnachten und Neujahr kommen doppelt so viele Gäste wie im Jahresdurchschnitt und müssen bedient werden.		
2.	Die Kassiererin Z hat sich Anfangs Saison die Hand gebrochen und fällt ca. vier Tage ganz aus; danach wird sie ca. einen Monat lang zu 50–80 % arbeiten können.		
3.	Von den total neun Mitarbeiterinnen des Betriebsbüros wird die Halbtags Angestellte Y einen unbezahlten Urlaub (zusätzlich zu ihrem normalen, vertraglichen Urlaub) von vier Wochen antreten.		

d) Was versteht man unter einem Assessment-Center?

_____

_____

_____

2.4.5 Personalhonorierung

a) Beschreiben Sie den Unterschied zwischen Prämienlohn und Leistungslohn. Nennen Sie für jede Lohnart die typischen Merkmale, so dass der Unterschied deutlich wird.

Prämienlohn	Leistungslohn

b) Geben Sie durch Ankreuzen an, ob die folgenden Aussagen für den Zeitlohn (=ZL), für den Leistungslohn (=LL) oder für den Prämienlohn (=PL) zutreffen. Pro Zeile ist nur eine Lohnform anzukreuzen.

Nr.	Aussage	ZL	LL	PL
1.	Eine Textilmitarbeiterin erhält mehr Lohn, wenn sie wenig Abfall produziert.			
2.	Die Lohnhöhe richtet sich nach Alter und Ausbildung, wobei die Leistung nicht genau gemessen wird.			
3.	Falls man immer die gleiche Leistung erbringt, erhält man auch immer den gleichen Lohn.			
4.	Zusatzleistungen werden zusätzlich belohnt.			
5.	Bei dieser Lohnart besteht keine Gefahr eines hastigen Arbeitstempos.			
6.	Der Lohn steht in direktem Verhältnis zur erbrachten Leistung.			
7.	Diese Lohnart ist für die betriebliche Abrechnung am einfachsten.			
8.	Wer von 15–17 Uhr einen WM-Match anschaut und dafür zwei mal, statt um 17 Uhr, erst um 18 Uhr nach Hause geht, der hat diese Lohnart.			
9.	Diese Lohnart ist nur anwendbar bei genau messbarer Arbeitsleistung.			
10.	Wer eine «ruhige Kugel» schiebt, wird dafür finanziell nicht bestraft.			

c) Nennen Sie je einen Nachteil des Zeitlohns und des Leistungslohns aus Sicht des Arbeitnehmers (AN) und des Arbeitgebers (AG).

Lohnart	Nachteil (AN)	Nachteil (AG)
Zeitlohn		
Leistungslohn		

2.4.6 Aussagen beurteilen

Entscheiden Sie, ob die folgenden Aussagen richtig (R) oder falsch (F) sind. Die falschen Aussagen sind zu berichtigen.

Nr.	Aussage	R	F
1.	Das Ziel eines guten Personalmanagements ist es, die richtigen Leute in der richtigen Menge zur richtigen Zeit am richtigen Ort im Einsatz zu haben. Korrektur:		

Personalwesen – Aufgaben

Nr.	Aussage	R	F
2.	Das Interview beim Rekrutierungsprozess wird meistens nach einem ausgiebigen Assessment durchgeführt. Korrektur:		
3.	Ein Mitarbeitergespräch ist ein Gespräch zwischen zwei Mitarbeitern über das Arbeitsverhältnis in der Unternehmung. Korrektur:		
4.	Um einen kurzfristigen Personalbedarf zu decken (z. B. wegen Krankheit) sollte ein Betrieb eine externe Stellenausschreibung im Intranet oder am Anschlagbrett platzieren. Korrektur:		
5.	Die Personaladministration umfasst alle Arbeiten, die im Zusammenhang mit dem Personal anfallen. Korrektur:		
6.	Unter Gratifikation versteht man die freiwillige Belohnung für Erfolg und Einsatz. Korrektur:		
7.	Extern rekrutierte Mitarbeiter können schneller eingearbeitet werden. Korrektur:		
8.	Die Entlöhnung von Spitalärzten mit einem Leistungslohn kann zu einer höheren Motivation und zu gesteigerter Sorgfalt führen. Korrektur:		

2.4.7 Personalaustritte

Es gibt verschiedene Gründe für den **Austritt** von Personal aus der Unternehmung. Sara S. ist eben jetzt 60 Jahre alt geworden und schon 15 Jahre bei der Firma X angestellt.
Geben Sie drei mögliche Gründe für ein Ende der Anstellung von Sara S. an, und zwar Gründe, die von der Seite der Mitarbeiterin kommen und nicht vom Geschäft!

2.5 Versicherungen

Leistungsziele BIVO

- Ich beurteile anhand einfacher Fallbeispiele die Notwendigkeit folgender Versicherungen für eine Privatperson: AHV / IV / EO / Berufliche Vorsorge / Arbeitslosenversicherung (ALV) / Krankenversicherung / Unfallversicherung (UVG) / Lebensversicherung / Privathaftpflichtversicherung / Motorfahrzeugversicherung (Kasko und Haftpflicht) / Mobiliarversicherung (Hausratversicherung)
- Ich wende dabei die folgenden Begriffe an: Drei-Säulen-System / Unter- und Überversicherung / Regress / Selbstbehalt

2.5.1 Prinzip der Versicherung

Der Abschluss von Versicherungen schützt vor den finanziellen Folgen im Rahmen der im Versicherungsvertrag festgelegten Ereignisse.

Das Funktionsprinzip jeder Versicherung:

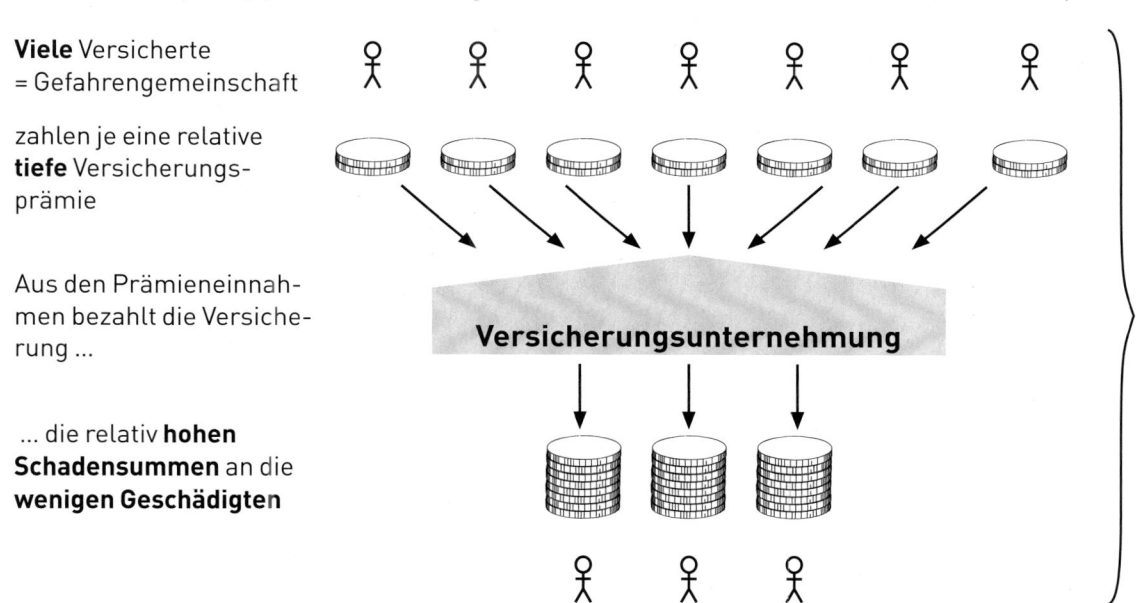

Viele Versicherte
= Gefahrengemeinschaft

zahlen je eine relative **tiefe** Versicherungsprämie

Aus den Prämieneinnahmen bezahlt die Versicherung ...

... die relativ **hohen Schadensummen** an die **wenigen Geschädigten**

(Solidaritätsprinzip)

Begriffe	Erläuterung
Gefahrengemeinschaft	Gruppe von Personen, die dem gleichen Risiko ausgesetzt ist.
Solidaritätsprinzip	Viele Risikoträger decken mit ihren Prämien den Schaden von wenigen Betroffenen.

Versicherungen

2.5.2 Risikomanagement

Risikomanagement am Beispiel eines Snowboardfahrers:

Schritt	Inhalt	Beispiel Snowboardfahrer
1. Schritt	Ziel bestimmen	Snowboard fahren auf der Piste
2. Schritt	Risiko **erkennen**	Erkennen der möglichen Gefahr eines Unfalls (Sach-/Personenschaden)
3. Schritt	Risiko **bewerten**	Einschätzung der Wahrscheinlichkeit eines Unfalls und der möglichen Tragweite.
4. Schritt	Umgang mit Risiko	Es gibt vier Möglichkeiten mit Gefahren umzugehen.
I. Stufe	Risiko **vermeiden**	Totaler Verzicht auf das Snowboardfahren, oder Verzicht bei schlechten Sichtverhältnissen und überfüllten Pisten.
II. Stufe	Risiko **vermindern**	Z. B. Vorsichtige Fahrweise, Tragen von Helm und Rückenschutz.
III. Stufe	Risiko **abwälzen**	Falls es trotzdem zu einem Unfall kommt, können finanzielle Folgen (Heilungskosten, Schadenersatz) durch Abschluss eines Versicherungsvertrages an die Versicherung überwälzt werden.
IV. Stufe	Risiko **selber tragen**	Schmerzen, körperliche Behinderungen oder ein schlechtes Gewissen muss der Snowboardfahrer selber tragen.
5. Schritt	Risiko **überwachen**	Wie hat sich die Ausgangslage bezüglich des Ziels und der Risiken geändert?

2.5.3 Arten von Versicherungen

a) Übersichten

Versicherungen nach dem **Gegenstand** der Versicherung

Sachversicherungen decken den Schaden an **eigenen Sachen**	**Vermögensversicherungen** decken den Schaden, den der Versicherte **jemand anderem** beigefügt hat. Sie «schützen» das eigene Vermögen vor Schadenersatzansprüchen anderer Personen.	**Personenversicherungen** decken den Schaden an der **eigenen Person**
– Mobiliarversicherung (Hausratversicherung) – Gebäudeversicherung – Motorfahrzeug-Kaskoversicherung (Teil-/Vollkasko)	– Privathaftpflichtversicherung – Motorfahrzeug-Haftpflichtversicherung – Rechtsschutzversicherung	– AHV/IV/EO – Pensionskasse – Lebensversicherung – Arbeitslosenversicherung – Unfallversicherung – Krankenkasse

Versicherungen

Versicherungen
nach der **Freiwilligkeit** des Versicherungsabschlusses

Obligatorische Versicherungen

- AHV/IV/EO
- Pensionskasse
- Arbeitslosenversicherung
- Unfallversicherung
- Krankenkasse (Grundversicherung)
- Motorfahrzeug-Haftpflichtversicherung
- Gebäudeversicherung in den meisten Kantonen

Freiwillige Versicherungen

- Lebensversicherung
- Krankenkasse (Zusatzversicherung)
- Privathaftpflichtversicherung (in vielen Kantonen jedoch für Tierhalter obligatorisch)
- Motorfahrzeug-Kaskoversicherung
- Mobiliarversicherung (Hausratversicherung)

Versicherungen
nach dem **Träger** der Versicherung

Staatliche Versicherungen

- AHV/IV/EO
- Arbeitslosenversicherung
- Unfallversicherung: nur die SUVA
- Gebäudeversicherung einzelner Kantone

Private Versicherungen

- Pensionskassen
- Lebensversicherungen
- Unfallversicherungen (ausgen. SUVA)
- Privathaftpflichtversicherungen
- Motorfahrzeug-Versicherungen (Kasko und Haftpflicht)
- Krankenversicherungen (Krankenkassen)

b) Allgemein wichtige Begriffe

Begriff	Erläuterung
Zeitwert-Versicherung	Vergütet den Jetzt-Wert des versicherten Gegenstandes (= Anschaffungswert − Wertverminderung). → Typisch für alle Motorfahrzeug-Versicherungen
Neuwert-Versicherung	Vergütet den Wiederbeschaffungswert des versicherten Gegenstandes (=Preis für Neuanschaffung heute). → Typisch für Hausratversicherungen
Franchise	Totale Kostenbeteiligung des Versicherten an Schadenzahlungen **pro Kalenderjahr.** Die Versicherung übernimmt eine Leistung erst, wenn der Franchise-Betrag aufgebraucht ist. → typisch bei der Krankenkasse (siehe Berechnung bei Kapitel **2.5.6 b) Weitere Personenversicherungen**)
Selbstbehalt	Betrag, der bei jedem Schadensfall selber zu tragen ist. Zweck: bessere Vorsicht; Vermeidung von kleinen Schadenanzeigen. → Typisch für Hausrat- und Motorfahrzeug-Versicherungen → obligatorisch bei Krankenkassen

Versicherungen

Begriff	Erläuterung
Überversicherung	Die Versicherungssumme ist höher als der Wert des versicherten Gegenstandes, z. B. Versicherungssumme CHF 120 000, Wert Hausrat CHF 100 000. → Versicherung zahlt bei Totalschaden: CHF 100 000.
Unterversicherung	Die Versicherungssumme ist tiefer als der Wert des versicherten Gegenstandes, z. B. Versicherungssumme CHF 80 000, Wert Hausrat CHF 100 000. → Die Versicherung reduziert bei jedem Schadensfall ihre Leistung um den Prozentsatz der Unterversicherung: Im Beispiel: Wert CHF 100 000 = 100 % Versichert CHF 80 000 = 80 % = Unterversicherung → Bei jedem Schadensfall zahlt die Versicherung nur 80 % des tatsächlichen Schadens! Fortsetzung Beispiel: Schadensfall von CHF 20 000 → die Versicherung zahlt nur 80 %, also CHF 16 000.
Doppelversicherung	Für eine Sache ist mehr als eine Versicherung abgeschlossen worden. Im Schadensfall wird der Schaden aber nur 1× bezahlt, z. B. anteilmässig von den beteiligten Versicherungen.
Bonus-Malus-System	Unfallfreie Fahrer werden mit einer Prämienreduktion (Bonus) belohnt, Fahrer mit Unfällen mit einer Prämienerhöhung (Malus) bestraft. Üblich bei Motorfahrzeug-Haftpflichtversicherungen und bei Vollkaskoversicherungen.
Regress	Falls ein Versicherter sich grob-fahrlässig oder strafbar verhalten hat, kann die Versicherung nach Bezahlung des Schadens einen Teil vom Versicherten zurückverlangen (=Regress nehmen).
Elementarschäden	Schäden, die durch das Wirken der Natur verursacht werden, z. B. Schäden durch Hochwasser, Sturm, Hagel, Steinschlag, Lawinen, Erdrutsch.

2.5.4 Sachversicherungen

Versicherung	Leistungen	Ereignisse
Hausratversicherung (Mobiliarversicherung)	Für Schäden an beweglichen Gegenständen in der Wohnung / im Haus. (Wenn man das Haus / die Wohnung auf den Kopf drehen würde → alles was rausfällt!)	Elementarschäden, Feuer, Leitungswasser, Diebstahl.
Gebäudeversicherung (nicht QV-relevant)	Für Schäden an Gebäuden und Garagen.	Elementarschäden, Glasbruch, Feuer, Leitungswasser.
Motofahrzeug-**Teilkaskoversicherung**	Für Schäden am **eigenen** Motorfahrzeug.	Deckt den Schaden am eigenen Auto bei Elementarschäden, Feuer, Diebstahl, Glasbruch, Vandalismus, Wildschäden (Kollisionen mit Tieren)
Motorfahrzeug-**Vollkaskoversicherung**	Für Schäden am **eigenen** Motorfahrzeug.	Deckt die gleichen Schäden wie eine Teilkaskoversicherung + zusätzlich Schäden am eigenen Auto bei selbst verursachten Kollisionen.

2.5.5 Vermögensversicherungen

Versicherung	Leistungen	Ereignisse
Privathaftpflichtversicherung	Für Schäden **an Dritten** (Sach- / Personenschaden)	Verschuldungshaftung Kausalhaftung → Siehe Kapitel **3.2 Die Entstehungsgründe von Obligationen**
Motorfahrzeug-Haftpflichtversicherung	Für Schäden **an Dritten** (Motorfahrzeug- / Personenschaden)	Selbstverschuldete Unfälle
Betriebshaftpflichtversicherung	Von der Unternehmung verursachte Schäden bei Dritten	Angestellte verursachen einen Schaden bei einem Kunden

2.5.6 Personenversicherungen

a) Alters-, Hinterlassenen- und Invalidenvorsorge (3-Säulen-System)

Die soziale Vorsorge basiert in der Schweiz auf einem Dreisäulenprinzip. Diese drei Säulen sind eine Kombination aus staatlicher, beruflicher und privater Vorsorge.

1. Säule **Staatliche Vorsorge**	2. Säule **Berufliche Vorsorge (BVG)**	3. Säule **Private Vorsorge**
– **AHV** (Alters- und Hinterlassenenversicherung) – **IV** (Invalidenversicherung) – **EL** (Ergänzungsleistungen)	– **Pensionskassen** (Pensionskasse bzw. BVG: Berufliche Alters-, Hinterlassenen- und Invalidenvorsorge)	– **Privates Sparen** – **3a** (gebunden) – **3b** (frei) – **Lebensversicherungen** – Sonstige Ersparnisse
obligatorisch finanziert durch **Umlageverfahren**	**obligatorisch** finanziert durch **Kapitaldeckungsverfahren**	**freiwillig** finanziert durch **Kapitaldeckungsverfahren**

- Existenzminimum (1. Säule)
- Sicherung von ca. 60 % des ursprünglichen Einkommens (1. + 2. Säule)
- Sicherung des gewohnten Lebensstandards und weiteren Bedürfnissen (1. + 2. + 3. Säule)

Versicherungen

Wichtige Einzelheiten zum 3-Säulen-System

1. Säule

- **Ziel:** Existenzsicherung im Alter
- **Versicherungsobligatorium**
- **Finanziert** durch Arbeitgeber und Arbeitnehmer (Beitragssätze je zu 5.275 % des Bruttolohns), sowie staatlich unterstützt (z. B. durch MWST, Alkohol- und Tabaksteuer)
- **Umlageverfahren:** Bezahlte Rentenbeträge werden gleichzeitig den Rentenbezüger ausbezahlt (Ausgleichskasse).
  → **Generationenvertrag:** Erwerbstätige finanzieren Rentner und werden von der nächsten Generation finanziert.
- **Herausforderungen: Demographischer Wandel** (Überalterung) führt dazu, dass immer weniger Erwerbstätige immer mehr Rentner finanzieren müssen. 1950 gab es 6.5 Erwerbstätige pro Rentner, 2040 werden es nur noch 2.2 Erwerbstätige pro Rentner sein. Somit steigen die Rentenzahlungen stärker als die Prämieneinnahmen
  → **Finanzierungslücke**, Defizit
- **Lösungsansätze:**
  - Einflussnahme auf demographischen Wandel (z. B. Familienpolitik, Immigration)
  - Erhöhung der Beitragssätze
  - Verstärkte staatliche Finanzierung (MWST-Erhöhung)
  - Rentenkürzungen
  - Anheben des Pensionierungsalters

2. Säule

- **Ziel:** Ermöglichung des bisherigen Lebensstandards in Ergänzung zur Existenzsicherung aus der 1. Säule
- **Versicherungsobligatorium**
- **Finanziert** durch Arbeitgeber und Arbeitnehmer (Beitragssätze zwischen 12 % und 22 % des Bruttolohns)
- **Kapitaldeckungsverfahren:** Beiträge werden bis zum Bezug angespart und angelegt. Die Ersparnisse werden im Pensionsalter ausbezahlt oder können in Form einer regelmässigen Rente bezogen werden.
- **Herausforderungen:** Die aktuell sehr tiefen Anlagerenditen schmälern den Kapitalzuwachs bis zum Bezug (reduzierter Zinseszinseffekt). Dies gefährdet einen genügenden Deckungsgrad (= Verhältnis zwischen notwendigem Deckungskapital und angespartem Vermögen).
- **Lösungsansätze:**
  - Erhöhung der Beitragssätze
  - Anheben des Pensionierungsalters
  - Übergang vom Leistungs- zum Beitragsprimat

3. Säule

- **Ziel:** Zusätzliche Absicherung zur Schliessung allfälliger Kostenlücken und zusätzlicher Bedürfnisse
- **Freiwilliges Sparen**
- Persönliche **Finanzierung** (individuell)
- Staatliche **Förderung** durch Steuerabzugsfähigkeit

- **Herausforderungen:** Teilweise schwierige Motivierung junger Erwerbstätiger zum frühzeitigen Beginn des privaten Sparens für das Rentenalter.
- **Lösungsansätze:**
  - Information, Sensibilisierung für die Thematik

b) Weitere Personenversicherungen

Krankenversicherung

Krankenversicherung

Umfang der Versicherung

Grundversicherung
- Ambulante Arztbehandlung
- Behandlung und Aufenthalt im Spital (allgemeine Abteilung)
- Medikamente etc.

obligatorisch, privat

Zusatzversicherung
- Behandlung und Aufenthalt im Spital (Private-/Halbprivate Abteilung)
- Zusatzleistungen wie z. B. Alternativmedizin

freiwillig, privat

Franchise	Die ordentliche Franchise beträgt zurzeit CHF 300.00 pro Jahr. Wählt man in der Police eine höhere Franchise (max. CHF 2 500.00), wird die monatliche Prämienzahlung tiefer.
Selbstbehalt 10 %	Prozentuale Kostenbeteiligung des Versicherten an Schadenzahlungen, sobald die Franchise aufgebraucht ist. Der totale Selbstbehalt ist aber auf CHF 700.00 pro Jahr beschränkt. Bei weiteren Abrechnungen wird kein Selbstbehalt mehr erhoben im gleichen Jahr.

Beispiel

Franchise (CHF 300.00)
Selbstbehalt (10 %)

		Anteil Versicherter		Anteil Versicherung		Offener Saldo der Franchise (dient als Notiz)	
							300.00
1. Rechnung	180.00		180.00		0.00	(300–180)	120.00
2. Rechnung	50.00		50.00		0.00	(120–50)	70.00
3. Rechnung	130.00	(70.00 + 10 % v. 60)	76.00	(90 % v. 60)	54.00	(70–130)	0.00
4. Rechnung	200.00	(10 % v. 200)	20.00	(90 % v. 200)	180.00		0.00
5. Rechnung	75.00	(10 % v. 75)	7.50	(90 % v. 75)	67.50		0.00

Versicherungen

Unfallversicherung (UVG)

Unfall	Ein Unfall ist ein plötzliches, unfreiwilliges und von aussen einwirkendes Ereignis, mit schädigender Wirkung auf eine Person (Körperschaden) oder eine Sache (Sachschaden).
Berufsunfall-versicherung (BU)	– Für Unfallschäden während der Arbeit sowie für Berufskrankheiten. – Obligatorisch für Berufstätige in der Schweiz – Die Versicherungsprämie wird vom Arbeitgeber übernommen.
Nichtberufsun-fallversicherung (NBU)	– Für Unfallschäden in der Freizeit und auf dem Arbeitsweg (Unfälle auf dem Arbeitsweg werden bei Teilzeitbeschäftigte, die weniger als acht Std. pro Woche beim gleichen Arbeitgeber arbeiten, über die Berufsunfallversicherung (BU) abgerechnet. – Wird bei einer Anstellung von über acht Std. pro Woche vom Arbeitgeber abgeschlossen. Die Prämie ist vom Arbeitnehmer zu tragen (Lohnabzug) oder wird freiwillig vom Arbeitgeber übernommen. – Nicht-Berufstätige müssen sich über die Krankenkasse zusätzlich gegen Unfälle versichern.

Erwerbsersatz für Dienstleistende und bei Mutter-/Vaterschaft (EO)

Erwerbsausfallentschädigung während dem Militärdienst, J+S-Leiterkursen und während des Mutter-/Vaterschaftsurlaubs.[1]
Normaler Ablauf: Der Arbeitgeber bezahlt weiterhin den Lohn und erhält von der EO einen Teil davon ersetzt.

Arbeitslosenversicherung (ALV)

Für Einkommensausfall infolge Arbeitslosigkeit.

Lebensversicherung

Arten von Lebensversiche-rungen	Erläuterung
Todesfall-versicherung	Die Versicherungssumme wird fällig, wenn der Versicherte **vor** Ablauf der Versicherungsdauer stirbt.
Erlebensfall-versicherung	Die Versicherungssumme wird fällig, wenn der Versicherte den Ablauf der Versicherungsdauer **erlebt**.
Gemischte Lebensver-sicherung (am häufigsten)	Die Versicherungssumme wird sowohl fällig, wenn der Versicherte **vor** Ablauf der Vertragsdauer stirbt, als auch wenn er den Ablauf der Versicherungsdauer **erlebt**. Das bedeutet aber entweder etwas höhere Prämien oder eine etwas tiefere Versicherungssumme.
Rückkaufswert	Bei vorzeitiger Kündigung einer Kapitalversicherung steht dem Versicherungs-nehmer ein Rückkaufswert (oder auch Rückvergütung) auf die bereits bezahlten Beiträge zu (abzüglich Verwaltungs- und Abschlusskosten der jeweiligen Versicherungsgesellschaft).

---

1   Änderung per 1.1.21.

2.5 Versicherungen – Aufgaben

2.5.1 Versicherungsbegriffe

a) Setzen Sie in den Lücken die richtigen Wörter ein. Es werden nicht alle Auswahlwörter gebraucht.

wenigen	alle
viele	keine
junge	tiefe
alte	hohen

Prinzip einer Versicherung:

_____ Versicherte zahlen relativ _____ Prämien an die Versicherung. Die Versicherungsgesellschaft bezahlt in relativ _____ Schadensfällen den relativ _____ Schaden.

b) Wie heisst das Fachwort für das Grundprinzip jeder Versicherung?
_____

c) Es gibt die Unterscheidung zwischen Sachversicherungen und Vermögensversicherungen. Sachversicherungen decken andere Schäden als Vermögensversicherungen. Worin besteht der Unterschied?
_____
_____
_____
_____

d) Nennen Sie je ein Beispiel einer Sach- bzw. einer Vermögensversicherung.
_____
_____
_____
_____
_____

Versicherungen – Aufgaben

2.5.2 Sach-, Vermögens- und Personenversicherungen

a) Man unterscheidet Personenversicherungen (= PV), Vermögensversicherungen (= VV) und Sachversicherungen (= SV). Durch welche dieser Versicherungsarten können die nachfolgenden Risiken abgedeckt werden? Pro Fall ist nur eine Lösung anzukreuzen.

Tina Buser hat vor einem Jahr eine Bar eröffnet.

Nr.	Fall	PV	VV	SV
1.	Tina muss wegen einer akuten Darminfektion drei Tage ins Spital.			
2.	Beim Servieren verschüttet Tina versehentlich ein Glas Wein auf das weisse Seidenkleid einer Kundin. Reinigung bringt nichts, sie muss das Kleid ersetzen.			
3.	Der Barkeeperin zerspringt beim Öffnen eine Champagnerflasche zwischen den Fingern. Die Wunde muss genäht werden.			
4.	Nach einem Jahrhundert-Gewitter muss die Bar wegen Wasserschadens für drei Tage geschlossen bleiben. Die Umsatzeinbusse ist beträchtlich.			
5.	Wegen des Wasserschadens müssen alle Teppiche ersetzt werden.			
6.	Als Tina bei einer Schlägerei vermitteln will, trifft sie ein Faustschlag ins Gesicht; sie bricht das Nasenbein und muss zum Arzt.			

b) Larissa Lüthy gründet ein neues Unternehmen. Ordnen Sie alle Versicherungen der richtigen Gruppe zu.

Nr.	Versicherung	Sach-versicherung	Personen-versicherung	Vermögensver-sicherung
1.	Rechtschutzversicherung			
2.	Betriebshaftpflicht-versicherung			
3.	Unfallversicherung			
4.	Motorfahrzeughaftpflicht-versicherung			
5.	Mobiliarversicherung			
6.	AHV / IV / EO			
7.	Garantieversicherung			

c) Welche der obigen Versicherungen sind für das Unternehmen von Larissa Lüthy bzw. ihre Angestellten obligatorisch?

2.5.3 Unter-, Über- und Doppelversicherung

Vor vier Jahren hat ein Ehepaar eine Hausratversicherung abgeschlossen. Der Wert des Haushaltes wurde auf CHF 75 000.00 festgesetzt. Bis heute ist dieser Wert dank Neuanschaffungen von teuren Möbeln, einer Hifi-Anlage und einem LCD-TV auf CHF 100 000.00 angewachsen. Das Paar hat es versäumt, die Versicherungssumme anzupassen.

a) Wie nennt man diesen Zustand?

b) Wie viel wird die Versicherung auszahlen, wenn am Hausrat wegen eines Feuers in der Wohnung ein Schaden von …

   1. CHF 100 000.00 (= Totalschaden) entsteht?

   2. CHF 90 000.00 entsteht?

   3. CHF 50 000.00 entsteht?

c) Das Ehepaar erhöht jetzt die Versicherungssumme auf CHF 120 000.00. Wie viel wird die Versicherung auszahlen, falls ein Schaden am Hausrat von CHF 100 000.00 entsteht? Wie nennt man diesen versicherungstechnischen Zustand?

d) Das Ehepaar reist zusammen nach Indien. Auf dem Flughafen von Mumbay wird die Reisetasche der Ehefrau im Wert von CHF 1200.00 gestohlen. Die Frau hat bereits in der Hausrat-Versicherung alle auswärtigen Diebstähle versichert. Ausserdem hat sie mit der Kreditkartenfirma eine zusätzliche Diebstahlversicherung abgeschlossen.

   1. Wie nennt man diesen versicherungstechnischen Zustand?

   2. Wie gross wird die Entschädigung für die Ehefrau total sein?

2.5.4 Versicherungstyp

Mit 22 Jahren beschliesst Sandra Heiniger eine eigene Wohnung zu mieten. Sie zieht bald darauf in eine sonnige Wohnung am Rande der Stadt. Da sie nun nicht mehr bei den Eltern versichert ist, sollte sie einige Versicherungen abschliessen. Helfen Sie ihr dabei und nennen Sie jeweils den richtigen Versicherungstyp für die folgenden Sachverhalte.

a) Sandra will ihr neues Peugeot Cabrio, welches sie in der blauen Zone parkt, gegen Marderschäden versichern.

b) Bei einer schweren Krankheit will sie im Spital in der privaten Abteilung liegen und vom Chefarzt behandelt werden.

c) Da sie eine Parterrewohnung gemietet hat, hat sie Angst, dass bei ihr eingebrochen wird. Sie will deshalb ihre Gegenstände in der Wohnung gegen Einbruch und Diebstahl versichern.

d) Sandra fährt gerne in ihrem Cabrio über Pässe. Teilweise sind diese Pässe noch schneebedeckt. Damit ihre kleine Tochter finanziell abgesichert ist, falls Sandra bei einem Unfall ums Leben kommen sollte, schliesst sie eine Versicherung ab.

e) Sandra ist eine leidenschaftliche Skifahrerin. Allerdings liebt sie schnelle Pisten und fährt auch dementsprechend risikoreich. Welche Versicherung muss Sandra abschliessen, damit sie, falls sie einen Skifahrer anfährt, dessen Schaden nicht selber zahlen muss?

2.5.5 Versicherungen bei einem Unfall

Als Sina Turnheer mit ihrem Auto zur Arbeit fährt, muss das Auto vor ihr plötzlich wegen einer Katze eine Vollbremsung einleiten. Da Sina nicht mehr rechtzeitig bremsen kann, fährt sie in den Opel von Kevin Fischer. Sina kommt mit dem Schrecken davon, aber Kevin Fischer erleidet ein Schleudertrauma und muss längere Zeit ärztlich behandelt werden.

a) Welche Versicherung übernimmt die folgenden Schäden? Kreuzen Sie bei jedem Schaden die richtige Versicherung an. Bei einigen Zeilen ist nichts anzukreuzen.

Nr.	Versicherung	Schaden am Opel von Kevin Fischer	Arztkosten von Kevin Fischer	Schaden am Auto von Sina Turnheer
1.	Unfallversicherung von Kevin Fischer			
2.	Unfallversicherung von Sina Turnheer			
3.	Vollkaskoversicherung von Kevin Fischer			
4.	Vollkaskoversicherung von Sina Turnheer			
5.	Privathaftpflichtversicherung von Sina Turnheer			
6.	Motorfahrzeughaftpflichtversicherung von Kevin Fischer			
7.	Motorfahrzeughaftpflichtversicherung von Sina Turnheer			

b) Erklären Sie, welchen Einfluss dieser Unfall auf die Prämienzahlungen von Sina Turnheer an die Motorfahrzeughaftpflicht- und an die Motorfahrzeug-Kaskoversicherung haben wird? Wie nennt man dieses Prinzip?

c) Welches Recht hätte die Versicherung von Sina, falls sie in angetrunkenem Zustand diesen Unfall verursacht hätte?

2.5.6 3-Säulen-Prinzip

a) Ergänzen Sie das Schema des 3-Säulen-Prinzips mit den fehlenden Ausdrücken.

Das 3-Säulen-Konzept als Vorsorge für
– _____, – Tod und – Invalidität.

	1. Säule	2. Säule	3. Säule
Bezeichnung:	_____	_____	Private Vorsorge
Träger: Welche Institution organisiert diese Säule	_____	Pensionskasse	_____
obligatorisch oder freiwillig:	_____	_____	_____
Was soll gedeckt sein?	_____	_____	_____

b) Ordnen Sie die Begriffe der jeweils passenden Säule der Altersvorsorge zu.

- a) Sicherung Lebensstandard
- b) Individuelles Sparen
- c) Existenzsicherung
- d) Zwangssparen
- e) Pensionskassen
- f) Invalidenversicherung
- g) Ausgleichskasse
- h) Staatliche Finanzierungsbeteiligung
- i) Alters- und Hinterlassenenversicherung
- j) Steuerprogression
- k) Steuerprivileg
- l) Umlageverfahren
- m) Kapitaldeckungsverfahren
- n) Generationenvertrag

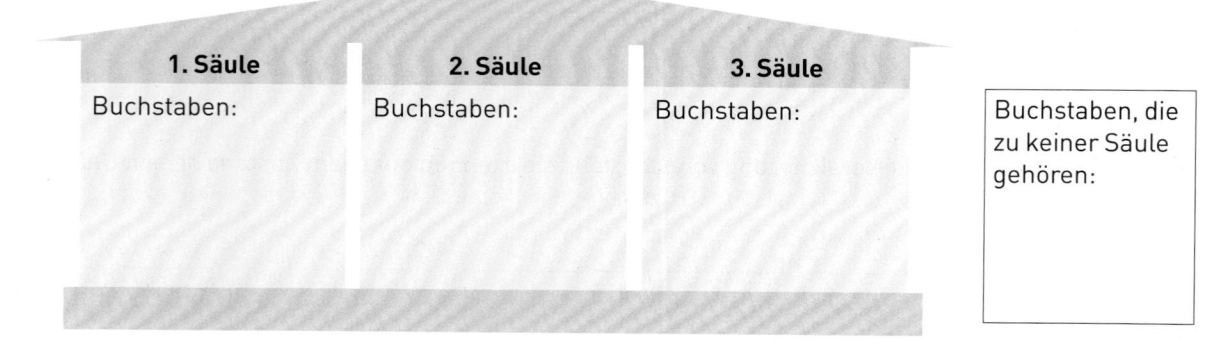

1. Säule	2. Säule	3. Säule	Buchstaben, die zu keiner Säule gehören:
Buchstaben:	Buchstaben:	Buchstaben:	

c) Die Pensionskasse wird nach dem Sparprinzip (= Kapitaldeckungsverfahren) finanziert. Beschreiben Sie dieses Finanzierungsprinzip der Pensionskasse.

_____

_____

d) Die AHV wird nach dem Umlageverfahren finanziert. Das Umlageverfahren bei der AHV hat bis vor 10 Jahren noch gut funktioniert. Aber jetzt fürchtet man eine grosse «Finanzierungslücke» bei der AHV.

1. Erklären Sie das Umlageverfahren bei der 1. Säule.

_____

2. Beschreiben Sie diese Finanzierungslücke in Ihren eigenen Worten.

_____

3. Warum ist diese Finanzierungslücke entstanden? Nennen Sie die zwei wichtigsten Gründe.

_____

_____

4. Ergänzen Sie drei weitere Möglichkeiten zur Lösung der AHV-Finanzierungslücke; zwei Möglichkeiten sind bereits eingetragen.

> – *Einflussnahme auf den demographischen Wandel*
> – *Verstärkte staatliche Finanzierung (z. B. MWST-Erhöhung)*

2.5.7 Lebensversicherung

Die sogenannte «Gemischte Lebensversicherung» ist die am häufigsten vorkommende Art einer Lebensversicherung. Sie stellt eine Kombination von Hinterlassenen- und Altersvorsorge dar. Kreuzen Sie an, ob die Aussagen richtig oder falsch sind. Korrigieren Sie zusätzlich die falschen Aussagen.

Aussage	Richtig	Falsch
Die Versicherungssumme wird ausbezahlt, wenn der Versicherte während der Versicherungsdauer stirbt oder wenn er nach Ablauf der Versicherungsdauer noch lebt.		

Aussage	Richtig	Falsch
Sie ist ein typisches Sparinstrument der zweiten Säule.		
Der Rückkaufswert ist immer um einiges höher als die vereinbarte Versicherungssumme.		

2.5.8 Umgang mit Risiken

Die ersten Schritte beim Risikomanagement sind: Ziel bestimmen, Risiko erkennen und bewerten. Dann folgt der konkrete Umgang mit dem Risiko. Nennen Sie die 3 ersten Stufen das Umgangs mit dem Risiko, und zwar am Beispiel von «Motorrad-Fahren»: Zuerst den Schritt fachlich richtig nennen, dann erläutern, wie dieser Schritt am Beispiel Töff-Fahren aussieht.

Stufe	Bezeichnung im Risikomanagement	Wie wird das gemacht beim Töff-Fahren
1		
2		
3		

2.5.9 Fragen zur Krankenkasse

a) Füllen Sie die Lücken im Satz richtig aus.

Bei der Krankenkasse muss der Versicherte von jedem Schadensfall 10 % selber übernehmen. Dies nennt man _____. Zusätzlich muss er von den ersten Arztrechnungen jedes Jahres einen bestimmten Betrag (Minimum CHF 300.00) selbst bezahlen. Diesen Pauschalbetrag nennt man _____.

b) Nico Stenz hat einen jährlichen Pauschalbetrag von CHF 300.00 gewählt. Die erste Arztrechnung im Jahr 2014 beträgt CHF 850.00. Wie viel Franken werden ihm von der Krankenkasse zurückerstattet? (Die Rechnungsüberlegungen zeigen)

2.5.10 Probleme bei der Hausratversicherung

Vor einigen Jahren hat das Ehepaar Kuner eine Hausratversicherung abgeschlossen. Der Wert des Haushaltes betrug CHF 90 000.00 und das war auch die vereinbarte Versicherungssumme. Zudem wurde ein Selbstbehalt von CHF 300.00 abgemacht. Fünf Jahre später ist der Wert des Hausrates infolge von Neuanschaffungen auf CHF 120 000.00 gestiegen; die Versicherungssumme wurde aber nicht angepasst.

a) Wie nennt man diesen Zustand? Nennen Sie das Fachwort.

b) Wegen eines Zimmerbrandes entsteht ein Schaden von CHF 20 000.00 Wie viel wird die Versicherung auszahlen? (Der Rechnungs- bzw. Überlegungsweg soll ersichtlich sein.)

2.5.11 Demographischer Wandel

In der Grafik unten sehen Sie den Altersaufbau der Schweizer Bevölkerung im Jahr 2016 (Quelle: Bundesamt für Statistik: Taschenstatistik der Schweiz 2018).

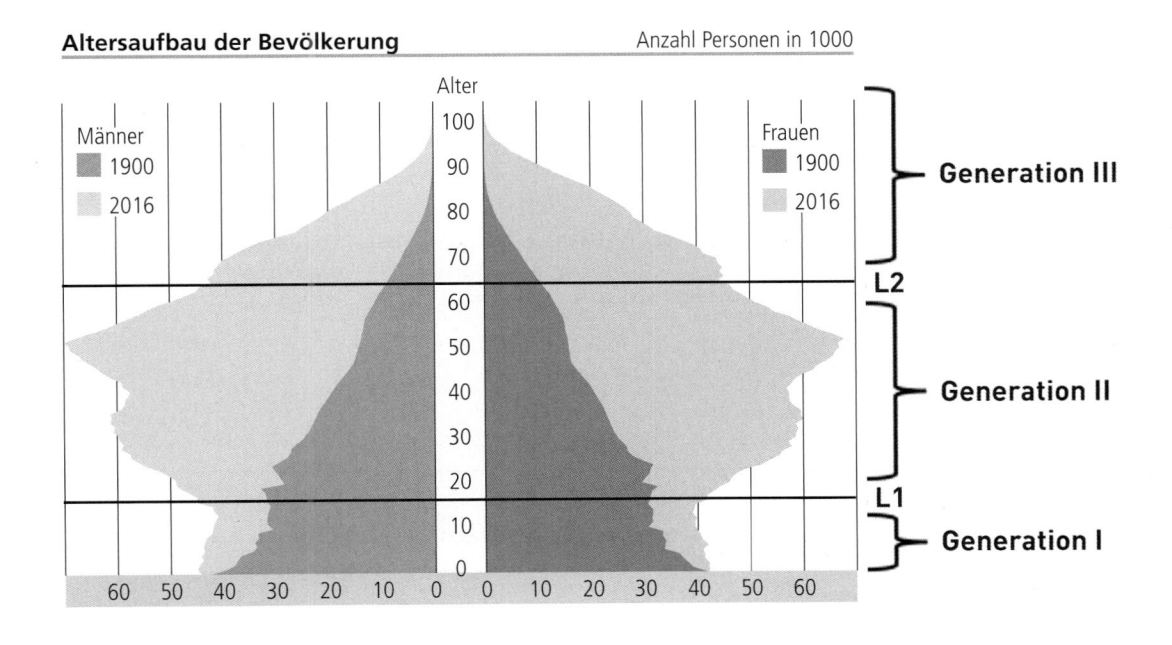

Altersaufbau der Bevölkerung — Anzahl Personen in 1000

Männer: 1900, 2016
Frauen: 1900, 2016

- Generation III
- L2
- Generation II
- L1
- Generation I

Versicherungen – Aufgaben

a) Welcher Zusammenhang besteht zwischen den eingezeichneten Altersgrenzen L1 und L2 und der Erwerbstätigkeit?

L1: _____

L2: _____

b) Generationenvertrag: Welche Generation (Bevölkerungsteil I, II oder III) finanziert zur Zeit die AHV?

_____

c) Welche Generation (Bevölkerungsanteil I, II oder III) ist zur Zeit AHV-Rentenbezügerin?

_____

2.5.12 Übersichtsaufgabe Versicherungen

Kreuzen Sie an, welche Versicherungen zu den verschiedenen Versicherungskategorien gehören.

	Gebäude-versicherung	Hausrat-versicherung	Mfz-Kasko-versicherung	Privat-Haftpflichtversicherung	Mfz-Haftpflichtversicherung
Sachversicherung					
Vermögensversicherung					
Personenversicherung					
Staatliche Versicherung					
Private Versicherung					
Obligatorische Versich.					
Freiwillige Versicherung					

	AHV/IV/EO	Arbeitslosenversicherung	Unfallversicherung	Pensionskasse	Krankenversicherung	Lebensversicherung
Sachversicherung						
Vermögensversicherung						
Personenversicherung						
Staatliche Versicherung						
Private Versicherung						
Obligatorische Versich.						
Freiwillige Versicherung						

2.6 Finanzierung, Kapitalanlage

Leistungsziele BIVO

- In einfachen Fallbeispielen beschreibe ich die Vor- und Nachteile der verschiedenen Finanzierungsarten (Aussen-/Innen-, Eigen-/Fremd-, Selbst- und Verflüssigungsfinanzierung) für die Liquiditäts-, Sicherheits- und Rentabilitätsziele der Unternehmung.
- Ich beschreibe den Prozess der Kreditgewährung (Bonität) bei Bankkrediten für Betriebs-, Investitions- und Hypothekarkredite und unterscheide die dazu notwendigen Sicherheiten (Grundpfand, Faustpfand und Bürgschaft).
- Ich unterscheide die Merkmale und Besonderheiten der Wertpapiere Aktien und Obligationen.
- Ich unterscheide Anlagestrategien in Bezug auf die Anlageziele Liquidität, Sicherheit, Rendite und nachhaltige Verantwortung für einfache Anlagebeispiele mit Aktien (kotiert und nichtkotiert), Obligationen, Fonds und Sparkonten.

Überblick über das ganze Kapitel

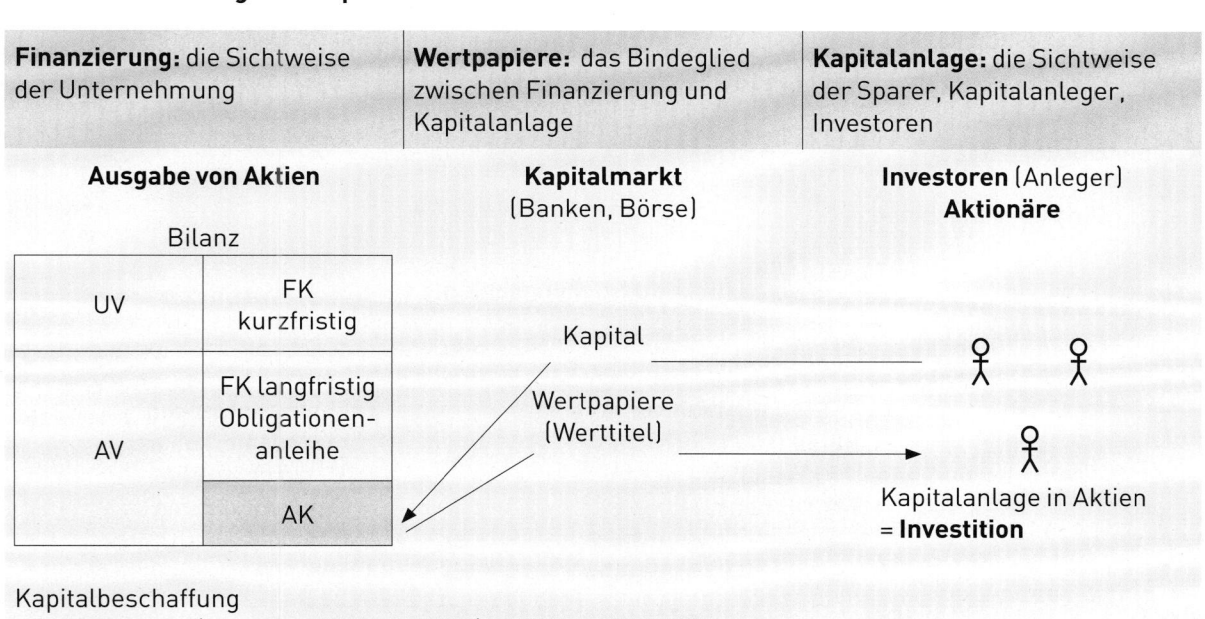

Finanzierung: die Sichtweise der Unternehmung	Wertpapiere: das Bindeglied zwischen Finanzierung und Kapitalanlage	Kapitalanlage: die Sichtweise der Sparer, Kapitalanleger, Investoren

Ausgabe von Aktien

Bilanz: UV | FK kurzfristig; AV | FK langfristig Obligationenanleihe / AK

Kapitalmarkt (Banken, Börse) — Kapital, Wertpapiere (Werttitel)

Investoren (Anleger) **Aktionäre**

Kapitalanlage in Aktien = **Investition**

Kapitalbeschaffung
= **Finanzierung** (hier: Eigenfinanzierung)

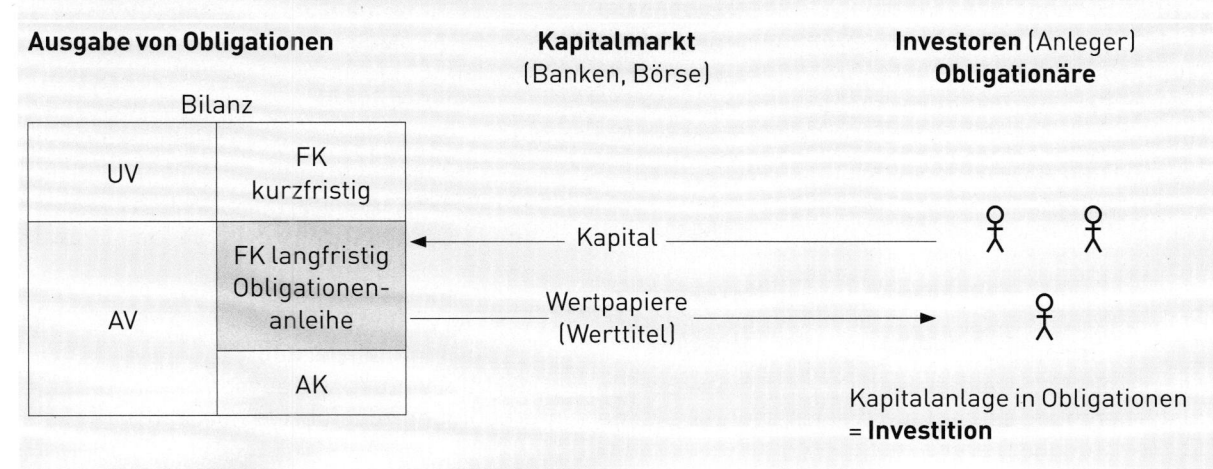

Ausgabe von Obligationen

Bilanz: UV | FK kurzfristig; AV | FK langfristig Obligationenanleihe / AK

Kapitalmarkt (Banken, Börse) — Kapital, Wertpapiere (Werttitel)

Investoren (Anleger) **Obligationäre**

Kapitalanlage in Obligationen = **Investition**

Kapitalbeschaffung
= **Finanzierung** (hier: Fremdfinanzierung)

Finanzierung, Kapitalanlage

Die Unternehmung steht vor der Aufgabe, sich genügend **Kapital zu beschaffen**:
a) durch Ausgabe von Aktien = Beschaffung von Eigenkapital
b) durch Ausgabe von Obligationen = Beschaffung von Fremdkapital. (Nur sehr grosse Unternehmungen, wie Fluggesellschaften, Kraftwerke, Banken, sowie der Staat (Bund und Kantone), beschaffen sich Fremdkapital über die Ausgabe von Obligationen.

Wertpapiere sind Urkunden mit definierten Rechten: immer Vermögensrechte, bei Aktien zusätzlich Mitgliedschaftsrechte. Der grosse Vorteil von Wertpapieren: sie sind leicht und schnell handelbar, können schnell von einem Besitzer an einen anderen weitergegeben werden. Wichtigste: Aktien und Obligationen. Zusätzlich gibt es eine «Mischform»: Anlagefonds (→ siehe Kapitel **2.6.3 Anlagemöglichkeiten**)

Wer viel Geld hat, sucht Möglichkeiten, sein Kapital gewinnbringend anzulegen. Zwei wichtige Anlagemöglichkeiten für Sparer sind:
→ Kapitalanlage in Aktien: Damit wird man Mitinhaber einer Unternehmung und hat Anteil an deren Wachstum und Gewinn
→ Kapitalanlage in Obligationen: Damit wird man «Kreditgeber» einer Unternehmung und erhält einen festen jährlichen Zins + die Rückzahlung der Anlage am Ende der Laufzeit

Die **Ziele** bei der Finanzierung und bei der Kapitalanlage: Beide Parteien, die Unternehmung für die Finanzierung und die Sparer für die Kapitalanlage, verfolgen eigene Ziele. Dabei geht es immer um: Sicherheit, Liquidität und Rentabilität (Rendite) (siehe auch **Kapitel 2.6.4 Anlageziele und Anlagestrategien**).

A Finanzierung

2.6.1 Finanzierungsarten

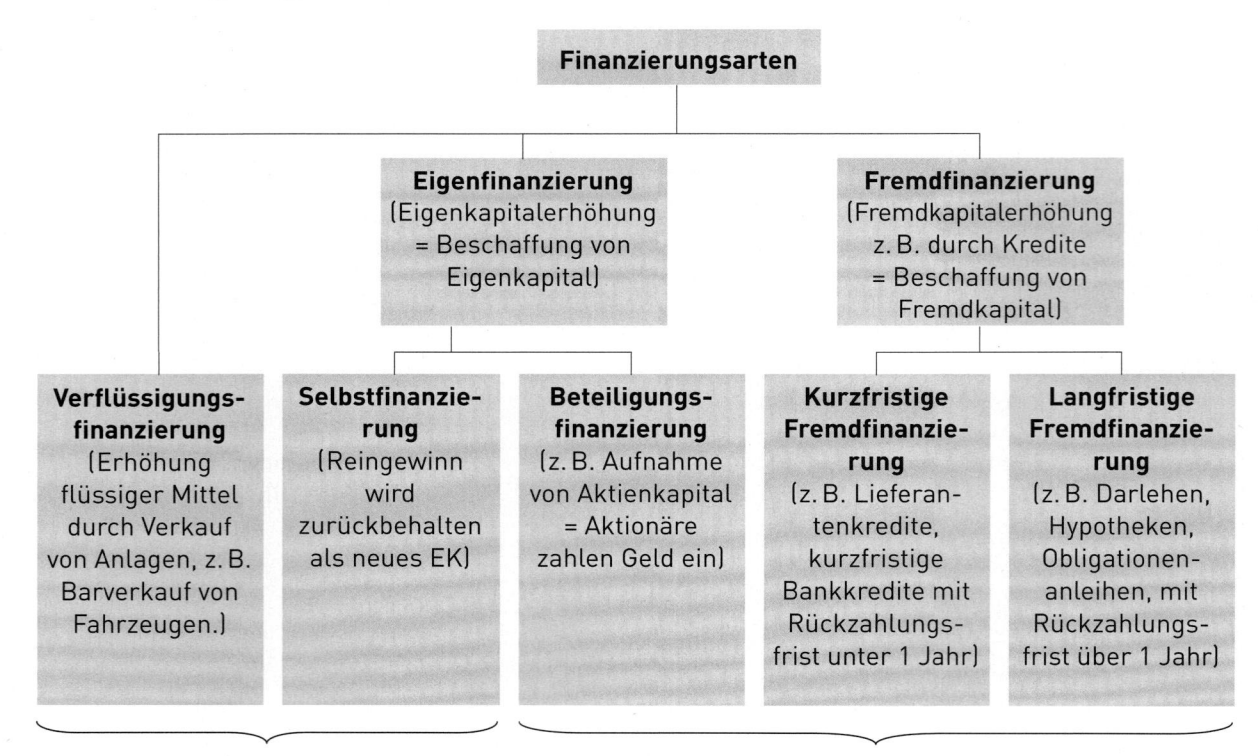

Finanzierungsarten

- **Eigenfinanzierung** (Eigenkapitalerhöhung = Beschaffung von Eigenkapital)
  - **Verflüssigungsfinanzierung** (Erhöhung flüssiger Mittel durch Verkauf von Anlagen, z. B. Barverkauf von Fahrzeugen.)
  - **Selbstfinanzierung** (Reingewinn wird zurückbehalten als neues EK)
  - **Beteiligungsfinanzierung** (z. B. Aufnahme von Aktienkapital = Aktionäre zahlen Geld ein)
- **Fremdfinanzierung** (Fremdkapitalerhöhung z. B. durch Kredite = Beschaffung von Fremdkapital)
  - **Kurzfristige Fremdfinanzierung** (z. B. Lieferantenkredite, kurzfristige Bankkredite mit Rückzahlungsfrist unter 1 Jahr)
  - **Langfristige Fremdfinanzierung** (z. B. Darlehen, Hypotheken, Obligationenanleihen, mit Rückzahlungsfrist über 1 Jahr)

Innenfinanzierung
Die Mittel werden in der Unternehmung selber (durch eigene Tätigkeit) erarbeitet.

Aussenfinanzierung
Die Mittel werden von aussen der Unternehmung zugeführt (einbezahlt).

2.6.2 Kredite und Sicherheiten

Kredite sind die häufigste Art der Fremdfinanzierung von Unternehmungen. Die Kreditgewährung geschieht meistens durch Banken → deshalb wird dieser Teil aus «Banken-Perspektive» gezeigt:

– Wie läuft der Prozess der Kreditvergabe ab (→ a)?
– Was für Sicherheiten verlangen Banken für verschiedene Arten von Krediten (→ b)?

a) Der Ablauf der Kreditgewährung

1. Kreditprüfung	2. Kreditbewilligung	3. Kreditüberwachung
Überprüfung der Bonität des Gesuchstellers (bon = gut) Sie setzt sich zusammen aus der Kreditfähigkeit und der Kreditwürdigkeit. Zur Einschätzung muss die Unternehmung meistens einen Businessplan einreichen: Auf ca. 10–20 Seiten zeigt sie, mit Zahlen unterlegt, wie sie ihre Geschäftsziele erreichen will.	Unterzeichnung des Kreditvertrages inklusive der vereinbarten Sicherheiten + Zuordnung des Kreditnehmers in eine Risikoklasse (= Rating)	Kontrolle der Einhaltung aller Abmachungen und Beobachtung des Geschäftsverlaufes

Kreditfähigkeit:
Wird die Unternehmung den Kredit zurückzahlen können? Ist sie erfolgreich auf dem Markt tätig? → berücksichtigt quantitative Faktoren wie Zahlungsfähigkeit, Umsatz, Gewinn

Kreditwürdigkeit:
Ist die Unternehmung genügend vertrauenswürdig, einen Kredit zu erhalten? → berücksichtigt qualitative Faktoren wie Zuverlässigkeit, Glaubhaftigkeit, Ehrlichkeit

Finanzierung, Kapitalanlage

b) Sicherheiten für Kredite

Warum überhaupt Kreditsicherheiten? → Wenn ein Kreditnehmer den Kredit nicht zurückzahlen kann, muss er vom Kreditgeber «mühsam» und zeitraubend gemahnt und betrieben werden. Und vielleicht verliert der Kreditgeber seine Forderung ganz! → Dagegen gibt es die Absicherung mit bestimmten Sicherheiten: Schon im Kreditvertrag wird abgemacht, welche Sicherheit der Kreditnehmer zur Verfügung stellen muss. Und wenn er dann später nicht zurückzahlen kann, so kann der Kreditgeber auf diese Sicherheit zurückgreifen: er kommt schneller zu seinem Geld und hat nicht das Risiko des Totalverlustes.

Die wichtigsten Kreditsicherheiten:

1. Faustpfand	2. Grundpfand (Hypothek)	3. Bürgschaft
Der Kreditnehmer übergibt dem Kreditgeber ein bewegliches Pfand: Wertpapiere oder Schmuck. (Es sollten wertbeständige Gegenstände sein!)	Bei einem Kredit für einen Hauskauf überschreibt der Kreditnehmer das Haus als Sicherheit. Das Grundpfand muss im Grundbuchregister eingetragen werden.	Eine dritte Person erklärt sich bereit einzuspringen, wenn der Kreditnehmer nicht zahlen kann, z. B. «der reiche Onkel». a) Solidarbürgschaft* und b) Einfache Bürgschaft**

Realsicherheiten: eine Sache dient als Sicherheit (1. und 2.)

Personalsicherheit: eine Person dient als Sicherheit (3.)

Wichtig: Kredite ohne Sicherheiten, nur auf der Basis von Vertrauen: = **Blankokredite!**
Blankokredite gibt es für zwei unternehmerische Zwecke:
– Betriebskredit: zum Kauf von Rohmaterialen, Handelswaren (=Finanzierung von Umlaufsvermögen)
– Investitionskredit: zum Kauf von Maschinen, Fahrzeugen (=Finanzierung von Anlagevermögen)

* Solidarbürgschaft: Die Bank kann sehr rasch auf den Bürgen zurückgreifen, nämlich sobald der Schuldner auf eine Mahnung zur Kreditrückzahlung nicht reagiert.

** Einfache Bürgschaft: Die Bank kann erst dann auf den Bürgen zurückgreifen, wenn der Schuldner erfolglos betrieben worden ist. (→ die Banken bevorzugen deshalb klar die Solidarbürgschaft als Sicherheit!)

c) Auswirkung der Finanzierung auf drei Kennzahlen

Jede Finanzierung hat Veränderungen von Bilanzposten zur Folge. Die Auswirkung einer bestimmten Finanzierung lässt sich anhand der in Kapitel **1.16 Analyse von Bilanz und Erfolgsrechnung** (→ dort die Formeln repetieren!) behandelten Kennzahlen feststellen.

Drei Arten von Auswirkungen können mit Hilfe von Kennzahlen überprüft werden:
- Auswirkungen auf die Liquidität (Zahlungsbereitschaft) der Unternehmung
  → Liquiditätsgrad 2
- Auswirkungen auf die langfristige Sicherheit der Unternehmung
  → Eigenfinanzierungsgrad oder Fremdfinanzierungsgrad
- Auswirkungen auf die Rentabilität → Rendite des Eigenkapitals

Tipp: Bilden Sie bei Finanzierungsbeispielen immer zuerst den Buchungssatz. Dann lassen sich die Auswirkungen in den Bilanzpositionen klar erkennen und die Formeln besser berechnen!

Beispiele für Auswirkungen von Finanzierungsvorgängen auf die Kennzahlen:
Zunahme = +   Abnahme = −   Keine Veränderung = 0

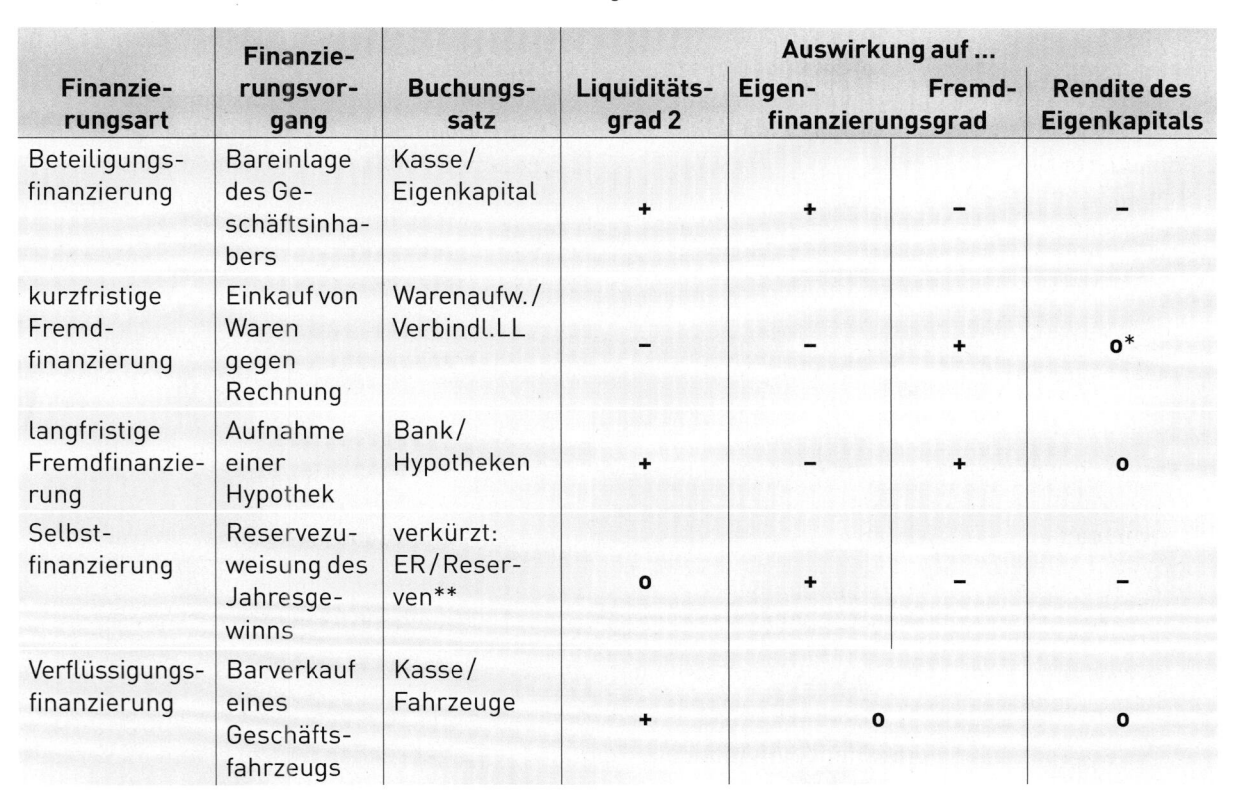

Finanzierungsart	Finanzierungsvorgang	Buchungssatz	Auswirkung auf ...			
			Liquiditätsgrad 2	Eigenfinanzierungsgrad	Fremdfinanzierungsgrad	Rendite des Eigenkapitals
Beteiligungsfinanzierung	Bareinlage des Geschäftsinhabers	Kasse / Eigenkapital	+	+	−	−
kurzfristige Fremdfinanzierung	Einkauf von Waren gegen Rechnung	Warenaufw. / Verbindl.LL	−	−	+	o*
langfristige Fremdfinanzierung	Aufnahme einer Hypothek	Bank / Hypotheken	+	−	+	o
Selbstfinanzierung	Reservezuweisung des Jahresgewinns	verkürzt: ER / Reserven**	o	+	−	−
Verflüssigungsfinanzierung	Barverkauf eines Geschäftsfahrzeugs	Kasse / Fahrzeuge	+	o	o	

* keine (direkte) Auswirkung
** Verkürzung ergibt sich aus: 1. ER an Jahresgewinn; 2. Jahresgewinn an Gewinnvortrag; 3. Gewinnvortrag an Reserven. → Jahresgewinn und Gewinnvortrag streichen sich weg: es bleibt ER an Reserven

Finanzierung, Kapitalanlage

B Kapitalanlage

2.6.3 Anlagemöglichkeiten: Aktien, Obligationen, Anlagefonds

Der Kapitalanleger kann sein Geld grundsätzlich in verschiedenen Wertpapieren anlegen: in Aktien oder in Obligationen. Wertpapiere sind in OR 965 definiert: Es sind Urkunden, mit denen bestimmte Rechte verbunden sind. Nur als nachweislicher Inhaber dieser Urkunde kann man die Rechte geltend machen. Daneben gibt es als Anlagemöglichkeit noch die wertpapierähnlichen Anlagefonds (→ d). Auch das traditionelle Bank-Sparkonto wie auch der Abschluss einer Lebensversicherung zählen zu den Anlagemöglichkeiten. Alle diese Anlagemöglichkeiten haben unterschiedliche Eigenschaften, welche der Kapitalanleger kennen sollte.

a) Übersicht

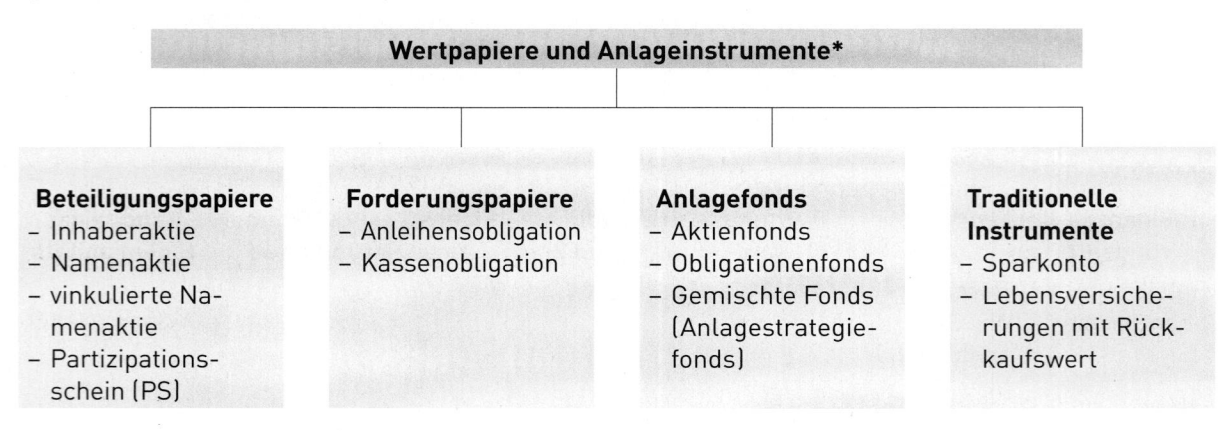

Wertpapiere und Anlageinstrumente*

Beteiligungspapiere	Forderungspapiere	Anlagefonds	Traditionelle Instrumente
– Inhaberaktie – Namenaktie – vinkulierte Namenaktie – Partizipationsschein (PS)	– Anleihensobligation – Kassenobligation	– Aktienfonds – Obligationenfonds – Gemischte Fonds (Anlagestrategiefonds)	– Sparkonto – Lebensversicherungen mit Rückkaufswert

* *nur QV-relevante Wertpapiere und Anlageinstrumente sind hier aufgeführt. In der Praxis gibt es noch viel mehr Möglichkeiten*

b) Vergleich zwischen Aktien und Obligationen

Wertpapier	Aktien	Obligationen
Art des Rechts	Beteiligungspapiere (Teilhaberpapier)	Forderungspapiere (Gläubigerpapier)
Stellung Kapitalgeber	Eigenkapitalgeber (Miteigentümer)	Fremdkapitalgeber (Gläubiger)
Vermögensrechte	– Dividende (= Anteil am Reingewinn) – Bezugsrecht auf neue Aktien bei Kapitalerhöhung – Anteil am Liquidationserlös bei Auflösung der AG	– jährlicher Zins zu einem im Voraus festgelegten Zinsfuss – Rückzahlung am Ende der Laufzeit
Mitwirkungsrechte	– Stimm- und Wahlrecht an der Generalversammlung – Informationsrecht (Geschäfts- und Revisionsbericht)	keine

Wertpapier	Aktien	Obligationen
Unterarten	**Inhaberaktie** – Aktionär ist der AG nicht bekannt – Aktie ist leicht handelbar (kann durch blosse Übergabe weiter gegeben werden) – Nennwert muss voll einbezahlt werden **Namenaktie** – Aktionär ist der AG bekannt (Eintrag im Aktienregister) – Übergabe der Aktie durch Indossament (Vermerk der Übertragung) – Nennwert muss nicht voll einbezahlt sein **Vinkulierte Namenaktie** – Übertragung muss vom Verwaltungsrat der AG genehmigt werden **Partizipationsschein** – nur Vermögensrechte, keine Mitwirkungsrechte – «stimmrechtlose Aktie»	**Anleihensobligation** – Laufzeit ca. 8–15 Jahre – Festgelegte Teilbeträge bei Ausgabe (CHF 5 000.00, 10 000.00 etc.) **Kassenobligation** – Laufzeit ca. 2–8 Jahre – Ausgabe je nach Bedarf (kleinere Teilbeträge als bei Anleihensobligation) – Ausgabe durch Banken – Kein Börsenhandel

c) Kotierte und nicht kotierte Wertpapiere

Kotierte Wertpapiere (kotiert = aufgeführt) werden an der Börse gehandelt und sind damit auf einfache Weise handelbar.

Aktien	Obligationen
– Kotiert sind die meisten Aktien von Grossunternehmungen. Der SMI = Swiss Market Index zeigt täglich die aktuellen Börsenkurse der 20 wichtigsten Schweizer Unternehmungen – Nicht kotiert sind die Aktien von Klein- und Familien-Unternehmungen. – Aber auch nicht kotierte Aktien können ausserbörslich weiterverkauft werden.	– Kotiert sind die Anleihensobligationen von Grossunternehmungen, von Bund, Kantonen und Gemeinden – Nicht kotiert sind Kassenobligationen

d) Anlagefonds als Anlageinstrument

Definition: Ein Anlagefonds ist ein grosser Topf, gefüllt mit Wertpapieren; er wird von einer Bank bereitgestellt und verwaltet. Der Sparer kann sich daran beteiligen, indem er einen Anteil an diesem Topf kauft und damit an der Wertentwicklung des ganzen Topfes teilnimmt. Somit hat der Anleger anteilsmässige Vermögensrechte, aber keine Mitwirkungsrechte.

Bank oder bankähnliche Fondsgesellschaft stellt den Fonds zusammen.

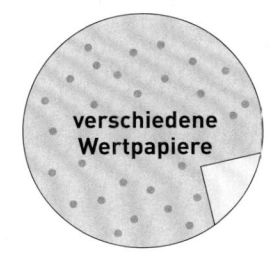

verschiedene Wertpapiere

Anleger kauft einen Anteil am gesamten Fonds.

Finanzierung, Kapitalanlage

Verschiedene Fondstypen	Vorteile von Fondsanteilen für den Anleger

– Aktienfonds: enthalten Aktien von vielen verschiedenen Unternehmungen. Sie können nach verschiedenen Merkmalen ausgerichtet sein: nach Branchen, nach Ländern, nach der Grösse der Unternehmungen
– Obligationenfonds: enthalten Anleihensobligationen von vielen verschiedenen Schuldnern. Sie können nach Merkmalen ausgerichtet sein: -nur Staatsobligationen, -bestimmte Unternehmungstypen
– Gemischte Fonds: enthalten Aktien wie Obligationen und können ebenfalls ausgerichtet sein nach Ländern oder Branchen.
	– Man kann sich mit einem relativ kleinen Einsatz an verschiedenen Wertpapieren beteiligen.
	– Durch die Aufteilung auf verschiedene Wertpapiere ist das Risiko für den Anleger verteilt und damit reduziert = Risiko-Diversifikation
	– Die Dividenden der im Fonds enthaltenen Aktien bzw. die Zinsen der im Fonds enthaltenen Obligationen können auf zwei Arten an die Anleger verteilt werden:
	  – der Fonds kann den Anlegern jährlich einen Gewinnanteil ausschütten; oder
	  – die Erträge des Fonds werden von der Fondsverwaltung reinvestiert → dadurch vergrössert sich der Topf und der Anteil des einzelnen Anlegers gewinnt an Wert = Teilnahme am Wertzuwachs.
	– Die gekauften Fondsanteile können jederzeit (täglich!) an die Fondsgesellschaft zurückverkauft werden = hohe Liquidität von Fondsanlagen

2.6.4 Anlageziele und Anlagestrategien

Bei der Entscheidung, in welche Anlagemöglichkeiten ein Anleger investieren will, muss er sich zuerst über seine Anlageziele im Klaren sein. Und dementsprechend wählt er dann eine von drei Anlagestrategien aus. Auf diesem Wege wird dann klar, welche Wertpapiere in welcher Aufteilung gekauft werden sollen. Das Ergebnis ist dann sein Portfolio.

a) Anlageziele: das magische Viereck der Kapitalanlage.
   Der Kapitalanleger muss zwischen verschiedenen Anlagezielen auswählen. Weil sich nicht alle Anlageziele gleichzeitig erreichen lassen, spricht man vom magischen Viereck:

Liquidität
Die Kapitalanlage soll jederzeit wieder in Bargeld umgetauscht werden können.

Sicherheit
Die Kapitalanlage soll nicht an Wert verlieren und keinen grossen Wertschwankungen unterworfen sein.

Zielkonflikte

Rendite
Die Kapitalanlage soll möglichst viel Ertrag abwerfen.

Nachhaltige Verantwortung (Ethik)
Die Kapitalanlage soll umweltgerecht und sozial fair sein.

Zielkonflikte bestehen nicht in gleichem Masse zwischen diesen vier Zielen:

1. Hauptzielkonflikt: Sicherheit ←→ Rendite
   Diese beiden Ziele stehen sich diametral gegenüber: Wer viel Sicherheit will, muss auf viel Rendite verzichten; wer hohe Rendite will, muss ein hohes Risiko (=wenig Sicherheit) in Kauf nehmen.

2. Nachhaltige Verantwortung: Wer nachhaltige Verantwortung will, muss Einschränkungen sowohl in der Rendite als auch in der Sicherheit in Kauf nehmen.

3. Liquidität: Sie steht nicht zwingend mit den anderen Zielen in Konflikt: Alle börsenkotierten Papiere sind sehr liquide, egal, ob es sich um «Risikopapiere» oder um sichere Anlagen handelt. Demgegenüber haben Spargelder mit höherem Zinsfuss eine Kündigungsfrist und sind weniger liquide.

b) Anlagestrategien
   Die Anlagestrategie richtet sich nach den Zielen des Anlegers:

Ziele und Strategie	Rendite-Orientierung ▼ **Dynamische, aggressive Anlagestrategie**	Kombination von Rendite und Sicherheit ▼ **Ausgewogene Strategie**	Sicherheits-Orientierung ▼ **Konservative Anlagestrategie**
Zusammensetzung des Portfolios	– hoher Anteil Aktien, inklusive ausländische Wertpapiere und Aktienfonds	– kleinerer Aktienanteil: blue chips, Schweizer Aktien, solide Aktienfonds – grösserer Anteil Obligationen, inkl. Obligationenfonds	– hoher Anteil Obligationen: Schweizer Anleihensobligationen, Kassenobligationen, Obligationenfonds – Sparkonto, Sparen 3a
Beispiel: Portfolio von CHF 100 000	– Schweizer Blue Chips,* 50 000 – Aktienfonds «Emerging Marktes», 20 000 – Obli-Fonds, renditeorientiert, 20 000 – Sparkonto, bar 10 000	– Aktienfonds Schweiz, 30 000 Aktienfonds Blue Chips Europa, 10 000 Eidg. Bundesanleihen, 20 000 Oblig.-Fonds, Schweizer Kantone, 30 000 Sparkonto, bar 10 000	– Aktienfonds, Schweizer Blue Chips, 25 000 – Oblig.-Fonds Bundesanleihen, 30 000 – Oblig.-Fonds Schweizer Kantone, 20 000 – Kassenobligat, 10 000 – Sparkonto, bar 15 000

*Blue Chips = Aktien von soliden, wertbeständigen Unternehmungen

Finanzierung, Kapitalanlage – Aufgaben

2.6 Finanzierung, Kapitalanlage – Aufgaben

2.6.1 Finanzierungsarten

a) Füllen Sie die leeren Kästchen aus und nennen Sie Beispiele für die verschiedenen Finanzierungsarten.

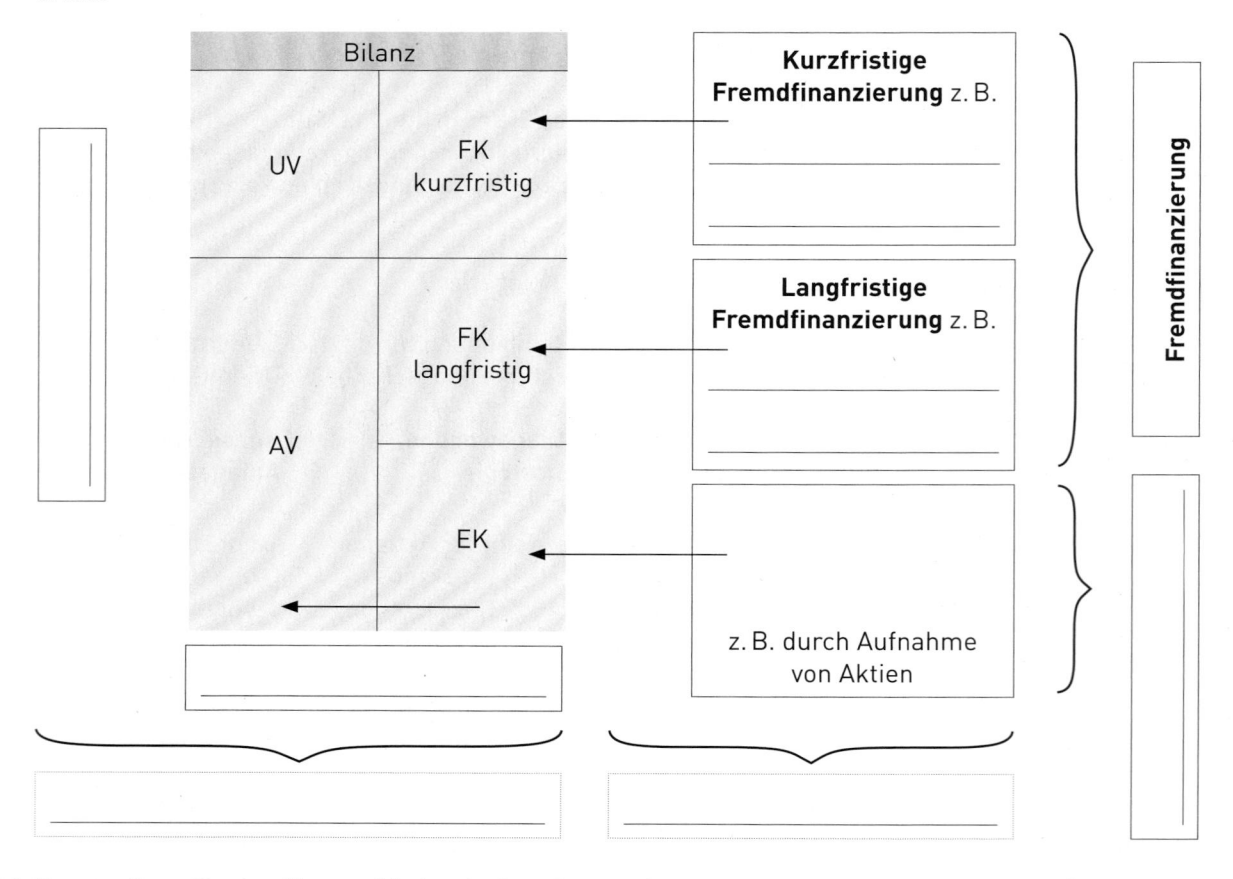

[Bilanz-Diagramm mit Feldern: UV, AV, FK kurzfristig, FK langfristig, EK; Kästchen für Kurzfristige Fremdfinanzierung z. B., Langfristige Fremdfinanzierung z. B., z. B. durch Aufnahme von Aktien; Beschriftung Fremdfinanzierung]

b) Beschreiben Sie den Unterschied zwischen Aussenfinanzierung und Innenfinanzierung (keine Beispiele, was zu was gehört, sondern von den Begriffen her den Unterschied erklären).

_____

_____

_____

c) Was ist eine Verflüssigungsfinanzierung?
   1. Beschreiben Sie den Vorgang allgemein und
   2. Beschreiben Sie ein Beispiel für eine Verflüssigungsfinanzierung.

_____

_____

2.6.2 Kredite und ihre Sicherheiten

a) Bei der Vergabe von Krediten durch Banken unterscheidet man zwischen Realsicherheiten und Personalsicherheiten.
   Beschreiben Sie, was jeder dieser Begriffe bedeutet:

Realsicherheit: _____

Personalsicherheit: _____

b) Nennen Sie zu jedem Begriff eine Kreditart, die da zuzuordnen ist.

Realsicherheit: _____

Personalsicherheit: _____

c) Ergänzen Sie die Tabelle mit den Kreditformen und den dazugehörenden Sicherheiten!

Art des Kredites	Art der Sicherheit
	eine Drittperson garantiert die Rückzahlung
Faustpfandkredit	
	ein Grundstück oder ein Haus
	keine spezielle Sicherheit

d) Ergänzen Sie die drei Phasen der Kreditvergabe:

1. _____

2. Kreditbewilligung

3. _____

e) Bei der Kreditprüfung macht die Bank eine Bonitätsprüfung des Gesuchstellers.
   1. Welche zwei Punkte beinhaltet eine Bonitätsprüfung?

   _____
   _____
   _____

   2. Erklären Sie einen der beiden Begriffe in eigenen Worten

   _____
   _____
   _____

2.6.3 Auswirkung der Finanzierung auf die Kennzahlen

Sie kennen die Kennzahlen zur Beurteilung von Finanzierungsvorgängen:

- Liquiditätsgrad 2 (= LIQ2) $\quad \frac{(\text{Liquide Mittel} + \text{Forderungen LL}) \times 100}{\text{kurzfristiges FK}}$

- Eigenfinanzierungsgrad (= EFG) $\quad \frac{\text{Eigenkapital} \times 100}{\text{Gesamtkapital}}$

Finanzierung, Kapitalanlage – Aufgaben

- Fremdfinanzierungsgrad (= FFG) $\quad \dfrac{\text{Fremdkapital} \times 100}{\text{Gesamtkapital}}$

- Rendite des Eigenkapitals (= REK) $\quad \dfrac{\text{Reingewinn} \times 100}{\text{Eigenkapital}}$

Im folgenden werden einige Geschäftsfälle genannt und zu jedem eine der Kennzahlen.

Entscheiden Sie, wie sich diese Kennzahl durch den Geschäftsfall verändert:
Zunahme = **+**   Abnahme = **–**   Keine Veränderung = **0**

Auf der ersten Zeile ist ein Beispiel schon gelöst.

Nr.	Geschäftsfall	Kennzahl	Veränderung
Bsp.	Bareinlage des Geschäftsinhabers	LIQ2	+
1.	Einlage des Geschäftsinhabers auf das Bankkonto	FFG	
2.	Der Jahresgewinn ist um 3 % gesunken	REK	
3.	Aufnahme einer Hypothek bei der Bank	LIQ2	
4.	Aufnahme einer Hypothek bei der Bank	EFG	
5.	Barverkauf einer Maschine	REK	
6.	Einkauf von Waren gegen Rechnung	LIQ2	
7.	Einkauf von Büromaterial gegen Rechnung	EFG	
8.	Umwandlung von Lieferantenschulden in ein langfristiges Darlehen	FFG	
9.	Umwandlung von Lieferantenschulden in ein langfristiges Darlehen	LIQ2	
10.	Ein Teil des Gewinns wird den Reserven zugewiesen	EFG	
11.	Barverkauf eines Geschäftsfahrzeuges	LIQ2	
12.	Warenverkauf gegen Rechnung	REK	

2.6.4 Wertpapiere und ihre Merkmale

a) Ein Aktionär (kotierte Inhaberaktien) möchte seine Aktien verkaufen. Behauptung: Er kann dies auf folgende Arten tun:
1. Rückzahlung des Betrages von der Unternehmung (Ausgeberin der Wertpapiere) verlangen.
2. Die Papiere an der Börse verkaufen
3. Die Aktien ohne Börse an einen Interessenten verkaufen.

Kreuzen Sie jetzt an, welche Behauptung(en) zutreffend ist (sind)

☐ nur 1.   ☐ 1 + 2   ☐ alle drei   ☐ gar keine

☐ 2 + 3   ☐ 1 + 3   ☐ nur 2   ☐ nur 3

b) Aus der Sicht des Anlegers gibt es wichtige Unterschiede zwischen dem Kauf von Aktien und dem Kauf von Obligationen. Ergänzen Sie in der folgenden Tabelle die Merkmale von Aktien und Obligationen!

Merkmal	Obligationen	Aktien
Art des Papiers (Stellung des Eigentümers)		Beteiligungspapier (Teilhaberpapier)
Art des Ertrags des Besitzers (genau bezeichnen)		

Merkmal	Obligationen	Aktien
Art des Mitspracherechts in der Unternehmung		
Zeitpunkt der Rückzahlung des eingezahlten Betrags		
Risiko (gross/klein)		

c) In jeder der folgenden Aussagen ist mindestens ein (oder mehrere) Fehler! Streichen Sie die falsche Stelle durch und korrigieren Sie so, dass die Aussagen richtig sind.
   – Der Aktionär hat Anspruch auf die Ausschüttung eines jährlich gleich bleibenden Gewinnanteils.

   Korrektur: _____

   – Bei einem Konkurs werden die Aktien zuerst zurückbezahlt.

   Korrektur: _____

   – Der Aktionär stellt der Unternehmung Kapital zur Verfügung und wird damit Gläubiger der Unternehmung.

   Korrektur: _____

d) Kreuzen Sie an, ob die folgenden Aussagen für die Namenaktie (N) oder für die Inhaberaktie (I) oder für beide Arten zutreffen!

	N	I
Der Aktionär erhält einen Gewinnanteil.		
Die Papiere können sehr leicht verkauft werden.		
Die AG kennt ihre Aktionäre nicht.		
Der Aktionär hat das Recht, an der Generalversammlung teilzunehmen.		
Der Anleger wird ins Aktienregister eingetragen.		
Der Nennwert muss voll einbezahlt sein.		

e) Anleihensobligationen und Kassenobligationen haben Unterschiede und Gemeinsamkeiten. Kreuzen Sie bei den folgenden Aussagen an, für welchen Obligationentyp sie zutreffen.

Aussage	Anleihens-obligation	Kassen-obligation
Herausgeber können nur Banken sein.		
Die Obligation ist an der Börse handelbar.		
Die Anlage in dieser Obligation ist liquide.		
Der Obligations-Inhaber hat ein Stimmrecht an der Generalversammlung der die Obligation herausgebenden Unternehmung.		
Die Obligation gilt als ziemlich sichere Kapitalanlage.		
Die Ausgabe erfolgt fortlaufend, also nicht zu einem festgelegten Ausgabezeitpunkt.		
Am Ende der Laufzeit wird die Obligation zurückbezahlt.		
Der Obligationsbesitzer erhält jährlich einen festgelegten Zins.		

Finanzierung, Kapitalanlage – Aufgaben

2.6.5 Anlagefonds

a) Beschreiben Sie in Stichworten, was ein Anlagefonds ist. Die Beschreibung soll enthalten:
  1. Eine einfache, verständliche Definition
  2. Wer stellt den Anlagefonds zur Verfügung?
  3. Wie investiert ein Anleger in den Fonds?
  4. Nennen Sie zwei Beispiele von Fondstypen

b) Nennen Sie zwei Vorteile von Anlagefonds für den Anleger.

2.6.6 Anlageziele

a) Jeder Anleger muss zwischen den Anlagezielen (Rentabilität, Liquidität, Sicherheit und nachhaltige Verantwortung) eine gute Kombination finden. Umschreiben Sie: Was strebt ein Anleger an, der vorwiegend das folgende Ziel verfolgt:

Anlageziel	Umschreibung
Liquidität	
Sicherheit	
Nachhaltige Verantwortung	

b) Zwischen welchen zwei Anlagezielen besteht ein klarer Zielkonflikt? Begründen Sie Ihre Antwort.

c) Sie sehen die Anlagepositionen von drei Anlegern unterschiedlichen Alters zu je CHF 100 000.00:

Claire Bach (33)	Maurice Clerc (62)	Heinz u. Gabi Suter (42/39)
60 % Schweizer Aktien aus dem SM	60 % Vorsorgekonto 3a	40 % Aktienfonds alternative Energie weltweit
15 % Aktienfonds «growing markets»	20 % Obligationenfonds Stromerzeuger Schweiz	25 % Vorsorgekonto 3a
10 % Immobilienfonds (Europa und USA)	10 % Bargeld im Banktresor	10 % Zinsloses Darlehen an den WWF (world wide fund for nature)
5 % Kassaobligationen CS	10 % Gehaltskonto und Bargeld	10 % Jugendsparkonto Raiffeisen (für die 2 Kinder)
5 % Vorsorgekonto 3a		15 % Gehaltskonto und Bargeld
5 % Gehaltskonto und Bargeld		

Nennen Sie das Anlageziel, das bei jedem der drei Anleger im Vordergrund steht:

Claire Bach	Maurice Clerc	Heinz u. Gabi Suter

2.6.7 Anlagestrategie

Claire Bach (33) hat CHF 100 000.00 so angelegt, wie in der vorherigen Aufgabe angegeben.

1. Welche der drei möglichen Anlage**strategien** hat Claire gewählt?

2. Begründen Sie Ihre Wahl anhand von zwei überzeugenden Argumenten:

3. Wie ist die Anlage von Claire unter dem Aspekt der Liquidität zu beurteilen?
   Kreuzen Sie Ihre Auswahl an:

   ☐ hohe Liquidität   ☐ mittlere Liquidität   ☐ geringe Liquidität

4. Begründen Sie Ihre Auswahl bei der Frage 3) anhand der folgenden Anlagepositionen:

   Schweizer Aktien:

   Aktienfonds:

5. Claire hat in ihrer Anlage eine Diversifikation vorgenommen.

   Was bedeutet «Diversifikation»?

   Wie zeigt sich die Diversifikation in der Anlage der CHF 100 000 bei Claire?

2.7 Methodenkompetenzen

Leistungsziele BIVO

Ich wende die folgenden betriebswirtschaftlichen Instrumente auf einfachere Sachverhalte an: Diagramme / Nutzwertanalyse / Baumstruktur / Pro-/Contra-Liste

Überblick: Das Anwenden-Können von betriebswirtschaftlichen Methodenkompetenzen ist QV-relevant. Vier Methoden werden gezeigt:

1. **Nutzwertanalyse:** Dies ist die beste Entscheidungshilfe, um aus verschiedenen Möglichkeiten die beste auszuwählen. Beispiel: Eine Unternehmung will von drei ähnlichen Lieferwagen den geeignetsten auswählen.
2. **Diagramme:** Damit kann man Grössen- und Mengenvergleiche bildlich darstellen. Beispiel: Die Altersstruktur der Bevölkerung.
3. **Baumstrukturen:** Dies ist die graphische Darstellung von hierarchischen Zusammenhängen. Typisches Beispiel: das Organigramm einer Unternehmung.
4. **Pro-/Contra-Listen:** Dies ist eine übersichtliche Darstellung von Gründen, die FÜR (= pro) und Gründen, die GEGEN (= contra) eine Sache sprechen.

Bei den Methodenkompetenzen braucht es keinen ausführlichen Theorieteil: Alles Notwendige wird direkt in den Aufgaben vermittelt.

2.7 Methodenkompetenzen – Aufgaben

2.7.1 Nutzwertanalyse

Entscheidungsfindung mit der Nutzwertanalyse

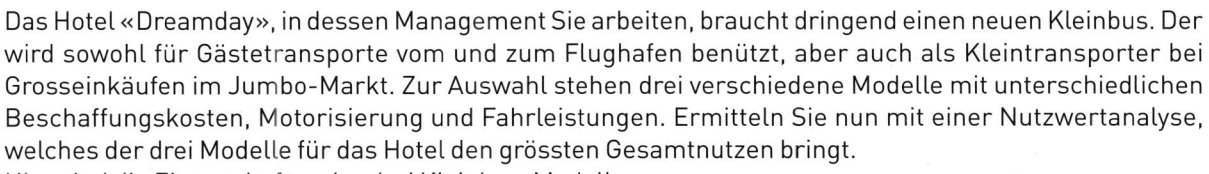

Das Hotel «Dreamday», in dessen Management Sie arbeiten, braucht dringend einen neuen Kleinbus. Der wird sowohl für Gästetransporte vom und zum Flughafen benützt, aber auch als Kleintransporter bei Grosseinkäufen im Jumbo-Markt. Zur Auswahl stehen drei verschiedene Modelle mit unterschiedlichen Beschaffungskosten, Motorisierung und Fahrleistungen. Ermitteln Sie nun mit einer Nutzwertanalyse, welches der drei Modelle für das Hotel den grössten Gesamtnutzen bringt.
Hier sind die Eigenschaften der drei Kleinbus-Modelle:

Eigenschaften	Modell 1 mit Benzinmotor	Modell 2 mit Dieselmotor	Modell 3 mit Hybridantrieb*
Kaufpreis in CHF	32 000.00	36 000.00	41 000.00
Fahrleistungen: Beschleunigung von 0 auf 100 km/h in sec. Höchstgeschwindigkeit in km/h	10 180	13 160	14 160
Durchschnittlicher Kraftstoffverbrauch in Liter pro 100 km	7.8	5.8	4.6
Umweltfreundlichkeit: Schadstoffausstoss in Gramm CO_2 pro km	170	160	120

* *Hybridantrieb: Fahrzeuge mit sowohl Elektro- wie Benzinantrieb für minimalen Benzinverbrauch und maximale Umweltverträglichkeit*

a) Tragen Sie in die Nutzwerttabelle zuerst die Gewichtung der vier Eigenschaften mit 4 für besonders wichtig, 3 für sehr wichtig, 2 für wichtig, 1 für weniger wichtig ein (jede Gewichtung darf nur einmal verwendet werden). Folgendes ist vom Hotel vorgegeben: Von den vier Eigenschaften ist der Benzinverbrauch für das Hotel am wichtigsten. Am wenigsten wichtig ist die Fahrleistung. Die anderen beiden Eigenschaften dürfen Sie selber gewichten.

b) Benoten Sie, wie gut die drei Modelle diese Eigenschaften erfüllen. Benützen Sie dazu die Noten 3, 4, 5 oder 6 (3 = schlecht und 6 = sehr gut).

c) Berechnen Sie zuletzt den Nutzwert für jedes Modell und tragen Sie den Schlussrang ein.

Eigenschaft	Gewichtung	Modell 1 Note	Modell 1 Nutzen	Modell 2 Note	Modell 2 Nutzen	Modell 3 Note	Modell 3 Nutzen
Kaufpreis							
Fahrleistungen							
Kraftstoffverbrauch							
Umweltfreundlichkeit							
Nutzwert							
Rang							

2.7.2 Diagramme

Säulendiagramm und Lebenserwartung

Die Stiftung «Fine Oldezza» plant den Bau einer neuen Alterssiedlung. Für die Langfrist-Planung benötigt der Stiftungsrat die Statistiken zur Entwicklung der Lebenserwartung, getrennt nach Geschlechtern. Sie führen das Sekretariat der Stiftung und haben den Auftrag, die Statistiken im Internet zu suchen und dann dem Stiftungsrat als Säulendiagramm zu präsentieren.
Nach langem Suchen haben Sie folgende Zahlen zusammengestellt:

Lebenserwartung von Neugeborenen (in Jahren)		
Geburtsjahr	Männer	Frauen
1981	72.4	79.2
2001	77.4	83.1
2012	80.5	84.7

Stellen Sie diese Lebenserwartung als Säulendiagramm dar, mit übersichtlicher Beschriftung:
    linke Hälfte: Lebenserwartung von Männern: 1981, 2001 und 2012
    rechte Hälfte: Lebenserwartung von Frauen: 1981, 2001 und 2012

2.7.3 Baumstrukturen

Sabine Veit ist neue Assistentin der Geschäftsleitung in einem grossen Fitness-Studio mit 80 Angestellten. Eine ihrer ersten Aufgaben ist es, die Versicherungssituation des Geschäftes übersichtlich aufzuzeigen. Anhand dieser Darstellung wird dann die Geschäftsleitung zukunftsgerichtete Entscheide treffen. Nach Durchsicht aller Unterlagen hat Sabine folgende Versicherungsbegriffe unsystematisch auf einem Blatt festgehalten:

Personenversicherungen/Betriebshaftpflichtversicherung/AHV-IV/Gebäudeversicherung/ Vermögensversicherung/3-Säulen-Versicherungen/Betriebsversicherung/Pensionskasse/ Private Vorsorge/Unfallversicherung/Arbeitslosenversicherung/Sachversicherungen

Jetzt will sie mit einer Baumstruktur alle diese Begriffe logisch und übersichtlich darstellen. Einige wenige Begriffe konnte sie schon zuordnen. Vervollständigen und ziehen Sie selber die noch fehlenden Verbindungslinien.

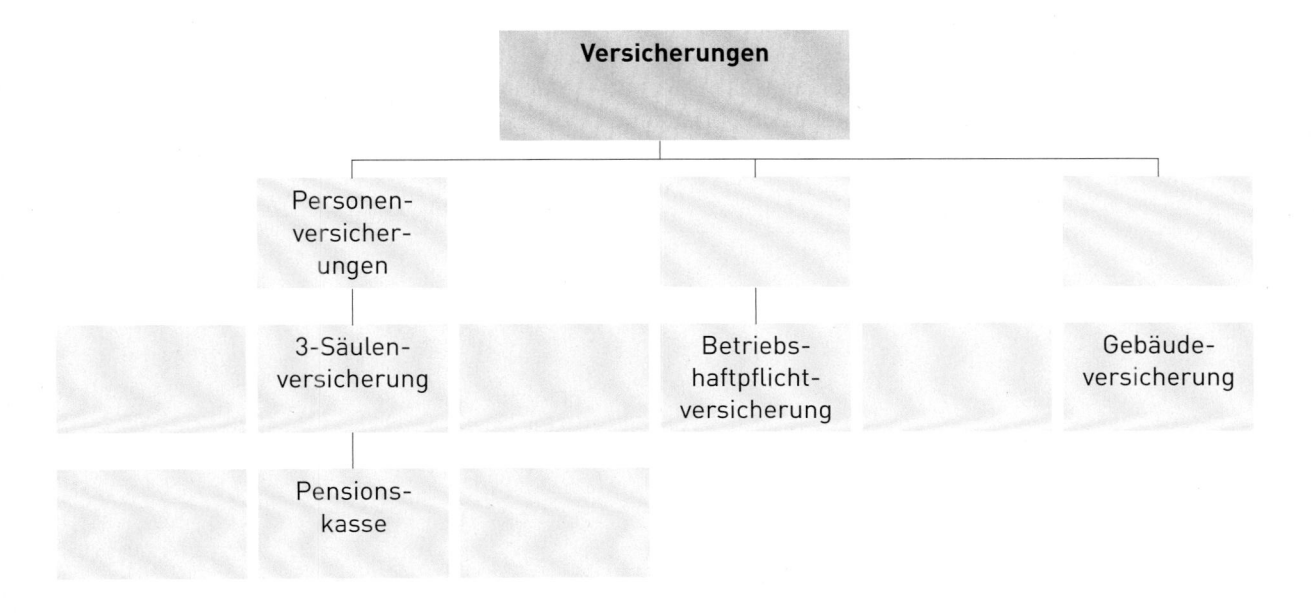

Methodenkompetenzen – Aufgaben

2.7.4 Pro-/Contra-Listen

Chris Burger hat nach dem KV-Abschluss rasch eine Stelle gefunden als Sachbearbeiter in einem Treuhandbüro. Schon nach zwei Wochen wird ihm klar: Seine RW-Kenntnisse reichen nicht aus, um die Anforderungen dieses Jobs erfüllen zu können. Weil ihm die Stelle aber sehr gut gefällt, will er diese Lücke rasch schliessen: mit einem Kurs «Sachbearbeiter Rechnungswesen». Ein Angebot der KV Zürich beinhaltet 10 Samstage von 09:00–12:00 Uhr in einer Kleingruppe von max. 12 Personen, mit einer erfahrenen Dozentin, zu CHF 690. Kurz vor der Fixbuchung dieses Kurses sieht er ein Alternativangebot bei www.online-learning.ch: «Sachbearbeiter RW im online-learning free system: 30 aufeinander aufbauende Online-Lektionen, bequem von zuhause aus, wann Sie wollen, tags oder nachts, im Minimum eine halbe Lektion, maximal drei Lektionen am Stück, bis zum Total von 30 Lektionen, zu nur CHF 450»
Beim Vergleich der beiden Angebote gehen Chris viele Fragen durch den Kopf:

Wie ist es mit der Lernbegleitung und Lernkontrolle? Gibt es eine Bezugsperson für Fragen? Wie steht es mit meiner Selbstdisziplin? Würde ich technisch drauskommen? Was ist, wenn mein Computer Probleme macht? Gibt es Kontakt zu anderen Lernenden?

Statt sich den Kopf zu zerbrechen, ob er diese Alternative wählen soll, erstellt Chris eine pro-/contra-Liste für den Online-Kurs. Erstellen Sie für Chris diese Liste, mit mindestens fünf pro und fünf contra-Argumenten, immer in der Ich-Form, zum Beispiel als pro-Argument: «Ich bezahle CHF 240 weniger.»

pro	contra

Recht & Staat

Kapitel 3

A Rechtslehre

- 3.1 Grundlagen des Rechts
- 3.2 Entstehungsgründe von Obligationen
- 3.3 Allgemeine Vertragslehre
- 3.4 Kaufvertrag
- 3.5 Mietvertrag
- 3.6 Arbeitsvertrag
- 3.7 Gesellschaftsrecht
- 3.8 Familienrecht
- 3.9 Erbrecht
- 3.10 Schuldbetreibung & Konkurs
- 3.11 Steuerrecht

B Staatslehre

- 3.12 Staats- und Regierungsformen
- 3.13 Rechtsstaat
- 3.14 Gewaltentrennung, Behörden
- 3.15 Rechte und Pflichten
- 3.16 Gesetzgebung auf Bundesebene
- 3.17 Staatslehre – Aufgaben

Grundlagen des Rechts

3 Recht & Staat

A Rechtslehre

Tipp für die ganze Rechtskunde: Lesen Sie die aufgeführten ZGB- und OR-Artikel immer im Original nach!

3.1 Grundlagen des Rechts

> **Leistungsziele BIVO**
>
> - Ich zeige anhand von Beispielen die Anforderungen an ein modernes Rechtssystem und erkläre die folgenden Grundlagen:
>   - Öffentliches Recht: Wichtige Rechtsgebiete und Systematik /
>   - Privatrecht: Wichtige Rechtsgebiete und Systematik / Rechtsgrundsätze (Guter Glaube, Handeln nach Treu und Glauben, Beweislast) / Rechtssubjekt und Rechtsobjekt / Rechtsfähigkeit und Handlungsfähigkeit
>   - Sachenrecht (Eigentum, Eigentumsvorbehalt und Besitz)
>   - Zivilprozess, Strafprozess, Verwaltungsprozess: Gegenstand anhand von typischen Beispielen / Beteiligte
> - Ich nenne die Quellen des Rechts und erkläre die Unterschiede zwischen Verfassung, Gesetz und Verordnung.

3.1.1 Entstehung und Aufgabe des Rechts

Für das geordnete gesellschaftliche Zusammenleben braucht es verbindliche Verhaltensregeln. Grundsätzlich wird das Verhalten des Einzelnen durch **drei Regelsysteme** bestimmt:

	Moral (= Ethik)	**Sitte** (= Bräuche)	**Recht**
Inhalt	– Werthaltung des Einzelnen – das persönliche Gewissen → *innere Einstellung*	– gesellschaftliche Regeln für anständiges, korrektes Verhalten → *äusseres Verhalten*	– staatliche Vorschriften zum Verhalten: Gebote und Verbote; → *äusseres Verhalten*
Eigenschaften	– nicht erzwingbar, weder vom Staat noch von der Gesellschaft	– nicht erzwingbar; vom Staat gar nicht, von der Gesellschaft versuchsweise durch Kritik und Missachtung	– vom Staat erzwingbar; mit Bussen und Strafen bei Verstössen gegen die Vorschriften
Beispiele	«Ich will Sex erst in der Ehe»; «Ich bin gegen das Essen von Fleisch und Tierprodukten»	Pünktlichkeit bei privaten Abmachungen; Anstand und Höflichkeit im Umgang miteinander	Verkehrsregeln; Strafgesetz; Steuerpflicht; Schulpflicht

▼

ab jetzt geht es immer nur um diesen Teil, um das Recht!

- Definition Recht: Vom Staat geschaffene, erzwingbare Ordnung zur Sicherung eines geordneten Zusammenlebens.
- Definition Rechtsordnung: Die Gesamtheit aller Rechtsvorschriften eines Staates.
- Grundprinzipien des Rechts: Art und Inhalt der Rechtsordnung sind abhängig vom Aufbau des Staates:
  - Diktaturen und autoritäre Staaten haben eine willkürliche Rechtsordnung: nur die Machthaber bestimmen, der Wille des Volkes zählt nicht.
  - In jedem **Rechtsstaat** muss die Rechtsordnung das **Legalitätsprinzip** einhalten:
    - Jedes Gesetz muss mit der vom Volk beschlossenen Verfassung übereinstimmen.
    - Der Staat und alle seine Organe haben sich genau wie das Volk an die Gesetze zu halten.
    (→ genaueres im Teil Staatslehre!)

3.1.2 Rechtsprechung – Rechtsquellen – Prozessrecht

Bei Rechtsstreitigkeiten müssen Gerichte entscheiden. Damit solche Entscheide rechtlich korrekt ausfallen, gibt es dafür Grundregeln.

a) **Rechtsquellen** (= Fundorte von rechtlichen Vorschriften): Das Gericht muss sich bei seinem Entscheid auf die Rechtsquellen abstützen (→ ZGB 1).

1. Geschriebenes Recht	2. Gewohnheitsrecht	3. Gerichtliche Rechtsfindung (= Richterrecht)
Gibt es für den Streitfall eine eindeutige Vorschrift … 1. in der Verfassung? 2. in einem Gesetz? 3. in einer Verordnung? → innerhalb des geschriebenen Rechts gibt es eine Hierarchie (Rangfolge) der Rechtsordnung: Verfassung Gesetz Verordnung	Gibt es für den Streitfall eine allgemein anerkannte Gewohnheitsregel? (Usanz) Beispiele: – anerkannte, aber gesetzlich nicht erfasste Kündigungstermine für Wohnungen in der Stadt Zürich: Ende März und Ende September – Zinsberechnungssatz der Banken: jeder Monat 30 Tage, ganzes Jahr 360 Tage	Wenn der Streitfall weder nach geschriebenem noch nach Gewohnheitsrecht zu entscheiden ist, so hat das Gericht nach bestem Wissen und Gewissen zu urteilen. Dabei muss es aber zwingend berücksichtigen (vgl. ZGB 1 Abs. 3): a) die Gerichtspraxis: frühere Gerichtsurteile in ähnlichen Fällen (=Judikatur) b) die Rechtslehre: rechtswissenschaftliche Lehrbücher

b) **Prozessrecht** (= Art des gerichtlichen Ablaufes): Je nach Inhalt des Streitfalles und je nach den Beteiligten im Streitfall gibt es drei unterschiedliche gerichtliche Abläufe:

	Zivilprozess	**Strafprozess**	**Verwaltungsprozess**
Streitparteien	Streitfälle zwischen Privatpersonen oder Unternehmungen: Bürger ⟷ Bürger	Der Staat als Ankläger (Staatsanwalt); Privatpersonen oder Unternehmungen als Beschuldigte: Staat ⟶ Bürger	Streitfälle zwischen Privatpersonen (inkl. Unternehmungen) und dem Staat Bürger ⟶ Staat
Streitgegenstand / Beispiele	Privatrechtliche Streitigkeiten: – Schadenersatz bei mangelhafter Ware – Ehescheidung – Kündigungen von Wohnungen oder Arbeitsverträgen	Verstösse gegen das Strafrecht: – Diebstahl – Vergewaltigung – Raserei	Bürger wehren sich gegen eine Amtshandlung des Staates: – Einsprache gegen eine ausgesprochene Verkehrsbusse – Einsprache gegen die Steuereinschätzung
Instanzenweg	siehe Text nach dem Schaubild		

Prozessrecht als einfaches Schaubild:

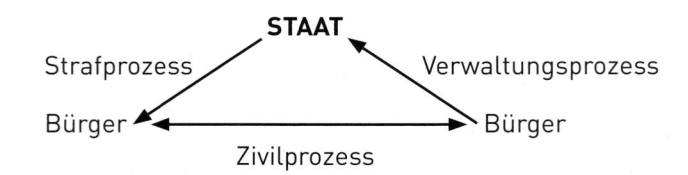

```
                        STAAT
          Strafprozess  /   \  Verwaltungsprozess
                       /     \
                 Bürger ⟷ Bürger
                      Zivilprozess
```

Der Instanzenweg des Zivilprozesses sieht in der Regel wie folgt aus:

Friedensrichter: Schlichtungsverfahren (=Vermittlungsverfahren)
↓
Bezirksgericht: Hauptverfahren (erste Gerichtsinstanz)
↓
Obergericht: Berufungsverfahren (zweite Gerichtsinstanz)
↓
Bundesgericht: Oberste richterliche Instanz in der Schweiz, endgültiger Entscheid, alle Rechtsmittel sind ausgeschöpft.

Rechtsmittelbelehrung:
Je nach der Bedeutung des Streitfalles kann ein Entscheid (= Urteil) an ein höheres Gericht weitergezogen werden. Den Hinweis im Entscheid, innert welcher Frist das Urteil an welches Gericht weitergezogen werden kann, nennt man Rechtsmittelbelehrung.

3.1.3 Allgemeine Rechtsgrundsätze

Die folgenden Rechtsgrundsätze gelten immer und überall, im ganzen Privatrecht. Deshalb sind sie ganz am Anfang des Zivilgesetzbuches als sog. Einleitungsartikel, ZGB 1–9, aufgeführt.

	Handeln nach Treu und Glauben ZGB 2	**Guter Glaube wird vermutet** ZGB 3	**Beweislast** ZGB 8
Inhalt	– Jedermann hat sich ehrlich und fair zu verhalten – Rechtsmissbrauch findet keinen Schutz	– Jede Partei darf davon ausgehen, dass die andere ehrlich und rechtmässig handelt – Wer eine Unrechtmässigkeit erkennen kann, aber Gutgläubigkeit vortäuscht, wird nicht geschützt	– Wer etwas behauptet und daraus ein Recht zu seinen Gunsten ableiten will, der muss die behauptete Tatsache auch beweisen können
Beispiele	– Der Autohändler darf versteckte Fahrzeugmängel, die ihm bekannt sind, nicht verschweigen – Wer auf seinem Grundstück nur zum Ärgern des Nachbarn grelle Scheinwerfer anbringt, wird nicht geschützt	– Das Uhrengeschäft darf davon ausgehen, dass der Kunde die Markenuhr mit ehrlich verdientem Geld bezahlt hat. Auch wenn sich später das Gegenteil herausstellt, muss das Geschäft weder die Uhr noch den Preis zurückerstatten – Wer auf dem Strassenmarkt eine Rolexuhr zu $350 angeboten bekommt, kann nicht gutgläubig davon ausgehen, sie sei echt und dann nachher Ersatz einfordern	– Bei einer fristlosen Entlassung muss der Arbeitgeber den schweren Fehler des Arbeitnehmers beweisen und nicht umgekehrt der Arbeitnehmer seine Unschuld – Wer vom Verkäufer Schadenersatz fordert, muss das Vorhandensein des Schadens nachweisen können

3.1.4 Aufbau der Rechtsordnung

Jedes Gesetz kann einem der zwei grossen Rechtsgebiete – öffentliches Recht oder Privatrecht – zugeordnet werden. Die Einteilung hängt davon ab, welche Rechtsbeziehung in diesem Gesetz geregelt wird.

	Öffentliches Recht	**Privatrecht**

Was wird darin geregelt?	– Die Beziehungen zwischen …
	  – Staat ⟶ Privatpersonen
	  – Staat ⟶ Unternehmungen
	
	– Organisation des Staates und seiner Einrichtungen
		Die Beziehungen zwischen …
		– Privatperson ⟷ Privatperson
		– Unternehmung ⟷ Privatperson
		– Unternehmung ⟷ Unternehmung
		– Priv.p./Untern. ⟷ Staat*
		* wenn der Staat wie eine Privatperson auftritt (→ vgl. Spezialfall am Ende der Tabelle)

Art der Beziehung und der Vorschriften	– Unterordnungs-Überordnungsverhältnis: der Staat tritt in übergeordneter Befehlsfunktion auf: → zwingende Vorschriften	– Gleichstellungsverhältnis: es wird die Beziehung zwischen Gleichstellten geregelt: grosser Gestaltungsspielraum der Parteien: → mehrheitlich ergänzende (dispositive) Vorschriften

Grundlagen des Rechts

	Öffentliches Recht	Privatrecht

Wichtige Rechts-gebiete	– Staatsrecht- bzw. Verfassungsrecht (Bundesverfassung)
	– Verwaltungsrecht (Baurecht, Steuerrecht, Strassenverkehrsgesetz, Schulrecht)
	– Strafrecht
	– Prozessrecht
	– Schuldbetreibungs- und Konkursgesetz
	– Völkerrecht
		– Zivilgesetzbuch mit:
		  – Personenrecht
		  – Familienrecht
		  – Erbrecht
		  – Sachenrecht
		– Obligationenrecht mit:
		  – Entstehung von Obligationen
		  – Einzelne Vertragsarten
		  – Rechtsformen von Unternehmungen
		  – Handelsregister / Geschäftsfirmen
		– Andere privatrechtliche Erlasse:
		  – Konsumkreditgesetz
		  – Patentrecht
		  – Versicherungsvertragsgesetz

Spezialfall	Der Auftritt des Staates unterliegt dem Privatrecht, wenn der Staat als gleichberechtigter Vertragspartner auftritt: – Anstellung von Personal (Arbeitsvertrag) – Kauf von Büromaterial, Mobilien, Fahrzeugen (Kaufvertrag)	

3.1.5 Arten von Rechtsvorschriften

Entsprechend den zwei grossen Rechtsgebieten gibt es zwei grundlegend verschiedene Arten von Rechtsvorschriften: zwingendes und ergänzendes Recht.

	zwingendes Recht	ergänzendes Recht = dispositives Recht
Merkmale	– Rechtsnormen müssen zwingend eingehalten werden, können durch die Parteien nicht abgeändert oder umgangen werden.	– Die Vertragsparteien sind frei in ihren Abmachungen. Nur wenn sie zu einem Punkt nichts oder nichts eigenes vereinbart haben, dann gelten die ergänzenden Rechtsvorschriften.
Vorkommen	– typisch für das öffentliche Recht – aber auch an vielen Stellen des Privatrechts	– typisch für die Vorschriften des Privatrechts
Beispiele	Öffentliches Recht: – Verkehrsregeln – Steuersätze Privatrecht: – Mindestkapital bei der AG (OR 621) – Verjährungsfristen bei Verträgen (OR 129) – Pflichtteile im Erbrecht (ZGB 471)	– Transportkosten im Kaufvertrag (OR 189) – Ort und Zeit der Vertragserfüllung (OR 74/75) – Übergang von Nutzen und Gefahr (OR 185)
Spezialfall	**Relativ zwingendes Recht:** An wenigen Stellen des Privatrechts gibt es Vorschriften, welche im Vertrag nur zugunsten der «schwächeren Partei», z. B. Arbeitnehmer, abgeändert werden können, aber nicht zu ihren Ungunsten. – Beispiel Arbeitsvertrag OR 329a: Mindestferien 4 Wochen. Mehr Wochen können abgemacht werden, weniger aber nicht. Solche Artikel sind im meistverwendeten Schul-Gesetzbuch von Orell Füssli (rot) mit • bezeichnet.	

3.1.6 Eigentum und Besitz

Eigentum an einer Sache und der Besitz einer Sache sind nicht dasselbe. Die meisten Menschen benützen diese beiden Begriffe im Alltag gleichbedeutend. Aber das Gesetz unterscheide sehr genau zwischen dem Eigentümer einer Sache und dem Besitzer.
- **Eigentümer** einer Sache ist derjenige, dem die Sache gehört. Der Eigentümer hat das volle Verfügungsrecht an dieser Sache: er kann damit machen, was er will. Er kann sie verkaufen, verschenken, verändern, zerstören.
- **Besitzer** einer Sache ist derjenige, in dessen Händen sich die Sache befindet und der faktisch auf sie zugreifen kann.

Meistens hat der Eigentümer seine Sache selbst; dann ist er gleichzeitig Besitzer.

Beispiel: A ist Eigentümer eines VW und fährt selber damit herum.

Oft verleiht ein Eigentümer seine Sache an jemand anderen; dann ist er immer noch Eigentümer, aber nicht mehr im Besitze seines Eigentums. Der andere ist dann Besitzer, aber nicht Eigentümer. Entscheidend ist, dass der Besitzer, der nicht auch Eigentümer der Sache ist, damit nur das machen darf, was ihm der Eigentümer erlaubt hat damit zu tun.

Beispiel: A leiht seinen VW einer Kollegin B, sei es gratis oder als Mietauto gegen Geld. B darf das Auto benützen, aber nur nach den Regeln, die sie mit A abgemacht hat. Sie darf es sicher nicht beschädigen, nicht jemand anderen damit fahren lassen (ausser mit expliziter Erlaubnis von A) oder es sogar verkaufen.

Spezialfall zwischen Eigentum und Besitz: der **Eigentumsvorbehalt**. Das ist ein Sicherungsmittel beim Kaufvertrag. Die Zusammenhänge von Eigentum, Besitz und Eigentumsvorbehalt werden genau beschrieben in Kapitel 3.3.6 und 3.4.1.

3.1.7 Rechtssubjekte und Rechtsobjekte

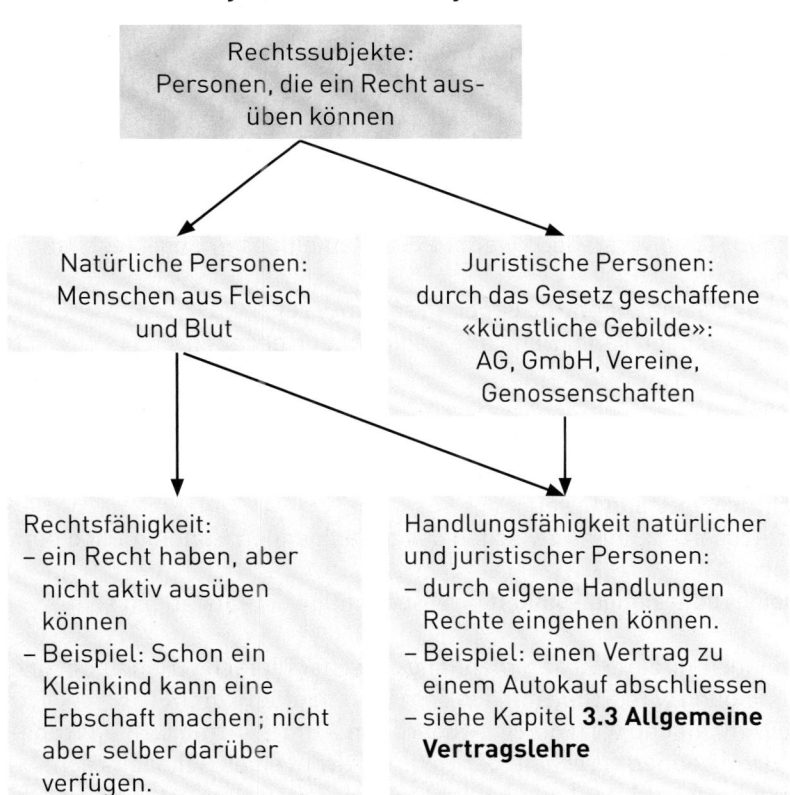

Rechtssubjekte: Personen, die ein Recht ausüben können

- Natürliche Personen: Menschen aus Fleisch und Blut
- Juristische Personen: durch das Gesetz geschaffene «künstliche Gebilde»: AG, GmbH, Vereine, Genossenschaften

Rechtsfähigkeit:
- ein Recht haben, aber nicht aktiv ausüben können
- Beispiel: Schon ein Kleinkind kann eine Erbschaft machen; nicht aber selber darüber verfügen.

Handlungsfähigkeit natürlicher und juristischer Personen:
- durch eigene Handlungen Rechte eingehen können.
- Beispiel: einen Vertrag zu einem Autokauf abschliessen
- siehe Kapitel **3.3 Allgemeine Vertragslehre**

Rechtsobjekte (Rechtsgegenstände): Handlungen und Gegenstände, auf die sich eine Rechtsvorschrift bezieht. Beispiel: die gekaufte Ware oder Dienstleistung

3.1.8 Arbeiten mit dem Gesetz

A) Suchen und Finden von Gesetzesbestimmungen

Reihenfolge des Suchvorganges:
1. Von der Aufgabenstellung her zuerst selber überlegen:
   – zu welchem Rechtsgebiet gehört die Frage:
     – Kaufvertrag? – Mietvertrag? – Erbrecht? – SchKG?
2. Gesetzesbestimmungen suchen:
   a) Königsweg: Über das Stichwortverzeichnis Ihres Gesetzbuches, ganz hinten im Buch:
      – aus der Aufgabe ein oder zwei Kernbegriffe herausnehmen und mit diesen im Stichwortverzeichnis suchen
      – Kontrollieren: Gehört der gefundene Artikel zum Rechtsgebiet der Aufgabenstellung?
   b) Ersatzweg, wenn im Stichwortverzeichnis nichts zu finden ist:
      – Anhand des Inhaltsverzeichnisses (vorne im Gesetzbuch) das Rechtsgebiet des Falles suchen und ab dort durchblättern und immer die Randtitel links ansehen, bis das spezielle Problem gefunden ist.

B) Zitieren von Rechtsvorschriften

a) Akzeptierte Zitierweise an Schulen und an der Abschlussprüfung (in diesem Buch angewendet):
   1. Gesetz   2. Artikel-Nummer   3. Absatz   4. weitere Details
   Beispiel: OR 728a   Abs. 1   Ziff. 3
b) Korrekte Zitierweise in der Rechtslehre:
   1. Artikel   2. Absatz   3. weitere Details   4. Gesetz
   Beispiel: Art. 728a   Abs. 1   Ziff. 3 OR
c) Zitieren von mehreren Artikeln in Folge:
   – Die Abkürzung f. bedeutet: «und der folgende Artikel»
     Beispiel: OR 620 f. = OR 620 und OR 621
   – Die Abkürzung ff. bedeutet: «und fortfolgende Artikel», aber ohne Festlegung, wie viele der nachfolgenden Artikel gemeint sind.
     Beispiel: OR 620 ff. = OR 620 und die nachfolgenden Artikel. In diesem Fall ist gemeint: Die Bestimmungen zur Aktiengesellschaft.

C) Verstehen von Gesetzesbestimmungen: Tatbestandsmerkmale und Rechtsfolge

Bevor man für eine gestellte Aufgabe die Lösung angeben kann, muss der gefundene Artikel «untersucht» (oft: «auseinandergenommen») und verstanden werden. Sehr oft gibt es in Gesetzesbestimmungen ein «wenn - dann» - Schema:
1. Tatbestandsmerkmale = «wenn» = Bedingungen, die gegeben sein müssen
2. Rechtsfolge = «dann» = Wer was verlangen kann, wenn alle Bedingungen gegeben sind

Beispiel: OR 41 Abs. 1 (→ nachsehen!)
a) Tatbestandsmerkmale:
   1. es muss ein **Schaden** entstanden sein
   2. der Schaden muss **widerrechtlich** entstanden sein
   3. es muss ein adäquater Kausalzusammenhang zwischen der schädigenden Handlung und dem entstandenen Schaden bestehen*
   4. der Schaden muss durch **Absicht oder Fahrlässigkeit** (= Unvorsichtigkeit) entstanden sein

   * Adäquater Kausalzusammenhang = direkter Zusammenhang zwischen Ursache (Handlung) und Wirkung (Schaden). Diese Bedingung wird abgeleitet aus dem Wort «zufügt» in OR 41.
   Beispiel: Skifahrer A fährt zu schnell und wirft die Snowboarderin X um → Armbruch → Transport mit der Rega. Beim Landen zerschellt der Heli: X erleidet einen Schädelbruch.
   → ein adäquater Kausalzusammenhang besteht nur zwischen Umwerfen und Armbruch; aber nicht zwischen Umwerfen und Schädelbruch!

b) Rechtsfolge: Der Geschädigte hat einen Anspruch auf Ersatz (= Bezahlung) des Schadens. (Aber nur, wenn alle 4 Bedingungen erfüllt sind. Sobald eine Bedingung nicht gegeben ist → kein Anspruch auf Schadenersatz!)

D) Beantworten von Rechtsfragen bei Fall-Aufgaben

Meistens lauten die Prüfungsfragen: «Kann X von Y Schadenersatz verlangen? Geben Sie die Gesetzesbestimmung an und begründen Sie Ihre Antwort!»
Wenn Sie auf dem Weg von A) bis C) den Fall gelöst haben, schreiben Sie die Antwort auf:
a) «X darf Schadenersatz verlangen!»
b) OR 41 Abs. 1: «Y hat den X aus Unachtsamkeit umgestossen und dadurch die Verletzung verursacht.»

3.1 Grundlagen des Rechts – Aufgaben

3.1.1 Moral, Sitte, Recht

Kreuzen Sie an, welchem Normenbereich die folgenden Verhaltensvorschriften angehören.

Nr.	Aussage	Ethik, Moral	Recht	Sitte
1.	Wenn man mit dem Motorroller unterwegs ist, muss man einen Helm tragen.			
2.	Ein Seitensprung in einer festen Partnerschaft ist inakzeptabel.			
3.	Weil eine Spinne ein Lebewesen ist, soll man sie nicht mutwillig zertreten.			
4.	Wenn der Briefträger die Post regelmässig ausgetragen hat, gibt man ihm ein Trinkgeld.			
5.	Die ältere Person trägt der jüngeren das Du an.			
6.	Bei einer Kreuzung gleichwertiger Strassen ist dem von rechts kommenden Fahrzeug der Vortritt zu gewähren.			

3.1.2 Rechtsquellen

a) Kreuzen Sie an, welcher Rechtsquelle die folgenden Aussagen zuzuordnen sind.
   G = Geschriebenes Recht   **GWR** = Gewohnheitsrecht   **GR** = Gerichtliche Rechtsfindung (= Richterrecht)

	G	GWR	GR
Das Bezirksgericht Zürich hat erstmals einen Fall von «Sexting» zu beurteilen.			
In der Stadt Zürich werden Mietwohnungen per Ende März und per Ende September gekündigt.			
«Sofern nicht etwas anderes vereinbart oder üblich ist, hat der Käufer einer Ware die Transportkosten zu bezahlen.»			
Das Bundesgericht beruft sich in seinem Urteil in einem komplizierten Scheidungsfall auf den Gesetzeskommentar von Prof. Schachtschneider der Universität St. Gallen.			
Zwei Fragen zum Finderlohn: Gesetz benützen!			
Wer einen Fundgegenstand dem Eigentümer zurückgibt, hat grundsätzlich Anspruch auf einen Finderlohn.			
Die Höhe des Finderlohnes beträgt nach einer Faustregel 10 % vom Wert des Fundgegenstandes.			

b) Kreuzen Sie an, welche Erklärung für das Fachwort «Präjudiz» zutrifft:

Ein Gerichtsurteil, welches für spätere Gerichtsurteile als Vorbild dient.
Die Gesamtheit aller Gerichtsurteile des Bundesgerichts.
Die in der Verfassung, Gesetzen und Verordnungen enthaltenen Vorschriften.
Der Richter entscheidet eine Rechtsfrage so, als ob er selber Gesetzgeber wäre.

3.1.3 Rechtsgrundsätze

a) Das Gericht hat den Anspruch des Autolenkers A gegenüber dem Lenker B auf eine Autoreparatur von CHF 15 000 abgelehnt, trotz klarem Rechtsvortritt von A. Das Gericht erachtet es als erwiesen, dass A den Rechtsvortritt erzwungen und den Unfall absichtlich provoziert hat, um seinen alten Wagen auf fremde Kosten auffrischen zu können.
Auf welche Gesetzesbestimmung beruft sich das Gericht?
Geben Sie den Artikel an und zitieren Sie wörtlich die entscheidende Stelle.

___

___

___

b) Kreuzen Sie an, wer bei einem Gerichtsfall die Beweislast für seine Behauptungen trägt.

	der Richter, das Gericht
	beide Parteien müssen immer je ihre Behauptungen beweisen
	der Kläger
	der Beklagte

3.1.4 Prozessrecht

a) Welche Prozessart kommt in den aufgeführten Streitfällen zur Anwendung? Kreuzen Sie die zutreffende Prozessart an.
V = Verwaltungsprozess / S = Strafprozess / Z = Zivilprozess

	V	S	Z
Wegen einer Geschwindigkeitsübertretung von 2 km/h entzieht das Polizeirichteramt der Neulenkerin C den Lernfahrausweis. Sie findet das übertrieben und ergreift Rekurs.			
Joya hat sich mit einigen Clicks in einem Online-Shop Produkte angesehen. Jetzt erhält sie völlig überraschend ein Produkt mit Rechnung über CHF 120 zugestellt, Zahlungsfrist 10 Tage. Sie will sich dagegen zur Wehr setzen.			
Gegen den Sozialarbeiter Q ist aufgrund mehrerer anonymer Meldungen eine Untersuchung wegen sexuellen Missbrauchs von Kindern eingeleitet worden.			
Die Erbin Z sieht sich um ihre Pflichtanteile betrogen und zweifelt vor Gericht die Rechtmässigkeit des Testamentes ihres Vaters an.			
Der Ladendetektiv von Media Markt hat B mit einem geklauten Handy erwischt. B wird vom Geschäft bei der Polizei angezeigt wegen Ladendiebstahls.			
Wegen angeblicher Unfähigkeit der Lehrerin wollen die Eltern B ihre Tochter in eine andere Klasse versetzen lassen. Die Schulbehörde weigert sich, diese Versetzung vorzunehmen.			

b) Das Rentnerehepaar Urs und Laura Saxer verlangt von der Telecomfirma UPC einen Schadenersatz von CHF 2000, weil sie wegen eines defekten Zugangskabels zu ihrem Haus drei Wochen lang kein Fernsehen empfangen haben. UPC lehnt die Forderung ab, es kommt zum Rechtsstreit.

1. Um welche Prozessart handelt es sich?

2. Bei welcher gerichtlichen Instanz wird der Streit zuerst (1.) verhandelt, und welches sind die nächsten Stufen (2. und 3.), wenn die jeweils unterliegende Partei das Urteil weiterzieht?

1.	2.	3.

3. Welche Instanz fällt als letzte das Urteil, wenn alle Rechtsmittel ausgeschöpft sind?

3.1.5 Aufbau der Rechtsordnung

a) Ordnen Sie nachfolgende Sachverhalte dem öffentlichen Recht (ÖR) oder dem Privatrecht (PR) zu.

Nr.	Aussage	ÖR	PR
1.	Die Gemeinde Zug kauft Frau Tobler ein Grundstück ab, um darauf ein neues Feuerwehrhaus zu bauen.		
2.	Durch die Enteignung eines Grundstücks erwirbt der Kanton Uri ein Stück Land einer Privatperson, um die Kantonsstrasse erweitern zu können.		
3.	Luciano wird von einem Versandhaus betrieben.		
4.	Die Kantonsschule Wetzikon kauft 200 Pack Papier bei einer Papeterie ein.		
5.	Durch Beschluss der Vereinsversammlung wird Frau Huber wegen ungebührlichem Verhalten aus dem Trachtenverein ausgeschlossen.		
6.	Karl Kaufmann erhält den eidgenössischen Fähigkeitsausweis als kaufmännischer Angestellter.		

b) Warum gehören das Strassenverkehrsgesetz und das Strafgesetz zum öffentlichen Recht und nicht – wie das Obligationenrecht – zum Privatrecht?
Nennen Sie einen entscheidenden Grund dafür.

3.1.6 Arten von Rechtsvorschriften

a) Was ist der grundlegende Unterschied zwischen zwingenden und ergänzenden (dispositiven) Rechtsvorschriften? Antworten Sie in ganzen Sätzen.

_____

_____

_____

b) Welche der folgenden Aussagen sind richtig, welche falsch? Bitte ankreuzen.

Nr.	Aussage	Richtig	Falsch
1.	Die dispositiven Gesetzesvorschriften gelten nur, sofern die Vertragsparteien nichts oder nichts anderes vereinbart haben.		
2.	Zwingende Vorschriften kommen nur im öffentlichen Recht vor.		
3.	Durch dispositive Rechtsvorschriften wird der Schwache geschützt.		
4.	Dispositives Recht umfasst alle Rechtsnormen, die durch vertragliche Abmachungen abgeändert werden dürfen.		
5.	Dispositive Rechtsvorschriften sind nur für den Gläubiger gültig. Der Schuldner ist davon nicht betroffen.		
6.	Dispositives Recht kommt nur im privaten Recht vor.		

c) Bestimmen Sie mit Hilfe des Gesetzes, ob es sich bei den folgenden Artikeln um zwingendes (z) oder dispositives (d) Recht handelt?

Nr.	Artikel	z oder d
1.	OR 533 Abs. 1	
2.	OR 75	
3.	OR 335a Abs. 1	
4.	OR 141	
5.	OR 344a	
6.	OR 213 Abs. 1	

3.1.7 Rechtssubjekt und Rechtsobjekt

Kreuzen Sie an, ob die kursiven Ausdrücke ein Rechtssubjekt (RS) oder ein Rechtsobjekt (RO) betreffen.

	RS	RO
Die *MIGROS Genossenschaft* hat im letzten Jahr zweihundert Lehrverträge abgeschlossen.		
Walter M hat einen *Nachlass* von CHF 100 000 hinterlassen.		
Die 10-jährige Anna hat von ihrem Onkel CHF 50 000 geerbt.		
Das Reisebüro und Herr Z haben einen Rechtsstreit zum Ausfall der *Kreuzfahrt*, welche Herr Z gebucht und bezahlt hat.		

Grundlagen des Rechts – Aufgaben

3.1.8 Lösen von Rechtsfällen

a) Suchen Sie für die folgenden Fälle die zutreffende Gesetzesbestimmung und zitieren Sie sie in korrekter Form. Weitere Erläuterungen sind nicht erforderlich.

1. Mindestkapital bei der Aktiengesellschaft

2. Mindesteinzahlung des Aktienkapitals bei der Gründung der AG.

3. Der Arbeitgeber hat im Arbeitsverhältnis unter anderem auf die Gesundheit des Arbeitnehmers Rücksicht zu nehmen und für die Wahrung der Sittlichkeit zu sorgen.

4. Der Erblasser kann seine Verfügung jederzeit widerrufen und durch eine neue Verfügung ersetzen.

b) Corinne B reisst mit dem Velo versehentlich die Fussgängerin C zu Boden; diese bricht sich dabei das Bein und wird mit der Ambulanz ins Spital gefahren. Unterwegs dorthin kollidiert die Ambulanz mit einem Raser und überschlägt sich. Die Fussgängerin C erleidet zusätzlich einen Milzriss und muss notfallmässig operiert werden.
Inwieweit wird Corinne gemäss OR 41 schadenersatzpflichtig? Beantworten Sie dazu die folgenden Fragen:

1. Nennen Sie die vier Tatbestandsmerkmale von OR 41, die erfüllt sein müssen, damit die Rechtsfolge «wird zum Ersatz verpflichtet» eintritt.

2. Geben Sie die korrekte Antwort für den Fall: Welchen Schaden muss Corinne B übernehmen? Begründen Sie Ihre Antwort!

3.2 Entstehungsgründe von Obligationen

Leistungsziele BIVO

– Ich stelle in einfachen Rechtsfällen fest, ob eine Obligation entstanden ist und zeige die wesentlichen Rechtsfolgen auf: Vertrag / Unerlaubte Handlung (Verschuldens- und Kausalhaftung) / Ungerechtfertigte Bereicherung

3.2.1 Definition Obligation

Eine Obligation im rechtlichen Sinne ist eine Verpflichtung oder ein Schuldverhältnis, d. h. ein Rechtsverhältnis zwischen zwei oder mehreren Personen (Parteien), wonach die eine Partei zu einer Leistung verpflichtet (=Schuldner) und die andere darauf berechtigt ist (= Gläubiger).

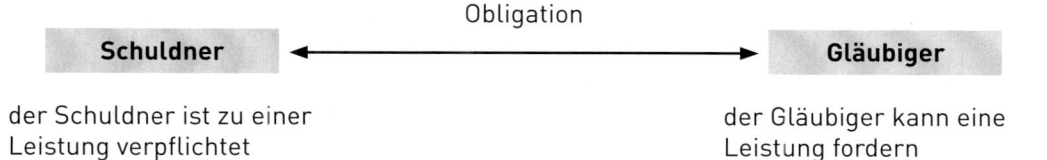

Schuldner ←—— Obligation ——→ **Gläubiger**

der Schuldner ist zu einer Leistung verpflichtet

der Gläubiger kann eine Leistung fordern

Beispiele:
- Arbeitsvertrag:
  - Obligation 1: Der Arbeitnehmer verpflichtet sich zur Arbeitsleistung (Schuldner); der Arbeitgeber kann die Arbeitsleistung fordern (Gläubiger)
  - Obligation 2: Der Arbeitgeber verpflichtet sich zur Lohnzahlung (Schuldner); der Arbeitnehmer kann die Lohnzahlung fordern (Gläubiger)
- Schadensfall (unerlaubte Handlung):
  Der Unfallverursacher ist verpflichtet, den Schaden zu zahlen; das Unfallopfer kann den Schadenersatz fordern.

3.2.2 Die drei Entstehungsgründe von Obligationen

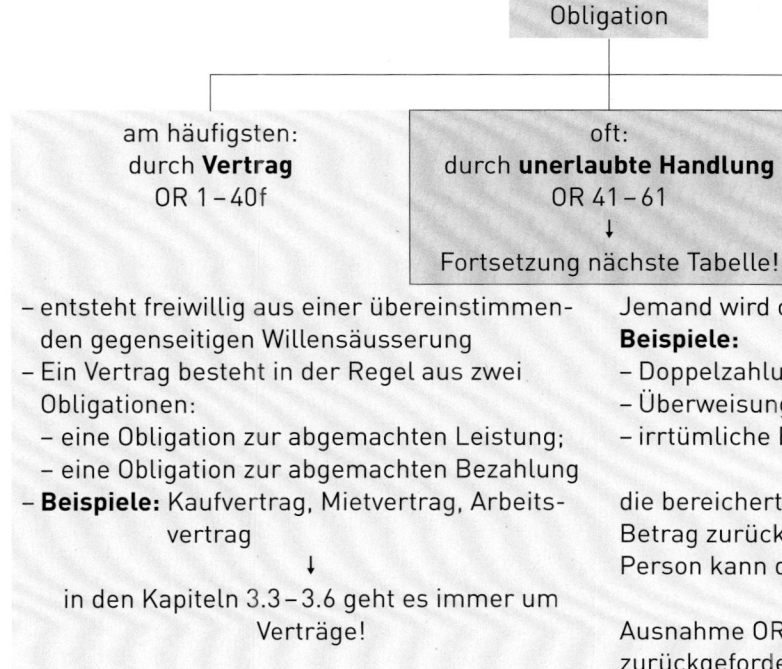

Obligation

am häufigsten: durch **Vertrag** OR 1–40f	oft: durch **unerlaubte Handlung** OR 41–61 ↓ Fortsetzung nächste Tabelle!	selten: durch **ungerechtfertigte Bereicherung** OR 62–67

– entsteht freiwillig aus einer übereinstimmenden gegenseitigen Willensäusserung
– Ein Vertrag besteht in der Regel aus zwei Obligationen:
  – eine Obligation zur abgemachten Leistung;
  – eine Obligation zur abgemachten Bezahlung
– **Beispiele:** Kaufvertrag, Mietvertrag, Arbeitsvertrag
↓
in den Kapiteln 3.3–3.6 geht es immer um Verträge!
		Jemand wird ohne Rechtsgrund bereichert.
		Beispiele:
		– Doppelzahlung einer Rechnung
		– Überweisung an eine falsche Person
		– irrtümliche Banküberweisung
		↓
		die bereicherte Person ist verpflichtet, den Betrag zurückzuzahlen; die «entreicherte» Person kann den Betrag zurückfordern.
		
		Ausnahme OR 66: «Gaunerlohn» kann nicht zurückgefordert werden.

Entstehungsgründe von Obligationen

Obligation durch unerlaubte Handlung

Verschuldenshaftung — OR 41

Haftung für einen **persönlich verursachten** Schaden an einer fremden Person oder Sache. Die Schadenersatzpflicht ist an 4 Bedingungen (→Tatbestandsmerkmale!) geknüpft.

→ OR 41 lesen, dort die 4 Fussnoten!

→Fussnote 3 bei «zufügt»: «Adäquater Kausalzusammenhang»: Der Schaden muss direkt durch die widerrechtliche Handlung verursacht sein und nicht durch andere Einflüsse.

Beispiel: Velofahrer A fährt die Rentnerin B an. Folge: Oberschenkelhalsbruch. Auf der Fahrt ins Spital verunfallt die Ambulanz: Folge: schwerste Kopfverletzungen der Rentnerin. → A ist nur für den Beinbruch schadenersatzpflichtig, nicht für die Kopfverletzungen!

→ Fussnote 4 zu «Fahrlässigkeit»: fahrlässig = jede Unachtsamkeit. Also auch ohne Absicht ist das Verschulden gegeben.

Kausalhaftung — OR 55, 56, 58; ZGB 333

Haftung aus **Verantwortlichkeit für andere Personen, Tiere oder Sachen;** der gesetzliche Grund für die Haftpflicht leitet sich primär aus der Verantwortlichkeit der haftenden Person ab und nicht alleine aus dem Verschulden für die Schadenentstehung. Das gibt es nur bei den im Gesetz klar definierten Fällen:

Milde/einfache Kausalhaft:

Der vom Gesetz bezeichnete Haftende kann sich von der Schadenersatzpflicht befreien, wenn er beweist, dass er sich genügend sorgfältig verhalten hat (sog. Befreiungsbeweis):

- Haftung des Geschäftsherrn für Schäden seiner Angestellten: OR 55
- Haftung des Tierhalters für von seinen Tieren verursachte Schäden: OR 56
- Haftung des Werkeigentümers (z. B. Hauseigentümer) für Schäden, die wegen Hausmängeln entstehen: OR 58
- Haftung der Eltern für von ihren minderjährigen Kindern verursachte Schäden: ZGB 333

Scharfe/strenge Kausalhaft:

Der vom Gesetz bezeichnete Haftende haftet in jedem Fall, auch wenn ihn gar kein Verschulden trifft:

- Haftung des Motorfahrzeughalters für alle durch sein Fahrzeug entstandene Schäden: Strassenverkehrsgesetz Art. 58 (egal, wer das Fahrzeug lenkt!)

→ es besteht aber nachträglich ein Rückgriffsrecht auf schuldhafte Personen, z. B. auf den Autodieb, der den Unfall verursacht hat.

- Haftung der Fluggesellschaft für jedes Flugzeugunglück eines eigenen Flugzeuges (auch ohne Verschulden, z. B. Unwetter, Attentat)

3.2 Entstehungsgründe von Obligationen – Aufgaben

3.2.1 Auswahlantworten zur Obligation

Welche Aussagen treffen zu, wenn man von einer Obligation im rechtlichen Sinne spricht (richtige Antworten ankreuzen)?

	Sie ist ein Vertrag zwischen zwei Parteien.
	Sie ist ein Finanzierungsinstrument für den Staat oder für grosse Unternehmungen.
	Sie ist ein Schuld-Forderungsverhältnis zwischen zwei Parteien.
	Jede Rechtsbeziehung zwischen zwei Menschen ist eine Obligation (z. B. Eheverhältnis, Arbeitsverhältnis, Erbschaft, Treueversprechen)
	Eine Obligation im Sinne des Rechts kann immer auf einen der drei vom OR genannten Entstehungsgründe zurückgeführt werden.

3.2.2 Entstehung von Obligationen

Auf welche Arten können Obligationen entstehen? Ergänzen Sie das Diagramm mit der Art der Obligation und dem Hauptartikel im Gesetz.

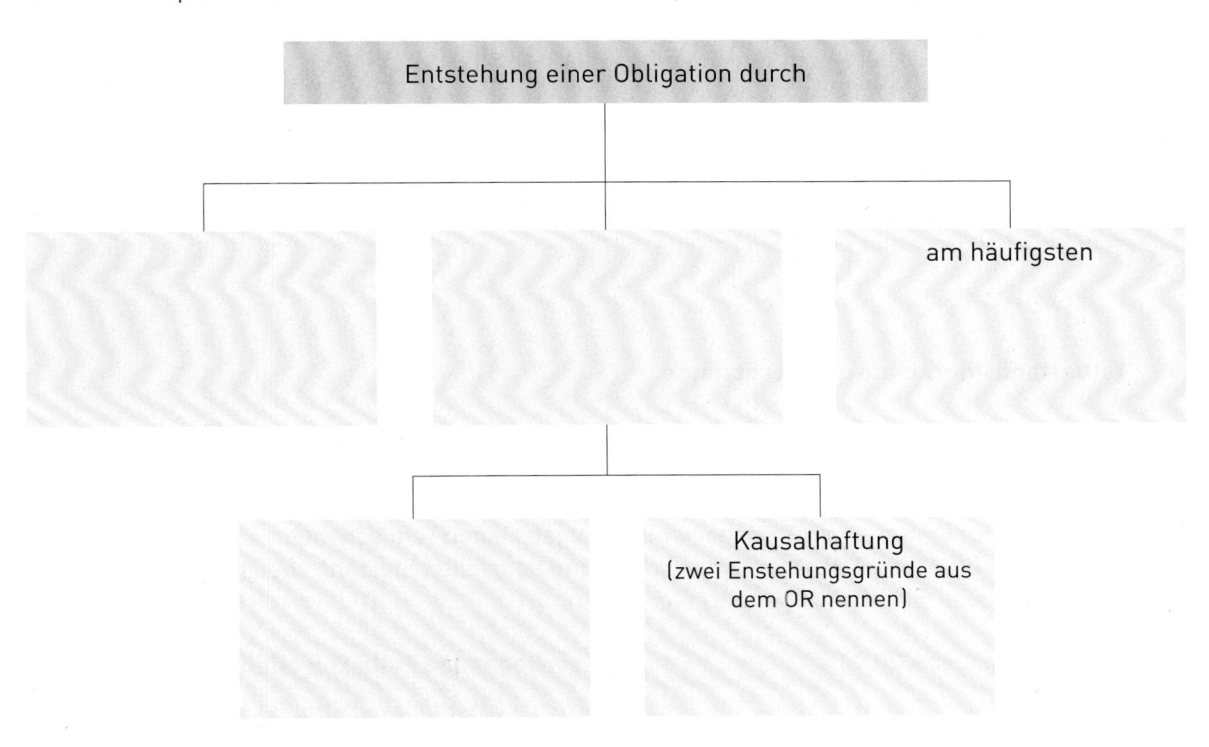

```
                    Entstehung einer Obligation durch
          ┌──────────────────────┼──────────────────────┐
      [         ]            [         ]            [         ]
                                                    am häufigsten
                             ┌──────┴──────┐
                         [       ]      Kausalhaftung
                                        (zwei Enstehungsgründe aus
                                         dem OR nennen)
```

3.2.3 Doppelte Obligationsentstehung

Sara Bossi mietet im Strandbad «Wägi» ein SUP-Board (Stand Up Paddle) für 3 Stunden zu CHF 15/Stunde.
Zeigen Sie mit einer beschrifteten Zeichnung, welche zwei Obligationen hier entstehen!

Sara Bossi   Strandbad Wägi

Entstehungsgründe von Obligationen – Aufgaben

3.2.4 Gründe der Obligationsentstehung

Kreuzen Sie an, ob in den folgenden Fällen rechtlich eine Obligation entstanden ist oder nicht. Wenn ja, kreuzen Sie zusätzlich den Entstehungsgrund an.

KO = keine Obligation entstanden **O** = Obligation entstanden **V** = aus Vertrag
UH = aus unerlaubter Handlung **UB** = aus ungerechtfertigter Bereicherung

Fall	KO	O	V	UH	UB
Fabio Rossi überfährt versehentlich ein Stopp-Schild und verursacht einen Unfall.					
Der Hobby-Sportler Martin Fausch stürzt mit dem Mountain-Bike und bricht sich den Arm und die Schulter.					
Flavia Cecic bezahlt den Jahresbeitrag des Fussballvereins versehentlich an den Schwimmclub.					
Martina hat mit ihrer Freundin Sandra um 22:00 Uhr in der Disco abgemacht. Sie selber ist schon vorher dort, hat für den Eintritt CHF 30 bezahlt. Aber Sandra erscheint nicht, ohne Meldung. Enttäuscht geht Martina nach Hause: ihr Schaden beträgt CHF 30.					
Franz Maurer nimmt eine neue Arbeitsstelle als PC-Supporter bei einer Bank an.					
Marion hat ihrer Freundin Bea die Unterwasser-Kamera (Wert: CHF 1 850) für die Ferien ausgeliehen. Zurückgekommen, entschuldigt sich Bea: ihr ist die Kamera bei einem Tauchgang aus der Hand gerutscht und im Meer versunken.					
Der Hund von Lana reisst sich plötzlich von der Leine und beisst ein vorbeirennendes Kind in die Waden.					
Der 6-jährige Boris zerschlägt mit einem Schneeball versehentlich eine Fensterscheibe im Hause seiner eigenen Familie.					

3.2.5 Tatbestandsmerkmale und Rechtsfolge

Mara Guzzi hat mit ihrem Velo den parkierten Porsche von Paul Borsch gestreift und über die ganze linke Seite einen hässlichen Kratzer verursacht. Der Porsche wird auf einem Autotransporter zur Werkstatt gefahren. Auf dieser Fahrt muss der Fahrer wegen eines unachtsamen Kindes eine Vollbremsung machen. Dabei fällt der Porsche vom Transporter und hat jetzt einen Totalschaden.
Untersuchen Sie bei OR 41 die Tatbestandsmerkmale und beurteilen Sie dann, welchen Schaden Mara Guzzi übernehmen muss. Ein TBM ist bereits eingetragen.

Tatbestandsmerkmal von OR 41	im vorliegenden Falle zutreffend?
– Schaden vorhanden	ja: sie hat Eigentum von Paul Borsch beschädigt
Rechtsfolge: Welchen Schaden muss Mara Guzzi direkt übernehmen?	

3.3 Allgemeine Vertragslehre

> **Leistungsziele BIVO**
>
> – Ich löse einfache Rechtsfälle zur Entstehung und Erfüllung von Verträgen. Dabei erläutere ich die folgenden Aspekte:
>   – Entstehung (Vertragsfähigkeit der Parteien; Formvorschriften; Willensübereinstimmung: Antrag / Annahme / Widerruf; Vertragsinhalt)
>   – Vertragsmängel (Übervorteilung; wesentlicher Irrtum; absichtliche Täuschung; Furchterregung)
>   – Nichtigkeitsgründe
>   – Erfüllung (Gegenstand, Ort, Zeit)
>   – Nicht-/Schlechterfüllung
>   – Verjährung und Verjährungsfristen

Überblick: In der «Allgemeinen Vertragslehre» geht es um Regeln, die **für alle Arten von Verträgen** Gültigkeit haben. Bei den einzelnen Vertragsverhältnissen (Kaufvertrag 3.4 / Mietvertrag 3.5 / Arbeitsvertrag 3.6) geht es um Regeln, die speziell für die jeweilige Vertragsart gültig sind. → Bei Rechtsfällen mit Verträgen untersucht man zuerst die Regeln dieses speziellen Vertrags und dann auch die Regeln der Allgemeinen Vertragslehre!

3.3.1 Die Vertragsentstehung

Damit ein Vertrag rechtsgültig entsteht, müssen vier Bedingungen erfüllt sein:
1. Handlungsfähigkeit der Parteien
2. Übereinstimmende gegenseitige Willensäusserung
3. Einhaltung der Formvorschriften
4. Einhaltung der Inhaltsvorschriften

1. Handlungsfähigkeit der Parteien

Man spricht auch, mit gleicher Bedeutung, von der **Vertragsfähigkeit** der Parteien.

Handlungsfähigkeit		
natürliche Personen (ZGB 12–19d)		juristische Personen (ZGB 54) z.B. Aktiengesellschaft; GmbH
Urteilsfähigkeit = Fähigkeit, vernunftgemäss zu entscheiden und zu handeln	**Volljährigkeit** = vollendetes 18. Altersjahr = ab dem 18. Geburtstag	«Wenn die gesetzlich vorgeschriebenen Organe bestellt sind.»

Spezialfall: Kinder und Jugendliche: Sie sind eventuell schon urteilsfähig (das ist im Einzelfall altersgemäss zu beurteilen), aber noch minderjährig = beschränkte Handlungsunfähigkeit (ZGB 19–19c).

→ Grundsätzlich braucht es die Zustimmung der Eltern
→ Oft wird stillschweigend die Zustimmung der Eltern angenommen. Wenn sie dann nachträglich doch noch verweigert wird, muss der Vertrag rückgängig gemacht werden
→ Ohne Zustimmung der Eltern sind möglich:
  – Erlangung unentgeltlicher Vorteile (z.B. Annahme eines Geschenkes) oder Vertragsabschlüsse über geringfügige Angelegenheiten des täglichen Lebens (ZGB 19 Abs. 2).
  – Ausübung höchstpersönlicher Rechte (ZGB 19c).
  – Vertragsabschlüsse mit Vermögen, das die Eltern den Kindern zur freien Verfügung gegeben haben oder was durch eigene Arbeit verdient wurde (ZGB 323), z.B. Kauf von Panini-Bildern einer 9-jährigen, Kauf einer Playstation durch einen 17-jährigen Lehrling. Faustregel: Betragshöhe im Rahmen des Taschengeldes bzw. des Lehrlingslohnes.

Übersetzung: AGs wie Globus, UBS müssen auch, wie natürliche Personen, Verträge abschliessen können zum Kauf von Mobilien, zur Anstellung von Personal. Dies tun sie durch die in ihren Statuten vorgesehene Organe.

Beispiel: Wenn der Verwaltungsrat B. Knöpfli für die UBS neue PCs kauft, dann ist die UBS Eigentümerin der PCs und nicht Herr Knöpfli!

Allgemeine Vertragslehre

2. Übereinstimmende gegenseitige Willensäusserung

OR 1: Die übereinstimmende gegenseitige Willensäusserung (Konsens) ist gegeben, sobald auf einen verbindlichen **Antrag** der einen Partei die **Annahme** der anderen Partei erfolgt:

Antrag ◄────────────► Annahme

OR 2: Es genügt der Konsens über «die wesentlichen Punkte»: das ist die Leistung und die Gegenleistung, also:
- Welche Ware zu welchem Preis?
- Welche Arbeit und Arbeitszeit zu welchem Gehalt?
- Welche Wohnung zu welchem Mietzins?

Bei **Nebenpunkten** des Vertrages gilt: Nur wenn eine Partei solche Nebenpunkte als Vertragsbestandteil verlangt, braucht es auch darüber einen Konsens. Ansonsten werden alle Nebenpunkte anhand der allgemeinen Bestimmungen des OR geregelt.

Entscheidend für die Entstehung der übereinstimmenden Willensäusserung ist die Frage: Wann und wie lange ist ein Antrag verbindlich, so dass die Annahme zum Konsens führt:

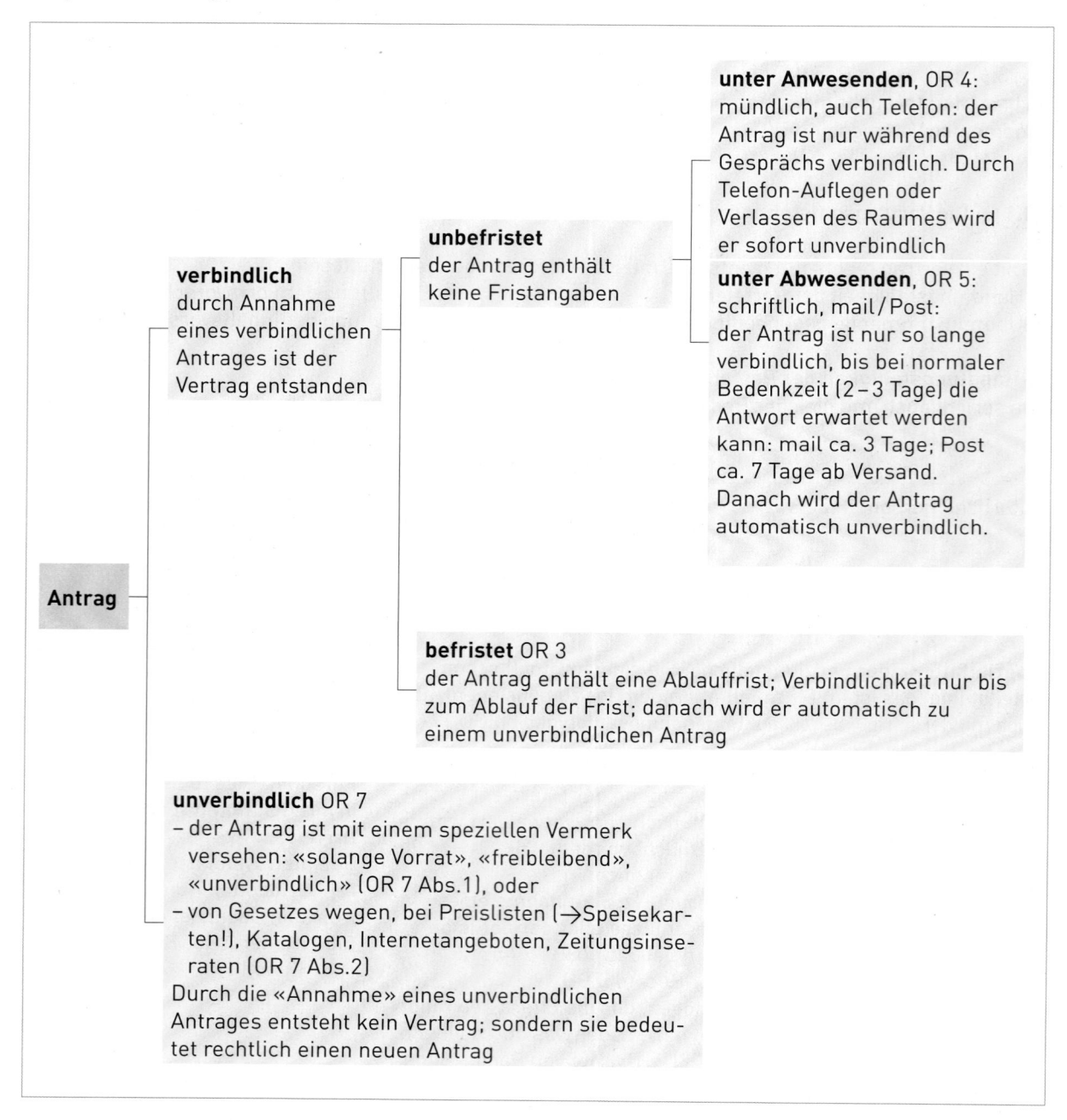

Antrag

- **verbindlich**
  durch Annahme eines verbindlichen Antrages ist der Vertrag entstanden
  - **unbefristet**
    der Antrag enthält keine Fristangaben
    - **unter Anwesenden**, OR 4: mündlich, auch Telefon: der Antrag ist nur während des Gesprächs verbindlich. Durch Telefon-Auflegen oder Verlassen des Raumes wird er sofort unverbindlich
    - **unter Abwesenden**, OR 5: schriftlich, mail/Post: der Antrag ist nur so lange verbindlich, bis bei normaler Bedenkzeit (2–3 Tage) die Antwort erwartet werden kann: mail ca. 3 Tage; Post ca. 7 Tage ab Versand. Danach wird der Antrag automatisch unverbindlich.
  - **befristet** OR 3
    der Antrag enthält eine Ablauffrist; Verbindlichkeit nur bis zum Ablauf der Frist; danach wird er automatisch zu einem unverbindlichen Antrag

- **unverbindlich** OR 7
  - der Antrag ist mit einem speziellen Vermerk versehen: «solange Vorrat», «freibleibend», «unverbindlich» (OR 7 Abs.1), oder
  - von Gesetzes wegen, bei Preislisten (→Speisekarten!), Katalogen, Internetangeboten, Zeitungsinseraten (OR 7 Abs.2)

  Durch die «Annahme» eines unverbindlichen Antrages entsteht kein Vertrag; sondern sie bedeutet rechtlich einen neuen Antrag

Allgemeine Vertragslehre

Spezialfälle im OR		
Auslage von Waren im Geschäft oder im Schaufenster	Widerruf eines verbindlichen Antrages	Zusendung von Artikeln ohne Bestellung
= verbindlicher Antrag: OR 7 Abs. 3 Beispiel: ein versehentlich zu tief angeschriebenes Kleid muss zum tiefen Preis abgegeben werden, aber nur ein Stück davon. Ausnahme: krasse, «sonnenklare» Fehlanschrift, z. B. CHF 100 statt CHF 1 000 → das Geschäft kann sich auf «Erklärungsirrtum» nach OR 24 Abs. 1 Ziff. 3 berufen.	Der Widerruf (Annullation) eines verbindlichen Antrages gilt nur, wenn er zeitlich vor oder gleichzeitig beim Empfänger eintrifft wie der Antrag: OR 9. (Von der Logik her nur bei schriftlichen Anträgen möglich).	Diese spezielle Art des Marketings gilt nicht als Antrag. Es gilt OR 6a: der Empfänger muss solche Artikel weder zurücksenden noch aufbewahren.

3. Die Einhaltung der Formvorschriften

Grundsatz der Formfreiheit, OR 11: «Verträge bedürfen zu ihrer Gültigkeit nur dann einer besonderen Form, wenn das Gesetz eine solche vorschreibt.» → Das ist der Grundsatz der **Formfreiheit**. Folglich dürfen Verträge grundsätzlich in jeder beliebigen Form abgeschlossen werden, so wie die Vertragsparteien es wollen:

Vertragsform	Erläuterung	Beispiele
mündlich (im Gespräch, am Telefon)	Vertragsabschluss in einem Gespräch	→ Abschluss eines Zeitschriften-Abos per Telefon → Kauf eines Bahn-Tickets am Bahnhof-Schalter*
schriftlich (per mail oder Brief)	Erstellung eines schriftlichen Vertragsdokumentes	→ Wohnungsmiete mit schriftlichem Vertrag → Neuwagen-Kauf mit schriftlichem Vertrag
stillschweigend (durch eine Handlung)	Vertragsabschluss «ohne Worte», durch eine eindeutige, den Vertragsabschluss kennzeichnende Handlung (= konkludentes Handeln)	→ Kauf einer Cola aus dem Automaten → Kauf im Coop: Ware aufs Band - Zahlen «auf Wiedersehen» (=nicht vertragsrelevant ...)*

* die Kassenquittung ist nur Beweismittel, kein Dokument für einen schriftlichen Vertrag

Spezielle Formvorschriften in OR und ZGB: Nur für wenige, aber bedeutungsvolle Verträge gibt es in OR und ZGB eine Formvorschrift. Das Gesetz kennt vier Formvorschriften, von weniger streng bis sehr streng:

Formvorschrift	Erläuterung	Beispiele
einfache Schriftlichkeit	Eigenhändige Unterschrift, OR 14. Der Rest des Vertrages kann maschinell geschrieben sein	→ OR 266l Abs.1: Wohnungskündigung durch den Mieter (der Mietvertrag selber ist formfrei) → OR 340: Konkurrenzverbot im Arbeitsvertrag (der Arbeitsvertrag selber ist formfrei)
qualifizierte Schriftlichkeit	Das Gesetz verlangt ausser der Unterschrift zusätzliche Erfordernisse: → vorgeschriebene Vertragsinhalte → vorgeschriebene Formulare → vollständige Handschriftlichkeit	→ OR 266l Abs.2: Wohnungskündigung durch den Vermieter (der Mietvertrag selber ist formfrei) → OR 344a: Lehrvertrag

Allgemeine Vertragslehre

Formvorschrift	Erläuterung	Beispiele
öffentliche Beurkundung	Überprüfung und Mit-Unterzeichnung des Vertrages durch eine vom Kanton bezeichnete Urkundsperson: Notar, Fürsprecher, Rechtsanwalt	→ OR 629: Gründung einer AG* → OR 216: Hauskauf* → ZGB 184: Ehevertrag
Eintrag in ein öffentliches Register	Hauptinhalte des Vertrages müssen in einem öffentlichen Register (= Verzeichnis) eingetragen werden. Z. B. Handelsregister, Grundbuchregister	→ OR 640: Gründung einer AG* → ZGB 656: Hauskauf* → ZGB 715: Eigentumsvorbehalt beim Kaufvertrag (der Kaufvertrag selber ist formfrei) * hier verlangt das Gesetz zwei Formvorschriften gleichzeitig

Merkpunkte zu den Formvorschriften:
– Das Nicht-Einhalten einer gesetzlichen Formvorschrift bewirkt die Nichtigkeit des Vertrages: der Vertrag gilt als gar nie entstanden.
– Bei den meisten Verträgen, z. B. Kauf-, Miet-, Arbeitsvertrag, gilt die Formfreiheit. Aber aus Beweisgründen bei Streitigkeiten ist die (freiwillige!) Schriftlichkeit vorzuziehen.
– Bei Fallaufgaben in Prüfungen: wenn man im Gesetz keine Formvorschrift findet, dann gilt immer: Formfreiheit

4. Die Einhaltung der Inhaltsvorschriften

Grundsatz der Inhaltsfreiheit, OR 19: «Der Inhalt des Vertrages kann innerhalb der Schranken des Gesetzes beliebig festgelegt werden.»
Folglich dürfen Verträge über jeden beliebigen Inhalt abgeschlossen werden, so wie die Vertragsparteien es wollen.
Verstösst aber die Vertragsabmachung gegen die «Schranken des Gesetzes», so handelt es sich nach OR 20 um einen «nichtigen Vertrag»

Verletzung der Inhaltsfreiheit: Nichtige Verträge nach OR 20
Nichtig heisst: Dieser Vertrag existiert gar nicht; keine Partei kann die andere Partei vor Gericht einklagen.
OR 20: Es gibt drei Vertragsinhalte, die zur **Nichtigkeit** führen

Name	unmöglicher Vertragsinhalt	widerrechtlicher Vertragsinhalt	unsittlicher Vertragsinhalt
Erläuterung	Der Vertrag hat eine Leistung zum Inhalt, die objektiv unmöglich zu erbringen ist. (Gar niemand wäre in der Lage, diese Leistung zu erbringen.)	Die Abmachung des Vertrages verstösst gegen zwingende Vorschriften des Gesetzes (gemeint ist nicht nur gegen das Strafgesetz, sondern auch gegen zwingende Vorschriften des OR).	Die Abmachung des Vertrages verstösst gegen das «allgemeine Anstandsgefühl» (= gegen die vorherrschende Moral). Dieser Vertragsinhalt ist nicht direkt gesetzeswidrig, aber nach allgemeinem Rechtsempfinden «anstössig».

Allgemeine Vertragslehre

Name	unmöglicher Vertragsinhalt	widerrechtlicher Vertragsinhalt	unsittlicher Vertragsinhalt
Beispiele	Vertrag zwischen A und B am 8. März über ein Oldtimer-Auto. Kurz darauf wird klar: die ganze Garage mit dem Auto ist in der Nacht vorher abgebrannt. → dieser Vertrag war von Anfang an unmöglich zu erfüllen! Achtung: wenn die Garage erst in der Folgenacht des Vertragsabschlusses abbrennt, liegt ein ganz anderer Fall vor: Übergang von Nutzen und Gefahr beim → Kaufvertrag	– Abmachung im Arbeitsvertrag, während der Ferien gegen Bezahlung weiterzuarbeiten. → Verstoss gegen OR 329d Abs. 2 – Verträge über Drogenhandel, Drogenschmuggel, Ausübung von Straftaten ▼ Solche Verträge gibt es oft in der Wirklichkeit; weil aber von Gesetzes wegen nicht einklagbar, herrscht das Faustrecht zur Durchsetzung von Abmachungen!	– Schweigegeld-Verträge (gegen Entschädigung das Wissen über eine Straftat verschweigen) – Verträge über Schmiergeldzahlungen ▼

Zu unterscheiden vom Inhaltsmangel nach OR 20 (nichtige Verträge) ist der Entstehungsmangel bei einem Vertrag (Art. 21–31 OR, sogenannte anfechtbare Verträge), Kap. 3.3.2.

3.3.2 Mängel der Vertragsentstehung

Definition: Bei einem anfechtbaren Vertrag entspricht die abgegebene Willenserklärung nicht dem tatsächlichen Willen. Die vier Bedingungen für einen Vertrag sind zwar erfüllt; aber die Art des Zustandekommens weist so grosse Mängel auf, dass die benachteiligte Partei diesen Vertrag innert eines Jahres per Klage für ungültig erklären kann. Ohne eine solche Klage erhält aber auch ein anfechtbarer Vertrag Rechtsgültigkeit und muss eingehalten werden.

Arten von anfechtbaren Verträgen: Es gibt vier verschiedene Vertragsmängel, die zur Anfechtbarkeit führen:
– Wesentlicher Irrtum; – Übervorteilung; – Absichtliche Täuschung; – Furchterregung

Name	Wesentlicher Irrtum, OR 23/24	Übervorteilung, OR 21
Erläuterung	Eine Partei hat sich bei Vertragsabschluss ohne jede Absicht in einem **wesentlichen Punkt** geirrt. Wesentlich ist ein Irrtum, wenn … 1. der Irrende seine Zustimmung zu einem anderen Vertrag gegeben hat als zu dem von ihm tatsächlich gewollten. (OR 24 Abs.1 Ziff. 1) 2. der Irrende eine ganz andere Vertragsleistung gemeint hat als die tatsächlich eingegangene. (OR 24 Abs.1 Ziff. 2) 3. eine Partei sich in krasser Weise geirrt hat über den Umfang der Leistung bzw. über die Höhe des Betrags. (OR 24 Abs. 1 Ziff. 3) 4. der Irrende sich zum Zeitpunkt des Vertragsabschlusses über eine wesentliche Vertragsgrundlage im Irrtum befunden hat. (OR 24 Abs.1 Ziff. 4)	Eine Partei geht auf einen für sie klar nachteiligen Vertrag ein. Die Übervorteilung hat immer zwei Teile: – offensichtliches Missverhältnis zwischen Leistung und Gegenleistung – bewusstes Ausnützen von einer Notlage, von Unerfahrenheit oder von Leichtsinn der übervorteilten Seite.

Allgemeine Vertragslehre

Name	Wesentlicher Irrtum, OR 23/24	Übervorteilung, OR 21
Beispiele	1. Der Irrende wollte das Auto leasen, hat aber versehentlich einen Kaufvertrag für das Auto unterschrieben. 2. Ein Lebensmittelhändler kauft 1000 kg Strassensalz statt Speisesalz. 3. Der Juwelier wollte den Diamanten zu CHF 10 000 verkaufen und nicht zum falsch angeschriebenen Schild von CHF 1000. (→ Vergleiche «Verbindlichkeit von Preisanschriften» bei 3.3.1: übereinstimmende Willenserklärung) 4. Der Käufer hat «Bauland» gekauft. Das Land ist aber wegen Bergsturzgefahr nicht bebaubar. **Achtung:** Es ist gut zu unterscheiden zwischen wesentlichem Irrtum, OR 24 Abs. 1 und **unwesentlichem Irrtum,** OR 24 Abs. 2. Bei unwesentlichem Irrtum kann der Vertrag nicht angefochten werden: a) Motivirrtum: Der Käufer hat Bauland gekauft; wegen einer Ehekrise kann er das Land gar nicht mehr brauchen. → keine Anfechtung möglich b) Rechenfehler: Blosse, erkennbare Rechenfehler im Vertrag sind zu korrigieren; sie führen nicht zur Anfechtbarkeit, OR 24 Abs. 3.	– Im Liebestaumel lässt sich die Seniorin von ihrem «Lover» dazu überreden, ihm ihr Oldtimer-Auto zu CHF 5000 zu verkaufen. Ernüchtert nach seinem plötzlichen Verschwinden wird ihr klar: der Marktwert wäre CHF 25 000. – Die frisch zugewanderte, vermögende, aber ungebildete Familie X kauft vom selbsternannten Vermögensverwalter Y für CHF 50 000 nicht kotierte Wertpapiere. Durch einen Schweizer Bekannten erfährt die Familie kurz darauf: die Papiere sind höchstens CHF 10 000 wert.
Name	**Absichtliche Täuschung, OR 28**	**Furchterregung, OR 29/30**
Erläuterung	Eine Partei wird von der anderen unter Vorspiegelung falscher Tatsachen zum Vertragsabschluss verleitet. Ohne diese Täuschung wäre sie auf den Vertrag nicht eingegangen.	Die benachteiligte Partei geht nur wegen der Androhung von Nachteilen auf den Vertrag ein. Ohne Drohung hätte sie den Vertrag nicht abgeschlossen.
Beispiele	– Der Occasionshändler manipuliert den km-Zähler und verkauft die Occasion absichtlich als «wenig gefahren» an eine Kundin, die gezielt eine Occasion mit wenig km suchte. – Der schwer herzkranke S, Lebenserwartung noch 2 Jahre, erklärt sich im Aufnahmefragebogen der Versicherung für kerngesund und kann damit einen Lebensversicherungsvertrag über 2 Millionen Franken abschliessen.	– Weil er ihr mit der Publikation von (privat gemachten) Nacktfotos auf youtube droht, verkauft Lisa ihrem Ex-Freund ihre geliebte Vespa. – Lejla S macht die KV-Lehre beim Immobilienverwalter S. Die Familie S lebt in einer Mietwohnung von S. Mit etwas besserem in Aussicht, haben sie die Wohnung gekündigt. S droht ihnen: wenn sie die Kündigung nicht rückgängig machen, schmeisst er die Tochter aus der Lehre.

Rechtsfolge bei anfechtbaren Verträgen:
- Die benachteiligte Partei kann den Vertrag innert eines Jahres anfechten, und das heisst: für unverbindlich erklären (OR 31).
- Die Jahresfrist zur Anfechtung beginnt im Zeitpunkt der Entdeckung des Mangels.
- Ohne Anfechtung innert eines Jahres erlangt der Vertrag vollständige Gültigkeit und muss eingehalten werden.

3.3.3 Die Vertragserfüllung

Wenn ein Vertrag rechtsgültig entstanden ist, dann muss jede Partei die abgemachte Leistung erbringen. Dabei sind rechtlich zwei Punkte besonders wichtig:
 a) Der Ort der Erfüllung: Wo muss die Leistung erbracht werden?
 b) Die Zeit der Erfüllung: Wann genau muss die Leistung erbracht werden?

Es handelt sich hier um dispositive Regeln → die Vorschriften des OR gelten nur dann, wenn die Vertragsparteien nichts anderes abgemacht haben.

a) Ort der Erfüllung

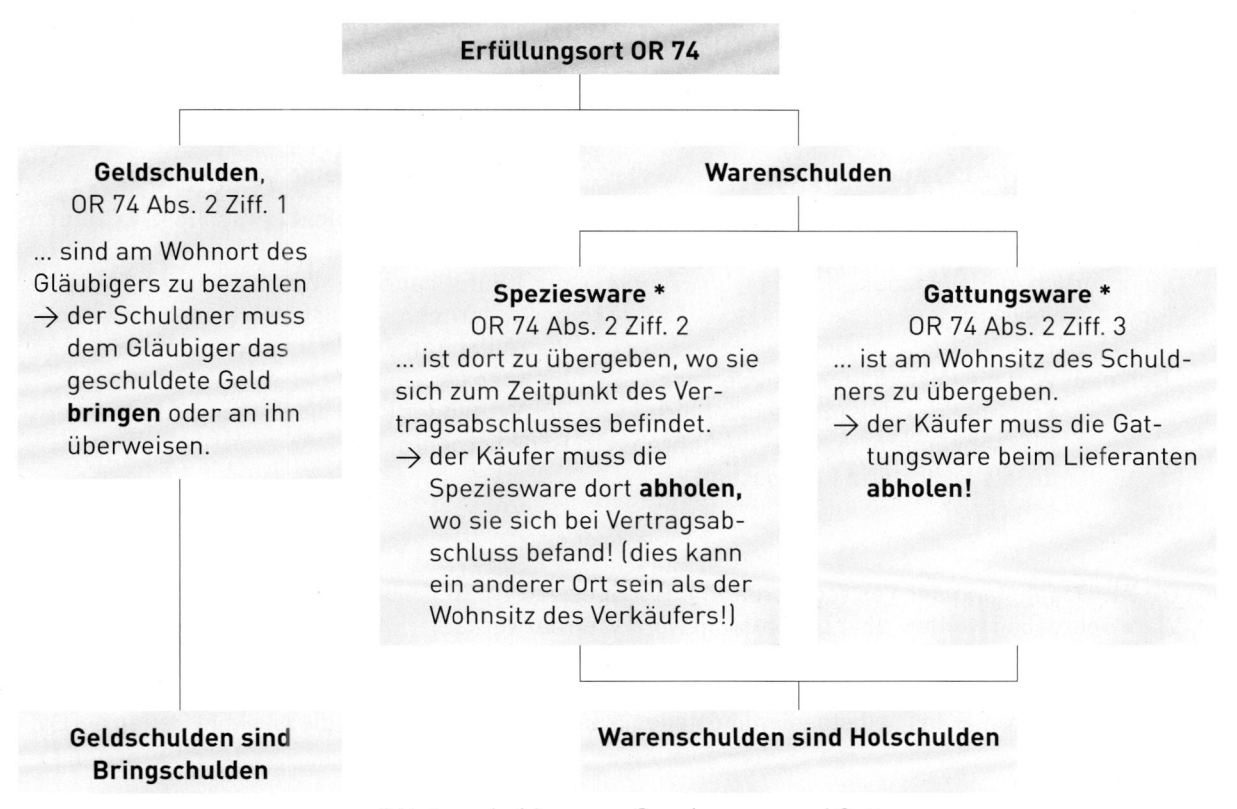

Erfüllungsort OR 74

Geldschulden, OR 74 Abs. 2 Ziff. 1
... sind am Wohnort des Gläubigers zu bezahlen
→ der Schuldner muss dem Gläubiger das geschuldete Geld **bringen** oder an ihn überweisen.

Warenschulden

Spezieswaren * OR 74 Abs. 2 Ziff. 2
... ist dort zu übergeben, wo sie sich zum Zeitpunkt des Vertragsabschlusses befindet.
→ der Käufer muss die Spezieswaren dort **abholen,** wo sie sich bei Vertragsabschluss befand! (dies kann ein anderer Ort sein als der Wohnsitz des Verkäufers!)

Gattungsware * OR 74 Abs. 2 Ziff. 3
... ist am Wohnsitz des Schuldners zu übergeben.
→ der Käufer muss die Gattungsware beim Lieferanten **abholen!**

Geldschulden sind Bringschulden

Warenschulden sind Holschulden

* Unterscheidung von Spezieswaren und Gattungsware

Spezieswaren	Gattungsware
Einmalige Sachen, die nicht durch andere ersetzbar sind: Einzelstücke, Kunstwerke, gebrauchte Artikel. **Beispiele:** – VW Golf, Jg 2008, 80000 km, grün – Der Pudel-Welpe Xara, aus einem Wurf von 6 Jungen beim Rassen-Züchter	Austauschbare Waren, die in grossen Mengen in genau gleicher Machart vorkommen. **Beispiele:** – Neuwagen VW Golf GTI, blau-metallisé – 1 kg Äpfel vom Marktstand – 10 Zierfischchen beim Zoohändler

Achtung: Durch persönliche Wahl bei Vertragsabschluss kann Gattungsware zu Spezieswaren werden.
  Beispiel am Marktstand bei den Wassermelonen, jede zu CHF 8
  Kundin: «Ich möchte diese Melone dort, ganz rechts oben.»

Allgemeine Vertragslehre

b) Zeit der Erfüllung

OR 75: Wenn die Vertragsparteien über Liefertermin und Zahlungszeitpunkt nichts spezielles abgemacht haben, dann ist die Erfüllung von beiden Parteien sofort und gleichzeitig bei Vertragsabschluss fällig → Zug-um-Zug-Geschäft.

→ Wenn nichts spezielles abgemacht wurde, muss die gekaufte Ware bzw. die bezogene Dienstleistung sofort bar bezahlt werden!

→ Der im Geschäftsleben übliche Warenversand gegen Rechnung, mit 30 Tagen Zahlungsfrist, ist eine dispositive Vertragsabmachung und nicht gesetzlich vorgeschrieben!

c) Weitere Regeln zur Vertragserfüllung

– OR 68: Person der Vertragserfüllung: Muss der Schuldner seine Leistung selber erbringen oder kann er sie durch jemand anderen erbringen lassen? Es ist beides möglich:

nur persönliche Leistung möglich	Leistung auch durch eine Drittperson möglich
– «wenn es bei der Leistung auf die Persönlichkeit ankommt», also auf die fachlichen und körperlichen Eigenschaften: – bei Arbeitsverträgen **Beispiel:** Weil die Lernende S ans Openair Frauenfeld will, kann sie nicht ihre Klassenkameradin, auch KV-Lehrende, als Vertreterin ins Geschäft schicken!	– in allen Fällen, wo nicht persönliche Erfüllung notwendig ist: – der Käufer kann die Ware durch eine Transportunternehmung abholen lassen bzw. der Verkäufer kann die Ware durch jemand anderen versenden. – der Schuldner kann die Zahlung durch die Bank vornehmen lassen

– OR 71: Gegenstand der Vertragserfüllung: Bei Speziesware muss ohnehin genau diese bestimmte Ware übergeben werden; aber bei Gattungsware kann der Verkäufer wählen, was genau er dem Käufer übergibt, z. B. am Marktstand. Damit er nicht immer zuerst «die schlechtesten» Artikel auswählt, heisst es in OR 71: «Er darf nicht eine Ware unter mittlerer Qualität anbieten.»
In vielen Fällen, z. B. bei Selbstbedienungsläden, kann ohnehin der Kunde die Auswahl treffen bei Gattungsware.

3.3.4 Mängel der Vertragserfüllung (OR 97 – 109)

Im allgemeinen Vertragsrecht werden die Mängel der Vertragserfüllung und ihre Folgen «nur» allgemein behandelt; genaueres ist immer bei den einzelnen Verträgen zu finden. Trotzdem gibt es hier schon den grossen Überblick über die möglichen Mängel der Vertragserfüllung:

Warenschuldner (Verkäufer)		Geldschuldner (Käufer)
Nichterfüllung: fehlende oder verspätete[1] Lieferung ▼ Drei mögliche Massnahmen des Gläubigers[2] + Schadenersatzpflicht OR 97	Schlechterfüllung: Lieferung mangelhafter Ware Schadenersatzpflicht OR 97	Ausbleibende / verspätete[1] Zahlung 5 % Verzugszins OR 104

[1] Rechtliche Definition von verspätet: Verzug
 Ab wann ist ein Schuldner in Verzug? → OR 102
[2] Mögliche Massnahmen des Gläubigers bei Verzug: Beharren, Verzichten oder Rücktritt, immer mit Anspruch auf Schadenersatz: OR 107 – 109

Allgemeine Vertragslehre

Ausgangslage beim Vertrag →	Notwendiges Vorgehen →	Verzug
– kein festes Datum abgemacht	Mahnung des Schuldners mit Fristsetzung	ab Zeitpunkt der Mahnung
– ein Verfalltag oder ein Stichtag abgemacht		mit Ablauf des Verfalltages

Ab dem Zeitpunkt des Verzuges hat der Gläubiger Anspruch auf Verzugszins: OR 104

Ausgangslage	Notwendiges Vorgehen	Massnahmen (OR 107 Abs. 2)
– kein festes Datum abgemacht	Schuldner in Verzug setzen (OR 102 Abs. 1) + Frist ansetzen für die nachträgliche Leistung (OR 107 Abs. 1)	– Beharren auf Lieferung + Schadenersatz, (wenn die Ware nicht woanders rasch beschafft werden kann), oder
– ein Verfalltag wurde abgemacht (= bis wann soll die Leistung erbracht werden?)	Setzen einer Nachfrist (OR 107 Abs. 1)*; *im kaufmännischen Verkehr (OR 190 = Ware ist zum Wiederverkauf bestimmt) gilt: Verfalltag gilt wie Fixtag, also sofortiger Verzicht oder Rücktritt möglich!	– Verzicht auf Lieferung + Schadenersatz (wenn die Ware woanders teurer beschafft werden kann = Deckungskauf), oder – Rücktritt vom Vertrag + Schadenersatz (wenn die Ware woanders billiger beschafft werden kann)
– ein Fixtag wurde abgemacht, oder ein solcher ergibt sich logisch aus dem Vertragsinhalt (→Lieferung Hochzeitstorte)		– Verzicht auf Lieferung + Schadenersatz, oder – Rücktritt vom Vertrag + Schadenersatz

3.3.5 Die Verjährung von Forderungen aus Verträgen OR 127–142

Definition Verjährung: Gesetzlich festgelegte Frist, nach deren Ablauf ein Gläubiger seine Forderung nicht mehr zwangsrechtlich eintreiben kann.

Folge der Verjährung: Der Schuldner kann nicht mehr (per Betreibung) zur Zahlung gezwungen werden. Zahlt er aber freiwillig doch («aus Versehen»), so kann er seine Leistung nicht zurückfordern (OR 63 Abs. 2), denn: Der Vertrag ist noch gültig, die Forderung bestand zu recht, der Gläubiger ist nicht ungerechtfertigt bereichert.

Gründe für Verjährungsfristen: Die Rechtssicherheit: ein Schuldner soll nicht ewig im Ungewissen sein, ob ein Gläubiger irgendwann doch noch eine Forderung geltend machen will.

10 Jahre OR 127	5 Jahre OR 128	1 Jahr OR 60/67[1]
Grundsätzliche, gesetzliche Verjährungsfrist. Alles andere sind Ausnahmen, die gesetzlich genau umschrieben sind	Für genau umschriebene Leistungen: – regelmässig wiederkehrende Leistungen: Kapitalzinsen, Mietzinsen, Lohnzahlungen – Forderungen aus alltäglichen Geschäften: Handwerker-, Arztrechnungen – Schulden für Lebensmittel, Essen/Trinken im Restaurant	Ansprüche aus: – unerlaubter Handlung – ungerechtfertigter Bereicherung **Unverjährbar ZGB 807** – Hypothekarkredite

[1] ab 01.01.2020: 3 Jahre (relative Verjährungsfrist) und 10 Jahre bzw. 20 Jahre (absolute Verjährungsfrist) bei Personenschäden.

Allgemeine Vertragslehre

Merke:
- Verjährungsfristen sind **zwingende** Vorschriften, können also nicht durch Absprache verändert werden (OR 129).
- Die Verjährungsfrist beginnt zu laufen bei Fälligkeit der Forderung, also nicht erst bei Verzug des Schuldners (OR 130).
- Die Verjährungsfrist wird unterbrochen (OR 135):
  - mit der Anerkennung der Forderung durch den Schuldner
  - mit der Einleitung der Betreibung durch den Gläubiger (blosse Mahnung genügt nicht)

  Nach dem Unterbruch beginnt die Frist von neuem zu laufen (OR 137 Abs. 1).

3.3.6 Sicherungsmittel der Vertragserfüllung

Überblick: Wenn ein Vertrag abgeschlossen wird, liegt es im Interesse beider Parteien, dass jede Partei sich an die Abmachungen hält = Vertragserfüllung. Zwar stehen im OR die Vorschriften, was man bei «Nichterfüllung» oder «Schlechterfüllung» tun kann, aber es ist umständlich und zeitraubend, die andere Partei einzuklagen. Also bauen die Vertragsparteien sehr oft von selber «Sicherungsmittel» in den Vertrag ein: Wenn sich eine Partei nicht an die Abmachungen hält, kommt diese Vertragssicherung zum Einsatz! Die Sicherungsmittel werden grundsätzlich schon beim Vertragsabschluss abgemacht, und es müssen immer beide Parteien mit diesen Sicherungsmitteln einverstanden sein. Je nach Art des Vertrages gibt es unterschiedliche Sicherungsmittel.

Sicherungsmittel	
Realsicherheiten: → eine Sache haftet für die Vertragserfüllung	Personalsicherheiten: → eine Person haftet mit ihrem Vermögen für die Vertragserfüllung
– Kaution – Retentionsrecht – Eigentumsvorbehalt – Faustpfand – Grundpfand	– Konventionalstrafe – Bürgschaft – Zession

Die Sicherungsmittel im Einzelnen:

Realsicherheiten

Kaution: → Hinterlegung einer Garantiesumme (z. B. bei einer Bank)

Beispiel: Kaution von maximal drei Monatsmieten beim Mietvertrag von Wohnräumen. Bei Mietrückstand des Mieters oder bei Auszug aus der Wohnung mit ungedeckten Schäden kann der Vermieter auf die Kaution zugreifen. Ansonsten muss sie dem Mieter zurückerstattet werden bei Ende des Mietverhältnisses. OR 257e

Retentionsrecht: → Rückbehaltung eines Eigentums des Schuldners

Beispiel: Zurückbehaltung des reparierten Autos eines Kunden durch den Garagisten, bis der Kunde die Reparatur bezahlt hat. ZGB 895

Eigentumsvorbehalt: → der Käufer wird erst Eigentümer der Kaufsache nach vollständiger Bezahlung der Kaufsache. Gilt nur bei Eintrag im Eigentumsvorbehaltsregister des Betreibungsamtes

Beispiel: Kauf einer Home-Kino-Anlage auf Abzahlung, total CHF 14 000, monatliche Zahlungen CHF 1200. Bei Ausfall einer Ratenzahlung kann das Elektronik-Geschäft die Anlage zurücknehmen und muss den Kunden nicht mühsam für die Restzahlung betreiben.
Rechtlicher Hintergrund für diese Sicherung: Sachenrecht ZGB 714: Der Käufer einer Sache wird bei Übergabe der Sache Eigentümer und nicht erst durch Bezahlung. → Ab da darf ihm die Sache nicht mehr weggenommen werden, ausser durch gerichtliche Pfändung bei Betreibung. → der Eigentumsvorbehalt bedeutet eine Änderung dieser dispositiven ZGB-Bestimmung. (Exkurs Sachenrecht unten*: Eigentum und Besitz nach ZGB)

Allgemeine Vertragslehre

Realsicherheiten

Faustpfand: → Eine verwertbare, bewegliche Sache wird dem Gläubiger als Sicherheit übergeben (= verpfändet).
Beispiel: Der Kreditnehmer übergibt der Bank als Sicherheit Schmuck (= Faustpfandkredit) oder auch Wertpapiere, die bereits im Depot der Bank sind (= Lombardkredit)
Details für das Faustpfand:
- Die Bank darf bei Zahlungsausfall das Pfand nicht selber verwerten, sondern muss die Betreibung auf Pfandverwertung einleiten.
- Gewöhnlich wird ein höherer Pfandwert eingefordert als der Kreditbetrag, aus Sicherheitsgründen

Grundpfand: → eine unbewegliche Sache: Grundstück/Liegenschaft wird dem Gläubiger als Sicherheit verpfändet. Nur gültig, wenn öffentlich beurkundet und im Grundbuchregister eingetragen!
Beispiel: Beim Kauf eines Hauses von CHF 1.2 Millionen erhält der Käufer die Hypothek von CHF 700 000 bei der UBS. Damit braucht er nur noch CHF 500 000 Eigenmittel zum Kauf.

Personalsicherheiten

Konventionalstrafe: → Im Voraus abgemachte «Vertragsbusse», die bei Nichteinhaltung des Vertrages fällig wird.
Beispiel: Falls das Haus von der Baufirma nicht am fix abgemachten Übergabedatum fertig ist, muss die Baufirma dem Auftraggeber pro versäumten Tag CHF 1000 zahlen.

Bürgschaft: → Eine Drittperson verpflichtet sich, den geschuldeten Betrag zu leisten, falls der Vertragsschuldner zahlungsunfähig ist.
Beispiel: Für einen Betriebskredit der Bank an den Jungunternehmer X übernimmt dessen Onkel Z als Bürge die Verpflichtung, das Darlehen im Falle der Zahlungsunfähigkeit von X an die Bank zurückzuzahlen.
Zwei Bürgschaftsarten sind zu unterscheiden:
a) Solidarbürgschaft (häufiger): Der Gläubiger kann schon dann das Geld direkt vom Bürgen einfordern, wenn der Schuldner bei Fälligkeit erfolglos gemahnt wurde.
b) Einfache Bürgschaft (seltener): Der Gläubiger kann erst dann das Geld direkt vom Bürgen einfordern, wenn der Schuldner erfolglos betrieben wurde.

Zession: → Abtretung von Kundenforderungen. Der Darlehensnehmer überträgt seine Kundenforderungen als Sicherheit an den Darlehensgeber.
Beispiel: Um von der Bank einen Betriebskredit von CHF 50 000 zu erhalten, muss der Jungunternehmer Z bei Vertragsabschluss seine ausstehenden Kundenguthaben (jetzige und zukünftige) an die Bank abtreten. Wenn er den Kredit nicht zurückzahlt, kann die Bank die ausstehenden Kundenforderungen einziehen.

Allgemeine Vertragslehre

Exkurs: Eigentum und Besitz nach ZGB
Im Allgemeingebrauch werden Eigentum und Besitz gleichbedeutend verwendet. Aber rechtlich ist es überhaupt nicht das gleiche!

Eigentum ZGB 641	Besitz ZGB 919
Der Eigentümer hat das vollständige Verfügungsrecht über eine Sache. → Er darf die Sache vernichten, verschenken, verändern und von jedem unberechtigten Besitzer zurückverlangen	Der Besitzer hat während des Besitzes die tatsächliche Verfügungsgewalt über eine Sache. Er darf aber nur mit Einwilligung des Eigentümers über die Sache verfügen. → Er darf die Sache in seinem Besitz nicht eigenwillig verändern, verschenken, verändern.

– Meistens ist der Eigentümer auch gleichzeitig Besitzer, wenn nämlich die Sache bei ihm ist. Dann gibt es keine Probleme zwischen beiden Rechtszuständen. Probleme gibt es, wenn beide Zustände getrennt vorkommen:

Eigentum ohne Besitz:	Besitz ohne Eigentum:
– Vermieter eines Gegenstandes, einer Wohnung	– Mieter eines Gegenstandes, der Wohnung
– Leasinggeber eines Autos	– Leasingnehmer eines Autos
– Verkäufer einer Sache mit Eigentumsvorbehalt	– Käufer einer Sache mit Eigentumsvorbehalt

Eigentum + Besitz
– Käufer einer Sache, sobald die Kaufsache dem Käufer übergeben wurde.
  → ab jetzt kann er damit machen, was er will, ob bezahlt oder nicht bezahlt!

Weder Eigentum noch Besitz
– Käufer einer Sache, die noch nicht übergeben wurde.
  → Entstanden ist erst die gegenseitige Verpflichtung zur Übergabe und zur Bezahlung. Auch entstanden ist der «Übergang von Nutzen und Gefahr» auf den Käufer
  (→ siehe Kapitel **3.4 Kaufvertrag**!)

3.3 Allgemeine Vertragslehre – Aufgaben

3.3.1 Handlungsfähigkeit

a) Kreuzen Sie an, welche rechtlichen Fähigkeiten bei den genannten Situationen vorliegen:
   H = volle Handlungsfähigkeit
   U = Handlungsunfähigkeit
   B = beschränkte Handlungsunfähigkeit

H	U	B	Situation
			Eine 18-jährige Studentin kauft sich ein teures Auto per Kleinkredit
			Eine 70-jährige, pensionierte Buchhalterin, bucht bei Kuoni eine Weltreise
			Ein 14-jähriger Gymnasiast kauft sich einen ipod für CHF 65
			Nach dem Trinkgelage, mit 1.8 Promille im Blut, verkauft ein 30-Jähriger seinen Porsche 911 für CHF 1000 an einen Kollegen am Stammtisch.

b) Nennen Sie die zwei gesetzlichen Voraussetzungen zur Handlungsfähigkeit und geben Sie die Gesetzesbestimmung an.

3.3.2 Natürliche und juristische Personen

In der folgenden Aufzählung sind natürliche und juristische Personen aufgeführt. Kreuzen Sie an, ob es sich um eine natürliche Person (nP) oder um eine juristische Person (jP) handelt.

nP	jP	
		Der amtliche Strafverteidiger M. Kurth
		Der Jurist Dr. Martin Hemmi
		Die Franz Gallmann GmbH in Thalwil
		Frau Benz, Direktorin der Globus AG
		Die Hans Waldmann AG in Worb / BE
		Der Credit Suisse Prokurist B. Waser

3.3.3 Antrag und Annahme

a) Kreuzen Sie an, ob die folgenden Angebote verbindlich oder unverbindlich sind, und geben Sie bei einem verbindlichen Angebot an, wie lange der Anbieter daran gebunden ist.

Fall	Unverbindlich	Verbindlich	wie lange?
Frage des Gastes im Restaurant Grotto: Was kostet die Pizza Calzone? Antwort des Kellners: So wie es auf der Karte steht: CHF 25.40			
Im Internet ist der Preis für ein Doppelzimmer im Hotel Ibis so angegeben: CHF 135 bei Buchung vor 16:00 Uhr, danach CHF 149			

Allgemeine Vertragslehre – Aufgaben

Fall	Unverbindlich	Verbindlich	wie lange?
Sie erhalten am 2. Februar eine persönliche briefliche Offerte der Garage Foitek: Fiat 500 Abarth zu sensationellen CHF 19 200. Angebot gültig bis 31. März.			
H&M-Inserat im 20-Minuten: Pulli Typ Mad, alle Grössen nur CHF 17.50, nur noch diese Woche!			
Heute trifft per Post ein schriftliches, persönlich adressiertes Angebot ein für einen ultra-günstigen Power-PC zu CHF 1230.			

b) Im Schaufenster ist eine Rolex-Golduhr zu CHF 12 400 angeschrieben. Sie wissen, dass diese Uhr an den meisten anderen Verkaufsstellen über CHF 14 000 kostet und wollen jetzt die vom Schaufenster kaufen. Der Verkäufer holt die Uhr und sagt dann: «Sorry, das ist ein Druckfehler, es sollte heissen: CHF 14 200, nicht CHF 12 400! Dafür haben Sie doch bestimmt Verständnis.» Dürfen Sie darauf bestehen, die Uhr zu CHF 12 400 zu erhalten? Begründen Sie Ihre Antwort und geben Sie die Gesetzesbestimmung an.

3.3.4 Vertragsform

a) Geben Sie an, welche Form bei den folgenden Fällen vorgeschrieben ist:
   formlos gültig = fg
   einfache Schriftlichkeit = eS
   qualifizierte Schriftlichkeit = qS
   öffentliche Beurkundung = öB
   Eintrag in ein öffentliches Register = öR
   Geben Sie zusätzlich die Gesetzesbestimmung an, auf welchen Sie Ihre Antwort abstützen.

Nr.	Sachverhalt	Form	Gesetz
1.	Frau Sauter kauft ein Ferienhaus in Bergün.		
2.	Lukas vereinbart mit seinem Arbeitgeber ein Konkurrenzverbot.		
3.	Martina hat eine neue Stelle gefunden und schliesst den Arbeitsvertrag ab.		
4.	Reto schliesst einen Lehrvertrag ab.		
5.	Hanna Moser gründet eine AG.		
6.	Der wohlhabende G kauft in einer Gallerie ein Picasso-Gemälde für CHF 1.5 Millionen.		

b) Lorena (21) mietet für drei Wochen eine Ferienwohnung in Savognin, zu CHF 610 pro Woche, Strom/ Heizung inklusive, Schlussreinigung zusätzlich CHF 80. Welche Formvorschrift ist einzuhalten, damit dieser Mietvertrag gültig ist?
Geben Sie die Antwort und zitieren Sie die entsprechende Gesetzesbestimmung.

c) Für einen Bürgschaftsvertrag bis maximal CHF 2000 gilt als Formvorschrift: qualifizierte Schriftlichkeit. Geben Sie die Gesetzesbestimmung an und zeigen Sie, warum es sich hier um eine qualifizierte und nicht um eine einfache Schriftlichkeit handelt.

3.3.5 Inhalt von Verträgen

a) Was bedeutet es genau, wenn ein Vertrag nichtig ist (mit eigenen Worten beschreiben)?

b) Kreuzen Sie an, ob die folgenden Verträge nichtig, anfechtbar oder rechtsgültig sind. Geben Sie auch den Grund dafür an. Die erste Linie ist als Beispiel bereits gelöst.

Nr.	Fall	gültig	anfechtbar	nichtig	Grund
Bsp.	B kauft von A 1000 m2 Marsoberfläche.			X	unmöglich
1.	Das von C neu gekaufte Auto ist überflüssig, weil ihm soeben der Führerschein für ein Jahr entzogen wurde.				
2.	D stellt plötzlich fest, dass der vermeintlich auf 12 Tage abgeschlossene Mietvertrag für die Ferienwohnung auf 12 Monate lautet.				
3.	E verkauft an F sein gut gelegenes Grundstück, weil F sonst den Sohn von E zusammenschlagen würde.				
4.	G engagiert H für eine Woche als Crack- und Hasch-Verkäufer.				
5.	Die betagte Frau U bemerkt vier Tage nach dem Kauf, dass der Verkäufer ihr den Kochtopf dreimal teurer angedreht hat als zum üblichen Preis.				
6.	Herr K stellt fest, dass der Garagist ihm ein Unfallauto als unfallfrei angedreht hat.				

Allgemeine Vertragslehre – Aufgaben

c) Welches ist die rechtliche Folge, wenn ein Vertrag trotz eines schweren Mangels nicht angefochten wird? (mit Gesetzesbestimmung)

3.3.6 Erfüllungsort

Per telefonischem Auftrag kauft der Landwirt Weber in Esslingen bei Novartis in Basel 300 kg Saatgut für CHF 720, zahlbar innert 30 Tagen.

a) Wo ist der Erfüllungsort für die Warenlieferung? (Ortsangabe!)

b) Wer muss für die Transportkosten aufkommen von Basel nach Esslingen, wenn nichts besonderes abgemacht wurde am Telefon? (mit Begründung!)

c) Wo ist der Erfüllungsort und die Erfüllungszeit für die Zahlung? Und was bedeutet das ganz praktisch?

3.3.7 Unklarheit bei Vertragsabmachungen

Theres Landert lässt sich im Elektronikgeschäft FUST in Winterthur verschiedene Bügeleisen zeigen. Schliesslich wird man sich einig, sie sagt verbindlich ja zum Gerät JURA XS zu CHF 430: «Das kaufe ich.». Der Verkäufer tippt das Gerät ein, will einkassieren, und fragt gleichzeitig: «Soll ich Ihnen einen grossen Sack geben dafür?»
Theres Landert ist verwirrt: «Nein, ich will, dass Sie mir das Gerät mit Rechnung nach Embrach senden; weder habe ich Geld dabei noch genügend auf dem Konto so kurz vor Monatsende; und ich will dieses schwere Ding nicht herumtragen müssen!»
Beantworten Sie die folgenden Fragen aus rechtlicher Sicht.

a) Handelt es sich bei diesem Kauf um Spezies- oder Gattungsware?

b) Kann Theres Landert darauf bestehen, dass das Gerät von Fust nach Embrach gesendet wird? (mit Begründung und Gesetzesbestimmung)

c) Theres entschliesst sich, das Gerät gleich mitzunehmen; aber die Zahlung! Kann Theres darauf bestehen, dass man ihr eine Rechnung mitgibt für Zahlung in 30 Tagen? (mit Begründung und Gesetzesbestimmung)

d) Was würde es brauchen, damit Versand mit Rechnung und mit Zahlungsfrist 30 Tage rechtlich in Ordnung wären? (Geben Sie eine rechtlich einwandfreie Antwort.)

3.3.8 Mängel der Vertragserfüllung

Wenn ein Schuldner mit seiner Leistung in Verzug ist: Welche Rechtsfolge hat das für den Gläubiger, und wie muss er vorgehen? Die entsprechende Gesetzesbestimmung ist ebenfalls anzugeben.

Gläubiger	Vorgehen und Rechtsfolge	Gesetz
Warenhaus: Die in Italien bestellten Schuhe sind nicht wie vereinbart am 15.06. eingetroffen.		
Hobbysportler X: Für die im Online-Shop gekauften, bereits bezahlten Sportschuhe wurde Lieferung «in 10 Tagen» zugesichert. Aber gekommen ist nach 12 Tagen noch gar nichts.		
Handelsschule Enge: Für die Diplomfeier vom Sa, 10.07. hat man bei der Metzgerei Angst 100 Bratwürste bestellt, Lieferung bis spätestens 14:00 Uhr dieses Tages. Die Würste sind aber bis 14:30 Uhr nicht gekommen.		

3.3.9 Verjährung

a) Bei Orell Füssli kann man als Privatkunde online Bücher kaufen, die dann mit Rechnung nach Hause geschickt werden. Welches ist die normale Verjährungsfrist für diese Rechnungen? (mit Gesetzesbestimmung)

Allgemeine Vertragslehre – Aufgaben

b) Die normale gesetzliche Verjährungsfrist beträgt 10 Jahre. Orell Füssli möchte auf allen Rechnungen einen Aufdruck anbringen: «Es gilt die übliche gesetzliche Verjährungsfrist von 10 Jahren.» Ist diese Regelung rechtskräftig? Begründen Sie Ihre Antwort.

c) Ricco zahlt versehentlich eine bereits verjährte Arztrechnung doch noch. Jetzt möchte er das Geld zurückverlangen. Ist dies möglich? Antworten Sie mit Begründung.

d) Der Geschäftsführer der Electro AG entdeckt in einer Schublade eine offene Rechnung gegenüber der Familie Frick. In genau drei Wochen würde diese Rechnung verjähren. Was kann er unternehmen, damit die Verjährung unterbrochen wird? (Antwort + Begründung + Gesetzesbestimmung)

3.3.10 Sicherungsmittel zur Vertragserfüllung

a) Setzen Sie für die folgenden Fälle das passende Sicherungsmittel zur Vertragserfüllung (Abkürzung) ein.

Ze Zession	Re Retentionsrecht	Ka Kaution
So Solidarbürgschaft	Ko Konventionalstrafe	Gr Grundpfand (Hypothek)
Fa Faustpfand	Ei Eigentumsvorbehalt	

b) Setzen Sie bei jedem Fall ein: R = Realsicherheit oder P = Personalsicherheit

Fall	Abkürzung	R/P
Es soll abgesichert werden, dass ein Bauwerk auf ein bestimmtes Datum fertig gestellt wird. Pro Zusatztag muss die Baufirma einen bestimmten Betrag zahlen.		
Der Vermieter einer Wohnung will sich absichern, dass die Wohnung in ordnungsgerechtem Zustand zurückgegeben wird. Falls nicht, kann er auf einen bereitgestellten Betrag zurückgreifen.		
Für einen Kredit an eine junge Unternehmerin verlangt die Bank, dass eine dritte Person einspringt, falls die junge Frau den Kredit nicht zurückzahlen kann.		
Eine Autowerkstatt behält sich das Recht vor, das reparierte Auto nicht herauszugeben, bis der Kunde die Reparatur bar bezahlt hat.		
Beim Abzahlungskauf (Ratenkauf) einer teuren Heim-Kino-Anlage lässt sich die Verkaufsfirma das Recht absichern, dass sie bei Ausbleiben der Ratenzahlungen die Anlage wieder zurücknehmen kann.		
Zur Absicherung eines Kredites verlangt die Bank vom Kunden die Hinterlegung von Wertpapieren (Aktien, Obligationen).		

3.4 Kaufvertrag

Leistungsziele BIVO

- Ich beschreibe die Arten des Kaufvertrags und die Rechte und Pflichten der Vertragsparteien.
- Ich löse einfache Rechtsprobleme in den Bereichen Lieferungsverzug, mangelhafte Lieferung und Zahlungsverzug anhand des OR und zeige die rechtlichen Folgen der Nichterfüllung von Kaufverträgen in den Grundzügen auf.

Überblick:
- Häufigster Vertragstyp. OR 184 ff.
- Bei Fallaufgaben: Zuerst gelten die speziellen Vorschriften für den Kaufvertrag. Wenn da nichts zu finden ist, dann gelten die Vorschriften der Allgemeinen Vertragslehre.
- Bei jedem Kaufvertrag entstehen gleichzeitig zwei Obligationen:

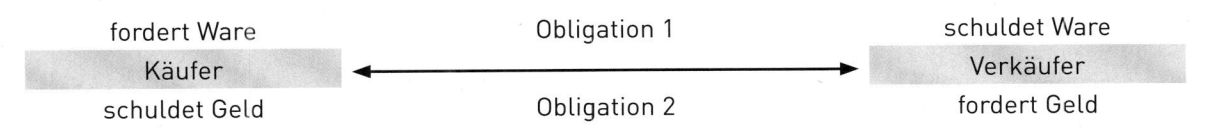

fordert Ware	Obligation 1	schuldet Ware
Käufer	←——————→	**Verkäufer**
schuldet Geld	Obligation 2	fordert Geld

- Arten des Kaufvertrages

Fahrniskauf OR 184-215	Grundstückkauf OR 216-221
= Kauf von beweglichen Sachen: Kleider, Fahrzeuge, Elektronik usw.; Ware kann dem Käufer **übergeben** werden beim Kauf = in die Hand gegeben werden	= Kauf von unbeweglichen Sachen: Haus, Grundstück, Eigentumswohnung Ein Grundstück kann nicht körperlich übergeben werden → es muss offiziell auf den Käufer **überschrieben** werden: durch Eintrag im Grundbuch
Spezieskauf: einmalige Sachen	Gattungskauf: austauschbare Sachen	

(→ Kap. 3.3 Allgemeine Vertragslehre)

→ Im weiteren geht es immer um den Fahrniskauf, nicht um den Grundstückkauf

- Es gibt fünf ganz wichtige Einzelthemen beim Kaufvertrag:
    - Übergang des Eigentums
    - Übergang von Nutzen und Gefahr
    - Transportkosten
    - Vertragsverletzungen 1: Lieferverzug
    - Vertragsverletzungen 2: Mangelhafte Lieferung

3.4.1 Übergang des Eigentums

Der Übergang des Eigentums ist im ZGB geregelt, nicht im OR!

Zeitpunkt der Eigentumsübertragung	
Fahrniskauf	**Grundstückkauf**
durch Übergabe der Sache, ZGB 714	durch Eintrag im Grundbuch, ZGB 656

↓

Merke: Der Käufer wird «erst» bei Übergabe (Auslieferung) der Sache zum Eigentümer:

Eigentumsübertragung		
... bei Vertragsabschluss? nein!	... bei Übergabe der Sache? ja!	... bei Bezahlung? nein! ▼ ausser bei Anwendung des Sicherungsmittels Eigentumsvorbehalt

Kaufvertrag

3.4.2 Übergang von Nutzen und Gefahr

Begriffsverständnis:
- Nutzen: Falls die gekaufte Ware zwischen Vertragsabschluss und Übergabe plötzlich an Wert gewinnt oder einen Ertrag abwirft: Ab wann steht dieser Wertzuwachs dem Käufer zu und nicht mehr dem Verkäufer?
- Gefahr (= Risiko): Falls die gekaufte Ware Schaden nimmt zwischen Vertragsabschluss und Übergabe: Ab wann ist dieses Verlustrisiko beim Käufer und nicht mehr beim Verkäufer?

Übergang von Nutzen und Gefahr, OR 185		
Spezieswarre OR 185 Abs. 1 – im Moment des Vertragsabschlusses	Gattungsware OR 185 Abs. 2 nicht direkt bei Vertragsabschluss, sondern später:	
	Distanzgeschäft = Ware wird dem Käufer gesendet: – mit der Aufgabe zum Versand (= in den Lieferwagen geladen; bei der Bahn abgegeben usw.)	**Platzgeschäft** = die Ware wird vom Käufer abgeholt: – mit der Ausscheidung aus dem Lager (= für den Käufer bereitgestellt oder auf seinen Namen angeschrieben)
Beispiele: Vertrag über Oldtimer-Ferrari am 2.5. zu CHF 80 000; Käufer will das Auto am 6.5. holen, aber am 4.5. brennt die Garage ab. → Risiko war schon beim Käufer, er muss trotzdem zahlen.	Vertrag über 600 Hühner. Auf dem Transport legen sie 30 Eier. → Nutzen schon beim Käufer; die Eier gehören ihm.	Vertrag über 600 Hühner; sie werden abgeholt und sind in einem bezeichneten Spezialbehälter; → die dort gelegten Eier gehören schon zum Nutzen des Käufers

3.4.3 Transportkosten

Schon aus dem Allgemeinen Vertragsrecht ergibt sich beim «Erfüllungsort» von Warenschulden, OR 74, dass der Käufer die Transportkosten zu übernehmen hat. Im Kaufvertrag werden die Transportkosten aber noch spezieller behandelt im OR 189:

Übernahme der Transportkosten	
Normalfall: Käufer, OR 189 Abs. 1 = dispositives Recht; es kann auch etwas anderes abgemacht werden.	Spezialfall: Verkäufer, OR 189 Abs. 2 wenn im Vertrag Frankolieferung abgemacht ist. Übersetzung Franko: = frei von Kosten (für den Käufer)
Weil OR 189 dispositives Recht ist, wären auch andere Vereinbarungen möglich, z. B. Aufteilung der Transportkosten zwischen Käufer und Verkäufer.	

3.4.4 Vertragsverletzung 1: Lieferverzug

Bei einem Lieferverzug des Verkäufers kommen rechtliche Vorschriften zur Anwendung sowohl direkt aus dem Kaufvertrag wie auch aus dem Allgemeinen Vertragsrecht. Wie der Käufer vorgehen muss und was er für Rechte hat bei einem Lieferverzug, das ergibt sich ganz klar aus der folgenden Übersicht:

Überlegung bei einem Lieferverzug:

Hatte die Bestellung ein bestimmtes Lieferdatum?

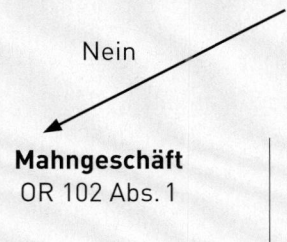

Nein →

Mahngeschäft
OR 102 Abs. 1

Kunde muss Lieferanten mahnen und Nachfrist setzen (in Verzug setzen)

↓

Nach Ablauf der Nachfrist hat der Kunde drei Wahlmöglichkeiten gemäss OR 107 Abs. 2:

1. Verzicht auf nachträgliche Lieferung und Schadenersatz für einen Deckungskauf (Preisdifferenz als Schadenersatz).

2. Auf nachträgliche Lieferung beharren und Schadenersatz wegen der Umtriebe durch Verspätung.

3. Rücktritt vom Vertrag und Schadenersatz wegen Umtriebe.

Wahl Nr. 2 gilt als Normalfall. Für Wahl Nr. 1 oder 3 braucht es die sofortige Mitteilung an den Lieferanten.

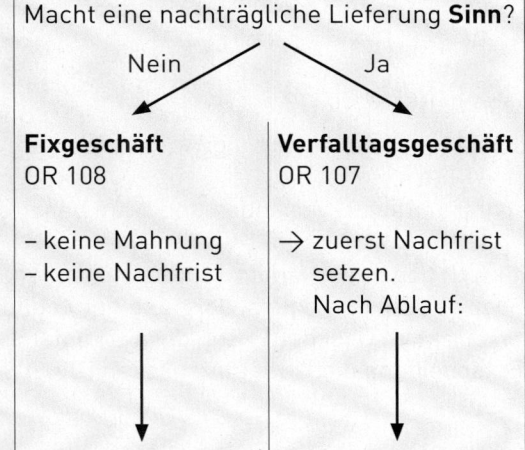

Ja →

Verfalltagsgeschäft oder Fixgeschäft
→ ist es ein kaufmännischer Verkehr?
(= Ware zum Wiederverkauf bestimmt)

Nein →

Macht eine nachträgliche Lieferung **Sinn**?

Nein →

Fixgeschäft
OR 108
– keine Mahnung
– keine Nachfrist

↓

Ja →

Verfalltagsgeschäft
OR 107
→ zuerst Nachfrist setzen.
Nach Ablauf:

↓

Kunde hat nun folgende drei Wahlmöglichkeiten gemäss OR 107 Abs. 2:

1. Verzicht auf nachträgliche Lieferung und Schadenersatz für einen Deckungskauf (Preisdifferenz als Schadenersatz).

2. Auf nachträgliche Lieferung beharren und Schadensersatz wegen der Umtriebe durch Verspätung.
→ **macht keinen Sinn bei Fixgeschäft.**

3. Rücktritt vom Vertrag und Schadenersatz wegen Umtriebe.

Ja →

Automatisch Fixgeschäft und man geht davon aus, dass spätere Lieferung sinnlos ist:

– keine Mahnung nötig
– keine Nachfrist nötig
OR 190 und 191

↓

Der Kunde hat sofort folgende drei Wahlmöglichkeiten:

1. Verzicht auf nachträgliche Lieferung und Schadenersatz für einen Deckungskauf (Preisdifferenz als Schadenersatz.) → **Normalfall**

2. Auf nachträglicher Lieferung beharren und Schadenersatz wegen der Umtriebe durch die Verspätung.
→ **das muss der Käufer aber melden, weil von 1. Wahlrecht ausgegangen wird!**

3. Rücktritt vom Vertrag und Schadenersatz wegen Umtriebe.

3.4.5 Vertragsverletzung 2: Mangelhafte Lieferung

Nach OR 197 besteht die **Gewährleistungspflicht des Verkäufers** (= Garantiepflicht): Er haftet dafür, dass er einwandfreie Ware liefert. Ist dies nicht der Fall, so hat der Käufer eine **Mängelrüge** zu erstatten und kann daraus seine Rechte wahrnehmen. Dies zeigt die **Übersicht:**

Mangelhafte Lieferung (Verletzung von OR 197)
a) **Pflichten** des Käufers **nach Erhalt** der Ware
1. Prüfpflicht OR 201 Abs. 1: Ware auf Mängel prüfen
2. Meldepflicht OR 201 Abs. 1 und 3: Mängel dem Verkäufer melden (= sog. Mängelrüge): – Offene Mängel sofort melden – Versteckte Mängel auch später, aber sofort bei Entdecken melden → Bei Nicht-Meldung gilt die Ware als genehmigt, OR 201 Abs. 2
3. Aufbewahrungspflicht OR 204 Abs. 1, bei Distanzkauf: Der Käufer darf die beanstandete Ware nicht einfach zurücksenden, sondern muss sie aufbewahren, bis mit dem Verkäufer geklärt ist, was weiter geschehen soll.
b) **Rechte** des Käufers bei mangelhafter Ware
1. Wandelung OR 205: Kauf rückgängig machen und auf Ware verzichten.
2. Minderung OR 205: Preisnachlass (Rabatt) verlangen und Ware behalten.
3. Ersatzleistung OR 206: Umtausch gegen einwandfreie Ware verlangen. – Dieses Wahlrecht ist bei Speziesware unmöglich, dort also nur 1. und 2. – Bei Platzkauf (Reklamation direkt im Geschäft) kann der Verkäufer 1. und 2. ablehnen und in eigener Entscheidung die Ware umtauschen (OR 206 Abs. 2)

Zusatzwissen bei Klagen auf Gewährleistung:
- Verjährungsfristen: Die Verjährungsfrist für Mängelrügen beträgt nach OR 210 zwei Jahre. Das ist natürlich nur wichtig bei versteckten Mängeln; offene Mängel müssen ohnehin sofort gemeldet werden. Diese Frist kann vertraglich nur verlängert, aber nicht gekürzt werden. Bei Gebraucht-Sachen ist Kürzung auf ein Jahr möglich, aber nicht darunter.
- Die Rechte des Käufers sind dispositives Recht. → Oft wird im Vertrag (kleingedruckt) das Recht auf Ersatzlieferung durch ein «Recht auf Reparatur» ersetzt (oft bei Elektronik-Artikeln), oder die Gewährleistung wird nach OR 199 ganz ausgeschlossen (oft bei Occasionen). Beides verschlechtert die Rechtslage für den Käufer.

3.4.6 Vertragsverletzungen durch den Käufer

Annahmeverzug OR 91 und 211:	Zahlungsverzug OR 102 und 214:
Der Käufer verweigert die Annahme oder die Ware kann wegen Abwesenheit nicht ausgeliefert werden.	Der Käufer hat die Ware erhalten, zahlt aber nicht fristgemäss.
Der Verkäufer darf die Ware auf Kosten des Käufers einlagern bzw. bei verderblicher Ware notfallmässig verkaufen, + Schadenersatzrecht	Der Verkäufer muss ihn betreiben (→ Kapitel SchKG), kann ihm aber die Ware nicht mehr wegnehmen wegen Eigentumsübergang (ausgenommen bei Eigentumsvorbehalt)

3.4 Kaufvertrag – Aufgaben

3.4.1 Rechtsfragen bei einem Online-Einkauf

Beim Online-Shop der Büro AG, Luzern, bestellt Andrina Bosik am 2. April eine Bürolampe mit LED-Technik, zu CHF 185. Am 8. April erhält sie die Auftragsbestätigung, mit folgendem Zusatz: Liefertermin 16. April, zahlbar gegen Rechnung innert 30 Tagen ab Auslieferung.

a) Welche Art von Antrag stellt das Angebot im Online-Shop dar? (mit Gesetzesbestimmung)

b) Alles läuft so ab wie vereinbart, und Andrina überweist den Betrag am 25. April.

   1. An welchem Datum ist der Vertrag rechtsgültig entstanden?

   2. An welchem Datum wird Andrina Bosnik Eigentümerin der Bürolampe? Kreuzen Sie das richtige Datum an und begründen Sie Ihre Antwort mit dem Gesetz.

      ☐ 2. April   ☐ 8. April   ☐ 16. April   ☐ 25. April

c) In einer Zusatz-Rechnung verlangt die Büro AG noch CHF 24 für den Versand der Lampe. Andrina ist empört: Das sei nicht abgemacht worden, dass sie auch noch für den Transport aufkommen müsse. Empört sich Andrina zu recht? Klären Sie die Rechtslage mit Gesetzesbestimmung.

d) Welche Vereinbarung hätte es gebraucht, damit Andrina auf jeden Fall von Versandkosten verschont bleibt?

3.4.2 Handtaschen von Michelle Kard

Ihre Liebe zu Handtaschen und ihr guter Geschmack haben Michelle Kard vor zwei Jahren bewogen, modische Damenhandtaschen selber zu produzieren und an hochstehende Modegeschäfte in fünf Schweizer Städten zu verkaufen. Jede Tasche wird individuell einzeln gefertigt, darum ist keine Tasche genau gleich wie die andere. Für die immer noch ansteigenden Verkäufe hat Michelle folgende Allgemeine Geschäftsbedingungen (AGB) aufgestellt, die der Kunde bei Vertragsabschluss automatisch akzeptiert:

AGB 1	Die auf der homepage und im Firmenkatalog aufgeführten Preise sind unverbindlich.
AGB 2	Online-Bestellungen sowie Bestellungen mit dem Bestelltalon aus dem Katalog begründen noch keinen gültigen Kaufvertrag.
AGB 3	Die Lieferkosten sind – ausgenommen bei anderslautenden Vereinbarungen im Einzelfall – vom Kunden zu tragen.
AGB 4	Die Lieferung der Taschen erfolgt auf Gefahr des Kunden.
AGB 5	Zahlungsbedingungen: Die Lieferung erfolgt mit Rechnung. Diese ist innerhalb von zehn Tagen ohne jeden Abzug zu begleichen. Bei verspäteter Zahlung wird ein Verzugszins von 5% erhoben.
AGB 6.1	Der Umtausch von fehlerfrei ausgelieferten Taschen ist ausgeschlossen.
AGB 6.2	Die Michelle Kard AG gewährt für ihre Taschen eine Garantie von 18 Monaten.
AGB 6.3	Beanstandungen von fehlerhaft gelieferten Taschen (offene Mängel) können nur berücksichtigt werden, wenn der Mangel sofort nach Empfang gemeldet wird.
AGB 6.4	Für fehlerhafte Taschen wird nach Wahl des Kunden ein Rabatt gewährt oder der Kaufpreis zurückerstattet. Wegen der speziellen Produktionsweise ist eine Ersatzlieferung nicht möglich.

Michelle Kard bittet Sie um die rechtliche Beurteilung der AGBs. Beantworten Sie ihr die folgenden Fragen:

a) Kreuzen Sie für jede der Bestimmungen 1–5 an, ob sie den im Gesetz enthaltenen Regeln entspricht (= ja) oder ob sie davon abweicht (= nein); nennen Sie zusätzlich den entsprechenden Gesetzesartikel (mit Absatz).

AGB	ja	nein	Gesetzesartikel
1			
2			
3			
4			
5			

b) Bei AGB 6 geht es um den Umtausch und um Mängel der gelieferten Taschen. Geben Sie für jede Bestimmung 6.1–6.4 an, wie sie sich zur gesetzlichen Regel verhält: Übereinstimmung = Ü, Abweichung = A. Nennen Sie den entsprechenden Gesetzesartikel und nennen Sie die entscheidende Stelle aus diesem Gesetzesartikel.

AGB	Ü oder A	Gesetzesartikel	Formulierung des Gesetzes
6.1			
6.2			
6.3			
6.4			

3.4.3 Übergang von Nutzen und Gefahr

a) Wann gehen bei einem Kaufvertrag Nutzen und Gefahr auf den Käufer über ...
   (mit Gesetzesbestimmung)

   1. bei einem Spezieskauf?

   _____

   2. bei einem Gattungskauf?

   _____

b) Kreuzen Sie an, ob es sich im Folgenden um einen Spezies- oder Gattungskauf handelt.

Nr.	Fall	Spezies-ware	Gattungs-ware
1.	Die Familie X kauft für die Tochter beim Pferdezüchter Y ein junges Pferd mit einem schwarzem Fleck zwischen den Augen. Es wurde aus einer Gruppe von 8 jungen Pferden auf der Weide ausgewählt.		
2.	Sie zeigen am Gemüsestand auf einen bestimmten Salat-Kopf und sagen: «Ich möchte diesen Salat!»		
3.	Sie bestellen einen fabrikneuen schwarz-silbernen Smart.		
4.	Sie kaufen im Sportgeschäft ein Occasions-Snowboard.		
5.	Sie verlangen am Kiosk drei Millionenlose.		
6.	Sie kaufen am Marktstand ein Kilo Tomaten.		

c) Die Privatbank Dürrstein AG bestellt bei der Papeterie Zumstein AG 1000 Bogen edles Briefpapier + Briefumschläge. Die Lehrtochter Sarah wird die Bestellung in drei Tagen abholen.

   1. Noch am gleichen Tag wird das Material in der Papeterie bereitgestellt und mit «Dürrstein AG» angeschrieben. Am folgenden Tag brennt es im Dachstock der Papeterie. Beim Feuerwehreinsatz entsteht ein Wasserschaden, der ausgerechnet das bereitgestellte Briefpapier trifft. Wer trägt den Schaden? Begründen Sie Ihre Antwort mit der Gesetzesbestimmung und dem entscheidenden Wortlaut daraus.

   _____

   _____

   _____

   _____

   2. Unter welchen Umständen wäre das Schadenrisiko an dieser Bestellung ganz klar bei der Papeterie Zumstein?

   _____

   _____

   _____

Kaufvertrag – Aufgaben

d) Die Bauernfamilie Böni aus Bremgarten schliesst mit dem Kaninchenzüchter Schwarz aus Lenzburg einen Vertrag über den Kauf von 10 braunen Zwergkaninchen ab. Diese werden einige Tage später per Camion geliefert. Auf dem Transport werfen zwei Kaninchen insgesamt drei Junge. Hat die Bauernfamilie oder der Kaninchenzüchter Anspruch auf die drei jungen Kaninchen? Begründen Sie Ihre Antwort und geben Sie die Gesetzesbestimmung an.

3.4.4 Probleme bei der Lieferung

a) Im Falle eines Lieferverzuges des Verkäufers: Was ist der wichtigste Unterschied zwischen einem Mahngeschäft und einem Fixgeschäft?

b) Ein Warenhaus vereinbarte mit einem Fabrikanten XY die Lieferung von 500 Paar Jeans zu CHF 45 pro Stück, Liefertermin 15. Januar. Die Ware wird für den Sonderverkauf ab 15. Januar gebraucht. Als die Ware am 20. Januar noch nicht eingetroffen ist, deckt sich das Warenhaus bei der Konkurrenz mit ähnlichen Jeans zu CHF 51 pro Stück ein. Kurz darauf treffen aber auch die bestellten Jeans ein.

   1. Muss das Warenhaus die verspätet gelieferten 500 Jeans annehmen und bezahlen? Die Antwort ist zu begründen.

   2. Wer muss für den Mehrpreis aufkommen? Nennen Sie auch den Artikel.

c) Bea Kurt, Hobby-Tennisspielerin, hat beim Versandhaus Och AG für die bevorstehende Saison ein Tennis-Outfit zu CHF 215 bestellt. Als Liefertermin wurde ihr der 15. März zugesagt. Weil sie für den 20. März zum ersten Training abgemacht hat und die Sendung bis 19. März immer noch nicht eingetroffen ist, kauft sie sich in der Stadt eine andere Tennisbekleidung und ruft dann sofort bei

Och AG an: Wegen Versäumnis des verbindlich abgemachten Liefertermins verzichte sie auf die verspätete Zusendung und trete vom Vertrag zurück. Von der Och AG erfährt sie, dass das Paket am Folgetag abgeschickt und spätestens am 22.3. bei ihr sein werde. Eine Annullierung sei jetzt leider nicht mehr möglich.

Kann Bea Kurt auf dem Vertragsrücktritt bestehen? Begründen Sie Ihre Antwort und geben Sie die Gesetzesbestimmung an.

3.4.5 Mangelhafte Lieferung

a) Ein Haushaltgeschäft hat vom Lieferanten soeben die 800 bestellten Porzellan-Teller erhalten. 400 davon sind bereits jetzt vertraglich an zwei Hotels versprochen. Beim Auspacken stellt die Lehrtochter Sarah fest, dass 15 Teller ganz zerbrochen und weitere 65 leicht beschädigt sind. Diese Schäden werden dem Lieferanten sofort mitgeteilt und von diesem nicht angezweifelt.

   1. Welche drei Wahlrechte hat das Haushaltgeschäft? Geben Sie auch die Gesetzesbestimmung an.

   2. Für welches Wahlrecht soll sich das Haushaltgeschäft entscheiden? Begründen Sie Ihre Antwort so, dass Ihre Wahl vollkommen einleuchtet.

   3. Wenn es sich um drei antike Einzelstücke aus einer Meissen-Porzellan-Sammlung handeln würde, und zwei davon wären beschädigt? Welche der Wahlmöglichkeiten würde dann nicht in Frage kommen?

b) Für alle Verkäufe des Elektronik-Online-Warenhause Mega-Markt AG gelten folgende Verkaufsbedingungen:
   A) Im ersten Monat ab Kaufdatum besteht eine «Umtausch-Garantie»: Bei Mängeln der Ware kann diese kostenlos umgetauscht werden oder es kann der Kaufpreis zurückverlangt werden.
   B) Ab dem zweiten Monat bis zu drei Jahren ab Kaufdatum besteht eine «Reparatur Garantie»: Sollten sich Mängel zeigen, die beim Kauf noch nicht erkennbar waren, so wird das Produkt gratis repariert.
   C) Alle weiteren Rechtsansprüche sind ausgeschlossen.

Kaufvertrag – Aufgaben

1. Welches Wahlrecht des Kunden (im Falle von Mängeln) wird in der Regelung A) ausgeschlossen? (mit Gesetzesbestimmung)

2. Welche Wahlrechte des Kunden, im Falle von versteckten Mängeln, werden durch die Regelung B) ausgeschlossen?

3. In welchem Punkte ist die Regelung B) für den Kunden vorteilhafter als die Regelung im OR?

3.4.6 Entscheidungsfragen zum Kaufvertrag

Kreuzen Sie an, ob die folgenden Aussagen richtig oder falsch sind.

	Richtig	Falsch
Ein Kaufvertrag, der nicht schriftlich abgeschlossen ist, kann innerhalb eines Jahres angefochten werden.		
Gemäss OR gilt beim Kaufvertrag ein allgemeines Umtauschrecht: Innert 7 Tagen ab Verkaufsdatum kann der gekaufte Artikel unter Vorweisung der Quittung umgetauscht werden.		
Wer eine Rechnung innerhalb von 10 Tagen nach Erhalt bezahlt, darf von Gesetzes wegen 2% Skonto abziehen.		
Ein Kaufvertrag umfasst zwei Obligationen. Deshalb ist der Verkäufer gleichzeitig Gläubiger und Schuldner im Kaufvertrag.		
Wenn nichts anderes abgemacht ist, haben Lieferung und Zahlung im Kaufvertrag gleichzeitig zu erfolgen.		
«Kaufmännischer Verkehr» bedeutet beim Kaufvertrag, dass sowohl Käufer wie Verkäufer Unternehmungen sind und nicht Privatpersonen.		

3.4.7 Kauf eines Oldtimer-Autos

Jakob Schübler, wohlhabender Rentner aus Aarau, ist Sammler von Oldtimern. Beim Besuch einer Oldtimer-Ausstellung in Bern am 16. November sieht er am Stand der Bähler Garage AG, Solothurn, einen alten Sportwagen mit folgendem Schild: «Austin Healy, Jg 1964, vorgeführt, fahrbereit, CHF 42 000.» Darauf fährt er sofort nach Solothurn zur Garage Bähler, und nach kurzer Verhandlung mit Herrn Bähler wird schriftlich vereinbart: «Austin Healy, wie gesehen, zu CHF 38 000, davon Anzahlung CHF 4000 in bar bei Vertragsabschluss, Rest in bar bei Übergabe. Gratis-Überführung des Autos nach Aarau am Ende der Ausstellung: 22. November» Weitere Abmachungen gibt es nicht. Für die Anzahlung vor Ort erhält Herr Schübler eine Quittung.

a) Welche gesetzliche Formvorschrift gilt für diesen Kaufvertrag? (mit Gesetzesbestimmung)

Kaufvertrag – Aufgaben

b) Warum wurde hier die schriftliche Vertragsform gewählt?

c) In welchem Zeitpunkt wird Herr Schübler Eigentümer des Sportwagens?

d) Ohne diese vertragliche Liefervereinbarung: Wo wäre nach Gesetz der Erfüllungsort für diesen Vertrag? (genaue Ortsangabe, mit Gesetzesbestimmung und Begründung)

e) Annahme: Am 18. November wird der Austin Healy durch einen Vollbrand in der Ausstellungshalle (Brandursache unbekannt), zerstört. Wessen Versicherung das übernehmen wird und ob überhaupt, ist völlig offen. Kann Herr Schübler seine Anzahlung zurückverlangen, oder muss er sogar noch die Restzahlung leisten? Begründen Sie Ihre Antwort und geben Sie die Gesetzesbestimmung an.

f) Im Nachhinein bereut Jakob Schübler, dass er sich keine Garantie hat geben lassen. Also nimmt er an, dass bei auftauchenden Mängeln, wie üblich im Occasionshandel, der Verkäufer keine Garantie für die Fahrfähigkeit des Autos übernehmen müsse.

   1. Stimmt diese Annahme? Begründen Sie die Antwort und geben Sie die Gesetzesbestimmung an.

   2. Wenn nichts abgemacht wurde: Wie lange könnte Jakob Schürer versteckte Mängel, die erst später auftauchen, noch reklamieren? (mit Gesetzesbestimmung)

Mietvertrag

3.5 Mietvertrag

Leistungsziele BIVO

- Ich erkläre die Merkmale der Miete, der Pacht und des Leasing und zeige die Unterschiede auf.
- Ich löse einfache Rechtsprobleme in den Bereichen missbräuchliche Mietzinsen, Mängel an der Mietsache und Kündigungsvorschriften (Termin, Frist) und zeige das Vorgehen bei Rechtsproblemen im Mietrecht auf.

3.5.1 Miete, Pacht und Leasing im Vergleich

Überbegriff	Gebrauchsüberlassungsverträge: eine Sache wird jemand anderem gegen Bezahlung zur Benützung überlassen		
Vertragsart	Mietvertrag	Pachtvertrag	Leasingvertrag
Gesetz	OR 253–273c	OR 275–304	Konsumkreditgesetz KKG 11
Vertragsinhalt	Benützung einer Sache gegen Entgelt	Benützung einer Sache gegen Entgelt zur wirtschaftlichen Nutzung = zur Erzielung von Einkommen	Benützung einer von der Leasingfirma vorfinanzierten Sache gegen Bezahlung der Leasingraten, aber mit Übernahme aller Unterhaltskosten durch den Leasingnehmer
Beispiele	Miete von Wohnungen und Geschäftsräumen; Automiete, Skimiete	Verpachtung von Restaurants, Hotels, Bauernhöfen	Auto-Leasing Leasing von Flugzeugen, Schiffen
Typische Begriffe	Mieter; Vermieter, Mietzins	Pächter, Verpächter, Pachtzins	Leasingnehmer; Leasinggeber; Leasingrate
Formvorschriften	Vertrag formfrei; aber Kündigung und andere Teile mit Formvorschriften		qualifizierte Schriftlichkeit: KKG 11
Unterhaltskosten	laufende Kosten: Mieter/Pächter Instandhaltungskosten: Vermieter/Verpächter		alle Unterhaltskosten: Leasingnehmer
Ähnlichkeit/ Unterschiede	sehr ähnlich: reine Gebrauchsüberlassung: Miete ohne wirtschaftliche Nutzung; Pacht mit wirtschaftlicher Nutzung (deshalb Pachtzins höher als Mietzins, (oft umsatzabhängig)		sehr verschieden von Miete/Pacht: ähnlicher einem Darlehen ▼ siehe unten: «Besonderheiten des Leasingvertrags»
QV-Anforderungen	Einzelwissen für Mietverträge von unbeweglichen Sachen: Wohnungen und Geschäftsräume; nicht von anderen Mietobjekten	Pacht und Leasing im Vergleich mit Miete; kein Detailwissen bei Pacht und Leasing	

Besonderheiten des Leasingvertrags am Beispiel Autokauf / Automiete / Autoleasing:

Autokauf: Der Käufer muss zu Beginn viel Kapital aufbringen für den Kauf; und danach noch die regelmässigen Kosten für: Versicherung, Steuern, Service, Reparaturen. Problem dabei: Viele möchten ein Auto langfristig benützen, aber es fehlt ihnen das Anfangskapital.

Automiete: Jemand braucht kurzfristig (ein Tag bis ca. drei Wochen) ein Auto. Er hat keine Investition, aber die Miete ist hoch, denn darin sind alle Kosten des Vermieters enthalten: – auch die geschätzten «Ruhezeiten» des Mietautos sowie – der Ersatz des Autos nach ca. 2 Jahren. → langfristige Miete wäre horrend teuer!

Autoleasing:
- Jemand möchte ein Auto langfristig benützen, quasi wie sein eigenes, aber ohne die grosse Anfangsinvestition. Also braucht es eine Kreditfirma (= Leasinggesellschaft), welche das Auto kauft und es dem Leasingnehmer gegen eine monatliche Leasingrate mit einem mehrjährigen Vertrag zur Verfügung stellt.
- Das Auto bleibt im Eigentum der Leasingfirma, aber der Benützer trägt alle regelmässigen Kosten selber, zusätzlich zur Leasinggebühr: Versicherung, Steuern, Service, Reparaturen. Weil auch das Schadenrisiko am Auto beim Leasingnehmer liegt, verlangen die Leasingfirmen meistens zwingend den Abschluss einer Vollkasko-Versicherung.
- In der monatlichen Leasinggebühr sind enthalten: a) ein Zins für den von der Leasingfirma vorgestreckten Kaufpreis (= Kredit) b) eine Teilabzahlung (= Amortisation) dieses Kredites über die vereinbarte Vertragsdauer.
- Am Ende der Vertragsdauer hat der Leasingnehmer die Möglichkeit, das Auto zu einem vorbestimmten Restwert zu kaufen. Oder er kann einen neuen Leasingvertrag eingehen mit einem neueren Modell.
- Schema des Leasingvertrages am Beispiel Auto

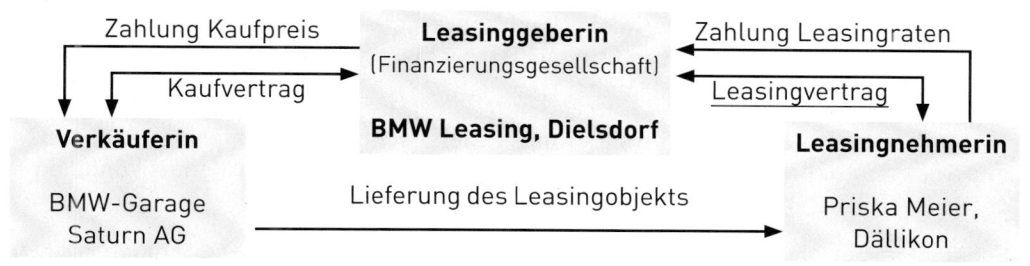

```
        Zahlung Kaufpreis        Leasinggeberin        Zahlung Leasingraten
      ←───────────────────   (Finanzierungsgesellschaft) ←───────────────────
           Kaufvertrag                                     Leasingvertrag
      ───────────────────→    BMW Leasing, Dielsdorf  ───────────────────→

        Verkäuferin                                         Leasingnehmerin

        BMW-Garage           Lieferung des Leasingobjekts    Priska Meier,
        Saturn AG        ─────────────────────────────────→   Dällikon
```

- Beurteilung: Gesamthaft gesehen bestehen die effektiven Kosten eines Auto-Leasings aus: a) monatliche Leasingrate z. B. CHF 550 + b) alle weiteren regelmässigen Autokosten. → Leasing ist für Lohnempfänger nicht zu empfehlen! Leasing ist aber interessant für Selbständig Erwerbende, welche die Leasingraten als Geschäftskosten verbuchen (und damit von den Steuern abziehen) können.

3.5.2 Formvorschriften beim Mietvertrag

Abschluss Mietvertrag	Mietzinserhöhung OR 269d	Kündigung durch Mieter, OR 266l Abs.1 und OR 266m Abs.1	Kündigung durch Vermieter, OR 266l Abs.2 u. OR 266n
formfrei: keine Formvorschrift bei OR 253 → es gilt OR 11	qualifizierte Schriftlichkeit: Kantonales Formular	schriftlich, mit Zustimmung des Ehegatten	qualifizierte Schriftlichkeit: Kantonales Formular; separat an beide Ehegatten

Mietvertrag

3.5.3 Pflichten der Vertragsparteien

Pflichten	
des Mieters – **Zahlung** der Miete und Nebenkosten OR 257/257a – Bezahlung eines evtl. **Mietzinsdepots** OR 257e – **Sorgfalts- und Rücksichtnahme** OR 257f – **Mängel melden,** die der Mieter nicht selber zu beseitigen hat OR 257g – **Reparaturen und Besichtigungen** dulden OR 257h – **Kleinere Mängel** selber bezahlen; = kleiner Unterhalt OR 259	**des Vermieters** – **Übergabe der Mietsache** in gebrauchstauglichem Zustand OR 256/258 – **Instandhaltung** der Mietsache OR 259a – **Auskunftspflicht** über Übergabeprotokolle, Mietzins Vormieter OR 256a – **grössere Mängel** bezahlen OR 259a

3.5.4 Korrektes Vorgehen der Vertragsparteien bei Problemen im Mietverhältnis

Mietzinskaution OR 257e	Maximal 3 Monatsmieten bei Wohnräumen, ohne Obergrenze bei Geschäftsräumen; zu deponieren auf einem Bank-Sperrkonto. Die Kaution dient dem Vermieter als Sicherheit für ausstehende Mietzinszahlungen und für vom Mieter zu verantwortende, aber beim Auszug nicht behobene Schäden an der Wohnung. Bei Nicht-Gebrauch ist die Kaution zurückzuerstatten.
Zahlungsverzug des Mieters: OR 257d	Der Vermieter kann schriftlich eine Nachfrist von 30 Tagen setzen + Kündigungsandrohung. Bei Nicht-Zahlung: Kündigung mit 30 Tagen Frist auf Ende eines Monats.
Mangelhafte Sorgfalt und Rücksichtnahme des Mieters, OR 257f	Der Vermieter muss zuerst schriftlich mahnen und kann bei Nicht-Beachtung mit einer Frist von 30 Tagen auf Ende eines Monats kündigen.
Schäden an der Mietsache, OR 257g, 259, 259a–g	– Kleine Reparaturen (die der Mieter selbst erledigen kann, bis ca. CHF 150) gehören zum gewöhnlichen Unterhalt und gehen zu Lasten des Mieters, OR 259 – Grössere Mängel müssen vom Mieter gemeldet (OR 257g) und vom Vermieter behoben werden, OR 259a. Geschieht dies nicht, kann der Mieter sich mit Massnahmen nach OR 259a–g behelfen.
Untermiete, OR 262	Untermiete ist grundsätzlich erlaubt, bedarf aber der Zustimmung des Vermieters. Der Vermieter kann die Zustimmung nur unter den Bedingungen von OR 262 Abs. 2 verweigern.

3.5.5 Beendigung von Mietverträgen

Ordentliche Kündigung:	Ausserordentliche Kündigung:	Beendigung durch Fristablauf:
Normalfall bei unbefristeten Mietvertägen. Es gibt gesetzliche Kündigungsfristen und Kündigungstermine. Kündigungsfrist: die Mindestzeit zwischen Kündigung und Auszug Kündigungstermin: Das genaue Datum des Auszugs	bei wichtigen Gründen, die eine Fortsetzung des Mietverhältnisses unzumutbar machen, OR 266g	bei befristeten Mietverträgen, z. B. Ferienwohnungen. OR 266
Mietwohnungen, OR 266c: Kündigung mit einer Frist von 3 Monaten, ...	... auf das Ende eines ortsüblichen Termins ①. Ohne ortsüblichen Termin auf das Ende einer dreimonatigen Mietdauer.	
Geschäftsräume, OR 266d: Kündigung mit einer Frist von 6 Monaten, ...	①: wird in Aufgaben angegeben. Stadt Zürich: Ende März und Ende September (→ siehe Bsp. unten!)	
Spezialfall: Vorzeitige Rückgabe der Mietsache, OR 264	Auszug des Mieters ohne Kündigungsfrist und -termin ist möglich, wenn der Mieter dem Vermieter einen Nachmieter vorschlägt zu den Bedingungen von OR 264	

Kündigung einer Mietwohnung in der Stadt Zürich durch den Vermieter am 10. Sept. Wann muss der Mieter spätestens ausziehen?

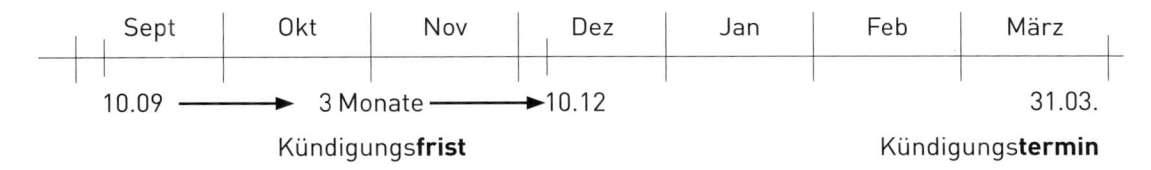

Sept	Okt	Nov	Dez	Jan	Feb	März
10.09 →	3 Monate	→ 10.12				31.03.
	Kündigungs**frist**					Kündigungs**termin**

3.5.6 Schutzbestimmungen für den Mieter im Gesetz

Anfechtung Mietzins	Anfechtung Mietzinserhöhung	Kündigungsschutz
a) Einen überhöhten **Anfangsmietzins** kann der Mieter unter den Bedingungen von OR 270 anfechten. b) Gibt der Vermieter Kostensenkungen (z. B. Reduktion Referenzzinssatz) nicht an den Mieter weiter, so kann dieser gemäss OR 270a eine **Herabsetzung** der Miete verlangen.	Mietzinserhöhungen sind unter den Bedingungen von OR 269d anzukündigen und können vom Mieter unter den Bedingungen von OR 270b angefochten werden.	Die Kündigung durch den Vermieter muss den Erfordernissen von OR 266l genügen. Der Mieter kann nach OR 271 eine Begründung verlangen und die Kündigung gemäss OR 271a anfechten. In Härtefällen kann der Mieter unter den Bedingungen von OR 272 eine Mieterstreckung durchsetzen.

Wenn der Mieter Schutzbestimmungen in Anspruch nehmen will, kann er sich an die «Kantonale Schlichtungsbehörde» wenden. Diese wird zwar in OR 270 ff. erwähnt, ist aber in der Zivilprozessordnung genau geregelt. (→ Kapitel «Grundlagen des Rechts»)

3.5 Mietvertrag – Aufgaben

3.5.1 Miete, Pacht, Leasing und Kauf im Vergleich

a) Nennen Sie die gesetzliche Formvorschrift ...

... für den Pachtvertrag	... für den Leasingvertrag

b) Familie A hat das ganze Hotel Eden für einen grossen Familienanlass für zwei Nächte gemietet. Familie B hat soeben das Hotel Ochsen für ein Jahr lang gepachtet. Erklären Sie den Unterschied zwischen Miet- und Pachtvertrag, indem Sie beschreiben, was jede Familie mit dem jeweiligen Vertrag anstrebt.

c) Florian braucht ein neues Auto. Er könnte ein Auto kaufen, ein Auto mieten oder ein Auto leasen. Beantworten Sie dazu die folgenden Fragen.

c_1) Bei einem Auto entstehen unter anderem folgende Unterhaltskosten:
– Benzin = B   – Service (ca. alle 15 000 km) = S   – Versicherung = V
– Reparaturen (bei Pannen/Unfällen) = R   – Steuern/Gebühren = St
Nennen Sie die Auto-Unterhaltskosten, die selber übernommen werden müssen ...

... bei der Miete eines Autos	... beim Leasing eines Autos

c_2) Ein Auto für längere Zeit mieten wird viel zu teuer. Also fällt die Entscheidung zwischen Leasen und Kaufen. Florian denkt an einen fabrikneuen VW. Mit wem schliesst Florian den Vertrag ab, wenn er ....

... das Auto least:	... das Auto kauft:

c_3) Was ist für Florian der grosse Unterschied, wenn er das Auto least anstatt es zu kaufen. Vergleichen Sie die beiden Möglichkeiten.

Leasing:	Kauf:

3.5.2 Mietzins

Die 3-köpfige Familie A. Wenger hat am 1. April eine 4-Zimmer-Wohnung in einem älteren Wohnblock in Bülach ZH bezogen, zu CHF 3700 pro Monat. Schon einen Tag später erfahren sie von den Nachbarn, dass der Vormieter für die gleiche Wohnung CHF 2600 Miete bezahlt hat. Weil gar nichts renoviert wurde, findet A. Wenger den Anstieg völlig überrissen.

a) Wie kann A. Wenger dagegen vorgehen? Benennen Sie das Vorgehen und die Gesetzesbestimmung.

b) Wo und bis wann spätestens muss A. Wenger gegen den hohen Mietzins vorgehen?

3.5.3 Neue Wohnung

Karl Plüss (Vermieter) schliesst mit Jan Barth (Mieter) einen Mietvertrag über eine 1½-Zimmer-Wohnung ab. Der monatliche Mietzins beträgt CHF 1150; vereinbarter Einzugstermin ist der 1. April.

a) Herr Plüss verlangt von Jan ein Mietzinsdepot. Wie viel Franken darf er nach Gesetz höchstens als Sicherheit verlangen? (mit Gesetzesbestimmung)

b) Während des ersten Monats in dieser Wohnung gehen zwei Glühbirnen (Badezimmer und Gang) kaputt, und der Eisschrank geht ebenfalls kaputt.
Wer muss für die Instandstellung aufkommen, K. Plüss oder Jan? Antwort separat angeben für A) Glühbirnen und B) Eisschrank (Gesetzesbestimmung angeben!)

3.5.4 Wegzug ins Ausland

a) Wegen einer neuen Stelle im Ausland kündigt Dila Rossi ihre Wohnung in Kloten ausserterminlich auf den 31. Mai. Jetzt sucht sie einen Ersatzmieter. Sie erkundigt sich bei der Gratis-Rechtsauskunft, welche Bedingungen ein Ersatzmieter erfüllen muss, damit sie von weiteren Verpflichtungen befreit ist. Geben Sie als Mietsrechtsexperte diese Auskunft, unter Angabe der Gesetzesbestimmung.

Mietvertrag – Aufgaben

b) Dila findet einen amerikanischen Manager, der die Wohnung übernehmen will und alle vom Berater genannten Bedingungen gemäss a) erfüllt. Aber der Vermieter lehnt ab: Er will um keinen Preis einen Ausländer in der Wohnung (obwohl der gut deutsch spricht). Kann er von Dila den Mietzins bis zum nächsten regulären Kündigungstermin verlangen? Begründen Sie Ihre Antwort. Falls nein: Was kann der Vermieter dann tun?

_____

_____

_____

3.5.5 Behauptungen zum Mietvertrag

Kreuzen Sie an, ob die folgenden Aussagen richtig oder falsch sind.

	Aussagen	Richtig	Falsch
a)	Nur schriftlich abgeschlossene Mietverträge sind rechtsgültig.		
b)	Das Untervermieten von Räumen ist nach OR erlaubt, nur muss der Vermieter informiert werden.		
c)	Für eine normale (ordentliche) Abnützung der Wohnung kann der Vermieter dem Mieter beim Auszug keine Kosten belasten.		
d)	Der Vermieter muss dem Mieter eine Mietzinserhöhung mit handgeschriebenem Brief und mit Begründung mitteilen.		
e)	Wenn der Vermieter mündlich kündigt, ist die Kündigung nichtig.		
f)	Das OR sieht sowohl befristete wie auch unbefristete Mietverträge vor. Aber in der Praxis sind unbefristete Mietverträge viel häufiger.		

3.5.6 Reguläre Kündigung

Ernst und Carla Monti sind Mieter einer 3-Zimmer-Wohnung an der Westrasse in Zürich.
Am 24. Januar beschliessen sie, den Mietvertrag auf den nächstmöglichen Termin zu kündigen. Es gelten die ortsüblichen Kündigungstermine Ende März und Ende September, ansonsten die Bestimmungen des Gesetzes.

a) Welches ist die Kündigungsfrist? (Gesetzesbestimmung angeben!)

_____

_____

b) Auf welchen nächstmöglichen Termin kann das Ehepaar Monti kündigen? Richtiges ankreuzen.

auf Ende April	auf Ende Sept.	auf Ende März des Folgejahres
auf den 24. März	auf Ende März	auf den 24. April

c) Welche Formvorschriften muss das Ehepaar Monti beachten, damit die Kündigung gültig ist? (mit OR-Artikel)

_____

_____

d) Wenn es sich – unter sonst gleichen Bedingungen – um Geschäftsräume handeln würde: Wann wäre dann der nächstmögliche Kündigungstermin?

3.5.7 Härtefall

Das Ehepaar Kohler wohnt mit seinen vier Kindern in einer günstigen 5-Zimmerwohnung in einem baufälligen Haus in Winterthur. Herr Kohler verdient CHF 4500/Monat, die Miete beträgt CHF 1400. Der Vermieter kündigt die Wohnung am 31.05.2015 rechtsgültig auf den 31.09.2015, da das Haus im November 2015 abgerissen und durch einen Neubau ersetzt werden soll. Kohlers befürchten, dass sie in der verbleibenden Zeit keine zahlbare Wohnung finden werden und reichen deshalb ein Gesuch um Erstreckung des Mietverhältnisses ein.

a) Bei wem müssen Kohlers das Gesuch einreichen? Geben Sie auch den entsprechenden die Gesetzesbestimmung an.

b) Bis zu welchem Datum muss dieses Gesuch spätestens eingereicht werden?

3.5.8 Formvorschriften

Kreuzen Sie an, für welchen Fall die genannten Vorschriften Gültigkeit haben.

Vorschrift	bei Kündigung durch den Mieter	bei Kündigung durch den Vermieter
Getrennte Zustellung an beide Ehepartner		
Ehepartner muss ausdrücklich zustimmen		
Begründung auf Verlangen		
Schriftlich		
Mit amtlich genehmigtem Formular		

Mietvertrag – Aufgaben

3.5.9 Mieterin in Finanznot

Weil sie Ende März unerwartet ihren gut bezahlten Job verloren und noch keinen neuen gefunden hat, gerät Noe Zahnd in Finanznot und befürchtet, die hohe Miete von CHF 2900 nicht mehr zahlen zu können. Vorausschauend werden Sie von Noe um Rat gefragt: Ab wann und wie könnte der Vermieter gegen Noe vorgehen, falls sie mit der Miete in Rückstand gerät. Beantworten Sie ihr dazu folgende Fragen:

a) Welcher Gesetzesartikel (mit Absatz) ist für diesen Fall massgebend?

b) Welches ist die erste Massnahme, die Noe vom Vermieter zu erwarten hat? (Nennen Sie das Vorgehen, den Inhalt und die Fristen)

c) Wenn sie die Juni-Miete nicht zahlen konnte und der Vermieter alle möglichen Massnahmen ausschöpft: Wann müsste sie schlimmstenfalls aus der Wohnung ausziehen. (Geben Sie die Fristberechnung und den Termin an)

3.6 Arbeitsvertrag

> **Leistungsziele BIVO**
> - Ich erkläre die Merkmale des Arbeitsvertrages, des Werkvertrages und des Auftrags und zeige die Unterschiede auf.
> - Ich löse einfache Rechtsprobleme in den Bereichen Vertragsauflösung, Überstunden, Lohnfortzahlung, Ferienanspruch, Sorgfalts- und Treuepflicht anhand des OR.

3.6.1 Vergleich von Verträgen auf Arbeitsleistung

1. Einzelarbeitsvertrag, Werkvertrag und Auftrag im Vergleich

Vertragsart	Einzelarbeitsvertrag	Werkvertrag	(Einfacher) Auftrag
Gesetz	OR 319–342	OR 363–379	OR 394–406
Vertragsinhalt	Persönliche Arbeitsleistung für den Arbeitgeber gegen Entgelt	Herstellung, Reparatur oder Änderung einer Sache für den Besteller gegen Entgelt	Ausführung einer Dienstleistung für den Auftraggeber gegen Entgelt
Beispiele	eine Arbeitnehmerin arbeitet im Geschäft des Arbeitgebers ... – als Sekretärin, – als Verkäuferin, – als Arztassistentin	Ein Besteller lässt durch einen Unternehmer ... – ein Haus bauen oder umbauen; – ein Hochzeitskleid anfertigen nach Mass; – ein beschädigtes Auto reparieren	Ein Auftraggeber erteilt einen Auftrag ... – für eine ärztliche Untersuchung; – zum Ausfüllen der Steuererklärung; – zum Erteilen von Privatstunden; – für eine Rechtsberatung
Typische Begriffe	Arbeitnehmer, Arbeitgeber	Unternehmer, Besteller	Beauftragter, Auftraggeber
Formvorschriften	Formfreiheit nach OR 11		
Haftung für das Ergebnis	keine Haftung für das Ergebnis der Arbeit; nur für die Einhaltung der Treue- und Sorgfaltspflicht	Haftung für die erfolgreiche Fertigstellung des Auftrags	keine Haftung für ein gutes Ergebnis; nur für sorgfältige Ausführung

Arbeitsvertrag

2. Einzelarbeitsvertrag und andere Arbeitsverträge

	Verschiedene Arten von Arbeitsverträgen		
Vertragsart	Einzelarbeitsvertrag	Gesamtarbeitsvertrag	Lehrvertrag
Gesetz	OR 319–342	OR 356–360f	OR 344–346a
QV-Anforderungen	QV-relevant	keine QV-Themen	
Vertragsparteien	Vertrag zwischen einem einzelnen Arbeitnehmer und einem Arbeitgeber (Unternehmung)	Vertrag zwischen einem Arbeitnehmerverband und einem Arbeitgeberverband (oder einzelne sehr grosse Unternehmungen)	Vertrag zwischen Ausbildungsbetrieb und Auszubildendem, mitunterzeichnet von Eltern (bei Minderjährigen) und Amt für Berufsbildung
Hauptinhalt	Regelung des Arbeitsverhältnisses	Basisinhalte: – Minimalferien, – Maximalarbeitszeit usw. für alle Angestellten der Vertragsparteien	Fachgerechte Ausbildung des Lernenden mit Arbeit im Betrieb und Besuch der Berufsschule
Formvorschriften	Formfreiheit OR 11	Schriftlichkeit	Qualifizierte Schriftlichkeit

▼ ab jetzt geht es nur noch um den Einzelarbeitsvertrag!

3.6.2 Die Pflichten der Vertragsparteien im Einzelarbeitsvertrag

(Es werden nur die QV-relevanten Pflichten aufgeführt.)

Pflichten Arbeitgeber	Pflichten Arbeitnehmer
– Lohnzahlung, OR 322 – Lohnfortzahlung bei Verhinderung, OR 324a – Ferien, OR 329a – (nicht QV-, aber lebensrelevant:) Schutz der Persönlichkeit des Arbeitnehmers, OR 328: – Gesundheit, – sexuelle Belästigung, – Mobbing	– Persönliche Arbeitsleistung, OR 321 – Sorgfalts- und Treuepflicht, OR 321a – Überstunden, OR 321c

3.6.3 Vorgehen bei Problemen im Arbeitsverhältnis

Verletzung der Sorgfalts- und Treuepflicht nach OR 321a	– Für angerichtete Schäden kann der Arbeitnehmer nach den Bedingungen von OR 321e belangt werden. Schäden von Angestellten bei Dritten (Kellner vergiesst Wein auf den Gast; Baggerführer beschädigt eine Gasleitung) sind zwar primär durch die Kausalhaftung des Geschäftsherrn nach OR 55 gedeckt, aber für den Rückgriff auf den Arbeitnehmer gilt OR 321e. – Ein Nebenverdienst des Angestellten ist nur unter den Bedingungen von OR 321a Abs. 3 unzulässig.
Zusätze zum Lohn, OR 322a-d	– Über den Lohn hinausgehende Entschädigungen, wie 13. Monatslohn oder Gratifikation sind nur dann fällig, wenn sie vertraglich vereinbart wurden oder wenn ein 13. Monatslohn gewohnheitsmässig und regelmässig (auch ohne Erwähnung im Vertrag) ausbezahlt wird.

Lohnfortzahlung bei Verhinderung, OR 324a	– Die Voraussetzungen für eine Lohnfortzahlung bei Verhinderung sind in OR 324a Abs. 1 aufgeführt; dabei zu beachten: das gilt erst ab dem 4. Monat der Anstellung (bei unbefristeten Arbeitsverträgen). – Die Dauer der Lohnfortzahlung ist in OR 324a Abs. 2 nur für das erste Dienstjahr geregelt: 3 Wochen. Für die Lohnfortzahlung ab dem 2. Dienstjahr müssen die Aufgaben entsprechende Angaben enthalten, z. B. «Zürcher Skala» oder «Berner Skala». – Kein Grund für Lohnfortzahlungen sind Arbeitsverhinderung wegen «höherer Gewalt»: Totalausfall ÖV; Schneestürme. Solche Ausfälle liegen «nicht in der Person des Arbeitnehmers».
Leisten von Überstunden, OR 321c	– Der Arbeitnehmer ist nach OR 321c zur Leistung von Überstunden verpflichtet, aber nur unter den dort genannten Voraussetzungen: – die Überstunden müssen notwendig sein; – sie müssen zumutbar sein; – die Leistungsfähigkeit des Arbeitnehmers muss vorhanden sein. – Nach OR 321c Abs. 3 sind Überstunden mit 25 % Lohnzuschlag zu entschädigen, wenn nichts anderes schriftlich abgemacht wurde. Kompensation mit Arbeitszeit ist nur bei gegenseitigem Einverständnis möglich.
Ferienprobleme, OR 329 – 329d	– Aus OR 329a geht der Mindestferienanspruch von 4 Wochen bzw. der 5-wöchige Ferienanspruch bis zum vollendeten 20. Altersjahr (= 20. Geburtstag) hervor, nicht aber für über-50-Jährige Arbeitnehmer. Dort ist das dispositiv vertraglich zu regeln bzw. es wird in einem Gesamtarbeitsvertrag geregelt. – Entgegen der Praxis in vielen Unternehmungen kann nach OR 329c Abs. 2 der Zeitpunkt des Ferienbezuges vom Arbeitgeber festgelegt werden. Wünsche von Angestellten müssen nur soweit berücksichtigt werden, als es «das betriebliche Interesse» zulässt. – Nach OR 329d dürfen Ferien nicht durch bezahlte Arbeit ersetzt werden. Für bezahlte Ferienarbeit andernorts kann vom Arbeitgeber unter den Bedingungen von OR 329d Abs. 3 der Ferienlohn verweigert bzw. ein Lohnabzug gemacht werden.

3.6.4 Beendigung des Einzelarbeitsvertrages und Kündigungsschutz

Beendigung des Arbeitsverhältnisses durch

Zeitablauf bei befristeten Verträgen, OR 334 keine Kündigung notwendig	ordentliche Kündigung OR 335 a – c	fristlose Kündigung, OR 337 möglich nur bei wichtigen Gründen (die Fortsetzung des Arbeitsverhältnisses ist nicht mehr zumutbar).

während der Probezeit, OR 335b: – jederzeit mit einer Frist von 7 Tagen, z. B. Kündigung am Dienstag 02.03. auf Dienstag 09.03. – der erste Monat gilt als Probezeit, auch wenn nicht abgemacht; Verlängerung per Vertrag auf max. 3 Monate	nach Ablauf der Probezeit, OR 335c: – im 1. Dienstjahr: Frist von 1 Monat auf Ende Monat – 2. bis 9. Dienstjahr: Frist von 2 Monaten auf Ende Monat – ab 10. Dienstjahr: Frist von 3 Monaten auf Ende Monat

Form der Kündigung: Schriftlichkeit nicht vorgeschrieben: jede Kündigung kann mündlich erfolgen. Aber: Wenn von der anderen Partei verlangt, muss die Kündigung schriftlich begründet werden, OR 335 Abs. 2

Arbeitsvertrag

	Kündigungsschutz
Missbräuchliche Kündigung, OR 336-336b	– Kündigung aus unzulässigen Gründen nach OR 336 Abs.1 u. 2, weil eine Eigenschaft oder ein Verhalten des Arbeitnehmers dem Arbeitgeber nicht passt. – Die Kündigung wird nicht ungültig (denn das Arbeitsverhältnis ist ja verdorben), aber der Gekündigte hat Anspruch auf eine Entschädigung nach den Bedingungen von OR 336a und 336b.
Kündigung zur Unzeit, OR 336c-d (gilt nach Ablauf der Probezeit)	Die Kündigung erfolgt in einer Situation, wo der Arbeitnehmer von Gesetzes wegen vor einer Kündigung geschützt wird: – während dem Militär- oder Zivildienst, inklusive die 4 Wochen davor und danach (wenn der Dienst mehr als 11 Tage dauert) – während Krankheit oder Unfall des Arbeitnehmers; im ersten Dienstjahr (nach der Probezeit) während 30 Tagen, vom 2. bis zum 5. Dienstjahr während 90 Tagen und ab dem 6. Dienstjahr während 180 Tagen. – während der Schwangerschaft, inkl. 16 Wochen nach der Geburt Folgen der Kündigung zur Unzeit: – Die Kündigung ist nichtig, wenn sie direkt während dieser Schutzzeit ausgesprochen wird. – Wird die Kündigung vor Eintreten der Schutzzeit ausgesprochen, so wird die Kündigungsfrist unterbrochen und läuft nach Beendigung der Schutzzeit weiter. **Beispiel:** Kündigung im 1. Dienstjahr (nach Ablauf der Probezeit) am 03.03. auf 30.04. Von 05. bis 12.04. ist die Angestellte krankgeschrieben. → die Kündigungsfrist wird unterbrochen und läuft ab 13.04. weiter. → neuer Kündigungstermin: 31.05.

3.6 Arbeitsvertrag – Aufgaben

3.6.1 13. Monatslohn

Petra F. hat ihre Stelle auf den 30. Juni gekündigt. Ihr Bruttolohn beträgt CHF 4900. Zusätzlich ist gemäss Vertrag ein 13. Monatslohn vereinbart, der jeweils Ende Dezember ausbezahlt wird.

1. Kann Petra einen Anspruch auf einen Anteil am 13. Monatslohn geltend machen? Begründen Sie Ihre Antwort und nennen Sie die Gesetzesbestimmung.

2. Wie viele Franken hat Petra zugute?

3.6.2 Krankheit

Michael arbeitet beim Sport Shop. Er erkrankt an einer schweren Lungenentzündung und ist gemäss Arztzeugnis drei Wochen lang arbeitsunfähig.

1. Wie lange muss ihm der Arbeitgeber gemäss OR den Lohn zahlen, wenn Michael bis dahin erst seit 7 Wochen beim Sport Shop gearbeitet hat?

2. Wie lange muss ihm der Arbeitgeber den Lohn zahlen, wenn Michael schon seit einem halben Jahr beim Sport Shop arbeitet?

3. Aus welcher Gesetzesbestimmung ist die Antwort für 1. und 2. zu entnehmen?

3.6.3 Überstunden

a) Vanja Kasak, 39, ist Chefarztsekretärin im Kantonsspital. Sie ist alleinerziehende Mutter einer vierjährigen Tochter. Am Freitag, kurz vor 17:00 Uhr, verlangt der Chefarzt, sie solle noch einen Operationsbericht schreiben und versenden, der müsse unbedingt noch weg vor dem Wochenende. Sie lehnt ab: Sie müsse dringend ihre Tochter im nahegelegenen Kinderhort abholen; der schliesse um 17:45 Uhr, das würde sonst nie ausreichen.
Darf Vanja diese Überstunden ablehnen? Nennen Sie die zutreffende Gesetzesbestimmung mit allen Tatbestandsmerkmalen und leiten Sie daraus die Rechtsfolge ab, mit Begründung.

Arbeitsvertrag – Aufgaben

b) Im Vormonat hat Vanja auf Bitte des Chefs insgesamt 9 Überstunden geleistet. Er kündigt ihr an, dass diese mit dem nächsten Lohn (+ 25 % Zuschlag) ausbezahlt werden. Vanja aber verlangt eine Kompensation als Freizeit (zwei halbe Tage), das nützt ihr viel mehr. Der Chefarzt lehnt ab, mit dem Hinweis auf den weiterhin grossen Arbeitsanfall.
Kann Vanja auf der Kompensation mit Freiheit bestehen? Nennen Sie die Gesetzesbestimmung und begründen Sie Ihre Antwort.

3.6.4 Ferienbezug

Der Kellner des Strandhotels «Riva» in Ascona will im August zwei Wochen Ferien beziehen, um mit seiner Familie nach Sizilien zu fahren. Er hat in diesem Jahr erst eine Woche Ferien bezogen. Trotzdem verweigert ihm der Hoteldirektor diese zwei Wochen im August mit der Begründung: Im August ist Hochsaison, er könne seine Ferien irgendwann zwischen Mitte September und Dezember beziehen. Kann der Kellner auf seinem Wunsch bestehen? Begründen Sie Ihre Antwort in eigenen Worten, und nennen Sie die Gesetzesbestimmung, auf die Sie Ihre Antwort abstützen!

3.6.5 Ferienarbeit

Marc Solo arbeitet als Automechaniker in einer Fiat-Garage in Zürich. Während seiner 4-wöchigen Sommerferien auf Sizilien arbeitet er die ersten 2 Wochen für einen Stundenlohn von Euro 11.50 in der Ferrari-Garage seines Onkels. Den Rest der Ferien verbringt er am Strand und kehrt danach prächtig erholt an seine Arbeit in Zürich zurück. Als der Arbeitgeber von Marcs Ferienarbeit hört, zieht er ihm 2 Wochen Ferienlohn ab. Darf der Arbeitgeber dies tun? Begründen Sie Ihre Antwort, indem Sie die Tatbestandsmerkmale des OR-Art 329d Abs. 3 auf diesen Sachverhalt anwenden!

Tatbestandsmerkmale = TBM	Zutreffend?
Rechtsfolge	

3.6.6 Sorgfaltspflicht der Angestellten

Drita Volic und Anna Longho arbeiten als Kellnerinnen im Gartenrestaurant «Sonne», Drita seit 3 Jahren, Anna seit einem halben Jahr. Oft geht es hektisch zu und her. Im Durchschnitt gehen beim Servieren (total 3 Angestellte) pro Monat 30 Gläser (zu CHF 5) zu Bruch. Dem Wirt ist das zu viel, er will etwas dagegen tun.

a) Bei Drita sind im letzten Monat 8 Gläser kaputt gegangen, weniger als auch schon. Dafür zieht ihr der Arbeitgeber CHF 40 vom Lohn ab, wegen mangelnder Sorgfaltspflicht.
Beurteilen Sie, ob dieser Abzug zulässig ist. Nennen Sie die Gesetzesbestimmung und begründen Sie Ihren Entscheid.

b) Bei Anna sind im letzten Monat 22 Gläser zu Bruch gegangen; sie hat – mit Bewilligung des Chefs – eine neue, kunstvolle Art des Servierens ausprobiert. Schon nach drei Tagen und 10 kaputten Gläsern wurde sie vom Wirt aufgefordert, wieder normal zu servieren. Aber sie blieb dabei, wollte es bis Monatsende zur Perfektion bringen. Der Chef zieht ihr dafür CHF 60 (12 Gläser) vom Lohn ab.
Beurteilen Sie, ob dieser Abzug zulässig ist.

3.6.7 Aussagen zum Arbeitsvertrag

Kreuzen Sie an, ob die folgenden Aussagen richtig oder falsch sind.

Aussage	Richtig	Falsch
Eine 62-jährige Angestellte hat nach OR fünf Wochen Ferien zugute.		
Die Probezeit darf höchstens drei Monate betragen.		
Eine Angestellte ist während des Jahresabschlusses zur Leistung von Überstunden verpflichtet, sofern sie diese zu leisten vermag und sie ihr nach Treu und Glauben zugemutet werden können.		
Eine missbräuchliche Kündigung ist nichtig.		
Der Arbeitnehmer hat das Recht, den Zeitpunkt der Ferien selbst zu bestimmen, muss aber seine Pläne rechtzeitig bekanntgeben.		
Erkrankt ein Arbeitnehmer während der Probezeit, so wird diese um die Krankheitstage verlängert.		
Ein mündlich abgeschlossener Arbeitsvertrag als Sekretärin in einer Modeagentur ist nichtig.		

Arbeitsvertrag – Aufgaben

3.6.8 Fragen zur Kündigung

a) Carla Ponti arbeitet seit 27 Monaten als Sachbearbeiterin bei der Keller AG. Wegen ständiger Streitigkeiten mit dem Chef möchte sie nun die Stelle kündigen.

1. Welche Form muss die Kündigung nach Gesetz haben (mit Gesetzesbestimmung)?

2. Welche Kündigungsfrist hat Carla nach Gesetz einzuhalten (mit Gesetzesbestimmung)?

3. Carla kündigt das Arbeitsverhältnis am 05.02. Auf welchen Termin (genaues Datum) kann sie frühestens kündigen?

4. Muss sie bei der Kündigung den Kündigungsgrund angeben (mit Gesetzesbestimmung)?

b) Wann darf ein Arbeitnehmer die Arbeitsstelle frühestens verlassen …

	Datum
… wenn er nach 24 Dienstjahren am 24. März kündigt?	
… wenn er seit fünf Jahren in der Firma ist und am 03. Juni kündigt?	
… wenn er am Dienstag, 06. März in der zweiten Arbeitswoche kündigt?	

3.6.9 Kündigungsschutz

a) Eine 21-jährige Sekretärin arbeitet seit 10 Monaten bei der Trend AG. Nun teilt sie ihrer Arbeitgeberin mit, sie sei im 3. Monat schwanger. Am nächsten Tag erhält sie die Kündigung mit einer Frist von einem Monat auf Monatsende. Wie ist die Rechtslage? Geben Sie zusätzlich zu Ihrer genauen Antwort (mit Begründung) die betreffende Gesetzesbestimmung an.

Arbeitsvertrag – Aufgaben

b) Ein Angestellter im 3. Dienstjahr wird am 12. September krank. Der Arzt stellt eine gefährliche Infektion fest und schreibt ihn bis 31. Januar des Folgejahres krank. Das geht dem Arbeitgeber zu weit. Er will so rasch wie möglich kündigen.

1. Bis zu welchem Zeitpunkt (Datum) geniesst der Angestellte einen Kündigungsschutz? (mit OR-Angabe)

   _____

2. Auf welchen Zeitpunkt (Datum) hin kann der Arbeitgeber dieses Arbeitsverhältnis frühestens kündigen?

   _____

Gesellschaftsrecht

3.7 Gesellschaftsrecht

Leistungsziele BIVO

- Ich erkläre anhand der folgenden Kriterien die Besonderheiten der Einzelunternehmung, der GmbH und der Aktiengesellschaft: Firma und Firmenschutz / Kapitaleinsatz / Geschäftsführung und Vertretung / Organe / Haftung / Risiko / Wirkung des HR Eintrages
- Anhand einfacher Beispiele von Unternehmungsgründungen lege ich begründet eine geeignete Unternehmungsform mit ihren Vor- und Nachteilen fest.

3.7.1 Überblick Unternehmungsformen

unterstrichen: die prüfungsrelevanten Unternehmungsformen
* das sind Gruppentitel/Einteilungen der Unternehmungsformen

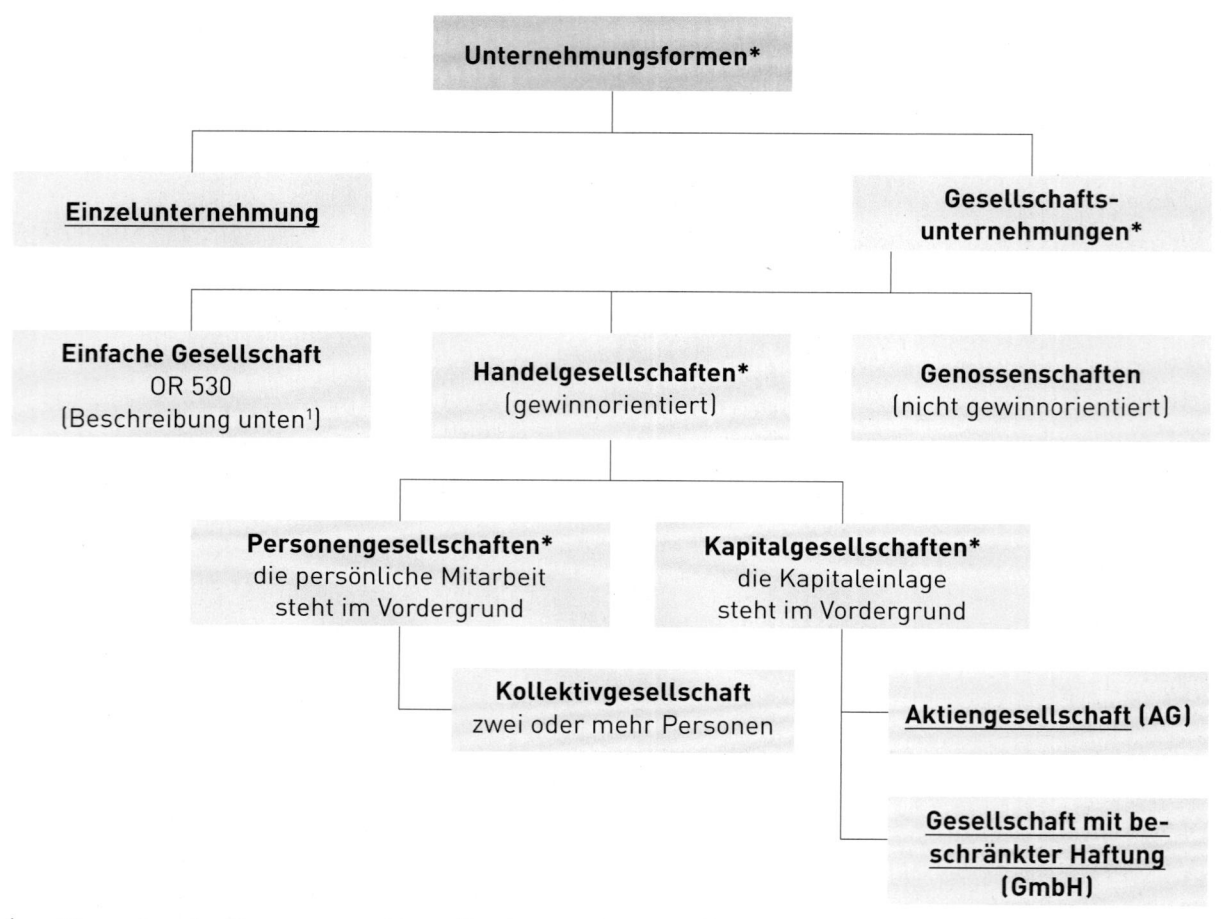

```
                        Unternehmungsformen*
                       /                    \
            Einzelunternehmung          Gesellschafts-
                                        unternehmungen*
                                       /       |       \
         Einfache Gesellschaft   Handelgesellschaften*   Genossenschaften
         OR 530                  (gewinnorientiert)      (nicht gewinnorientiert)
         (Beschreibung unten¹)
                                /              \
                  Personengesellschaften*   Kapitalgesellschaften*
                  die persönliche Mitarbeit die Kapitaleinlage
                  steht im Vordergrund      steht im Vordergrund
                           |                        |
                  Kollektivgesellschaft      Aktiengesellschaft (AG)
                  zwei oder mehr Personen
                                             Gesellschaft mit be-
                                             schränkter Haftung
                                             (GmbH)
```

¹ vorübergehender Zusammenschluss für ein gemeinsames Projekt auf vertraglicher Grundlage.

Beispiele:
- Konkubinat (→ Kap. 3.8);
- Wohngemeinschaft;
- gemeinsame Miete einer Ferienwohnung

Statistik Eidgenössisches Amt für das Handelsregister (Zahlen vom 01.01.2020, zefix.ch, gerundet)
Total: 653 000 Unternehmungen, davon:

Einzelunternehmungen	GmbHs	Aktiengesellschaften
160 000	207 000	221 000

Gesellschaftsrecht

3.7.2 Wichtige Merkmale bei jeder Unternehmungsform

Gründung / Gründungsablauf	– Welche Schritte braucht es zur Gründung der Unternehmung? – Ab welchem Zeitpunkt ist die Unternehmung handlungsfähig

Handelsregister: Eintrag und Wirkung, OR 927–943	– Handelsregister (HR) = ein öffentliches Verzeichnis (Datenbank) mit den wichtigsten Angaben von allen «nach kaufmännischer Art» geführten Unternehmungen. Öffentlich = jedermann kann Einblick nehmen; es wird kantonal geführt, also jeder Kanton hat ein HR
	– Der Eintrag im HR hat drei wichtige Rechtswirkungen:
	  1. Publizitätswirkung: Die Eintragung gilt als allgemein bekannt (niemand kann behaupten: «ich habe es nicht gewusst»)
	  2. Betreibung auf Konkurs im Falle der Überschuldung (vgl. Kap. 2.10: Schuldbetreibung und Konkurs)
	  3. Firmenschutz: die Firma ist – je nach Unternehmungsform – am Ort des Geschäftssitzes oder in der ganzen Schweiz geschützt.

Firma OR 944–956	– Firma = rechtlicher (offizieller) Name der Unternehmung – Bei jeder Unternehmungsform gibt es Vorschriften, wie der Name zu bilden ist. (Anders im Alltag, wo man mit Firma die ganze Unternehmung meint.)
Kapitaleinsatz und Nachfolgeregelung	– Gibt es ein gesetzlich vorgeschriebenes Mindestkapital? – Wie leicht oder schwer kann die Unternehmung an neue Eigentümer (z. B. Nachfolge in der Familie) übertragen werden?
Organisation und Geschäftsführung	– Für AG und GmbH als juristische Personen schreibt das Gesetz bestimmte «Organe» vor; das sind die Stellen, die für die juristische Person verbindlich nach aussen handeln. – Geschäftsführung: Wer darf die Unternehmung nach aussen rechtsgültig vertreten, z. B. Verträge unterschreiben?
Haftung und Risiko	– Haftung = Wer muss für die Schulden des Geschäftes aufkommen? – Risiko = Wie viel kann ein Eigentümer bei Konkurs verlieren?

3.7.3 Einzelunternehmung, AG und GmbH im Vergleich

	Einzelunternehmung OR 945	GmbH OR 772–827	Aktiengesellschaft OR 620–760
Entstehung / Gründung	– mit Aufnahme der Geschäftstätigkeit – immer nur ein Gründer	– mit dem Eintrag ins Handelsregister – Gründung durch eine einzelne Person oder mehrere (AG mit nur 1 Eigentümer = «Einmann-AG»)	
Gründungsablauf	– keine Vorschriften = formlos; einfach mit der Geschäftstätigkeit beginnen	1. Statuten aufstellen. (Statuten = Grundregeln der Unternehmung, von den Gründern vertraglich festgelegt) 2. Einzahlung des Grundkapitals (GmbH: Stammkapital / AG: Aktienkapital) 3. Festlegung und Wahl der Organe (→ bei Organe und Geschäftsführung!) 4. Öffentliche Beurkundung: Bestätigung der Vollständigkeit aller Gründungserfordernisse durch den Notar 5. Eintrag ins Handelsregister im Kanton des Geschäftssitzes	
Firma / Firmenschutz	– Der Familienname muss enthalten sein ❷ – Firmenschutz am Ort des Geschäftssitzes (OR 946 Abs. 1).	– Freie Firmenwahl + Zusatz der Rechtsform (GmbH oder AG) zum Beispiel: Ralph Frei GmbH; Nora Schlick AG; Octopus GmbH; Sanso AG – Firmenschutz in der ganzen Schweiz (OR 951)	

Gesellschaftsrecht

	Einzelunternehmung	GmbH	Aktiengesellschaft
HR-Eintrag	– Eintrag obligatorisch ab Jahresumsatz CHF 100 000 – darunter Eintrag freiwillig möglich	– Eintrag obligatorisch und konstitutiv (= Gründungswirkung)	
Kapitaleinsatz und Nachfolgeregelung	– keinerlei Vorschriften: Kapitaleinsatz nach Notwendigkeit des Geschäftes – Übergabe/Verkauf kompliziert wegen enger Verbindung von Person und Unternehmung	– Stammkapital mindestens CHF 20 000; muss bei Gründung voll einbezahlt sein – Das Stammkapital kann (bei mehreren Gesellschaftern) in Stammanteile aufgeteilt sein, zu mind. CHF 100 Nennwert – Übergabe/Verkauf der Stammanteile einfach möglich, aber gebunden an Einverständnis der anderen Gesellschafter	– Aktienkapital mindestens CHF 100 000, davon bei Gründung mindestens 20 % einbezahlt, aber in jedem Fall 50 000 ❶ – Das Aktienkapital ist in Aktien (= Teilsummen) unterteilt, z. B. Nennwert 1000, 100 oder 10 Franken; Mindestnennwert = 1 Rappen – Übergabe/Verkauf der Aktien einfach möglich, besonders bei börsenkotierten Aktien
Organisation	– keinerlei Vorschriften: Unternehmer ist alleine verantwortlich	– vorgeschriebene Organe: 1. Gesellschafterversammlung 2. Geschäftsführung 3. Revisionsstelle: Überprüfung/Kontrolle der Geschäftsbücher ❸	– vorgeschriebene Organe: 1. Generalversammlung: Versammlung aller Aktionäre, mind. 1× pro Jahr 2. Verwaltungsrat: zuständig für die Geschäftsführung 3. Revisionsstelle ❸
Geschäftsführung / Vertretung nach aussen	– der Einzelunternehmer selber	die Geschäftsführung und die von ihr bevollmächtigten Personen: **Prokura:** Vollmacht zur gesamten Geschäftsführung, OR 458 **Handlungsvollmacht:** Vollmacht zu den alltäglichen und üblichen Geschäftsentscheidungen, OR 462	der Verwaltungsrat und die von ihm bevollmächtigten Personen:
Haftung und Risiko	– Haftung zuerst mit dem Geschäftsvermögen; wenn nicht ausreichend: – Haftung mit dem Privatvermögen → hohes privates Risiko für den Unternehmer	– Haftung beschränkt auf das Geschäftsvermögen → geringes privates Risiko der Gesellschafter – falls in Statuten vorgesehen: beschränkte Nachschusspflicht mit Privatvermögen möglich	– Haftung beschränkt auf das Geschäftsvermögen → keinerlei privates Risiko der Aktionäre
Vorteile im Vergleich	– kein Mindestkapital – einfache Gründung, wenig Vorschriften	– beschränkte Haftung; Privatvermögen nicht gefährdet – grosse Kapitalien möglich bei mehreren Gesellschaftern – einfache Übertragbarkeit – freie Firmenwahl + Firmenschutz ganze Schweiz	
Nachteile im Vergleich	– unbeschränkte Haftung – eingeschränkte Kapitalbeschaffung – keine «Anonymität» möglich: Firma mit Familienname	– hohes Mindestkapital (AG noch mehr als GmbH) – aufwändige Gründung und viele Vorschriften – Doppelbesteuerung (→ a) der Gesamtgewinn wird bei der Unternehmung besteuert; b) der an die Eigentümer ausgeschüttete Gewinnanteil wird dort nochmals besteuert als Einkommen der natürlichen Person.	

Gesellschaftsrecht

Erläuterung zu den Anmerkungen:

❶ OR 632: Mindesteinzahlung Aktienkapital bei Gründung: 20 %, aber mindestens CHF 50 000.
Beispiel zum Verständnis:

Höhe Aktienkapital	20 % sind:	Minimum in CHF	Was gilt rechtlich:
100 000	20 000	50 000	50 000
200 000	40 000	50 000	50 000
250 000	50 000	50 000	50 000
300 000	60 000	-------	60 000

→ bei jedem AK unter 250 000 gilt: 50 000 Minimumeinzahlung,
bei jedem AK über 250 000 gilt: Minimum-Einzahlung 20 %

Achtung: die Möglichkeit der verminderten Einzahlung nach OR 632 ist nur bei Namenaktien möglich. Bei Ausgabe von Inhaberaktien[1] braucht es immer die volle Einzahlung (OR 683 Abs. 1).

❷ Firmenbildung bei der Einzelunternehmung:
Beispiele: B. Wormser, Transporte / IT-Design Carla Gut / Bäckerei Zürrer / Graber, Döner-Kebab

❸ Kleine Unternehmungen können auf eine Revisionsstelle verzichten: OR 727a

3.7.4 Überlegungen zur Wahl der geeigneten Unternehmungsform

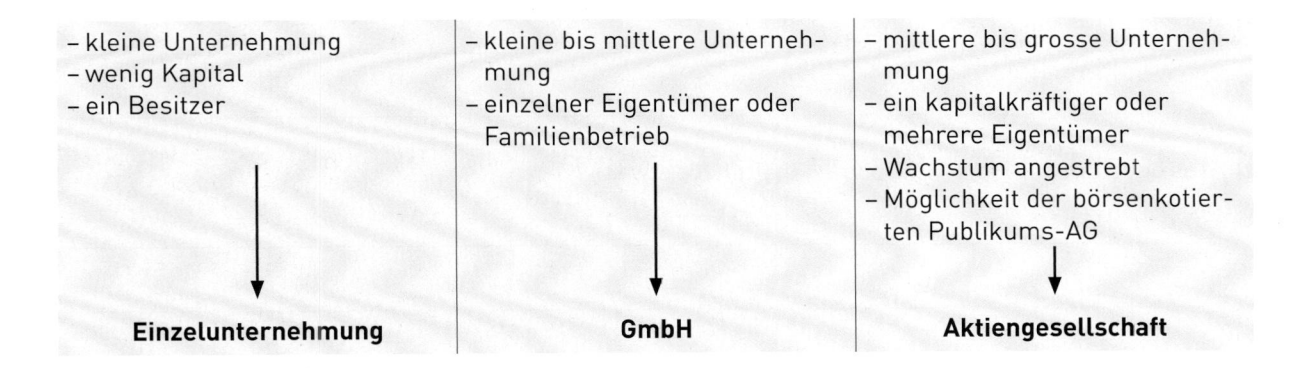

– kleine Unternehmung – wenig Kapital – ein Besitzer	– kleine bis mittlere Unternehmung – einzelner Eigentümer oder Familienbetrieb	– mittlere bis grosse Unternehmung – ein kapitalkräftiger oder mehrere Eigentümer – Wachstum angestrebt – Möglichkeit der börsenkotierten Publikums-AG
↓	↓	↓
Einzelunternehmung	**GmbH**	**Aktiengesellschaft**

---

[1] Inhaberaktien sind ab 1. November 2019 (Bundesgesetz zur Umsetzung von Empfehlungen des Globalen Forums über Transparenz und Informationsaustausch für Steuerzwecke) nur noch zulässig, wenn die Gesellschaft Beteiligungspapiere an einer Börse kotiert oder die Inhaberaktien als Bucheffekten ausgestaltet hat (vgl. OR 622 Abs. 2bis). Am 1. Mai 2021 werden unzulässige Inhaberaktien von Gesetzes wegen in Namenaktien umgewandelt.

3.7 Gesellschaftsrecht – Aufgaben

3.7.1 Allgemeinwissen zu den Unternehmungsformen

a) Setzen Sie die folgenden fünf Begriffe korrekt in die Übersicht ein:

GmbH, Einzelunternehmung, Personengesellschaften, Genossenschaft, Aktiengesellschaft

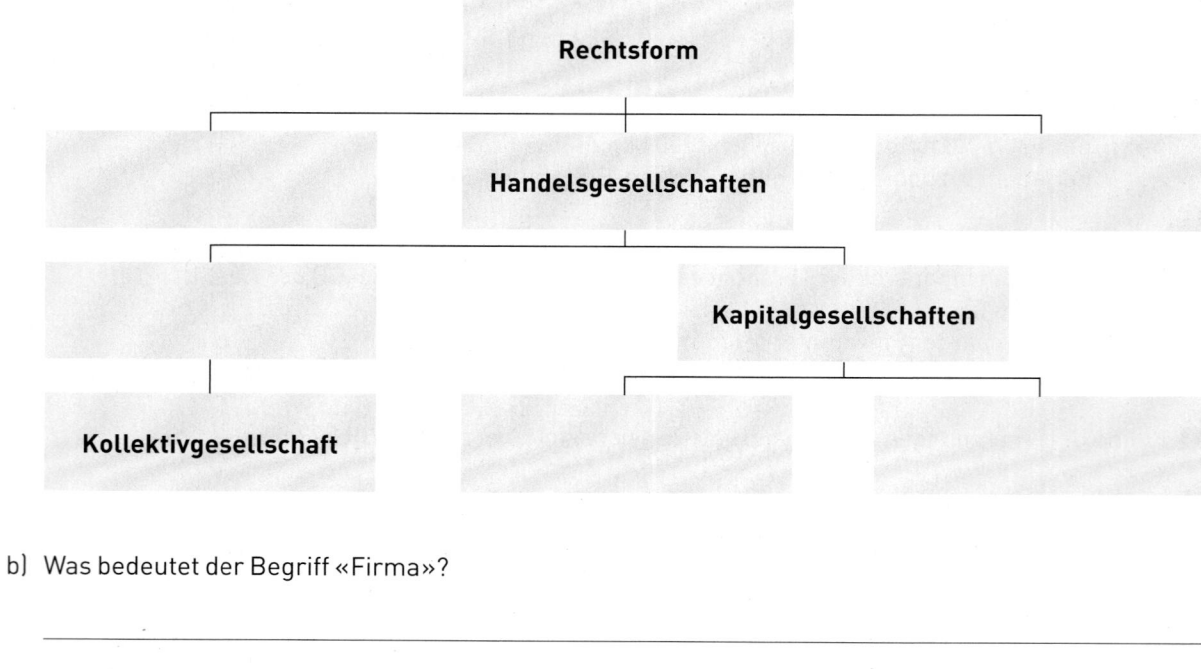

```
                         Rechtsform
           ┌─────────────────┼─────────────────┐
       [        ]      Handelsgesellschaften  [        ]
                         ┌───────┴────────┐
       [        ]                      Kapitalgesellschaften
           │                              ┌───────┴───────┐
   Kollektivgesellschaft              [        ]       [        ]
```

b) Was bedeutet der Begriff «Firma»?

_____

_____

c) Was bedeutet das Wort «Haftung» / «haften für etwas»?

_____

_____

3.7.2 Einzelunternehmung

a) Kreuzen Sie die korrekten Aussagen zur Einzelunternehmung an. Falsche Aussagen sind so zu korrigieren, dass sie zu einer richtigen Aussage werden.

Nr.	Richtig	Aussage
1.		Das Mindestkapital der Einzelunternehmung beträgt offiziell CHF 1. Korrektur:
2.		Der Name einer im HR eingetragenen Einzelunternehmung ist in der ganzen Schweiz geschützt. Korrektur:

Nr.	Richtig	Aussage
3.		Die Firma muss den Familiennamen des Inhabers enthalten, darf aber auch Zusätze enthalten. Korrektur:
4.		Für die Schulden des Geschäftes haftet der Besitzer auch mit seinem Privatvermögen, aber nur bis zur Höhe des eingetragenen Eigenkapitals. Korrektur:
5.		Jede Einzelunternehmung ist verpflichtet, sich im HR eintragen zu lassen. Korrektur:
6.		Nur eine natürliche Person kann Inhaber einer Einzelunternehmung sein. Korrektur:

b) Eine Einzelunternehmung hat folgende Schlussbilanz

Bilanz vom 31.12.

Bank	10 000	Verbindlichkeiten LL	60 000
Forderungen LL	10 000		
Mobilien	60 000	Eigenkapital	20 000
	80 000		80 000

Das Geschäft muss die Lieferantenschulden zahlen und verkauft dafür die Mobilien. Für die Mobilien erhält es beim Verkauf aber nur CHF 25 000. Für wie viele Franken wird der Eigentümer mit seinem Privatvermögen haftbar?

c) Mit welcher Handlung wird eine Einzelunternehmung gegründet?

3.7.3 Gesellschaft mit beschränkter Haftung

a) 1. Wie ist die Bildung der Firma einer GmbH geregelt?

2. Wie ist die Höhe des Grundkapitals geregelt?

3. Wie lautet der Fachbegriff für das gesamte Grundkapital?

Gesellschaftsrecht – Aufgaben

4. Und wie lautet der Fachbegriff für die Einlage eines einzelnen Gesellschafters?

_____

b) Kreuzen Sie die richtigen Aussagen zur GmbH an:

GmbH-Beteiligungen sind Wertpapiere mit einfacher Übertragbarkeit.
An der Gesellschafterversammlung hat jeder Gesellschafter eine Stimme, unabhängig davon, ob er einen oder mehrere Anteile besitzt.
Als Gesellschafter kommen sowohl juristische wie natürliche Personen in Frage.
Jeder Gesellschafter ist zur Geschäftsführung berechtigt, unabhängig davon, ob er einen oder mehrere Anteile besitzt.

3.7.4 Aktiengesellschaft

a) Ordnen Sie die folgenden fünf Schritte bei der Gründung einer Aktiengesellschaft in die richtige Reihenfolge (Nummern 1–5 richtig einsetzen).

Aussage	Reihenfolge Nr.
Die Gründeraktionäre zahlen das von ihnen gezeichnete Aktienkapital auf das Sperrkonto bei der Bank ein.	
Die Statuten werden von den Gründeraktionären aufgestellt.	
Die Statuten werden von der konstituierenden Generalversammlung genehmigt. Zusätzlich werden der Verwaltungsrat und die Revisionsstelle gewählt.	
Die Aktiengesellschaft wird ins Handelsregister eingetragen.	
Der Notar beurkundet öffentlich die Beschlüsse der konstituierenden Generalversammlung.	

b) Füllen Sie die folgenden Textlücken korrekt aus.

Die Aktiengesellschaft ist eine _____ Person. Zur Gründung braucht es mindestens _____ Person(en). Das Aktienkapital muss mindestens CHF _____ betragen. Die Mitinhaber einer Aktiengesellschaft nennt man _____. Sie haben Anspruch auf einen Anteil am Gewinn, welchen man _____ nennt. Die jährliche Zusammenkunft der Aktionäre nennt man _____. Die _____ stellen den Gesellschaftsvertrag der AG dar.

c) Welches Organ einer Aktiengesellschaft ist für die folgenden Geschäfte zuständig? Kreuzen Sie an, ob es sich um die Generalversammlung (= GV), um den Verwaltungsrat (= VR) oder die Revisionsstelle (= RS) handelt.

Nr.	Aussage	GV	VR	RS
1.	Entscheid über die Geschäftsstrategie.			
2.	Ernennung eines Direktors als Geschäftsführer.			
3.	Festsetzung der Dividende.			
4.	Aufstellen der Richtlinien zur Führung der Buchhaltung.			
5.	Überprüfung, ob die Aktiven der Gesellschaft in der Bilanz nicht überbewertet sind.			
6.	Wahl der Revisionsstelle.			

d) Aktionär Keller ist mit CHF 17 000 an der Lux AG beteiligt. Daneben verfügt er über ein Privatvermögen von CHF 85 000. Nun hat die Lux AG Schulden von CHF 70 000, aber nur ein Vermögen von CHF 40 000.

1. Wer haftet für die Schulden dieser Aktiengesellschaft?

2. Wie viel Geld kann der Aktionär Keller maximal verlieren?

e) Sie sehen zwei Falschaussagen zur AG. Berichtigen Sie so, dass eine korrekte Aussage entsteht.

Nr.	Aussage und Korrektur
1.	Die AG erlangt ihre Rechtspersönlichkeit erst durch die notarielle Beglaubigung aller für die Gründung notwendigen Unterlagen. Korrektur:
2.	Für die Schulden einer AG haftet ausschliesslich das Aktienkapital und nicht das Privatvermögen der Aktionäre. Korrektur:

f) Sie sehen drei Aktiengesellschaften mit unterschiedlichem Aktienkapital. Geben Sie an, wie viel davon (in Franken) mindestens einbezahlt sein muss nach Gesetz.

Nr.	Aktienkapital	Mindest-Einzahlung
1.	150 000	
2.	300 000	
3.	2 000 000	

Gesellschaftsrecht – Aufgaben

g) 1. Wer vertritt die AG gegen aussen, wenn in den Statuten nichts spezielles geregelt ist?
   (Antwort plus Gesetzesbestimmung!)

   2. Wann muss die ordentliche jährliche Generalversammlung stattfinden?
   (Antwort plus Gesetzesbestimmung!)

3.7.5 Handelsregister und Firma

a) Im Handelsregister des Kantons Glarus ist die Firma «Pia Zehnder AG» mit Sitz in Linthal eingetragen. Das eingetragene Aktienkapital beträgt CHF 100 000. Zusätzlich sind noch weitere wichtige Angaben im HR aufgeführt.
Kreuzen Sie an (ja oder nein), ob die folgenden Informationen im Handelsregister eingetragen sind oder nicht.

Nr.	Information	ja	nein
1.	Namen / Vornamen der Aktionäre mit einer Beteiligung von über 10 %		
2.	Bilanzsumme und Reingewinn		
3.	Unterschriftberechtigte Verwaltungsräte		
4.	Zweck der Unternehmung		
5.	Anzahl Angestellte jeweils per 31. Dez.		

b) 1. Der Eintrag ins Handelsregister hat verschiedene rechtliche Wirkungen. Erklären Sie die Rechtswirkung des Firmenschutzes für die Pia Zehnder AG.

   2. Nennen Sie zwei weitere Wirkungen des HR-Eintrages.

c) Was bedeutet der Ausdruck: die «konstitutive Wirkung» des Handelsregister-Eintrages?
   (Antwort mit einem ganzen Satz!)

d) Entscheiden Sie, ob die folgenden Firmen zulässig sind (ja/nein). Begründen Sie den Entscheid und geben Sie die Gesetzesbestimmung an.

Firma	ja/nein	Begründung	Gesetz
Aktiengesellschaft			
«E-Consulting»			
«Bea Petris Aktiengesellschaft»			
Einzelunternehmung			
Besitzer: Urs Hofer «Möbel-Hofer»			
Besitzer: Maja Küng «Tanzschule Maja»			
Besitzer: Hans Balli «HaBall Treuhand»			

3.7.6 Wahl der passenden Unternehmungsform

a) Die Unternehmerin Clara Lühr steht vor der Entscheidung, ob sie eine Einmann-AG oder eine Einzelunternehmung gründen will. Beides hat Vor- und Nachteile.

1. Nennen Sie den wichtigsten Grund, der für die Einmann-AG spricht.

2. Nennen Sie einen weiteren Vorteil der Einmann-AG im Vergleich zur Einzelunternehmung.

3. Nennen Sie zwei Gründe, die – im Vergleich zur Einzelunternehmung – eher gegen die Einmann AG sprechen.

Gesellschaftsrecht – Aufgaben

b) Cindy und Lara haben schon während ihrer KV-Lehre fast jedes Wochenende auf eigene Rechnung Partys organisiert. Cindy hat vor allem die Finanzen und die Planung im Griff, Lara das Marketing und die Organisation der Anlässe. Beide haben nach der Lehre eine Hotelfachschule absolviert und danach in verschiedenen Hotels Karriere gemacht. Jetzt möchte Cindy zusammen mit Lara «eine richtige Unternehmung» gründen, nämlich ein Hotel übernehmen. Aber Lara ist sich nicht sicher, ob sie als verantwortliche Teilhaberin oder «nur» als Angestellte mitmachen will.

Die finanzielle Lage sieht so aus: Der Kapitalbedarf für den Start beträgt CHF 120 000. Cindy könnte maximal CHF 50 000 beibringen, Lara hätte CHF 40 000 zur Verfügung. Cindys Vater ist bereit, für den Rest einen Kredit zu gewähren.

Um Lara die Entscheidung – Teilhaberin oder Angestellte mit festem Gehalt – zu erleichtern, stellt Cindy eine übersichtliche Tabelle zusammen mit den wesentlichen Merkmalen der in Frage kommenden Rechtsformen.

1. Erstellen Sie im Auftrag von Cindy diese Tabelle und füllen Sie jedes Kästchen mit den korrekten Inhalten aus.

Merkmale	Einzelunternehmen	Aktiengesellschaft	GmbH
Vorgeschriebenes Mindestkapital			
Haftungsregelung (Wer haftet für die Schulden der Unternehmung?)			
Handelsregistereintrag			
Geschäftsführung			alle Gesellschafter gemeinsam
Organe			– Gesellschafterversammlung – Geschäftsführung – Revisionsstelle
Firmenbildung			

2. Annahme: Lara will zwar mitarbeiten, aber nicht Mitinhaberin sein. Welche Möglichkeiten hat Cindy dann für die Wahl der Rechtsform?

_____

_____

Gesellschaftsrecht – Aufgaben

3. Machen Sie einen Finanzierungsvorschlag für den Fall, dass Cindy eine Einzelunternehmung gründen will. Wie kann Cindy das notwendige Kapital aufbringen?

4. Annahme: Lara ist bereit, verantwortliche Teilhaberin zu werden und der Vater würde sich, wenn gewünscht, auch beteiligen, aber mit so wenig wie möglich. Also sind GmbH und AG mögliche Rechtsformen. Machen Sie für den Fall der AG einen Finanzierungsvorschlag, wie das notwendige Kapital beigebracht werden kann. Das AK soll genau dem gesetzlichen Erfordernis entsprechen.

c) Entscheidungstabelle zur Wahl der Unternehmungsform

Ihre Kollegin Joanna bittet Sie um Mithilfe bei der Entscheidung für die passende Unternehmungsform. Sie will ein Schmuck-Atelier betreiben und könnte max. CHF 30 000 einbringen. Zum Vergleich stehen die Einzelunternehmung und die GmbH.

1. Joanna hat einige Merkmale aufgelistet, welche Sie mit + (= vorteilhaft) oder mit – (= ungünstig) bewerten sollen. Pro Zeile sind auch zwei gleiche Bewertungen möglich.

Merkmale	Einzelunternehmung	GmbH
Notwendiges Startkapital		
Beschaffung von zusätzlichem Eigenkapital		
Firmenschutz		
Gründungsaufwand / Anzahl Regeln		
Persönliches Risiko		

2. Sie glauben unbedingt an den Geschäftserfolg von Joanna und wissen von ihr: sie «hasst» zu viele Vorschriften und Regeln.
Empfehlen Sie ihr jetzt eine Unternehmungsform, mit einer einleuchtenden Begründung.

Familienrecht

3.8 Familienrecht

> **Leistungsziele BIVO**
> - Ich erkläre die Voraussetzungen und Wirkungen der Ehe, des Konkubinats und der eingetragenen Partnerschaft und zeige die wesentlichen Unterschiede auf.
> - Ich erkläre die Bedeutung und Wirkungen der Güterstände während der Ehe und bei der Auflösung der Ehe (ohne Berechnungen).

3.8.1 Die drei Formen des Zusammenlebens als Paar

	Konkubinat	Ehe	Eingetragene Partnerschaft
gesetzliche Regelung	kein eigenes Gesetz; nur indirekt: das Konkubinat gilt nach OR 530 als einfache Gesellschaft	im Eherecht des ZGB: ZGB 90–251	im «Partnerschaftsgesetz» vom 01.06.2007, genauer: «Bundesgesetz über die eingetragene Partnerschaft gleichgeschlechtlicher Paare»
Hauptmerkmale	– Intimes Zusammenleben ohne offizielle Registrierung (ohne Intimität: → Wohngemeinschaft!) – Mann+Frau oder gleichgeschlechtliches Paar	– eheliches Zusammenleben von Mann+Frau nach den Regeln des Eherechts	– eheähnliches Zusammenleben von gleichgeschlechtlichen Paaren nach den Regeln des Partnerschaftsgesetzes (nicht enthalten im schulisch benützten Gesetzbuch)
Ähnlichkeiten / Unterschiede zur Ehe und Auswirkungen	**ähnlich** gemeinsames Leben und Handeln: – Mieten einer Wohnung – Gemeinsame Kasse – Kauf und Benützung von Möbeln, Autos **Vorteile Konkubinat** – Unkomplizierte Trennung – Anspruch auf zwei volle AHV-Renten (statt tiefere Ehepaar-Rente)	**anders** keine gesetzliche Regelung des Zusammenlebens ▼ daraus ergeben sich die Vorteile und Nachteile: **Nachteile Konkubinat** – wenig Sicherheit bei Trennung: Unterhalt, Aufteilung des Vermögens, müssen nach den Regeln der einfachen Gesellschaft «erkämpft» werden. – keine Absicherung bei Tod des Partners (keine Witwenrente, kein Erbrecht) ▼ Zur Verhinderung der Nachteile: Regelung aller wichtigen Punkte in einem **Konkubinatsvertrag**	– Alle Regelungen des Eherechts gelten gleich auch für die eingetragene Partnerschaft: – Voraussetzungen und Hindernisse für die Eintragung – Namenswahl für das eingetragene Paar – gegenseitige Unterhalts- und Beistandspflicht – Grosse **Ausnahmen**: – Güterrecht: Vermögen und Einkommen bleiben getrennt → entspricht der «Gütertrennung» im Eherecht! – Adoption von Kindern nicht zugelassen. Ausnahme von der Ausnahme: Die Adoption von Stiefkindern (leibliche Kinder von einem der gleichgeschlechtlichen Partner) ist erlaubt.

Ab hier geht es nur noch ums Eherecht

3.8.2 Wichtige Punkte vor der Eheschliessung

a) Verlobung, ZGB 90–93
   - Freiwilliges Versprechen für eine zukünftige Ehe; aber daraus folgt kein klagbares Recht auf Eheschliessung.
   - Bei Auflösung können wertvolle Verlobungsgeschenke zurückverlangt werden.

b) Voraussetzungen zur Eheschliessung, ZGB 94–96
   - Ehefähigkeit = Handlungsfähigkeit: volljährig + urteilsfähig
   - keine bestehenden Ehehindernisse:
     1. Blutsverwandtschaft in direkter Linie; verboten:
        Vater-Tochter, Grossvater-Enkelin; aber möglich:
        Onkel-Nichte, und: keine Ehe zwischen Geschwistern (auch nicht bei adoptierten Geschwistern), aber möglich: Cousin-Cousine
     2. Keine noch gültige frühere Ehe: Wer eine neue Ehe eingeht, hat den Nachweis zu erbringen, dass die frühere Ehe nicht mehr besteht.
   - Trauung: die zivilrechtliche Trauung nach ZGB 97–103 ist obligatorisch; eine kirchliche Trauung ist freiwillig und darf erst nach der Ziviltrauung stattfinden (ZGB 97 Abs. 3)

3.8.3 Rechtliche Wirkungen der Ehe

a) ZGB 159–170 regelt alle Punkte gemeinsamer Sorge und Verantwortung für Kinder, Unterhalt, Wohnung, Vertretung nach aussen sowie Haftung für Schulden.

Wichtige Einzelpunkte:

b) Familienname und Bürgerrecht werden geregelt in ZGB 160/161:
   - Beide Ehegatten behalten je ihren Nachnamen; sie können aber auch einen der beiden Namen als gemeinsamen Familiennamen wählen.
   - Wenn ein Paar je seinen Nachnamen behalten hat und Kinder hat, so entscheidet das Paar gemeinsam, welchen ihrer Ledignamen das Kind tragen soll.
   - Jeder Partner behält sein bisheriges Bürgerrecht

c) Vertretung nach aussen und Haftung für Schulden: Nach ZGB 166 Abs. 1 vertritt während des Zusammenlebens jeder Ehegatte die eheliche Gemeinschaft für die **laufenden Bedürfnisse** (z. B. Auslagen für Nahrung, Kleidung, Medikamente, Eintrittskarten für den gemeinsamen Zoo-Besuch usw.). Für diese Verpflichtungen besteht eine **solidarische Mithaftung** des anderen Ehegatten. Für Verpflichtungen aus übrigen Bedürfnissen (z. B. Kauf eines Luxusautos durch den Ehemann) besteht grundsätzlich keine Mithaftung des anderen Ehegatten.

d) Die Ehegatten bestimmen gemeinsam die eheliche Wohnung (ZGB 162). Sie müssen aber auch gemeinsam über die Kündigung oder den Verkauf der Familienwohnung entscheiden (ZGB 169). Dabei ist es unerheblich, ob der Mietvertrag von beiden oder nur von einem Ehepartner abgeschlossen wurde oder wer im Grundbuch als Eigentümer eingetragen ist. Verweigert ein Ehepartner grundlos die Zustimmung, kann das Gericht angerufen werden.

e) Auskunftspflicht: Nach ZGB 170 besteht eine gegenseitige Auskunftspflicht über Einkommen, Vermögen und Schulden. → Der Ehepartner hat also ein Anrecht, von Spiel- und Wettschulden des anderen Kenntnis zu erhalten.

f) Nach ZGB 296 und 297 Abs. 1 üben die Eltern die elterliche Sorge von minderjährigen Kindern während der Ehe gemeinsam aus.

Familienrecht

3.8.4 Das eheliche Güterrecht

Das eheliche Güterrecht regelt folgende drei Fragen:
1. Wird das voreheliche Vermögen der Eheleute zusammengeführt oder getrennt belassen?
2. Wer hat während der Ehe welche Rechte am Einkommen und Vermögen?
3. Wer erhält bei Auflösung der Ehe (durch Tod oder Scheidung) wie viel vom Vermögen?

Das Gesetz sieht drei verschiedene Arten der Regelung dieser Fragen vor = drei Güterstände:

a) Die drei Güterstände

Name	Errungenschaftsbeteiligung = gesetzlicher Güterstand ZGB 196 ff.		Gütertrennung ZGB 247 ff.	Gütergemeinschaft ZGB 221 ff.	
Entstehung	automatisch, ohne Vertrag; wenn das Ehepaar keinen anderen Güterstand wählt (darum: gesetzlicher Güterstand)		durch einen Ehevertrag, öffentlich beurkundet		
Kurzformel	– voreheliches Vermögen bleibt getrennt – alles, was während der Ehe gespart wird, gehört beiden zu gleichen Teilen		– Vermögen und Einkommen bleiben vollkommen getrennt	– Vermögen und Einkommen verschmelzen weitgehend	

Vermögensteile	**Eigengut**
	bleibt beim Einzelnen:
	– das von jedem in die Ehe eingebrachte Vermögen
	– Persönliche Gegenstände, sowohl eingebracht als während der Ehe gekauft (Schmuck, Kleider)
	– während der Ehe erhaltene Erbschaften und Geschenke
		Errungenschaft
		(= gemeinsam Gespartes): gehört beiden zu je 50 %:
		– Alles während der Ehe Gesparte aus:
		  – Arbeitseinkommen
		  – Versicherungszahlungen, Renten
		– aus Erträgen des Eigengutes (z. B. Mietzinsen eines Hauses)
			zwei getrennte Einzelvermögen von Anfang bis zum Ende der Ehe	**Eigengut**
				bleibt beim Einzelnen
				– nur in die Ehe eingebrachte persönliche Gegenstände (z. B. Schmuck)
					Gesamtgut
					gehört beiden zu gleichen Teilen
					– alles eingebrachte und während der Ehe dazugesparte Vermögen (auch eingebrachte Fahrzeuge, Häuser usw. gehören zum Gesamtgut)

Nutzung und Verwaltung während der Ehe	jeder selbständig	jeder kann seinen Teil der Errungenschaft (sein Einkommen) selber verwalten u. nutzen (ausgeben). Ausnahme: Grossausgaben brauchen die Zustimmung des Ehepartners	jeder selbständig	jeder selbständig	jeder selbständig für alltägliche Ausgaben; nur mit Zustimmung für Grossausgaben

Familienrecht

Name	Errungenschaftsbeteiligung = gesetzlicher Güterstand ZGB 196 ff.	Gütertrennung ZGB 247 ff.	Gütergemeinschaft ZGB 221 ff.
Aufteilung bei Tod oder bei Scheidung	– Jeder erhält sein Eigengut – Jeder erhält die Hälfte der Errungenschaft	Keinerlei Aufteilungsprobleme: Jeder behält, was er schon vorher hatte	– Jeder erhält sein Eigengut (bei Tod: Eigengut gemäss Gütergemeinschaft, ZGB 241; bei Scheidung: Eigengut gemäss Errungenschaftsbeteiligung, ZGB 242) – Jeder erhält die Hälfte vom Gesamtgut

Bei Scheidung nimmt jeder seinen Teil mit ins weitere Leben; bei Tod eines Ehegatten wird der ihm zustehende Teil zum Erbgut. → Aufteilung unter die Erben. Dort hat der überlebende Ehegatte auch einen Erbanspruch → siehe Kapitel **3.9 Erbrecht**!

b) Beispiel Errungenschaftsbeteiligung
Vor 8 Jahren haben Urs und Nina geheiratet. Jetzt ist Urs durch einen Bergunfall ums Leben gekommen.

1. Folgende Vermögenswerte brachte jeder in die Ehe ein:
   a) Urs: Sparkonto CHF 2000; Möbel, Hausrat CHF 15 000, 2 Motorräder CHF 20 000
   b) Nina: Sparkonto CHF 1000; Hausrat / Kleider CHF 10 000, Schmuck CHF 20 000
   (Annahme: die Sachwerte behielten ihren Wert über die ganze Zeit)
2. Verlauf während der Ehe
   Beide waren arbeitstätig; sie lebten aus ihrem Einkommen. Was sie nicht ausgaben, sparte jeder auf seinem Sparkonto bei der Bank. Aus gemeinsamem Verdienst kauften sie eine Wohnung für CHF 180 000, und Urs nahm einen Kredit auf von CHF 5000. Des weiteren:
   – Urs erbte von seinen Eltern zweimal, insgesamt CHF 50 000;
   – Nina erhielt ein Geldgeschenk ihres Onkels von CHF 15 000.
3. Stand der Sparkonten beim Unfalltod von Urs:
   Sparkonto Urs: CHF 32 000, Sparkonto Nina: CHF 18 000
4. Aufteilung des Vermögens nach dem Tod von Urs:

Eigengut Urs		Gemeinsame Errungenschaft		Eigengut Nina	
Sparkonto	2 000	Ersparnis Urs	30 000	Sparkonto	1 000
Möbel, Hausrat	15 000	(32 000 – 2 000)		Hausrat / Kleider	10 000
Motorräder	20 000	– Kredit	–5 000	Schmuck	20 000
Erbschaft	50 000	Ersparnis Nina	17 000	Geschenk	15 000
	87 000	(18 000 – 1 000)			46 000
		Eigentumswohnung	180 000		
Eigengut	87 000		222 000	Eigengut	46 000
+	111 000	← je 50 % →			111 000
Nachlass Urs	198 000			bleibt bei Nina	157 000

3.8 Familienrecht – Aufgaben

3.8.1 Konkubinat und Heirat

Patrizia Hohler (25 Jahre, Bürgerin von Aarau), und Stefan Klee (27 Jahre, Bürger von Bülach), leben seit zwei Jahren im Konkubinat. Sie wohnen in einer 4½-Zimmer-Mietwohnung in Wallisellen.

a) Kreuzen Sie die richtige(n) Aussage(n) zum Konkubinat an.

Unter dem Konkubinat versteht man das unverheiratete Zusammenleben.
Das Konkubinat ist im Familienrecht geregelt.
Damit ein Konkubinat rechtsgültig entsteht, müssen die Partner einen schriftlichen Konkubinatsvertrag abschliessen.
Ein Konkubinat kann nur durch Gerichtsentscheid aufgelöst werden.

b) Nun beschliessen Patrizia und Stefan zu heiraten. Am 15. Mai findet die zivile Trauung statt, anschliessend wird im Kreis der engsten Verwandten und Freunde gefeiert. Das Ehepaar zieht am 1. Juni in eine 5½-Zimmer-Wohnung in Zürich. Von wo (Ortschaft/en) ist Patrizia nach der Heirat Bürgerin? Geben Sie zudem die zutreffenden Gesetzesbestimmung an.

Bürgerort/e: _____   ZGB Art.: _____

c) Welchen Familiennamen können die beiden nach der Heirat tragen?
Ergänzen Sie die Tabelle

Nr.		Patrizia	Stefan
1.	Wenn sie bei der Eheschliessung nichts spezielles abmachen:		
2.	Wenn sie eine entsprechende Erklärung abgeben:		

d) In Bezug auf den Güterstand haben Patrizia und Stefan keine Vereinbarung getroffen. In welchem Güterstand leben die beiden?

_____

3.8.2 Verlobung und Eheschliessung

a) Kreuzen Sie die korrekten Aussagen an.
- ☐ Bei Auflösung der Verlobung können wertvolle Verlobungsgeschenke zurückverlangt werden.
- ☐ Jedes Paar muss sich zuerst verloben, bevor es heiraten darf.
- ☐ Wer die Verlobung schuldhaft auflöst, muss Schadenersatz bezahlen wegen unerlaubter Handlung.
- ☐ Wer sich verlobt hat, ist rechtlich verpflichtet, den Partner danach auch zu heiraten.
- ☐ Man kann sich im Laufe des Lebens höchstens dreimal verloben.

b) Reto Benzeli und Rosa Wolf, beide Bürger von Basel, wollen heiraten. Beide sind volljährig. Nennen Sie drei mögliche Gründe, die trotzdem die Eheschliessung verunmöglichen könnten (gesetzliche, nicht private Gründe!)

_____

_____

3.8.3 Wirkungen der Ehe

a) Martina Farner (29 Jahre) und Roman Ziegler (32 Jahre), heiraten, nachdem sie einige Jahre im Konkubinat gelebt haben. Nach der Heirat ziehen sie von Bassersdorf nach Zürich in eine grössere Mietwohnung. Kreuzen Sie an, ob die folgenden Aussagen richtig oder falsch sind.

Nr.	Aussagen	Richtig	Falsch
1.	Wenn bei der Heirat beide ihren Namen behalten, müssen sie gemeinsam entscheiden, welchen ihrer Ledignamen ihr Kind tragen soll.		
2.	Nach schweizerischem Recht muss Martina die Hauptverantwortung für die Erziehung der Kinder übernehmen.		
3.	Solange Roman Martina genügend Haushaltungsgeld gibt, ist er nicht verpflichtet, ihr Auskunft über sein Einkommen zu geben.		
4.	Roman darf die Mietwohnung in Zürich nicht ohne Zustimmung von Martina kündigen.		

b) Martina hat sich für CHF 1200 ein Permanent Makeup geleistet. Weil sie die Rechnung nicht von ihrem Konto bezahlen kann, ergibt sich folgende Diskussion:
Martina: «Als Ehepaar sind wir gemeinsam verantwortlich, also musst du jetzt einspringen für den Betrag.»
Roman: «Ich wusste ja nichts davon, und jetzt bin ich nicht bereit, diese unnötige Ausgabe zu übernehmen.»
Entscheiden Sie, mit Gesetzesangabe und Begründung, wer im Recht ist.

b$_1$) Wer von beiden ist im Recht?

b$_2$) Massgebender Gesetzesartikel:

b$_3$) Begründung für den vorliegenden Fall:

c) Fritz Müller, verheiratet mit Aline Müller, hat von seinen Eltern ein Einfamilienhaus in Obfelden geerbt. Im Grundbuch ist er als Alleineigentümer eingetragen. Fritz Müller erhält für sein Einfamilienhaus ein lukratives Angebot, deshalb möchte er das Haus verkaufen und in die Ferienwohnung in Laax ziehen. Aline Müller ist damit nicht einverstanden, da alle ihre Kolleginnen in Obfelden wohnen. Fritz Müller meint, er könne als Alleineigentümer doch über sein Eigentum verfügen und das Haus verkaufen. Wie ist die Rechtslage? Begründen Sie mit Angabe der betreffenden Gesetzesbestimmungen.

Familienrecht – Aufgaben

3.8.4 Ehe und Güterstand

Peter Meister heiratet Claudia Eisenegger. Er bringt ein Bankguthaben im Wert von CHF 600 000 in die Ehe, während sie Wertsachen im Betrage von CHF 50 000 einbringt. Güterrechtlich haben die beiden nichts Spezielles geregelt.

a) Welchen Güterstand haben die Eheleute?

b) Welche weiteren Güterstände kennt das ZGB?

c) Wie bezeichnet man die Vermögenswerte, welche die beiden in die Ehe einbringen?

d) Wie ist die Vermögensverwaltung und -nutzung der beiden Eheleute im gesetzlichen Güterstand laut ZGB geregelt?

e) Was braucht es, wenn ein Paar einen anderen als den gesetzlichen Güterstand will? (genaue Bezeichnung, inklusive Formvorschriften)

3.8.5 Zwei Güterstände im Vergleich

Kreuzen Sie an, wie die folgenden Vermögenswerte in den beiden Güterständen Errungenschaftsbeteiligung (E-Be) und Gütergemeinschaft (G-Ge) zuzuordnen sind.
EG = Eigengut   **ER** = Errungenschaft   **GG** = Gesamtgut

	E-Be		G-Ge	
	EG	ER	EG	GG
In die Ehe eingebrachte persönliche Gegenstände wie Schmuck und Kleider				
In die Ehe eingebrachte Wohnungseinrichtung				
Erbschaft eines Ferienchalets während der Ehe				
Mieterträge eines in die Ehe eingebrachten Miethauses				
Aus dem eigenen Verdienst während der Ehe gekauftes Motorrad				
Während der Ehe als Geschenk erhaltene Wertschriften				
Zinsen und Dividenden von den als Geschenk erhaltenen Wertschriften				

3.8.6 Vermögensaufteilung bei Scheidung

Das Ehepaar Claudia und Joe Roth lässt sich nach 9 Jahren scheiden. Joe verfügt nach wie vor über die in die Ehe eingebrachten CHF 600 000. Zu diesem Betrag kamen CHF 300 000 aus einer Erbschaft und CHF 200 000 aus Kapitalerträgen (Zinsen) dazu. Aus seinem Arbeitsverdienst konnte er zudem CHF 100 000 zu seinen Ersparnissen hinzufügen. Claudia verfügt über ihre ursprünglichen CHF 50 000 und sparte CHF 250 000 aus ihrem Arbeitsverdienst. Wie sind diese Vermögenswerte bei der Aufteilung zuzuordnen? Machen Sie eine übersichtliche Aufstellung.

Eigengut Mann	Errungenschaft	Eigengut Frau

3.8.7 Zuteilung der Vermögenswerte

Carla und Pietro Campi sind seit zwei Jahren verheiratet; sie leben in Errungenschaftsbeteiligung. Aus rechtlichem Interesse wollen Sie von Ihnen wissen: welche Vermögensgegenstände gehören wem? Kreuzen Sie an, was zur Errungenschaft bzw. was zum Eigengut von Carla bzw. Pietro gehört

		Wert in CHF	Eigengut		Errungenschaft	
			Carla	Pietro	Carla	Pietro
In die Ehe eingebrachte Bankguthaben und Wertschriften	Carla Pietro	70 000 30 000				
Eigentumswohnung, die Carla vor einem halben Jahr geerbt hat		600 000				
Cabriolet, das sich Pietro aus seinem Verdienst gekauft hat		50 000				
Smart-City-Auto, das Carla von ihrem Vater als Geschenk erhalten hat		15 000				
Golf-Ausrüstung, die sich Carla aus ihrem Gehalt gekauft hat		5 000				
Persönliche Kleider und Besitztümer, die beide in die Ehe gebracht haben	Carla Pietro	10 000 30 000				

3.8.8 Ehe und Eingetragene Partnerschaft

Die rechtlichen Wirkungen von Ehe und Eingetragener Partnerschaft stimmen in den meisten Punkten überein. Aber in zwei Punkten gibt es für die Eingetragene Partnerschaft eine Einschränkung. Suchen Sie aus der folgenden Aufzählung diese zwei Punkte heraus und beschreiben Sie genau, worin die Einschränkung besteht.

- Ablauf der Ziviltrauung
- Art der Auflösung
- Adoptionsrecht
- Gegenseitige Auskunftspflicht
- Wahl des Familiennamens
- Möglichkeit der Verlobung
- Wahl des Güterstandes
- Zuordnung des Bürgerrechts
- Gegenseitige Unterhaltspflicht

3.9 Erbrecht

Leistungsziele BIVO

- Ich bestimme für typische Erbteilungen die gesetzlichen Erben und berechne die Pflichtteile für einfache Fälle.
- Ich bestimme auf der Grundlage eines Testaments die Erbverteilung gemäss den gesetzlichen Regelungen.

3.9.1 Grundbegriffe und Überblick

- **Erblasser** = verstorbene Person
- **Erbschaft / Nachlass** = Hinterlassenschaft der verstorbenen Person:
- Achtung: auch Schulden werden vererbt:
  hinterlassenes Vermögen − hinterlassene Schulden = Nachlass
  aber: wenn die Schulden grösser sind als das Vermögen, kann jeder Erbe seine **Erbschaft ausschlagen:** ZGB 566
- **Erben** = Personen, die von der Erbschaft etwas erhalten
  → **gesetzliche Erben** = Erben, die von Gesetzes wegen als Erben vorgesehen sind
  → **eingesetzte Erben** = Erben, die vom Erblasser per Testament als Erben bestimmt sind

Zwei Arten der Erbteilung	
Gesetzliche Erbteilung:	**Erbteilung mit Testament:**
kein Testament vorhanden; die Erbschaft wird strikt **nach Gesetz** auf die gesetzlichen Erben verteilt.	Der Erblasser hat per Testament verfügt, wer wie viel bekommen soll. Aber die Verfügungsfreiheit ist beschränkt: die gesetzlichen Erben sind mit **Pflichtteilen** geschützt.

Tipp: Grundlagen des Erbrechts auswendig; für Fall-Lösungen die ZGB-Artikel verwenden.

3.9.2 Gesetzliche Erbteilung: ZGB 457–466

a) Grundschema der möglichen gesetzlichen Erben:

	Grosseltern		Grosseltern	
Tanten, Onkel	Mutter		Vater	Tanten, Onkel
Cousinen, Cousins	Geschwister	Erblasser/in — Ehe-* gatte	Geschwister	Cousinen, Cousins
	Nichten, Neffen	Kinder	Nichten, Neffen	
	Grossnichten, Grossneffen	Enkel/ Grosskinder	Grossnichten, Grossneffen	
		Urenkel		
3. Stamm² (Grosselterlicher Stamm)	2. Stamm¹ (Elterlicher Stamm)	1. Stamm (Nachkommen)	2. Stamm¹ (Elterlicher Stamm)	3. Stamm² (Grosselterlicher Stamm)

* der überlebende Ehegatte erbt in jedem Fall etwas:
 ½, wenn Erben des 1. Stammes vorhanden sind;
 ¾, wenn nur Erben des 2. Stammes vorhanden sind
  alles, wenn auch keine Erben des 2. Stammes vorhanden sind

[1] Erben des 2. Stammes erben nur dann, wenn keine Erben des 1. Stammes vorhanden sind.
[2] Erben des 3. Stammes erben nur dann, wenn keine Erben im 1. und im 2. Stamm vorhanden sind.

b) Reihenfolge der gesetzlichen Erbteilung

→ der **überlebende Ehegatte**:
 Er erbt zuerst, ZGB 462:
 – ½ der Erbschaft, wenn Kinder des 1. Stammes vorhanden sind
 – ¾ der Erbschaft, wenn nur Erben des 2. Stammes vorhanden sind
 – alles, wenn auch keine Erben des 2. Stammes vorhanden sind

→ die **weiteren Erben** und ihre Reihenfolge:
 Nach der Abfindung des überlebenden Ehegatten geht der Rest der Erbschaft (oder alles bei nicht vorhandenem Ehegatten) an:
 – die Erben des 1. Stammes = Kinder des Erblassers, ZGB 457 (Adoptierte Kinder erben wie eigene Kinder; Pflegekinder dagegen sind keine gesetzlichen Erben) → logische Folge: Nur, wenn im 1. Stamm gar niemand vorhanden ist, geht das Erbe an:
 – die Erben des 2. Stammes = Stamm der Eltern, ZGB 458. Wenn ein Elternteil vorverstorben ist geht dessen Anteil an die Geschwister des Erblassers → logische Folge: Nur wenn es überhaupt keine Erben im 1. oder 2. Stamm gibt und wenn es keinen überlebenden Ehegatten gibt, geht das Erbe an:
 – die Erben des 3. Stammes = Stamm der Grosseltern, ZGB 459. Wenn jemand vorverstorben ist, «rutscht» die Erbschaft an die Kinder des Vorverstorbenen

→ der **Kanton als Erbe**:
 Nur falls es überhaupt keine gesetzlichen Erben gibt, so erbt der Wohnkanton oder die Wohngemeinde: ZGB 466.

Erbrecht

3.9.3 Erbteilung mit Testament oder Erbvertrag:

A) Testament = Schriftliche Willenserklärung des Erblassers, wie sein Vermögen im Todesfall verteilt werden soll.

a) Es gibt **drei Arten** des Testamentes; bei jeder der drei Arten müssen die Formvorschriften eingehalten sein, sonst ist das Testament nichtig.
   1. **Eigenhändiges Testament**, ZGB 505: Es muss vollständig handschriftlich geschrieben sein, und es muss mit Datum und Unterschrift versehen sein (= qualifizierte Schriftlichkeit). Dies ist die häufigste Testamentart.
   2. **Öffentlich beurkundetes Testament**, ZGB 499: Dieses wird bei einem Notar (Urkundsperson) unter Mitwirkung von zwei Zeugen verfasst.
   3. **Mündliches Testament** = Nottestament, ZGB 506: Es ist nur möglich bei unmittelbarer Todesgefahr, z. B. im Krieg, bei Katastrophen, wenn eine andere Testamentform nicht mehr möglich ist.

b) Bei jeder Art des Testamentes müssen die **Pflichtteile** eingehalten werden, ZGB 471:
   - Überlebender Ehegatte: ½ des gesetzlichen Erbanspruches
   - Nachkommen im 1. Stamm: ¾ des gesetzlichen Erbanspruches
   - Eltern im 2. Stamm: ½ des gesetzlichen Erbanspruches
     aber: die Nachkommen vorverstorbener Eltern sind nicht mehr pflichtteilgeschützt (z. B. Geschwister)!
   - kein Pflichtteilschutz für alle anderen Erben
   - Ausgangspunkt für die Pflichtteile nach ZGB 471 ist immer der «gesetzliche Erbanspruch»: das was jemand erhalten würde ohne Testament. Darum:

Tipp: Wenn Sie eine Erbschaft nach Testament verteilen und die Pflichtteile beachten müssen → immer **zuerst** die «normale» Erbteilung skizzieren und ausrechnen. Und dann von dort aus in einem zweiten Schritt die Pflichtteile berechnen bzw. die frei werdenden Anteile berechnen. So gibt es nie echte Probleme!!!

B) Erbvertrag = Vertrag zwischen Erblasser und Erben
   - das Erbe oder Teile davon gehen bereits zu Lebzeiten des Erblassers über, z. B. Geschäftsnachfolge
   - beide Vertragsparteien sind an den Vertrag gebunden; dieser ist (anders als das Testament) nicht einseitig widerrufbar

3.9.4 Beispiele von Erbteilungen

a) Exkurs Bruchrechnen

Im Erbrecht sind oft Bruchteile gefragt und nicht nur Frankenbeträge: Wer erbt welchen Bruchteil vom Nachlass? Dabei muss man oft einen Bruch weiter unterteilen, z. B. ¾ von ⅙ = ?
Wie kann man das immer auf Nummer sicher rechnen?

→ Indem man die beiden Brüche multipliziert: $\frac{3 \times 1}{4 \times 6} = \frac{3}{24} = \frac{1}{8}$

Beispiel: Herr M hinterlässt die Ehefrau und 6 Kinder. Wie viel in Bruchteilen erbt jedes Kind?
Lösung: die Ehefrau erhält ½, alle Kinder zusammen die anderen ½; also jedes Kind ⅙ von ½:

$$\frac{1 \times 1}{6 \times 2} = \frac{1}{12}$$

Erbrecht

b) **Gesetzliche Erbteilung**
Der Erblasser Max hinterlässt seine Ehefrau Ursula und die eine von zwei Töchtern Petra (ledig). Die zweite Tochter Lara ist vorverstorben; sie hat den überlebenden Ehepartner Kurt und mit ihm die Tochter Clara. Weiter lebt noch die Mutter Erna, der Vater Rolf ist vorverstorben. Die Erbschaft von Max beträgt CHF 600 000, ein Testament existiert nicht.
Aufgabe: 1. Erstellen Sie eine Skizze der Erbsituation; 2. Geben Sie an, wer wie viel von der Erbschaft erhält, in Franken und in Bruchteilen (Aufgabe als Beispiel hier gelöst).

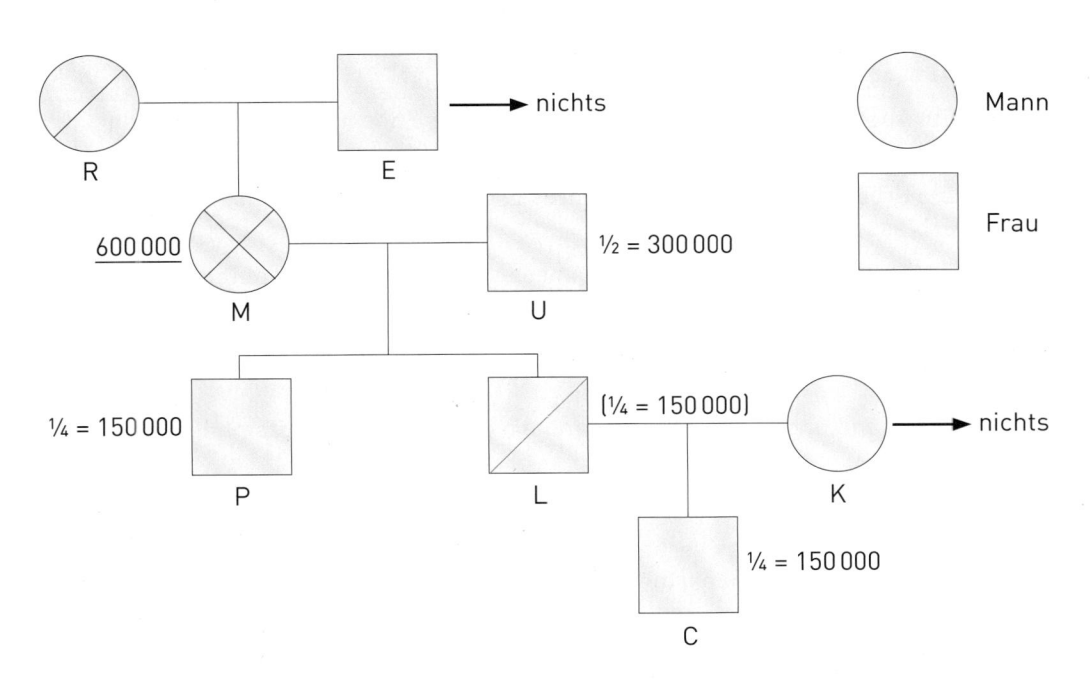

Skizze:
- R (Mann, vorverstorben) — E (Mann) → nichts
- M (600 000, Erblasser) — U: ½ = 300 000
- P: ¼ = 150 000
- L: (¼ = 150 000) — K → nichts
- C: ¼ = 150 000

Legende: Kreis = Mann, Quadrat = Frau

c) **Erbteilung mit Testament**
Gleiche Erbsituation, aber mit (rechtsgültigem) Testament von Max, mit folgenden Angaben: «Alle gesetzlichen Erben erhalten die Pflichtteile. Die ganze frei werdende Quote vermache ich dem IKRK (Internationales Komitee Rotes Kreuz)».
Aufgabe: Geben Sie an, wer von der Familie wie viel von der Erbschaft erhält und wie viel das IKRK erhält, in Franken und in Bruchteilen. Die Berechnungen sollen ersichtlich sein.

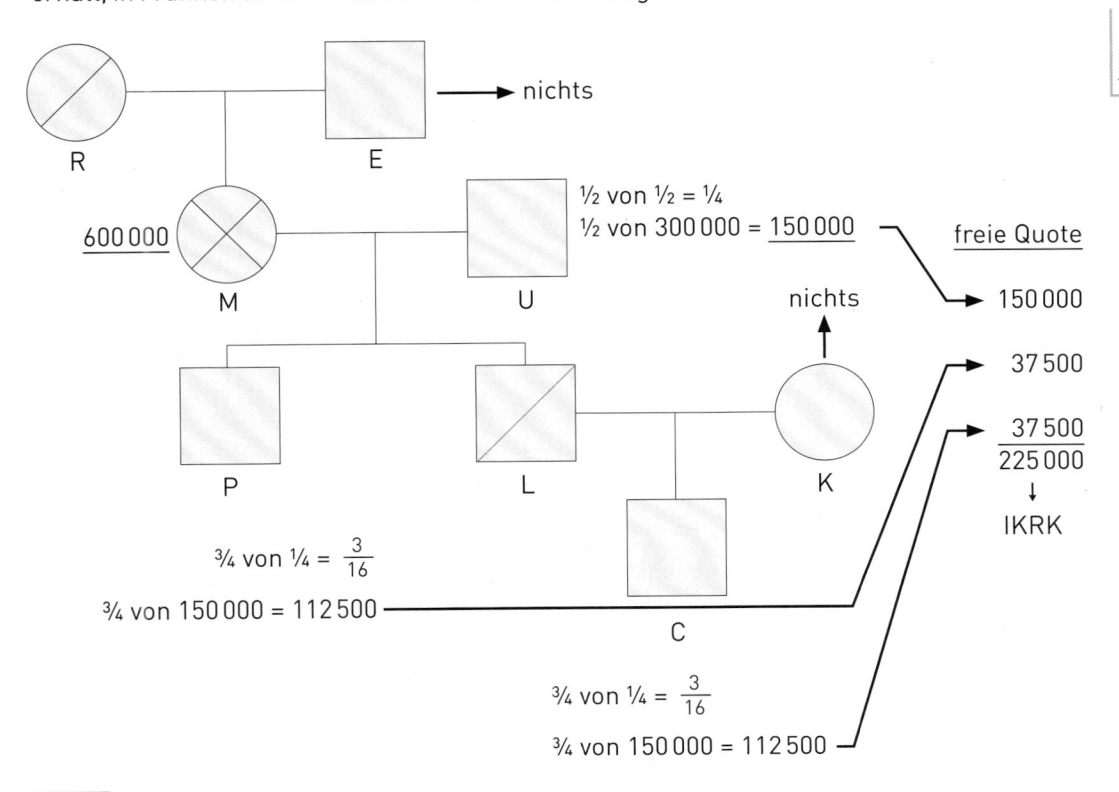

Berechnungen:
- U: ½ von ½ = ¼; ½ von 300 000 = 150 000
- K → nichts
- P: ¾ von ¼ = $\frac{3}{16}$; ¾ von 150 000 = 112 500
- C: ¾ von ¼ = $\frac{3}{16}$; ¾ von 150 000 = 112 500

freie Quote:
- 150 000
- 37 500
- 37 500
- ———
- 225 000
- ↓
- IKRK

Erbrecht – Aufgaben

3.9 Erbrecht – Aufgaben

Tipp: Bei Fallaufgaben zur Erbteilung auf einem Blatt die Erbsituation skizzieren!

3.9.1 Wissensfragen zum Erbrecht

a) Kreuzen Sie an, ob die folgenden Aussagen richtig oder falsch sind.

Nr.	Aussagen	Richtig	Falsch
1.	Ein Anspruch auf einen Pflichtteil besteht für Ehepartner, Nachkommen und Eltern.		
2.	Die Erben haften im Verhältnis ihres Erbanteils für die Schulden des Erblassers.		
3.	Ein Testament ist nur gültig, wenn es einer Amtsstelle zur Aufbewahrung übergeben wird.		
4.	Die Ausschlagung einer Erbschaft ist nur durch alle Erben gemeinsam möglich.		
5.	Jede handlungsfähige Person kann ein eigenhändiges Testament errichten.		
6.	Der Erblasser kann ein von ihm verfasstes Testament jederzeit abändern.		
7.	Das Testament eines Verheirateten braucht zur Rechtsgültigkeit die Unterschrift des Ehepartners.		

b) Welchen gesetzlichen Erbanspruch (in Bruchteilen) hat der überlebende Ehegatte, falls folgende Verwandte noch leben? In welcher Gesetzesbestimmung ist dieser Erbanspruch geregelt?

Nr.	Verwandte	Erbanspruch Ehegatte (Bruchteil)
1.	direkte Nachkommen	
2.	Eltern	
3.	Grosseltern	
	Artikel im Gesetz:	

3.9.2 Pflichtteile und Enterbung

Einen pflichtteils geschützten Erben ganz zu enterben, ist nach schweizerischem Erbrecht kaum möglich. Im Normalfall müssen die Pflichtteile berücksichtigt werden.

a) Was versteht man unter einem Pflichtteil?

b) Unter welchen zwei Bedingungen ist es trotzdem möglich, einen pflichtteils geschützten Erben ganz zu enterben? (Artikel angeben.)

c) In welcher Gesetzesbestimmung sind die Pflichtteile im Erbrecht aufgeführt?

_____

d) Wie hoch ist (in Bruchteilen angegeben) der Pflichtteil für ...

   1. die Adoptivtochter des Erblassers?

   _____

   _____

   2. den Bruder des Erblassers, falls beide Elternteile vorverstorben sind?

   _____

   _____

3.9.3 Die gesetzlichen Erben

a) Wenn der Verstorbene kein Testament gemacht hat, so geht die Erbschaft an die gesetzlichen Erben. Wer kann nie zu den gesetzlichen Erben gehören? Kreuzen Sie alle Antworten an, die nie als gesetzliche Erben vorkommen können!

	Eigene Kinder		Verstorbener Ehepartner
	Der überlebende Ehegatte		Der geschiedene Ehepartner
	Cousin/Cousine (Kinder von Onkel/Tante)		Geschwister
	Die Mutter		Ehefrau des vorverstorbenen Sohnes
	Geschwister des überlebenden Ehepartners		Eigene Enkel (Kinder von Sohn/Tochter)

b) Welche Bedingung muss zwingend gegeben sein, dass der Vater des Erblassers von diesem etwas erben kann? (kein Testament vorhanden)

_____

_____

3.9.4 Erbteilung in Patchwork-Familie

Lars Grunder ist gestorben. Er war zweimal verheiratet: Aus der ersten, geschiedenen Ehe mit Erika stammen zwei jetzt erwachsene Kinder: Sandra und Carla. Aus der zweiten Ehe mit Vanja stammt ein Sohn, Boris (15). Vanjas Tochter aus erster Ehe: Ivana, lebt im gleichen Haushalt. Leider ist Vanja vor einem Jahr bei einem Tauchunfall ums Leben gekommen. Der Nachlass von Lars Grunder beträgt CHF 450 000, ein Testament besteht nicht.

a) Geben Sie an, in Franken und Bruchteilen, wer von den genannten Personen wie viel erben wird.

_____

_____

_____

Erbrecht – Aufgaben

b) Annahme: Vanja wäre zum Zeitpunkt des Todes von Lars Grunder noch am Leben:
Wie viel würden dann die Kinder aus erster Ehe von Lars noch erben?

3.9.5 Hinterlassenschaft mit Schulden

Die Erblasserin Tamara hinterlässt die im Bild gezeigten Personen. Zum Zeitpunkt des Todes betrugen ihr Vermögen CHF 310 000 und ihre Schulden CHF 70 000.

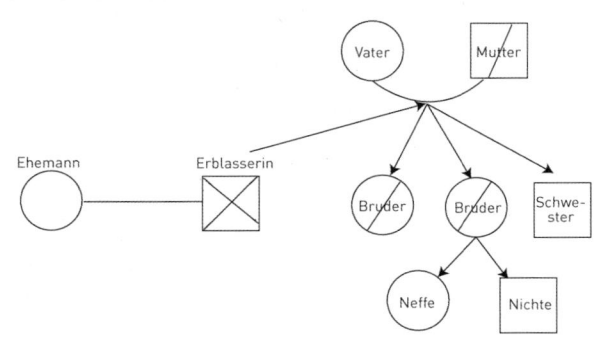

a) Wie hoch ist der Nachlass von Tamara?

b) Geben Sie an, welche Bruchteile und wie viele Franken jeder Erbe erhält!

3.9.6 Bergtour mit Todesfolge

Sandra und Peter Kaufmann, glücklich verheiratet, verunglücken bei einer Bergtour. Peter ist sofort tot, Sandra kommt verletzt ins Krankenhaus.
Familienverhältnisse: Die beiden haben zwei Kinder, Daniela und Philipp. Sandra hat aus ihrer ersten Ehe noch einen Sohn, Mauro. Sandra und Peter sind beides Einzelkinder. Peters Eltern sind beide vorverstorben, bei Sandra lebt noch die Mutter in einem Altersheim.
Nach der Aufteilung des ehelichen Vermögens ergibt sich: der Nachlass von Peter beträgt CHF 310 000.

a) Wer alles erbt etwas von Peter, und wie viel? (Erbpersonen + Betrag angeben)

b) Sechs Monate später stirbt auch Sandra an den Spätfolgen des Bergunglücks. Ihr Nachlass beträgt zu diesem Zeitpunkt CHF 270 000.
Nennen Sie die Personen, die Sandra von Gesetzes wegen beerben werden. Geben Sie die Erbschaft von jedem in Bruchteilen und in Franken an.

3.9.7 Vergleich gesetzliche und testamentarische Erbteilung

Der Erblasser Stefan Weiss hinterlässt die hier dargestellten Personen. Sein Nachlass beträgt CHF 180 000.

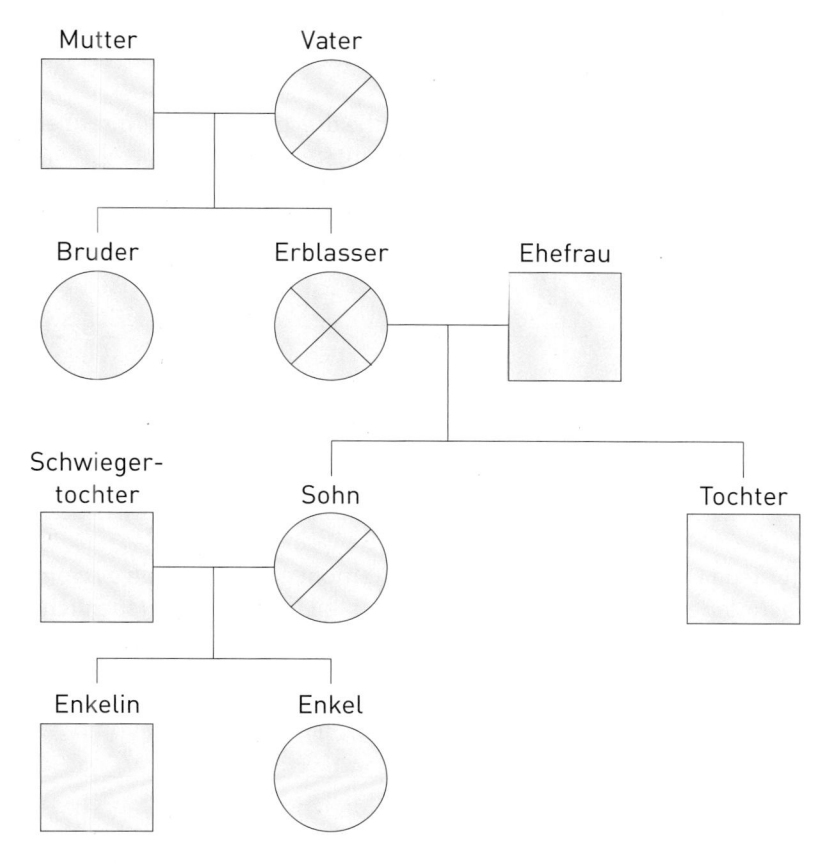

a) Wenn eine gesetzliche Erbteilung stattfindet: Geben Sie an, in Franken und in Bruchteilen, welche Personen wie viel vom Nachlass erben.

b) Annahme: Stefan Weiss hat per Testament verfügt, dass alle gesetzlichen Erben auf den Pflichtteil gesetzt werden. Die frei verfügbare Quote soll der REGA (Schweizerische Rettungsflugwacht) zukommen. Wie viel Franken wird die REGA erhalten? (Der Rechnungsweg soll ersichtlich sein.)

Erbrecht – Aufgaben

3.9.8 Vorsorgeüberlegungen eines Familienvaters

Paul Studer, 62, ist verheiratet mit Ehefrau Martha (58); die beiden leben aber getrennt. Sie haben drei erwachsene Kinder: Laura (31), Sara (28) und Urs (23). Bei der grossen Ehekrise vor 10 Jahren haben alle, ausser Laura, den Kontakt zu ihm völlig abgebrochen. Darum will er jetzt für den Todesfall ein Testament erstellen und darin Laura so viel wie möglich von seinem Nachlass zukommen lassen.

a) Paul wird das Testament eigenhändig erstellen. Welche drei gesetzlichen Vorgaben müssen zwingend in diesem Testament berücksichtigt sein, damit es rechtsgültig ist?
   (Gesetzesbestimmung angeben)

b) Paul will schon für jede Person den Bruchteil im Testament eintragen, den sie vom Nachlass erhalten wird. Nennen Sie für jedes Familienmitglied den Bruchteil, wenn Paul tatsächlich Laura maximal begünstigt.

3.9.9 Möglichkeiten der Erbvorsorge

Wer über sein Erbe bereits zu Lebzeiten verfügen möchte, kann dies per Testament oder per Erbvertrag tun.

a) Testament und Erbvertrag unterscheiden sich in wesentlichen Punkten. Setzen Sie in der Tabelle die entsprechenden Merkmale richtig ein.

	Erbvertrag	Testament
Beteiligte Personen		
Möglichkeit der nachträglichen Änderung		
Zeitpunkt der Vererbung		

b) Hans Grunder, 55 Jahre alt, will trotz bester Gesundheit bereits jetzt ein Testament für den Fall seines unerwarteten Todes erstellen. Welche Arten des Testamentes stehen ihm zur Auswahl?

3.10 Schuldbetreibung & Konkurs

Leistungsziele BIVO

- Ich beschreibe das Einleitungsverfahren bei der Zwangsvollstreckung.
- Ich erläutere die wichtigsten Aspekte der Betreibung auf Pfändung, auf Pfandverwertung, auf Konkurs und zeige die wichtigsten inhaltlichen Unterschiede auf.
- Ich erstelle für meinen privaten Bereich ein sinnvolles Budget.
- Ich erkläre die Gefahren der privaten Verschuldung. Ich nenne die Verschuldungsfallen.

Überblick

- Ausstehende Forderungen dürfen vom Gläubiger nicht mit eigenen Zwangsmassnahmen (Selbstjustiz) eingetrieben werden. → Mit der **Zwangsvollstreckung,** enthalten im Schuldbetreibungs- und Konkursgesetz SchKG, **regelt der Staat die zwangsmässige Eintreibung ausstehender Forderungen.** → SchKG = öffentliches Recht!
(Weil Forderungen im Bereich widerrechtlicher, nichtiger Verträge nicht mit Hilfe des Staats eingetrieben werden können, gibt es im Drogen- und Prostitutionsmilieu viel Gewalt)
- Das **Einleitungsverfahren** ist für alle Arten von Forderungen und für alle Arten von Schuldnern einheitlich. Es beginnt immer mit dem Betreibungsbegehren. (→ Teil 1)
- Im **Fortsetzungsverfahren** gibt es eine Aufteilung auf **drei verschiedene Betreibungsarten,** je nach Art der Forderung und nach Person des Schuldners:

| Betreibung auf Pfändung | Betreibung auf Pfandverwertung | Betreibung auf Konkurs |

(→ Teil 2)

- Im ganzen Verfahren der Zwangsvollstreckung gibt es Regeln zum Schutze des Schuldners vor übertriebener Härte. (→ Teil 3)
- Privatpersonen, vor allem Jugendliche, sollten mit dem nötigen Grundwissen jede private Verschuldung vermeiden. (→ Teil 4)

Schuldbetreibung & Konkurs

3.10.1 Das Einleitungsverfahren

WER ...?	Einleitungsverfahren ... MACHT WAS?		
Gläubiger	**Betreibungsbegehren** (SchKG 67) einzureichen am Wohnort des Schuldners (sog. Betreibungsort; SchKG 46); das Betreibungsamt verlangt einen Kostenvorschuss		
Betreibungsamt	**Zahlungsbefehl an den Schuldner** (SchKG 69)		
Schuldner 3 Reaktionsmöglichkeiten	**Zahlung** innert 20 Tagen ↓ Ende der Betreibung	**Rechtsvorschlag** innert 10 Tagen, SchKG 74 = Bestreitung der Schuld ↓	**Keine Reaktion**
Gläubiger		Verfahren zur Beseitigung des Rechtsvorschlags auf 3 Arten ↓ Extra-Tabelle «Rechtsvorschlag des Schuldners» ↓ wenn Forderung bestätigt: ↓ **Fortsetzungsbegehren** ↓	frühestens nach 20 Tagen: **Fortsetzungsbegehren** ↓
		Das Betreibungsamt entscheidet, welche der drei Betreibungsarten im **Fortsetzungsverfahren** zur Anwendung kommt.	

Rechtsvorschlag des Schuldners

Der Gläubiger muss aktiv werden, um den Rechtsvorschlag zu beseitigen.
Je nach seinen Beweismitteln kommt eines der folgenden Verfahren zur Anwendung: (SchKG 79–84)

keine eindeutigen Beweismittel ↓ **ordentlicher Prozessweg** (Zivilprozess): Nach Anhörung beider Parteien entscheidet der Richter über die Rechtmässigkeit der Forderung Ablehnung Bestätigung ↓ ↓ Betreibung beendet Fortsetzungsbegehren	geschäftsübliche, schriftliche Beweismittel vorhanden (Vertragsurkunde oder Quittung mit Unterschrift) ↓ Der Richter entscheidet auf **Provisorische Rechtsöffnung** ↓ der Schuldner hat eine letzte Abwehrmöglichkeit: die Aberkennungsklage ↓ wenn nicht ergriffen oder abgelehnt: ↓ Fortsetzungsbegehren	ganz klare, nicht bestreitbare Beweislage (ein bestehendes Gerichtsurteil zur Forderung; vorhandene Behördenverfügung bei Schulden gegenüber dem Staat, z. B. Steuerschuld) ↓ Der Richter entscheidet auf **Definitive Rechtsöffnung** ↓ Fortsetzungsbegehren

3.10.2 Das Fortsetzungsverfahren

Fortsetzungsverfahren: Das Betreibungsamt entscheidet, welches Verfahren zur Anwendung kommt

	Betreibung auf Pfändung (SchKG 89 ff.)	**Betreibung auf Pfandverwertung** (SchKG 151 ff.)	**Betreibung auf Konkurs** (SchKG 159 ff.)
Wann kommt das Verfahren zur Anwendung?	– Schuldner = nicht im HR eingetragene Privatperson – Ausnahme (SchKG 43): Schulden beim Staat (Bussen, Steuern, AHV-Beiträge) von im HR eingetragenen Firmen	– Schuld = pfandgesicherte Forderung: Faustpfand oder Grundpfand vorhanden. – Es spielt keine Rolle, ob der Schuldner im HR eingetragen ist oder nicht.	– Schuldner = im HR eingetragene Unternehmung oder Privatperson (gemäss SchKG 39 Abs. 1). – Ausnahme (SchKG 43): Schulden beim Staat (Bussen, Steuern, AHV-Beiträge) werden auch bei HR-eingetragenen Schuldnern auf Pfändung betrieben.
Typische Merkmale des Verfahrens	«Einzelvollstreckung»: Es wird nur so viel Vermögen vom Schuldner beschlagnahmt, wie von den betreibenden Gläubigern gefordert.	– Schneller Ablauf, dank direktem Zugriff auf das Pfand (es muss kein Vermögen beim Schuldner beschlagnahmt werden.)	«Gesamtvollstreckung»: Das gesamte Vermögen des Schuldners wird beschlagnahmt (= Auflösung der Firma), und alle Gläubiger werden berücksichtigt.

	Betreibung auf Pfändung (SchKG 89 ff.)	**Betreibung auf Pfandverwertung** (SchKG 151 ff.)	**Betreibung auf Konkurs** (SchKG 159 ff.)
Ablauf BA = Betreibungsamt; Gl = Gläubiger; Sch = Schuldner KA = Konkursamt	– BA: Pfändungsankündigung beim Schuldner – BA: Pfändung (= Beschlagnahmung) von Vermögensgegenständen beim Schuldner und/oder Lohnpfändung (= ein Teil des Lohnes geht ans Betreibungsamt) – Gl: Verwertungsbegehren (= Begehren auf Verkauf der beschlagnahmten Gegenstände) – BA: Verwertung: = Versteigerung/Verkauf der Gegenstände + Verteilung des Erlöses – BA: Pfändungs-Verlustschein an leer ausgehende Gläubiger; ein Mehrerlös geht zurück an den Schuldner	– Gl: Verwertungsbegehren (= Begehren auf Verkauf des Pfandgegenstandes) – BA: Versteigerung/Verkauf des Pfandgegenstandes + Verteilung des Erlöses – BA: Pfandausfallschein an leer ausgehende Gläubiger; ein Mehrerlös geht zurück an den Schuldner	– KA: Konkursandrohung an den Schuldner – Gl: Konkursbegehren (= Verlangen auf Eröffnung des Konkurses) – KA: Konkurseröffnung ↓ – Gläubigerruf: öffentlicher Aufruf an alle Gläubiger, ihre Forderung einzureichen ↓ – Durchführung des Konkurses: Beschlagnahmung des ganzen Vermögens des Schuldners ↓ – Erstellung des Kollokationsplanes (SchKG 219) = Rangordnung der Gläubigerforderungen: wer erhält zuerst etwas und wer erst später (= erhöhtes Verlustrisiko) ↓ – Verteilung des Vermögens ↓ – Verlustschein für leer ausgegangene Gläubiger mit 20 Jahre Verjährungsfrist

Schuldbetreibung & Konkurs

3.10.3 Regeln zum Schutze des Schuldners

a) Schonfristen für den Schuldner = Betreibungsschutz (SchKG 56 – 62)
Während der Schonfristen dürfen keine Betreibungshandlungen durchgeführt werden

1. Betreibungsferien
   - Ostern und Weihnachten: je 7 Tage vorher und nachher
   - Vom 15. bis 31. Juli («Betreibungs-Sommerferien»)

2. Rechtsstillstand = individuelle Schonzeit bei besonderen Umständen
   - Todesfall in der Familie: zwei Wochen ab Todestag
   - Schwere Krankheit (aufgrund Arztzeugnis)
   - Während des Militärdienstes / Zivildienstes

3. Sperrfristen
   - Nachts von 20:00 Uhr bis 07:00 Uhr
   - An Sonntagen und allgemeinen Feiertagen (Samstag = Werktag)

b) Schutz der Lebensgrundlagen (SchKG 92 u. 93)

1. Kompetenzstücke: Lebensnotwendige Vermögensgegenstände und lebensnotwendiges Bargeld ist vor Betreibung geschützt: Möbel, Kleider, berufsnotwendiges Fahrzeug, Bargeld für zwei Monate Existenz

2. Existenzminimum: Bei Lohnpfändung ist der lebensnotwendige Anteil des Lohnes geschützt: Betrag zum Unterhalt der Familie. Das Existenzminimum wird vom Betreibungsamt in jedem Einzelfall neu errechnet.

3.10.4 Private Verschuldung

1. Gründe und Risiken privater Verschuldung

Gründe	Risiko
– «Über die Verhältnisse» leben: mehr Ausgaben als Einnahmen – Unkontrolliertes Eingehen von Schulden über Kleinkredit, Kreditkarten, Handy-Rechnungen	Gläubiger leitet die Betreibung ein ↓ Betreibung auf Pfändung

2. Vermeidung von privater Verschuldung
   Wichtigste Massnahmen: – Erkennen von Verschuldungsfallen
   – Regelmässig ein Budget erstellen

   a) Verschuldungsfallen
   Jedes Kaufen von Waren oder Dienstleistungen mit aufgeschobener Finanzierung ist eine mögliche Verschuldungsfalle!
   Typische Verschuldungsfallen:
   - Kreditkarte
   - Abzahlungskauf
   - Kleinkredit
   - Auto-Leasing

b) Budget
Definition: Detaillierte Planung von Einnahmen und Ausgaben (pro Monat oder pro Jahr)

Typische Darstellung für ein Monatsbudget:	Einnahmen	Monatslohn	CHF ....
	– Ausgaben	Miete	CHF ....
		Krankenkasse	CHF ....
		Fahrtkosten	CHF ....
		Handy-Rechnung	CHF ....
		weitere Posten	CHF ....
		Überschuss / Defizit	CHF ....

Bei den Ausgaben gibt es fixe und variable Kosten:
fix: jeden Monat gleich
variabel: jeden Monat anders

c) Privatkonkurs

Der Privatkonkurs ist die Notmassnahme für Privatpersonen, wenn die Privatverschuldung massiv und nicht mehr abwendbar ist. Aber der Name ist irreführend: Es ist ein spezielles Verfahren, ganz anders als die Betreibung auf Pfändung (= BaP) oder die Betreibung auf Konkurs (= BaK):

Verfahren:	Privatkonkurs	Vergleich mit BaP und BaK
Für wen möglich?	nur für Privatpersonen	BaP: für Privatpersonen BaK: für im HR eingetragene Unternehmungen

Verfahren:	Privatkonkurs	Vergleich mit BaP und BaK
Wer leitet das Verfahren ein?	**der Schuldner selber** mit der Insolvenzerklärung direkt beim Konkursrichter	BaP und BaK: ein einzelner Gläubiger
Wer wird ins Verfahren einbezogen?	**alle** Gläubiger des Schuldners (→ Schuldenruf)	BaP und BaK: ein einzelner Gläubiger
Wie viel wird gepfändet?	**alles**, was wertvoll ist, ausgen. existenznotwendige Sachen	BaP: nur so viel, wie für die Schuldbegleichung nötig ist BaK: das gesamte Vermögen
Wann kommt es vor?	wenn eine Privatperson keine Chancen hat, all ihre Schulden zu bezahlen (muss vom Richter bestätigt sein)	sobald ein Gläubiger die Betreibung einleitet

Für eine sehr stark und vielseitig verschuldete Privatperson hat der Privatkonkurs klare Vorteile gegenüber der Betreibung auf Pfändung:

Betreibung auf Pfändung

Der Schuldner wird von mehreren Gläubigern immer wieder neu auf Pfändung betrieben. Kaum ist ein Verfahren abgeschlossen, kommt vielleicht schon das nächste. Weil die einzelnen Gläubiger ja gar nichts voneinander wissen. Jeder betreibt dann, wenn ihm die Geduld ausgegangen ist
→ der Schuldner wird gar nie fertig mit allem, es hört nie auf!

Privatkonkurs

Der Schuldner erkennt selber dass er unfähig ist, alle Schulden in vernünftiger Zeit zu begleichen.
→ er wählt aus eigenem Entschluss den Privatkonkurs! Somit gibt es ein einziges Betreibungsverfahren für sämtliche Schulden bei allen Gläubigern. Danach ist eine erneute Betreibung nur möglich, wenn der Schuldner nachweisbar zu neuem Vermögen (SchKG 265a) gekommen ist.

3.10 Schuldbetreibung & Konkurs – Aufgaben

3.10.1 Begriffe und Fristen im Einleitungsverfahren

Der kaufmännische Angestellte Raoul Mahler, wohnhaft in Locarno, schuldet der ABC-Bank in 8004 Zürich CHF 6 000 aus einem Kleinkredit. Auch nach der dritten Mahnung ist die Rückzahlung nicht erfolgt, darum leitet jetzt die Bank die Betreibung ein.

a) Bei welchem Betreibungsamt (Ortschaft!) ist die Betreibung einzuleiten?

b) Wie heisst das Formular, mit welchem die Bank die Betreibung einleitet?

c) Nachdem die Bank die Betreibung eingeleitet und dabei einen Kostenvorschuss geleistet hat: Wer macht jetzt was als nächsten Schritt?

d) Herr Mahler will sich mit dem Rechtsvorschlag gegen die Betreibung wehren. Innert welcher Frist muss er Rechtvorschlag erheben?

e) Wenn Herr Mahler keinen Rechtsvorschlag erhebt: Nach wie vielen Tagen kann die ABC-Bank frühestens das Fortsetzungsbegehren stellen?

3.10.2 Ablauf im Einleitungsverfahren

Geben Sie für die folgenden Einleitungsschritte einer Betreibung die richtige Reihenfolge an, indem Sie jedem Schritt die richtige Zahl (1 – 5) zuordnen.

Reihenfolge	Einleitungsschritte einer Betreibung
	Rechtsöffnung
	Fortsetzungsbegehren
	Zahlungsbefehl
	Betreibungsbegehren
	Rechtsvorschlag

3.10.3 Schutz des Schuldners

a) Wie heisst der Teil des Lohnes, der dem Schuldner bei Lohnpfändung nicht weggenommen werden kann?

b) Wie heisst der Fachbegriff für die Vermögensgegenstände, die unpfändbar sind?

c) Ein Schuldner muss für 3 Wochen ins Militär: Welche Folge hat dieser Umstand auf die Betreibung? Fachbegriff und Frist nennen!

3.10.4 Betreibungsferien und Rechtsstillstand

Kreuzen Sie an, ob die folgenden Aussagen für die Betreibungsferien (BF) oder für den Rechtsstillstand (RS) oder für keines von beiden gelten.

Nr.	Aussage	BF	RS	keines
1.	2 Wochen im Juli			
2.	2 Wochen vor den Weihnachten			
3.	Verlobung des Schuldners			
4.	Tod eines Angehörigen			
5.	7 Tage vor und nach Pfingsten			
6.	Schwere Krankheit des Schuldners mit Arztzeugnis			

3.10.5 Betreibung auf Pfändung und auf Konkurs

Kreuzen Sie an, ob die folgenden Aussagen für die Betreibung auf Pfändung (BaP) oder für die Betreibung auf Konkurs (BaK) zutreffen oder für keines der beiden Verfahren!

Sachverhalt	BaP	BaK	keines
– ausser lebensnotwendigen Dingen wird das ganze Vermögen des Schuldners beschlagnahmt			
– alle Gläubiger eines Schuldners werden aufgefordert, ihre Forderungen anzumelden			
– Gläubiger, die sich nicht melden, können ihre Forderungen auch noch später anmelden			
– kann auch Forderungen betreffen, welche erst in der Zukunft fällig werden			
– wenn der Schuldner die Forderungen nicht abdecken kann, wird eine Gefängnisstrafe vollstreckt			
– nur die Gläubiger, welche von sich aus eine Betreibung verlangen, werden berücksichtigt			
– dem Schuldner wird nur so viel weggenommen, wie zur Deckung der eingereichten Forderungen notwendig ist			
– nur die Betreibung auf Pfandverwertung zählt dazu			

Schuldbetreibung & Konkurs – Aufgaben

3.10.6 Betreibungsarten im Vergleich

Nennen Sie die Hauptmerkmale der Betreibung auf Pfändung und der Betreibung auf Konkurs bezüglich folgender Vergleichspunkte:

Vergleichspunkt	Betreibung auf Pfändung	Betreibung auf Konkurs
Wie viel Vermögen wird dem Schuldner weggenommen?		
Welche (wie viele) Gläubiger sind einbezogen in das Betreibungsverfahren?		

3.10.7 Fortsetzungsverfahren

Tragen Sie in der folgenden Tabelle ein, welches Betreibungsverfahren in diesen Fällen zur Anwendung kommt. Setzen Sie den zutreffenden Buchstaben ein.
P = Betreibung auf Pfändung
V = Betreibung auf Pfandverwertung
K = Betreibung auf Konkurs

Tatbestand	Betreibungsart
Der Bankprokurist H. Rohner (die Prokura ist im HR eingetragen) hat mit einem grossen Bonus gerechnet, der dann nicht eingetroffen ist. Deshalb konnte er die bei Schubiger gekauften Möbel nicht bezahlen und wird jetzt dafür betrieben.	
Die Bike AG, Import von Rennvelos, wird von der Kantonalen Steuerverwaltung betrieben, weil sie die Kapital- und Einkommenssteuern des letzten Jahres trotz Mahnung nicht bezahlt hat.	
Das im HR eingetragene Treuhandbüro Zengger hat dem Software-Entwickler B. Kraft (nicht eingetragene Einzelunternehmung) einen Betriebskredit gewährt. B. Kraft verweigert die seit zwei Monaten fällige Rückzahlung: er sei übervorteilt worden. Jetzt leitet das Treuhandbüro Zengger die Betreibung ein gegen B. Kraft.	
Herta Seiber, Sachbearbeiterin, hat ihre Vespa mit einem Kleinkredit finanziert. Als Kreditsicherheit musste sie den geerbten Schmuck ihrer Grossmutter hinterlegen. Nun wird sie von der Sparkasse Guttwil betrieben, weil sie die zweite Kreditrate trotz Mahnung nicht bezahlt hat.	
Hans Mott, Inhaber der im HR eingetragenen «Gärtnerei Mott», hat für seine Privatwohnung ein Heimkino gekauft: einen Teil hat er sofort angezahlt, den Rest sollte er in zwei Monaten begleichen. Weil er dies trotz Mahnung nicht gemacht hat, wird er jetzt von der Fust AG betrieben.	

3.10.8 Fragen zum Kollokationsplan

a) Bei welchem Betreibungsverfahren kann ein Kollokationsplan zum Einsatz kommen?

b) Erklären Sie in einem einzigen, ganzen Satz: Was ist ein Kollokationsplan? (nicht aufzählen, was alles aufgelistet wird, sondern in einem Satz beschreiben, was es ist!)

Schuldbetreibung & Konkurs – Aufgaben

3.10.9 Betreibung auf Pfandverwertung

a) Wann und bei wem kann die Betreibung auf Pfandverwertung zum Zuge kommen?
   Setzen Sie richtig ein:

Art der Geldforderung	Wer kann Schuldner sein?

b) Die Betreibung auf Pfandverwertung läuft beschleunigt ab im Vergleich zur Betreibung auf Pfändung. Welche Schritte fallen hier weg?

_____

_____

3.10.10 Private Verschuldung

a) Mit welchem Schritt und bei welcher Behörde kann eine verschuldete Privatperson den Privatkonkurs einleiten?

_____

_____

b) Zur Vermeidung von privater Verschuldung sollten junge Leute Schuldenfallen vermeiden. Was versteht man unter Schuldenfallen?

   1. Beschreiben Sie den Begriff zuerst allgemein (noch ohne Beispiele):

   _____

   _____

   2. Nennen Sie drei Beispiele für Schuldenfallen

   _____

   _____

c) Ein Budget ist ebenfalls hilfreich zur Vermeidung privater Verschuldung.

   1. Was ist – allgemein gesagt – ein Budget?

   _____

   _____

   2. Wie sehen die ersten 5 Linien eines Budgets aus? Notieren Sie ein einleuchtendes Beispiel, aber ohne Beträge.

   _____

   _____

3.11 Steuerrecht

> **Leistungsziele BIVO**
>
> - Ich nenne bei den folgenden Steuern die Steuerhoheit, das Steuersubjekt, das Steuerobjekt und den Steuerträger:
>   Direkte Steuern: Einkommenssteuern / Gewinnsteuer / Vermögenssteuer / Kapitalsteuer
>   Indirekte Steuern: Mehrwertsteuer / Verrechnungssteuer
> - Ich erläutere bei ausgewählten Steuern die folgenden Zusammenhänge: Zweck der Steuern (Staatshaushalt, Umverteilung) / Steuersatz / Steuerprogression / direkte und indirekte Steuern.

3.11.1 Definition und Zweck der Steuern

	Steuern	Gebühren
Definition	**Zwangsabgaben an den Staat* ohne direkte Gegenleistung** Achtung: ohne **direkte** Gegenleistung heisst: Die Steuern bezahlt man für **alle** Leistungen des Staates, egal, ob man diese Leistungen mehr oder weniger stark in Anspruch nimmt	Bezahlung für die Beanspruchung bestimmter Dienstleistungen des Staates
Typische Beispiele	**Einkommenssteuer Mehrwertsteuer**	Abfallsack-Gebühren Passgebühren
Steuerzweck	**Hauptzweck:** Finanzierung der Ausgaben des Staates zur Erfüllung seiner Aufgaben (→ vgl. Grafik «Ausgaben nach Aufgabengebiet») Zwei **Nebenzwecke**: – Sozialer Ausgleich: **Umverteilung** von Einkommen und Vermögen (→ Steuerprogression) – **Umweltschutz**: Belohnung von umweltschützendem Verhalten, Bestrafung von schädigendem Verhalten (= Lenkungsabgaben). Beispiel: hohe Steuer auf Benzinverbrauch; tiefe Steuer auf Solarstrom	Deckung der für bestimmte Dienstleistungen am Bürger entstandenen Kosten.

* Mit Staat ist hier immer gemeint: der Bund, die Kantone und die Gemeinden

Einnahmen und Ausgaben des Bundes (2019)

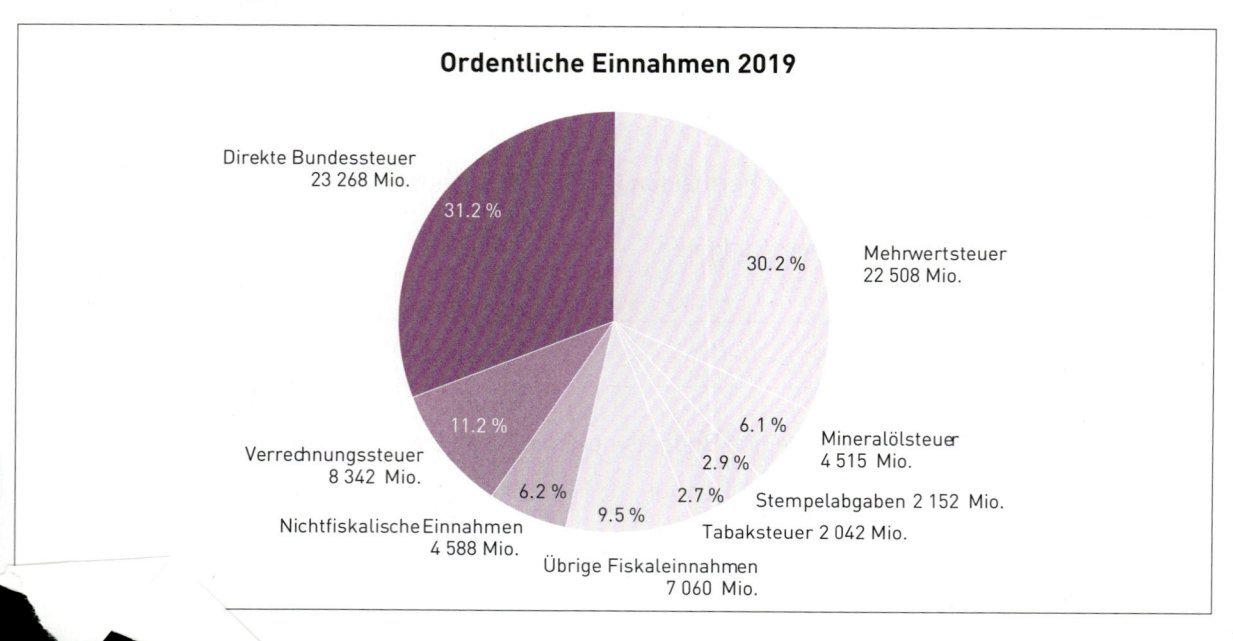

Ordentliche Einnahmen 2019

- Direkte Bundessteuer 23 268 Mio. — 31.2 %
- Mehrwertsteuer 22 508 Mio. — 30.2 %
- Mineralölsteuer 4 515 Mio. — 6.1 %
- Stempelabgaben 2 152 Mio. — 2.9 %
- Tabaksteuer 2 042 Mio. — 2.7 %
- Übrige Fiskaleinnahmen 7 060 Mio. — 9.5 %
- Nichtfiskalische Einnahmen 4 588 Mio. — 6.2 %
- Verrechnungssteuer 8 342 Mio. — 11.2 %

Ausgaben nach Aufgabengebieten 2019

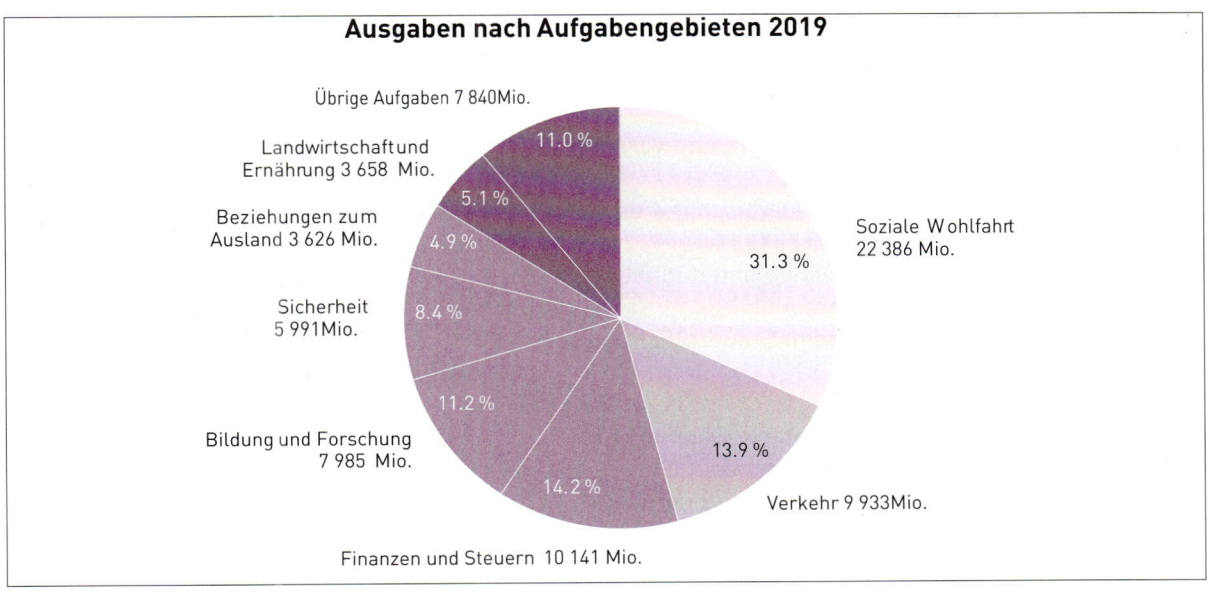

- Übrige Aufgaben 7 840 Mio. — 11.0 %
- Landwirtschaft und Ernährung 3 658 Mio. — 5.1 %
- Beziehungen zum Ausland 3 626 Mio. — 4.9 %
- Sicherheit 5 991 Mio. — 8.4 %
- Bildung und Forschung 7 985 Mio. — 11.2 %
- Finanzen und Steuern 10 141 Mio. — 14.2 %
- Verkehr 9 933 Mio. — 13.9 %
- Soziale Wohlfahrt 22 386 Mio. — 31.3 %

Quelle: Eidg. Finanzverwaltung

3.11.2 Fachbegriffe im Steuerrecht

Fachbegriff	Definition	Erläuterung / Beispiele
Steuer**hoheit**	**Wer darf** Steuern **erheben?** = das Recht, Steuern zu verlangen	Nur Bund, Kantone und Gemeinden haben in der Schweiz Steuerhoheit (die Kirchensteuer wird von der Gemeinde erhoben, nicht von der Kirche!)
Steuer**objekt**	**Auf was** wird die Steuer **erhoben?** = Gegenstand der Steuer	MWST: die verkauften Waren und Dienstleistungen = Steuerobjekt Einkst: das erzielte Einkommen = Steuerobjekt
Steuer**subjekt**	**Wer muss** die Steuern an den Staat **abliefern?** = besteuerte Person oder Unternehmung	MWST: die Unternehmungen sind das Steuersubjekt → sie müssen die MWST einziehen und abliefern. Einkst: Der einzelne Bürger = Steuersubjekt
Steuer**träger**	Wer wird letztendlich durch die Steuer belastet? = letzter Träger des Steuerbetrages	MWST: Konsument = Steuerträger (aber nicht Steuersubjekt!) Einkst: Einzelner Bürger = Steuerträger (und gleichzeitig Steuersubjekt)
Steuer**satz**	Prozentsatz, mit dem der Steuerbetrag errechnet wird.	MWST: 7.7 % auf Waren und Dienstleistungen Einkst: Steigender Steuersatz mit steigenden Einkommen → Steuerprogression
Steuer**progression**	Nur bei Einkommens- und Vermögenssteuern: Steigender (= überproportionaler, progressiver) Steuersatz für höhere Einkommen und Vermögen	Einkst: Demo-Beispiel: CHF 0 bis CHF 12 000: 0 % über CHF 12 000 bis CHF 20 000 5 % über CHF 20 000 bis CHF 50 000 10 % .... % über CHF 150 000 bis CHF 200 000 35 %

3.11.3 Steuerarten

	Direkte Steuern	**Indirekte Steuern**
Merkmale	– Steuern auf Einkommen und Vermögen von Privatpersonen – Steuersubjekt ist identisch mit dem Steuerträger – Steuern auf Gewinne und Kapital von Juristischen Personen – werden direkt beim Steuerpflichtigen eingezogen – steigende Steuersätze (→ Steuerprogression) bei höheren Einkommen und Vermögen (= Steuererhebung nach Massgabe der wirtschaftlichen Leistungsfähigkeit)	– Steuern auf Bezügen von Waren und Dienstleistungen – Steuersubjekt und Steuerträger meistens nicht identisch – werden indirekt eingezogen über die Unternehmungen (→ der Konsument nimmt die Steuer nicht direkt wahr) – gleiche Steuersätze (→ proportionale Steuern) für alle, egal ob arm oder reich (= Steuererhebung unabhängig von der wirtschaftlichen Leistungsfähigkeit)
Steuerart und Staatsebene		
Bund → Bundessteuern	– Direkte Bundessteuer auf Einkommen von Privatpersonen und Gewinne von juristischen Personen (aber keine vom Bund erhobene Vermögens- und Kapitalsteuer!)	– Mehrwertsteuer – Verrechnungssteuer – Tabaksteuer – Mineralölsteuer (= Benzinsteuer) – Bier- und Spirituosensteuer
Kantone und Gemeinden* → Staats- und Gemeindesteuern	– Einkommens- und Vermögenssteuer bei Privatpersonen – Gewinnsteuer und Kapitalsteuern bei juristischen Personen – Kirchensteuer (für Angehörige der Landeskirchen: eingezogen durch die Gemeinden zugunsten der Landeskirchen)	– Motorfahrzeugsteuer – Hundesteuer – Vergnügungssteuer (= Billettsteuer) – Erbschaftssteuer

* Diese Steuern werden gemeinsam erhoben und eingezogen und dann zwischen jedem Kanton und seinen Gemeinden aufgeteilt.

3.11.4 Ausgewählte Steuerarten

a) Verrechnungssteuer (Vst)
   Das Grundsätzliche zur Vst ist in Kapitel 1.2 aufgeführt → dort nachlesen!
   Ergänzungen: Verrechnungssteuer und Fachbegriffe im Steuerrecht:
   - Die Steuerhoheit liegt beim Bund; denn die Vst ist eine indirekte Bundessteuer.
   - Das Steuerobjekt sind Zinserträge von über CHF 200 pro Jahr bei inländischen Bank- und Postkonten (mit einmaliger Zinsabrechnung pro Jahr) sowie Finanzerträge von inländischen Wertschriften und Lotteriegewinne von über CHF 1 000.
   - Der Steuersatz beträgt einheitlich 35 %; also keine Steuerprogression bei der Vst.
   - Das Steuersubjekt sind die Banken, welche dem Kontoinhaber die 35 % Vst vom Bruttoertrag abziehen und an die Eidg. Steuerverwaltung abliefern müssen.
   - Die Steuerträger sind die Sparer, weil 35 % von ihren Bruttoerträgen als Vst an den Staat gelangen.
     → Spezialfall Vst: Die Sparer können die 35 % Vst von der Steuerverwaltung zurückfordern, wenn sie die zugrundeliegenden Vermögenswerte und Einkommen in der Steuererklärung aufgeführt haben. → Die Verrechnungssteuer ist keine «echte» indirekte Steuer, sondern eine Sicherungssteuer: Mit dem sehr hohen Steuersatz sollen die Steuerzahler motiviert werden, ihre Steuererklärung offen und ehrlich ausfüllen.

b) Mehrwertsteuer (MWST)
   Das Grundsätzliche zur MWST ist in Kapitel 1.5 aufgeführt → dort nachlesen!
   Ergänzungen: Mehrwertsteuer und Fachbegriffe im Steuerrecht (siehe auch: Tabelle Fachbegriffe)
   - Die Steuerhoheit zur Erhebung der MWST liegt beim Bund; denn es ist eine indirekte Bundessteuer.
   - Steuerobjekt sind die Verkäufe von Waren und Dienstleistungen im Inland.

- Der Steuersatz variiert: Normalsatz 7.7%, reduzierter Satz 2.5%, Sondersatz Beherbergungen 3.7%; zusätzlich gibt es steuerbefreite Leistungen (→ Kapitel 1.5)
- Steuersubjekt sind die Unternehmungen, welche die MWST zum Verkaufspreis dazurechnen und an die Steuerverwaltung abliefern müssen.
- Die Pflicht zur Abrechnung der MWST besteht ab einem Jahresumsatz von CHF 100 000.
- Steuerträger sind die Konsumenten, welche letztlich die ganze Steuerlast der MWST tragen.

3.11.5 Steuererklärung einer Privatperson und Steuerberechnung

a) Spezialfall Schweiz: Das obligatorische jährliche Ausfüllen der Steuererklärung zur Berechnung der Einkommens- und Vermögenssteuer ist eine Selbstdeklaration des Bürgers. In fast allen anderen Ländern wird bei Angestellten die Einkommenssteuer jeden Monat direkt vom Lohn abgezogen.

b) Aufbau der Steuererklärung
   Seite 1: Persönliche Angaben und Familienverhältnisse

   Seite 2: Einkommen:
   - Nettolohn
   - Altersrenten / Arbeitslosengelder
   - Einkommen aus Zinsen und Wertschriftenerträgen
   - Einkommen aus Mieterträgen bzw. aus dem Eigenmietwert des selbst bewohnten Hauses

   Seite 3: Abzüge vom Einkommen:
   → Berufsauslagen (Fahrtkosten; Verpflegung)
   → Unterhaltsbeiträge / Alimente
   → Beiträge an die Säule 3a (steuerbegünstigtes Sparen)
   → Einzahlungen in die 2. Säule
   → Schuldzinsen (z. B. Hypothekarzinsen)

   Einkommensberechnung:
       Total Einnahmen (Seite 2)
   − Total Abzüge (Seite 3)
   = Nettoeinkommen
   − Gemeinnützige Zuwendungen (→ Spenden an gemeinnützige Organisationen)
   = Reineinkommen
   − Sozialabzüge (z. B. Kinderabzüge)
   = Steuerbares Einkommen

   Seite 4: Vermögen
       − Bewegliches Vermögen: Sparkonto*, Wertschriften, Fahrzeuge
   + Unbewegliches Vermögen: Liegenschaften, Eigentumswohnung
   = Total Vermögen
   − Schulden (z. B. Hypotheken)
   = Steuerbares Vermögen

* Diskussion Bankgeheimnis: Im Ausland müssen die Banken die Konten der Sparer direkt dem Steueramt melden. = Automatischer Informationsaustausch und Aufhebung des Bankgeheimnisses.

c) Steuerberechnung

1. Direkte Bundessteuer: Aus dem steuerbaren Einkommen wird mit dem progressiven Steuersatz des Bundes die geschuldete direkte Bundessteuer berechnet.

2. Staats- und Gemeindesteuer:
Erster Schritt: Mit einem progressiven Steuersatz wird zuerst aus dem steuerbaren Einkommen und aus dem steuerbaren Vermögen die «einfache Staatssteuer» ausgerechnet. Dabei sind die Steuersätze in jedem Kanton unterschiedlich, und die Steuersätze für das Vermögen sind immer viel tiefer als die für das Einkommen.
Zweiter Schritt: Weil jede Gemeinde und jeder Kanton einen anderen Steuerfuss kennt, wird die «einfache Staatssteuer» multipliziert mit dem jeweiligen Kantons- und Gemeindesteuerfuss. Daraus ergibt sich die tatsächlich geschuldete Steuer.

3.11 Steuerrecht – Aufgaben

3.11.1 Grundfragen zu den Steuern

a) Steuern erfüllen einen dreifachen Zweck: Zum einen deckt der Staat damit seine Ausgaben. Beschreiben Sie zwei weitere Zwecke der Steuern: Begriff und Erklärung.

b) Alle nachfolgenden Aussagen zum Schweizer Steuerrecht sind falsch oder unvollständig! Berichtigen Sie diese Aussagen auf der leeren Zeile.

Nr.	Aussage / Berichtigung
1.	Der Lohn einer Kauffrau wird vom Wohnsitzkanton und von der Wohngemeinde besteuert.
2.	Die Steuerpflicht in der Schweiz gilt nur für hier wohnhafte Schweizer Bürger und für Ausländer mit Aufenthaltsbewilligung C.
3.	AHV-Bezüger, Sozialhilfeempfänger und Arbeitslose erhalten auf der Mehrwertsteuer eine Reduktion.
4.	In jeder Gemeinde sind die Steuerfüsse unterschiedlich; aber die kantonalen Steuerfüsse sind in der ganzen Schweiz gleich hoch.
5.	Die direkte Bundessteuer wird auf dem Einkommen und auf dem Vermögen der Bewohner erhoben.

c) Was versteht man unter der «Steuerprogression»? Formulieren Sie dazu einen ganzen Satz.

3.11.2 Fachbegriffe im Steuerrecht

a) Ordnen Sie die folgenden Aussagen dem zutreffenden Fachbegriff zu, indem Sie den jeweiligen Buchstaben in der Tabelle eintragen. Entscheidend sind die *kursiv* geschriebenen Begriffe. Es können Mehrfacheinträge vorkommen.

- A *Der Bund* ist befugt, sowohl indirekte wie direkte Steuern zu erheben.
- B Bei der Mehrwertsteuer sind *die verkauften Waren und Dienstleistungen* Gegenstand der Besteuerung.
- C Sowohl *juristische wie natürliche Personen* müssen Steuern bezahlen.
- D Von den *Bruttozinsen* der meisten Kundenkonten muss die UBS 35 % Verrechnungssteuer an den Bund abliefern.
- E *H&M* liefert jährlich mehrere Millionen Franken Mehrwertsteuer an den Bund ab.
- F Die *Familie Perri* muss aufgrund der eingereichten Steuererklärung CHF 920 Vermögenssteuer bezahlen.
- G *Clara* hat beim Einkauf im Denner und beim Mittagessen im MIGROS ohne es zu bemerken Mehrwertsteuern von CHF 16.50 bezahlt.
- H Der *Gemeinde Erlenbach* ist es grundsätzlich erlaubt, den Gemeindesteuerfuss zu senken oder anzuheben.

Steuerhoheit	Steuerobjekt	Steuersubjekt	Steuerträger

b) Steuersubjekt und Steuerträger sind manchmal die gleichen Personen, manchmal nicht.

1. Bei welchen zwei Steuerarten liegen Steuersubjekt und Steuerträger bei der gleichen Person?

2. Wer sind bei der Mehrwertsteuer…
   a) … die Steuersubjekte?   b) … die Steuerträger?

c) Das Einkommen des Ehepaars Berger ist im Jahr 2014 um 10 % gestiegen. Als die Steuerrechnung für das Jahr 2014 eintrifft, stellt Herr Berger fest, dass seine Steuerschuld um wesentlich mehr als 10 % gestiegen ist. Nennen Sie den Fachbegriff für diesen Sachverhalt.

3.11.3 Direkte und indirekte Steuern

a) Ordnen Sie die folgenden Steuern den direkten bzw. indirekten Steuern zu, indem Sie die zutreffenden Buchstaben in die entsprechende Spalte eintragen.

- A Tabaksteuer
- B Einkommenssteuer
- C Mehrwertsteuer
- D Hundesteuer
- E Mineralölsteuer
- F Vermögenssteuer

direkte Steuern	indirekte Steuern

Steuerrecht – Aufgaben

b) Beschreiben Sie die Hauptunterschiede zwischen direkten und indirekten Steuern mit jeweils mindestens zwei Argumenten

direkte Steuern	indirekte Steuern

c) Neben den Einkommens- und Vermögenssteuern gibt es auch Gewinn- und Kapitalsteuern. Wer muss Gewinn- und Kapitalsteuern bezahlen?

3.11.4 Verrechnungssteuer

a) Was ist der Hauptzweck der Verrechnungssteuer? Formulieren Sie einen ganzen Satz.

b) Beantworten Sie die folgenden Fragen zur Verrechnungssteuer:

1. Wer hat die Steuerhoheit?

2. Wer ist der Steuerträger?

3. Was ist das Steuerobjekt?

4. Wer ist das Steuersubjekt?

5. Welches ist der Steuersatz?

6. Ist es eine proportionale oder progressive Steuer?

c) Ein Kunde hat von seiner Bank den Jahreszins von 2.5 % auf seinem angelegten Kapital von CHF 35 000 zugute. Zeichnen Sie im folgenden Schema ein, wie die Verrechnungssteuer funktioniert, indem Sie bei jedem Pfeil den zugehörigen Frankenbeitrag und Prozentsatz eintragen und mit einem Kurztext beschreiben.

```
    BANK  ───────────────────────────►  BANKKUNDE
         ╲                            ╱
          ╲                          ╱
           ╲                        ╱
            ▼                      ╱
              STEUERVERWALTUNG
```

- Pfeil Bank → Bankkunde: CHF 24 500 (65 % des Bruttozinses wird dem Kunden gutgeschrieben)
- Pfeil Bank → Steuerverwaltung: CHF 306.25 (35 % Verrechnungssteuer auf Bruttozins CHF 875 wird an die ESTV abgeliefert)
- Pfeil Steuerverwaltung → Bankkunde: CHF 306.25 (35 %, Rückerstattung der Verrechnungssteuer bei korrekter Deklaration in der Steuererklärung)

3.11.5 Mehrwertsteuer

a) Die Mehrwertsteuer ist die wichtigste Einnahmequelle des Bundes. Kreuzen Sie die korrekten Aussagen zur Mehrwertsteuer an.

☐	Sie wird auf dem Wege einer Ware vom Produzenten über den Handel zum Konsumenten mehrmals erhoben.
☐	Der Mehrwert-Steuersatz ist bei teuren Produkten höher als bei günstigen Produkten.
☐	Die gesamten Mehrwertsteuer-Einnahmen werden zwischen Bund und Kantonen aufgeteilt.
☒	Die Mehrwertsteuer ist eine indirekte Bundessteuer.
☒	Auf exportierten Waren wird keine Mehrwertsteuer erhoben; dagegen ist für importierte Waren die Mehrwertsteuer zu entrichten.
☐	Es gibt verschiedene Steuersätze bei der Mehrwertsteuer. Das ist die Steuerprogression.

b) Wenn man bei McDonalds oder bei Burger King einen Hamburger kauft, wird man an der Kasse gefragt: «Zum da essen oder zum Mitnehmen?»
Erklären Sie, warum diese Frage gestellt werden muss.

_____

_____

_____

_____

B Staatslehre

3.12 Staats- und Regierungsformen

Leistungsziele BIVO

- Direkte / indirekte Demokratie

3.12.1 Definitionen

Staat	Regierungsform
Ein Staat besteht immer aus 3 Elementen: – **Staatsvolk** – **Staatsgebiet** – **Staatsgewalt**	Das ist die **Art und Weise, wie die Staatsgewalt ausgeübt wird.** Die Hauptfrage dabei ist, wie und in welchem Masse das Volk an der Staatsmacht beteiligt ist.

3.12.2 Staatsformen

Staatenbund	Bundesstaat	Einheitsstaat (Zentralstaat)
Mehrere Staaten schliessen Verträge ab zur Erreichung gemeinsamer Ziele. Jeder Staat bleibt vollkommen selbständig. Beispiele: – UNO: Vereinigte Nationen – NATO: Nordatlantisches Verteidigungsbündnis	Mehrere Gliedstaaten schliessen sich zu einem Gesamtstaat zusammen. Alle wichtigen Gesamtaufgaben werden vom Gesamtstaat geregelt. Daneben behält jeder Gliedstaat seine Selbständigkeit. Beispiele: Deutschland, Schweiz, Österreich, USA	Der gesamte Staat wird von einem Zentrum aus regiert und verwaltet. Die einzelnen Regionen haben keine politische Selbständigkeit, sie sind «nur» Verwaltungsgebiete. Beispiele: Frankreich, Italien

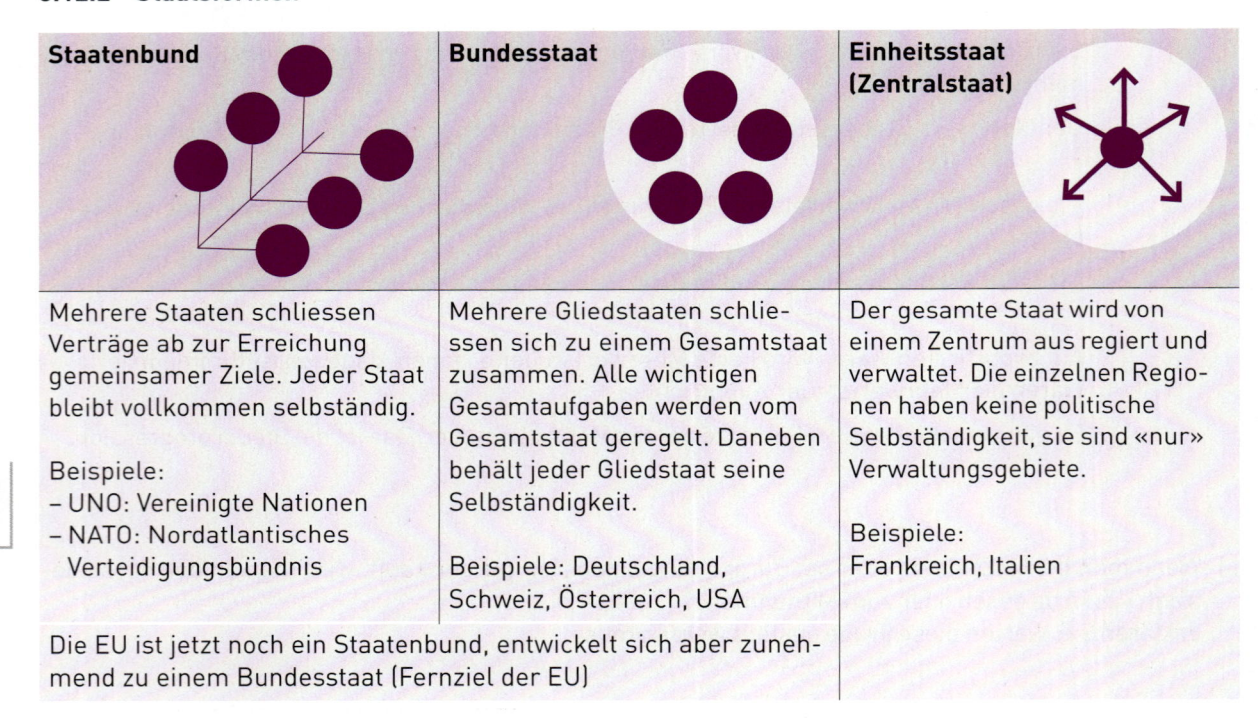

Die EU ist jetzt noch ein Staatenbund, entwickelt sich aber zunehmend zu einem Bundesstaat (Fernziel der EU)

3.12.3 Regierungsformen

Diktatur = Gewaltherrschaft	Demokratie = Volksherrschaft vom griechischen: demos = Volk / kratie = Herrschaft	
	Direkte Demokratie	**Indirekte Demokratie**
– die Macht im Staat liegt bei einer oder wenigen Einzelperson/en – keine Gewaltentrennung – keine Mitbestimmung des Volkes – keine garantierten Grundrechte → manche Diktaturen treten nach aussen als Demokratie auf, sind es aber nicht!	– direkte Abstimmung des Volkes über Verfassung, Gesetze, wichtige Entscheidungen – eine gewählte Regierung sorgt für den Vollzug der Gesetze – Wenn es ein gewähltes Parlament gibt, so bereitet dieses die Gesetzesentwürfe vor, aber das Volk entscheidet definitiv.	– Volkswahl der Abgeordneten im Parlament, z. B. alle 4 Jahre – Parlament und Regierung treffen bis zur nächsten Wahl alle Entscheidungen alleine, ohne Mitwirkung des Volkes, aber «im Namen des Volkes».
Beispiele: Nordkorea, Kuba, Syrien, Belarus (Weissrussland)	**Beispiele:** teilweise in der Schweiz auf Kantons- und mehrheitlich auf Gemeindeebene: -Landsgemeinde in den Kantonen Glarus und Appenzell Innerrhoden / Gemeindeversammlungen in den meisten Gemeinden	**Beispiele:** -Deutschland, -Italien, -Frankreich, -USA und die meisten anderen europäischen Länder
	Halbdirekte Demokratie = Bezeichnung für die Schweiz auf Bundesebene	
	– einzigartige Kombination aus direkter und indirekter Demokratie, mit mehr Anteilen der direkten Demokratie – Das vom Volk gewählte Parlament beschliesst über Gesetze und Verfassungsänderungen, aber nicht definitiv: – Mit Volksinitiative und Referendum kann das Volk direkt Einfluss nehmen → Kap. 3.16	

3.12.4 Die Schweiz

– Als Staatsform ist die Schweiz ein Bundesstaat, zusammengesetzt aus 26 Kantonen (= Gliedstaaten)
– Als Regierungsform ist die Schweiz eine Demokratie in der Form der halbdirekten Demokratie. Das ist eine Kombination aus direkter und indirekter Demokratie.

Alle weiteren Kapitel der Staatslehre beziehen sich auf die Schweiz.

Rechtsstaat

3.13 Rechtsstaat

> **Leistungsziele BIVO**
>
> – Rechtsstaat

> **Tipp:** Lesen Sie die im Text erwähnten BV-Artikel immer im Original: Die Bundesverfassung, das Grundgesetz der Schweiz, ist in Ihrem Gesetzbuch enthalten.

3.13.1 Definition und Merkmale des Rechtsstaates

	Rechtsstaat	Das Gegenteil: Totalitärer Staat
Definition	Ein Staat, bei dem das Handeln von Regierung und Verwaltung durch Verfassung und Gesetze beschränkt ist, um die Freiheit und Grundrechte der Bürger zu schützen. → BV 5	Ein Staat, bei dem die Staatsmacht ohne gesetzliche Einschränkung nach Belieben mit den Bürgern umgehen kann.
Merkmale	1. Legalitätsprinzip (legal = gesetzlich): Die staatlichen Behörden müssen sich bei ihrem Handeln strikte an die Gesetze halten. → BV 9 2. Gewaltentrennung: Die Staatsmacht ist aufgeteilt in drei Behörden mit getrennten Funktionen. → BV 144 (→ Kap. 3.14!) 3. Schutz der Grundrechte: Die grundlegenden Freiheitsrechte der Bürger sind in der Verfassung garantiert und damit vor Staatseingriffen geschützt. → BV 7–36 (→ Kap. 3.15!)	– keine Einschränkung der Staatsmacht – willkürliches Handeln von Regierung und Behörden
Regierungsform	Demokratie (→ Kap. 3.12)	Diktatur

3.13.2 Legalitätsprinzip

Grundprinzip: Kein staatliches Handeln ohne gesetzliche Grundlage!

Bedeutung: – Die Bürger sind vor willkürlichen Entscheiden staatlicher Behörden geschützt
– Die Behörden dürfen gleiche Fälle nicht unterschiedlich behandeln

Beispiele: – Die Polizistin darf dem zu schnell fahrenden Automobilisten nur die Busse erteilen, welche in der Bussenordnung für diese Überschreitung vorgesehen ist, egal, ob er einsichtig ist oder mit hundert Ausreden kommt.
– Wenn ein Baugesuch den gesetzlichen Anforderungen betreffend Höhe und Distanz zu Nachbarn entspricht, muss die Bewilligung erteilt werden, auch wenn der Kantonsbeamte das Projekt miserabel findet.

Achtung: Die anderen Merkmale des Rechtsstaates: «Gewaltentrennung» und «Schutz der Grundrechte» werden in den Kapiteln 3.14 und 3.15 behandelt!

3.14 Gewaltentrennung, Behörden

Leistungsziele BIVO
- Prinzip der Gewaltentrennung
- Rechtsstaat und Institutionen

3.14.1 Definition und Zweck der Gewaltentrennung

Definition: Die Aufteilung der Staatsmacht auf drei Behörden mit getrennten Funktionen: Gesetzgebende Gewalt, Ausführende Gewalt, richterliche Gewalt

Zweck der Gewaltenteilung:
- Verhinderung von Machtmissbrauch: Keine Behörde und keine Einzelperson soll über die ganze Staatsmacht verfügen
- Gegenseitige Kontrolle der Behörden

3.14.2 Die drei Behörden auf den drei politischen Ebenen

Anmerkung: Dieser Gesamtüberblick ist für das Staatskunde-Verständnis wichtig; aber Wissensstoff für die QV sind nur die Behörden auf Bundesebene.

Funktion	Gesetzgebende Gewalt = Parlament	Ausführende Gewalt = Regierung	Richterliche Gewalt = Gerichte
Fachname	Legislative	Exekutive	Judikative
Aufgabe	– erlässt Gesetze – beaufsichtigt die Exekutive	– vollzieht die Gesetze – besorgt die Verwaltungsaufgaben	– entscheidet über Rechtsstreitigkeiten
Behörden Bundesebene (mit Personenzahl)	Bundesversammlung (246) Nationalrat (200) / Ständerat (46)	Bundesrat (7)	Bundesgericht (38)
Amtssitz	Bern	Bern	Lausanne u. Luzern
Wahlorgan / Amtsdauer	Volk alle 4 Jahre	Vereinigte Bundesversammlung: alle 4 Jahre	Vereinigte Bundesversammlung: alle 6 Jahre
Kantonale Behörden Bsp: Kt. ZH	Kantonsrat (180)	Regierungsrat (9)	Kantonsgericht (= Obergericht)
Gemeindebehörden Bsp: Küsnacht Bsp: Stadt Kloten	Gemeindeversammlung (alle Bürger/innen) Gemeinderat (32)	Gemeinderat (9) Stadtrat (7)	Friedensrichter Friedensrichter

3.14.3 Organisatorische und personelle Gewaltentrennung

a) Organisatorische Gewaltentrennung
   Die Aufteilung der Staatsmacht auf drei verschiedene Behörden, wie oben beschrieben

b) Personelle Gewaltentrennung
Zusätzlich zur organisatorischen Gewaltentrennung schreibt BV 144 vor, dass eine Person nicht gleichzeitig mehreren Behörden angehören darf. Auch diese Bestimmung dient der Verhinderung von Machtansammlung bei einer Person.

3.14.4 Föderalismus und Subsidiarität – Aufgabenteilung im Bundesstaat

Subsidiarität BV 5a	Föderalismus BV 42–125	
Allgemeines Prinzip für die Aufgabenteilung zwischen Bund, Kantonen und Gemeinden: Jede Aufgabe soll auf der tiefstmöglichen Ebene gelöst werden.	**Spezielles Prinzip** der Aufgabenteilung zwischen Bund und Kantonen in der Schweiz. **Definition:** Föderalismus bedeutet die weitgehende Selbständigkeit der Kantone bei der Lösung ihrer Aufgaben: Der Gesamtstaat (= der Bund) regelt nur das Wichtigste und Nötigste und überlässt alles andere den Kantonen.	
Umsetzung: Die Gemeinden erledigen möglichst viele Aufgaben auf ihrer Stufe. Erst grössere Aufgaben werden von den Kantonen gelöst und nur schweizweite Aufgaben vom Bund.	**Umsetzung:** Jede Aufgabe, die der Bund für die ganze Schweiz zentral regelt, ist durch eine Volksabstimmung dem Bund anvertraut worden und ist in der Bundesverfassung namentlich genannt. Alle anderen Aufgaben bleiben bei den Kantonen. Beispiele für Aufgaben des Bundes und der Kantone:	
	Aufgaben des Bundes: – Auslandbeziehungen: BV 54 – Armee: BV 58–60 – Umweltschutz: BV 74	**Aufgaben der Kantone:** – Schulwesen – Polizeiwesen – Steuern

3.14.5 Die Bundesbehörden

a) Die Bundesversammlung: Nationalrat und Ständerat, BV 148–173

Parlament / Bundesversammlung	
Nationalrat	Ständerat
Volksvertretung «Grosse Kammer»	Kantonsvertretung «Kleine Kammer»
200 Nationalräte (NR): gewählt im Verhältnis der Einwohner pro Kanton, mindestens 1 NR pro Kanton. Beispiel für Anzahl Nationalräte: ZH 35; AG 16; SZ 4; GL 1 → die grossen Kantone haben mehr Einfluss	46 Ständeräte (SR): Zwei Ständeräte pro Kanton: 20 Vollkantone à 2 SR; 6 Halbkantone à je 1 SR → jeder Kanton hat gleich viel Einfluss, unabhängig von der Grösse → als Ausgleich zum NR haben hier die kleinen Kantone relativ mehr Gewicht

Aufgaben der Bundesversammlung
a) In getrennten Sitzungen: – Gesetzgebung auf Bundesebene: für ein neues Gesetz braucht es die Zustimmung beider Räte – Aufsicht über den Bundesrat und die Bundesverwaltung – Entscheide über die Bundesfinanzen: Ausgaben des Bundes, Staatsrechnung, Staatsbudget b) Als **vereinigte** Bundesversammlung in gemeinsamer Sitzung, alle 246 im NR-Saal: – Neu- und Wiederwahl der Bundesräte und des Bundeskanzlers alle 4 Jahre, der Bundesrichter alle 6 Jahre, und bei zwischenzeitlichen Rücktritten – Jährlich die Wahl der Bundespräsidentin/des Bundespräsidenten (siehe Bundesrat) – Wahl eines Generals im Kriegsfall

Tätigkeit der Bundesversammlung
– Nationalrat und Ständerat arbeiten im **Milizsystem:** Offiziell ist es eine **nebenamtliche Tätigkeit,** und sie sind jeder noch in ihren angestammten Berufen tätig. Die Realität geht aber mehr und mehr Richtung Berufsparlament. – Die Bundesversammlung trifft sich jährlich zu vier Sessionen (= Sitzungen) à je drei Wochen: Frühlings-, Sommer-, Herbst- und Wintersession

b) Der Bundesrat, BV 174–187

Merkmale	Exekutive – Bundesrat
Anzahl/ Wahl	– 7 Mitglieder, für 4 Jahre gewählt von der vereinigten Bundesversammlung. – Bei der Wahl stehen die Parteizugehörigkeit, die Persönlichkeit und der Herkunftskanton im Vordergrund
Zusammensetzung	– nach der Stärke der Parteien in der Bundesversammlung – aktuelle Zusammensetzung: www.bundesrat.ch
Tätigkeit	– Bundesrat ist ein **Vollzeitamt** → Bundesräte dürfen in keiner anderen Bundes- oder Kantonalbehörde eine Funktion ausüben, BV 144 – Die 7 Bundesräte arbeiten nach dem **Kollegialitätsprinzip:** Durch Abstimmung erzielte Entscheidungen müssen gegen aussen gemeinsam und einheitlich vertreten werden, auch wenn einzelne Bundesräte ganz dagegen waren.
Aufgaben des Bundesrates	– Vollzug (Ausführung) der von Parlament und Volk beschlossenen Gesetze. Beispiel Tierschutz- oder Asylgesetz: ein Gesetz ist nur so gut wie es durchgesetzt werden kann. – Politische Führung des Staates über das ganze Jahr hinweg – Pflege der Beziehung zum Ausland; Gestaltung der Aussenpolitik – Leitung der Bundesverwaltung mit ihren 7 Departementen → www.admin.ch
Bundespräsident (Bpr)	– Jährlich wählt die Bundesversammlung aus den 7 Bundesräten eine Bundespräsidentin/einen Bundespräsidenten für ein Jahr Amtszeit, mit folgenden Aufgaben: – Leitung der Bundesrats-Sitzungen – Vertretung der Schweiz bei Staatsbesuchen und Empfängen – Der Bpr verfügt nicht über mehr Machtbefugnisse als die anderen Bundesräte → «primus inter pares» (= erster unter gleichgestellten)

c) Das Bundesgericht

- Oberste Gerichtsbehörde der Schweiz bei Rechtsstreitigkeiten
- Einzig Bundesgerichtsentscheide zu Menschenrechtsverletzungen können bei einer nächsten Instanz angefochten werden: beim Europäischen Gerichtshof für Menschenrechte in Strassburg (Frankreich).
- 38 von der Vereinigten Bundesversammlung auf 6 Jahre gewählte Bundesrichter.
- Bundesrichter ist ein **Vollzeitamt** → Sie dürfen in keiner anderen Bundes- oder Kantonalbehörde eine Funktion ausüben, BV 144
- Sitz in Lausanne und in Luzern

3.15 Rechte und Pflichten

Leistungsziele BIVO

- Grundrechte (Kern und Bedeutung exemplarisch dar-gestellt an Eigentumsgarantie und Meinungsfreiheit)
- Rechte und Pflichten der Bürger

3.15.1 Übersicht Rechte und Pflichten

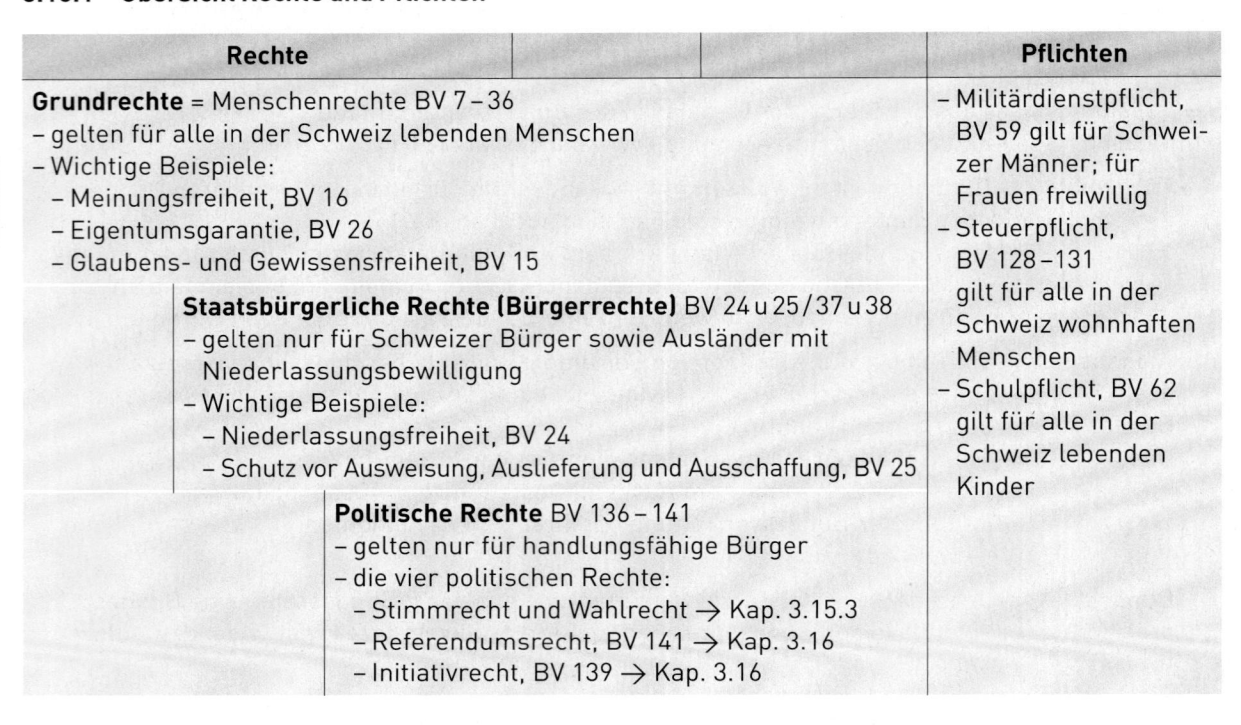

Rechte	Pflichten

Grundrechte = Menschenrechte BV 7 – 36
– gelten für alle in der Schweiz lebenden Menschen
– Wichtige Beispiele:
  – Meinungsfreiheit, BV 16
  – Eigentumsgarantie, BV 26
  – Glaubens- und Gewissensfreiheit, BV 15
 Staatsbürgerliche Rechte (Bürgerrechte) BV 24 u 25 / 37 u 38
 – gelten nur für Schweizer Bürger sowie Ausländer mit Niederlassungsbewilligung
 – Wichtige Beispiele:
  – Niederlassungsfreiheit, BV 24
  – Schutz vor Ausweisung, Auslieferung und Ausschaffung, BV 25
  Politische Rechte BV 136 – 141
  – gelten nur für handlungsfähige Bürger
  – die vier politischen Rechte:
   – Stimmrecht und Wahlrecht → Kap. 3.15.3
   – Referendumsrecht, BV 141 → Kap. 3.16
   – Initiativrecht, BV 139 → Kap. 3.16
	– Militärdienstpflicht, BV 59 gilt für Schweizer Männer; für Frauen freiwillig
	– Steuerpflicht, BV 128 – 131 gilt für alle in der Schweiz wohnhaften Menschen
	– Schulpflicht, BV 62 gilt für alle in der Schweiz lebenden Kinder

3.15.2 Grundrechte und ihre Beschränkung

Die Grundrechte von BV 7 – 36 werden dem Bürger vom Rechtsstaat Schweiz garantiert. Aber sie sind trotzdem nicht unbeschränkt gültig. In wichtigen, gesetzlich geregelten Fällen, muss der Bürger Einschränkungen der Grundrechte in Kauf nehmen. In BV 36 (→ lesen!) werden die Bedingungen für solche Einschränkungen genau aufgeführt. Dies wird an zwei QV-relevanten Beispielen gezeigt:

a) Meinungsfreiheit, BV 16
   BV 16 garantiert das Recht auf freie Meinungsäusserung zu allen denkbaren Themen. Dies kann aber nicht uneingeschränkt gelten: Verboten und sogar strafbar sind öffentliche Meinungsäusserungen mit diskriminierenden, rassistischen, ehrverletzenden oder kriegshetzerischen Inhalten.

b) Eigentumsgarantie, BV 26
   BV 26 garantiert die freie Verfügung über das Eigentum, z. B. über ein eigenes Auto oder ein eigenes Haus. Die freie Verfügung gilt aber nicht uneingeschränkt:
   – Der Staat kann Landeigentümer gegen ihren Willen enteignen. Bedingung ist aber (BV 36!), dass ein klares öffentliches Interesse vorhanden ist und dass der Landbesitzer mit einem marktgerechten Preis voll entschädigt wird. Beispiel: Bau einer neuen Autobahn
   – Wer nachts im Park den eigenen Ghettoblaster (kofferähnliche Musikmaschinen) übermässig laut spielen lässt, dem kann das Gerät polizeilich weggenommen werden, wenn es nicht abgestellt wird.
   – Einem Raser kann der eigene Sportwagen weggenommen werden, weil er als Tatwaffe eingestuft wird.
   – Dem Eigentümer eines denkmalgeschützten Hauses kann die Baubehörde einen Umbau verweigern oder mit Auflagen erschweren.

3.15.3 Stimm- und Wahlrecht des Volkes

Grundsatz: Stimmrecht und Wahlrecht des Volkes sind die tragenden Säulen der halbdirekten Demokratie der Schweiz. In einer indirekten Demokratie hat das Volk «nur» das Wahlrecht, bei der direkten Demokratie entscheidet das Volk mit dem Stimmrecht über alle wichtigen Angelegenheiten. Die Schweiz hat eine Kombination von beidem.

	Stimmrecht		Wahlrecht	
Definition	Das Volk kann zu einer Sachfrage «ja» oder «nein» sagen.		Das Volk kann Personen für eine Behörde oder für ein Amt bestimmen.	
Politische Ebene	Abstimmungen zu Sachvorlagen gibt es auf allen drei politischen Ebenen: Gemeinden, Kantone, Bund.		Wahlen für Ämter und Behörden gibt es auf allen drei politischen Ebenen: Gemeinden, Kantone, Bund.	
Regelung auf Bundesebene	Je nach Wichtigkeit der Sachvorlage braucht es das einfache oder das doppelte Mehr.		Je nach der Grösse der zu wählenden Behörde erfolgt die Wahl nach dem Majorzverfahren oder nach dem Proporzverfahren.	
	Einfaches Mehr: Die Mehrheit aller gültigen Stimmen	**Doppeltes Mehr:** Die Mehrheit aller gültigen Stimmen + die Mehrheit der Kantone	**Majorzwahlverfahren:** Wahl von Einzelpersonen. ▼ – Wahl in den Bundesrat (7 Personen) – Wahl in den Ständerat (zwei pro Kanton bzw. einer pro Halbkanton)	**Proporzwahlverfahren** (= Verhältniswahl): Wahl zuerst von Parteilisten. Vergabe der einzelnen Sitze im Verhältnis der Parteistimmen. ▼ – Wahlen in den Nationalrat
	→ Kap. 3.16.2		→ nachfolgende Tabelle!	

Wahlentscheidung bei Majorz	Wahlentscheidung bei Proporz
Absolutes Mehr im 1. Wahlgang: Zur Wahl braucht es die Hälfte aller gültigen Stimmen + 1. **Relatives Mehr** im 2. Wahlgang: Einen zweiten Wahlgang braucht es nur, wenn im 1. Wahlgang niemand das absolute Mehr erreicht hat. Gewählt ist, wer am meisten Stimmen erhält.	1. Jede Partei stellt eine Parteiliste auf mit ihren Kandidaten. 2. Jeder Stimmberechtigte wählt seine bevorzugte Parteiliste und legt diese in die Wahlurne. 3. Es wird ausgezählt, welche Partei wie viele Prozente aller Stimmen erhalten hat. 4. Im Verhältnis dieser erreichten Stimmprozente darf jede Partei Kandidaten aus ihrer Liste in die Behörde entsenden.
Beispiel: – Im Kanton Zürich sind zwei Ständeräte zu wählen. – Es gibt 5 Kandidaten: A/B/C/D/E – 400 000 Stimmberechtigte schreiben je zwei Namen auf die Wahlliste. → das absolute Mehr liegt bei 200 001. Ergebnis im 1. Wahlgang: A: 252 000 Stimmen B: 192 000 Stimmen C: 168 000 Stimmen D: 152 000 Stimmen E: 36 000 Stimmen (total: 800 000) → Gewählt ist Kandidat A; für den zweiten Sitz braucht es einen zweiten Wahlgang. Dort gilt dann derjenige Kandidat mit den meisten Stimmen als gewählt.	**Beispiel:** – Im Kanton Luzern sind 10 Nationalräte zu wählen. 4 Parteien (A/B/C/D) stellen je eine Wahlliste mit 10 Kandidaten aus ihrer Partei auf. – 200 000 Stimmberechtigte legen ihre bevorzugte Parteiliste in die Urne. Ergebnis: 80 000 (40 %) → Parteiliste A 60 000 (30 %) → Parteiliste B 40 000 (20 %) → Parteiliste C 20 000 (10 %) → Parteiliste D ▼ Jede Partei kann im Verhältnis ihrer erreichten Prozente eigene Kandidaten in den Nationalrat entsenden: Partei A 40 % → 4 Nationalräte Partei B 30 % → 3 Nationalräte Partei C 20 % → 2 Nationalräte Partei D 10 % → 1 Nationalrat

3.16 Gesetzgebung auf Bundesebene

Leistungsziele BIVO

- Ich zeige auf, wie ich als Bürger/Bürgerin auf das Gesetzgebungsverfahren Einfluss nehmen kann (Referendum, Initiative, Abstimmung)

Einführung: Die Gesetzgebung der Schweiz ist in verschiedene Stufen eingeteilt, mit einer klaren Rangordnung: 1. die Verfassung, 2. die Gesetze, 3. die Verordnungen.
Weil die Schweiz ein demokratisch regierter Rechtsstaat ist, kann das Volk bei der Gesetzgebung massgeblich mitwirken. Das Ausmass dieser Mitwirkung ist aber abgestuft, je nach Wichtigkeit des Rechtserlasses, um den es geht. Dies ist der Inhalt dieses Kapitels: Wie und auf welche Art das Volk bei den verschiedenen Gesetzesstufen mitwirken kann.

3.16.1 Die drei Ebenen der Gesetzgebung

Hierarchie der Gesetzgebung	Beschreibung	Beispiel (Texte gekürzt)
BV	**Bundesverfassung BV:** Grundgesetz der Schweiz, regelt den Aufbau des Staates und die Grundregeln des Zusammenlebens.	BV 82: «Der Bund erlässt Vorschriften über den Strassenverkehr.»
Bundesgesetze	**Bundesgesetz:** Genauere Ausführung zu einer Verfassungsbestimmung. Hier wird ein Sachgebiet genauer geregelt, mit Geboten und Verboten, z. B.: ZGB/OR/Strafgesetz/Strassenverkehrsgesetz/SchKG	Art. 55 Strassenverkehrsgesetz: «Fahrzeugführer sowie an Unfällen beteiligte Strassenbenützer können einer Atemalkoholprobe unterzogen werden. Eine Blutprobe muss angeordnet werden, wenn Anzeichen von Fahruntüchtigkeit vorliegen, die nicht auf Alkoholeinfluss zurückzuführen sind.»
Verordnungen	**Verordnung:** Präzisierungen, Detailregelungen von Gesetzen, mit vielen Einzelheiten	Art. 1 und 2 Verordnung über Blutalkohol-Grenzwerte: «Fahruntüchtigkeit gilt als erwiesen bei einer Blutalkoholkonzentration von 0.5 Promille oder mehr. Als qualifiziert gilt eine Blutalkoholkonzentration von 0.8 Promille oder mehr.»

3.16.2 Entscheidungsträger über die Gesetzgebung

Hier wird deutlich: Je nach Wichtigkeit der Gesetzesebene ist das Volk obligatorischer Entscheidungsträger (BV) oder nur auf Verlangen Entscheidungsträger (Bundesgesetze) oder gar nicht an der Entscheidung beteiligt.

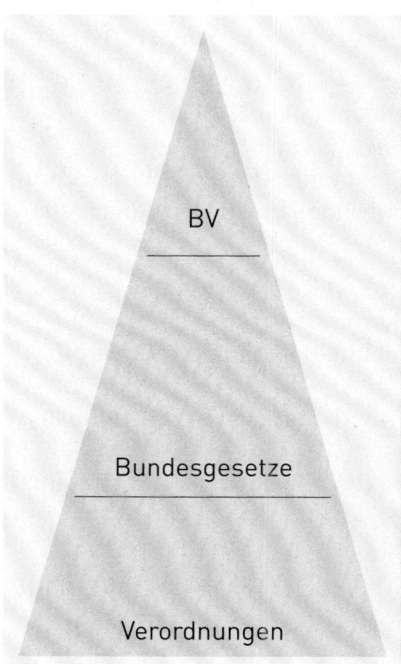

Bundesverfassung:
- Das Volk, mit der Volksinitiative, BV 139
- Für jede Änderung der BV gilt das obligatorische Referendum, BV 140, d.h. es muss obligatorisch darüber abgestimmt werden.
- Bei Abstimmungen über die BV braucht es das Doppelte Mehr (Beschreibung unten)

Bundesgesetze:
- Das Parlament (NR und SR), aber mit «Einspruchsmöglichkeit» des Volkes:
- Mit dem fakultativen Referendum kann das Volk eine Abstimmung verlangen, BV 141
- Dann braucht es das Einfache Mehr (= Volksmehr): die gesamtschweizerische Mehrheit aller gültigen Stimmen

Verordnungen:
- Der Bundesrat bzw. die Bundesverwaltung, also die Exekutive
- Weil es um Präzisierungen und um Detailregelungen von Gesetzen geht, gelten Verordnungen nicht als Akt der Gesetzgebung, sondern als Akt der Gesetzesausführung.

Einfaches und Doppeltes Mehr:

Einfaches Mehr: Volksmehr
Hier braucht es zur Annahme «nur» die gesamtschweizerische Mehrheit aller gültigen Stimmen

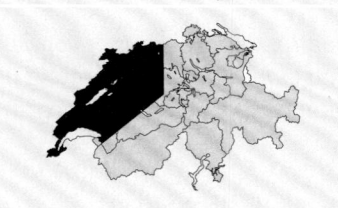

Doppeltes Mehr: Volksmehr + Ständemehr (= Kantonsmehr)
Hier braucht es zur Annahme: → sowohl die gesamtschweizerische Mehrheit aller gültigen Stimmen, und zusätzlich → die Mehrheit aller Kantone (→ in jedem Kanton wird einzeln das Volksmehr gezählt; das Ergebnis gilt als Ja oder Nein dieses Kantons.)

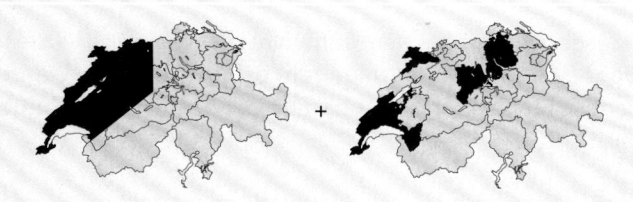

- Als «Mehrheit» gilt immer: die Hälfte der Stimmen + 1; gleich viele Ja- wie Nein-Stimmen = nein!
- Ständemehr: Es gibt total 23 Kantonsstimmen (= Standesstimmen) bzw. 20 Ganzkantone und 6 Halbkantone: Jeder Kanton zählt als eine Kantonsstimme, jeder Halbkanton als ½ Kantonsstimme. Ein Unentschieden von 11½ : 11½ bei den Kantonsstimmen bedeutet Ablehnung. Für das Ständemehr braucht es also mindestens 12 Kantonsstimmen. Das Erfordernis des Ständemehrs soll verhindern, dass die bevölkerungsreichen Kantone in Verfassungsfragen alleine entscheiden können.

3.16.3 Bundesverfassung: Volksinitiative und obligatorisches Referendum

Hier geht es um die Frage: Wer darf überhaupt Vorschläge machen für eine Veränderung der Bundesverfassung?

Vorschläge für Änderungen in der Bundesverfassung können von zwei Seiten kommen	
– vom Bundesrat oder vom Parlament (NR und SR)	– direkt vom Volk über die Volksinitiative, BV 139: eine absolute Schweizer Spezialität. **Definition:** Recht des Volkes, mit einer Unterschriftensammlung Vorschläge für eine Verfassungsänderung zu machen und darüber abzustimmen. ↓
	Bedingung für das Zustandekommen: – 100 000 Unterschriften (von handlungsfähigen Schweizer Bürgern) – innert 18 Monaten (seit der amtlichen Veröffentlichung der Initiative) Das Parlament kann eine Empfehlung abgeben, ob es dafür oder dagegen ist, mehr nicht.
↓	↓
Obligatorisches Referendum: Volksabstimmung BV 140, Annahme bei doppeltem Mehr	Obligatorisches Referendum: Volksabstimmung BV 140, Annahme bei doppeltem Mehr
Würdigung: Sowohl umstrittene wie völlig unumstrittene Verfassungsänderungen müssen dem Volk zur Abstimmung unterbreitet werden.	Bedeutung der Volksinitiative auf Verfassungsebene: – Ausgangspunkt für Volksinitiativen sind meistens politische Parteien oder Interessengruppen, z. B. Tierschutzbund – Auf diesem Weg haben sogar Vorschläge eine Chance, die von Regierung und Parlament abgelehnt werden: **Beispiele:** Minarettverbot, Berufsverbot für Pädophile

3.16.4 Bundesgesetze: Fakultatives Referendum

Für Bundesgesetze gibt es kein Initiativrecht des Volkes → die Vorschläge dafür kommen immer von Bundesrat oder Parlament. Aber hier geht es um die Frage: Wann kommt es zu einer Volksabstimmung und wann nicht? Entscheidend ist, ob vom Volk bzw. mind. 8 Kantonen das fakultative Referendum ergriffen wird oder nicht:

Vorschläge für ein neues Bundesgesetz: – Bundesrat, – Parlament (NR u SR)	
Entscheid des Parlamentes (NR u SR) über die Annahme eines neuen Gesetzes	
↓	↓
↓ 100 Tage ohne Referendum ↓	**Fakultatives Referendum, BV 141**, eine Schweizer Spezialität **Definition:** Recht des Volkes, mit einer Unterschriftensammlung die Volksabstimmung über ein vom Parlament beschlossenes Gesetz zu verlangen. Bedingung für das Zustandekommen: – 50 000 Unterschriften (von handlungsfähigen Schweizer Bürgern) – innert 100 Tagen (seit der amtlichen Veröffentlichung des Erlasses)
	Bei Annahme des Gesetzes ↓ Bei Ablehnung des Gesetzes ↓
In Kraft treten des neuen Gesetzes	kein neues Gesetz

3.17 Staatslehre – Aufgaben

3.17.1 Rechtsstaat

a) Kreuzen Sie den korrekten rechtsstaatlichen Grundsatz an, der durch die Aussagen jeweils betroffen ist. Pro Zeile ist nur ein Kreuz möglich.
S = Schutz der Grundrechte   G = Gewaltentrennung   L = Legalitätsprinzip

Aussage	S	G	L
Abgewiesene Asylbewerber erhalten wöchentlich einen minimalen Geldbetrag unter dem Stichwort «Nothilfe».			
Der Bundesrat führt Gesetze aus; aber er darf keine Gesetze erlassen.			
Es wäre nicht in Ordnung, wenn ein Steuerkommissär einer hübschen Frau aus Sympathie Rabatt auf die Steuern gibt.			
Es wäre nicht erlaubt, dass ein Bundesrichter in seinem Wohnkanton Regierungsrat ist.			

b) Wie nennt man das Gegenteil eines Rechtsstaats? (die Bezeichnung hinschreiben)

c) Was versteht man unter dem Legalitätsprinzip? Formulieren Sie einen ganzen Satz.

3.17.2 Gewaltentrennung – Behörden

a) Was versteht man unter Gewaltentrennung im Staat? (Definieren Sie den Begriff in einem ganzen Satz)

b) Worin besteht der Hauptzweck der Gewaltentrennung? (Zwei Punkte, in Stichworten)

c) Setzen Sie in der folgenden Übersicht die fehlenden Begriffe richtig ein:

Behörde:		Regierung	
Fremdwort:	Legislative		Judikative
Name der Behörde auf Bundesebene:			Bundesgericht
Anzahl Mitglieder?			38

Staatslehre – Aufgaben

d) Die folgenden Beschreibungen gehören zu einer der drei Behörden.
   Setzen Sie auf jeder Zeile die (einzig) richtige Abkürzung ein:
   Gesetzgebende Behörde = GeBe /
   Ausführende Behörde = AuBe / Richterliche Behörde = RiBe

Beschreibung	Behörden-Abkürzung
Behörde, die vom Volk gewählt wird.	
Bundesbehörde mit Hauptsitz in Lausanne	
die Landesregierung	
Bundesrätin Viola Amherd	
die Bundesversammlung	
Sieben Departemente	

e) Die Schweiz hat ein Zweikammer-Parlament.

   1. Wie nennt man beide Kammern, wenn sie im gleichen Saal tagen?

   2. Zu welchen Anlässen tagen die beiden Kammern im gleichen Saal

f) Man sagt, der Zweck des Zweikammer-Systems besteht darin, dass die kleinen Kantone nicht von den grossen Kantonen überstimmt werden können.

   1. In welcher der beiden Kammern ist das so?

   2. Wie funktioniert das System, damit die kleinen Kantone nicht von den grösseren überstimmt werden können?

g) Nicht alle unten aufgeführten Funktionen gehören zu den Aufgaben des Bundesrates. Kreuzen Sie an, welches die wirklichen Zuständigkeiten des Bundesrates sind.

	Er pflegt die Beziehungen der Schweiz zum Ausland.
	Er bestimmt die Regierungspolitik.
	Er stellt neue Gesetze auf.
	Er wählt die Bundesrichter.
	Er sorgt für innere und äussere Sicherheit im Land.
	Er beaufsichtigt die Bundesverwaltung (die Departemente).
	Er beaufsichtigt die Kantonspolizei-Korps.
	Er entscheidet über Lohnerhöhungen der Arbeitnehmer/innen in der Schweiz.

h) Der Bundesrat arbeitet nach dem Prinzip der Kollegialregierung. Was bedeutet das genau? Kreuzen Sie die einzig richtige Antwort an.

	Entscheide des Bundesrates werden nach aussen als gemeinsame Beschlüsse vertreten, auch wenn einzelne Bundesräte eine andere Meinung haben.
	Die sieben Bundesräte müssen zueinander ein kollegiales Verhältnis haben. Wer dazu nicht in der Lage oder nicht willens ist, wird zwangsweise ausgewechselt.
	Sachfragen und Entscheide werden immer von demjenigen Bundesrat/von derjenigen Bundesrätin getroffen, die dafür die besten Kenntnisse und die beste Ausbildung hat.

i) Einer der sieben Bundesräte ist Bundespräsident/Bundespräsidentin. Von wem wird der Bundespräsident gewählt und für wie lange?

_____

_____

j) Fragen zum Parlament: (in Stichworten beantworten)

1. Zu wie vielen Sessionen pro Jahr kommt das Parlament zusammen, und wie lange dauert jede Session?

_____

_____

2. Was bedeutet das Wort «Session»?

_____

_____

3. Man spricht in der Schweiz von einem Milizdepartement. Was versteht man darunter?

_____

_____

3.17.3 Rechte und Pflichten

a) Füllen Sie die Lücken mit den korrekten Begriffen aus:

Art der Rechte	Politische Rechte		Menschenrechte
Wer hat diese Rechte?		alle Schweizer Bürgerinnen und Bürger	

b) Fragen zu den Pflichten

1. Nennen Sie diejenige staatsbürgerliche Pflicht, welche nur für Schweizer Männer gilt.

_____

Staatslehre – Aufgaben

2. Nennen Sie zwei andere Pflichten, welche für alle in der Schweiz wohnhaften Menschen gelten.

_____

_____

c) Man unterscheidet zwischen politischen Rechten (= PoRe), staatsbürgerlichen Rechten (= StaRe) und Menschenrechten (= MeRe). Kreuzen Sie an, zu welchem Recht die folgenden Aussagen gehören.

Nr.	Aussagen	PoRe	StaRe	MeRe
1.	Man muss handlungsfähig und Schweizer Bürger(in) sein, um diese Rechte zu haben.			
2.	Jede Person hat diese Rechte.			
3.	Dazu gehören das Niederlassungsrecht und der Schutz vor Auslieferung.			
4.	Dazu gehört das Recht auf freie Meinungsäusserung.			
5.	Dazu gehört das Referendumsrecht.			
6.	Dazu gehört die Garantie des Rechts auf Eigentum.			

3.17.4 Staats- und Regierungsformen

a) Was bedeutet das Wort Demokratie genau? (keine Umschreibung, sondern die Bedeutung des Begriffs selber)

_____

b) Die wichtigsten Unterschiede zwischen direkter und indirekter Demokratie: Kreuzen Sie an, ob die Aussagen für die direkte oder für die indirekte Demokratie korrekt sind oder ob sie gar nicht korrekt sind (es gilt immer nur eines!)

	direkte Demokratie	indirekte Demokratie	weder- noch
Die Bürger können nur das Parlament wählen, aber nicht über neue Gesetze abstimmen.			
Die Bürger können direkt an den Staatsgeschäften teilnehmen, aber hier gibt es keine Behörden und keine Wahlen.			
Diktaturen und Monarchien gehören zu … .			
Die Nachbarländer der Schweiz haben mehrheitlich diese Form.			
Landsgemeinde und Gemeindeversammlung sind typisch für… .			
Die Bevölkerung kann Einfluss nehmen auf Verfassung und Gesetzgebung.			

c) Mit welchem Fachbegriff bezeichnet man die spezielle Regierungsform in der Schweiz?

d) Ordnen Sie den folgenden Staaten und Organisationen die richtige Staats- und Regierungsform zu
   Direkte Demokratie = DD   Indirekte Demokratie = ID   Diktatur = DI
   Einheitsstaat = ES   Staatenbund = SB   Bundesstaat = BS

	Staatsform	Regierungs-form		Staatsform	Regierungs-form
Frankreich			UNO		
Nordkorea			Deutschland		
Italien			USA		
EU (heutiger Stand)			Syrien		

e) Man kann die verschiedenen Staatsformen vereinfacht mit einer Frucht vergleichen. Ordnen Sie die drei Staatsformen der jeweiligen Frucht zu.

Frucht	Staatsform
Trauben	
Apfel	
Orange	

3.17.5 Gesetzgebung auf Bundesebene

a) Gehören die folgenden Aussagen zum obligatorischen Referendum (= o) oder zum fakultativen Referendum (= f)?

Nr.	Aussagen	f oder o
1.	Zur Annahme braucht es das Volks- und das Ständemehr.	
2.	Kommt dann zur Anwendung, wenn das Parlament ein neues Gesetz beschlossen hat.	
3.	Es geht hier um eine Änderung der Bundesverfassung.	
4.	Dafür müssen keine Unterschriften gesammelt werden.	
5.	50 000 Stimmbürger/innen verlangen eine Abstimmung.	
6.	Das gibt es in keinem anderen Land in dieser Art.	

Staatslehre – Aufgaben

b) Im folgenden Text zum Initiativrecht hat es **sechs** klare Fehler. Unterstreichen Sie die fehlerhaften Stellen und fügen Sie auf den leeren Linien eine Korrektur ein.

Text zum Initiativrecht	Fehlerkorrektur
Die Initiative, auch Volksbefehl genannt, stellt die Pflicht des Volkes dar, mittels Geldsammlung eine Abstimmung über einen neuen Artikel in der Verordnung zu verlangen. Für eine Initiative auf Bundesebene braucht es 500 000 Unterschriften innerhalb von sechs Monaten.	

c) Welche Aussagen treffen auf die Initiative (= I), auf das Referendum (= R), auf beide gleichzeitig (= I + R) oder auf keines (= —) zu? Setzen Sie auf jeder Zeile die entsprechenden Buchstaben ein.

Buchstabe	Aussage
	Kann nur von politischen Parteien ergriffen werden.
	Führt zu einer Volksabstimmung.
	Dafür braucht es 50 000 Unterschriften.
	Es sind politische Rechte.
	Man zählt sie zu den Menschenrechten.
	Damit will man etwas Neues einführen.

d) Wie viele Unterschriften in welcher Zeit müssen gesammelt werden ....

1. ... für eine Volksinitiative?

2. ... für ein fakultatives Referendum?

e) Ein neuer Artikel soll in die Bundesverfassung aufgenommen werden. Welches Mehr wird für die Aufnahme des Artikels verlangt? Kreuzen Sie die richtige Antwort an.

absolutes Mehr	doppeltes Mehr
einfaches Mehr	relatives Mehr

f) In welchem der folgenden Fälle gilt der Artikel in der Bundesverfassung als angenommen?

Fall	Volksstimmen		Ständestimmen (Kantone)		angenommen	
	Ja	Nein	Ja	Nein	Ja	Nein
1.	560 000	710 000	13	10		X
2.	730 000	640 000	15	8	X	
3.	740 000	590 000	11 ½	11 ½		X
4.	630 000	650 000	12	11		X

Gesamtwirtschaftliche Zusammenhänge

Kapitel 4

- 4.1 Bedürfnisse, Güter, Produktionsfaktoren
- 4.2 Wirtschaftskreislauf, Wirtschaftsleistung
- 4.3 Marktwirtschaft
- 4.4 Wachstum & Strukturwandel
- 4.5 Ziele der Wirtschafts- & Sozialpolitik
- 4.6 Konjunktur
- 4.7 Geldwertstörungen
- 4.8 Globalisierung
- 4.9 Ökologie, Energie
- 4.10 Fiskal- & Geldpolitik
- 4.11 Arbeitslosigkeit, Sozialer Ausgleich
- 4.12 Parteien & Verbände

4 Gesamtwirtschaftliche Zusammenhänge

4.1 Bedürfnisse, Güter, Produktionsfaktoren

Leistungsziele BIVO

- Ich erkläre die Bedeutung und die Arten der verschiedenen Bedürfnisse und unterscheide die Güter (freie, wirtschaftliche Güter, Sachgüter und Dienstleistungen, Investitions- und Konsumgüter) als Mittel zur Befriedigung.
- Ich beschreibe die Produktionsfaktoren Arbeit, Kapital und Boden.

4.1.1 Bedürfnisse

Ein Bedürfnis ist ein Mangelempfinden mit dem Wunsch, diesen Mangel zu beseitigen.

Gliederung der Bedürfnisse

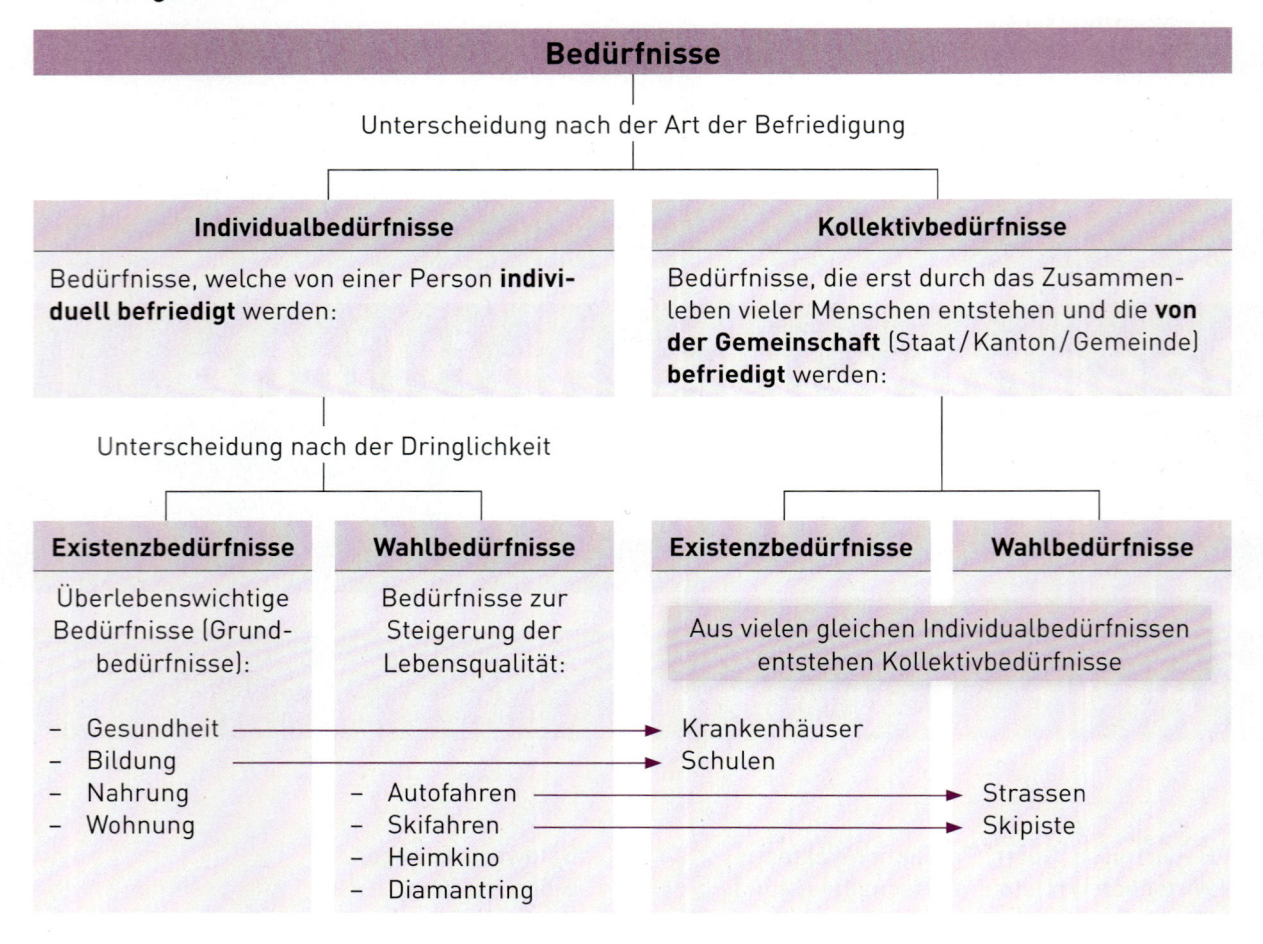

Bedürfnisse

Unterscheidung nach der Art der Befriedigung

Individualbedürfnisse
Bedürfnisse, welche von einer Person **individuell befriedigt** werden:

Kollektivbedürfnisse
Bedürfnisse, die erst durch das Zusammenleben vieler Menschen entstehen und die **von der Gemeinschaft** (Staat / Kanton / Gemeinde) **befriedigt** werden:

Unterscheidung nach der Dringlichkeit

Existenzbedürfnisse	Wahlbedürfnisse	Existenzbedürfnisse	Wahlbedürfnisse
Überlebenswichtige Bedürfnisse (Grundbedürfnisse):	Bedürfnisse zur Steigerung der Lebensqualität:	Aus vielen gleichen Individualbedürfnissen entstehen Kollektivbedürfnisse	
– Gesundheit → Krankenhäuser – Bildung → Schulen – Nahrung – Wohnung	– Autofahren → Strassen – Skifahren → Skipiste – Heimkino – Diamantring		

4.1.2 Güter

Güter sind Mittel zur Bedürfnisbefriedigung. Es werden folgende Güterarten unterschieden:

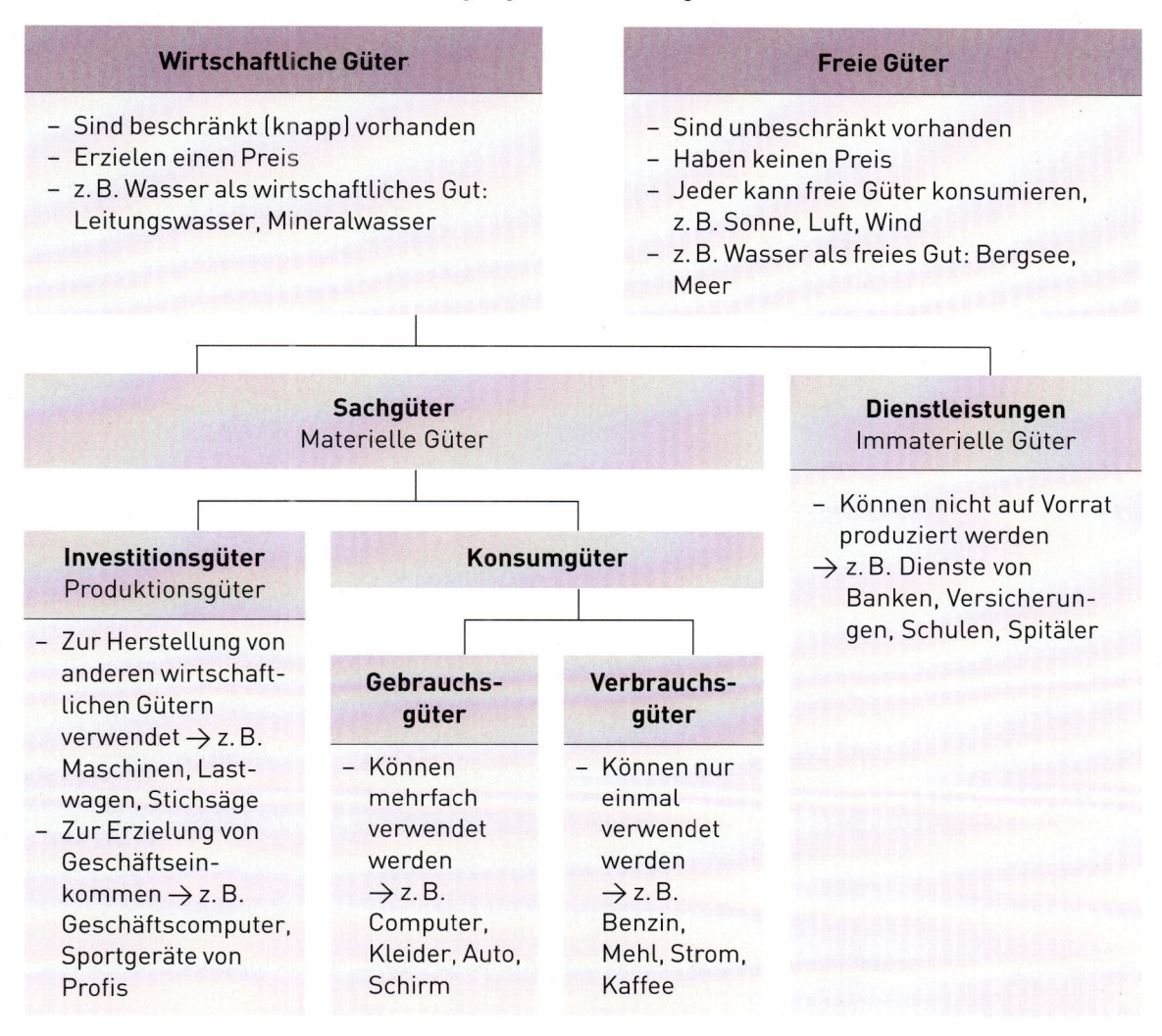

Wirtschaftliche Güter	Freie Güter
– Sind beschränkt (knapp) vorhanden – Erzielen einen Preis – z. B. Wasser als wirtschaftliches Gut: Leitungswasser, Mineralwasser	– Sind unbeschränkt vorhanden – Haben keinen Preis – Jeder kann freie Güter konsumieren, z. B. Sonne, Luft, Wind – z. B. Wasser als freies Gut: Bergsee, Meer

Sachgüter
Materielle Güter

Dienstleistungen
Immaterielle Güter
– Können nicht auf Vorrat produziert werden
→ z. B. Dienste von Banken, Versicherungen, Schulen, Spitäler

Investitionsgüter
Produktionsgüter
– Zur Herstellung von anderen wirtschaftlichen Gütern verwendet → z. B. Maschinen, Lastwagen, Stichsäge
– Zur Erzielung von Geschäftseinkommen → z. B. Geschäftscomputer, Sportgeräte von Profis

Konsumgüter

Gebrauchsgüter	Verbrauchsgüter
– Können mehrfach verwendet werden → z. B. Computer, Kleider, Auto, Schirm	– Können nur einmal verwendet werden → z. B. Benzin, Mehl, Strom, Kaffee

4.1.3 Produktionsfaktoren

Produktionsfaktoren sind Mittel, welche für die Herstellung von Sachgütern (Produkten) und Dienstleistungen benötigt und eingesetzt werden. Man unterscheidet die folgenden drei Produktionsfaktoren:

Produktionsfaktoren (Ressourcen)		
Arbeit und Wissen – Körperliche und geistige Tätigkeiten – Wissen, wie man Produkte und Dienstleistungen herstellt (Know-how) – Fachwissen (Schulen, Universitäten)	**Boden** – Boden (Standort für Unternehmung) – Natürliche Ressourcen (Erdöl, Eisenerz, Weizen, Gold, andere Rohstoffe)	**Kapital** – Geld zur Investition in Produktionsmittel – Sachkapital (Maschinen, Lastwagen, Werkzeuge etc.)

Bedürfnisse, Güter, Produktionsfaktoren – Aufgaben

4.1 Bedürfnisse, Güter, Produktionsfaktoren – Aufgaben

4.1.1 Bedürfnisse

a) Definieren Sie den Begriff «Bedürfnis» in einem kurzen und präzisen Satz.

_____

_____

_____

b) Welche Aussagen über die menschlichen Bedürfnisse sind richtig? Kreuzen Sie die richtigen an.

	Alle menschlichen Bedürfnisse können durch Güter oder Dienstleistungen der Wirtschaft befriedigt werden.
	Erst wenn die Grundbedürfnisse befriedigt sind, können Wahlbedürfnisse befriedigt werden.
	Je höher das Einkommen ist, desto mehr Wahlbedürfnisse können befriedigt werden.
	Die Kollektivbedürfnisse nehmen in dem Masse zu, wie die Individualbedürfnisse abnehmen.
	Das Gegenteil von Kollektivbedürfnisse sind Wahlbedürfnisse.
	Je tiefer das Einkommen ist, desto grösser ist der prozentuale Anteil, den man zur Deckung von Grundbedürfnissen braucht.

c) Kreuzen Sie bei den nachfolgenden Bedürfnissen, die zutreffenden Bedürfnisarten an. Es braucht immer zwei Ankreuzungen pro Zeile!

Bedürfnis	Individualbedürfnis	Kollektivbedürfnis	Existenzbedürfnis	Wahlbedürfnis
Bau einer neuen Kantonsschule				
Mitgliedschaft in einem Fussballclub				
Kauf einer neuen Uhr				
Neuerschliessung eines entlegenen Dorfs durch das Postauto				
Buchung einer Urlaubsreise				

d) Neben den Individualbedürfnissen gibt es auch Kollektivbedürfnisse. Kollektivbedürfnisse entstehen aus einer Vielzahl von Individualbedürfnissen. Zu welchen Kollektivbedürfnissen führen die folgenden Individualbedürfnisse?

Nr.	Individualbedürfnis	Kollektivbedürfnis
Bsp.	*Immer mehr Leute benützen ein Handy.*	*Netzantennen, (Satelliten)*
1.	Immer mehr Leute fahren Ski oder Snowboard.	
2.	Immer mehr Leute benützen elektrische Geräte.	
3.	Immer mehr Leute haben ein Auto.	
4.	Immer mehr Leute werden immer älter.	

e) Erklären Sie am Beispiel einer Tsunamiwelle, welche eine ganze Stadt zerstört, weshalb die Wahlbedürfnisse in einem solchen Fall zweitrangig werden.

4.1.2 Güter

a) Es gibt freie Güter und wirtschaftliche Güter.

   1. Erläutern Sie die zwei typischen Merkmale von freien Gütern.

   2. Geben Sie zwei klare Beispiele für freie Güter.

   3. Mirco behauptet, Licht sei ein freies Gut. Carla dagegen ist der Meinung, Licht sei ein wirtschaftliches Gut. Wer hat Recht? Begründen Sie Ihre Antwort.

Bedürfnisse, Güter, Produktionsfaktoren – Aufgaben

b) Wasser wird an verschiedenen Orten angetroffen. Zeigen Sie jeweils, ob es sich um ein freies Gut oder ein wirtschaftliches Gut handelt.

Wasservorkommen	Freies Gut	Wirts. Gut
Wasser in einem Schwimmbecken eines Hallenbads		
Regenwasser		
Leitungswasser		
Abgefülltes Quellwasser (z. B. Evian)		
Meereswasser		

c) Nehmen Sie bei den folgenden Gütern die richtige Einteilung vor (pro Zeile gibt es nur eine einzige Auswahl).

| Nr. | Aussage | Sachgüter | | Dienstleistung |
		Konsumgut	Investitionsgut	
1.	Der Computer der Gymnasiastin Claudia.			
2.	Die Kantonalbank besorgt die Vermögensverwaltung für Herrn Grob.			
3.	Die Pizza als Mittagessen vom Pizzakurier.			
4.	Die Garage führt am VW von Frau Kurz den 10 000 km-Service durch.			
5.	Das Auto des Pizza-Kuriers.			
6.	Der Computer am Büro-Arbeitsplatz von Markus.			
7.	Der Tennisschläger von Roger Federer.			
8.	Susi kauft sich bei H&M ein paar Jeans.			

d) Ist ein Handy ein Konsumgut oder ein Investitionsgut? Beschreiben Sie Ihre Überlegungen in eigenen Worten.

4.1.3 Produktionsfaktoren

a) Man spricht in der Wirtschaftskunde von den drei Produktionsfaktoren. Ergänzen Sie die nachfolgende Struktur um die fehlenden Produktionsfaktoren.

| Arbeit + Wissen | | |

b) Wozu dienen die drei Produktionsfaktoren der Wirtschaft eines Landes (gemeint sind alle drei zusammen)?

c) In welcher Weise kann Boden als Produktionsfaktor genutzt werden?

d) Fussballspielen kann zum Produktionsfaktor Arbeit gezählt werden oder auch nicht. In welchem Fall gehört es dazu, und in welchem Fall nicht?

| Gehört dazu: | |
| Gehört nicht dazu: | |

e) Zeigen Sie wie die NASA bei der Herstellung des Mars Erkundungsroboters «Spirit» den Produktionsfaktor Arbeit und Wissen eingesetzt hat.

f) Am diesjährigen Weihnachtsmarkt möchten Sie einen Maronistand eröffnen. Zeigen Sie, welche Produktionsfaktoren Sie hierfür benötigen und nennen Sie jeweils ein konkretes Beispiel.

4.2 Wirtschaftskreislauf, Wirtschaftsleistung

Leistungsziele BIVO

- Ich beschreibe die folgenden grundlegenden Zusammenhänge der Gesamtwirtschaft anhand des erweiterten Kreislaufs:
  - Haushalte, Unternehmen, Staat, Finanzsektor, Ausland
  - Bruttoinlandprodukt und Zusammensetzung nach Verwendungsart (Privater Konsum, Staatlicher Konsum, Investitionen, Aussenbeitrag)
  - Unterschied reales und nominales Wachstum des BIP

4.2.1 Einfacher und erweiterter Wirtschaftskreislauf

Einfacher Wirtschaftskreislauf: Vereinfachte Darstellung vom Tausch von Gütern und Dienstleistungen zwischen Produzenten und Konsumenten gegen Geld.

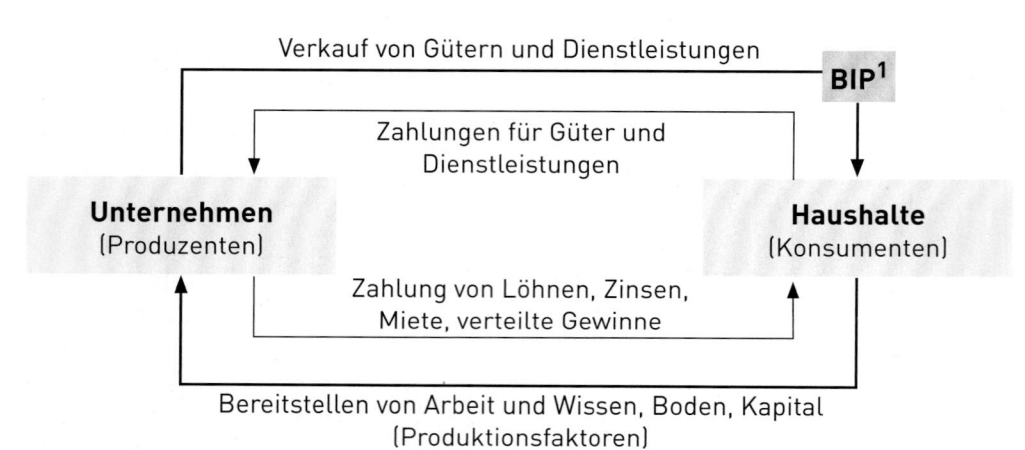

Güterstrom ——— Geldstrom ———
[1] BIP = Bruttoinlandprodukt

```
                  Verkauf von Gütern und Dienstleistungen
                                                                    BIP[1]
                        Zahlungen für Güter und
                            Dienstleistungen

        Unternehmen                                    Haushalte
        (Produzenten)                                  (Konsumenten)

                        Zahlung von Löhnen, Zinsen,
                         Miete, verteilte Gewinne

             Bereitstellen von Arbeit und Wissen, Boden, Kapital
                            (Produktionsfaktoren)
```

Wirtschaftskreislauf, Wirtschaftsleistung

Erweiterter Wirtschaftskreislauf: Einfacher Wirtschaftskreislauf, erweitert um die Akteure **Staat, Finanzinstitute (Banken), Ausland.** Im folgenden Schema sind nur die zusätzlichen Beziehungen im erweiterten Wirtschaftskreislauf beschriftet.

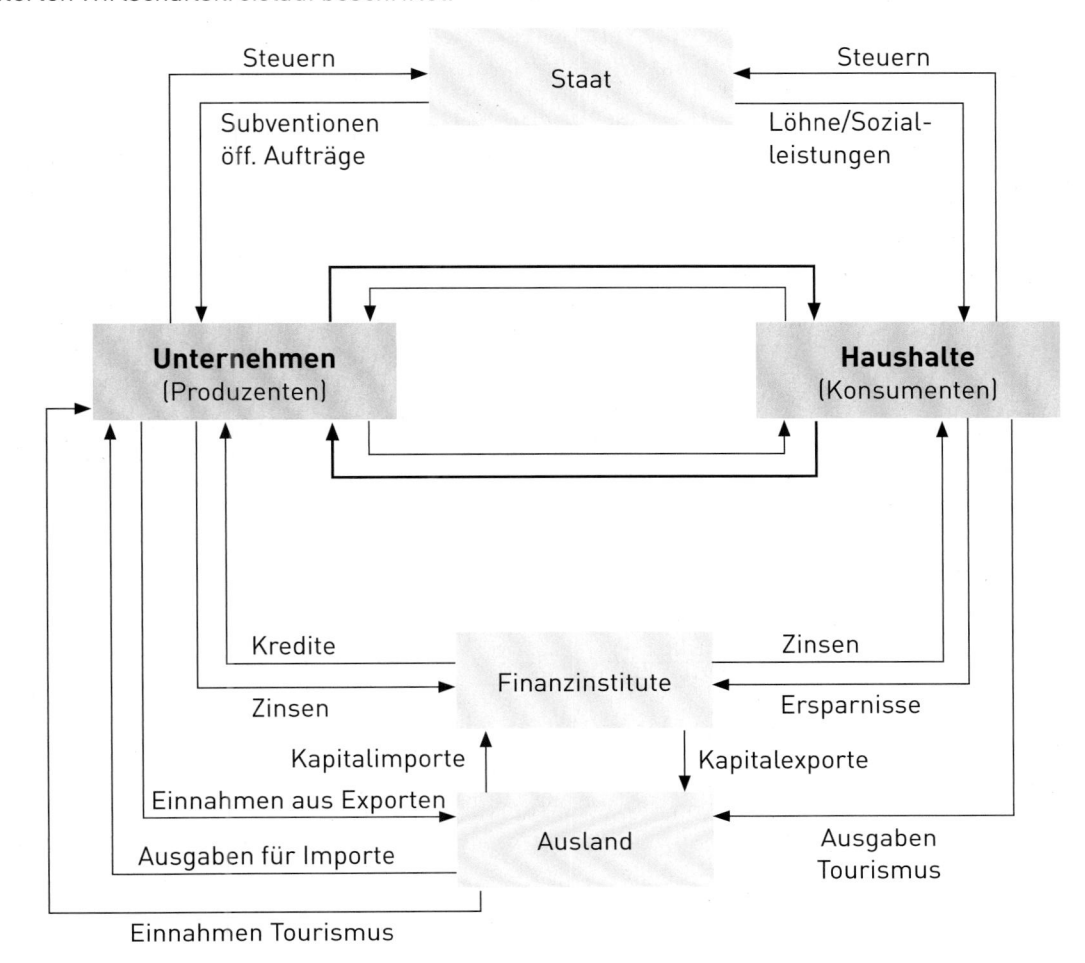

```
                    Steuern              Staat              Steuern
                 Subventionen                          Löhne/Sozial-
                 öff. Aufträge                         leistungen

            Unternehmen                          Haushalte
            (Produzenten)                        (Konsumenten)


                    Kredite                              Zinsen
                                  Finanzinstitute
                    Zinsen                              Ersparnisse

                         Kapitalimporte    Kapitalexporte
                 Einnahmen aus Exporten
                                    Ausland              Ausgaben
                 Ausgaben für Importe                    Tourismus

                 Einnahmen Tourismus
```

Die fünf Akteure sind wie folgt in den Wirtschaftskreislauf eingebunden:

	Akteur	Beschreibung, Einbindung
Einfacher Wirtschaftskreislauf	Haushalte (Konsumenten)	Einerseits stellen die privaten Haushalte den Unternehmen Produktionsfaktoren zur Verfügung, die Einkommen bringen. Andererseits tätigen die Konsumenten Ausgaben für benötigte Güter und Dienstleistungen.
	Unternehmen (Produzenten)	Um Güter und Dienstleistungen herzustellen, benötigen Unternehmen Produktionsfaktoren. Für diese Faktoren bezahlen sie Geld und erhalten umgekehrt Zahlungen für verkaufte Güter und Dienstleistungen.
Erweiterter Wirtschaftskreislauf	Staat	Konsumenten und Unternehmen zahlen dem Staat Steuern. Von ihm erhalten sie Aufträge, Subventionen, Löhne und Sozialleistungen.
	Finanzinstitute	Konsumenten und Unternehmen hinterlegen Geld bei Finanzinstituten (Ersparnisse, Geldanlagen). Von diesen erhalten sie (Konsum-) Kredite oder Zinsen. Nebst Banken spielen auch Versicherungen eine grosse Rolle.
	Ausland	Güter und Dienstleistungen werden von Unternehmen an das Ausland geliefert **(exportiert)** und gleichzeitig aus dem Ausland bezogen **(importiert)**. Sie erhalten bzw. bezahlen dafür Geld. Konsumenten verbringen im Ausland Ferien und geben vor Ort folglich Geld aus.

4.2.2 Bruttoinlandprodukt

BIP
= Bruttoinlandprodukt
	– Wert aller Sachgüter und Dienstleistungen, die innerhalb eines Jahres innerhalb eines Landes hergestellt wurden (bewertet zu Marktpreisen)
	– Das BIP misst somit das Wirtschaftswachstum (meist in Prozent gegenüber der Vorperiode)
	– Messung / Verwendung: **BIP = Konsum + Investitionen + (Exporte − Importe)**
	   Ergänzungen: Der Konsum setzt sich aus dem **privaten** und dem **staatlichen** Konsum zusammen.
	                   Exporte − Importe entspricht dem **Aussenbeitrag**.
	– Schwächen: – Die folgenden Tätigkeiten werden durch das BIP nicht erfasst, werden aber nach Möglichkeit als Schätzung hineingenommen: unentgeltliche Arbeiten (z. B. Kindererziehung, Freiwilligenarbeit), Schwarzarbeit und illegale Tätigkeiten (Drogenhandel).
	               – Das BIP/Kopf zeigt lediglich einen Durchschnittswert. Aussagen über Einzelpersonen sind somit nicht möglich.
	               – Vorherige Wertminderungen werden vom BIP nicht erfasst (z. B. eine Wertminderung bei einem Autounfall).

BIP / Kopf	– Setzt das BIP eines Landes ins Verhältnis zu dessen Bevölkerungszahl und ermöglicht dadurch den Vergleich von verschiedenen Ländern. – $\text{BIP} / \text{Kopf} = \dfrac{\text{BIP}}{\text{Bevölkerungszahl}}$
Nominales und **Reales BIP**	– **Nominales BIP:** BIP zu aktuellen Preisen. – **Reales BIP:** Nominales BIP abzüglich Teuerung (Inflation). Das Reale BIP ermöglicht den Vergleich von BIP-Wachstum über einen längeren Zeitraum.

4.2 Wirtschaftskreislauf, Wirtschaftsleistung – Aufgaben

4.2.1 Erweiterter Wirtschaftskreislauf

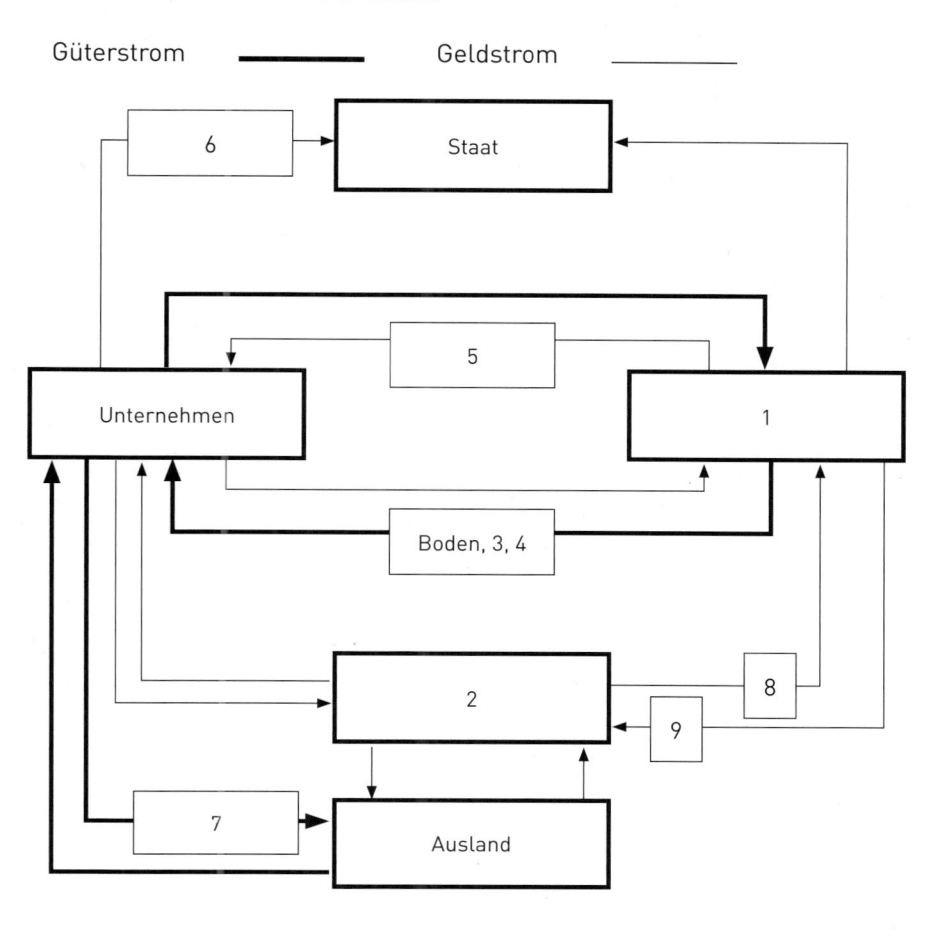

Güterstrom ———   Geldstrom ———

[Diagramm: Erweiterter Wirtschaftskreislauf mit Staat, Unternehmen, Feld 1, Feld 2, Ausland und nummerierten Feldern 3–9; Beschriftung "Boden, 3, 4" und "5" zwischen Unternehmen und 1]

a) Ordnen Sie den Nummern 1–9 im erweiterten Wirtschaftskreislauf die folgenden Begriffe zu. Es hat mehr Begriffe als Nummern.

Begriffe: Zinsen, Importe, Exporte, Finanzinstitute, Arbeit, Zahlung für Güter und Dienstleistungen, Miete, Haushalte, Inflation, Steuern, Kapital, Landesindex der Konsumentenpreise, Ersparnisse.

Nr.	Begriffe
1.	
2.	
3.	
4.	
5.	
6.	
7.	
8.	
9.	

Wirtschaftskreislauf, Wirtschaftsleistung – Aufgaben

b) Wie nennt man die Grösse, die mit dem Güterstrom gemessen wird und was wird damit gemessen?

c) Akteure im Wirtschaftskreislauf: Ergänzen Sie die Lücken in der Tabelle, mit den jeweiligen Wirtschaftsteilnehmern und deren Gegenleistung. Zeile 1 ist als Beispiel schon gelöst.

Nr.	Leistung	Wirtschaftsteilnehmer	Gegenleistung
Bsp.	Arbeitsleistung in Unternehmen	*Haushalte → Unternehmen*	*Lohn*
1.	Private Ersparnisse		
2.	Kredite an Firmen gewähren		
3.	Service Public: Infrastruktur zur Verfügung stellen (z. B. Strassen)		
4.	Exporte		
5.	Lohnzahlungen an öffentliche Angestellte		
6.	Aktienkapital zur Verfügung stellen		

4.2.2 Bruttoinlandprodukt

a) Kreuzen Sie an, ob die folgenden Aussagen «Richtig» oder «Falsch» sind.

Nr.	Aussage	Richtig	Falsch
1.	Das nominale BIP wird zu Preisen eines früheren Jahres berechnet.		
2.	Das BIP umfasst den Wert aller Sachgüter und Dienstleistungen, die in einem Jahr im Inland und Ausland hergestellt wurden.		
3.	Das Wachstum des nominellen BIP zeigt sowohl die mengenmässige Entwicklung als auch die Preisentwicklung.		
4.	Das reale BIP wird zu Preisen des laufenden Jahres berechnet.		

Wirtschaftskreislauf, Wirtschaftsleistung – Aufgaben

b) **BIP und BIP pro Kopf**
Gegeben ist das Land Paradisio, in welchem 100 Einwohner leben.
Paradisio produziert 10 Tonnen Mais pro Jahr und 1200 Liter Orangensaft.
Der Marktwert von einer Tonne Mais beträgt CHF 10 und der Marktwert von einem Liter Orangensaft CHF 1.

1. Berechnen Sie das BIP

2. Berechnen Sie das BIP pro Kopf.

c) **Reales und nominales BIP**
In einer Volkswirtschaft wird folgendes produziert:

- 2019: 200 000 Würste, Preis: CHF 1.00 / Stück
- 2020: 250 000 Würste, Preis: CHF 1.10 / Stück

1. Streichen Sie jeweils den unpassenden Begriff.

   Das nominelle BIP misst das BIP zu **aktuellen / früheren** Preisen.
   Das reale BIP misst das BIP zu **aktuellen / früheren** Preisen.

2. Berechnen Sie das nominelle BIP für die Jahre 2019 und 2020.

3. Wie gross ist das Wachstum des nominellen BIP in absoluten Zahlen?

4. Wie gross ist das Wachstum des nominellen BIP in Prozenten?

5. Berechnen Sie das reale BIP für die Jahre 2019 und 2020.

6. Wie gross ist das Wachstum des realen BIP in Prozenten?

Wirtschaftskreislauf, Wirtschaftsleistung – Aufgaben

7. Zeichnen Sie die Veränderungen des realen und des nominellen BIP mit Pfeilen in der Grafik ein und beschriften Sie die Pfeile.

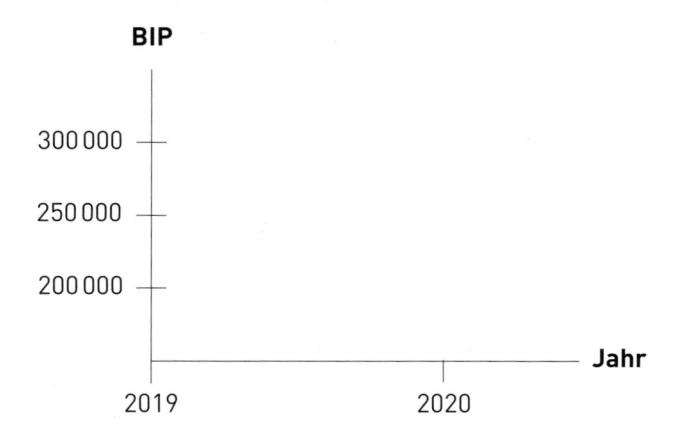

8. Zeigen Sie zeichnerisch und mit Beschriftung die Teuerung (Inflation) in der obigen Grafik.

d) Verwendungsart des BIP: Ordnen Sie die jeweilige Aussage der passenden Verwendungsart zu.

Aussage	Privater Konsum	Staatskonsum	Investitionen	Aussenhandel
Ein Kunde kauft sich an der Bahnhofstrasse eine neue Uhr.				
Ein ausländischer Kunde bestellt bei ABB Schweiz eine neue Maschine.				
Roche vergrössert ein bestehendes Gebäude in Basel um einen weiteren Pavillon.				
Die Swisscom kauft sich einen neuen Superrechner.				
Der Kanton Aargau vergibt einen Auftrag für den Einkauf von Software.				
Eine Urner Gemeinde beschliesst den Bau einer neuen Schule				

e) Zeigen Sie den Einfluss der jeweiligen Situation auf das BIP.

Situation	BIP steigt	BIP sinkt	Kein Einfluss
Ein Freund hilft jemandem bei einem Wohnungswechsel. Dafür erhält er 50 Franken in bar.			
Ein Skifahrer stürzt und bricht sich das Bein. Die Rega fliegt ihn ins nächste Spital.			
Aus Unsicherheit über die wirtschaftliche Entwicklung halten sich viele Kunden mit Käufen von Fahrzeugen zurück. Es werden weniger Fahrzeuge als im Vorjahr verkauft.			
Nach einem Erdbeben werden zerstörte Häuser wieder aufgebaut.			

4.3 Marktwirtschaft

Leistungsziele BIVO

- Ich beschreibe die folgenden grundlegenden Zusammenhänge der Gesamtwirtschaft anhand des erweiterten Kreislaufs:
  - das Funktionieren eines Marktes
  - Nachfragekurve und Veränderung der Nachfrage
  - Angebotskurve und Veränderung des Angebots
  - Preiselastizität der Nachfrage
  - Steuerungsfunktion von Preisen

4.3.1 Märkte

Auf Märkten treffen Nachfrager (Käufer) und Anbieter (Verkäufer) von Produkten und Dienstleistungen aufeinander:

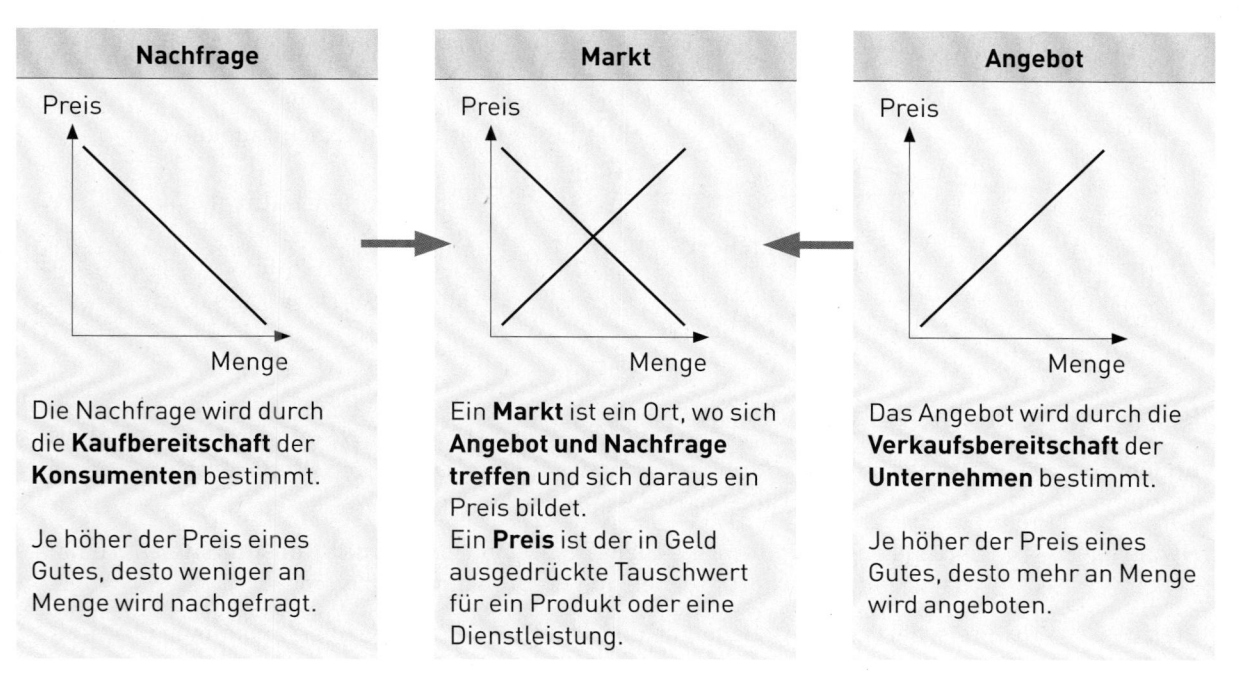

Nachfrage

Die Nachfrage wird durch die **Kaufbereitschaft** der **Konsumenten** bestimmt.

Je höher der Preis eines Gutes, desto weniger an Menge wird nachgefragt.

Markt

Ein **Markt** ist ein Ort, wo sich **Angebot und Nachfrage treffen** und sich daraus ein Preis bildet.
Ein **Preis** ist der in Geld ausgedrückte Tauschwert für ein Produkt oder eine Dienstleistung.

Angebot

Das Angebot wird durch die **Verkaufsbereitschaft** der **Unternehmen** bestimmt.

Je höher der Preis eines Gutes, desto mehr an Menge wird angeboten.

Wenn auf einem Markt mehrere Unternehmen ähnliche Güter oder Dienstleistungen anbieten, befinden sie sich im Wettbewerb um die Gunst der Nachfrager. Der Konkurrenzkampf um Marktanteile wird oft (aber nicht nur) über den Verkaufspreis geführt.

Es existieren zahlreiche Arten von Märkten:

Markt	Angebot und Nachfrage nach	Beispiele
Gütermarkt	Güter und Dienstleistungen (Produzent ←→ Konsument)	– Rohstoffmärkte – Wochenmärkte – Warenhäuser
Kapitalmarkt	Kapital (Geld in Form von Investitionen, Krediten, Wertpapieren) (Sparer ←→ Investoren)	– Effektenbörse – Banken – Devisenmärkte
Arbeitsmarkt	Arbeit (Arbeitnehmer ←→ Arbeitgeber)	– Stellenanzeiger – Jobbörse – Stellenvermittler
Bodenmarkt	Boden (Grundstücke, Immobilien etc.) (Verkäufer/Vermieter ←→ Käufer/Mieter)	– Wohnungsmärkte (z. B. homegate.ch) – Immobilienmärkte

Marktwirtschaft

4.3.2 Marktmechanismus

Wenn die Nachfrage steigt (bei gleichem Angebot), dann steigen die Preise. Wenn sich das Angebot erhöht (bei gleicher Nachfrage), dann sinken die Preise. Dieser Zusammenhang kann in einem Mengen-/Preisdiagramm dargestellt werden:

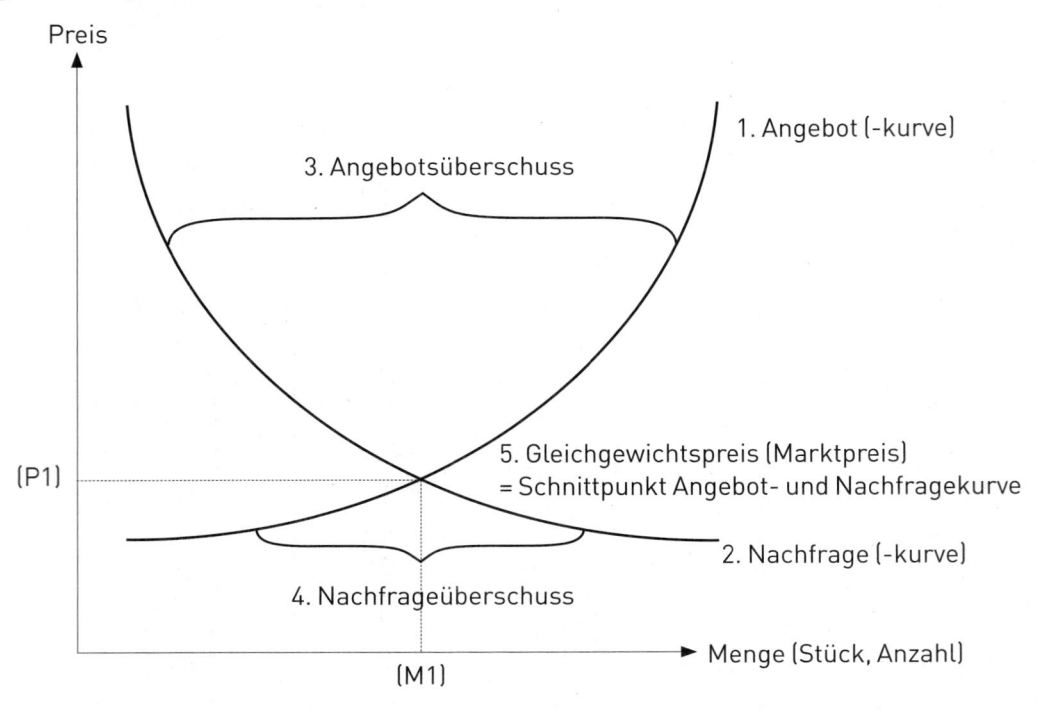

```
Preis
 │                                    1. Angebot (-kurve)
 │        3. Angebotsüberschuss
 │
 │
 │
 │
(P1)┄┄┄┄┄┄┄┄┄┄✕  5. Gleichgewichtspreis (Marktpreis)
 │         ┊      = Schnittpunkt Angebot- und Nachfragekurve
 │         ┊                         2. Nachfrage (-kurve)
 │     4. Nachfrageüberschuss
 │         ┊
 └─────────┴──────────────► Menge (Stück, Anzahl)
          (M1)
```

Begriff	Definition / Beschreibung
Angebot	– Menge an Sachgütern und Dienstleistungen, die von den **Produzenten** auf einem bestimmten Markt zum jeweiligen Preis **angeboten** werden.
Nachfrage	– Menge an Sachgütern und Dienstleistungen, die von den **Konsumenten** auf einem bestimmten Markt zum jeweiligen Preis **nachgefragt** werden.
Gleich-gewichtspreis (Marktpreis)	Preis, bei dem die angebotene und nachgefragte Menge übereinstimmen (beim Schnittpunkt der beiden Kurven).
Angebots-überschuss (Überangebot)	**Angebot > Nachfrage** Auf einem bestimmten Markt wird zum entsprechenden Preis eine **höhere** Menge an Gütern und Dienstleistung **angeboten**, als vom Markt nachgefragt wird. → Folge: Die Anbieter werden die Preise senken oder weniger anbieten.
Nachfrage-überschuss (Übernach-frage)	**Nachfrage > Angebot** Auf einem bestimmten Markt wird zum entsprechenden Preis eine **höhere** Menge an Gütern und Dienstleistung **nachgefragt**, als vom Markt angeboten wird. → Folge: Die Anbieter werden die Preise anheben oder mehr anbieten.

4.3.3 Veränderungen der Angebots- und Nachfragekurven

Veränderungen der Nachfrage:

Rechtsverschiebung der Kurve	Verschiebungen auf der Kurve	Linksverschiebung der Kurve
Folgende **Einflüsse** führen zu einer **Rechtsverschiebung** der **Nachfragekurve**: – *Steigendes* Einkommen – Es gibt *mehr* Nachfrager – Substitutionsgüter werden *teurer* – Komplementärgüter werden *günstiger* → Eine **Rechtsverschiebung** führt dazu, dass zu jedem Preis **mehr nachgefragt** wird.	Eine **Preisänderung** führt zu einer Verschiebung **auf** der Kurve. Beispiel: Eine **Preissenkung** von P_{alt} auf P_{neu} **erhöht** die **nachgefragte Menge** von M_{alt} zu M_{neu} (Verschiebung von Punkt A nach Punkt N).	Folgende **Einflüsse** führen zu einer **Linksverschiebung** der **Nachfragekurve**: – *Sinkendes* Einkommen – Es gibt *weniger* Nachfrager – Substitutionsgüter werden *günstiger* – Komplementärgüter werden *teurer* → Eine **Linksverschiebung** führt dazu, dass zu jedem Preis **weniger nachgefragt** wird.

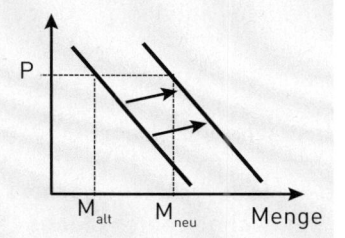

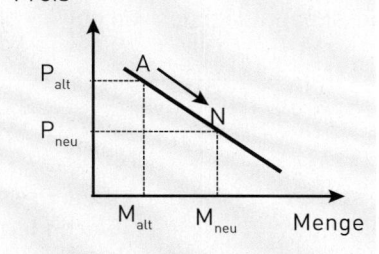

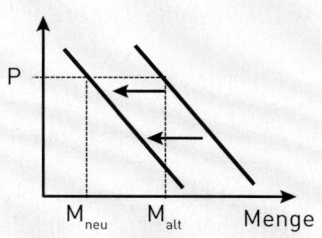

Veränderungen des Angebots:

Rechtsverschiebung der Kurve	Verschiebungen auf der Kurve	Linksverschiebung der Kurve
Sinkende Produktionskosten führen zu einer Rechtsverschiebung der Angebotskurve. → Eine **Rechtsverschiebung** führt dazu, dass zu jedem Preis **mehr angeboten** wird.	Eine **Preisänderung** führt zu einer Verschiebung **auf** der Kurve. Beispiel: Eine **Preissenkung** von P_{alt} auf P_{neu} **verringert** die **angebotene Menge** von M_{alt} zu M_{neu} (Verschiebung von Punkt A nach Punkt N).	*Steigende* Produktionskosten führen zu einer **Linksverschiebung** der **Angebotskurve**. → Eine **Linksverschiebung** führt dazu, dass zu jedem Preis **weniger angeboten** wird.

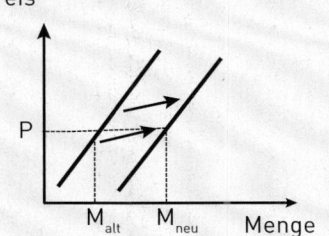

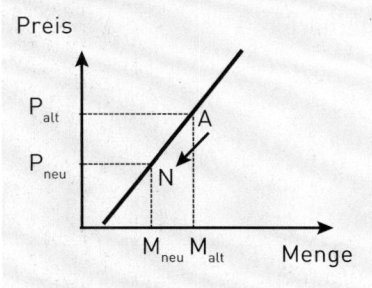

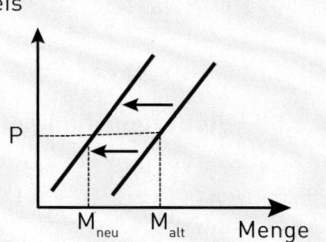

4.3.4 Preiselastizität

Preiselastizität

- Die Preiselastizität ist das Ausmass der Veränderung der Nachfragemenge bei einer bestimmten Preisänderung.
- Je mehr sich die nachgefragte Menge bei einer bestimmten Preisänderung verändert, desto grösser ist die Elastizität der Nachfrage.
- Die Preiselastizität der Nachfrage ist hauptsächlich von der Art des Produktes abhängig.

Elastische Nachfrage

- Eine Preisänderung bewirkt eine **starke** Veränderung der nachgefragten Menge
- **Flache** Nachfragekurve:

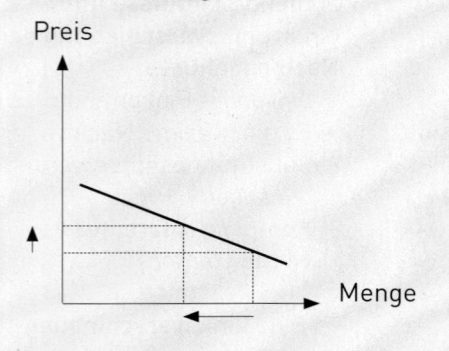

→ Beispiel: Steigt der Preis von Flugreisen um 10%, nimmt die nachgefragte Menge um **mehr** als 10% ab.

Güter mit elastischer Nachfrage:
- Luxusgüter (verzichtbar):
  → z.B. Schmuck, Luxusartikel, Kinobesuche
- Substitutionsgüter (können durch andere Güter ersetzt werden):
  → z.B. Reis/Teigwaren, Butter/Margarine

Unelastische Nachfrage

- Eine Preisänderung bewirkt eine **geringe** Veränderung der nachgefragten Menge
- **Steile** Nachfragekurve:

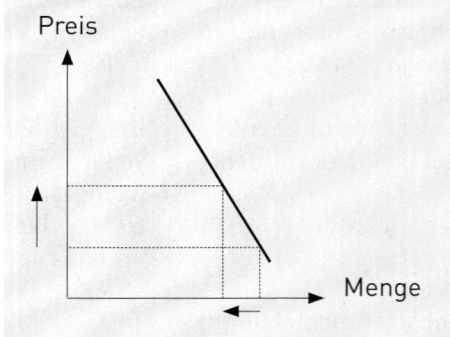

→ Beispiel: Steigt der Preis von Brot um 10%, nimmt die nachgefragte Menge um **weniger** als 10% ab.

Güter mit unelastischer Nachfrage:
- Existenzgüter (lebensnotwendig):
  → z.B. Brot, Milch, Benzin, Medikamente
- Komplementärgüter (ergänzen den Nutzen anderer Güter und werden nur mit diesen zusammen benötigt):
  → z.B. Batterien, Autoreifen, Skischuhe

4.3.5 Steuerungsfunktion des Preises

Funktion	Beschreibung
Koordinations-funktion	Der Preis koordiniert das Angebot und die Nachfrage (→ Marktgleichgewicht) Dies ist die Hauptfunktion des Preises in einer Marktwirtschaft.
Informations-funktion	Der Preis widerspiegelt die Knappheit von Gütern (Verfügbarkeit)
Lenkungsfunktion	Der Preis lenkt die Investitionen in die Märkte: - Märkte mit einer Übernachfrage ziehen durch hohe Preise und hohe Gewinnaussichten neue Anbieter an. - Märkte mit einem Überangebot und tiefen Preisen führen dazu, dass sich Anbieter zurückziehen

4.3 Marktwirtschaft – Aufgaben

4.3.1 Märkte

a) Nennen Sie zu jedem der folgenden Märkte die entsprechenden Anbieter und Nachfrager.

Markt	Anbieter	Nachfrager
Markt für Mietwohnungen		
Gemüsemarkt		
Stellenmarkt		
Aktienmarkt		
Kapital		

b) Erstellen Sie mit den folgenden Daten zur Nachfrage nach Sonnenbrillen die **Nachfragekurve** im untenstehenden Preis-Mengen-Diagramm und beschriften Sie die Kurve mit «Nachfragekurve».

Preis pro Sonnenbrille	Nachgefragte Menge in Stück
20	30
40	20
60	10
70	5

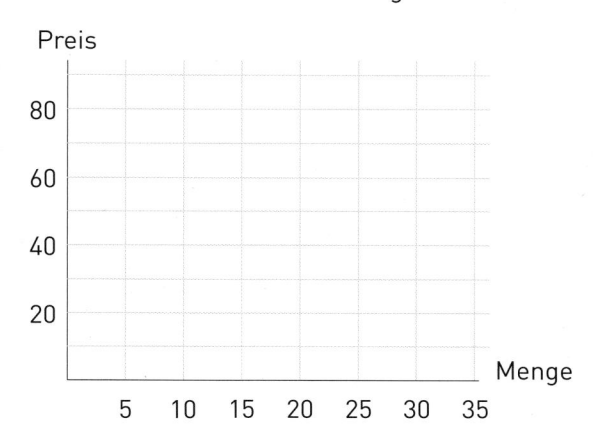

c) Ergänzen Sie im obigen Preis-Mengen-Diagramm die **Angebotskurve** mit Hilfe der folgenden Daten zum Angebot von Sonnenbrillen und beschriften Sie die Kurve mit «Angebotskurve».

Preis pro Sonnenbrille	Angebotene Menge in Stück
20	10
30	15
50	25
70	35

d) Welches ist der Gleichgewichtspreis, der sich im Markt von Sonnenbrillen bildet und wie hoch ist die verkaufte Menge an Sonnenbrillen?

Marktwirtschaft – Aufgaben

4.3.2 Marktmechanismus

a) Es heisst: Die Preisbildung in der Marktwirtschaft geschieht durch das Zusammenspiel von Angebot und Nachfrage. Auf dem Markt für Smartphones besteht folgende Situation: Alle Konsumenten warten auf eine neue Generation von Smartphones. In den Läden hat es zurzeit noch genügend Modelle aus der Generation vom letzten Jahr:

1. Wie ist die Preisentwicklung für die alten Modelle? Begründen Sie Ihre Antwort gemäss den Marktgesetzmässigkeiten.

2. Jetzt kommen die neuen Geräte auf den Markt, aber erst in geringer Stückzahl. Wie ist die Preisentwicklung der neuen Geräte?

b) Welche Aussage(n) ist/sind richtig?

Der Markt ist ein Ort, wo sich verschiedene Nachfrager treffen.
Sobald die angebotene Menge gleich der nachgefragten Menge ist, spricht man vom Gleichgewichtspreis.
Falls der Preis um 10 % steigt, erhöht sich die nachgefragte Menge auch um 10 %.
Der Gleichgewichtspreis wird auch Marktpreis genannt.
Falls die Einkommen durch eine wirtschaftliche Krise sinken, wird auch weniger an Gütern und Dienstleistungen nachgefragt.
Der Preis einer Ware allein bestimmt die Nachfrage.

c) In der Regel bringen Anbieter von Waren weniger Güter auf den Markt, falls die Preise sinken. Weshalb ist das so? Erklären Sie diese Situation.

d) Geben Sie bei den folgenden Marktveränderungen an, ob die Preise steigen, stabil bleiben oder sinken.

Marktveränderung	Preis ...
Die Chinesen und Inder verbrauchen viel Erdöl aufgrund ihrer steigenden Nachfrage nach privaten Autos. Das Erdöl wird knapp. Was passiert mit dem Erdölpreis?	
Nach einem schönen Sommer herrscht ein Überangebot an Äpfeln. Was passiert mit dem Apfelpreis?	
Durch ein besseres Produktionsverfahren können DVD-Rohlinge (unbeschriebene DVDs) schneller produziert werden. Was passiert mit den DVD-Preisen?	
Angebot und Nachfrage an Brot halten sich die Waage. Was passiert mit dem Brotpreis?	
Viele Börsenhändler verkaufen aufgrund der sinkenden Börsenkurse ihre Aktien und kaufen Gold. Was passiert mit dem Goldpreis?	

e) Marktgleichgewicht, Angebotsüberhang und Nachfrageüberhang

1. Beschriften Sie die Achsen des unten stehenden Preis-Mengen-Diagramms sowie die Angebots- und Nachfragekurve.

2. Zeichnen Sie den Preis und die Menge im Marktgleichgewicht ein und beschriften Sie den Preis mit P_{GG} und die Menge mit M_{GG}.

3. Bestimmen Sie denjenigen Preis, welcher eine Situation mit Nachfrageüberschuss aufzeigt, beschriften Sie den Preis mit $P_{NFü}$ und schraffieren Sie die Fläche der Übernachfrage (///).

4. Bestimmen Sie denjenigen Preis, welcher eine Situation mit Angebotsüberschuss aufzeigt, beschriften Sie den Preis mit $P_{Aü}$ und schraffieren Sie die Fläche des Überangebots (~ ~ ~).

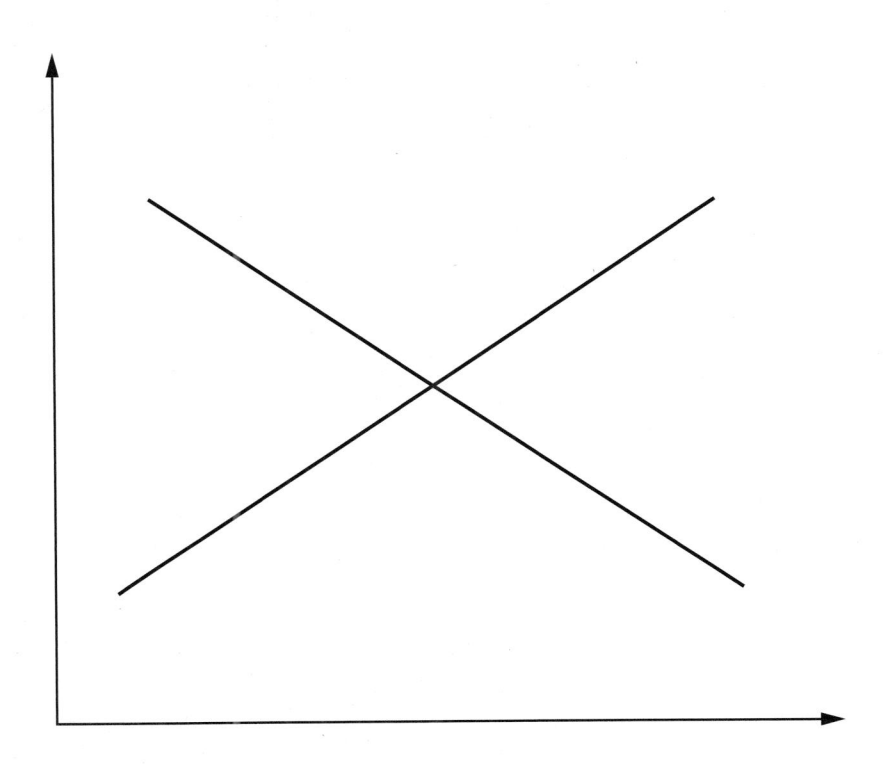

Marktwirtschaft – Aufgaben

4.3.3 Veränderungen der Angebots- und Nachfragekurven

a) Zeichnen Sie in das Preis-Mengen-Diagramm die folgenden Kurvenverschiebungen ein:

1. einen Rückgang des Angebotes ein.
2. eine Zunahme der Nachfrage ein.

Verwenden Sie dazu zwei Farben und beschriften Sie die neuen Kurven und die Achsen.

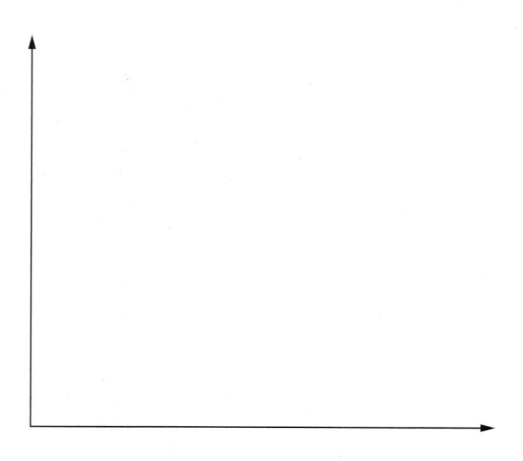

b) Zeigen Sie, wie sich die folgenden Einflüsse auf den **Automobilmarkt** auswirken, indem Sie die Veränderung im Preis-Mengen-Diagramm einzeichnen und beschreiben Sie die Auswirkungen auf den Preis und die Menge im neuen Gleichgewicht.

1. Die SBB erhöhen den Preis für das Generalabonnement massiv.

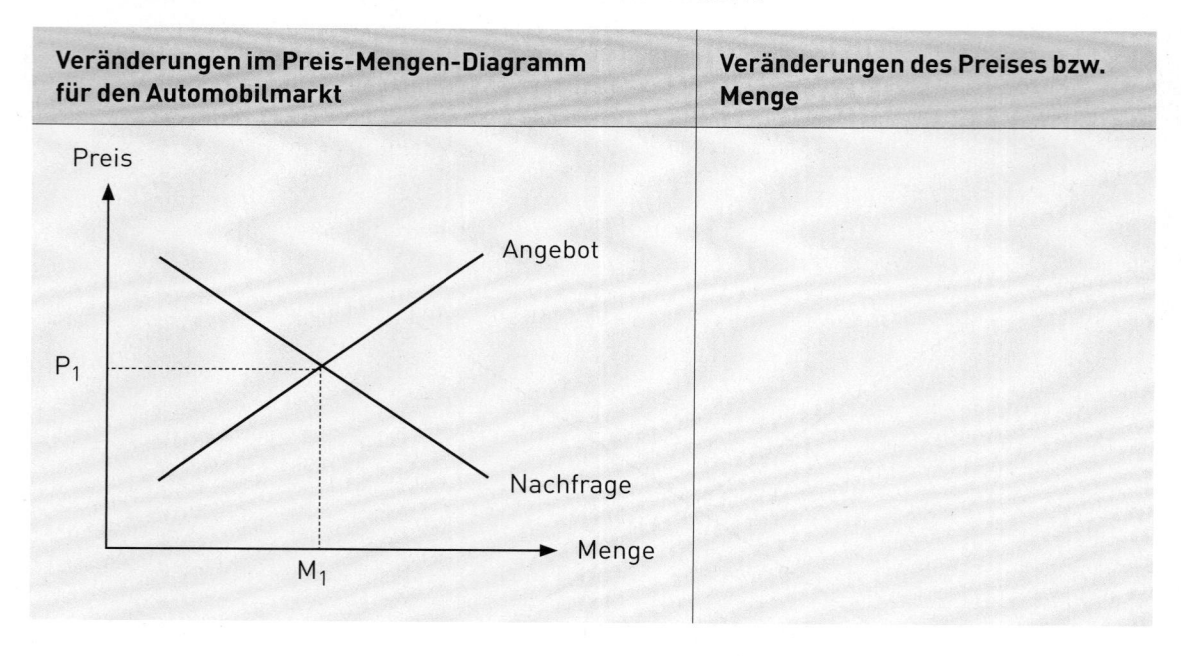

Veränderungen im Preis-Mengen-Diagramm für den Automobilmarkt	Veränderungen des Preises bzw. Menge

2. Die Stahlpreise steigen drastisch an.

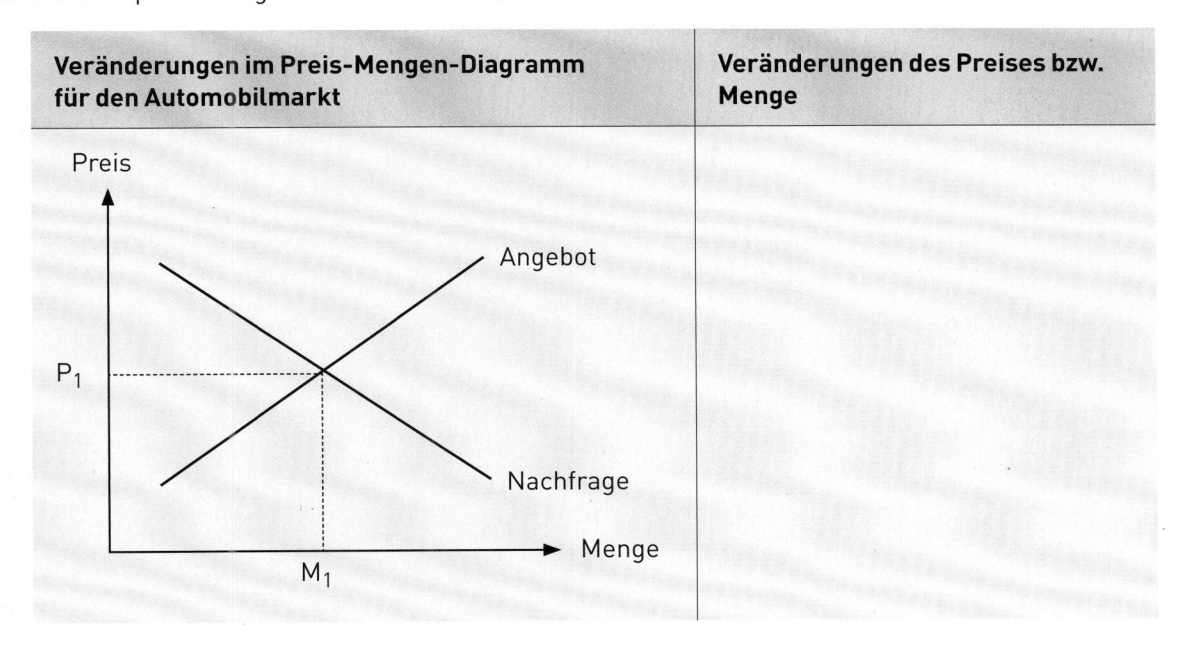

Veränderungen im Preis-Mengen-Diagramm für den Automobilmarkt	Veränderungen des Preises bzw. Menge
(Preis-Mengen-Diagramm mit Angebot, Nachfrage, P_1, M_1)	

4.3.4 Preiselastizität

a) Mit der Preiselastizität kann untersucht werden, wie sich eine Preisänderung auf die Nachfrage auswirkt. In den folgenden Sätzen gibt es Wortpaare zur Auswahl. Streichen Sie die falschen Ausdrücke durch, so dass am Schluss ein inhaltlich korrekter Satz entsteht.

1. Eine Nachfrage bezeichnet man als **elastisch/unelastisch**, wenn sich die **nachgefragte/angebotene** Menge von Gütern und Dienstleistungen mehr verändert als der Preis.

2. **Eine Nachfrage/ein Angebot** bezeichnet man als unelastisch, wenn sich die nachgefragte Menge von Gütern und Dienstleistungen **mehr/weniger** verändert als der Preis.

b) Zeichnen Sie eine unelastische Nachfragekurve in das Preis-Mengen-Diagramm ein. Gehen Sie davon aus, dass das Preis-Mengen-Diagramm den Markt von Reis zeigt. Trifft die eingezeichnete Nachfragekurve eher auf den Reismarkt in der Schweiz oder in China zu? Begründen Sie Ihre Antwort.

Preis / Menge (Diagramm)	Begründung:

c) Geben Sie an, ob die Nachfrage nach den folgenden Gütern eher elastisch (e) oder unelastisch (u) ist.

Güter	e/u
Schmuck	
Kiwi	
Milch	
wichtige Medikamente	
Ferrari	
Zigaretten	
Brot	

4.3.5 Steuerungsfunktion des Preises

Kreuzen Sie zu den Aussagen die jeweilige Steuerungsfunktion des Preises an.

Aussage	Koordinations-funktion	Informations-funktion	Lenkungs-funktion
Um die Restbestände loszuwerden, bietet ein Warenhaus 20 % Rabatt an.			
Schlechtwetter führt zu einem Ernteausfall, was für sämtliches Obst höhere Preise als im Vorjahr mit sich bringt.			
Wegen neu gefundener Ölbohrstellen in der Antarktis steigt weltweit das angebotene Rohöl und der Preis sinkt stark.			
Der Staat beschliesst eine zusätzliche Steuer auf Heizöl.			
Die Familie Zobrist kauft ihr Brot immer in der Bäckerei Zurrer, weil hier das Preis-Leistungs-verhältnis am besten ist.			
Mit einem Road Pricing sollen die Nutzung der Strasse reduziert und die Stadtzentren vom Verkehr entlastet werden.			

4.4 Wachstum & Strukturwandel

> **Leistungsziele BIVO**
> - Ich beschreibe die Bestimmungsfaktoren des Wirtschaftswachstums, des Wohlstands und der Wohlfahrt.
> - Ich beschreibe die Ursachen und die Folgen des Strukturwandels für ausgewählte Branchen in den Wirtschaftssektoren.

4.4.1 Wirtschaftswachstum

Begriff	**Wachstum** = langfristige Entwicklung der Wirtschaft (unabhängig von konjunkturellen Einflüssen).
Bestimmungsfaktoren	Wirtschaftswachstum kann durch eine **Steigerung** und einen **verbesserten Einsatz der Produktionsfaktoren** (Produktivitätssteigerung) erzielt werden. Hierbei spielen die **technische Innovation** und die **staatlichen Rahmenbedingungen** eine zentrale Rolle.
Messung	Wirtschaftswachstum wird mit dem **BIP** gemessen (Zunahme des BIP = Wachstum)
Beispiele	- **Arbeit und Wissen:** Wachstum durch eine höhere Anzahl von Arbeitsstunden (→ Bevölkerungswachstum) oder durch eine höhere Arbeitsproduktivität (→ Know-how). - **Kapital:** Wachstum durch vermehrten Einsatz von Maschinen oder leistungsfähigeren Maschinen. - **Boden:** Wachstum durch eine Zunahme von Rohstoffen oder durch eine verbesserte Nutzung der bestehenden Ressourcen. (Dabei ist aber auf die Nachhaltigkeit im Umgang mit der Natur zu achten, vgl. Kap. 4.9 Ökologie, Energie)

4.4.2 Wohlstand und Wohlfahrt

	Wohlstand	**Wohlfahrt**
Begriff	= **Lebensstandard** → wird gemessen mit dem BIP und dem VE pro Kopf	= **Lebensqualität** → messbar anhand ausgewählter Kenngrössen (z. B. «Quality of Life Index»)
Beispiele	- Vermögens- und Einkommenshöhe - Versorgung mit Produkten und Dienstleistungen - Anzahl Autos pro Familie	- Lebenserwartung - Umweltverschmutzung - Gesundheit - Sicherheit - Freiheit - Demokratische Rechte - Gerechtigkeit

4.4.3 Strukturwandel

Begriff	**Strukturwandel** = Veränderung des wirtschaftlichen Aufbaus eines Landes	
Ursachen	**Einflussbereich**	**Beispiel**
	– ökonomische Ursachen	Auslagerung der Produktion ins Ausland wegen hoher **Lohnkosten** im Inland
	– ökologische Ursachen	Umbau des ganzen Energiesektors wegen Ausstieg aus der umweltgefährdenden **Atomkraft**
	– soziale Ursachen	Krise der Reisebüros und Verkaufsläden wegen der zunehmenden **Onlinekäufe der Konsumenten**
	– technologische Ursachen	Umbruch bei den Lebensmittel-Grossverteilern durch die **neue Technologie des Self-Scanning**
	– politische Ursachen	**Neue Gesetze** haben einen Einfluss auf die Tätigkeiten von Unternehmen und ganzen Branchen.
Folgen	Einzelne Sektoren / Branchen profitieren davon (Wachstumschancen), andere Sektoren verlieren dadurch an Bedeutung, was zu struktureller Arbeitslosigkeit führen kann (vgl. 4.11.1)	

4.4.4 Strukturwandel am Beispiel der Wirtschaftssektoren

In jeder Volkswirtschaft werden drei Wirtschaftssektoren unterschieden:

1. Wirtschaftssektor Rohstoffgewinnung	2. Wirtschaftssektor Industrie / Verarbeitung	3. Wirtschaftssektor Dienstleistungen
Unternehmungen, die direkt mit Hilfe des Produktionsfaktors Boden Güter produzieren. Beispiele: Landwirtschaft, Bergbau, Fischzucht, Wasserkraftwerke	Unternehmungen, welche die Rohstoffe des 1. Wirtschaftssektors weiter verarbeiten. Beispiele: Industrie, Handwerk, Baugewerbe	Unternehmungen, die Dienstleistungen erbringen oder Warenhandel betreiben. Beispiele: Warenhandel, Banken, Versicherungen, Gastgewerbe

Am Prozentanteil der Beschäftigten pro Sektor lässt sich der Entwicklungsstand eines Landes ablesen:

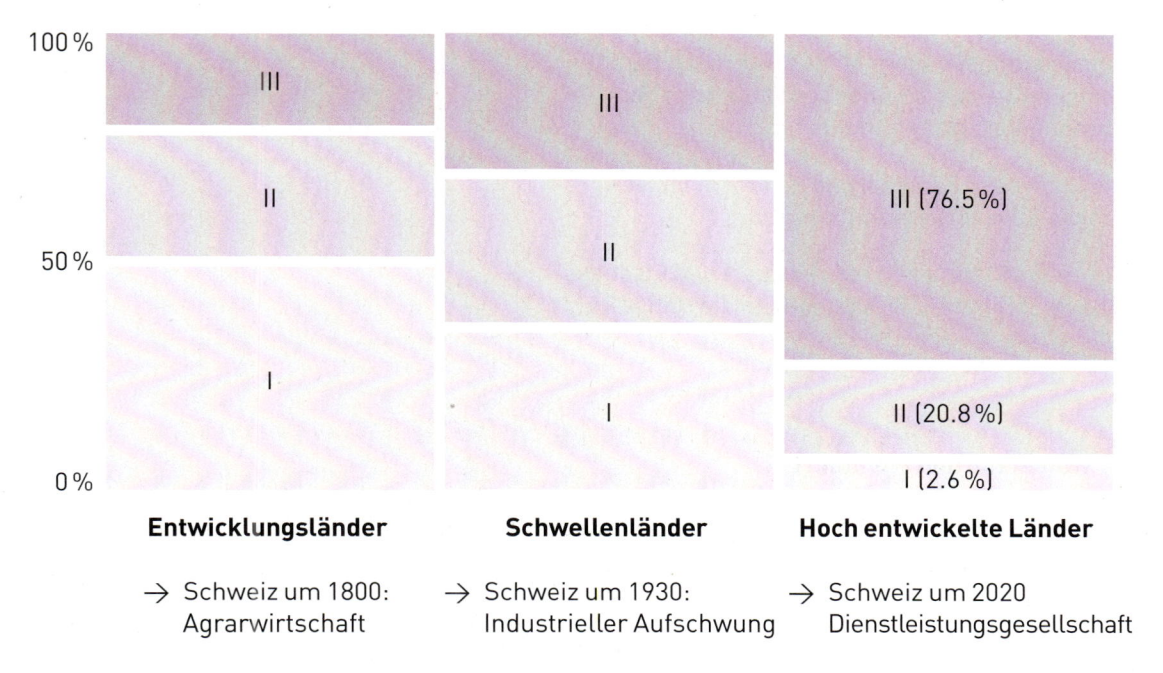

Entwicklungsländer	Schwellenländer	Hoch entwickelte Länder
III, II, I (je ca. ein Drittel)	III (gross), II (mittel), I (klein)	III (76.5 %), II (20.8 %), I (2.6 %)

→ Schweiz um 1800: Agrarwirtschaft
→ Schweiz um 1930: Industrieller Aufschwung
→ Schweiz um 2020: Dienstleistungsgesellschaft

→ Der Strukturwandel wird an der Veränderung des Entwicklungsstandes der Schweiz zwischen 1800 und 2020 ersichtlich: War 1800 einer von vier Beschäftigten in der Schweiz im 3. Wirtschaftssektor tätig, so sind es im 2020 drei von vier.

4.4 Wachstum & Strukturwandel – Aufgaben

4.4.1 Wirtschaftswachstum

a) Ordnen Sie die ausgewählten Beispiele den jeweiligen Gründen von Wachstum zu. Pro Zeile sind eine oder mehrere Ankreuzungen möglich.

Beispiel	Technische Innovationen	Staatliche Rahmenbedingungen	Produktionsfaktoren – Arbeit und Wissen	Produktionsfaktoren – Kapital	Produktionsfaktoren – Boden
Einwanderungswelle von Hilfsarbeitern aus dem Ausland.					
Eine leistungsfähigere Maschine ersetzt die bestehende, was zu einer Verdoppelung der Anzahl gefertigter Produkte führt.					
Die Schweizer Bevölkerung stimmt einer Beschränkung der Zuwanderung zu.					
Ein neues Stanzverfahren reduziert den Eisenausstoss während der Produktion um die Hälfte.					
Das Rentenalter wird auf 67 erhöht.					

4.4.2 Wohlstand und Wohlfahrt

a) Die Schweiz gehört zu den Ländern mit dem höchsten Wohlstand und der höchsten Wohlfahrt. Ordnen Sie die folgenden Aussagen den Begriffen Wohlstand oder Wohlfahrt durch Ankreuzen zu.

Nr.	Aussage	Wohlstand	Wohlfahrt
1.	Für Vergleiche mit anderen Ländern verwendet man das BIP pro Kopf als Massstab.		
2.	Bezeichnet die Lebensqualität.		
3.	Zeigt die optimale Versorgung der Bevölkerung mit Gütern.		
4.	Als Massstab dient z. B. das Bildungsniveau, die Gesundheitsversorgung und die Lebenserwartung.		

b) Der Wohlstand ist eine wichtige Voraussetzung für die Wohlfahrt eines Volkes, gleichzeitig besteht aber auch ein Zielkonflikt zwischen Wohlstand und Wohlfahrt. Beschreiben Sie diesen Zielkonflikt anhand eines konkreten Beispiels aus der Praxis.

4.4.3 Strukturwandel

Fallbeispiel Bankenplatz Schweiz

Lesen Sie den Artikel über den Strukturwandel bei den Schweizer Banken und beantworten Sie anschliessend die Fragen.

Bankenplatz Schweiz: «Der Strukturwandel hat begonnen»

Der Schweizer Bankenplatz führt die Rangliste der attraktivsten Orte für Geldgeschäfte an. Doch er könnte die Position verlieren: Wirtschaftskrise in Europa, drohende Klagen aus den USA und ein in Auflösung begriffenes Bankgeheimnis hinterlassen tiefe Spuren.

Noch ist der Schweizer Bankenplatz führend. Der weltweite Ruf der Schweiz als sicherer und attraktiver Anlage- und Parkplatz von Geldern ist exzellent. Doch im Offshore-Geschäft, das internationale Vermögensgeschäft, verliert die Schweiz klar die Spitzenposition.

«Die grossen Vermögen werden heute nicht mehr in Europa ausgebaut, sondern in Asien. Und die Asiaten tendieren dazu, ihr Vermögen in einem asiatischen Finanzplatz anzulegen», sagt Finanzexperte Manuel Amman zur «Tagesschau». Der zweite Grund sei sicherlich der Wegfall des Bankgeheimnisses. «Damit geht ein grosser Wettbewerbsvorteil verloren», betont Amman.

Veränderte Rahmenbedingungen

Allerdings ändern sich die Rahmenbedingungen. Heute müssen die Banken auch ausländisches Recht für ihre ausländischen Kunden einhalten. «Es wird vor allem für kleinere Banken schwieriger im Wettbewerb mitzuhalten», sagt Amman. Dies führe dazu, dass kleinere Banken aufgeben. «Die Banken werden sich spezialisieren und fokussieren müssen.» Vielleicht müssten sie Teilbereiche veräussern. «Dieser Strukturwandel hat nun begonnen.»

Quelle: SRF, 6. Juli 2013

---

1. Erklären Sie anhand des Textes den Begriff «Strukturwandel».

2. Welche Veränderungen bringt dieser Strukturwandel für die Beschäftigen im Bankensektor?

4.4.4 Ursachen des Strukturwandels

a) Ein Strukturwandel in der Wirtschaft kann ökonomische, ökologische, soziale, technologische oder politische Ursachen haben. Nennen Sie bei den folgenden Geschehnissen die hauptsächliche Ursache des Strukturwandels.

Geschehnis in der Wirtschaft	Ursache des Strukturwandels
Wegen immer besserer Handy-Kameras gerät die ganze Fotobranche stark unter Druck.	
Weil die Pendler ihre Einkäufe mehr und mehr unterwegs tätigen, kommen viele Dorfläden stark unter Druck.	
Weil die back-office-Funktionen des Bankensektors im Ausland viel günstiger erledigt werden können, verändert sich die Bankbranche.	
Die alten «Dorfbeizen» sind bedroht, weil sich immer mehr Menschen in Fast-Food-Ketten und an Imbiss-Ständen verpflegen.	
Neue Vorschriften zur Steuertransparenz führen zu einem Abbau von Arbeitsplätzen in der Finanzindustrie.	

b) Das Restaurant «Krone» in Unterentfelden ist eine solche Dorfbeiz, mit 60 Plätzen an 20 Tischen. Qualität und Service werden allgemein sehr geschätzt. Aber das Geschäft läuft immer schlechter. Angeboten werden von 08–11 h ein Frühstück, von 11–14 h ein 3-Gang-Mittags-Menu. Von 14–18 h bleibt das Restaurant geschlossen, und von 18–22.30 h wird ein Abend-Menu oder à-la-carte-Essen angeboten. Machen Sie dem Wirte-Ehepaar zwei konkrete Vorschläge, wie dem Strukturwandel entgegengewirkt werden könnte. Bilden Sie dazu ganze Sätze.

4.5 Ziele der Wirtschafts- & Sozialpolitik

> **Leistungsziele BIVO**
>
> – Ich erkläre die Ziele der Wirtschafts- und Sozialpolitik (Preisstabilität, Vollbeschäftigung, Wirtschaftswachstum, ausgeglichener Staatshaushalt, sozialer Ausgleich, aussenwirtschaftliches Gleichgewicht, Umweltqualität) und ihre Bedeutung für die Gesamtwirtschaft.

Die Wirtschafts- und Sozialpolitik der Schweiz steuert die Rahmenbedingungen, um eine funktionierende soziale Marktwirtschaft sicherzustellen.

4.5.1 Wirtschaftspolitik

Mit der Wirtschaftspolitik versucht der Staat den Konjunkturverlauf positiv zu beeinflussen: Dämpfende Massnahmen im Boom, belebende Massnahmen beim Tiefstand. Dabei werden die wirtschaftspolitischen Ziele eines Landes vielfach durch ein **«magisches Vieleck»** dargestellt. Es umfasst sieben Ziele, die einander beeinflussen. Die «Magie» besteht darin, dass es unmöglich ist, alle Ziele gleichzeitig zu erreichen. Das liegt daran, dass einzelne Ziele nicht miteinander vereinbar sind. Zudem gehen die Vorstellungen der massgeblichen Politiker sowohl in der Zielsetzung wie auch in den Massnahmen weit auseinander.

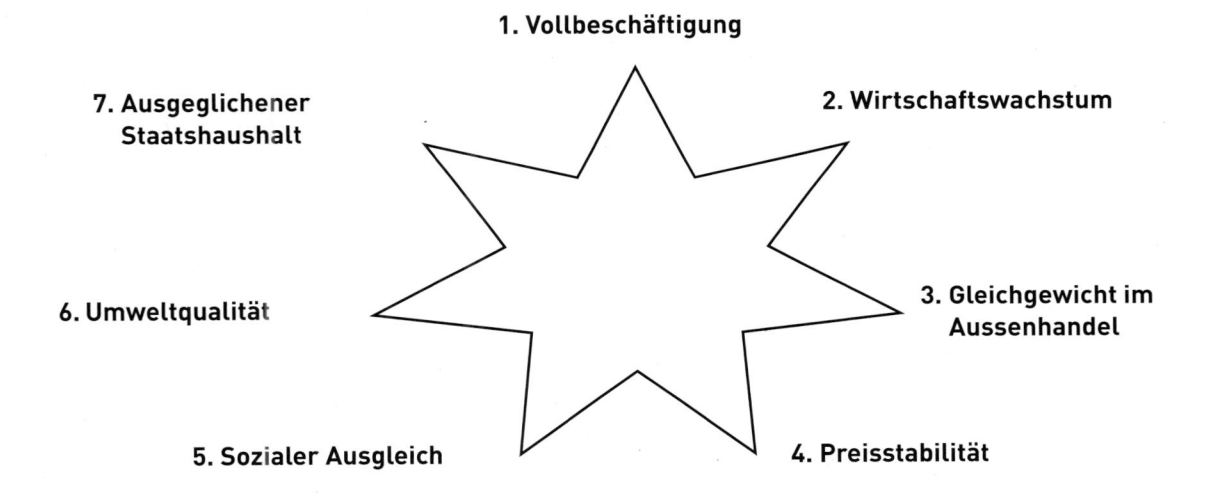

Das magische Siebeneck:
1. Vollbeschäftigung
2. Wirtschaftswachstum
3. Gleichgewicht im Aussenhandel
4. Preisstabilität
5. Sozialer Ausgleich
6. Umweltqualität
7. Ausgeglichener Staatshaushalt

In der Folge werden die Ziele der jeweiligen Staatsaufgaben kurz beschrieben:

Ziele	Staatsaufgabe
1. Vollbeschäftigung	Bekämpfung der Arbeitslosigkeit (als Vollbeschäftigung gilt: Arbeitslosigkeit < 3%).
2. Wirtschaftswachstum	Langfristige Förderung eines angemessenen, steten Wirtschaftswachstums. (Der Staat soll dafür sorgen, dass die Schweiz wettbewerbsfähig bleibt.)
3. Gleichgewicht im Aussenhandel	Importe und Exporte sollen wertmässig langfristig im Gleichgewicht sein. Förderung des Aussenhandels durch den Abbau von Handelsbeschränkungen.
4. Preisstabilität	Eindämmung der Teuerung (Ziel: Inflation 0% – 2% jährlich).
5. Sozialer Ausgleich	Die Unterschiede zwischen reich und arm sollen sich in Grenzen halten (vgl. bei 4.11.3 Sozialer Ausgleich).
6. Umweltqualität	Reduktion der Umweltbelastung, Anwendung des Verursacherprinzips, Schutz der Natur.
7. Ausgeglichener Staatshaushalt	Staatsausgaben und Staatseinnahmen halten sich langfristig die Waage.

Ziele der Wirtschafts- & Sozialpolitik

Zielbeziehungen: Um die Zielerreichung der Wirtschaftspolitik zu fördern, trifft der Staat Massnahmen. Diese können gewollt oder ungewollt einen Einfluss auf die Erreichung anderer Ziele haben. Man spricht von Zielbeziehungen:

☺ Zielharmonie	☻ Zielneutralität	☹ Zielkonflikt
Die Verfolgung eines Ziels **fördert** gleichzeitig die Erreichung eines anderen Ziels.	Die Verfolgung eines Ziels **beeinträchtigt** die Erreichung eines anderen Ziels **nicht.**	Die Verfolgung eines Ziels **hindert** gleichzeitig die Erreichung eines anderen Ziels.
Beispiel: Eine Konjunkturförderung bringt Wirtschaftswachstum und ermöglicht damit Vollbeschäftigung	Beispiel: Eine Förderung des sozialen Ausgleichs hat keinen Einfluss auf die Umweltqualität.	Beispiel: Eine Förderung von Wirtschaftswachstum hindert oder erschwert die Erreichung der Umweltziele.

4.5.2 Sozialpolitik

Eine **reine Marktwirtschaft** überlässt das Funktionieren der Wirtschaft dem Zusammenspiel von Angebot und Nachfrage. Der Staat hält sich mit Markteingriffen zurück.

Die **soziale Marktwirtschaft**, wie sie die Schweiz verfolgt, zeichnet sich durch eine aktivere Rolle des Staates aus mit dem Ziel soziale Gerechtigkeit durch sozialen Ausgleich zu fördern. Staatseingriffe werden in Fällen von Marktversagen vorgenommen, um die Schwächeren zu schützen oder um anderweitige Korrekturen in der Wirtschaft vorzunehmen.

Soziale **Umverteilung** drückt sich unterschiedlich aus, wie zum Beispiel Verschiebung von reich zu arm, von alt zu jung, von Mann zu Frau, von Stadt zu Land.
- **Progressive Besteuerung:** Höhere Einkommen/Vermögen werden höher besteuert als tiefe.
- **Finanzierung** von und **Subventionen** bei Sozialleistungen (z. B. vergünstigte Krippenplätze, Kinderzulagen).

4.5 Ziele der Wirtschafts- & Sozialpolitik – Aufgaben

4.5.1 Wirtschaftspolitik

a) Bei den Zielen der Wirtschaftspolitik spricht man vom «magischen Vieleck». Ergänzen Sie fünf weitere Ziele des magischen Vielecks (zwei sind bereits eingetragen).

Magisches Vieleck (Ziele der Konjunkturpolitik)	
Sozialer Ausgleich	Gleichgewicht im Aussenhandel

b) Warum heisst es «magisches» Vieleck?

c) In der Tabelle sind jeweils zwei Ziele aus dem magischen Vieleck einander gegenübergestellt. Entscheiden Sie jeweils um welche Art der Zielbeziehung es sich handelt.

Nr.	Ziele	Ziel-konflikt	Ziel-neutralität	Ziel-harmonie
1.	Wirtschaftswachstum – Umweltqualität			
2.	Preisstabilität – Umweltqualität			
3.	Vollbeschäftigung – Sozialer Ausgleich			
4.	Gleichgewicht im Aussenhandel – Preisstabilität			
5.	Wirtschaftswachstum – Ausgeglichener Staatshaushalt			
6.	Gleichgewicht im Aussenhandel – Ausgeglichener Staatshaushalt			
7.	Vollbeschäftigung – Gleichgewicht im Aussenhandel			

→

Ziele der Wirtschafts- & Sozialpolitik – Aufgaben

d) 1. Nennen Sie in der Tabelle unten das Hauptziel der Wirtschaftspolitik aus dem magischen Vieleck, welches durch die dargestellten Staatseingriffe verfolgt wird.

2. Ergänzen Sie zudem zu jedem Hauptziel ein weiteres Teilziel.

3. Zeigen Sie um welche Art der Zielbeziehung es sich zwischen den beiden Zielen handelt.

	Staatseingriff	Hauptziel (1)	Teilziel (2)	Zielbeziehung (3)
a)	Subventionen an Bauern	z. B. Sozialer Ausgleich	z. B. Umweltqualität	z. B. Zielharmonie
b)	Finanzierung staatlicher Kinderkrippen			
c)	Bau einer zweiten Gotthardröhre			
d)	Mehrwertsteuererhöhung, um die AHV Finanzierung sicherzustellen			
e)	Abbau von Zöllen im Güterverkehr mit der EU			

4.5.2 Sozialpolitik

Erklären Sie, weshalb eine progressive Besteuerung die Umverteilung von reich zu arm fördert.

_____

_____

_____

4.6 Konjunktur

> **Leistungsziele BIVO**
> - Ich erläutere die Phasen des Konjunkturzyklus anhand der Veränderungen der folgenden Grössen:
>   - Güterstrom / Geldstrom / Arbeitslosigkeit / Teuerung / Aussenhandel / Sozialer Ausgleich / Zinsen
>   - Staatseinnahmen und -ausgaben
> - Ich zeige typische volkswirtschaftliche Zielkonflikte auf.

4.6.1 Begriffe und Konjunkturzyklus

Konjunktur: Die Lage der Wirtschaft und ihre Entwicklung

Konjunkturzyklus: Phasenmässiger Verlauf der Konjunktur bestehend aus vier typischen Phasen.

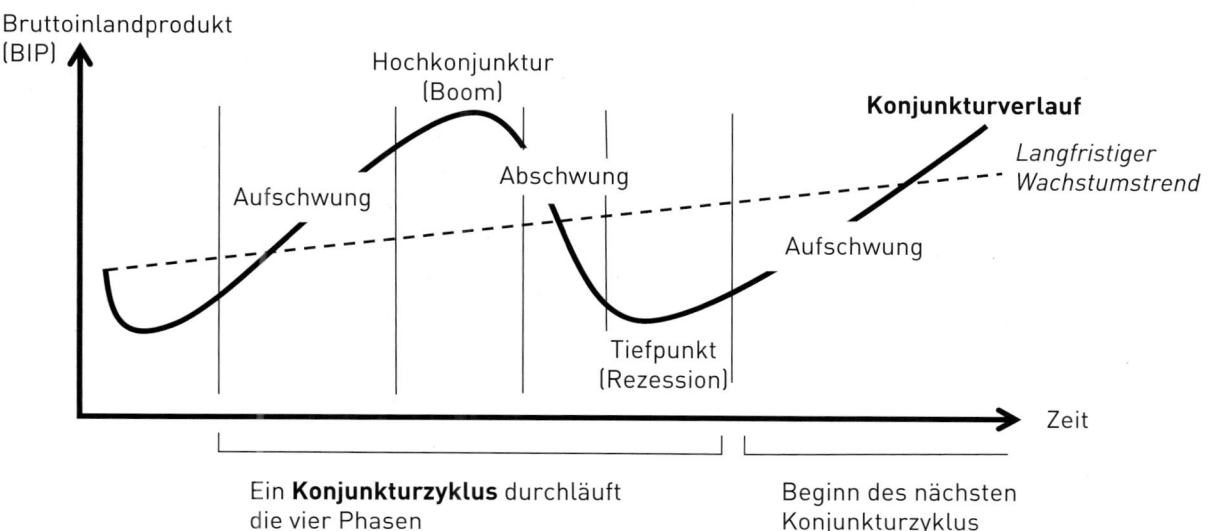

Konjunkturindikatoren: Wichtige Messgrössen, die helfen den Verlauf der Konjunktur zu berechnen, z. B. BIP, Arbeitslosigkeit. Ein «Indikator» ist ein Messinstrument.

Merkmale der Konjunkturindikatoren in den verschiedenen Konjunkturphasen

	Aufschwung	Hochkonjunktur (Boom)	Abschwung	Tiefpunkt (Rezession)
BIP-Wachstum	– Ansteigend	– Stark steigend	– Stagnierend bis rückläufig	– Stark sinkend bis negativ
Nachfrage	– Steigende Güternachfrage	– Grosse Güternachfrage	– Sinkende Güternachfrage	– Geringe Güternachfrage
Teuerung (Preisentwicklung)	– Leichter Preisanstieg	– Grosser Preisanstieg	– Preise stagnieren oder sinken	– Sinkende Preise
Arbeitslosigkeit (Beschäftigungslage)	– Schaffung neuer Arbeitsplätze	– Tiefe Arbeitslosigkeit (Mangel an Arbeitskräften)	– Arbeitsplätze werden abgebaut	– Hohe Arbeitslosigkeit
Zinsen	– Steigende Zinssätze	– Hohe Zinssätze	– Sinkende Zinssätze	– Niedrige Zinssätze

Konjunktur

	Aufschwung	Hochkonjunktur (Boom)	Abschwung	Tiefpunkt (Rezession)
Aussenhandel	– Zunehmende Import- und Exportmenge	– Hohe Exporte und Importe	– Sinkende Export- und Importmenge	– Tiefe Exporte und Importe
Staatseinnahmen und -ausgaben	– Steigende Einnahmen, sinkende Ausgaben	– Hohe Einnahmen, tiefe Ausgaben	– Sinkende Einnahmen, steigende Ausgaben	– Tiefe Einnahmen, hohe Ausgaben

Man kann drei **Arten von Konjunkturindikatoren** unterscheiden:

Vorauseilende Indikatoren (Frühindikatoren): sie reagieren schon im Voraus; sehr geeignet für die Prognose.	**Gleichlaufende** Indikatoren: sie zeigen den gegenwärtigen Zustand an.	**Nachhinkende** Indikatoren: sie reagieren mit Zeitverzögerung auf die wirtschaftliche Entwicklung.
Beispiele: – Offene Stellen – Auftragseingänge – Investitionsverhalten	Beispiele: – BIP – Konsum – Importe / Exporte	Beispiele: – Preise – Zinsen – Arbeitslosenquote

4.6.2 Konjunkturpolitik

Inhalt der Konjunkturpolitik

Die Konjunkturpolitik beinhaltet kurzfristige Massnahmen des Staates, um die negativen Auswirkungen im Konjunkturverlauf einzuschränken. Sie soll ein Überhitzen der Wirtschaft, sowie das Abgleiten in eine Rezession möglichst verhindern. Dies wird durch **antizyklisches Verhalten** erreicht (Abbremsen des Wirtschaftswachstums in Boomphasen und Förderung in Rezessionsphasen).

Konjunkturpolitik im Spannungsfeld des «magischen Vielecks»

Die Konjunkturpolitik ist vom Spannungsfeld des «magischen Vielecks» genauso betroffen, wie die Wirtschaftspolitik im Allgemeinen (vgl. 4.5.1).

1. Vollbeschäftigung
2. Wirtschaftswachstum
3. Gleichgewicht im Aussenhandel
4. Preisstabilität
5. Sozialer Ausgleich
6. Umweltqualität
7. Ausgeglichener Staatshaushalt

☺ Zielharmonie
😐 Zielneutralität
☹ Zielkonflikt

Beispiel einer Steuersenkung als Konjunkturmassnahme:

In einer Rezession kann der Staat die Steuern senken mit dem Ziel das Wachstum zu fördern **(Konjunkturmassnahme)**.
- Dies bewirkt geringere Staatseinnahmen, was wiederum das Ziel eines ausgeglichenen Staatshaushaltes beeinträchtigt **(Zielkonflikt)**.
- Andererseits unterstützt die Steuersenkung die Erreichung des Ziels der Vollbeschäftigung, da die Unternehmen durch das Wachstum vermehrt Arbeitsplätze schaffen **(Zielharmonie)**.

4.6 Konjunktur – Aufgaben

4.6.1 Begriffe und Konjunkturzyklus

a) Was versteht man genau unter «Konjunktur»? Definieren Sie den Begriff in eigenen Worten.

_____

_____

b) Was ist der Unterschied zwischen Konjunktur und Wachstum?

_____

_____

_____

c) Benennen Sie die Konjunkturphasen in der richtigen Reihenfolge.

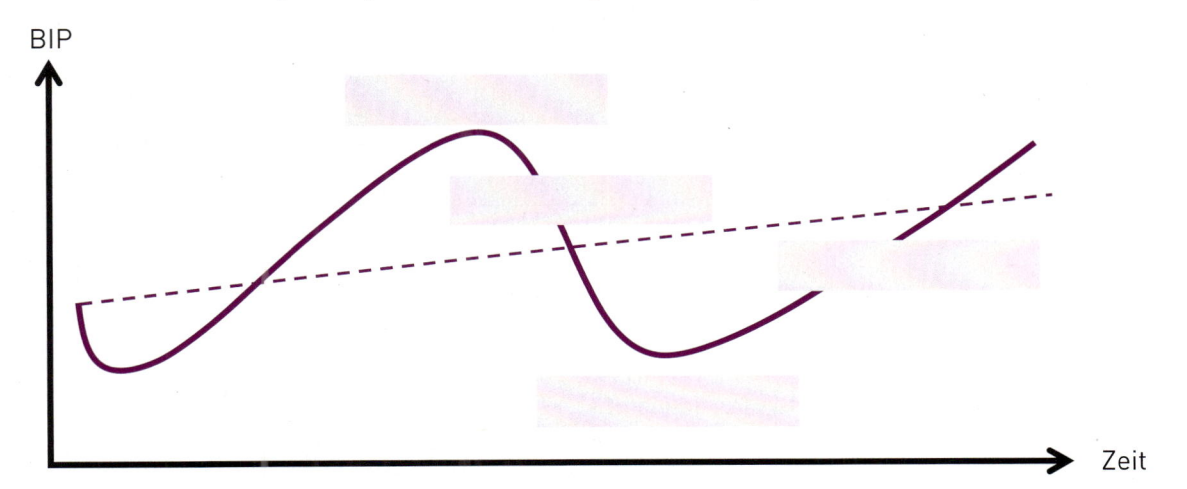

d) Im Jahr 2018 könnte die Wirtschaftslage in der Schweiz folgendermassen aussehen:

Die Mehrheit der Bevölkerung beurteilt die Zukunft pessimistisch und hat Angst den Arbeitsplatz zu verlieren. Die Arbeitslosigkeit ist gegenüber dem Vorjahr stark gestiegen, die Arbeitslosenquote ist mit 5 % auf einem Rekordniveau. Die Konkurse von Unternehmungen haben massiv zugenommen. Die Unternehmungen haben hohe Lagerbestände und beabsichtigen in nächster Zukunft weniger zu investieren. Die Zinssätze sinken, ebenso die Gewinne.

Kreuzen Sie die richtige(n) Aussage(n) zur oben beschriebenen Wirtschaftslage an.

☐	Das BIP nimmt in dieser Situation zu.
☐	Die Wirtschaft befindet sich in einer Rezession.
☐	Es besteht die Gefahr einer Inflation.
☐	Es gibt viele offenen Stellen.

Konjunktur – Aufgaben

e) Ordnen Sie die folgenden Begriffe richtig zu, indem Sie in der Tabelle die richtige Zahl eintragen (es werden nicht alle Begriffe gebraucht).

1. Rezession
2. steigend oder sinkend
3. Phase nach einem Tiefpunkt
4. Der Güteraustausch mit dem Ausland ist sehr hoch
5. optimistisch oder pessimistisch
6. es wird viel oder wenig gespart
7. Die hohe Nachfrage führt zu starken Preisanstiegen.
8. viele offene Stellen oder Arbeitslosigkeit
9. Messinstrument
10. von 2% auf 4% steigend oder umgekehrt sinkend
11. Stimmung kippt ins Negative. Erste Unternehmen bauen Arbeitsplätze ab.

	Zahl		Zahl
Beschäftigungslage		Boom	
Allgemeine Stimmung		Konjunkturindikatoren	
Tiefpunkt		Abschwung	
Aufschwung		Hochkonjunktur	

f) Ordnen Sie die jeweiligen Aussagen der passenden Konjunkturphase zu.

Nr.	Aussage	Aufschwung	Hochkonjunktur	Abschwung	Tiefpunkt
1.	Leicht ansteigendes BIP-Wachstum.				
2.	Starke Zuversicht der Konsumenten.				
3.	Anstehende Investitionen werden verschoben.				
4.	Es werden viele Überstunden geleistet.				
5.	Die Preise sinken geringfügig.				
6.	Die Kapitalzinsen verharren auf tiefem Niveau.				
7.	Die Auslastung der Maschinen nimmt ab.				

g) Es gibt mehrere Konjunkturindikatoren wie zum Beispiel die Entwicklung des BIP oder die Produktion von Gütern und Dienstleistungen.

1. Nennen Sie zwei weitere Konjunkturindikatoren und notieren Sie, wie alle vier Konjunkturindikatoren bei einem Aufschwung und bei einem Abschwung reagieren.

Indikatoren	Aufschwung	Abschwung
BIP		
Produktion von Gütern und DL		

2. Welcher von diesen bis jetzt genannten Indikatoren ist der Hauptindikator, der den Verlauf der Konjunktur wiedergibt?

4.6.2 Konjunkturpolitik

Nennen Sie das Teilziel aus dem «magischen Vieleck», welches durch den jeweiligen Staatseingriff primär verfolgt wird und zeigen Sie einen Zielkonflikt zu einem anderen Teilziel.

Staatseingriff	Primäres Teilziel	Zielkonflikt zu ...
1. Kurzfristige Erhöhung der Bezugsfrist der Arbeitslosengelder von 12 auf 18 Monate.		
2. Die Schweizerische Nationalbank kauft Euros und bezahlt diese mit Schweizer Franken, um den Fall des Wechselkurses EUR/CHF zu stoppen.		
3. Der Bund beschliesst eine vorzeitige Sanierung von Autobahnbrücken.		
4. Die Nationalbank erhöht den Leitzins, um einer Überhitzung vorzubeugen.		
5. Der Bund unterstützt die Umschulung von Arbeitslosen durch die Finanzierung von Weiterbildungen.		

4.7 Geldwertstörungen

Leistungsziele BIVO

- Ich zeige die Merkmale, Ursachen und Folgen von Inflation, Deflation und Stagflation auf.
- Ich erkläre die Messung der Inflation mit dem Landesindex der Konsumentenpreise.

4.7.1 Landesindex der Konsumentenpreise (LIK)

Der LIK misst die Preisentwicklung in einer Volkswirtschaft und hilft den Geldwert zu bestimmen.

Landesindex der Konsumentenpreise (LIK)	
Begriff	Der LIK ist ein Messinstrument zur Berechnung der durchschnittlichen **Teuerung (Inflation/Deflation)** mit Hilfe eines Warenkorbs.
Funktionen	– Preisentwicklung in einem Land beobachten und Berechnung der Inflationsrate – Löhne, Renten und Mieten gemäss der Teuerung anpassen (Teuerungsausgleich) – Nationalbank braucht den LIK für die Steuerung der Geldmenge
Warenkorb	Der Warenkorb repräsentiert die **konsumierten Waren eines schweizerischen Durchschnittshaushalts**. Der Preisverlauf dieser Güter wird normalerweise monatlich erhoben. Das statistische Amt definiert einen Basis-Monat (aktuell Dezember 2015) als Index 100, d.h. der Preis des Warenkorbs zu diesem Zeitpunkt gilt als Index 100 und ab diesem Zeitpunkt werden die Preisänderungen systematisch erfasst.
Berechnung	**Berechnung der Teuerung:** Die Teuerung wird in Prozenten dargestellt und entspricht der Veränderung des Indexes gegenüber dem Ursprungswert. $\frac{(\text{Index neu} - \text{Index alt})}{\text{Index alt}} \times 100 = \text{Veränderungsrate in \%}$ Das Ergebnis kann eine positive Teuerung sein oder eine negative Teuerung. **Anwendungsbeispiele:** Gegeben sind die folgenden Indexstände per Dezember: | 2005 | 2010 | 2015 | 2019 | |---|---|---|---| | 98.6 | 102.8 | 100.0 | 101.7 | **1. Inflation** Veränderungsrate (Dez. 2005 – Dez. 2010) $= \frac{(102.8 - 98.6)}{98.6} \times 100 = 4.3\%$ (= positive Teuerung) → Derselbe Warenkorb kostete im Dez. 2010 4.3% mehr als im Dez. 2005. Man spricht von **Inflation (steigendes Preisniveau)** **2. Deflation** Veränderungsrate (Dez. 2010 – Dez. 2015) $= \frac{(100.0 - 102.8)}{102.8} \times 100 = -2.7\%$ (= negative Teuerung) → Derselbe Warenkorb kostete im Dez. 2015 2.7% weniger als im Dez. 2010. Man spricht von **Deflation (sinkendes Preisniveau)** **3. Teuerungsausgleich** Im Dez. 2005 wurde ein Lohn von CHF 4000.00 vereinbart. Wie hoch müsste im Dez. 2015 der Lohn sein, damit die gleiche Kaufkraft gilt wie im 2005? Teuerungsbereinigter Lohn = CHF 4000.00 × $\frac{100.0}{98.6}$ = CHF 4056.80

4.7.2 Inflation und Deflation

Wenn sich der Wert des Geldes verändert, spricht man von **Geldwertstörungen**. Es ist zwischen **Inflation und Deflation** zu unterscheiden:

Inflation	
Begriff	– Allgemeines Preisniveau *steigt* → Kaufkraft *sinkt* – Geld *verliert* an Wert
Ursache	Ungleichmässige Veränderungen im Geld- und Güterstrom: Geldstrom > Güterstrom (Nachfrage nach Gütern ist grösser als das Angebot) 1. **Angebotsinflation:** Höhere Produktionskosten werden von den Anbietern durch höhere Verkaufspreise auf die Nachfrager überwälzt, z. B. bei höheren Lohn- und Energiekosten. 2. **Nachfrageinflation:** Stärkere Nachfrage von den Konsumenten führt zu Preissteigerungen, z. B. bei Einkommenssteigerungen der Konsumenten. 3. **Importierte Inflation:** Eine Inflation im Ausland führt zu höheren Preisen im Inland, vorwiegend über importierte Waren.
Bekämpfung	Allgemeine Zinssatzerhöhungen durch die Schweizerische Nationalbank (SNB)
Negative Begleiterscheinungen	«Flucht in Sachwerte»: Sofortige Konsumausgaben anstatt sparen

Deflation	
Begriff	– Allgemeines Preisniveau *sinkt* → Kaufkraft *steigt* – Geld *gewinnt* an Wert
Ursache	Ungleichmässige Veränderungen im Geld- und Güterstrom: Geldstrom < Güterstrom (Angebot an Gütern ist grösser als die Nachfrage)
Bekämpfung	Sehr schwierig, Zinssatzsenkungen durch die SNB, Konsumstimulation
Negative Begleiterscheinungen	Hohe Arbeitslosigkeit führt zu geringerem Konsum, was die Unternehmen dazu leitet weitere Arbeitsplätze abzubauen ... → Spirale nach unten

Geldwertstörungen

Die **Folgen** von Inflation und Deflation sind spiegelbildlich:

Folgen für ...	Inflation	Deflation
Sparer	− Inflation übersteigt die Sparzinshöhe, Spargeld verliert an Wert	+ Spargeld gewinnt an Wert
Angestellte und Rentner	− Das Einkommen (Lohnzahlung oder Rente) wird nur verzögert angepasst	+ Das Einkommen (Lohnzahlung oder Rente) gewinnt an Wert
Gläubiger	− Ausstehende Guthaben verlieren an Wert	+ Ausstehende Guthaben gewinnen an Wert
Schuldner	+ Ausstehende Schulden verlieren an Wert (erleichterte Rückzahlung)	− Ausstehende Schulden gewinnen an Wert (erschwerte Rückzahlung)
Eigentümer von Sachwerten	+ Sachwerte (z. B. Immobilien) steigen im Wert	− Sachwerte (z. B. Immobilien) verlieren an Wert
Staat	+ Höhere Staatseinnahmen	− Tiefere Staatseinnahmen wegen gesunkenen Einkommen

4.7.3 Stagflation

Besteht aus zwei Wortteilen:
Stagnation: Wirtschaft stagniert (wächst nicht mehr) und
In**flation**: es herrscht Inflation, die Preise steigen

Es handelt sich um eine selten vorkommende, aber höchst problematische, weil kaum zu bekämpfbare Wirtschaftslage: Steigende Preise bei stagnierender Wirtschaft und erhöhter Arbeitslosigkeit.

4.7.4 Geldpolitik der Schweizerischen Nationalbank (SNB)

Die SNB hat als **vorrangiges Ziel die Preisstabilität** zu gewährleisten.

Zielkonflikt: Einerseits sollte sie die Inflation durch Zinserhöhungen bekämpfen, andererseits sollte sie durch Zinssenkungen und leichtere Kreditgewährung an Unternehmungen die Wirtschaftslage fördern und die Arbeitslosigkeit bekämpfen. Daraus ergibt sich ein klarer Zielkonflikt für die SNB.

4.7 Geldwertstörungen – Aufgaben

4.7.1 Landesindex der Konsumentenpreise (LIK)

a) Was wird mit dem LIK gemessen?

b) Sie sehen den LIK für das Jahr 1996 und die Jahre 2009 bis 2015 (auf der Basis von Dez. 2015 = 100): Geben Sie beim Ergebnis der folgenden Aufgaben an, ob es sich um Inflation oder Deflation handelt.

1996: 91.5	2010: 102.8	2012: 101.6	2014: 101.3
2009: 102.2	2011: 102.0	2013: 101.7	2015: 100.0

1. Berechnen Sie die Teuerung zwischen 1996 und 2015 auf zwei Stellen nach dem Komma genau.

2. Berechnen Sie die Teuerung zwischen 2010 und 2013 auf zwei Stellen nach dem Komma genau.

3. Berechnen Sie die Teuerung zwischen 2014 und 2015 auf zwei Stellen nach dem Komma genau.

c) Ein Angestellter verdient CHF 4300. Im letzten Jahr wurde eine Inflation von 1.5 % gemessen. Wie hoch müsste der Lohn sein, damit er über die gleiche Kaufkraft wie im Vorjahr verfügt?

4.7.2 Inflation und Deflation

a) Angenommen, es herrsche Inflation: Erklären und beschreiben Sie ausführlich, was man unter Inflation versteht. Folgende Begriffe sollen bei Ihrer Erklärung sinnvoll vorkommen:
Geldmenge und Gütermenge; Wert des Geldes; Preise der Güter und Dienstleistungen

b) In der Fachliteratur werden vier verschiedene Folgen der Inflation beschrieben:
 – die Sparflucht
 – die Benachteiligung der Gläubiger
 – der Kaufkraftverlust der Löhne
 – die leichtere Tilgung der Schulden

Davon sind verschiedene Personengruppen betroffen:
A) Schuldner B) Gläubiger C) Hausbesitzer D) Sparer E) kaufmännischer Angestellter F) Staat

Geldwertstörungen – Aufgaben

1. Welche von diesen Personengruppen haben Vorteile bei einer Inflation? Notieren Sie die Buchstaben.

   _____

2. Erklären Sie, warum die Personengruppe der Rentner bei einer Inflation benachteiligt ist.

   _____

   _____

c) Wie verändern sich die folgenden Grössen bei einer Inflation? Kreuzen Sie das richtige Feld an.

Nr.	Grösse	steigt/en	sinkt/en
1.	die Spartätigkeit		
2.	die Investitionen		
3.	die Zinssätze		
4.	die Umlaufgeschwindigkeit des Geldes		
5.	die Löhne		
6.	die Kaufkraft		
7.	das Preisniveau		

d) Streichen Sie die jeweils unpassenden Begriffe.

1. Wenn die Notenbank die Geldmenge **erhöht/senkt,** wird mehr konsumiert, was zu einem Anstieg der Preise führt **(Deflation/Inflation)**
2. In einer Konjunkturphase der **Hochkonjunktur/Rezession** sind deflationäre Preise anzutreffen.
3. Eine Verteuerung der Rohstoffe führt zu **tieferen/höheren** Produktionskosten, was die Produzenten veranlasst die Preise zu **erhöhen/senken**.
4. Wenn eine Wechselkursverschlechterung dazu führt, dass ausländische Güter teurer werden, spricht man von einer importierten **Inflation/Deflation**.
5. Wenn die Konsumenten vermehrt sparen, führt dies zu **inflationären/deflationären** Preisen.

e) Was ist eine Deflation?

   _____

   _____

f) Zeigen Sie, ob das beschriebene Verhalten eher zu Inflation (I) oder Deflation (D) führt.

Beschreibung	Auswirkung (I/D)
Da die Konsumenten positiv in die Zukunft blicken geben sie mehr Geld für Luxusgüter aus.	
Zahlreiche Meldungen über Entlassungen führen dazu, dass die Angestellten mehr sparen um sich abzusichern.	
Prognosen sagen weiterhin sinkende Preise voraus.	

Geldwertstörungen – Aufgaben

g) Man hörte immer von der hohen Deflationsrate in Japan. Erklären Sie, wie eine Deflation entsteht und was für Auswirkungen diese auf die Wirtschaft hat.

h) Wie muss die Nationalbank von Japan reagieren, um die hohe Deflation zu bekämpfen?

4.7.3 Stagflation

Aus welchen beiden Worten setzt sich der Begriff Stagflation zusammen?

4.8 Globalisierung

> **Leistungsziele BIVO**
> - Ich beschreibe Chancen und Gefahren der Globalisierung und des Freihandels.

4.8.1 Freihandel & internationale Organisationen

A) Freihandel

Das wirtschaftliche Zusammenrücken von verschiedenen Ländern, indem Zölle und andere Handelsbeschränkungen (z. B. Einfuhrkontingente) zwischen den Mitgliedstaaten abgeschafft werden.

B) Internationale Organisationen

WTO World Trade Organisation	**EFTA** European Free Trade Association	**EU** Europäische Union
Ziel: Fördert weltweit den freien Handel mit Gütern und Dienstleistungen und schützt das geistige Eigentum (Marken, Patente, usw.).	**Ziel:** Schaffung einer Freihandelszone durch den Abbau gegenseitiger Zölle. Gemeinsame Aushandlung von Freihandelsabkommen mit Drittstaaten ausserhalb der EU.	**Ziel:** Ursprünglich gegründet zur Schaffung einer Freihandelszone. Heute verfolgt sie weitere politische Ziele (u. a. gemeinsame Währungs-, Aussen- und Sicherheitspolitik).
Mitglieder: 164 Staaten weltweit inklusive der Schweiz (seit 1995).	**Mitglieder:** Schweiz, Fürstentum Liechtenstein, Island, Norwegen.	**Mitglieder:** 27 europäische Staaten ohne der Schweiz. Die Schweiz arbeitet durch die «Bilaterale Abkommen» mit der EU eng zusammen.

OECD Organisation for Economic Co-operation and Development	**IWF** Internationaler Währungs-Fonds	**UNO** United Nations Organization
Ziel: Stärkung der Wirtschafts-, Finanz-, Bildungs-, Wissenschafts- Sozial-, Umwelt- und Entwicklungspolitik. Durch gemeinsamen Austausch.	**Ziel:** Förderung der Stabilität im internationalen Währungs- und Finanzsystem.	**Ziel:** Sicherung des Weltfriedens, Einhaltung von Völkerrecht und Menschenrechte, Förderung internationaler Zusammenarbeit.
Mitglieder: 37 Staaten weltweit inklusive der Schweiz (seit 1961).	**Mitglieder:** 189 Staaten weltweit inklusive der Schweiz (seit 1992)	**Mitglieder:** 193 Staaten weltweit inklusive der Schweiz (seit 2002).

4.8.2 Der Begriff Globalisierung

Globalisierung bezeichnet die weltweite Vernetzung einer Volkswirtschaft auf allen Gebieten der Gesellschaft (Wirtschaft, Politik und Recht), Kultur, Ökologie, Technik, Information). Die «Welt schrumpft zum Dorf», in dem jeder mit jedem in Kontakt treten kann. Die Schweiz als kleines Land im Zentrum von Europa ist von der Globalisierung stark betroffen.

Freihandel und technischer Fortschritt in den Bereichen Kommunikation (Internet) und Transport sind die Treiber einer verstärkten **internationalen Arbeitsteilung** bei der Herstellung eines Produktes: Dieses wird Schritt für Schritt in verschiedenen Etappen an verschiedenen Standorten/Ländern vollendet. Dies führt dazu, dass immer mehr international gehandelt wird und somit die Globalisierung zunimmt.

4.8.3 Chancen und Gefahren von Globalisierung

Globalisierung bietet Ländern viele Chancen (Vorteile), birgt aber auch Gefahren (Nachteile):

	Betroffenes Gesellschaftsgebiet	**Chancen (Vorteile)**	**Gefahren (Nachteile)**
Wirtschaft	– Austausch Entwicklungsländer/Industriestaaten	– Zusammenrücken der Länder	– Gegenseitige Abhängigkeiten
	– Produktion in Billigländern	– Produktionskosten sinken, was zu tieferen Produktionspreisen führt – Schaffung von Arbeitsplätzen in Entwicklungsländern	– Erschwerte Konkurrenz gegenüber günstigeren Importprodukten – Arbeitsplatzverlust in Industrieländern
	– Kapitalstrom	– Direktinvestitionen in Entwicklungsländern fördern dort das Wachstum	– Fehlende oder geringere Investitionen in Industrieländern
	– Wohlstand	– Wohlstandsgewinne ermöglicht durch Aussenhandel und Spezialisierung	– Ungleiche Verteilung der Wohlstandsgewinne auf die Teilnehmer

Globalisierung

	Betroffenes Gesellschaftsgebiet	Chancen (Vorteile)	Gefahren (Nachteile)
Politik und Recht	– Verstärkte internationale Zusammenarbeit	– Wachstumschancen durch gemeinsame Freihandelszonen – Vereinheitlichung von Recht	– Verlust der Souveränität (Eigenständigkeit) – Abhängigkeit vom Ausland
	– Migration	– Wachstum durch Zuwanderung	– Verdrängung einheimischer Arbeitskräfte durch Zuwanderer
	– Schutz der Arbeitnehmer	– Gesteigerte Einflussmöglichkeit auf Arbeitnehmerschutz in Entwicklungsländern	– Kontrolle der Umsetzung des Arbeitnehmerschutzes in Entwicklungsländern schwierig
	Spannungsfeld Wirtschafspolitik: Freihandel (Öffnung der Grenzen) oder Protektionismus (Schutz der inländischen Wirtschaft)		
Kultur	– Aufeinandertreffen verschiedener Kulturen und Religionen	– Fremde Kulturen und Religionen als Bereicherung	– Angst von oder Ablehnung von fremden Kulturen und Religionen (Überfremdung)
	– Vielsprachigkeit	– Gemeinsame Verständigung (Geschäftssprache Englisch)	– Verdrängung und Entfremdung (Englisch im Kindergarten)
Ökologie	– Verstärkter Personen- und Güterverkehr (Transport)	– Internationale Mobilität (z. B. Arbeitsmöglichkeiten im Ausland)	– Zunahme der Umweltbelastung (vgl. 4.9.2)
	– Gesundheit	– Unterstützung von Entwicklungsländern durch Industriestaaten (z. B. Impfungen)	– Rasche Verbreitung von Krankheiten und Viren (z. B. SARS, Vogelgrippe)
	– Umweltschutz	– Einflussmöglichkeiten auch bei Entwicklungsländern	– Vernachlässigung des Umweltschutzes – Erschwerte Durchsetzung von Mindeststandards
Technik	– Technischer Fortschritt und Information	– Internationaler Austausch von Information, Technologie, Innovationen und Know-how möglich	– Durchsetzbarkeit von Eigentumsrechten, Patenten usw. ist erschwert. – Know-how Verlust

4.8 Globalisierung – Aufgaben

4.8.1 Freihandel & internationale Organisationen

a) Erklären Sie, weshalb durch den Abbau von Handelsbeschränkungen die Binnenwirtschaft gestärkt wird.

_____

b) Die Schweiz ist aus verschiedenen Gründen auf den Aussenhandel angewiesen. Ein solcher Grund ist, dass der Boden nicht für genügend Nahrungsmittel ausreicht. Deshalb muss die Schweiz Lebensmittel einführen.

1. Nennen Sie zwei weitere wichtige Gründe für den Aussenhandel der Schweiz.

_____

2. Nennen Sie zwei wichtige Importgüter der Schweiz.

_____

3. Ausser Schokolade und Käse gibt es noch weitere wichtige Exportgüter der Schweiz. Nennen Sie zwei andere wichtige Exportgüter.

_____

4. Nennen Sie – neben den Bankdienstleistungen – zwei wichtige Export-Dienstleistungen.

_____

Globalisierung – Aufgaben

c) Die Schweiz hat die «Bilaterale Abkommen» mit der EU.

1. Erklären Sie was darunter verstanden wird und

2. Nennen Sie drei Bereiche, die davon betroffen sind.

_____

_____

_____

_____

d) Kreuzen Sie zu jeder Aussage die jeweils zutreffende(n) Organisation(en) an.

Aussage	WTO	EFTA	EU	OECD	IWF	UNO
Bei dieser Organisation ist die Schweiz Mitglied						
Diese Organisation fördert primär wirtschaftliche Interessen						
Diese Organisation setzt sich für den Schutz der Menschenrechte ein						
Diese Organisation führt eine eigenständige Währungspolitik						
Diese Organisation besteht ausschliesslich aus europäischen Ländern.						

4.8.2 Der Begriff Globalisierung

a) Die Globalisierung wurde vor allem durch drei wichtige Entwicklungen ermöglicht. Nennen Sie eine dieser Entwicklungen.

_____

_____

b) Nennen Sie zu jedem Gesellschaftsgebiet eine positive und eine negative Auswirkung der Globalisierung.

Gesellschaftsgebiet	Positive Auswirkung	Negative Auswirkung
Ökologie		
Politik und Recht		
Kultur		
Wirtschaft		
Technik		

c) **Fallbeispiel Informatik:** Viele Unternehmen in der Schweiz haben in den letzten Jahren Bereiche der Informatik von der Schweiz ins Ausland ausgelagert.

1. Nennen Sie zwei mögliche Gründe, weshalb die Auslagerungen vorgenommen wurden.

_____

_____

2. Zeigen Sie anhand dieses Beispiels jeweils 2 Vorteile und 2 Nachteile der Globalisierung.

Vorteile	Nachteile

Ökologie, Energie

4.9 Ökologie, Energie

Leistungsziele BIVO
- Ich erkläre bestehende und zukünftige ökologische Probleme und Herausforderungen im Bereich des Umweltschutzes und der Energiepolitik.
- Ich zeige Prinzipien und Lösungen für die nachhaltige Entwicklung auf und erkläre die Vor- und Nachteile der aktuellen Ansätze zum Schutz der Umwelt und des Klimas.

Ökologie: Die Lehre von der Umwelt und der Natur (Flora und Fauna). Durch die Einwirkungen des Menschen wird die Selbstregulierung der Natur gestört, welche dadurch belastet wird.

4.9.1 Klimawandel

Unter Klimawandel versteht man durch Menschen beeinflusste Veränderungen des Klimas, wie beispielsweise die Erderwärmung.

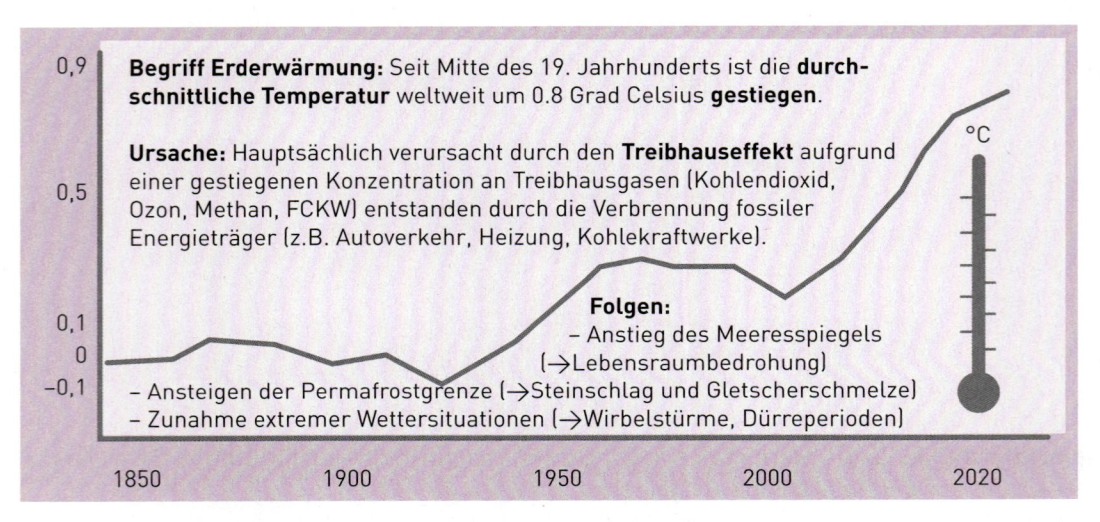

Begriff Erderwärmung: Seit Mitte des 19. Jahrhunderts ist die **durchschnittliche Temperatur** weltweit um 0.8 Grad Celsius **gestiegen**.

Ursache: Hauptsächlich verursacht durch den **Treibhauseffekt** aufgrund einer gestiegenen Konzentration an Treibhausgasen (Kohlendioxid, Ozon, Methan, FCKW) entstanden durch die Verbrennung fossiler Energieträger (z.B. Autoverkehr, Heizung, Kohlekraftwerke).

Folgen:
- Anstieg des Meeresspiegels (→Lebensraumbedrohung)
- Ansteigen der Permafrostgrenze (→Steinschlag und Gletscherschmelze)
- Zunahme extremer Wettersituationen (→Wirbelstürme, Dürreperioden)

Grafik: Veränderung des weltweiten Temperaturanstiegs (Quelle: ARTE)

4.9.2 Umwelt

Die Umwelt stellt die Existenzgrundlage und den Lebensraum für Menschen und Tiere dar. Die Umwelt jedes einzelnen besteht aus den nur begrenzt vorhandenen **natürlichen Ressourcen** Boden, Wasser und Luft, sowie der Gesellschaft.

Da es sich bei den natürlichen Ressourcen oft um **freie Güter** («gratis») handelt können externe Effekte entstehen, die in Form von **externen Kosten** (z.B. Kosten der Umweltverschmutzung, Abnahme der Biodiversität) oder **externen Nutzen** (z.B. Freude am schönen Blumenbeet des Nachbarn) auftreten. Es entsteht ein **Marktversagen**. Somit zerstört der Mensch seinen eigenen Lebensraum.

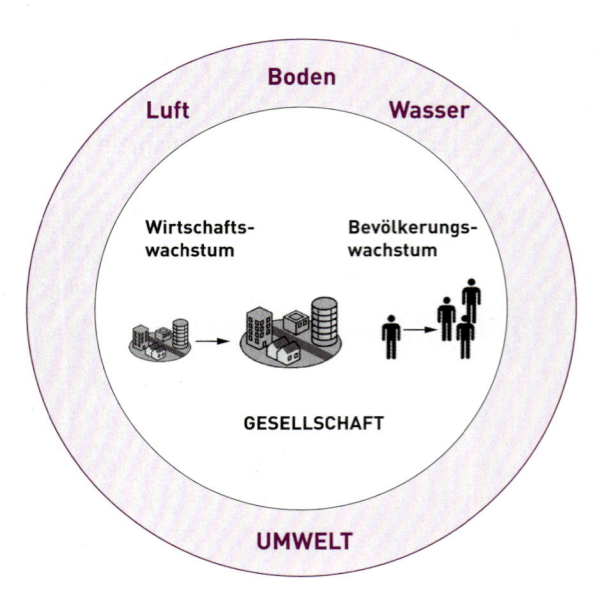

Ökologie, Energie

Ein Marktversagen erfordert ein staatliches Eingreifen, welches durch **Information, Prävention, Gebote, Verbote, Abgaben und Steuern** angegangen werden kann. Ziel ist es, die tatsächlichen Kosten inklusive der externen Kosten auf den Verursacher zu überwälzen (**Verursacherprinzip**) und somit einen nachhaltigen Umgang mit der Natur zu fördern (vgl. 4.9.4)

1. Umweltressource Boden
Die Umweltressource Boden wird vielfältig genutzt: als Landschaft, Wohn- und Produktionsfläche oder Rohstoffquelle. Die folgenden **Belastungen** durch die Gesellschaft beeinträchtigen die Ressource Boden:

Belastungen für den Boden

Rodung und Abholzung	Verdichtung und Zersiedelung	Verschmutzung	Bodenverdichtung
– von Regenwald zur Holzgewinnung – Abnahme der Artenvielfalt von Flora und Fauna (Biodiversität sinkt)	– Erschliessung neuer Landwirtschafts- und Wohnflächen – Wandel von Landwirtschaftsfläche zu Wohnfläche	– Verunreinigungen von Schwermetall durch Überdüngung – Einsatz von Chemikalien – Saurer Regen verbreitet Schwermetalle	– Verdichtung des Bodens durch den Einsatz von schweren Maschinen

2. Umweltressource Wasser
Die Umweltressource Wasser wird als Trinkwasser, Transportmittel und Rohstoff verwendet und dient vielen Tieren als Lebensraum. Die folgenden **Belastungen** durch die Gesellschaft beeinträchtigen die Ressource Wasser:

Belastungen für das Wasser

Bauliche Eingriffe	Verschmutzung	Überfischung der Weltmeere
– Begradigung von Flussgewässern zur landwirtschaftlichen Nutzung oder aus Sicherheitsaspekten – Staudämme zur Wassernutzung und Energiegewinnung	– Verunreinigungen durch Abwasser, Landwirtschaftsnutzung (Dünger), Belastungen aus medizinischen Rückständen – Saurer Regen	– Fehlende Regeneration/Erholung der Fischbestände – Aussterben von Fischarten (Biodiversität sinkt)

3. Umweltressource Luft
Die Umweltressource Luft ist zur Atmung für Menschen und Tiere überlebenswichtig.
Die folgenden Belastungen durch die Gesellschaft beeinträchtigen die Ressource Luft:

Belastungen für die Luft

Abgase	Treibhausgase	Lärm und Licht
– Verursacht durch die gestiegene Mobilität (Wasser-, Land-, und Luftverkehr)	– Verursacht unter anderem durch erhöhte Produktion von Gütern	– Als Resultat von Bevölkerungs- und Wirtschaftswachstum (unter anderem Wohlstand)

4. Gesellschaft

Die beschriebenen Belastungen der Natur sind vom Menschen verursacht. Diese Effekte werden durch das Wachstum der Gesellschaft verstärkt. Es wird zwischen Bevölkerungswachstum und Wirtschaftswachstum unterschieden:

Bevölkerungswachstum	Wirtschaftswachstum
In weniger als 50 Jahren hat die Weltbevölkerung sich mehr als verdoppelt (von 3.7 auf 7.8 Milliarden im Jahr 2020). Die Zunahme beschleunigt sich immer mehr (sich selbst-verstärkender Effekt). **Folgen für die Umwelt:** – Zusätzliche Beanspruchung und Beeinträchtigung der Umwelt – Gestiegener Ernährungs- und Trinkwasserbedarf – Mögliche Konflikte um Raum, Boden, Ernährung, Wasser	Wirtschaftswachstum bietet viele Vorteile, hat aber auch Nachteile (vgl. 4.4 und 4.8). Ein solcher Nachteil ist die resultierende Umweltbelastung. **Folgen für die Umwelt:** – Rohstoffverbrauch steigt durch gestiegene Produktion – Zunahme des Energieverbrauchs und somit der Abgas- und Treibhausgasbelastung – Internationale Aufteilung von Produktionsschritten und gestiegener Aussenhandel führt zu stark gestiegenem Güterverkehr (→ Abgase) – Gestiegene Mobilität durch Wohlstand (Flugreisen) – Kürzere Produktlebensdauer («Wegwerf-Gesellschaft») – Zunahme des Aussenhandels

4.9.3 Energie

1. Energieträger

Man unterscheidet zwischen drei verschiedenen Energieträgern:

Fossile Energieträger	Kernenergie (Atomenergie)	Regenerierbare (erneuerbare) Energieträger
– konventionelle Energieträger aus Biomasse (abgestorbene Lebewesen) – decken ca. 80 % des weltweiten Energiebedarfs – Energievorkommen weltweit unterschiedlich verteilt	– durch Kernspaltung von Uran wird Energie gewonnen	– Erneuerbare, alternative Energiequellen
Beispiele: Erdöl (raffiniert zu Benzin, Diesel, Heizöl), Erdgas, Kohle	Beispiele: – Uran (eingesetzt in Kernkraftwerken, Atombomben)	Beispiele: Wasserkraft, Windkraft, Sonnenenergie, regenerierbare Biomasse, Geothermie (Erdwärme)

Fossile Energieträger	Kernenergie (Atomenergie)	Regenierbare (erneuerbare) Energieträger
Pro: – günstige Energieträger – gut transportierbar	Pro: – relativ günstig – klimaneutral – effiziente Energiegewinnung	Pro: – unbegrenzt vorhanden – klimaneutral – nachhaltige Energiegewinnung – saubere Energie
Kontra: – Umweltbelastung (CO_2-Ausstoss, Feinpartikel) – begrenzt vorhanden	Kontra: – Abfälle sind noch über sehr lange Zeit schädlich und müssen speziell gelagert werden – Umweltgefahr bei Unfall sehr gross – begrenzt vorhanden	Kontra: – relativ teuer – eher schlechter Energiegewinnungsgrad – Veränderung der Landschaft (Stauseen, Windräder)

2. Energiepolitik

Energiesteuer: Der Staat erhebt auf den Verbrauch von Energie eine Steuer, die mit steigendem Verbrauch angehoben wird.

Ziel der Energiesteuer ist:
- die Reduktion des immer noch steigenden Energieverbrauchs
- die Reduktion des CO_2-Ausstosses
- Förderung von regenerierbaren Energieträgern

Ausstieg aus der Kernenergie (Atomenergie): Im März 2011 beschloss der Bundesrat als Reaktion auf den Kernkraftwerkunfall in Fukushima, Japan den Ausstieg der Schweiz aus der Kernenergie. Bis ungefähr 2045 sollen die bestehenden Kernkraftwerke gestaffelt abgeschaltet und durch Gaskombikraftwerke ersetzt werden. Die geschätzten Kosten von CHF 30 Milliarden sollen durch eine Erhöhung und Ausweitung der Energiesteuer gedeckt werden.

Lenkungsabgaben: Staatlich angeordnete Preiserhöhungen auf umweltschädigende Produkte zur Verbesserung des umweltgerechten Verhaltens der Bevölkerung.
Beispiel: Lenkungsabgabe auf Heizöl: Damit wird das Heizöl künstlich verteuert, so dass die Leute eher mit umeltfreundlicher Energie (Erdwärme, Solarenergie) heizen.

Ökologie, Energie

4.9.4 Nachhaltigkeit

Nachhaltigkeit als Forderung für umweltgerechte Entwicklung. Eine nachhaltige Entwicklung der Wirtschaft soll so geschehen, dass die Bedürfnisse der heutigen Generation befriedigt werden können, ohne die Lebensbedingungen zukünftiger Generationen einzuschränken (z. B. durch Umweltbelastungen).

Die Bundesverfassung schreibt die Förderung der nachhaltigen Entwicklung vor. Dem Staat stehen zur Umsetzung einer **nachhaltigen Entwicklung** die **Instrumente** Gebote, Verbote, Gebühren, Steuern, Lenkungsabgaben, sowie Information und Prävention zur Verfügung.

Nebst dem Staat können auch Unternehmen und Privatpersonen (Sie!) Massnahmen für den Umweltschutz ergreifen:

	Massnahmen für den Umweltschutz	Beispiele
Private (Privatpersonen)	– sparsamer Umgang mit Ressourcen – Sensibilisierung für ökologische Produkte – Abfallvermeidung – Bewusstsein über ökologische Belastung	– Wasser/Strom sparen – Bio-Produkte, Produkte aus der Region; Ferien im Inland – Produkte mit wenig Verpackung/guter Entsorgung – Carsharing/Carpooling – Second-Hand Waren
Unternehmen (Betriebe)	– Produktion von umweltfreundlichen Produkten mit effizienten Produktionsverfahren – Produkte wiederverwenden (Recycling) – unnötige Transporte vermeiden	– Produkte mit Ökolabel – Pfandflaschen – Produkte aus der Region – Elektroautos – Produkte aus gebrauchten Gegenständen
Staat (Bund, Kanton, Gemeinde)	– Umweltsteuern und -gebühren – strenge Umweltvorschriften – Subventionen/Steuererlasse für umweltfreundliche Betriebe – Verbot von gefährlichen Stoffen – Durchsetzung des Verursacherprinzips durch entsprechende Gesetze – umweltgerechte Bauvorschriften – Lenkungsabgaben für umweltschädigend Produkte	– Abfallgebühren, vorgezogene Recyclinggebühr – Förderung von Minergie-Häusern – Verbot von FCKW (Fluorchlorkohlenwasserstoffe, z. B. in Spraydosen und Kühlschränken) – Abgasgrenzwerte – Verlagerung des Schwerverkehrs auf die Schiene – Klimarappen – Roadpricing

4.9 Ökologie, Energie – Aufgaben

4.9.1 Klimawandel

a) Durch den verstärkten Treibhauseffekt erwärmt sich die Erde. Mit welchen Folgen müssen wir in Zukunft rechnen? Nennen Sie mindestens drei mögliche Folgen.

b) Die italienische Lagunenstadt Venedig liegt 1 Meter über Meer und ist regelmässig von Hochwasser betroffen. Um gegen den erwarteten Anstieg des Meeresspiegels (und das Absacken der Stadt) vorbereitet zu sein, werden meterhohe Schutzwälle errichtet. Somit werden zwar die Folgen der Klimaerwärmung bekämpft, nicht aber die Ursachen davon.

Zeigen Sie, weshalb es für die Bewohner Venedigs schwierig ist die Ursache (alleine) zu bekämpfen.

4.9.2 Umwelt

a) Allein auf den indonesischen Inseln Sumatra und Borneo verschwanden gemäss WWF 2007 jeden Tag Waldflächen in der Grössenordnung von 4600 Fussballfeldern durch Abholzung, Brände oder Umwandlung in Palmöl und Papierplantagen.

Zeigen Sie drei Auswirkungen der Abholzung auf die Umwelt.

Ökologie, Energie – Aufgaben

b) 2010 ereignete sich während Tiefseebohrungen zur Ölförderung im Golf von Mexiko eine Explosion, welche den Ausfluss von mehreren hundert Millionen Litern Öl zur Folge hatte und in Form eines Ölteppichs letztlich aufs Festland traf.

Zeigen Sie, wie die Natur und die Gesellschaft von den Auswirkungen eines solchen Unfalls betroffen sind.

c) Mit einem unkontrollierten und ungebremsten Wirtschaftswachstum zerstören wir Menschen mehr und mehr unsere eigenen Lebensgrundlagen auf der Erde. Zwei Probleme sind bereits aufgeführt. Ergänzen Sie weitere vier durch die Menschen verursachte Probleme.

Abfallberge/Entsorgungsprobleme	Abholzung der Regenwälder

d) Man spricht davon, dass in industrialisierten Ländern sogenannte «Wegwerf-Gesellschaften» entstehen: Viele Gegenstände wie zum Beispiel Mobiltelefone werden durch ein neues, schöneres oder leistungsfähigeres Modell ersetzt, sobald ein solches verfügbar ist. Dadurch landen Produkte im Abfall, welche eigentlich noch funktionsfähig wären.

Zeigen Sie die Folgen eines solchen Verhaltens auf die Umwelt.

4.9.3 Energie

a) Entscheiden Sie, um welchen der drei Energieträger es sich bei den Aussagen handelt. Kreuzen Sie die zutreffende Entstehungsart an.

Nr.	Aussage	Fossile	Kernenergie	Regenerierbare
1.	Energie aus Atomkraftwerken			
2.	Elektrizität aus Wasserkraftwerken			
3.	Dieselöl			
4.	Erdgas			
5.	Windenergie			
6.	Sonnenenergie			
7.	Steinkohle			
8.	Wasserkraft			
9.	Benzin			
10.	Elektrizität aus thermischen Kraftwerken			

b) Warum verstärken fossile Brennstoffe beim Verbrennen den Treibhauseffekt und tragen somit zur Klimaerwärmung bei?

c) Mittlerweile ist bekannt, dass die Nutzung der fossilen Energieträger zu massiven Problemen führt. Warum wird trotz dieser Kenntnis nicht auf erneuerbare Energieträger umgestellt?

d) Was ist das Hauptproblem bei allen drei fossilen Energieträgern bezüglich der Zukunft der Menschheit?

Ökologie, Energie – Aufgaben

e) Welcher Energieträger wird in der Schweiz für die Stromerzeugung im Vergleich zum Ausland stärker genutzt? Erklären Sie auch warum das so ist.

f) Ein Kernkraftwerk (KKW) hat Vor- aber auch Nachteile. Zählen Sie je zwei auf.

Vorteile	Nachteile

g) Trotz den oben genannten Vorteilen der Kernkraftwerke hat der Bundesrat den Ausstieg aus der Kernenergie beschlossen. Wie ist dies erklärbar?

4.9.4 Nachhaltigkeit

a) Erklären Sie, weshalb der Verbrauch von fossilen Energieträgern und von Kernenergie nicht nachhaltig ist.

b) Was versteht man unter dem Verursacherprinzip?

c) Nennen Sie zwei typische Beispiele für die Anwendung des Verursacherprinzips.

d) Was kann die Gesellschaft für den Umweltschutz tun? Nennen Sie zwei wirkungsvolle Massnahmen für:

1. den privaten Haushalt:

2. den Verkehr:

3. die Industrie:

e) Ein kreatives Unternehmen in Zürich-West stellt Taschen aus alten Lastwagenplanen her. Somit entsteht aus vermeintlichem Abfall ein neuwertiges Produkt. Zeigen Sie zwei weitere Beispiele für Produkte, die aus wiederverwendetem Material hergestellt werden.

f) Nachhaltiges Handeln beginnt beim eigenen Verhalten. Nennen Sie zwei Ihrer Verhaltensweisen, welche eine intakte Umwelt fördern und zwei Ihrer Verhaltensweisen, welche die Umwelt belasten.

Umwelt unterstützende Verhaltensweisen (+)	Belastende Verhaltensweisen (−)

4.10 Fiskal- & Geldpolitik

Leistungsziele BIVO
- Ich nenne die Formen und Funktionen von Geld.
- Ich beschreibe die Ziele und Instrumente der Fiskalpolitik der öffentlichen Hand und zeige die Wirkungen der Geldpolitik der SNB auf Geldmenge, die Zinsen und die Wechselkurse auf.

4.10.1 Geld: Formen und wirtschaftliche Funktionen

Formen des Geldes
Die Entwicklung des Geldes führte vom Naturaltausch über Waren-, Metall- und Notengeld zum heute am häufigsten verwendeten Buchgeld (elektronisches Geld).

Formen des Geldes

- **Bargeld** (Noten und Münzen)
- **Buchgeld** (Checks, Debit- und Kreditkarten, elektronische Überweisungen)

Funktionen des Geldes
Geld übt die folgenden Funktionen aus:

Funktionen des Geldes

- **Zahlungsmittel** — Mit Geld zahlen z. B. Barzahlung, Überweisung
- **Wertaufbewahrungsmittel** — Mit Geld sparen z. B. Spargeld, Obligationen
- **Wertmassstab** — Mit Geld rechnen und vergleichen z. B. Preisschild, BIP-Berechnung, Wechselkurse

Eigenschaften von Geld:
Folgende drei Eigenschaften muss jegliche Form von Geld aufweisen, um seine Funktionen zu erfüllen:
- Allgemeine Akzeptanz: In der Schweiz wird der CHF überall akzeptiert
- Vertrauen in den Wert: Der Wert eines CHF muss beständig sein
- Knappheit: In der Schweiz durch die Schweizerische Nationalbank gesteuert

4.10.2 Geldmengen

Bei der Definition der Geldmengen wird zwischen der Notenbankgeldmenge und dem Zirkulationsgeld unterschieden. Abhängig von der Art der beinhalteten Zahlungsmitteln, ergeben sich unterschiedliche M-Geldmengen beim Zirkulationsgeld.

Fiskal- & Geldpolitik

Definition der Geldmengen

Notenbankgeldmenge

Definition: Von der Notenbank geschaffene Zahlungsmittel.

Zusammensetzung:

Notenumlauf
+ Giroguthaben der Geschäftsbanken bei der Nationalbank

Zirkulationsgeld (M-Geldmengen)

Definition: Von inländischem Publikum (Haushalten und Unternehmungen) gehaltene Zahlungsmittel

Zusammensetzung:

Bargeld
+ Sichteinlagen bei Bank + Post
+ Transaktionskonti
Geldmenge M1

+ Spareinlagen (ohne Vorsorgegelder)
Geldmenge M2

+ Termineinlage (Festgeld)
Geldmenge M3

1. Geldmengensteuerung

Die folgende Illustration zeigt, wie Geld in Umlauf kommt: Durch das **Repo-Geschäft** der Schweizerischen Nationalbank (SNB) wird Geld in Umlauf gesetzt, welches über die Geldschöpfung durch die Geschäftsbanken vervielfacht wird.

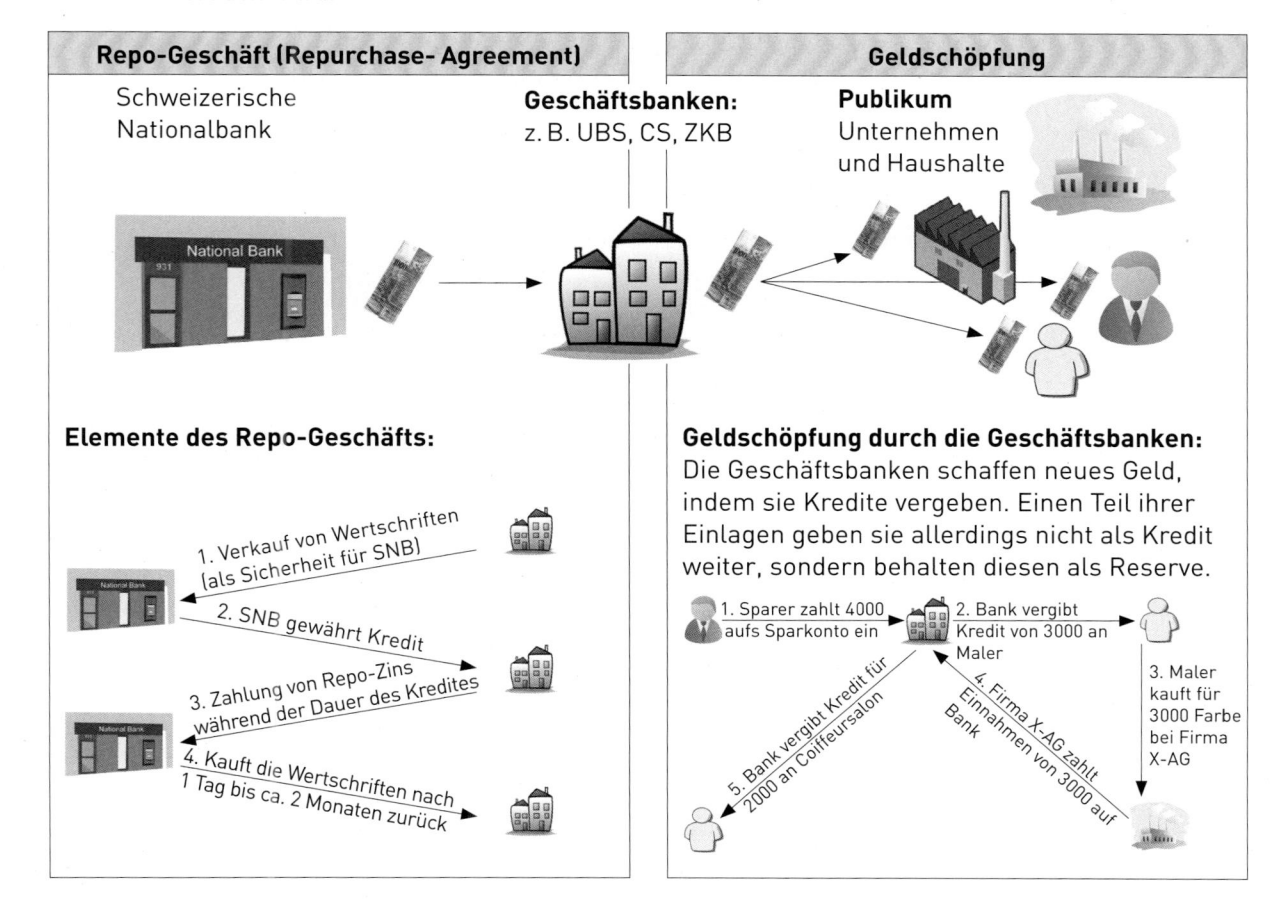

Repo-Geschäft (Repurchase-Agreement)

Schweizerische Nationalbank → **Geschäftsbanken:** z. B. UBS, CS, ZKB

Elemente des Repo-Geschäfts:

1. Verkauf von Wertschriften (als Sicherheit für SNB)
2. SNB gewährt Kredit
3. Zahlung von Repo-Zins während der Dauer des Kredites
4. Kauft die Wertschriften nach 1 Tag bis ca. 2 Monaten zurück

Geldschöpfung

Publikum Unternehmen und Haushalte

Geldschöpfung durch die Geschäftsbanken:
Die Geschäftsbanken schaffen neues Geld, indem sie Kredite vergeben. Einen Teil ihrer Einlagen geben sie allerdings nicht als Kredit weiter, sondern behalten diesen als Reserve.

1. Sparer zahlt 4000 aufs Sparkonto ein
2. Bank vergibt Kredit von 3000 an Maler
3. Maler kauft für 3000 Farbe bei Firma X-AG
4. Firma X-AG zahlt Einnahmen von 3000 auf Bank
5. Bank vergibt Kredit für 2000 an Coiffeursalon

Fiskal- & Geldpolitik

Repo-Geschäft (Repurchase- Agreement)	Geldschöpfung
Geldnachfrage: Die SNB kann die Nachfrage nach Geld über den Repo-Zins steuern: – hoher Repo-Zins = tiefere Nachfrage nach Geld – tiefer Repo-Zins = höhere Nachfrage nach Geld	**Total der Wertschöpfung:** – Wertschöpfung durch Kreditvergabe an Maler: 3 000 – Wertschöpfung durch Kreditvergabe an Coiffeur: 2 000 – Aus den ursprünglich 4 000 des Sparers wurden 5 000 zusätzlich geschöpft (Total sind neu 9 000 in Umlauf).

2. Auswirkungen von Geldmengenveränderungen

Die kurzfristigen Auswirkungen von Geldmengenveränderungen durch die SNB werden an folgendem Beispiel veranschaulicht:

Die SNB senkt den Repo-Zins:
- Die sich im Umlauf befindende **Geldmenge** an CHF steigt aufgrund der grösseren Nachfrage nach CHF
- Die **Zinsen** sinken kurz- bis mittelfristig, da ein Überangebot an (Spar-)Geldern vorhanden ist
- Der **Wechselkurs** steigt: Der CHF schwächt sich ab (z.B. von vorher 1 USD = 0.89 CHF zu neu 1 USD = 0.91 CHF)

4.10.3 Geldpolitik der Schweizerischen Nationalbank

Die Schweizerische Nationalbank (SNB) ist die **Zentralbank der Schweiz** (auch **Notenbank** genannt) und steuert die Geldversorgung der Wirtschaft (Geldpolitik). Sie führt eine politisch unabhängige Geldpolitik. Die Tabelle enthält die wichtigsten **Merkmale zur SNB**:

Hauptaufgaben	– **Geld- und Währungspolitik** der Schweiz – Regelung des **Geldumlaufs** (Notendruck, Geldschöpfung vor allem durch das Repo-Geschäft) – Erleichterung des elektronischen **Zahlungsverkehrs**

Ziele der Geld- und Währungspolitik	– **Hauptziel:** Preisstabilität (Ziel: Jährliche Inflationsrate von 0 %–2 %)
	– **Untergeordnete Ziele:**
	  – Wirtschaftswachstum
	  – Stabile Wechselkurse

Instrumente der Geldmengensteuerung	– **Inflationsprognose** als Entscheidungsgrundlage
	– **Geldmengensteuerung** durch:
	  – Hauptsächlich: Repo-Geschäft
	  – Devisenswaps: Kreditgewährung der SNB gegen Devisen (fremde Währungen) als Sicherheit
	  – Wertschriftenhandel: Durch den An- und Verkauf von Wertschriften durch die SNB werden Zahlungsmittel zugeführt oder entzogen (Offenmarktpolitik)
	  – Lombardkredite: Kredite an Banken gegen Verpfändung von Wertschriften

4.10.4 Wirkungskette der Geldpolitik der Schweizerischen Nationalbank (SNB)

A) Expansive Geldpolitik

Ausgangslage: Die Schweizer Wirtschaft stagniert und benötigt Impulse um zu wachsen (z. B. Schweiz 2015). Deshalb möchte die SNB das BIP-Wachstum mit einer expansiven Geldpolitik fördern.

Eine expansive Geldpolitik bedeutet, dass die SNB
1. den Leitzins senkt und
2. Staatsanleihen in Fremdwährungen kauft

Die **Wirkungsketten** der beiden Massnahmen im Rahmen **einer expansiven Geldpolitik** sehen wie folgt aus:

Fiskal- & Geldpolitik

Gesamtwirtschaftliche Zusammenhänge

Flussdiagramm:

a) 1. Leitzinsen ↓ → Zinsen ↓

b) → Kreditvolumen ↑ → Geldmenge ↑

c) → Interesse an Anlagen in der Schweiz ↓ → **ABWERTUNG** des Schweizer Frankens (CHF verliert an Wert):
  alt: 1 EUR = 1.05 CHF
  neu: 1 EUR = 1.08 CHF
→ Exporte ↑ Importe ↓ → BIP ↑ → Teuerung (Inflation) ↑

d) 2. SNB **KAUFT** Staatsanleihen in Fremdwährungen und bezahlt in Schweizer Franken
→ Fremdwährung wird stärker (gewinnt an Wert)
→ Schweizer Franken wird schwächer (d. h. er verliert an Wert → **ABWERTUNG**)

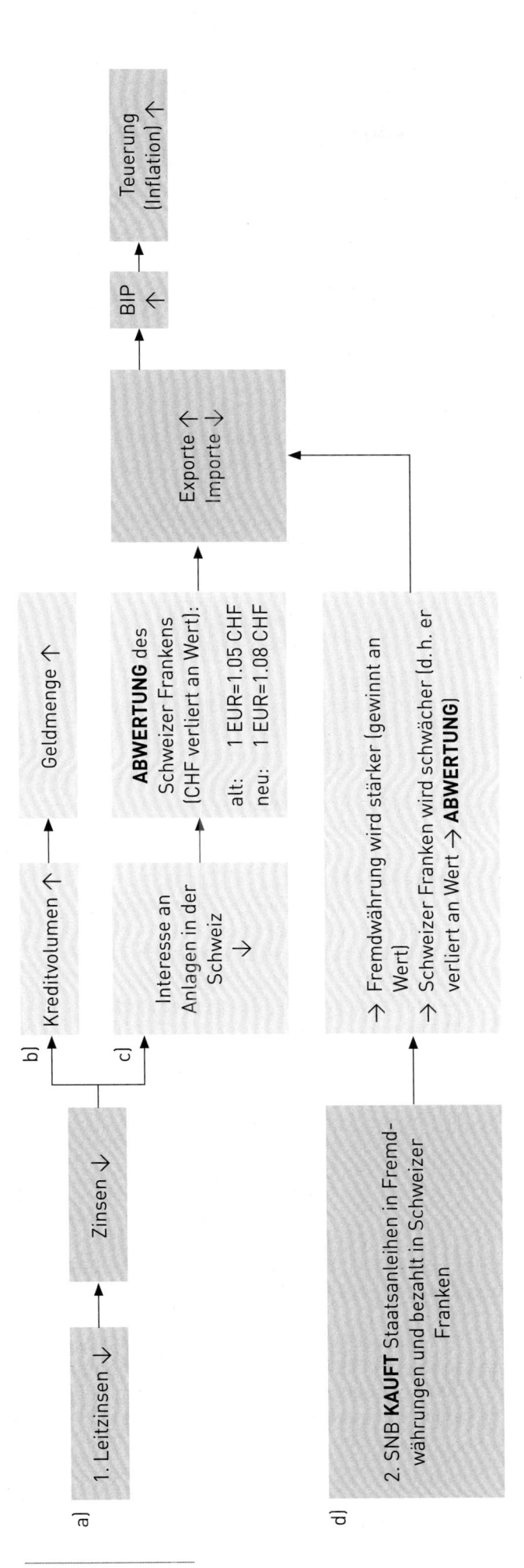

→ Somit werden die **Ziele einer expansiven Geldpolitik** nämlich Wachstumsförderung, Exportförderung, Deflationsbekämpfung, gefördert.

Lesehilfe zur Wirkungskette:
a) Durch die Senkung der **Leitzinsen** durch die SNB sinken die **Zinsen** in der Schweiz. Leitzinsen sind kurzfristige Zinssätze, welche die SNB mitteilt, um ihre Geldpolitik zu kommunizieren. Sie steuern das Zinsniveau in der Schweiz.
b) Tiefere **Zinsen** führen zu günstigeren Bedingungen für eine Kreditaufnahme, somit steigt das **Kreditvolumen**. Dadurch ist mehr Geld im Umlauf und die **Geldmenge** steigt.
c) Tiefere Zinsen führen dazu, dass **Anlagen** in der Schweiz weniger interessant werden, da deren Rendite im Vergleich zum Ausland sinkt. Somit legen Anleger ihr Geld im Ausland an, was dazu führt, dass Fremdwährungen an Wert gewinnen und der **Schweizer Franken an Wert verliert** (es braucht neu CHF 1.08 um einen Euro zu kaufen, also CHF 0.03 mehr als vorher). Davon profitieren **Exporteure**, da für ausländische Kunden die Schweizer Ware günstiger wird. **Importe** werden im Gegensatz dazu teurer und somit sinken diese. Da Exporte (von Gütern, die in der Schweiz hergestellt wurden) steigen, steigt auch das BIP. Ein steigendes **BIP** führt zu steigenden Preisen (**Inflation**).
d) Durch den **Kauf** von Staatsanleihen in Fremdwährungen steigt der Preis / **Wert der Fremdwährungen**. Da im Gegenzug in Schweizer Franken bezahlt wird (also Schweizer Franken verkauft werden) **verliert** der **Schweizer Franken** an Wert.

B) Restriktive Geldpolitik

Ausgangslage: Die Schweizer Wirtschaft boomt (wächst übermässig schnell) und benötigt Impulse um sich zu beruhigen (z. B. Schweiz um 1960). Deshalb möchte die SNB das BIP-Wachstum mit einer **restriktiven Geldpolitik** beschränken.

Im Gegensatz zur expansiven Geldpolitik bedeutet eine **restriktiven Geldpolitik**, dass die SNB den Leitzins **erhöht** und Staatsanleihen in Fremdwährungen **verkauft**. Mit diesen beiden Massnahmen soll eine Überhitzung der Wirtschaft verhindert und eine zu hohe Inflation bekämpft werden.

4.10.5 Wechselkurse

Von **Wechselkursen** gehen zeitweise störende **Auswirkungen auf die Wirtschaft** aus. Im Rahmen der **Währungspolitik** versucht die Nationalbank (SNB) mit ihren Instrumenten gegen die negativen Auswirkungen vorzugehen.

Wechselkurs CHF	
Starker CHF (Wechselkurs des CHF steigt)	**Schwacher CHF** (Wechselkurs des CHF sinkt)
Auswirkung: *Exporte* werden teurer → Wettbewerbsfähigkeit der Schweizer Exportindustrie sinkt → Entlassungen drohen	**Auswirkung:** *Importe* werden teurer → Nachfrage nach schweizerischen Gütern steigt → unerwünschte Preissteigerungen
Ziel der SNB: Abwertung eines zu starken Schweizer Frankens.	**Ziel der SNB: Aufwertung** eines zu schwachen Schweizer Frankens.
Vorgehen der SNB: – SNB *senkt* Zinsen → Finanzanlagen in CHF werden weniger attraktiv* – SNB *kauft* fremde Währungen → Kurs der fremden Währung steigt → Bei den Eingriffen wird die Geldmenge erhöht, da die Banken mehr Geld nachfragen / erhalten	**Vorgehen der SNB:** – SNB *hebt* Zinsen an → Finanzanlagen in CHF werden attraktiver – SNB *verkauft* fremde Währungen → Kurs der fremden Währung sinkt → Nachteil: Weniger Geldversorgung der Wirtschaft

* Information: Seit dem 22. Januar 2015 erhebt die SNB Negativzinsen, um den Schweizer Franken unattratkiv zu machen (als Reaktion auf einen zu starken Schweizer Franken).

4.10.6 Fiskalpolitik

Die Fiskalpolitik umfasst Massnahmen der öffentlichen Hand, welche konjunkturelle und strukturelle Ziele verfolgen. Sie beinhaltet die **Steuerung der Staatseinnahmen und -ausgaben**.

Die Fiskalpolitik ist ebenso Teil des Spannungsfeldes des «magischen Vielecks» der Wirtschaftspolitik (vgl. 4.5.1). Das «magische Vieleck» beinhaltet unter anderem das **Ziel «ausgeglichener Staatshaushalt»**. Die Herausforderung der Fiskalpolitik ist es die Staatsausgaben und -einnahmen langfristig ausgewogen zu halten, ohne jedoch die anderen Ziele der **Konjunktur- und Wirtschaftspolitik** aus den Augen zu lassen.

Fiskal- & Geldpolitik

Instrumente der Fiskalpolitik

Staatseinnahmen
- **Steuerrepertoire:**
  - Direkte Steuern: z. B. Einkommens-, Vermögenssteuern, Gewinnsteuer)
  - Indirekte Steuern: z. B. MWST, VST, Erbschaftssteuer
- **Gebühren:** z. B. LSVA, Radio- und Fernsehgebühren, Abfallgebühren
- **Abgaben:** z. B. CO_2-Abgaben

Staatsausgaben
- Investitionen
- Staatskonsum
- Finanzausgleiche und Transferzahlungen
- Subventionen

- **Schuldenbremse:** Seit 2001 ist sie in der Verfassung verankert. Sie soll verhindern, dass strukturelle Ungleichgewichte im Staatshaushalt entstehen: In Abschwungphasen sind nur begrenzte Defizite (Staatsausgabenüberschüsse) zulässig und in Boomphasen werden Rechnungsüberschüsse verlangt. Somit sollen über einen ganzen Konjunkturzyklus hinweg die Ausgaben gleich hoch sein wie die Einnahmen.
- **Staatsquote:** Sie misst den prozentualen Anteil der Ausgaben des Staates an den Gesamtausgaben gemessen am Bruttoinlandprodukt. Die Schweiz verfügt mit einem Anteil von rund 32.4 % eine relativ geringe Staatsquote (2018).

4.10 Fiskal- & Geldpolitik – Aufgaben

4.10.1 Geld: Formen & wirtschaftliche Funktionen

a) Nennen Sie die drei Funktionen des Geldes.

b) Prüfen Sie, ob Zigaretten die Eigenschaften von Geld erfüllen. Zeigen Sie dies anhand von jedem Geldmerkmal.

4.10.2 Geldmenge

a) Prüfen Sie, ob die Begriffe zu den jeweiligen Geldmengen M1, M2 und M3 gehören und schreiben Sie den dazugehörigen Buchstaben direkt ins Feld.

- a) Bargeld
- b) Termineinlagen
- c) M2
- d) Giroguthaben der Geschäftsbanken bei der SNB
- e) Sichteinlagen bei Bank + Post
- f) M1
- g) Transaktionskonti
- h) M3
- i) Bargeld von ausländischen Privaten
- k) Spareinlagen

| Geldmenge M1 = |
| Geldmenge M2 = |
| Geldmenge M3 = |

Nicht enthalten:

b) Ergänzen Sie die Lücken im Repo-Geschäft zwischen der Geschäftsbank und der Nationalbank.

Geschäftsbank → 1. Verkauf von _____

SNB → 2. SNB gewährt _____

Geschäftsbank → 3. Zahlung von _____ während der Dauer des Kredites

SNB → 4. Geschäftsbank kauft die Wertschriften zurück nach _____

c) Wie funktioniert die Geldschöpfung der Banken? Erklären Sie dies anhand eines Sparers (CHF 10 000) und eines Handwerkers, der einen Kredit von CHF 7000 von der Bank erhält, sowie einer Studentin, die für einen Ausbildungskredit CHF 4000 benötigt.

d) Kann es auch das Gegenteil von Geldschöpfung geben, also Geldvernichtung?

e) Die Konjunktur droht zu überhitzen. Deshalb beschliesst die SNB den Repo-Zins zu erhöhen. Zeigen Sie die kurzfristigen Auswirkungen auf die Geldmenge, die Zinsen und den Wechselkurs.

Fiskal- & Geldpolitik – Aufgaben

4.10.3 Geldpolitik der Schweizerischen Nationalbank

a) Was sind die Aufgaben der Zentralbank / Nationalbank?

b) Erklären Sie den Unterschied zwischen einer Notenbank und einer Zentralbank?

4.10.4 Wechselkurse

a) Erklären Sie weshalb die Eurokrise den Wechselkurs des Schweizer Frankens erhöht.

b) Welche Auswirkungen hat ein starker Schweizer Franken für den Tourismus und die Exportwirtschaft der Schweiz?

Auswirkungen auf Tourismus	Auswirkungen auf Exportwirtschaft

c) Das Zinsniveau in der Schweiz ist momentan sehr tief. Erklären Sie warum die SNB zurzeit das Zinsniveau so tief hält.

4.10.5 Wirkungskette der Geldpolitik der SNB

Gehen Sie davon aus, dass die SNB zur Bekämpfung einer hohen Inflation eine restriktive Geldpolitik verfolgt und den Leitzins erhöht. Zeigen Sie die Auswirkungen davon in der folgenden Wirkungskette, indem Sie hinter jeden Begriff den entsprechenden Pfeil für eine Zunahme (↑) oder Abnahme (↓) einzeichnen.

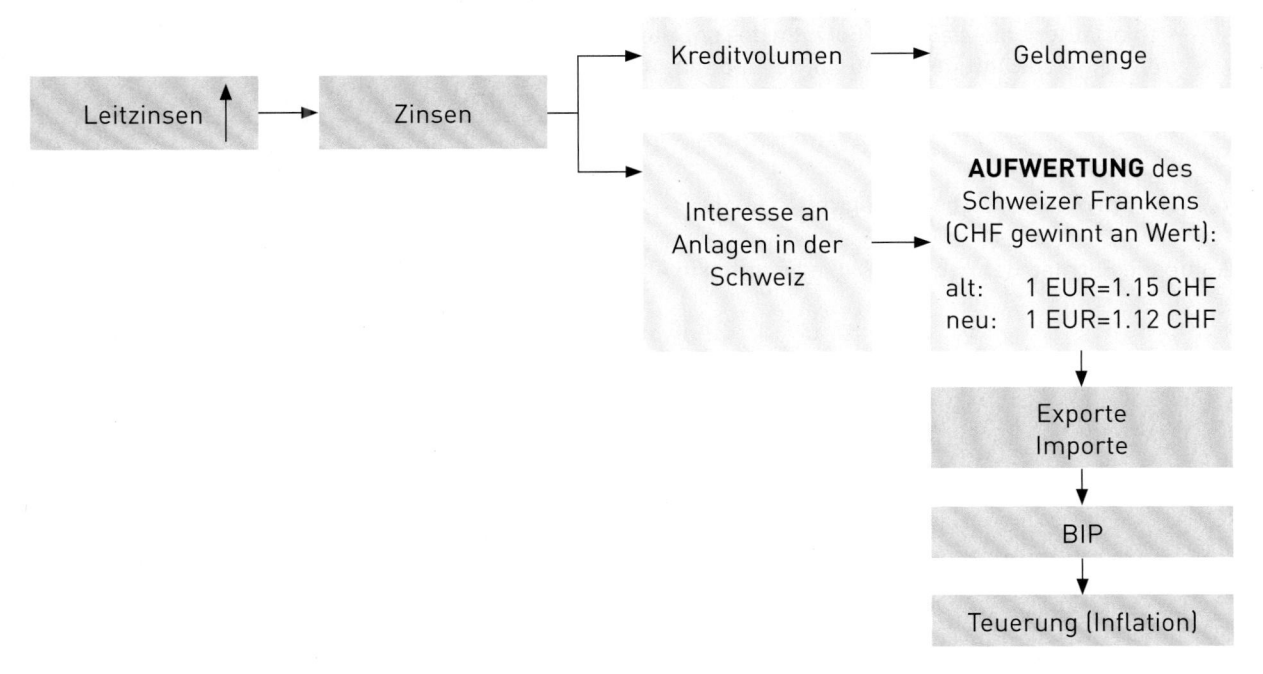

Leitzinsen ↑ → Zinsen ↑ →
- → Kreditvolumen ↓ → Geldmenge ↓
- → Interesse an Anlagen in der Schweiz ↑ → **AUFWERTUNG** des Schweizer Frankens (CHF gewinnt an Wert):
  - alt: 1 EUR = 1.15 CHF
  - neu: 1 EUR = 1.12 CHF

  ↓

  Exporte ↓ Importe ↑

  ↓

  BIP ↓

  ↓

  Teuerung (Inflation) ↓

4.10.6 Fiskalpolitik

Unterscheiden Sie die Geldpolitik von der Fiskalpolitik, indem Sie die folgende Tabelle ergänzen.

	Geldpolitik	Fiskalpolitik
Akteur		
Ziele	Hauptziel: – Preisstabilität Untergeordnete Ziele:	
Instrumente	– Inflationsprognose	Staatseinnahmen: Staatsausgaben: – Finanzausgleich + Transferzahlungen – Subventionen

4.11 Arbeitslosigkeit, Sozialer Ausgleich

Leistungsziele BIVO
- Ich beschreibe die Ursachen und Formen der Arbeitslosigkeit.
- Ich erläutere die Ziele und Formen des sozialen Ausgleichs am Beispiel der AHV.
- Ich zeige zukünftige Herausforderungen und Lösungsmöglichkeiten für das 3-Säulen-System aufgrund der Demographie- und Finanzierungsproblematik auf.

4.11.1 Formen der Arbeitslosigkeit

Folgende Formen der Arbeitslosigkeit werden in Abhängigkeit von der Dauer unterschieden:

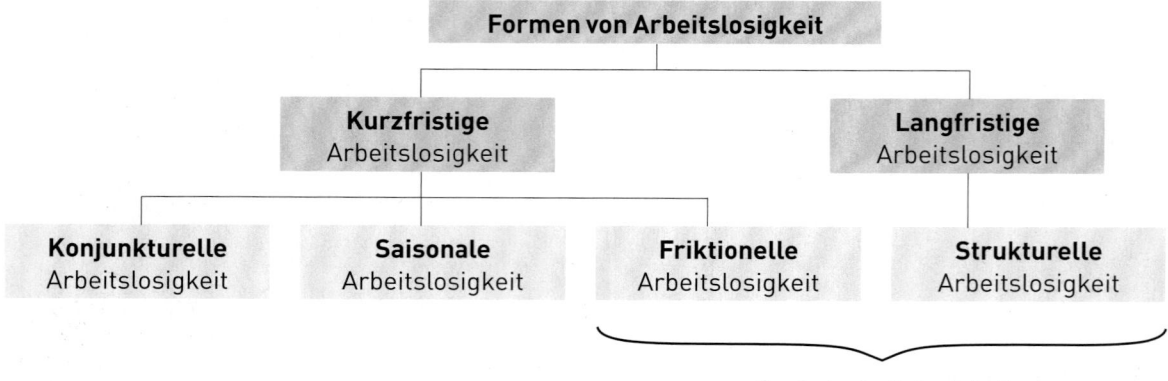

```
                        Formen von Arbeitslosigkeit
                       /                            \
              Kurzfristige                      Langfristige
              Arbeitslosigkeit                  Arbeitslosigkeit
             /       |         \                      |
   Konjunkturelle  Saisonale  Friktionelle      Strukturelle
   Arbeitslosigkeit Arbeitslosigkeit Arbeitslosigkeit Arbeitslosigkeit
                              _____/
                                Sockelarbeitslosigkeit
```

Die folgende Tabelle zeigt die **Formen von Arbeitslosigkeit** und die dazugehörigen **Ursachen**, sowie Beispiele:

Formen der Arbeitslosigkeit	Ursachen	Beispiele
Konjunkturelle	– Bei einem konjunkturellen Abschwung sinkt die Nachfrage nach Arbeitnehmern.	– Tourismus bei starkem Schweizer Franken – Bauwirtschaft bei hohen Hypothekarzinsen
Saisonale	– Je nach Jahreszeit und Branche ist die Nachfrage nach Arbeitskräften unterschiedlich hoch.	– Bauwirtschaft im Winter, da weniger gebaut wird – Tourismus nach Skisaison – Landwirtschaft im Winter
Friktionelle	– Vorübergehende Arbeitslosigkeit, aufgrund von Stellenwechseln oder Neuorientierungen.	– Ein Arbeitnehmer kündigt im Januar und tritt seine neue Stelle erst im Juni an
Strukturelle	– Ein Strukturwandel in gewissen Branchen, Wirtschaftssektoren oder Regionen kann zum Abbau von Arbeitsplätzen führen. – Das Anforderungsprofil der Stelle deckt sich nicht mehr mit den Qualifikationen des Arbeitnehmers. – Die Globalisierung beschleunigt eine Verlagerung von Arbeitsplätzen ins Ausland, respektive zwischen Branchen. – Überregulierung des Arbeitsmarktes	– Landwirtschaft aufgrund fehlender Nachfolge oder Industrialisierung – Maschinenindustrie, da Auslagerung der Produktion nach Asien
Sockelarbeitslosigkeit	– Umfasst die friktionelle und strukturelle Arbeitslosigkeit und beschreibt diejenigen Formen von Arbeitslosigkeit, welche es «immer» gibt – unabhängig von konjunkturellen oder saisonalen Einflüssen.	

Hilfe für Arbeitslose:

- Die **Arbeitslosenversicherung** (ALV) unterstützt Betroffene finanziell bis maximal zwei Jahre lang (die Zeitdauer im Einzelfall ist abhängig von verschiedenen Bedingungen. Im Anschluss wird die finanzielle Unterstützung durch die **Sozialhilfe** vorgenommen.
- Die **Regionale Arbeitsvermittlung** (RAV) hilft bei der Wiederintegration in den Arbeitsmarkt (z. B. durch Weiterbildungen).
- Nebst staatlicher Unterstützung hilft zudem das eigene **soziale Netz** (z. B. Familie, Freunde).

4.11.2 Sozialer Ausgleich

Im Kapitel 4.5.2 wurde der soziale Ausgleich als eines der wirtschaftspolitischen Ziele bereits thematisiert: Unter anderem sollen die Unterschiede zwischen Arm und Reich vermindert werden. Hier geht es darum, mit welchen Instrumenten der soziale Ausgleich angestrebt wird.

Instrumente und Formen des sozialen Ausgleichs

Instrumente	Ausgleich zwischen ...
Steuersystem (Progression)	Reich ←→ Arm
Umlageverfahren der 1. Säule	Gut-Verdienende ←→ Schlecht-Verdienende
Arbeitslosenversicherung (ALV)	Erwerbstätige ←→ Arbeitslose
Invalidenversicherung (IV)	Erwerbstätige (gesund) ←→ Invalide (erwerbs**un**fähig)
Unfallversicherung (UVG)	Erwerbstätige ←→ Verunfallte
Alters- und Hinterlassenenversicherung (AHV)	Rentner (Alt) und Hinterbliebenen ←→ Erwerbstätige (Jung)
Studienstipendien; unentgeltliche Kinderkrippen	vermögende Eltern ←→ arme Eltern

Working Poor: Trotz dieser Instrumente gibt es Familien (darunter besonders alleinerziehende Mütter), die trotz regelmässiger Arbeitstätigkeit (*working*) unter dem Existenzminimum (*poor*) leben müssen.

4.11 Arbeitslosigkeit, Sozialer Ausgleich – Aufgaben

4.11.1 Formen von Arbeitslosigkeit

a) Weisen Sie die Sachverhalte der richtigen Art der Arbeitslosigkeit zu.

Nr.	Art der Arbeitslosigkeit	konjunkturelle	saisonale	friktionelle	strukturelle
1.	Da die volkswirtschaftliche Gesamtnachfrage zurück geht, entsteht Arbeitslosigkeit.				
2.	Die Nachfrage nach Gütern lässt infolge von Sättigung in einem Wirtschaftsbereich nach.				
3.	Durch verstärkten Einsatz der Datenverarbeitung werden Arbeitskräfte freigesetzt.				
4.	Wetterbedingt geht im Winter die Bautätigkeit zurück.				
5.	Der Arbeitsplatzwechsel nimmt mehr Zeit in Anspruch als geplant.				
6.	Eine neuartige Produktionsmaschine macht die Arbeit eines Hilfsarbeiters überflüssig.				
7.	Die Anforderungsprofile der offenen Stellen passen nicht mit den Qualifikationen der Arbeitssuchenden zusammen.				

b) Was kann jeder Arbeitnehmer persönlich unternehmen, um sich vor den unterschiedlichen Arten von Arbeitslosigkeit zu schützen?

c) Was kann der Staat unternehmen, um vor den unterschiedlichen Arten von Arbeitslosigkeit zu schützen?

d) Untenstehende Grafik enthält die Arbeitslosenquoten der (Anteil der beim RAV gemeldeten Arbeitslosen im Verhältnis zur Erwerbsbevölkerung) Schweiz für die Jahre 1999–2019 und den Monat Mai 2020.

1. Ergänzen Sie eine horizontale Linie, welche die Sockelarbeitslosigkeit zeigt und schraffieren Sie die Fläche der Sockelarbeitslosigkeit in grau.
2. Schraffieren Sie die Fläche, welche die konjunkturelle Arbeitslosigkeit zeigt, in Farbe.

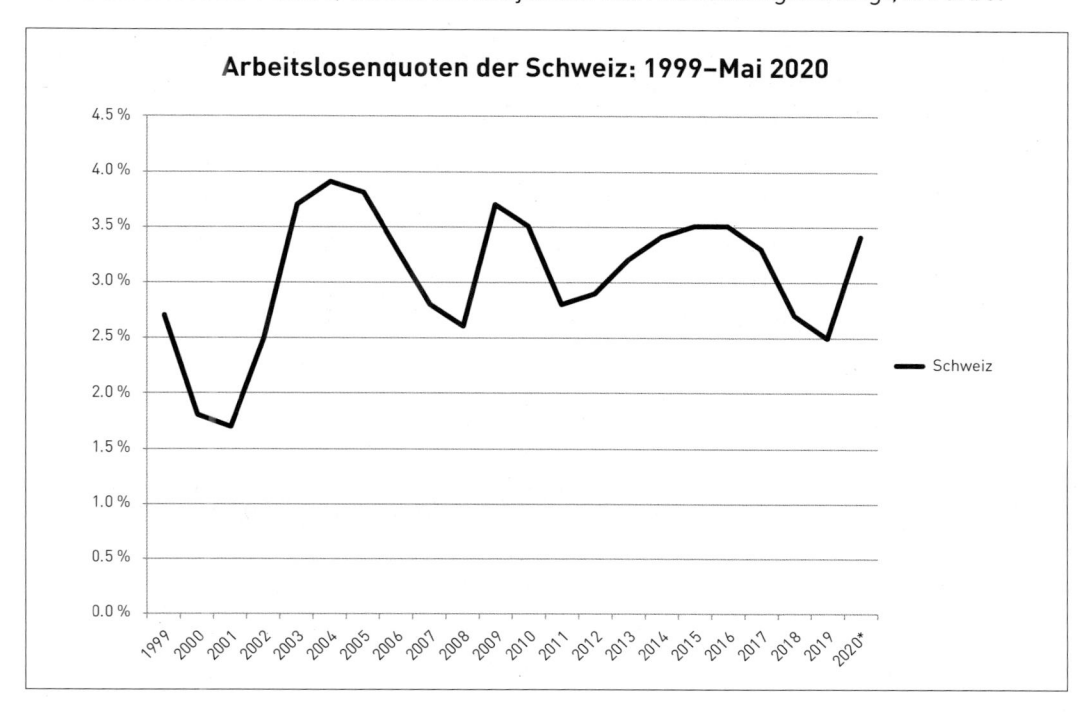

Arbeitslosenquoten der Schweiz: 1999–Mai 2020

4.11.2 Sozialer Ausgleich

a) Erklären Sie, weshalb öffentlich finanzierte Schulen einen indirekten Einfluss auf den sozialen Ausgleich haben.

b) Beschreiben Sie, wie das Umlageverfahren der 1. Säule zum sozialen Ausgleich beiträgt.

---

* Die Daten für das Jahr 2020 beziehen sich ausnahmsweise auf den Monat Mai (aktuellste verfügbare Daten zum Zeitpunkt der Überarbeitung). Der Anstieg der Arbeitslosenquote der Schweiz im ersten Halbjahr 2020 ist auf die weltweite COVID-19 Pandemie (Coronavirus) zurückzuführen. Es wird von einem weiteren Anstieg ausgegangen.

4.12 Parteien & Verbände

Leistungsziele BIVO

- Ich beschreibe die Bundesratsparteien und die Dachverbände der Arbeitgeber- und Arbeitnehmerorganisationen der Schweiz. Für ausgewählte und zukünftig bedeutsame Problemfelder bzw. Herausforderungen in Wirtschaft und Gesellschaft zeige ich deren Vorstellungen auf und beurteile Chancen und Gefahren.

Parteien und Verbände spielen eine wichtige Rolle bei der Gestaltung und Ausübung der Politik.

4.12.1 Politisches Links-Rechts-Schema

Die Grundhaltungen von Parteien können zwischen Links und Rechts folgendermassen verallgemeinert werden:

← Links — Mitte — Rechts →

Links	Rechts
- **Sozial:** Einsatz für sozial Schwächere und Benachteiligte - **Progressiv:** Positiv eingestellt gegenüber Veränderungen - **Staat:** Staatliche Hilfe und Eingriffe werden gefordert, Regulierung wird befürwortet, sozialer Ausgleich als staatliche Aufgabe - Arbeit**nehmer**verbände werden unterstützt - **Armee:** Kürzung der Militärausgaben - **Umweltschutz:** Soll auch durch staatliche Massnahmen gefördert werden - **EU-Beitritt:** wird eher befürwortet	- **Liberal:** Förderung von Freiheit und Selbstverantwortung der einzelnen Personen - **Konservativ:** Festhalten an der bestehenden Gesellschaftsordnung - **Staat:** Bestreben nach weniger Staatseingriffen, **De**regulierung wird befürwortet, freies Unternehmertum, tiefe Steuern - Arbeit**geber**verbände werden unterstützt - **Armee:** Wird gefördert und unterstützt - **Umweltschutz:** Jede Person ist selber verantwortlich. Keine staatliche Aufgabe - **EU-Beitritt:** Wird eher abgelehnt

4.12.2 Parteien

Eine **politische Partei** ist ein Zusammenschluss von politisch interessierten Menschen mit übereinstimmenden Vorstellungen im Bezug auf politische Fragen. Zweck einer politischen Partei ist die aktive Mitgestaltung des gesellschaftlichen Lebens.

Eine Partei wird als **Regierungspartei** bezeichnet, wenn Vertreter der Partei in die Regierung gewählt sind. Eine **Bundesratspartei** stellt somit mindestens einen Bundesrat.

Aufgrund ihrer Grundhaltungen sind die wichtigsten Schweizer Parteien im folgenden Links-Rechts-Schema eingeteilt und um die aktuelle Sitzvertretung in der Regierung ergänzt (BR = Bundesräte, NR = Nationalräte, SR = Ständeräte).

Parteien & Verbände

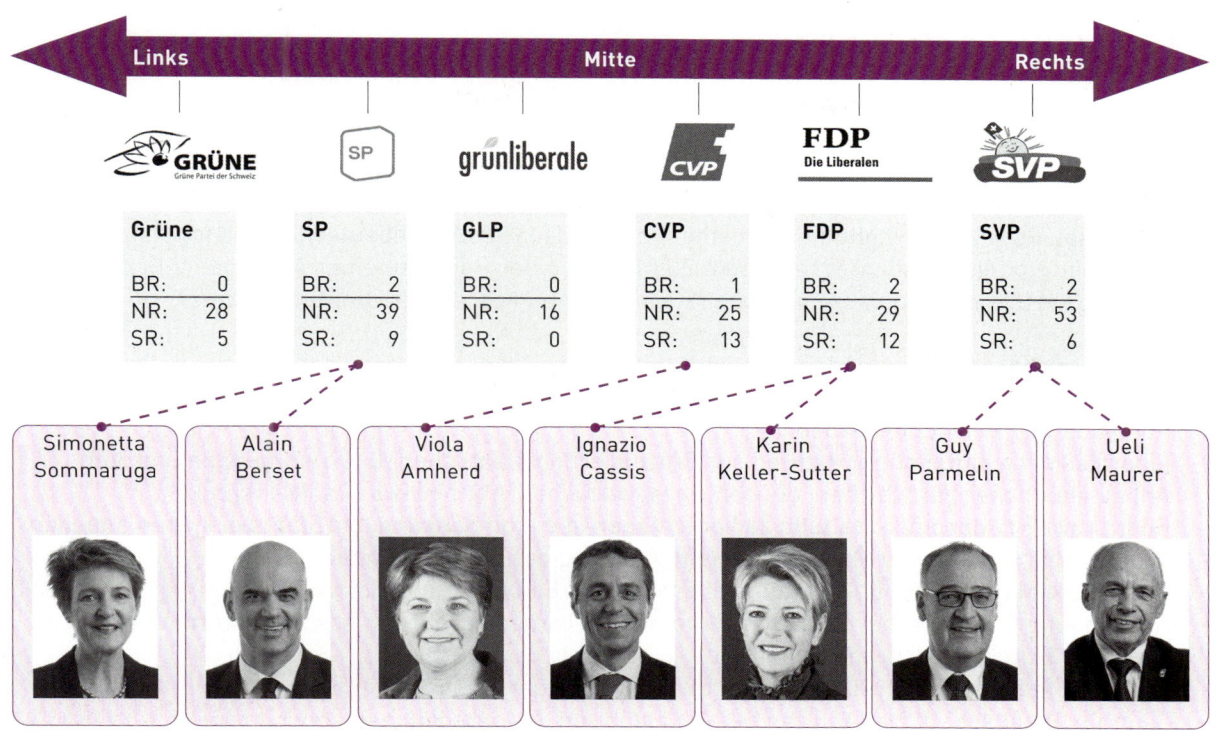

← Links — Mitte — Rechts →

GRÜNE | SP | grünliberale | CVP | FDP Die Liberalen | SVP

Grüne	SP	GLP	CVP	FDP	SVP
BR: 0	BR: 2	BR: 0	BR: 1	BR: 2	BR: 2
NR: 28	NR: 39	NR: 16	NR: 25	NR: 29	NR: 53
SR: 5	SR: 9	SR: 0	SR: 13	SR: 12	SR: 6

- Simonetta Sommaruga
- Alain Berset
- Viola Amherd
- Ignazio Cassis
- Karin Keller-Sutter
- Guy Parmelin
- Ueli Maurer

© www.admin.ch

In der Folge werden die wichtigsten Parteien der Schweiz vorgestellt, aufgelistet nach den Grundhaltungen von links nach rechts:

Grüne Partei der Schweiz (www.gruene.ch)

Die Grünen sind die fünftstärkste Partei der Schweiz. Sie fordern Spielregeln und Anreize für eine umweltfreundliche Wirtschaft zum Schutz der Natur und der begrenzten Ressourcen. Ihnen ist eine soziale Politik wichtig.

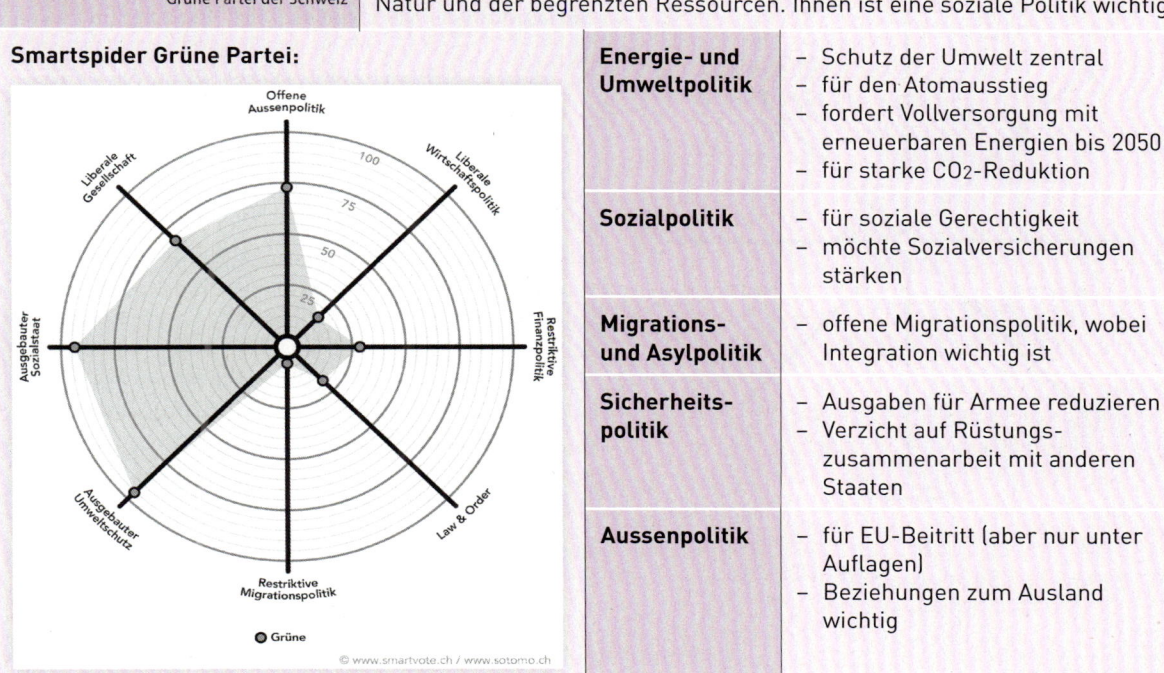

Smartspider Grüne Partei:

© www.smartvote.ch / www.sotomo.ch

Energie- und Umweltpolitik	– Schutz der Umwelt zentral – für den Atomausstieg – fordert Vollversorgung mit erneuerbaren Energien bis 2050 – für starke CO_2-Reduktion
Sozialpolitik	– für soziale Gerechtigkeit – möchte Sozialversicherungen stärken
Migrations- und Asylpolitik	– offene Migrationspolitik, wobei Integration wichtig ist
Sicherheitspolitik	– Ausgaben für Armee reduzieren – Verzicht auf Rüstungszusammenarbeit mit anderen Staaten
Aussenpolitik	– für EU-Beitritt (aber nur unter Auflagen) – Beziehungen zum Ausland wichtig

Gesamtwirtschaftliche Zusammenhänge

www.klv.ch

Parteien & Verbände

Erklärungen zum Smartspider-Diagramm

Entstehung: Das Smartspider-Diagramm stellt das Ergebnis von Befragungen von Parteimitgliedern grafisch dar und zeigt somit das Abbild der politischen Einstellungen von Vertretern der jeweiligen Partei. Zusammengefasst ergibt sich somit ein Bild über die politischen Einstellungen einer Partei.

Lesebeispiel: Jede Achse stellt einen Themenbereich dar (z.B. Ausgebauter Umweltschutz). Je weiter weg vom Mittelpunkt, desto grösser ist die Zustimmung der Partei zu einer Aussage. (z.B. die fast 90 Punkte bei den Grünen zeigen: Sie sind ganz stark für einen Ausbau des Umweltschutzes)

Themenbereiche: Jeder Themenbereich umfasst einzelne Fragestellungen des Alltags.
- Offene Aussenpolitik: Haltung zur EU, zu internationalen Organisationen und Abkommen, zum Auslandengagement der Armee.
- Liberale Wirtschaftspolitik: Haltung zur Privatisierung staatlicher Unternehmungen und zum Abbau staatlicher Vorschriften, die den wirtschaftlichen Wettbewerb beschränken.
- Restriktive Finanzpolitik: Haltung zu Vorschlägen, die eine Senkung der Staatsausgaben anpeilen.
- Law & Order: Haltung zu Massnahmen zur Wahrung der öffentlichen Sicherheit.
- Restriktive Migrationspolitik: Haltung in Fragen der Einbürgerungspolitik.
- Ausgebauter Umweltschutz: Haltung zu vom Staat vorgeschriebenen bzw. geförderten Massnahmen zum Schutz der Umwelt.
- Ausgebauter Sozialstaat: Haltung zum Umfang der staatlichen Sozialwerke.
- Liberale Gesellschaft: Haltung zur freien Gestaltung der persönlichen Lebensformen.

Quelle: www.smartvote.ch

Sozialdemokratische Partei der Schweiz (www.sp-ps.ch)

Die SP setzt sich für die Grundwerte Freiheit, Gerechtigkeit und Solidarität ein: Freiheit für alle und nicht nur für wenige Besitzende; Gerechtigkeit als gesellschaftliche Gleichstellung aller Menschen; Solidarität als Parteinahme für sozial Schwache und für die bedrohte Natur.

Energie- und Umweltpolitik	- möchte das Umsteigen auf erneuerbare Energien vorantreiben
Sozialpolitik	- setzt sich für Gleichstellung von Mann und Frau ein - fördert Vereinbarkeit von Beruf und Familie - für den Erhalt und Ausbau der sozialen Auffangnetze (AHV, ALV, IV,) - für Steuer- und Lohngerechtigkeit - Bildungschancen für alle
Migrations- und Asylpolitik	- sieht Einwanderung als Chance - Integration wichtig für Zusammenleben und Chancengleichheit - setzt sich für Stimm- und Wahlrecht für Ausländer und für einfacheres Bürgerrecht ein
Sicherheitspolitik	- möchte Armee verkleinern und verstärkt international zusammenwirken
Aussenpolitik	- strebt EU-Beitritt an

Parteien & Verbände

Grünliberale Partei der Schweiz (www.grunliberale.ch)

Die Grünliberale Partei steht für eine nachhaltige Entwicklung, wobei soziale, wirtschaftliche und ökologische Ziele gleichermassen berücksichtigt werden. Grundlage dafür ist eine innovative und nachhaltig ausgerichtete Marktwirtschaft.

Smartspider Grünliberale Partei:

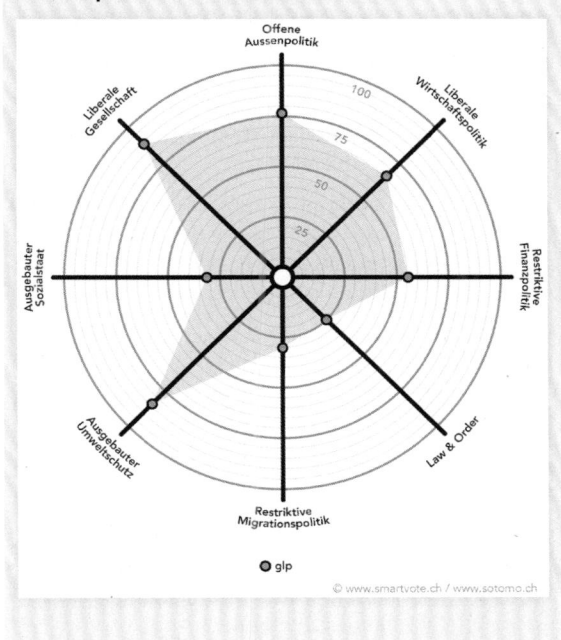

Energie- und Umweltpolitik	– fordert Energieeffizienz und fördert erneuerbare Energien – für umweltgerechte Mobilität – sieht Klimaschutz als Wirtschaftsmotor und somit als Chance
Sozialpolitik	– liberale Gesellschafts- und Familienpolitik – für Gleichstellung aller Familien- und Lebensmodelle (z. B. Öffnung der Ehe) – setzt sich für die staatlichen Sozialwerke ein, jedoch mit Schuldenbremse und langfristiger Finanzierbarkeit
Migrations- und Asylpolitik	– Integrationswille als Voraussetzung zur Niederlassung.
Sicherheitspolitik	– möchte schlanke, kosteneffiziente Milizarmee
Aussenpolitik	– strebt Freihandel und Wirtschaftspartnerschaften an – verfolgt den bilateralen Weg mit der EU

Christlichdemokratische Volkspartei der Schweiz (www.cvp.ch)

Die CVP sieht sich als Partei der Mitte. Sie will das Zusammenleben gemäss einem christlichen Menschen- und Gesellschaftsbild gestalten. Sie setzt sich für Familien, einen attraktiven Wirtschaftsstandort, stabile Sozialwerke und eine nachhaltige Umweltpolitik mit grösstmöglicher Eigenverantwortung ein.

Smartspider CVP:

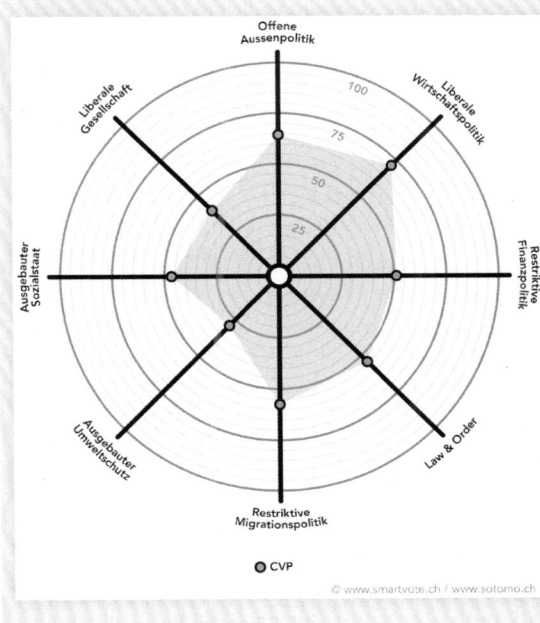

Energie- und Umweltpolitik	– Wirtschaftswachstum soll in Einklang mit Umwelt stehen – unterstützt schrittweiser Ausstieg aus Kernenergie
Sozialpolitik	– setzt sich für Vereinbarkeit von Beruf und Familie ein – möchte finanzielle Entlastung für Familien – gegen gleichgeschlechtliche Ehe – setzt sich für die staatlichen Sozialwerke ein, jedoch finanziell saniert. Bei der IV soll «Eingliederung vor Rente» nach Möglichkeit gelten
Migrations- und Asylpolitik	– unterstützt Beschränkung der Zuwanderung u. a. mit Kontingenten – möchte beschleunigte Asylverfahren und Missbrauchsbekämpfung
Sicherheitspolitik	– will eine starke Milizarmee
Aussenpolitik	– verfolgt den bilateralen Weg mit der EU

www.klv.ch

Parteien & Verbände

FDP.Die Liberalen (www.fdp.ch)

Die FDP setzt sich für Freiheit, Gemeinsinn und Fortschritt ein. Durch eine konkurrenzfähige, bürokratiefreie und innovative Marktwirtschaft soll ein selbstbestimmtes Leben mit hoher Eigenverantwortung ermöglicht werden. Sie gilt als Partei der Wirtschaft.

Smartspider FDP:

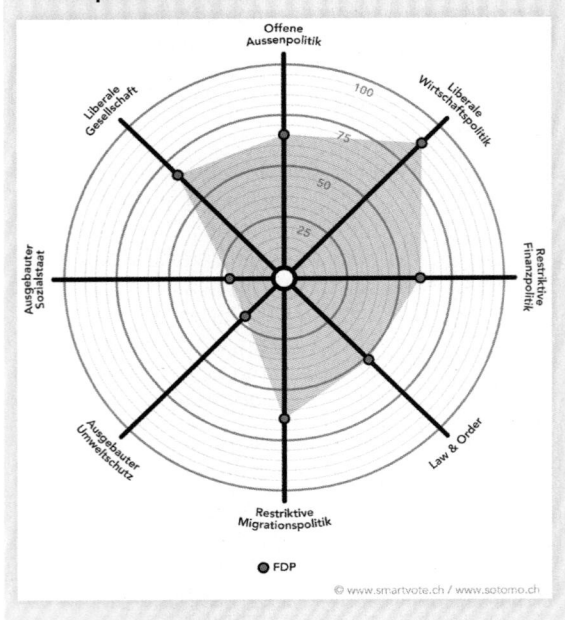

Energie- und Umweltpolitik	– effizientere Nutzung der Ressourcen statt neuer Gebote und Verbote – möchte langfristig verlässliche Rahmenbedingungen für Wirtschaft – Eigenproduktion stärken um Abhängigkeit vom Ausland zu reduzieren
Sozialpolitik	– verlangt langfristige Sicherung der Sozialwerke durch Reformen – möchte stärkere Eigenverantwortung in der Vorsorge
Migrations- und Asylpolitik	– unterstützt harte, aber faire Migrationspolitik – bekämpft Missbräuche und Sozialtourismus
Sicherheitspolitik	– möchte starke Milizarmee und unterstützt hierfür notwendige, nationale Rüstungsindustrie
Aussenpolitik	– verfolgt den bilateralen Weg mit der EU und sieht diesen als unverzichtbar – möchte neue Freihandelsabkommen

Schweizerische Volkspartei (www.svp.ch)

Die SVP setzt sich für eine eigenständige und neutrale Schweiz ein. Um das zu erreichen sind ihr der Schutz der einheimischen Landwirtschaft, mehr Wettbewerb, eine freie Marktwirtschaft, sowie weniger staatliche Regulierungen, tiefe Steuern und ein Nicht-Anschluss an die EU wichtig.

Smartspider SVP:

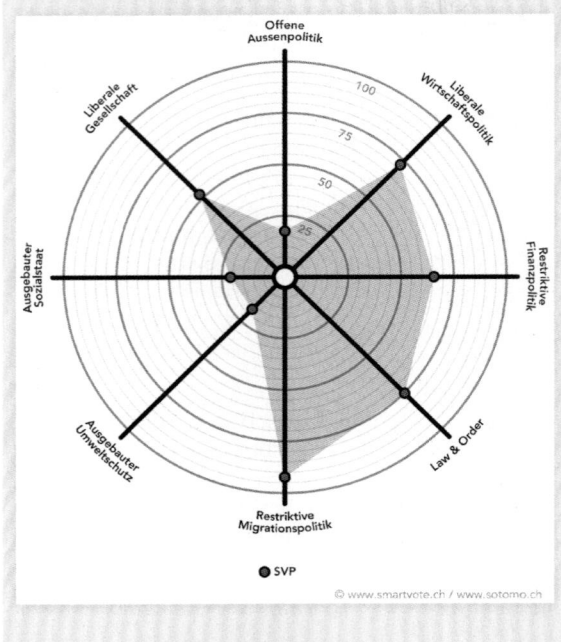

Energie- und Umweltpolitik	– möchte Energie aus bestehenden Kernkraftwerken weiter nutzen – gegen Abgaben und Gebühren
Sozialpolitik	– für finanzielle Sicherung der Sozialwerke ohne Steuererhöhungen – lehnt Ausbau des Sozialstaates ab – setzt sich für Sanierung der IV ein – für Prinzip «Eingliederung und Eigenverantwortung vor Sozialhilfe»
Migrations- und Asylpolitik	– möchte starke Beschränkung und Kontrolle bei Migration – bekämpft Asylrechtsmissbrauch
Sicherheitspolitik	– möchte Ausschaffung krimineller Ausländer – fordert Verhüllungsverbot – strebt starke, leistungsfähige Milizarmee mit moderner Luftwaffe ohne Auslandseinsätze an
Aussenpolitik	– für Wahrung einer unabhängigen und neutralen Schweiz, somit gegen EU Beitritt und für bilateraler Weg (bei beidseitigem Interesse)

4.12.3 Interessengruppen und Verbände

Die folgenden Typen von Interessengruppen sind politisch bedeutsam:

Arbeitnehmerverbände	Arbeitgeberverbände	Weitere Interessengruppen
Auch Gewerkschaften genannt. Sie vertreten die Interessen der Arbeitnehmer.	Sie vertreten die Interessen der Unternehmen und Arbeitgeber.	Verschiedene weitere Arten von Interessengruppen. Unter anderem NGO (=Nichtstaatliche Organisationen) und Lobbys.
Beispiele: – UNIA – Kaufmännische Verband Schweiz – SGB (Schweizerischer Gewerkschaftsbund)	**Beispiele:** – Economiesuisse (Dachverband der Wirtschaft) – Schweizerischer Arbeitgeberverband – Schweizerischer Gewerbeverband	**Beispiele:** – TCS und VCS – Bauernverband – WWF – Konsumentenschutzbund

(Übergeordnet: **Interessengruppen**)

Verbände sind Vereinigungen von Personen oder Institutionen, mit dem Ziel spezielle Interessen gemeinsam durchzusetzen. Verbände arbeiten häufig mit gleichgesinnten Parteien zusammen, um ihre «Begehren» in die Politik einfliessen zu lassen.

Ein **Dachverband** ist ein Zusammenschluss verschiedener Verbände und Interessengruppen. So setzt sich beispielsweise der Dachverband Economiesuisse aus rund 100 Branchenverbänden, 20 kantonalen Handelskammern, sowie einigen Einzelunternehmen zusammen.

Durch die hohe Bedeutung von Arbeitgeber- und Arbeitnehmerverbänden werden diese oftmals bereits bei der Ausgestaltung neuer Gesetzesvorlagen mit dem **Vernehmlassungverfahren** einbezogen, um die Erfolgschancen des Vorhabens zu erhöhen.

4.12.4 Wichtige politische Begriffe

Fraktion: Zusammenschluss von mehreren Mitgliedern des Parlaments der gleichen oder gleichgesinnter Parteien um über wichtige Ratsgeschäfte zu beraten und neue Gesetzesvorlagen auszuarbeiten.

Kommission: Zusammenschluss verschiedener Parlamentarier des National- oder Ständerats zu einer Kommission um ein Geschäft (z.B. Gesetzentwurf) vorzubereiten und ihrem Rat einen Antrag zu stellen. Im National- und im Ständerat gibt es jeweils zwei permanente Aufsichtskommissionen und neun ständige Legislativkommissionen.

Parteien & Verbände

Gesetzgebungsverfahren:

Anregung zu Gesetzesentwurf (z. B. durch Initiative, Motion) → BR beauftragt Expertengruppe mit Ausarbeitung eines **Entwurfs** → **Vernehmlassung:** Stellungnahme durch Parteien und Verbände → BR: **Botschaft** ans Parlament → **Kommissionen** (NR+SR) stellen Antrag an Rat → **Debatte + Beschluss** in Räten: Nicht-, Eintreten, Zurückweisung → **Differenzbereinigung:** Kompromissfindung Einigungskommission → **Schlussabstimmung:** Annahme beider Räte → Gesetz tritt in Kraft

Konkordanz: Die verschiedenen Meinungen der Parteien und Interessengruppen werden in den politischen Prozess einbezogen, so dass durch Kompromisse mehrheitsfähige Lösungen entstehen. (Nicht zu verwechseln mit dem Kollegialitätsprinzip im Bundesrat → S. 361)

Lobbyismus: Interessengruppen und Verbände suchen intensiv den Kontakt zu Parlamentariern, um sie bei der Ausgestaltung von neuen Gesetzen und auch bei Abstimmungen zu ihren eigenen Gunsten zu beeinflussen.

4.12 Parteien & Verbände – Aufgaben

4.12.1 Politisches Links-Rechts-Schema

a) Setzen Sie bei jeder Partei den korrekten, vollständigen Namen ein.

Partei	vollständiger Name
SVP	
FDP	
SP	
CVP	

b) Bei den Parteien gibt es die zwei Grundhaltungen «links» und «rechts». Ordnen Sie die folgenden Einstellungen durch Ankreuzen einer linken oder einer rechten Partei zu.

Nr.	Einstellung / Meinung einer Partei	links	rechts
1.	Wir sind konservativ.		
2.	Wir sind sehr sozial.		
3.	Wir sind eine bürgerliche Partei.		
4.	Wir sind progressiv.		
5.	Wir wollen das urschweizerische Brauchtum pflegen .		
6.	Wir setzen uns für die ArbeitnehmerInnen ein.		
7.	Wir sind gegen zu viele staatliche Eingriffe ins Wirtschafsleben.		
8.	Die persönliche Freiheit darf nicht noch mehr eingeschränkt werden.		

4.12.2 Parteien

a) Setzen Sie die Buchstaben der Aussagen ins Feld der passenden Bundesratspartei ein.

A Vertritt hauptsächlich Arbeitgeber und Kaderleute.
B Ihr Hauptziel ist die Erhaltung eines unabhängigen, neutralen Staates.
C Verfolgt mehr soziale Gerechtigkeit in der Gesellschaft.
D Vertritt mehrheitlich Menschen mit katholischem Glauben.
E Ihr gehören hauptsächlich Angestellte und Arbeiter an.
F Ihr Hauptziel sind Mensch und Familie als Zentrum der Gesellschaft.
G Sie verfolgt die Neutralität kompromisslos.

SP	CVP	FDP	SVP

Parteien & Verbände – Aufgaben

b) Nennen Sie jeweils die vier stärksten Parteien im Bezug auf die Sitze im Nationalrat und Ständerat.

Nationalrat	
1.	
2.	
3.	
4.	

Ständerat	
1.	
2.	
3.	
4.	

4.12.3 Interessengruppen und Verbände

a) Interessengruppen spielen eine wichtige Rolle im politischen Prozess. Es wird unterschieden zwischen Arbeitgeberverbänden, Gewerkschaften und anderen Interessengruppen. Nennen Sie zu jeder Gruppe zwei Beispiele.

Arbeitgeberverbände	Gewerkschaften	Weitere Interessengruppen

b) Ordnen Sie die Zahlen zu den folgenden Aussagen der jeweiligen Interessengruppe zu.
   1. Wir setzen uns für bessere wirtschaftliche Rahmenbedingungen für Unternehmen ein.
   2. Wir möchten die Arbeitsbedingungen für die Angestellten verbessern.
   3. Wir fordern einen allgemein geltenden Mindestlohn.
   4. Ein allgemein geltender Mindestlohn stellt einen Eingriff in die Freiheit der Firmen dar.
   5. Eine Salärobergrenze hilft, der wachsenden Lohnschere entgegen zu wirken.
   6. Längere Ladenöffnungszeiten bedeuten eine Mehrbelastung für Familien.

Arbeitgeberverbände	Gewerkschaften

c) Der Bundesrat hat den Ausstieg aus der Atomenergie beschlossen. Ordnen Sie die Parteien dem Lager der Befürworter (B) und Gegner (G) eines Ausstiegs zu. Eine Partei hat sich weder dafür, noch dagegen entschieden (U).

Partei	B/G/U
SP	
SVP	
GLP	

Partei	B/G/U
Grüne	
FDP	
CVP	

d) Die AHV (Alters- und Hinterbliebenenversicherung) der Schweiz weist eine Finanzierungslücke auf. Eine Möglichkeit zur Deckung des Defizits ist die finanzielle Unterstützung durch eine Mehrwertsteuererhöhung.

Welche Parteien befürworten (B) und welche sind gegen (G) eine solche Finanzierung der AHV durch eine Steuererhöhung?

Partei	B/G
SP	
SVP	
GLP	

Partei	B/G
Grüne	
FDP	
CVP	

4.12.4 Wichtige politische Begriffe

a) Beschreiben Sie den Begriff «Konkordanz» in eigenen Worten anhand des folgenden Beispiels: Bei der Meinungsbildung im Bundesrat über den Kauf von neuen Armee-Helikoptern waren die Bundesräte 1 bis 5 dafür, die Bundesräte 6 und 7 dagegen.

_____

_____

_____

_____

b) Ordnen Sie die passende Ziffer zu den Begriffen der jeweiligen Etappe in der Entstehung eines neuen Gesetzes zu.

1 2 3 4
8 7 6 5

Ziffer	Begriff
	Botschaft des Bundesrats ans Parlament
	Entwurf der Expertengruppe
	Differenzbereinigung
	Antrag der Kommissionen
	Anregung zu einem neuen Gesetz
	Schlussabstimmung
	Debatte und Beschluss
	Vernehmlassung

Fallstudien – QV-Simulation

Kapitel 5

Teil 1: Fallbeispiel NewSports AG mit Dokumentation
Fallbeispiel NewSports AG Aufgaben 120 Minuten – 100 Punkte

Teil 2: Minicases 120 Minuten – 100 Punkte

Hinweise
Der Aufbau dieser Fallstudien entspricht voll und ganz der neu gestalteten Abschlussprüfung W&G ab 2015!
- Die Prüfung dauert total 240 Minuten, aufgeteilt in zwei Teile zu je 120 Minuten, dazwischen eine Pause. Jeder Teil hat 100 Punkte, total also 200 Punkte. Daraus entsteht eine QV-Note W&G, die doppelt gewichtet wird.
- Teil 1 ist eine grosse Fallstudie mit separater Dokumentation; der Teil 2 enthält kleinere Fallstudien oder einen 2. Fall mit einer Kurzbeschreibung der Ausgangslage.

5 Fallstudien – QV-Simulation

Teil 1 Fallbeispiel NewSports AG: Dokumentation

Inhalt

A Geschäftsbeschreibung
B Bilanz der NewSports AG 2020
C Organigramm der NewSports AG
D Geschäftsidee
E Kontenplan der NewSports AG

A Geschäftsbeschreibung

Die NewSports AG besteht seit zwei Jahren. Sie betreibt heute zwei Ladengeschäfte in der Stadt Zürich: eines in der City, eines in Zürich-West. Die NewSports AG handelt mit modernen Sportartikeln, nämlich für Wassersport im Sommer und für Schneesport im Winter.

Das Aktienkapital beträgt CHF 100 000, eingeteilt in 1000 Aktien zu CHF 100 Nennwert. Die Aktien sind je zur Hälfte im Besitze der beiden Gründerinnen und Betreiberinnen der NewSports AG:
- Carla Sponti, 36, ehemalige Spitzensportlerin
- Viola Curti, 42, Betriebswirtschafterin HFL, ehemals Geschäftsführerin eines Snowboard-Herstellers

Die beiden Frauen führen die NewSports AG gemeinsam. Das Unternehmen zählt 12 Vollzeit-Angestellte und machte im Vorjahr einen Umsatz von über CHF 200 000. Das Sortiment umfasst im Sommer Kite-Boards, Stand-Up-Paddle-Boards und Windsurf-Boards, mit allem Zubehör; im Winter sind es Snowboards, Skis und Schneeschuhe, mit allem nötigen Zubehör.

B Bilanz der NewSports AG vom 31.12.2020 (in CHF 1000)

		Aktiven	Passiven
Umlaufvermögen			
Kasse		9	
Bankguthaben (samt Guthaben Postbank)		50	
Forderungen LL		14	
Handelswaren		220	
Aktive Rechnungsabgrenzung		1	
Anlagevermögen			
Mobiliar und Einrichtungen	440		
– WB Mobiliar und Einrichtungen	– 377	63	
Büromaschinen, Informatikanlagen	108		
– WB Büromaschinen, Informatikanlagen	– 89	19	
Fahrzeuge	37		
– WB Fahrzeuge	– 25	12	
Verbindlichkeiten LL			31
Passive Rechnungsabgrenzung			2
Darlehen			175
Aktienkapital			100
Gesetzliche Reserven			59
Gewinnvortrag			1
Jahresgewinn			20
		388	388

C Organigramm NewSports AG

```
                    Generalversammlung
                           |
                      Verwaltungsrat
                           |
                      Geschäftsleitung
                           |
        ┌──────────┬───────┴───────┬──────────────┐
1. Ebene  Einkauf    Verkauf         Marketing      Administration
                       |
              ┌────────┴────────┐
2. Ebene  Winter-           Sommer-
          Artikel            Artikel
           |                   |
       ┌───┴───┐           ┌───┴───┐
3. Ebene Zürich  Zürich    Zürich  Zürich
         City    West      City    West
```

D Geschäftsidee

In den schriftlich formulierten Geschäftsideen von Carla und Viola stehen die folgenden Sätze:

1. In unserem Unternehmen bieten wir Sportartikel neuer Sportarten sowohl für den Sommer wie für den Winter an.

2. Damit wollen wir die Kundenbedürfnisse nach neuen Sporttrends abdecken.

3. Unser Sortiment umfasst für den Sommer Kite-Boards, Stand-Up-Paddle-Boards und Windsurf-Boards, mit allem Zubehör; und für den Winter bieten wir an: Snowboards, Skis und Schneeschuhe, mit sämtlichem Zubehör. Alle Produkte bieten wir an von mehreren Herstellern, in vielen Varianten und Grössen.

4. Unser Angebot richtet sich primär an die junge Generation zwischen 16–35 und ist ausgerichtet auf die kaufkräftige Mittel- und Oberschicht.

5. Innerhalb der nächsten 5 Jahre wollen wir Marktführer werden bei Trendsport-Artikeln, mit einem Marktanteil (bezogen auf die Stadt Zürich) von 10 %.

6. Der angestrebte Marktanteil entspricht einem Umsatzziel von CHF 360 000 jährlich bis in 5 Jahren.

Teil 1 Fallbeispiel NewSports AG: Dokumentation

E Kontenplan NewSports AG

1 Aktiven

10 Umlaufvermögen
- 1000 Kasse
- 1020 Bankguthaben (samt Guthaben Postbank)
- 1100 Forderungen aus Lieferungen und Leistungen (Debitoren)
- 1170 Vorsteuer MWST
- 1176 Verrechnungssteuer (Guthaben)
- 1200 Handelswaren
- 1300 Aktive Rechnungsabgrenzung (Transitorische Aktiven)

14 Anlagevermögen
- 1510 Mobiliar und Einrichtungen
- 1519 WB Mobiliar und Einrichtungen
- 1520 Büromaschinen, Informatikanlagen
- 1530 Fahrzeuge
- 1539 WB Fahrzeuge

2 Passiven

20 Fremdkapital
- 2000 Verbindlichkeiten aus Lieferungen und Leistungen (Kreditoren)
- 2200 Umsatzsteuer (geschuldete MWST)
- 2206 Verrechnungssteuer
- 2261 Beschlossene Ausschüttungen
- 2270 Verbindlichkeiten für Sozialversicherungen
- 2300 Passive Rechnungsabgrenzung (Transitorische Passiven)
- 2330 Kurzfristige Rückstellungen
- 2450 Darlehen
- 2600 Rückstellungen

28 Eigenkapital
- 2800 Aktienkapital
- 2900 Gesetzliche Reserve
- 2970 Gewinn-/Verlustvortrag
- 2979 Jahresgewinn oder Jahresverlust

3 Betrieblicher Ertrag aus Lieferungen und Leistungen
- 3200 Handelserlöse (Warenertrag)
- 3805 Verluste aus Forderungen (Debitorenverluste)

4 Aufwand für Material und Waren
- 4200 Handelswarenaufwand (Warenaufwand)

5 Personalaufwand
- 5200 Lohnaufwand
- 5700 Sozialversicherungsaufwand
- 5800 Übriger Personalaufwand

6 Übriger betrieblicher Aufwand, Abschreibungen und Wertberechtigungen sowie Finanzergebnis
- 6000 Raumaufwand
- 6100 Unterhalt / Reparaturen / Ersatz
- 6200 Fahrzeug- und Transportaufwand
- 6300 Sachversicherungen, Abgaben und Gebühren, Bewilligungen
- 6400 Energie-/Entsorgungsaufwand
- 6500 Verwaltungsaufwand
- 6570 Informatikaufwand inkl. Leasing
- 6600 Werbeaufwand
- 6700 Übriger Betriebsaufwand
- 6800 Abschreibungen Anlagevermögen
- 6900 Finanzaufwand (Zinsaufwand)
- 6950 Finanzertrag (Zinsertrag)

7 Betrieblicher Nebenerfolg
- 7000 Ertrag Nebenbetrieb
- 7010 Aufwand Nebenbetrieb

8 Betriebsfremder, Ausserordentlicher, einmaliger oder periodenfremder Aufwand und Ertrag
- 8000 Ausserordentlicher Aufwand
- 8100 Ausserordentlicher Ertrag
- 8900 Direkte Steuern

9 Abschluss
- 9000 Erfolgsrechnung
- 9100 Bilanz

Fallbeispiel NewSports AG: Aufgaben

		Punkte
1	Zwangsvollstreckung	8
2	Kaufvertrag	12
3	Analyse von Bilanz und Erfolgsrechnung	6
4	Break-Even-Analyse	6
5	Organisation und Unternehmungsmodell	12
6	Marketing	12
7	Rechtsform	7
8	Finanzierung	5
9	Geschäftsfälle	23
10	Kalkulation	9
		100

1. Zwangsvollstreckung (8 Punkte)

Das kleine Sportgeschäft Jan Caprez in Scuol im Unterengadin bezog vor drei Monaten 10 spezielle Snowboards gegen Rechnung zu total CHF 6200. Nach dreimaliger Mahnung, zum Schluss mit Androhung auf Betreibung, ist die Rechnung immer noch offen. Jetzt wird die Betreibung eingeleitet.

a) Mit welchem Formular, an welche Behörde in welchem Ort, ist die Betreibung einzuleiten?

2P

b) Nach der Einleitung der Betreibung wird das Sportgeschäft in Scuol einen Zahlungsbefehl erhalten. Wenn es mit der Forderung nicht einverstanden ist: Welchen Rechtsschritt wird dann das Sportgeschäft ergreifen, und welche Frist hat es dafür?

1P

c) Das Sportgeschäft in Scuol ist eine im Handelsregister eingetragene Einzelunternehmung von Jan Caprez. Wenn alle Einsprachen des Schuldners beseitigt sind: Welches Betreibungsverfahren kommt dann zur Anwendung?

1P

d) Im Rahmen der bei c) genannten Betreibungsart gibt es einen «Kollokationsplan». Kreuzen Sie die richtigen Aussagen zum Kollokationsplan (Koplan) an.

Aussage	Richtig	Falsch
Der Koplan ist eine Auflistung aller geschuldeten Beträge des Schuldners, geordnet nach der Höhe der Beträge.		
Der Koplan enthält die Reihenfolge, in welcher die Gläubiger aus der Konkursmasse entschädigt werden.		
Derjenige Gläubiger, der als erster die Betreibung gegen einen Schuldner eingeleitet hat, erhält gemäss Kollokationsplan auch als erster Geld aus der Konkursmasse.		
Wenn es überhaupt bis zum Kollokationsplan kommt, wird die NewSports AG schlechte Aussichten haben, noch etwas von ihrer Forderung zu erhalten.		

4P

Teil 1 Fallbeispiel NewSports AG: Dokumentation

2. Kaufvertrag (die Gesetzesbestimmungen sind nur anzugeben, wenn verlangt) (12 Punkte)

a) Aus dem Online-Katalog der Schweizer Snowboard-Herstellerin Kessler AG bestellt Carla Sponti am 15. April drei Snowboards «Sprint» zum Katalogpreis von CHF 1200 für das Geschäft in Zürich-West. Als Wiederverkäufer sind ihr 20 % Händlerrabatt zugesagt. Am 17. April bestätigt Kessler AG per Mail die Bestellung und sagt die Lieferung per spätestens 30. April zu. Am 28. April übergibt Kessler AG die Boards dem Transporteur Kuoni zur Auslieferung an NewSports. Am 29.4. treffen die Boards ein, zusammen mit der Rechnung über CHF 2880. Drei Tage später überweist Carla den Betrag an die Kessler AG.

1. Zu welchem Zeitpunkt ist der Kaufvertrag zwischen der NewSports AG und der Kessler AG entstanden? Nennen Sie das Datum und nennen Sie den Rechtsgrund, warum es genau dieses Datum ist.

   _1P_

2. An welchem Datum sind Nutzen und Gefahr an den Snowboards auf die NewSports AG übergegangen? Geben Sie zusätzlich die massgebenden Gesetzesbestimmungen an.

   _2P_

3. Zu welchem Zeitpunkt ist die NewSports AG Eigentümerin der Snowboards geworden? Nennen Sie zusätzlich die massgebenden Gesetzesbestimmungen.

   _2P_

4. Falls die Snowboards am 5.5. noch nicht wie versprochen eingetroffen wären:
   Welches Recht hätte dann die NewSports AG sofort geltend machen können?
   Nennen Sie das Recht und geben Sie die massgebenden Gesetzesbestimmungen an.

   _2P_

b) Wegen mangelnder Voraussicht einer Angestellten sind die Schutzhüllen für Snowboards vollkommen aufgebraucht. Bei jedem Snowboard-Kauf erhält der Kunde von NewSports gratis eine solche Hülle. In aller Eile lässt sich Viola Curti gleichentags 50 Schutzhüllen liefern, mit Rechnung beiliegend. Bei Durchsicht der eingetroffenen Hüllen zeigt sich rasch: Die ersten 20 Hüllen sind in Ordnung, aber dann weist jede Hülle einen schlecht oder gar nicht funktionierenden Reissverschluss auf. Viola meldet den Schaden sofort der Lieferantin. Diese sagt sofort zu, dass Viola von den nach Gesetz bestehenden Wahlmöglichkeiten die geeignete auswählen soll.

1. Welche gesetzlichen Möglichkeiten stehen Viola in diesem Falle zu? Geben Sie zu jeder Möglichkeit die Gesetzesbestimmung an.

   _3P_

2. Welche der oben genannten Möglichkeiten macht für Viola in der gegebenen Situation keinen Sinn? Mit Begründung.

_____

_____

1P

3. Welche Empfehlung geben Sie Viola ab? Was ist für sie beste Wahlmöglichkeit? Mit Begründung.

_____

_____

_____

1P

3. Analyse von Bilanz und Erfolgsrechnung (6 Punkte)

Carla und Viola studieren die Bilanz der NewSports AG von 2020. (→ Dokumentation!)
Sie wollen daraus wichtige Kennzahlen und Informationen gewinnen.

a) Berechnen Sie die Eigenkapitalrendite (Jahresgewinn in Prozenten des eingesetzten EK) fürs Geschäftsjahr 2020 (auf eine Stelle nach dem Komma).

1P

b) Berechnen Sie den Liquiditätsgrad 2 (Quick Ratio: Liquide Mittel + Forderungen in Prozenten des kurzfristigen Fremdkapitals) (auf eine Stelle nach dem Komma).

1P

c) Carla möchte von Viola wissen, warum der Liquiditätsgrad 2 mindestens 100 % betragen muss. Erklären Sie ihr das in eigenen Sätzen.

_____

_____

1P

d) Berechnen Sie den Eigenfinanzierungsgrad (Eigenkapital in Prozenten des Gesamtkapitals) (auf eine Stelle nach dem Komma)

1P →

e) Je tiefer der Eigenfinanzierungsgrad, desto höher der Fremdfinanzierungsgrad. Nennen Sie zwei Nachteile eines hohen Fremdfinanzierungsgrades für die Unternehmung.

2P

4. Break-Even-Analyse (6 Punkte)

Das Snowboard-Geschäft ist rückläufig. Viola und Carla müssen diesen Geschäftsbereich genauer auf seine Profitabilität untersuchen. Sie benützen dazu die ihnen bekannten Durchschnittswerte der letzten Wintersaison: Der Einkaufspreis pro Board betrug CHF 455, der Nettoerlös betrug CHF 895. Die den Snowboards anzurechnenden fixen Gemeinkosten betrugen CHF 52 000.

a) In der letzten Wintersaison wurden 110 Boards verkauft. Wie hoch war der mit Snowboards erzielte Erfolg? (Ergebnis als Gewinn oder Verlust bezeichnen; der Rechnungsweg muss angegeben sein)

2P

b) Bei wie viel verkauften Boards wäre der Break-Even-Point (= die Nutzschwelle) erreicht? (Ergebnis auf ganze Boards aufrunden; Rechnungsweg angeben)

1P

c) Was besagt der Break-Even-Point? Erklären sie in eigenen Worten.

1P

d) Für die nächste Saison rechnen Viola und Carla vorsichtig mit 100 verkauften Boards, aber mit den gleichen Fixkosten und den gleichen Einkaufspreisen wie letztes Jahr. Auf wie viel Franken müsste der Verkaufspreis erhöht werden, damit dann die Nutzschwelle erreicht würde?

2P

5. Organisation und Unternehmungsmodell (12 Punkte)

Beantworten Sie die folgenden Fragen zum Organigramm der NewSports AG (→ Dokumentation!)

a) In der 3. Ebene weist das Organigramm eine marktorientierte (geografische) Gliederung auf.

   1. Welche Gliederungsart weist die 1. Ebene auf?

   _____

   1P

   2. Und wie heisst die Gliederungsart auf der 2. Ebene?

   _____

   1P

b) Viola und Carla üben gemeinsam die Geschäftsleitung aus. Ab der 1. Ebene liegt die Abteilungsleitung bei angestellten Fachpersonen. Weil sie nicht auf allen Gebieten kompetent sind, wollen Viola und Carla neu einen im Sportbereich erfahrenen Rechtsanwalt zu 50 % einstellen und für ihn die Stelle «Sports-Consultant» schaffen.

   1. Was für eine Stelle (Fachbezeichnung) wird das sein?

   _____

   1P

   2. Nennen Sie zwei typische Merkmale für diese Art von Stellen.

   _____

   _____

   _____

   2P

   3. Erstellen Sie eine Skizze und zeichnen Sie diese neue Stelle im Organigramm der NewSports AG ein. Verwenden Sie die bei Organigrammen übliche Darstellungsart.

   1P →

Teil 1 Fallbeispiel NewSports AG: Dokumentation

c) Carla und Viola haben für ihre Unternehmung sowohl eine Unternehmungsstrategie wie auch ein Unternehmungsleitbild erstellt.

1. Kreuzen Sie an, ob die folgenden Aussagen zur Unternehmungsstrategie (= UStr) oder zum Unternehmungsleitbild (ULb) gehören.

Aussage	UStr	ULb
Die NewSports AG strebt einen jährlichen Umsatzanstieg von 10% an.		
Die NewSports AG eröffnet in den kommenden 3 Jahren zwei weitere Geschäfte in Winterthur und in Bülach.		
Die NewSports AG gewährt dem Personal den jährlichen Teuerungsausgleich und verteilt 10% des Jahresgewinns als Boni an Mitarbeitende ab mindestens einem Dienstjahr.		
Die NewSports AG verfolgt aktiv alle neuen Sporttrends und bietet als Marktführerin die neuesten Produkte mit individuellem Kundenservice an.		

4P

2. Worin bestehen die grundsätzlichen Unterschiede zwischen Unternehmungsstrategie und Unternehmungsleitbild? Nennen Sie zwei Punkte.

Nr.	Unternehmungsstrategie	Unternehmungsleitbild
1.		
2.		

2P

6. Marketing (12 Punkte)

Die Geschäftsidee der NewSports AG findet sich in der → Dokumentation.

a) Carla und Viola wollen ihre Geschäftsideen, wie von jedem Marketingfachmann empfohlen, in Marktziele und Produktziele aufteilen. Ordnen Sie die Sätze 1. bis 6. als Marktziele oder als Produktziele zu, indem Sie die Nummer des Satzes hinschreiben.

Marktziele: _____

Produktziele: _____

2P

b) Ganz in der Nähe des NewSports-Ladens Zürich-City bietet auch ein Coop-Supermarkt Sommer- und Winter-Sportartikel an: Skis im Winter, aufblasbare SUP-Boards im Sommer. Carla und Viola wollen einen Sortimentsvergleich zwischen Coop und NewSports AG erstellen, aber **nur für den Bereich Sportartikel.** Füllen sie dazu die Tabelle mit den Fachbegriffen aus und kreuzen Sie auf der folgenden Seite die entsprechenden Felder für Coop und für NewSports AG an.

Teil 1   Fallbeispiel NewSports AG: Dokumentation

Geschäft	Sortimentsbreite		Sortimentstiefe	
NewSports AG				
Coop				

2P

c) Im letzten Winter wurden von allen Sportartikelanbietern in der Stadt Zürich 16 500 Paar Skis verkauft. NewSports konnte in seinen beiden Ladengeschäften total 990 Paar Skis verkaufen. In den Prognosen des Sportartikelverbandes hat es geheissen, dass pro Saison in der Stadt bestenfalls bis zu 20 000 Paar Skis verkauft werden könnten.

1. Nennen Sie die Fachbegriffe für die drei aufgeführten Zahlen:

   16 500   _____

   990   _____

   20 000   _____

   3P

2. Welchen Marktanteil in Prozent hat die NewSports AG in der Stadt Zürich erreicht? (auf ganze Prozent angeben; Rechnungsweg zeigen)

   _____

   _____

   1P

3. Wenn tatsächlich 20 000 Paar Skis hätten verkauft werden können: Wie heisst das Fachwort für diese Marktsituation?

   _____

   1P

d) Bei den Marketinginstrumenten unterscheidet man die 4 P product, price, place, promotion. Entwerfen Sie für jedes Instrument eine mögliche und realistische Entscheidung der NewSports AG. Ein Eintrag ist als Beispiel vorgegeben.

Instrument	Massnahme
product	**Beispiel:** es wird ein neues «Ladie-Board» ins Sortiment aufgenommen.
price	

→

Teil 1 Fallbeispiel NewSports AG: Dokumentation

Instrument	Massnahme
place	
promotion	

3P

7. Rechtsform (7 Punkte)

Carla Sponti und Viola Curti haben ihre Unternehmung von Beginn an als Aktiengesellschaft gegründet. Beantworten Sie dazu die folgenden Fragen.

a) Als Alternative wäre die Rechtsform der GmbH in Frage gekommen. Bezeichnen Sie in Bezug auf die folgenden Merkmale die Unterschiede zwischen AG und GmbH (Sie brauchen nur das Merkmal der GmbH zu nennen).

1. Mindestkapital: _____

2. Firma: _____

3. Haftung: _____

3P

b) Ein neuer Lieferant möchte vor der ersten Lieferung Erkundigungen einziehen über die NewSports AG.

1. Wo kann er Einblick bekommen in die wichtigsten Fakten der NewSports AG?

_____

1P

2. Kreuzen Sie an, welche Auskünfte der Lieferant dort **nicht findet!**

☐ Höhe des Aktienkapitals ☐ Name der Verwaltungsräte

☐ Geschäftssitz ☐ Zahl der Angestellten

☐ Organigramm ☐ Geschäftszweck

☐ Umsatz und Gewinn des Vorjahres ☐ Gründungsdatum

☐ erfolgte Betreibungen ☐ Höhe des Fremdkapitals

3P

8. Finanzierung (5 Punkte)

Carla und Viola denken schon jetzt nach über die mögliche Geschäftserweiterung nach Winterthur und Bülach. Da will die Finanzierung gut überlegt sein.

a) Die beiden Frauen erwägen, für die geplante Geschäftserweiterung eine neue, zweite AG zu gründen, mit einem Aktienkapital von CHF 200 000. Aber sie könnten nicht von Anfang an den ganzen Betrag einzahlen.
Wie viel des neuen AK von 200 000 müssten nach Gesetz voll einbezahlt sein?
Nennen Sie den Betrag und geben Sie die Gesetzesbestimmung an.

_____

_____

1P

b) Als Alternative für die Geschäftserweiterung bietet sich die Erhöhung des Bankdarlehens um CHF 100 000 an (siehe Dokumentation B). Aufgrund des erfolgreichen Geschäftsganges hat die Bank signalisiert, dass man sehr wohl darüber diskutieren könnte.
Wie hoch wäre der Fremdfinanzierungsgrad nach Aufnahme dieses Zusatz-Darlehens?

1P

c) Die beiden Frauen tendieren zum Kredit und überlegen sich, welche Sicherheiten die Bank wohl verlangen könnte: Bürgschaft, Faustpfand oder Grundpfand. Geben Sie bei jeder Sicherheit mit ja oder nein an, ob sie überhaupt möglich wäre in diesem Fall. Wenn ja: Geben Sie die Bedingung an, wie die Sicherheit funktioniert. Wenn nein: Begründen Sie, warum das hier nicht in Frage kommt.

Sicherheit	ja/nein	Bedingung oder Begründung
Grundpfand (Hypothek)		
Faustpfand		
Bürgschaft		

3P

Teil 1 Fallbeispiel NewSports AG: Dokumentation

9. Geschäftsfälle der NewSports AG (23 Punkte)

a) Verbuchen Sie die folgenden Geschäftsfälle der NewSports AG, unter Beachtung folgender Hinweise:
   - Verwenden Sie die Kontennamen (erkennbare Abkürzungen erlaubt) oder die Kontennummern des Kontenplans aus der → Dokumentation.
   - Die Mehrwertsteuer ist dort zu verbuchen, wo sie speziell erwähnt ist. Verlangt ist die Nettomethode. (Beträge auf 5 Rp. runden.)
   - Wenn bei einem Buchungssatz nichts zu buchen ist: «Keine Buchung» hinschreiben.

Nr.	Geschäftsfall	Soll	Haben	Betrag
	Buchungen während des Jahres			
1.	Der Lieferwagen des Geschäftes (Neuwert 36 000, kumulierte Abschreibungen 28 000) wird gegen einen neuen eingetauscht, Kaufpreis netto 42 000. Für den alten Lieferwagen wird noch der Buchwert gutgeschrieben. Den Restbetrag wird Viola in 10 Tagen überweisen.			
2.	Der Einkauf von 20 Paar Skis zu total 7 600 ist bereits vor 8 Tagen verbucht worden. Jetzt hat Carla die Rechnung mit Banküberweisung wie folgt beglichen: Abzug von 2 % Skonto, Überweisung des Restbetrages. Die jetzt eingetroffene Bankbelastung beläuft sich auf 7 448. Verbuchen Sie den Skontoabzug und die Überweisung.			
3.	NewSports AG liefert dem Sporthändler D. Marugg in Davos 6 Paar spezielle Schneeschuhe zu total 969.30, inkl. 7.7 % MWST, gegen Rechnung.			
4.	Der Abteilungsleiterin wird der Lohn überwiesen: Bruttolohn 5 400 Abzug Arbeitnehmerbeitrag 432 +ausgelegte Spesen auf einer Geschäftsreise 700 Überweisung per Post 5 668 Verbuchen Sie die Auszahlung des Nettolohnes und der Spesenentschädigung.			
5.	Nach der Lieferung (vgl. Nr. 3) erhielt Carla einen Anruf aus Davos: 2 Paar Schuhe hatten Kratzer vom Transport. Sie sprach dem Kunden 10 % Rabatt zu auf die ganze Sendung. Jetzt überweist D. Marugg den Restbetrag per Bank nach Abzug der 10 % Rabatt. Die MWST ist zu berücksichtigen.			

Nr.	Geschäftsfall	Soll	Haben	Betrag
	Abschlussbuchungen			
6.	Von der Bank erhält Carla eine Zinsgutschrift netto (nach Abzug der Verrechnungssteuer) von 169. Gutschrift und VSt. sind zu verbuchen.			
7.	Bei der Abrechnung mit der Steuerbehörde weisen die Mehrwertsteuer-Konten folgende Beträge auf: Geschuldete MWST 7880 Vorsteuer MWST 4330 Verbuchen Sie die Verrechnung der Vorsteuer und die Postüberweisung der geschuldeten Mehrwertsteuer.			
8.	Die Zinsen für ein Darlehen von 120 000 zu 3.5 % werden jeweils halbjährlich am 1.2. und 1.8. an die Bank überwiesen (nachschüssig). Jetzt am Jahresende ist die Rechnungsabgrenzung vorzunehmen.			
9.	Carla hat Mitte Jahr 1000 stylische Flyer zu CHF 1.10 pro Stück gekauft und bezahlt. Jetzt am Jahresende sind noch 400 Flyer vorhanden, welche im kommenden Jahr verwendet werden können. Verbuchen Sie die Abgrenzung.			
10.	Buchung am 31. Dezember: Der Jahresgewinn von 20 000 ist zu verbuchen.			

b) Auf einem Beleg in der Buchhaltung der NewSports AG findet sich folgender ausgefüllte Kontierungsstempel:

Kontonummer	Soll	Haben
6800	2 550	
1519		950
1520		1 600

Carla möchte wissen: Welche Geschäftsfälle sind aus diesen Einträgen zu erkennen? Geben Sie mit Betrag die Geschäftsfälle an.

Teil 1   Fallbeispiel NewSports AG: Dokumentation

10. Kalkulation (9 Punkte)

Für die aufblasbaren SUP-Boards soll eine elektrische Kompressorpumpe ins Sortiment aufgenommen werden. Es liegen zwei Offerten für qualitätsmässig gleichwertige Geräte vor; bei beiden ist die Mehrwertsteuer nicht zu berücksichtigen.

Offerte aus Italien:
EUR 190 pro Kompressor; 5 % Rabatt ab 10 Stück; für den Transport in die Schweiz muss mit CHF 8 pro Stück gerechnet werden. Für die Umrechnung wird mit einem Buchkurs von 1.15 gerechnet.

Offerte aus der Schweiz:
CHF 235 pro Kompressor; kein Rabatt; dafür Lieferung franko Domizil.

a) Fürs erste sollen 20 Kompressoren gekauft werden. Welche Offerte ist günstiger als die andere, und um wie viel Franken?
Erstellen Sie die Berechnung für beide Angebote mit einem Kalkulationsschema. Ergebnisse auf 5 Rp. runden.

3P

b) Angenommen, die Offerte aus Italien stellt sich als günstiger heraus als die aus der Schweiz; und angenommen der Preisunterschied macht nicht mehr als CHF 5 pro Kompressor aus: Welche zwei Gründe könnten dann trotzdem – gleiche Qualität vorausgesetzt – dafür sprechen, den teureren Kompressor aus der Schweiz zu beziehen?

2P

c) Annahme: Ein Kompressor kommt im Einkauf auf einen Einstandspreis von CHF 240 zu stehen. Carla ist sich bewusst: Aus Konkurrenzgründen darf der Kompressor im Verkauf netto höchstens CHF 348 kosten. Wie viel Prozent beträgt dann der Bruttogewinnzuschlag?

1P

d) Tatsächlich werden in NewSports AG die Verkaufspreise meistens mit einer Bruttogewinnquote (= BG-Marge) gerechnet.
Angenommen, der maximale Verkaufspreis liegt bei CHF 348 und die angewandte BG-Quote sei 30 %.
Wie viel Franken darf dann der Einstandspreis maximal sein?

1P

e) Viola schlägt einen anderen Rechenweg vor: Ausgangspunkt sind ein angenommener Einstandspreis von CHF 240 und ein kalkulierter Verkaufspreis von CHF 348.
Sie sagt: Aus der Erfahrung des letzten Jahres müssen wir mit einem Gemeinkostenzuschlag von 30 % rechnen. Wie hoch wäre dann der Gewinn pro Kompressor?
Berechnen Sie mit Hilfe des Kalkulationsschemas.

2P

Teil 2 Minicases

	Punkte
1 Betriebswirtschaftliche Zusammenhänge	18
1.1 Versicherungen	
1.2 Geldanlage – Budget	
2 Recht & Staat	31
2.1 Rechte und Pflichten im Staat	
2.2 Staatsrechtliche Fachbegriffe	
2.3 Steuerrecht	
2.4 Vertragsrecht	
2.5 Familien- und Erbrecht	
3 Finanzwirtschaftliche Zusammenhänge	14
3.1 Journalbuchungen	
4 Gesamtwirtschaftliche Zusammenhänge	37
4.1 Wirtschaftsleistung und Geldwert	
4.2 Konjunkturverlauf	
4.3 Geld- und Fiskalpolitik	
4.4 Landesindex der Konsumentenpreise	
4.5 Marktwirtschaft	
4.6 Bedürfnisse und Güter	
4.7 Ökologie – Energie	
4.8 Parteien und Verbände	
	100

QV-Notenskala

Punkte	Note
190–200	6
170–189	5.5
150–169	5
130–149	4.5
110–129	4
90–109	3.5
70–89	3
50–69	2.5
30–49	2
10–29	1.5
0–9	1

Teil 2 Minicases

1. Betriebswirtschaftliche Zusammenhänge (18 Punkte)

1.1 Versicherungen

a) Vorsorgeversicherungen: Zur Vorsorge gegen die Risiken von Alter, Invalidität und Tod kennt die Schweiz das «3-Säulen-Prinzip».

1. Beschreiben Sie die erste und die zweite Säule in Stichworten möglichst genau. Es sollen erkennbar sein:
   - der Name, die offizielle Bezeichnung der Säule
   - der Träger der Säule (von welcher Institution wird diese Säule organisiert?)
   - das Ziel dieser Säule
   - die Finanzierungsart der Säule

   (jeden Punkt benennen, aber nicht genauer beschreiben)

   1. Säule

   _____
   _____
   _____
   _____

   2. Säule

   _____
   _____
   _____
   _____

   4P

2. Karin Keller hat vor drei Jahren eine «Gemischte Lebensversicherung» abgeschlossen. Das Ablaufdatum der Versicherung ist Karins 65. Geburtstag. Wie dient eine gemischte Lebensversicherung der Vorsorge? Geben Sie an, unter welchen Bedingungen die Versicherungssumme ausbezahlt wird.

   _____
   _____
   _____

   2P

b) Hausratversicherung: Nach dem Einzug in ihr neues Haus, vor 6 Jahren, hat Peter Gloor für seine Familie eine Hausratversicherung abgeschlossen. Mit Hilfe des Versicherungsinspektors wurde der Wert der Wohnungseinrichtung auf CHF 80 000 geschätzt, und auf diesen Betrag lautet seit damals die Versicherungssumme. Bei jedem gemeldeten Schadensfall sind gemäss Vertrag CHF 300 Selbstbehalt zu übernehmen. Im Laufe der letzten sechs Jahre wurde die Wohnungseinrichtung erweitert; insbesondere sind einige wertvolle Antikmöbel dazugekommen.

   1. Es gibt mehrere Gründe, warum Versicherungen einen Selbstbehalt verlangen. Nennen Sie einen massgebenden Grund.

   _____
   _____
   _____

   1P

Teil 2   Minicases

2. Vor einem halben Jahr führte ein Wasserrohrbruch zu einer Überschwemmung des gesamten Kellergeschosses. Der Versicherungsexperte schätzte die Schadensumme auf CHF 20 000, erklärte der Familie nach Einsicht in den Vertrag von damals aber sofort, die Versicherung werde den Schaden wohl nicht voll decken können. Was ist der Grund dafür? Nennen Sie das Fachwort und geben Sie an, was Peter Gloor hätte tun müssen, damit auf jeden Fall der ganze Schaden ersetzt worden wäre.

_____

_____

2P

3. Die Familie erhält von der Versicherung CHF 15 700 ausbezahlt. Das sind 16 000 für den Schaden, abzüglich CHF 300 Selbstbehalt. Weisen Sie mit Zahlen nach, von welchem Gesamtwohnungswert die Versicherung ausgegangen ist.

_____

_____

2P

1.2   Geldanlage – Budget

a) Vor drei Monaten hat Jana Kilic von ihrem verstorbenen Vater CHF 100 000 geerbt. Weil sie es nicht sofort braucht, will sie dieses Geld langfristig – Zeithorizont ca. fünf Jahre – anlegen.

1. Für Jana soll bei der Geldanlage das Ziel «Sicherheit» im Vordergrund stehen. Beschreiben Sie in eigenen Worten, welche Eigenschaft die Geldanlage erfüllen soll bei diesem Ziel.

_____

1P

2. Für die Wahl der bestmöglichen Anlage ihrer Erbschaft bittet Jana Sie um einen fachmännischen Rat. Mit Hilfe einer Nutzwertanalyse wollen Sie die Anfrage von Jana beantworten.

Zuerst schildert Ihnen Jana ihre Wünsche und Erwartungen:

– Wie bereits erwähnt, ist die Sicherheit der Geldanlage für Jana am allerwichtigsten.
– Nachhaltige Anlagen lässt sie hier weg. Das will sie später ins Auge fassen, wenn Sie mehr davon versteht.
– Ein hoher Ertrag wäre angenehm, steht aber überhaupt nicht im Zentrum ihrer Erwartungen.
– Jana benötigt das Geld frühestens in fünf Jahren. Trotzdem soll die Option bestehen, einen Teil der Anlage früher zu beziehen.

Es stehen drei Anlagevarianten für die CHF 100 000 zur Auswahl:

❶ Schweizer Blue-Chip-Aktien, börsenkotiert; erwartete Rendite ca. 6 %
❷ Obligationen der Schweizerischen Eidgenossenschaft, börsenkotiert; Zinssatz 1.5 %
❸ Sparkonto bei der Zürcher Kantonalbank; Zins 0 %

Beim Ausfüllen der Nutzwerttabelle ist zu beachten:

- Die Gewichtung der Anlageziele erfolgt mit den Werten: 5 = sehr wichtig; 3 = wichtig, 1 = unwichtig
- Jede Anlage ist mit den Noten 2 = gering; 4 = genügend; 6 = gut zu bewerten. Pro Anlageziel darf jede Note nur einmal verwendet werden.
- Ermitteln Sie am Schluss den Nutzwert jeder Anlage und die Rangfolge von 1 bis 3.

Anlageziele	Gewichtung	❶		❷		❸	
		Note	Nutzen	Note	Nutzen	Note	Nutzen
Sicherheit							
Rendite							
Liquidität							
Totaler Nutzwert							
Rang							

5P

b) Andy Regli hat soeben die Hotelfachschule Luzern abgeschlossen. Jetzt wollen er und seine Freundin Tara heiraten. Eine Wohnung, Mietzins CHF 1750 pro Monat, haben sie bereits. Eine neue Stelle ist ebenfalls in Aussicht: Direktionsassistent im Hotel IBIS Zürich-West, mit einem Nettolohn von CHF 5100. Freundin Tara arbeitet bereits als kaufmännische Angestellte in einem Warenhaus, Nettolohn CHF 4300.
Der Plan der beiden ist es, möglichst bald CHF 150 000 anzusparen, um eine Eigentumswohnung kaufen zu können (150 000 Anzahlung; Restfinanzierung mit Hypotheken).
Andy hat noch gar nichts gespart, Tara hat CHF 15 000, und Andys Eltern würden als Hochzeitsgeschenk CHF 25 000 beitragen.
Das gemeinsame Ausgaben-Budget von Andy und Tara – ohne Wohnen und ohne Krankenkasse – beträgt pro Monat CHF 4360. Die Krankenkasse, für beide zusammengezählt, beträgt CHF 790 pro Monat.
Berechnen Sie: Wie viel Franken pro Monat können Andy und Tara monatlich ansparen für ihre Traumwohnung? Der Rechnungsweg ist anzugeben.

1P

Teil 2   Minicases

2   Recht & Staat (31 Punkte)

2.1   Rechte und Pflichten im Staat

Die Ladenangestellte Linda F., früher deutsche Staatsangehörige, hat sich vor einem Jahr einbürgern lassen. Sie bespricht den Unterschied von früher zu jetzt mit ihrem Partner:
Als Schweizerin besitzt Linda neben den grundlegenden Menschenrechten neu auch staatsbürgerliche Rechte und politische Rechte, aber auch gewisse staatsbürgerliche Pflichten. Beantworten Sie dazu die folgenden Fragen.

a) Wem in der Schweiz stehen die Grundrechte als geschützte Rechte zu?

_____

1P

b) Auch die Grundrechte gelten nicht absolut und uneingeschränkt. Zeigen Sie dies am Beispiel von einem der folgenden Grundrechte:
   – Eigentumsgarantie   oder   – Meinungsfreiheit
   (zuerst das gewählte Grundrecht nennen, dann dazu das Beispiel!)

_____

_____

_____

_____

1P

c) Die staatsbürgerlichen Rechte und die politischen Rechte stehen nicht genau dem gleichen Personenkreis zu. Nennen Sie den Unterschied in der Berechtigung.

_____

_____

1P

d) Bei den politischen Rechten hat Linda F. neben dem Stimm- und Wahlrecht auch das Initiativrecht und das Referendumsrecht erhalten.
   Was beinhaltet das Initiativrecht?

   1. Beschreiben Sie, was mit dem Initiativrecht erreicht werden kann.

   _____

   _____

   2. Nennen Sie die zwei in der Bundesverfassung genannten Bedingungen für das Zustandekommen einer Volksinitiative.

   _____

   _____

2P

2.2 Staatsrechtliche Fachbegriffe

Als Kauffrau/Kaufmann sollte man die staatsrechtlichen Fachbegriffe richtig anwenden können. Ordnen Sie jeder Aussage den zutreffenden Fachbegriff zu. Folgende Begriffe stehen zur Auswahl:

Einfaches Mehr / doppeltes Mehr / Bundesversammlung / vereinigte Bundesversammlung / indirekte Demokratie / direkte Demokratie / halbdirekte Demokratie / Exekutive / Legislative

Aussage	Fachbegriff
Die Regierungsform der Schweiz ist:	
Wenn ein Gesetz auf Bundesebene zur Abstimmung kommt, dann braucht es zur Annahme:	
Die Wahl der Bundesräte erfolgt durch:	
Der Ständerat gehört zu dieser Behörde:	

4P

2.3 Steuerrecht

a) Kreuzen Sie auf jeder Zeile den richtigen Steuerbegriff an:
   Direkte Steuer = DSt   oder   Indirekte Steuer = ISt

Aussage	DSt	ISt
Die Einkommenssteuer gehört zu:		
Die Gewinnsteuer gehört zu:		
Die Mehrwertsteuer gehört zu:		
Die Steuerprogression gibt es bei:		
Die Tabaksteuer gehört zu:		
Die Vermögenssteuer gehört zu:		

4P

b) Was ist der Zweck der Steuerprogression? Beschreiben Sie in eigenen Worten:

1P

Teil 2 Minicases

2.4 Vertragsrecht

a) **Arbeitsvertrag:** Jan Bosic arbeitet bereits seit 8 Jahren bei der General Assurance. Wegen zahlreicher Umstrukturierungen hat sich das Arbeitsverhältnis stark verschlechtert. Jetzt hat Jan ein sehr gutes Angebot einer anderen Gross-Versicherung erhalten, welches er unbedingt wahrnehmen will. Am 10. März entschliesst er sich, seine Arbeitsstelle zu kündigen und auf den frühest möglichen Zeitpunkt in der neuen Firma zu beginnen.

1. Selbstverständlich reicht Jan die Kündigung schriftlich und eingeschrieben ein. Er möchte aber wissen: Wäre eine mündliche Kündigung rechtlich zulässig?
   – Nennen Sie die Gesetzesbestimmung, auf den Sie Ihr ja oder nein stützen und begründen Sie Ihren Entscheid in Worten!

   _2P_

2. Auf welches Datum hin kann Jan frühestens an der neuen Stelle beginnen? Gehen Sie davon aus, dass seine Kündigung am 11. März beim Arbeitgeber angekommen ist. Zeigen Sie die Fristberechnung und zitieren Sie die massgeblichen Gesetzesbestimmungen.

   _2P_

b) **Mietvertrag:** Die Familie Bosic wohnt seit 6 Jahren zur Miete in einem Reihen-Einfamilienhaus. Am 20. Mai trifft von der Immobilienverwaltung Immo AG die Kündigung ein: mit eingeschriebenem Brief an Jan Bosic. Der genannte Kündigungstermin ist der 20. August. Im damaligen (schriftlichen) Mietvertrag stand ausdrücklich: «Beide Parteien erheben keinen Anspruch auf ortsübliche Kündigungstermine. Es gelten die gesetzlichen Fristen.»
   Diese Kündigung ist fehlerhaft. Beantworten Sie dazu die folgenden Fragen.

   1. Formfehler: Bezeichnen Sie genau, was an der Form der Kündigung falsch ist.
      Geben Sie zusätzlich die Gesetzesstellen an, auf die Sie Ihre Beurteilung abstützen.

   _2P_

   2. Inhaltsfehler: Bezeichnen Sie, was an der Fristsetzung falsch ist und geben Sie die massgeblichen Gesetzesbestimmungen an.

   _1P_

3. Welche rechtliche Folge hat die Fehlerhaftigkeit der Kündigung für die Familie Bosic? Nennen Sie zusätzlich die zutreffenden Gesetzesbestimmungen.

1P

2.5 Familien- und Erbrecht

a) Für den Fall seines Todes hat Tom Lüthi (55) ein Testament erstellt. Darin steht, dass die gesetzlichen Erben den Pflichtteil erhalten und die frei werdende Quote der Ehefrau Sara zukommen soll. Tom und Sara haben einen Sohn, Dejan (25). Neben den oben genannten Familienmitgliedern hat Tom noch zwei jüngere Schwestern, Leyla und Amila. Von seinen Eltern lebt noch die Mutter, Clara.
Lösen Sie die Aufgaben unter der Annahme, dass der Nachlass von Tom Lüthi CHF 250 000 betragen würde.

1. Wie viel – in Bruchteilen und in Franken – würden die gesetzlichen Erben von Tom erhalten, wenn **kein Testament** vorhanden wäre?

2P

2. Wie viel Franken würde Sara erhalten, wenn die Bestimmungen des Testamentes anzuwenden sind? Der Rechnungsweg soll ersichtlich sein.

2P

b) Der Sohn Dejan lebt seit zwei Jahren mit seiner Freundin Tara Crameri unverheiratet in einer gemeinsamen 3-Zimmer-Wohnung in Luzern.

1. Wie nennt man rechtlich diesen Zustand des unverheirateten Zusammenlebens?

1P

2. Nennen Sie einen klaren Nachteil und einen klaren Vorteil dieser Art des Zusammenlebens für die beteiligten Partner im Vergleich zur Ehe.

2P

Teil 2 Minicases

c) Tom und Sara Lüthi leben im sogenannten gesetzlichen Güterstand. Das ist der Güterstand, den man automatisch hat, wenn man nicht per Ehevertrag etwas anderes vereinbart.

1. Wie heisst der Fachbegriff für den gesetzlichen Güterstand?

   _____
                                                                                          1P

2. Vor zwei Jahren hat Sara Lüthi von ihrem reichen Onkel CHF 200 000 geerbt. In welche Güterkategorie fällt diese Erbschaft?

   _____
                                                                                          1P

3 Finanzwirtschaftliche Zusammenhänge (14 Punkte)

3.1 Journalbuchungen

Marco Tueni führt den Campingplatz Come-and-See am Lido von Luzern. Zum Camping gehört ein Kioskladen, der ebenfalls von Marco betrieben wird. Sie sollen für Marco die Buchungen des Monats Dezember, inklusive Abschlussbuchungen, vornehmen. Der extrem schöne, milde Dezember bescherte dem Campingplatz eine überraschend hohe Besucherfrequenz.

Verwenden Sie die Konten des beiliegenden Kontenplans «Campingplatz Come-and-See» auf der Folgeseite, entweder die Kontennamen (gängige Abkürzungen möglich, aber klar erkennbar!) oder die Kontennummern. Der Campingplatz ist zwar mehrwertsteuerpflichtig. Trotzdem ist die Mehrwertsteuer in dieser Aufgabe nicht zu berücksichtigen. Beträge auf 5 Rappen genau runden. Wo nichts zu buchen ist: «keine Buchung» hinschreiben. In einem Feld können eine oder mehrere Buchungen eingetragen werden, je nach Notwendigkeit.

Nr.	Geschäftsfall	Soll	Haben	Betrag
1.	Die Ladenkasse ist leer. Marco füllt sie mit CHF 500 aus der Bürokasse und mit CHF 200 aus seinem eigenen Sack.			
2.	Eine Camping-Familie droht mit einer Schadenersatzklage von CHF 15 000, nachdem ihr Wohnwagen wegen einer defekten, bei Marco gekauften Gasflasche in Brand geraten ist. Marco bildet eine entsprechende Rückstellung.			
3.	Marco hat den Geschäftslieferwagen einer befreundeten Familie für einen 2-tägigen Umzug ausgeliehen. Sie bezahlen ihm dafür bar CHF 200.			
4.	Als neuer Pächter hat Marco Ausbaupläne für den Ladenbereich. Zur Sicherung der Finanzierung überweist er von seinem privaten Postkonto CHF 12 000 auf das Bankkonto des Campingplatzes.			
5.	Ende letzten Jahres musste die Forderung von CHF 1400 gegenüber einem Turnverein, der eine Woche lang bei Marco campiert hatte, definitiv abgeschrieben werden. Um doch wieder in Luzern campieren zu können, hat der Verein jetzt die 1400 aufs Postkonto des Campingplatzes überwiesen.			

Nr.	Geschäftsfall	Soll	Haben	Betrag
6.	Marco akzeptiert auch Barzahlung in Euro. Jetzt wurden die (noch nicht verbuchten) Euro-Dezember-Einnahmen fürs Campieren aufs Bankkonto einbezahlt und dort gutgeschrieben, nämlich Euro 670. Die Bank rechnet mit folgenden Kursen: Ankauf: Devisen 1.12 / Noten 1.11 Verkauf: Devisen 1.15 / Noten 1.16			
7.	Das Mobiliar des Verkaufsladens, Neuwert CHF 18 000, hat Marco übernommen. Bei der Übernahme betrugen die kumulierten Abschreibung CHF 6 000. Jetzt schreibt er 40 % degressiv ab.			
8.	Der Pachtzins für den Platz beträgt CHF 36 000 pro Jahr. Am 31. August hat Marco die Miete für die kommenden 6 Monate an die Stadt Luzern bezahlt. Jetzt ist die zeitliche Abgrenzung zu verbuchen.			
9.	Marco bezieht alle Lebensmittel für den Laden vom gleichen Händler. Dieser hat ihm auf die Gesamtbezüge dieses Jahres von CHF 35 000 einen Bonus von 5 % zugesagt. Der Bonus wird von der ersten Rechnung im neuen Jahr in Abzug gebracht werden.			
10.	Als neuer Unternehmer verrechnet sich Marco erstmals einen Eigenlohn von CHF 9 000 für die letzten 10 Monate.			
11.	Direkt vor dem Jahresabschluss weist das Privatkonto einen Habenüberschuss von CHF 16 000 auf. Dieser Betrag ist zu verbuchen.			
12.	Die Erfolgsrechnung zeigt einen Reingewinn von CHF 3 800. Dieser ist zu verbuchen.			

14P

Teil 2 Minicases

Kontenplan Campingplatz Come-and-See

1 Aktiven

100 Flüssige Mittel
- 100 Flüssige Mittel
- 1000 Kasse Büro
- 1001 Kasse Laden
- 1020 Bank (inkl. Post-Finance)

110 Forderungen
- 1100 Forderungen aus Lieferungen und Leistungen (Debitoren)
- 1170 Guthaben Vorsteuer
- 1176 Guthaben Verrechnungssteuer
- 1190 Aktive Rechnungsabgrenzung (Transitorische Aktiven)

120 Vorräte
- 1200 Vorräte Handelswaren (Kiosk)

150 Mobile Sachanlagen
- 1510 Mobiliar Laden
- 1519 WB Mobiliar Laden
- 1520 Informatikanlagen
- 1529 WB Informatikanlagen
- 1530 Fahrzeug
- 1539 WB Fahrzeug

2 Passiven

20 kurzfristiges Fremdkapital
- 2000 Verbindlichkeiten aus Lieferungen und Leistungen (Kreditoren)
- 2200 Umsatzsteuer (geschuldete MWST)
- 2300 Passive Rechnungsabgrenzung (Transitorische Passiven)

240 langfristiges Finanzverbindlichkeiten
- 2450 Dahrlehensverbindlichkeit

260 langfristiges Rückstellung
- 2600 langfristige Rückstellung

280 Eigenkapital
- 2800 Eigenkapital
- 2850 Privat
- 2870 Jahresgewinn oder Jahresverlust

3 Betriebsertrag aus Lieferungen und Leistungen
- 3200 Warenertrag (Laden)
- 3400 Dienstleistungsertrag (Camping)
- 3805 Verluste aus Forderungen (Debitorenverluste)

4 Material- und Warenaufwand
- 4000 Warenaufwand (Laden)

5 Personalaufwand
- 5000 Lohnaufwand

6 Übriger betrieblicher Aufwand, Abschreibungen sowie Finanzergebnis
- 6000 Platzmiete
- 6100 Unterhalt, Reparaturen, Ersatz (URE)
- 6200 Fahrzeugaufwand
- 6300 Versicherungsaufwand
- 6400 Energie- und Entsorgungsaufwand
- 6500 Verwaltungsaufwand
- 6600 Werbeaufwand
- 6700 Übriger Betriebsaufwand
- 6800 Abschreibung
- 6900 Finanzaufwand
- 6950 Finanzertrag

7 Ausserordentlicher Aufwand und Ertrag
- 7000 Ausserordentlicher Aufwand
- 7100 Ausserordentlicher Ertrag

9 Abschluss
- 9000 Erfolgsrechnung
- 9100 Bilanz

4 Gesamtwirtschaftliche Zusammenhänge (37 Punkte)

4.1 Wirtschaftsleistung und Geldwert

An einem lauen Sommerabend entwickelt sich in der Strandbar LOCO eine angeregte Diskussion zwischen einer Schweizerin, einer Deutschen und einer Amerikanerin. Sie hören aus Distanz interessiert zu und beurteilen, ob die folgenden Behauptungen aus dieser Diskussion richtig sind oder falsch. Dabei sind falsche Aussagen zu berichtigen; bei korrekten Aussagen ist eine Begründung anzugeben, warum die Aussage richtig ist.

Behauptung und Begründung oder Berichtigung (= B:)	Richtig	Falsch
«Eine Stagflation liegt dann vor, wenn die Wirtschaft stagniert und gleichzeitig eine Deflation vorhanden ist.» B:		
«Wenn die Gütermenge und die Geldmenge eines Landes im gleichen Verhältnis ansteigen oder sinken, dann bleibt der Geldwert stabil.» B:		
«Wenn der Landesindex der Konsumentenpreise von 109 auf 115 ansteigt innerhalb eines Jahres, so bedeutet dies, dass die Konsumenten mit ihrem Geld mehr Waren einkaufen können als im Vorjahr.» B:		
«Der Unterschied zwischen dem realen und dem nominalen BIP besteht darin, dass beim realen BIP auch die sonst nicht erfassten Tätigkeiten einbezogen sind, z. B: die Arbeit der Hausfrauen, Freiwilligen-Einsätze sowie unbezahlte Tätigkeiten.» B:		

4P

Teil 2 Minicases

4.2 Konjunkturverlauf

Mit den «Konjunkturindikatoren» kann man den Konjunkturverlauf einschätzen. Zählen Sie drei typische Konjunkturindikatoren auf und geben Sie zusätzlich an, wie sich diese Indikatoren bei einem Konjunkturabschwung verändern. Die erste Zeile ist als Beispiel schon gelöst.

Nr.	Konjunkturindikator	Veränderung im Abschwung
Bsp.	Bruttoinlandprodukt	nimmt ab
1.		
2.		
3.		

3P

4.3 Geld- und Fiskalpolitik

a) Mit der Geldpolitik und mit der Fiskalpolitik wird versucht, den Konjunkturverlauf günstig zu beeinflussen. Im Folgenden gehen wir davon aus, dass es gilt, eine überhitzte Konjunktur (Boom, Höhepunkt) zu korrigieren.

  1. Welche Institution in der Schweiz kann welches der beiden Instrumente einsetzen?

     a) Geldpolitik _____

     b) Fiskalpolitik _____

2P

  2. Wie kann die Geldpolitik bei überhitzter Konjunktur eingesetzt werden? Nennen Sie eine mögliche Massnahme.

     _____
     _____

1P

  3. Wie kann die Fiskalpolitik bei überhitzter Konjunktur eingesetzt werden? Nennen Sie eine mögliche Massnahme.

     _____

1P

b) Mit dem Begriff «Magisches Vieleck» ist gemeint, dass nicht alle volkswirtschaftlichen Ziele gleichzeitig erreicht werden können. Ergänzen Sie – neben den zwei genannten – die drei fehlenden volkswirtschaftlichen Ziele des magischen Vielecks.
   – Aussenwirtschaftliches Gleichgewicht   – Ausgeglichener Haushalt

   1. _____
   2. _____
   3. _____

3P

4.4 Landesindex der Konsumentenpreise

Das Warenhaus GLOBO ist bestrebt, den Lohn der Angestellten sowohl der Wirtschaftslage anzupassen wie auch dem Geschäftsgang auf dem Campingplatz. Der Bruttolohn von Linda F. betrug im Vorjahr CHF 4200 pro Monat.

1. Der LIK ist im letzten Jahr um 1% gesunken. Wie hoch ist dadurch Lindas Reallohn geworden?

   _____

   1P

2. Annahme: Der Landesindex der Konsumentpreise (LIK) sei im letzten Jahr von 120 auf 126 angestiegen. Um wie viel Franken müsste das Geschäft den Bruttolohn erhöhen, damit Linda F. keine Reallohneinbusse erleidet?

   _____

   _____

   1P

4.5 Marktwirtschaft

Marco Tueni, der Geschäftsführer des Campings Come-and-See, weiss, dass sich das Verhältnis von Angebot und Nachfrage nach Camping-Ferien direkt auf seinen Geschäftsgang auswirken kann. Helfen Sie ihm bei den folgenden Überlegungen. Ausgangspunkt ist die Angebots-Nachfrage-Kurve für Camping-Ferien. Sämtliche Lösungen sind in dieses Schema einzutragen und zu bezeichnen.

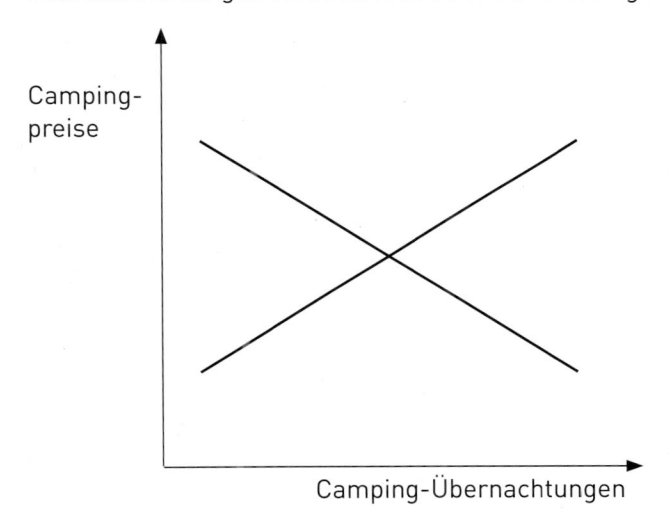

[Diagramm: y-Achse = Campingpreise, x-Achse = Camping-Übernachtungen, mit sich kreuzender Angebots- und Nachfragekurve]

1. Beschriften Sie die Angebotskurve mit A und die Nachfragekurve mit N. *1P*

2. Die Ausgangslage zeigt eine elastische Nachfrage nach Camping-Übernachtungen. Annahme: Die Nachfrage wäre unelastisch.

   a) Beschreiben Sie in Worten, was eine unelastische Nachfrage nach Camping Übernachtungen bedeutet.

   _____

   _____

   1P

   b) Zeichnen Sie im Schema eine unelastische Nachfragefunktion ein und beschriften Sie sie mit UN. *1P*

Teil 2   Minicases

3. Camping ist ein Substitutionsgut für Hotelübernachtungen.

   a) Was bedeutet die obige Aussage? Beschreiben Sie in eigenen Worten.

   _____
                                                                        1P

   b) Annahme: Alle Hotelpreise sind wegen einer neuen «Hotel-Steuer» um 10% gestiegen. Zeichnen Sie in der Grafik ein, wie sich diese Änderung auf die Nachfrage nach Camping-Ferien auswirkt. Bezeichnen Sie die neu gezeichnete Kurve mit G.
                                                                        1P

4.6 Bedürfnisse und Güter

a) Fahrradfahren ist eine beliebte Freizeitbeschäftigung. Beim Vergleich von Wahlbedürfnissen und Existenzbedürfnissen entspricht das Fahrradfahren demnach einem Wahlbedürfnis. Beschreiben Sie eine Situation, in der das Fahrradfahren als Existenzbedürfnis einzustufen ist.

_____
                                                                        1P

b) Fürs Camping brauchen die Gäste von Marco ein Zelt. Beantworten Sie die folgenden Fragen:

   1. Ein Fahrrad als Hobby-Beschäftigung ist nicht als Investitionsgut einzustufen, sondern als

   _____
                                                                        1P

   2. Wann ist ein Fahrrad als Investitionsgut einzustufen? Nennen Sie eine klare Situation.

   _____
                                                                        1P

4.7 Ökologie – Energie   (6 Punkte)

a) Die Gemeinde Kilchberg möchte das stets überfüllte Strandbad am Zürichsee erweitern. Dazu müssten sechs grosse Kastanienbäume gefällt werden. Der Naturschutzverein protestiert umgehend, dies widerspreche jeglichem Konzept der nachhaltigen Nutzung der Natur.

   1. Was versteht man unter «nachhaltiger Nutzung der Natur»?

   _____

   _____

   _____

   _____
                                                                        1P

2. Die Gemeinde Kilchberg möchte den Umweltschützern mit Vorschlägen entgegenkommen, wie die Nachhaltigkeit berücksichtigt werden könnte, auch wenn die sechs Bäume nicht am jetzigen Ort bleiben können. Machen Sie den Naturschützern einen vernünftigen Vorschlag!

_1P_

b) Aber noch von anderer Seite, von der Grünen Partei und von den Umweltverbänden, erntet die Gemeindeverwaltung Kritik: Die Beheizung des Kinderbeckens und des Kioskladens mit Erdöl sei nicht umweltgerecht.

1. Worin besteht die Kritik der Umweltverbände an der Heizung mit Erdöl? Nennen Sie zwei Kritikpunkte und verwenden Sie dabei gängige Fachbegriffe, die bei der Kritik an Erdöl stets vorkommen.

_2P_

2. Es besteht also die Forderung, für die Heizung auf einen regenerierbaren Energieträger zu wechseln. Aber auch regenierbare Energieträger bringen gewisse Nachteile mit sich. Nennen Sie je einen wichtigen Nachteil für die folgenden Energieträger:

a) Wasser

_1P_

b) Wind

_1P_

4.8 Parteien und Verbände

In der Schweiz gibt es eine ganz andere Parteienlandschaft als in Deutschland. Zusätzlich spielen Verbände und Interessengruppen im politischen Leben eine wichtige Rolle. Ein deutscher Tourist möchte von Ihnen mehr darüber wissen:

a) Nennen Sie ein klar «rechte» und eine klar «linke» Partei der Schweiz sowie eine Partei der sogenannten «Mitte». Alle Parteien mit vollständigem Namen angeben!

_2P_

b) Immer wieder spricht man von «Bundesratsparteien». Wodurch ist eine Bundesratspartei gekennzeichnet?

_1P_

Teil 2 Minicases

c) Arbeitnehmerverbände, z. B. der Schweizerische Kaufmännische Verband SKV, und Arbeitgeberverbände, z. B. économie-suisse (ecs) haben meistens gegensätzliche Interessen, manchmal aber auch gleichlaufende. Ordnen Sie zu, wie sich die Verbände zu den genannten Vorlagen verhalten werden:
+ = dafür   − = dagegen

	SKV +	SKV −	ecs +	ecs −
Mindestlohn von CHF 4 000 für alle!				
Kündigung aller bilateralen Verträge mit der EU				
Senkung der Gewinnsteuern für Unternehmungen				
Ergänzung des Mutterschaftsurlaubes durch einen staatlichen Vaterschaftsurlaub				

4P

Notizen

# Lösungen zu allen Kapiteln

Kapitel 6

1. Finanzwirtschaftliche Zusammenhänge – Lösungen
2. Betriebswirtschaftliche Zusammenhänge – Lösungen
3. Recht & Staat – Lösungen
4. Gesamtwirtschaftliche Zusammenhänge – Lösungen
5. Fallstudien – QV-Simulation – Lösungen

Lösungen

1 Finanzwirtschaftliche Zusammenhänge

1.1 Grundlagen – Lösungen

1.1.1 Bilanz und Erfolgsrechnung

Bilanz per 31.12.2020

Aktiven		Passiven	
Umlaufvermögen		**Fremdkapital**	
Kasse	2	Verbindlichkeiten LL	8
Wertschriften	8	Bankschuld	10
Forderungen LL	33	Dividenden	2
Handelswaren	4	Transitorische Passiven	2
Transitorische Aktiven	1	48	Darlehen	14	36
Anlagevermögen		**Eigenkapital**	
Mobilien	36	Aktienkapital	100
Hard- und Software	110	Reserven	8
Fahrzeuge	12	Gewinnvortrag	1
./. WB Fahrzeuge	-4	8	154	Jahresgewinn	57	109
			57
	202		**202**

Erfolgsrechnung 2020

Aufwand		Ertrag	
Lohnaufwand	360	Dienstleistungsertrag	540
Raumaufwand	34	./. Verluste aus Forderungen	-3
Werbeaufwand	10	Wertschriftenertrag	1
Sonstiger Betriebsaufwand	79	A.o. Ertrag	49
Abschreibungen	44		
Finanzaufwand	3		
Jahresgewinn	57		
	587		**587**

1.1.2 Buchungssätze

Nr.	Buchungssatz		Erfolgswirksam (ankreuzen)
	Soll	Haben	
1.	Kasse	Bank	
2.	Mobilien	Verbindlichkeiten LL	
3.	Forderungen LL	Dienstleistungsertrag	x
4.	Finanzaufwand	Bank	x
5.	Mietaufwand	PostFinance	x
6.	PostFinance	Eigenkapital	

Nr.	Buchungssatz		Erfolgswirksam (ankreuzen)
	Soll	Haben	
7.	Reparaturen	Kasse	x
8.	Abschreibungen	Mobilien	x
9.	Dienstleistungsertrag	Forderungen LL	x
10.	Bank	Wertschriften	
11.	PostFinance	Mietertrag	x
12.	Werbung	Verbindlichkeiten LL	x
13.	Lohnaufwand	Bank	x
14.	Verwaltungsaufwand	Kasse	x
15.	Immobilien	Hypotheken	
16.	Forderungen LL	Mobilien	
17.	Bank	Finanzertrag	x
18.	Lohnaufwand	Kasse	x
19.	Fahrzeuge	Eigenkapital	
20.	Bank	Darlehen	

1.1.3 Auswirkungen auf den Reingewinn

Nr.	Geschäftsfälle einer Käsehandlung	Auswirkung
1.	Wir erhalten auf eingekauften Waren nachträglich einen Mengenrabatt.	+
2.	Wir kaufen ein neues Geschäftsauto auf Kredit.	0
3.	Wir erhalten eine Gutschrift für retourniertes, fehlerhaftes Büromaterial.	+
4.	Wir verkaufen Käse gegen bar.	+
5.	Der Eigentümer hebt für private Zwecke Geld von der Bank ab.	0
6.	Einem Kunden gewähren wir nachträglich einen Freundschaftsrabatt.	–

1.1.4 Lücken ergänzen

Summe Aufwand laut Erfolgsrechnung	Summe Ertrag laut Erfolgsrechnung	Summe Aktiven laut Bilanz	Summe Passiven laut Bilanz	Erfolg (Gewinn + Verlust –)
240000	250000	100000	90000	+ 10000
110000	130000	70000	50000	+ 20000
240000	210000	130000	160000	– 30000
980000	960000	410000	430000	– 20000
390000	435000	325000	280000	+ 45000
490000	480000	250000	260000	– 10000

498 info@klv.ch

Finanzwirtschaftliche Zusammenhänge

1.1.5 Falsche Antworten

	a)	**Kasse / Bankverbindlichkeiten**		b)	**Warenertrag / Forderungen LL**
x		Bareinzahlung auf das Bankkonto			Warenrücksendung eines Kunden
		Bezug vom Bankomaten	x		Von uns gewährter Skonto
x		Banküberweisung an Lieferanten	x		Von Lieferanten gewährte Rabatte
x		Barzahlung eines Kunden auf unsere Bank			Warenlieferung an Kunden auf Kredit

	c)	**Büromaterial / Verbindlichkeiten LL**		d)	**Finanzaufwand / Bankguthaben**
x		Barkauf von Büromaterial	x		Rückzahlung einer Hypothek
		Kauf einer Büromaschine gegen Rechnung	x		Bankgutschrift für Zinsen
x		Verkauf von Waren auf Kredit	x		Bankbelastung für Zinsen
		Kauf von Fotokopierpapier auf Kredit	x		Rückzahlung eines Aktivdarlehens durch die Bank

1.1.6 Geschäftsfälle der Firma Roland Steffen

a)

Nr.	Buchungssatz		Betrag
	Soll	Haben	
1.	Verwaltungsaufwand	PostFinance	480.00
2.	Verbindlichkeiten LL	Geräte	2 100.00
	Geräte	Verbindlichkeiten LL	1 200.00
	oder		
	Verbindlichkeiten LL	Geräte	900.00
3.	Forderungen LL	Verkauf von Pflanzen	1 200.00
4.	Bankschuld	Eigenkapital	5 000.00
5.	Verkauf von Pflanzen	Forderungen LL	200.00
	Kasse	Forderungen LL	1 000.00
6.	Finanzaufwand	Bankschuld	1 100.00
	Bankschuld	Forderungen LL	3 800.00
7.	Kasse	Ertrag aus Gartenarbeiten	850.00
8.	Fahrzeuge	Verbindlichkeiten LL	28 000.00
	Verbindlichkeiten LL	Bankschuld	4 000.00
	oder		
	Fahrzeuge	Bankschuld	4 000.00
	Fahrzeuge	Verbindlichkeiten LL	24 000.00
9.	Verbindlichkeiten LL	Fahrzeuge	2 800.00
10.	Ertrag aus Gartenarbeiten	PostFinance	100.00
11.	Verbindlichkeiten LL	Fahrzeuge	424.00
	Verbindlichkeiten LL	PostFinance	20 776.00

b) 1; 4; 5; 6; 7; 8; 10; 11

1.1.7 Konteneinträge und Abschlussbuchungen

	Forderungen LL			Verbindlichkeiten LL	
AB	2 100		110		3	AB 1 800
	870	S	2 860		147	150
			2 970	S	1 800	1 950
	2 970				1 950	

	Verwaltungsaufwand			DL-Ertrag	
	150		3		110	870
		S	147	S	760	
	150		150		870	870

1.
		Soll	Haben
a)	bei Forderungen LL	Forderungen LL	Bilanz
b)	bei Verbindlichkeiten LL	Bilanz	Verbindlichkeiten LL

2.
a) Rechnungsversand für eine gebuchte Reise, CHF 870
b) Eingang einer Rechnung für Blumenschmuck im Empfangsraum, CHF 150
c) Gutschrift für den Kunden bei a) wegen Routenkürzung, CHF 110
d) Begleichung der Rechnung von b) durch die Post unter Abzug von 2 % Skonto

3.
		Soll	Haben	Betrag
a)		Forderungen LL	Bilanz	2 860
b)		Verbindlichkeiten LL	Bilanz	1 800
c)		Verwaltungsaufwand	Erfolgsrechnung	147
d)		Dienstleistungsertrag	Erfolgsrechnung	760

1.1.8 Eröffnungs- und Abschlussbuchungen

1. Bilanz / Eigenkapital 52 000
2. Bilanz / Forderungen LL 55 400
3. DL-Ertrag / Erfolgsrechnung 53 200
4. Aufwand- und Ertragskonten haben nie einen Anfangsbestand (fangen bei Null an)

Finanzwirtschaftliche Zusammenhänge

1.1.9 Kontenplan KMU

Nr.	Posten im Fitness-Studio	Kontonummer
1.	Einkauf von Pflegemitteln für die Fitness-Geräte, (z. B. Kriechöl, Schmierfett, Reinigungs-Spray usw.).	6100 (Unterhalt)
2.	Die Registrierkasse im Büro zur Abrechnung von Bareinnahmen und zur Aufbewahrung von Bargeld.	1520 (Büromaschinen)
3.	Die Einnahmen aus dem Verkauf der Jahresabonnements.	3400 (DL-Erlöse)
4.	Die Gesamtauslagen für die Eröffnungsfeier (mit einem speziellen Flyer, einer engagierten Sängerin, Snacks und Apéro-Getränken.	6600 (Werbeaufw.)
5.	Das «Blumenabonnement» bei der Gärtnerei Tanner: Für eine angenehme Atmosphäre im Empfangsbereich liefert die Gärtnerei jede Woche neu einen Blumenstrauss im Wert von CHF 30.	6500 (Verw.aufw.)

1.1.10 Kontierungsstempel

a) Kontierungsstempel

Konto	Soll	Haben
1520	1980	
2000		1838
6500		142
Total	**1980**	**1980**

b) Kontierungsstempel

Konto	Soll	Haben
2450	9000	
6900	860	
1020 (oder 2100)		9860
Total	**9860**	**9860**

1.2 Zinsrechnen, Verrechnungssteuer – Lösungen

1.2.1 Tage berechnen

Datum	Tage
01. Jan. 2019 – 30. Juni 2019	179
31. Aug. 2020 – 01. März 2021	181
17. Jan. 2020 – 28. Feb. 2020	41
15. März 2019 – 27. Nov. 2019	252
27. Feb. 2019 – 02. April 2019	35
28. Feb. 2020 – 05. Juni 2020	97

1.2.2 Bruttozins berechnen

$$Z = \frac{40000 \times 1.75 \times 270}{100 \times 360} = \text{CHF } 525.00$$

$$Z = \frac{40000 \times 2.25 \times 90}{100 \times 360} = \text{CHF } 225.00$$

525.00 + 225.00 = 750.00

1.2.3 Spargthaben berechnen

$$Z = \frac{3600 \times 0.75 \times 210}{100 \times 360} = \text{CHF } 15.75$$

$$K = \frac{15.75 \times 100 \times 360}{1.5 \times 150} = \text{CHF } 2520.00$$

1.2.4 Zinsfuss berechnen

Zins für 3 Monate $= \dfrac{45000 \times 5 \times 90}{100 \times 360} =$ CHF 562.50

Zins total   CHF 1850.00
− Zins (3 Monate)   CHF 562.50
Zins (9 Monate)   CHF 1287.50

Zinssatz $= \dfrac{Z \times 100 \times 360}{K \times t} = \dfrac{1287.50 \times 100 \times 360}{45000 \times 270} = 3.81\%$ Der Zinssatz wurde auf 3.81 % gesenkt.

Finanzwirtschaftliche Zusammenhänge

1.2.5 Datum berechnen

$$t = \frac{Z \times 100 \times 360}{K \times p} = \frac{80 \times 100 \times 360}{15000 \times 1.5} = 128 \text{ Tage}$$

22. Februar + 128 Tage = 30. Juni

1.2.6 Bruttozins und Kapital berechnen

a) 65 % = 163.80
   100 % = 252.00

b) 0.75 % = 252.00
   100 % = 33 600.00

oder $K = \frac{Z \times 100 \times 360}{p \times t} = \frac{252 \times 100 \times 360}{0.75 \times 360} = 33\,600.00$

1.2.7 Nettozins, Bruttozins, Verrechnungssteuer

a) 65 % = 390.00
   100 % = 600.00

b) Zins (brutto)   CHF 600.00   100 %
   − Verrechnungssteuer   CHF 210.00   35 %
   Zins (netto)   CHF 390.00   65 %

c)
Text	Buchungssatz		Betrag
	Soll	Haben	
Nettozins	Bank	Finanzertrag	390.00
Verrechnungssteuer	Guthaben VSt	Finanzertrag	210.00

1.2.8 Kontoabschluss Macheto GmbH

a) Die Macheto GmbH hat eine Schuld bei der UBS. Es handelt sich um ein Debitoren-Kontokorrent (aus Banksicht!).

b)
Text	Buchungssatz		Betrag
	Soll	Haben	
Zins	Finanzaufwand	Bankschuld	40.50
Kommission	Finanzaufwand	Bankschuld	19.30
Spesen	Finanzaufwand	Bankschuld	15.00

1.2.9 Kontokorrentkonto der Swissmezia AG

a) Kreditorenkontokorrent:
Saldovortrag im Haben → Die ZKB hat eine Schuld gegenüber der Swissmezia AG. Bei der Swissmezia AG ist es ein Bankguthaben.

b) Journal

Datum	Buchungssatz		Betrag
	Soll	Haben	
14.02.	Bank	Kasse	8 000.00
02.03.	Verbindlichkeiten LL	Bank	16 000.00
10.04.	Bank	Forderungen LL	6 000.00
30.06.	Bank	Finanzertrag	8.45
30.06.	Guthaben VSt	Bank	2.95
30.06.	Finanzaufwand	Bank	10.60

1.2.10 Verbuchen von Kapitalerträgen auf Obligationen

a) Bruttozins: 3 % von 230 000.00 = CHF 6 900.00

   Nettozins: 65 %
   Verrechnungssteuer: 100 %   4 485.00
                                        2 415.00

b) 1. Nettozins: Bank / Finanzertrag   1 495.00
      Bruttozins: Guthaben VSt / Finanzertrag 2 300.00

      Nettozins: Bank / Finanzertrag   1 495.00
      Verrechnungssteuer: Guthaben VSt / Finanzertrag 805.00

   2. Bruttozins: 2.5 %   2 300.00
      Nominalwert: 100 % 92 000.00

Finanzwirtschaftliche Zusammenhänge

1.3 Fremde Währungen – Lösungen

1.3.1 Berechnungen

a) EUR 1 = CHF 1.067
   EUR 450 = CHF x = CHF 480.15

b) CHF 0.976 = JPY 100
   CHF 1800 = JPY x = JPY 184 426

c) CHF 13.250 = DKK 100
   CHF 350 = DKK x = DKK 2 641.50

d) EUR 1 = CHF 1.115
   EUR 150 = CHF x = CHF 167.25
   (Euro wird überwiesen!)

e) EUR 1 = CHF 1.115
   EUR 800 = CHF x = CHF 892.00
   (Euro Bezug in Deutschland = inländisches Geld)

f) USD 1 = CHF 1.004
   USD 154 = CHF x = CHF 154.60

1.3.2 Zahlungsverkehr mit Japan

a)
	Kauf	Verkauf
Noten		
Devisen	x	

b) JPY 100 = CHF 0.931
   JPY 650 000 = CHF 6 051.50 – CHF 15.00 = CHF 6 036.50

1.3.3 Schweizer Export Firma

CHF 1.075 = EUR 1
CHF 2167 = EUR x = EUR 2015.81
                    + EUR 100.79
                    = EUR 2116.60 = 2120.00

1.3.4 Handelsfirma

EUR 1 = CHF 1.115
EUR 11300 = CHF x   CHF 12599.50   Belastung

GBP 1 = CHF 1.187
GBP 8264 = CHF x   CHF 9809.35   Gutschrift
                    12599.50 – 9809.35 = CHF 2790.15 Belastung

1.3.5 Umrechnungskurs

a) Wien:
   EUR 1 = CHF 1.130
   EUR 117.50 = CHF x = CHF 132.78

   London:
   GBP 0.769 = CHF 1
   GBP 84.90 = CHF x = CHF 110.40

   In London sind sie günstiger!

b) CHF 132.78 = 100 %
   – CHF 110.40
   = CHF 22.38 = 16.85 % (16.87 %, wenn auf 132.80 gerundet) hätte sie sparen können

1.3.6 Berechnungen

a) SEK 100 = CHF 12.217
   SEK 8980 = CHF x = CHF 1097.10

b) SEK 8.085 = CHF 1
   SEK 8980 = CHF x = CHF 1110.70

c) SEK 7.95 = CHF 1
   SEK 8980 = CHF x = CHF 1129.55

d) 1129.55 – 1097.10 = CHF 32.45

1.3.7 Sinkende Kurse

a) Kurs früher: CHF 1.49   100 %
   Kurs jetzt: CHF 0.93
   Veränderung: CHF 0.56   37.58 %   (Kursrückgang)

b) heute:
   USD 1 = CHF 0.93
   USD 350.20 = CHF x = CHF 325.70

   früher:
   USD 1 = CHF 1.49
   USD 306.60 = CHF x = CHF 456.85
   456.85 – 325.70 = CHF 131.15   (So viel ist die Jacke billiger geworden)

1.3.8 Verkauf gegen fremde Währung

a) CHF 5.50 × 10 = CHF 55.00
   CHF 1.067 = EUR 1.00
   CHF 55.00 = EUR 51.55 → EUR 52.00

b) USD 60.00 × 0.945 = CHF 56.70
   CHF 56.70 = CHF 5.67   pro Kilogramm

c)
	Noten		Devisen	
	Kauf	Verkauf	Kauf	Verkauf
	1.139	1.201	1.142	1.186

1.4 Buchhaltung des Warenhandelsbetriebs – Lösungen

1.4.1 Warenverkehr verbuchen

Nr.	Buchungssatz Soll	Haben	Betrag
1.	Forderungen LL	Handelserlöse	16 000
2.	Forderungen LL	Kasse	200
3.	Handelswarenaufwand	Verbindlichkeiten LL	11 000
4.	Handelswarenaufwand	Kasse	150
5.	Handelserlöse	Forderungen LL	40
	Bank	Forderungen LL	1 960
6.	Verbindlichkeiten LL	Handelswarenaufwand	300
7.	Handelserlöse	Kasse	150
8.	Handelserlöse	Forderungen LL	400
9.	Verbindlichkeiten LL	Kasse	200
10.	Verbindlichkeiten LL	Handelswarenaufwand	60
	Verbindlichkeiten LL	Bank	2 940
11.	Handelserlöse	Forderungen LL	2 790

1.4.2 Fehlende Grössen ermitteln

	Anfangsbestand	Endbestand	Vorratsveränderung	Wareneinkauf	Handelswarenaufwand	Nettoerlös	Bruttogewinn
a)	50	100	+ 50	230	180	144	– 36
b)	**150**	360	+ 210	1 100	890	1 424	+ 534
c)	915	865	– 50	**1 050**	1 100	1 320	+ 220
d)	30	240	+ 210	850	640	640	0

	Vorratsänderung	Wareneinkauf	Handelswarenaufwand	Nettoerlös	Bruttogewinn	Gemeinaufwand	Reingewinn
e)	– 20	480	500	900	400	440	– 40
f)	+ 70	**470**	400	**600**	200	170	30

1.4.3 Geschäftsfälle der Rotondo AG verbuchen

Nr.	Buchungssatz Soll	Haben	Betrag	
1.	Handelswaren	Bilanz	4 000	
2.	Handelswarenaufwand	Verbindlichkeiten LL	16 500	
3.	Verbindlichkeiten LL	Kasse	600	
4.	Forderungen LL	Handelserlöse	28 000	
5.	Handelserlöse	Kasse	900	
6.	Verbindlichkeiten LL	Handelswarenaufwand	1 650	(16 500 – 1 650 = 14 850, davon 2 %)
7.	Verbindlichkeiten LL	Handelswarenaufwand	297	(14 850 – 600 = 2 971)
	Verbindlichkeiten LL	Bankguthaben	13 953	
8.	Handelserlöse	Forderungen LL	1 200	
9.	Handelserlöse	Forderungen LL	1 400	(28 000 – 1 400 – 1 200 = 25 400, davon 1 %)
	Handelserlöse	Forderungen LL	254	
	Bank	Forderungen LL	25 146	
Abschluss				
10.	Handelswarenaufwand	Handelswaren	800	
	Handelswaren	Handelswarenaufwand	3 200	
11.	Verbindlichkeiten LL	Bilanz	0	
	Bilanz	Forderungen LL	0	
	Erfolgsrechnung	Handelswarenaufwand	15 353	
	Handelserlöse	Erfolgsrechnung	24 246	

Handelswaren

AB 4 000	S 800
	3 200
4 000	4 000

Handelserlöse

	900
	1 200
	1 400
	254
S 24 246	
28 000	28 000

Handelswarenaufwand

16 500	1 650
800	297
	S 15 353
17 300	17 300

Verbindlichkeiten LL

600	16 500
1 650	
297	
13 953	
S 0	
16 500	16 500

Forderungen LL

28 000	1 200
	1 400
	254
	25 146
	S 0
28 000	28 000

Finanzwirtschaftliche Zusammenhänge

1.4.4 Geschäftsfälle erkennen

Nr.	Buchungssatz Soll	Buchungssatz Haben	Betrag	Beschreibung des Geschäftsfalles
1.	Handelserlöse Bank	Ford. LL Ford. LL	32 1568	Ein Kunde bezahlt eine Rechnung von 1 600 unter Abzug von 2 % Skonto.
2.	Handelswarenaufwand	Kasse	800	Bezugskosten zu unseren Lasten bar bezahlt. Oder: Wareneinkauf gegen bar
3.	Handelserlöse	Ford. LL	200	Rücksendungen von Kunden, oder: Rabatte an Kunden
4.	Kasse	Handelserlöse	1 200	Warenverkauf gegen bar
5.	Handelswarenaufwand	Verb. LL	2 550	Wareneinkauf auf Kredit
6.	Verb. LL	Kasse	125	Wir haben eine Lieferantenrechnung bar bezahlt. Oder: Bezugskosten zu Lasten des Lieferanten bar bezahlt.

1.4.5 Konto Handelserlöse führen

Datum	Text	Handelserlöse Soll	Handelserlöse Haben
12.08.	Barverkauf von Kleidern für CHF 1 270.00.		1 270
29.08.	Eine Kundin retourniert ein beschädigtes Kleid und erhält CHF 490.00 Barentschädigung.	490	
03.09.	Versandspesen zu unseren Lasten bar bezahlt.	80	
13.09.	Versand von Kleidern gegen Rechnung (CHF 2 300.00).		2 300
16.09.	Rücksendung von Kunden oder Rabatt/Skonto an Kunden	300	
02.10.	Kreditverkauf von Kleidern		4 300
10.10.	Ein Kunde zahlt eine Rechnung von CHF 1 500.00 unter Abzug von 2 % Skonto per PostFinance.	30	
31.10.	Saldo	6 970	
31.10.	**Total**	**7 870**	**7 870**

1.4.6 Richtige Bezeichnungen einsetzen

Nr.	Bezeichnung	Buchstabe
1.	Handelswaren zu Verkaufspreisen	–
2.	Verkaufserlös minus Rabatte, Skonti, Rücksendungen	C
3.	Warenverbrauch zu Einstandspreisen	B
4.	Nettoerlös zu Verkauf von Waren	C
5.	Inventarwert des Warenlagers	A
6.	Nettoerlös minus Handelswarenaufwand	D
7.	Bestandesänderung	–

1.4.7 Warenkonten führen

a)

Handelswarenaufwand				Handelswaren				Handelserlöse	
Soll	Haben		Soll	Haben		Soll	Haben
17 400	580		AB 4 500	700			1 750
900	800			Saldo 3 800		Saldo 25 650	27 400
700	Saldo 17 620		4 500	4 500		27 400	27 400
19 000	19 000						

b) Handelswarenaufwand / Handelswaren 700.00 (Bestandesabnahme)

c) 17 620 (Saldo des Kontos Handelswarenaufwand)

d) 25 650 (Saldo des Kontos Handelserlöse)

e) 16 920 (Saldo ohne Bestandeskorrektur)

f) Saldo Handelserlöse CHF 25 650.00
   − Saldo Handelswarenaufwand CHF 17 620.00   100.00 %
   = Bruttogewinn CHF 8 030.00   45.57 %

g) Bruttogewinn CHF 8 030.00
   − Gemeinaufwand CHF 7 250.00
   = Reingewinn CHF 780.00

h) 1. gar nicht (Miete betrifft weder Handelswarenaufwand noch Handelserlöse)
   2. wird CHF 800.00 kleiner → CHF 20.00 Verlust (der Aufwand wäre um CHF 800.00 grösser)

Finanzwirtschaftliche Zusammenhänge

1.5 Mehrwertsteuer – Lösungen

1.5.1 MWST-Beträge berechnen in einem Warenhaus

Nr.	Geschäftsfall	Umsatz ohne MWST	Umsatz mit MWST	MWST %-satz	Vorsteuer MWST	Geschuldete MWST
1.	Kauf Mobilien	2900.00	3123.30	7.7%	223.30	
2.	Warenverkauf	47000.00	50619.00	7.7%		3619.00
3.	Einkauf Blumen	5000.00	5125.00	2.5%	125.00	
4.	Verkauf Lebensmittel	23600.00	24190.00	2.5%		590.00
5.	Hotelaufenthalt Direktor (beruflich)	500.00	518.50	3.7%	18.50	
6.	Warenverkauf	75750.00	81582.75	7.7%		5832.75

1.5.2 Mehrwertsteuerabrechnung im Warenhaus GO

Datum	Buchungssatz Soll	Haben	Betrag	Vorsteuer MWST Soll	Haben	Gesch. MWST Soll	Haben
01.09.	Saldovortrag:			6480.00			15560.00
02.09.	Verwalt. aufw.	Kasse	400.00				
	Vorsteuer MWST	Kasse	30.80	30.80			
04.09.	Werbeaufw.	Verbindl. LL	4600.00				
	Vorsteuer MWST	Verbindl. LL	354.20	354.20			
10.09.	Fahrzeuge	Verbindl. LL	22000.00				
	Vorsteuer MWST	Verbindl. LL	1694.00	1694.00			
12.09.	Fahrzeuge	Vorsteuer MWST	2200.00		169.40		
17.09.	Verbindl. LL	Handelserlöse	66000.00				
	Verbindl. LL	Gesch. MWST	5082.00				5082.00
21.09.	Ford. LL	Handelserlöse	8000.00				
	Ford. LL	Gesch. MWST	616.00			616.00	
30.09.	Handelserlöse	Ford. LL	8389.60			8389.60	
	Gesch. MWST	Vorsteuer MWST	11636.40			11636.40	
	Gesch. MWST	Bank	Saldo		0.00	0.00	
3.		Total		8559.00	8559.00	20642.00	20642.00

1.4.8 Fachbegriffe des Warenhandels anwenden

Gesucht sind folgende Grössen:

	Lösungen
Warenverkäufe brutto	4220
Rücksendungen an Lieferanten	250
Anfangsbestand Handelswaren	330
Nettoerlös	3910
Gemeinkosten	1450
Einstandswert eingekaufter Waren	2840

Handelswaren			
330			
260			
	S 590		

Handelswarenaufwand			
3050	40		
80	250		
	260		
	S 2580		

Handelserlöse		
	4220	
220		
90		
	S 3910	

NErl **3910** – Handelswarenaufwand 2580 = BG 1330   BG 1330 – GK **1450** = RG/Verl – 120

Finanzwirtschaftliche Zusammenhänge

1.5.3 Autoreparaturwerkstatt A. Weibel

Nr.	Buchungssatz		Betrag	
	Soll	Haben		
1.	Forderungen LL	Reparaturertrag	4000.00	
	Forderungen LL	Gesch. MWST	308.00	
2.	Einrichtungen	Verbindlichkeiten LL	5500.00	
	Vorsteuer MWST	Verbindlichkeiten LL	423.50	
	Reparaturaufwand	Verbindlichkeiten LL	500.00	
	Vorsteuer MWST	Verbindlichkeiten LL	38.50	
3.	Kasse	Verkaufsertrag	27000.00	
	Kasse	Gesch. MWST	2079.00	
4.	Reparaturertrag	Forderungen LL	100.00	
	Gesch. MWST	Forderungen LL	7.70	
	Bank	Forderungen LL	5277.30	
5.	Fahrzeuge	Verbindlichkeiten LL	14750.00	
	Vorsteuer MWST	Verbindlichkeiten LL	1135.75	
	Fahrzeuge	Kasse	900.00	
	Vorsteuer MWST	Kasse	69.30	
6.	Kasse	Verkaufsertrag	8000.00	
	Kasse	Gesch. MWST	616.00	
7.	Verkaufsertrag	Forderungen LL	12500.00	
	Gesch. MWST	Forderungen LL	962.50	
8.	Gesch. MWST	Vorsteuer MWST	1667.05	
9.	Gesch. MWST	Bank	365.75	

Vorsteuer MWST

Soll		Haben	
423.50		1667.05	
38.50			
1135.75			
69.30			
1667.05		1667.05	

Gesch. MWST

Soll		Haben	
7.70		308.00	
962.50		2079.00	
1667.05		616.00	
365.75			
3003.00		3003.00	

1.5.4 Geschäftsfälle in einem Ingenieurbüro

Nr.	Buchungssatz		Betrag	
	Soll	Haben		
1.	Büromaschinen	Verbindlichkeiten LL	2000.00	
	Vorsteuer MWST	Verbindlichkeiten LL	154.00	
2.	Forderungen LL	Dienstleistungserlöse	50000.00	
	Forderungen LL	Geschuldete MWST	3850.00	
3.	Verbindlichkeiten LL	Büromaschinen	100.00	
	Verbindlichkeiten LL	Vorsteuer MWST	7.70	
4.	Dienstleistungserlöse	Forderungen LL	700.00	
	Geschuldete MWST	Forderungen LL	53.90	
5.	Dienstleistungserlöse	Forderungen LL	350.00	
	Geschuldete MWST	Forderungen LL	26.95	
	Bank	Forderungen LL	18470.55	
6.	Verbindlichkeiten LL	Büromaschinen	38.00	
	Verbindlichkeiten LL	Vorsteuer MWST	2.95	
	Verbindlichkeiten LL	Bank	2005.35	
7.	Geschuldete MWST	Vorsteuer MWST	143.35	
8.	Geschuldete MWST	Bank	3625.80	

Vorsteuer MWST

Soll		Haben	
154.00		7.70	
		2.95	
		143.35	
S		0	

Geschuldete MWST

Soll		Haben	
53.90		3850.00	
26.95			
143.35			
3625.80			
S		0	

1.5.5 Vergleich Nettomethode/Saldomethode

a)

Geschäftsfall	Nettomethode		Saldomethode	
Warenverkauf auf Kredit für CHF 1 884.75 (inkl. 7.7% MWST)	Ford. LL / Wa-ertr.	1750	Ford. LL / Wa-ertr.	1884.75
	Ford. LL / Gesch. MWST	134.75		
Rücksendung schadhafter Waren an den Lieferanten zu CHF 323.10 (inkl. 7.7% MWST)	Verb. LL / Wa-aufw.	300	Verb. LL / Wa-aufw	323.10
	Verb. LL / Vorst. MWST	23.10		
Kauf eines Fahrzeuges zu CHF 12000 (exkl. MWST) gegen Rechnung.	Fahrz / Verb. LL	12000	Fahrz / Verb. LL	12924.00
	Vorst. MWST / Verb. LL	924		
Rabattgewährung an einen Kunden in der Höhe von CHF 269.25 (inkl. 7.7% MWST)	Wa-ertr / Ford. LL	250	Wa-ertr / Ford. LL	269.25
	Gesch. MWST / Ford. LL	19.25		
Rechnung für die Geschäftsräume für 3 Monate (Monatsmiete CHF 5 100) im Voraus.	Raumaufw. / Verb. LL (keine MWST bei Mieten von Liegenschaften!)	15300	Raumaufw. / Verb. LL (keine MWST bei Mieten von Liegenschaften!)	15300

b) Nettomethode

Summe Konto «Geschuldete MWST»: 7610
Summe Konto «Vorsteuer MWST»: 4180

Umsatzsteuer	7610
– Vorsteuer	4180
= abzuliefernde MWST	3430

Saldomethode

Saldosteuersatz: 6.1%
Verkaufsumsatz zu 107.7%: 212000

Umsatz × Saldosteuersatz →
212000 × 6.1%
= 12932 abzuliefernde MWST

c) Nettomethode

Alle Unternehmungen, ausgenommen die mit einer Spezialbewilligung für den Saldosteuersatz (für die Saldomethode).

Saldomethode

Kleine Unternehmungen mit einer Bewilligung für die Saldomethode, wenn Umsatz pro Jahr kleiner als 5 Mio. und Steuerschuld kleiner als 100 000 pro Jahr.

1.5.6 Mehrwertsteuer anhand von Belegen verbuchen

Beleg Nr.	Buchungssatz Soll	Haben	Betrag
1.	1100	3400 oder: 3000	600.00
	1100	2200	15.00
2.	1520	2000	199.80
	1170	2000	15.40
3.	6500	1000	106.85
	1170	1000	8.25
4.	1510	2000	441.30
	1170	2000	34.00
5.	6100	2000	3330.00
	1170	2000	256.40

Finanzwirtschaftliche Zusammenhänge

1.6 Betriebliche Kalkulation – Lösungen

1.6.1 Einkaufskalkulation (a, b & c)

BrKrAP		**1680.00**	100%	
– Rabatt		84.00	5%	
= NKrAP		1596.00	95%	→ a)
– Skonto		15.95	1%	
= NbarAP		1580.05	99%	→ b)
+ BeKo		370.00		
= Einstand		**1950.05**		→ c)

1.6.2 Berechnung des Einstandspreises

a)
BKrAP	EUR	1516.00	100%
– Rabatt	EUR	454.80	30%
= NKrAP	EUR	1061.20	70%
– Skonto	EUR	21.22	2%
= NbarAP	EUR	1039.98	98%
zu 1.06			
= Nbar AP	CHF	1102.40	
+ BeKo	CHF	50.50	
= Einstand	CHF	1152.90 ÷ 10	= **CHF 115.30**

b)
NKrAP	EUR	1061.20 (von a)	
zu 1.06			
= NKrAP	CHF	1124.85	
+ BeKo	CHF	50.50	
= Einstand	CHF	1175.35 ÷ 10	= **CHF 117.55**

1.6.3 Interne Kalkulation

Einstand	500000	100%	
+ GK	200000	40%	
= SK	700000	140%	100%
+ RG	42000		6%
= NErl	742000		106%

			BGQ
		BGZ	67.39%
Einstand	500000	100%	32.61%
+ BG	242000	48.4%	
= NErl	742000	148.4%	100%

a) GK 200000 BG 242000
b) GKZ 40% RGZ 6% BGZ 48.4% BGM 32.61%

Finanzwirtschaftliche Zusammenhänge

1.6.4 Fehlende Grössen ermitteln

	a)	b)	c)	d)
Einstand	300.00	–	2000.00	360.00
Gemeinkosten in CHF	–	**5000.00**	**700.00**	**540.00**
Gemeinkostenzuschlag (GK in % vom Einstand)	–	–	14 %	150 %
Selbstkosten	–	**5700.00**	6500.00	**900.00**
Reingewinn in CHF	–	800.00	– 975.00	180.00
Reingewinnzuschlag (RG in % von den SK)	–	**14.04 %**	**– 15 %**	20 %
Nettoerlös	700.00	6500.00	5525.00	**1080.00**
Bruttogewinn in CHF	400.00	1500.00	–	**720.00**
Bruttogewinnzuschlag (BG in % vom Einstand)	**133.33 %**	30 %	–	200 %

1.6.5 Bruttogewinn und Gemeinkosten berechnen

a) Einstand   531 375.00   100 %
    + Bruttogewinn   318 825.00   **60 %**
    Nettoerlös   850 200.00   160 %

    Selbstkosten   772 909.10   100 %
    + Reingewinn   77 290.90   10 %
    Nettoerlös   850 200.00   110 %

b) Einstand   531 375.00
    + Gemeinkosten   241 534.10
    Selbstkosten   772 909.10

c) $\frac{GK \times 100}{Einstand} = \frac{241\,534.10 \times 100}{531\,375.00} = 45.45\,\%$

1.6.6 Kalkulation in der Mobilia AG

```
  EP        172.00   100 %
+ BG        129.00    75 %
= NErl      301.00   175 %
+ Vsoko      15.00
= NbarVP    316.00    98 %
+ Skonto      6.45     2 %
= NKrVP     322.45   100 %    90 %
+ Rabatt     35.85            10 %
= BKrVP     358.30           100 %
```

→ Katalogpreis auf ganze Franken gerundet: CHF 358.00

1.6.7 Kalkulation im Bürofachgeschäft

a)
```
  Nettoerlös              CHF  2080.13  →  CHF 2 080.15
+ Verkaufssonderkosten    CHF    30.00
  Zahlung                 CHF  2110.13     98.5 %
+ Skonto                  CHF    32.13      1.5 %
  Faktura                 CHF  2142.26    100 %     94 %
+ Rabatt                  CHF   136.74               6 %
= Bruttokreditverkauf     CHF  2279.00             100 %
```

b)
```
                                                        Alternative
  Einstand                CHF  1155.64    100 %           1194.45
+ Bruttogewinn            CHF   924.51     80 %  → CHF 924.50   955.55
  Nettoerlös              CHF  2080.15    180 %            2150.00
```

c)
```
                                                        Alternative
  Bruttokreditankauf      CHF  1150.66 → CHF 1150.65      1240.56
– Rabatt                  CHF     0.00                       24.81
  Faktura                 CHF  1150.66    100 %  1240.55 ←
– Skonto                  CHF    23.01      2 %            1215.75
  Zahlung                 CHF  1127.65     98 %
+ Bezugskosten            CHF    28.00                       28.00
  Einstand                CHF  1155.65    100 %            1243.75
                                    Bruttogewinn  80 %      995.00
```

1.7 Mehrstufige Erfolgsrechnung im Warenhandel – Lösungen

1.7.1 Dreistufige Erfolgsrechnung der Firma Ernst Danuser

Erfolgsrechnung 2020

Aufwand		Ertrag	
Handelswarenaufwand	4 990 000	Handelserlöse	6 160 000
Bruttogewinn	1 170 000		
	6 160 000		6 160 000
Lohnaufwand	635 000	Bruttogewinn	1 170 000
Sozialvers.aufw.	120 000		
Raumaufwand	216 000		
Abschreibungen	68 000		
Werbeaufwand	132 000		
sonstiger Betriebsaufw.	111 000	Betriebsverlust	22 000
Finanzaufw.	20 000		
	1 302 000		1 302 000
Betriebsverlust	22 000	Ertrag Liegenschaft	48 320
a. o. Abschreibungen	13 100	Betriebsfremder Ertrag	19 221
Unternehmungsgewinn	32 441		
	67 541		67 541

1.7.2 Auswirkung von Geschäftsfällen auf den Gewinn

Nr.	Bruttogewinn	Betriebsgewinn	Unternehmungsgewinn
1.	0	+	+
2.	0	0	–
3.	– *	–	–
4.	–	–	–
5.	0	–	–
6.	+	+	+

* Gemäss Kontenplan KMU ist das Konto Debitorenverluste ein Minus-Ertragskonto zum Warenertrag.

1.7.3 Dreistufige Erfolgsrechnung in Berichtsform

Dreistufige Erfolgsrechnung 2020

Handelserlöse	550 000
– Handelswarenaufwand	372 000
= Bruttogewinn	178 000
– Lohnaufwand	122 000
– Raumaufwand	24 000
– sonstiger Betriebsaufwand	38 000
= Betriebsverlust	– 6 000
+ Immobilienertrag	112 000
+ ausserordentlicher Ertrag	6 000
– Immobilienaufwand	54 000
– Finanzaufwand	24 000
= Unternehmungsgewinn	34 000

1.6.8 Kalkulation im Dienstleistungsbetrieb

a)
Lohn 75 Min.	150.00	100 %
+ BG	90.00	60 %
= NErl	240.00	160 %
+ Material	66.50	
= **Gesamtpreis**	**306.50**	

b)
Lohn 75 Min.	150.00	
+ GK	72.00	
= SK	222.00	100.00 %
+ **RG**	**18.00**	**8.11 %**
= NErl	240.00	108.11 %

1.6.9 Kalkulation – Gesamtaufgabe

a)
Bruttokreditankaufspreis (Katalogpreis)	USD	28 000.00	100 %
./. Wiederverkaufsrabatt 20 %	USD	5 600.00	20 %
= Nettokreditankaufspreis	USD	22 400.00	80 % 100 %
./. Skonto 2 %	USD	448.00	2 %
= Nettobarankaufspreis [Devisen-Verkauf: CHF 1.0326]	USD	21 952.00	98 %
= Nettobarankaufspreis	CHF	22 667.65	
+ Bezugskosten	CHF	2 640.00	
= Einstandspreis	CHF	25 307.65	60 %
+ Bruttogewinn	CHF	16 871.75	40 %
= Nettoerlös	CHF	42 179.40	100 %
+ Verkaufssonderkosten	CHF	0.00	
= Nettobarverkaufspreis	CHF	42 179.40	98 %
+ Skonto 2 %	CHF	860.80	2 %
= Nettokreditverkaufspreis	CHF	43 040.20	90 % 100 %
+ Rabatt	CHF	4 782.25	10 %
= **Bruttokreditverkaufspreis (Offertpreis)**	**CHF**	**47 822.45**	100 %

b)
Einstandspreis	CHF	25 307.65	
+ **Gemeinkosten**	**CHF**	**11 370.10**	100 %
= Selbstkosten	CHF	36 677.75	15 %
+ **Reingewinn**	**CHF**	**5 501.65**	
= Nettoerlös	CHF	42 179.40	115 %

Vorgehen: 1. Schema aufstellen ohne Zahlen / 2. Prozentblock aufstellen / 3. Einstand und Nettoerlös aus a) übernehmen / 4. mit Dreisatz Selbstkosten und Reingewinn berechnen / 5. GK berechnen: Selbstkosten – Einstand

Finanzwirtschaftliche Zusammenhänge

1.7.4 Aussagen zur mehrstufigen Erfolgsrechnung

Nr.	Aussage	R	F
1.	Die endgültige Abschreibung einer Forderung bei Kunden vermindert den Bruttogewinn. **Begründung/Korrektur:** **Verluste Forderungen kommt als Minus-Ertragskonto zu Warenertrag in die erste Stufe der ER.**		x
2.	Der Skontoabzug eines Kunden bei der Bezahlung einer fälligen Rechnung führt letztlich zu einer Verminderung des Unternehmensgewinns. **Begründung/Korrektur:** **Verminderung des BG in der ersten Stufe, dadurch auch Verminderung des Betriebsgewinns und letztlich des Unternehmensgewinns.**	x	
3.	Die Verbuchung der Nettolohnauszahlung an die Mitarbeitenden beeinflusst den Betriebsgewinn negativ, hat aber keinen Einfluss auf den Unternehmensgewinn. **Begründung/Korrektur:** **Der Betriebsgewinn wird kleiner, dadurch aber auch als «Kettenreaktion» der Unternehmensgewinn.**		x
4.	Die Erhöhung des Eigenkapitals in der Einzelunternehmung um CHF 10000 steigert sowohl den Betriebs- wie auch den Unternehmungsgewinn. **Begründung/Korrektur:** **Die Verbuchung einer Kapitalerhöhung ist erfolgsunwirksam, hat also gar keinen Einfluss auf die Erfolgsrechnung.**		x

1.7.5 Die Auswirkung von Buchungstatsachen auf die mehrstufige Erfolgsrechnung

Nr.	Geschäftsfall und Buchungssatz	Brutto-gewinn	Betriebs-gewinn	Unter-nehmens-gewinn
Bsp.	Barentnahme ab Bankomat **Kasse / Bank**	0	0	0
1.	Der Einzelunternehmer erhöht das Eigenkapital durch die Überschreibung einer Privatliegenschaft aufs Geschäft. **Liegenschaften / Eigenkapital**	0	0	0
2.	Das Warenlager wird durch eine unvorhersehbare Überschwemmung zu 80% vernichtet. **Ausserord. Aufwand / Handelswaren**	0	–	–
3.	Im abgelaufenen Jahr wurden mehr Waren verkauft als eingekauft. **Handelswarenaufwand / Handelswaren**	+	+	+
4.	Eine im Januar abgeschriebene Kundenforderung wird zwei Monate später doch noch auf der Bank überwiesen. **Bank / Verluste Forderungen**	0	+	+
5.	Zinsgutschrift der Bank auf dem Kontokorrentkonto. **Bank / Finanzertrag**	0	0	+
6.	Versandfrachten auf Warenverkäufen bar bezahlt zu unseren Lasten. **Handelserlöse / Kasse**	–	–	–

1.8 Verluste aus Forderungen (Debitorenverluste) – Lösungen

1.8.1 Buchhaltung der Handelsfirma SILAG

Datum	Buchungssatz		Betrag
	Soll	Haben	
14.01.	Bank Verluste Forderungen	Forderungen LL Forderungen LL	4500.00 10500.00
10.04.	Bank	A.o. Ertrag	1000.00
28.05.	Forderungen LL	Handelserlöse	35000.00
02.06.	Forderungen LL	Kasse	400.00
19.06.	Handelserlöse	Forderungen LL	3500.00
30.06.	Handelserlöse Bank	Forderungen LL Forderungen LL	315.00 31185.00
05.07.	Handelswarenaufwand	Verbindlichkeiten LL	17000.00
05.07.	Verbindlichkeiten LL	Kasse	600.00
25.08.	Bank	Forderungen LL	8400.00

1.8.2 Richtige Aussagen

x	Das Konto «Verluste Forderungen» ist ein Minus-Aktivkonto.
x	Den Kostenvorschuss für Betreibungen bezahlt zuerst der Gläubiger.
	Die Versendung einer Mahnung wird nicht verbucht.
	Betreibungen werden direkt durch den Gläubiger an den Schuldner verschickt.
	Die Kosten der Betreibung übernimmt die Gemeinde.
	Der Saldo des Kontos Verluste Forderungen steht normalerweise im Soll.

Finanzwirtschaftliche Zusammenhänge

1.8.3 Geschäftsfälle verbuchen und Konten führen

Datum	Buchungssatz Soll	Buchungssatz Haben	Betrag
01.01.	Forderungen LL	Bilanz	36 000.00
14.03.	Forderungen LL	Kasse	400.00
03.06.	Forderungen LL	Handelserlöse	21 000.00
07.06.	Handelserlöse	Kasse	1 500.00
08.07.	keine Buchung	keine Buchung	–
19.07.	Bank	Forderungen LL	19 000.00
11.08.	Kasse	Forderungen LL	1 400.00
	Verluste Forderungen	Forderungen LL	3 000.00
15.09.	Bank	A. o. Ertrag	1 500.00
17.10.	Büromaschinen	Forderungen LL	1 400.00
	Verluste Forderungen	Forderungen LL	400.00
25.11.	Bank	Verluste Forderungen	600.00
31.12.	Bilanz	Forderungen LL	32 200.00
	ER	Verluste Forderungen	2 800.00

Forderungen LL

Soll		Haben	
AB	36 000		19 000
	400		1 400
	21 000		3 000
			1 400
			400
		S	32 200
	57 400		57 400

Verluste Forderungen

Soll		Haben	
	3 000		600
	400		
		S	2 800
	3 400		3 400

1.8.4 Buchungen bei Zahlungsausfällen von Kunden

Nr.	Geschäftsfall	Buchungssatz Soll	Buchungssatz Haben	Betrag
1.	Wir erhalten vom Betreibungsamt aus einer abgeschlossenen Pfändung gegen Kunde A: a) den Forderungsbetrag inkl. Betreibungsvorschuss von CHF 3 800 b) einen Verzugszins von CHF 90	Bank / Forderungen LL Bank / Finanzertrag		3 800 90
2.	Aufgrund des Nachlassvertrages mit Kunde B erhalten wir von der ursprünglichen Forderung noch 40 % = CHF 5 000; auf den Rest verzichten wir.	Bank / Forderungen LL Verluste Ford. / Forder. LL		5 000 7 500
3.	Den Kunden C haben wir schon zweimal erfolglos gemahnt. Jetzt erhält er die letzte Mahnung über CHF 2 650 mit der Androhung auf Betreibung. Gleichzeitig belasten wir ihm einen Verzugszins von CHF 110 für die Zeit seit Fälligkeit der Forderung bis jetzt.	keine Buchung [Mahnung] Forderungen LL / Finanzertrag		110
4.	Aus der Betreibung gegen Kunde D über CHF 12 400 erhalten wir eine Konkursdividende von 15 % und für den Rest einen Verlustschein.	Bank / Forderungen LL Verluste Ford. / Forder. LL		1 860 10 540
5.	Die Forderung von CHF 6 200 gegenüber Kunde E wurde am 30. Mai abgeschrieben. Jetzt überweist er uns noch CHF 1 400.	Bank / Verluste Forderungen		1 400
6.	Im Februar des Folgejahres erhalten wir vom Kunden F nochmals CHF 1 600 überwiesen.	Bank / ausserord. Ertrag		1 600

Lösungen

1.9 Abschreibungen – Lösungen

1.9.1 Abschreibung auf einer Produktionsmaschine

a)
Bruttopreis	112 000
– Rabatt	– 16 800
+ Versand	800
+ Montage	4 000
Anschaffungswert	100 000

b) Abschreibungsbetrag: 100 000 ÷ 5 = 20 000
Prozentsatz: 100 % ÷ 5 Jahre = 20 %
oder: 100 000 – 100 %
20 000 – 20 %

c) Lineare Abschreibung:
– jährlich gleicher Abschreibungsbetrag
– jährlich 20 % vom Anschaffungswert

d) 100 000 – 15 000 = 85 000
85 000 ÷ 5 = 17 000

1.9.2 Abschreibungen auf einem Lastwagen

a)
Nr.	Abschreibungsmethode	Buchungssatz Soll	Buchungssatz Haben	Betrag
1.	direkt und linear	Abschreibungen	Fahrzeuge	18 750
2.	indirekt und linear	Abschreibungen	WB Fahrzeuge	18 750
3.	direkt und degressiv	Abschreibungen	Fahrzeuge	37 500
4.	indirekt und degressiv	Abschreibungen	WB Fahrzeuge	37 500

b)
Abschreibungsmethode	Buchungssatz Soll	Buchungssatz Haben	Betrag
linear	Abschreibungen	WB Fahrzeuge	18 750
degressiv	Abschreibungen	WB Fahrzeuge	18 375

1.9.3 Abschreibungen auf einer IT-Anlage

a) a1. 10 000
a2. 30 000

b) b1. 11 250
b2. 25 312.50
(80 000 – 20 000 – 60 000 – 15 000 – 45 000 – 11 250 – 33 750 – 8 437.50 = 25 312.50)

c) 52 560
(80 000 – 24 000* = 56 000 – 16 800* = 39 200 – 11 760* = 27 440)
*(WB-Konto: 24 000 + 16 800 + 11 760 = 52 560)

1.9.4 Berechnungen zu linearer und degressiver Abschreibung

Aufstellung für die Lösung der Aufgabe:

Anfang 2018	5 000	100 %		
	– 1 000	20 %		
Ende 2018	4 000	80 % ←		100 %
	– 800	20 % →		80 %
Ende 2019	3 200			100 %
	– 640			20 %
Ende 2020	2 560			80 %

a) Abschreibungen / WB Mobilien 640
b) Abschreibungen / WB Mobilien 800
c) Anfangsbestand 2018: 5 000

1.9.5 Verkauf einer gebrauchten Maschine

a) Kasse / Maschinen 8 000

b) 1. Kasse / Maschinen 8 000
2. WB Maschinen / Maschinen 52 000

Kontenskizze

Maschinen		
AB 60 000	1.	8 000
	2.	52 000
	S	0

WB Maschinen	
	AB 52 000
2. 52 000	
S 0	

Finanzwirtschaftliche Zusammenhänge

1.9.6 Buchungen in der Taxiunternehmung RAPID AG

Nr.	Text	Buchungssatz Soll	Buchungssatz Haben	Betrag
1.	Eröffnungsbuchung der Fahrzeuge und der Wertberichtigung Fahrzeuge.	Fahrzeuge Bilanz	Bilanz WB Fahrzeuge	450 000 150 000
2.	Ein gebrauchtes Fahrzeug (Anschaffungswert CHF 35 000.00, kumulierte Abschreibungen CHF 25 000.00) wird zum Buchwert verkauft.	Kasse WB Fahrzeuge	Fahrzeuge Fahrzeuge	10 000 25 000
3.	Ein neues Taxi wird gegen Rechnung für CHF 40 000.00 gekauft.	Fahrzeuge	Verbindlichk. LL	40 000
4.	Ein Fahrzeug (Anschaffungswert CHF 26 000.00, Buchwert CHF 6 000.00) wird gegen ein neues eingetauscht, Anschaffungswert CHF 40 000. Dabei wird das alte Fahrzeug zum Buchwert in Zahlung genommen. Der Aufpreis wird per Bank überwiesen.	Fahrzeuge Verbindlichk. LL WB Fahrzeuge Verbindlichk. LL	Verbindlichk. LL Fahrzeuge Fahrzeuge Bank	40 000 6 000 20 000 34 000
5.	Vor dem Abschluss ist eine Abschreibung von 20 % vom Anschaffungswert aller vorhandenen Fahrzeuge vorzunehmen.	Abschreibungen	WB Fahrzeuge	93 800 *
6.	Verbuchung des Abschlusses der Konten Fahrzeuge und WB Fahrzeuge.	Bilanz WB Fahrzeuge	Fahrzeuge Bilanz	469 000 198 800

*20 % vom Saldo Fahrzeuge

Fahrzeuge				WB Fahrzeuge			
Soll		Haben		Soll		Haben	
AB	450 000		10 000			**AB**	150 000
	40 000		25 000		25 000		
	40 000		6 000		20 000		93 800
			20 000		198 800		
		S	469 000	**S**	243 800		243 800
	530 000		530 000				

1.9.7 Änderung der Abschreibungsmethode

a) 20 % − 50 000
100 % − 250 000 Anschaffungswert

b) Fahrzeuge / WB Fahrzeuge 150 000

Kontenskizze

Fahrzeuge				WB Fahrzeuge	
AB	100 000				50 000
	150 000				

c) Abschreibungen / WB Fahrzeuge 50 000

d) Bilanz

Fahrzeuge 250 000
./. WB Fahrz 200 000
     50 000

1.9.8 Anlagewerte aus der Bilanz ermitteln

a) 105 000 + 35 000 + 800 000 = 940 000

b) 75 000 + 32 000 + 45 000 = CHF 152 000

c) 32 000 = Buchwert Ende 5. Jahr bei 7 Jahren Nutzung
→ 32 000 : 2 = 16 000 = jährliche Abschreibung
7 × 16 000 = CHF 112 000   oder   5 × 16 000 + 32 000

1.10 Zeitliche Rechnungsabgrenzung / Rückstellungen – Lösungen

1.10.1 Verbuchungen am Jahresende

Nr.	Buchungssatz Soll	Buchungssatz Haben	Betrag
1.	URE	pRa	30
2.	aRa	Lohnaufwand	8000
3.	Verwaltungsaufwand	pRa	10000
4.	aRa	Fahrzeugaufwand	6000
5.	Handelswarenaufwand	Verbindl. LL	190
6.	Finanzaufwand	pRa	10
7.	aRa	Handelswarenaufwand	300
8.	Finanzaufwand	Bank	120
9.	Handelserlöse	pRa	9000
10.	pRa	Verwaltungsaufwand	10000

1.10.2 Rechnungsabgrenzungen per 31.12.

Nr.	Buchungssatz Soll	Buchungssatz Haben	Betrag
1.	aRa	Fahrzeugaufwand	610
2.	aRa	Finanzertrag (für 105 Tage)	1166.65
3.	Handelserlöse	pRa	4500
4.	Raumaufwand*	pRa	12000
5.	Handelswarenaufwand	pRa	3000
6.	aRa	Handelserlöse	9500
7.	A.o. Aufw.	Rückstellungen	35000
8.	Rückstellungen	Bank	450000
		A.o. Ertrag	400000

*Der Eingang der Untermiete wurde am 31.10. als Reduktion des Raumaufwandes verbucht: Bank / Raumaufwand 18000

1.10.3 Weitere Rechnungsabgrenzungen aus verschiedenen Sichtweisen

a)	Finanzaufwand	/	pRa	750
b)	aRa	/	Finanzertrag	750
c)	Finanzertrag	/	aRa	8000
d)	aRa	/	Raumaufwand	8000
e)	Liegenschaftsertrag	/	pRa	8000
f)	pRa	/	Liegenschaftsertrag	8000

1.10.4 Prozessrückstellungen

a) Jährlich Ende 2020/2021/2022: Ausserord. Aufwand / Rückstellungen 30000.00

b)
```
     Rückstellungen
S  30000 | AB      0
         | 30000
         |-------- 
         | AB  30000
S  60000 | 30000
```

c) 2023: Rückstellungen / Bank 90000
        Ausserord. Aufwand / Bank 20000

d) 2023: Rückstellungen / Bank 80000
        Rückstellungen / Ausserord. Ertrag 10000

1.10.5 Geschäftsfälle erkennen

	1.	2.	3.	4.
	☐	☐	☐	☐
	☐	☒	☒	☐
	☒	☐	☐	☒

1.10.6 Unterscheidung zwischen verschiedenen Buchungstatsachen

Nr.	Soll	Haben	Betrag
1.	A.o. Aufwand	Rückstellungen	30000
2.	Werbeaufwand	Verbindl. LL	7500
3.	Finanzaufwand	pRa	1500
4.	aRa	Versich.aufwand	1200
5.	Rückstellungen	A.o. Aufwand (weil im gleichen Jahr wie Bildung)	30000
6.	aRa	Lohnaufwand	5000
7.	Rückstellungen	Bank	12000
	Rückstellungen	A.o. Ertrag	8000
8.	DL-Ertrag	pRa	2400

1.11 Lohnabrechnung – Lösungen

1.11.1 Wissensfragen zur Lohnabrechnung

Nr.	Korrekt	Aussage + Korrektur
1.		Die Unfallversicherung ist je hälftig vom Arbeitgeber und vom Arbeitnehmer zu übernehmen. **Korrektur: Die Betriebsunfallversicherung vom Arbeitgeber, die Nichtbetriebsunfallversicherung vom Arbeitnehmer**
2.		Der Monatslohn ist immer auch der Bruttolohn. **Korrektur: Der Bruttolohn kann zusätzlich den 13. Monatslohn oder Überstundenzahlungen beinhalten**
3.	x	Der Koordinationsabzug ist notwendig, damit für die existenzsichernde Rente in der Pensionskasse kein Abzug erfolgt. **Korrektur:**
4.		Als Basis für die Berechnung der Pensionskassen-Prozente dient die Rechnung: Versicherter Lohn – Koordinationsabzug = Basis für die PK-Prozente. **Korrektur: Bruttolohn – Koordinationsabzug = Versicherter Lohn (= Basis für die PK-Prozente)**
5.	x	Der AHV-Abzug von 5.275 % deckt auch die Abzüge für die Invalidenversicherung und für die Erwerbsersatzordnung EO ab. **Korrektur:**
6.		Der Unterschied zwischen dem Bruttolohn und dem Nettolohn besteht in den Arbeitnehmer- und in den Arbeitgeberbeiträgen an die Sozialversicherungen. **Korrektur: Nur die Arbeitnehmerbeiträge: Bruttolohn – Arbeitnehmerbeiträge = Nettolohn**
7.		Der ALV2-Beitrag für Bruttolöhne über CHF 12 350 beträgt 0.5 %. Demnach werden bei einem Bruttolohn von 14 000 für ALV2 CHF 70 abgezogen. **Korrektur: CHF 8.25 = 0.5 % von 1 650**
8.	x	Die totalen Lohnkosten des Arbeitgebers umfassen: Nettolöhne + die Arbeitgeber- und Arbeitnehmerbeiträge an die Sozialversicherungen. **Korrektur: (Richtig: das ist dasselbe wie Bruttolöhne + Arbeitgeberbeiträge)**

1.11.2 Berechnen von Abzügen in einer Lohnabrechnung

a) 12 600 + 1 050 = 13 650

b) 1. 720.05   2. 135.85   3. 6.50
      5.275 % vom BL   1.1 % von 12 350   0.5 % von 1 300

c) 13 650.00 – 2 073.75 = 11 576.25

d) 926.10 (8 % von 11 576.25)

e) 11 762.70   (13 650 – 720.05 – 135.85 – 6.50 – 926.10 – NBU 98.80)

f) Lohnaufwand (Personalaufwand)   / Bank
   Übriger Personalaufwand   / Bank

1.11.3 Lohnabrechnung erstellen

a)

Herr
Boris Vanic
Lendiweg 3
8400 Winterthur

Lohnabrechnung November 2020	Berechnungsbasis	Prozent	Betrag
Bruttolohn			5 100.00
AHV	5 100.00	5.275 %	269.05
ALV	5 100.00	1.1 %	56.10
PK*	3 451.25	8.0 %	276.10
NBU	5 100.00	0.8 %	40.80
Total Abzüge			642.05
Nettolohn			4 457.95
Spesen			200.00
Auszahlung			4 657.95

* PK-Berechnungsbasis: (Jahreslohn 66 300 – Koordinationsabzug 24 885) : 12 = 3 451.25

Finanzwirtschaftliche Zusammenhänge

1.11.4 Lohnabrechnungen vervollständigen

Lohnbestandteile	Laura Good				Lisa Pari			
	Basis	Prozent		Betrag	Basis	Prozent		Betrag
Monatslohn Juni				5 200.00				12 600.00
13. Monatslohn				2 600.00				1 050.00
Überstunden				900.00				
Bruttolohn				8 700.00				13 650.00
Abzüge								
AHV	8 700.00	5.275 %		458.95	13 650.00	5.275 %		720.05
ALV	8 700.00	1.1 %		95.70	12 350.00	1.1 %		135.85
ALV2	–	–		–	1 300.00	0.5 %		6.50
PK*	3 559.60	6 %		213.60	11 576.25	7.5 %		868.20
NBU	8 700.00	1.2 %		104.40	12 350.00	1.2 %		148.20
Total Abzüge				872.65				1 878.80
Nettolohn				7 827.35				11 771.20
Spesen				–				850.00
Auszahlung				7 827.35				12 621.20

* PK-Berechnungsbasis: (Jahreslohn − Koordinationsabzug) : 12

b)

Lohnabrechnung Dezember 2020	Berechnungsbasis	Prozent		Betrag
Monatslohn				5 100.00
13. Monatslohn				5 100.00
Bruttolohn				10 200.00
AHV	10 200.00	5.275 %		538.05
ALV	10 200.00	1.1 %		112.20
PK*	3 451.25	8.0 %		276.10
NBU	10 200.00	0.8 %		81.60
Total Abzüge				1 007.95
Nettolohn				9 192.05
Spesen				200.00
Auszahlung				9 392.05

* PK-Berechnungsbasis gleich wie im November:
(Jahreslohn − Koordinationsabzug) : 12 = CHF 3 451.25

c) Lohnaufwand   Bank   9 192.05
   Übriger Personalaufwand Bank   200.00

d) 11 × 4 457.95 (Nettolöhne Jan. bis Nov.)   49 037.45
   + Dezemberlohn (inkl. 13. Monatslohn)   9 192.05
                                                58 229.50

Finanzwirtschaftliche Zusammenhänge

1.12 Abschluss Einzelunternehmung – Lösungen

1.12.1 Geschäftsfälle in einer Einzelunternehmung

a)

Nr.	Buchungssatz Soll	Buchungssatz Haben	Betrag
1.	Privat	Handelswarenaufwand	240
2.	Lohnaufwand	Kasse	540
3.	Privat	Kasse	160
4.	Sonstiger Betriebsaufwand oder Werbeaufwand	Privat	250
5.	Fahrzeuge	Eigenkapital	6000
6.	Privat	Bank	546
7.	Finanzaufwand	Privat	2100
8.	Kasse	Handelserlöse	1150
9.	Privat	Fahrzeugaufwand	480
10.	Lohnaufwand	Bank	2000
10.	Lohnaufwand	Privat	4000
11.	Erfolgsrechnung	Jahresgewinn	7800

Privat	
240	250
160	2100
546	4000
480	
4924	
6350	6350

b) Privat / Eigenkapital 4924

c) ☐ Sollüberschuss ☒ Habenüberschuss

d) Eigenlohn + Eigenzins + Reingewinn = Unternehmereinkommen
72000 + 2100 + 7800 = 81900
(12 × 6000)

e) gleich hoch: 81900 (der Aufwand wäre um 72000 tiefer, darum der Reingewinn um 72000 höher)

1.12.2 Das Eigenkapital in der Einzelunternehmung Helga Hirt (HH)

a)

Datum	Buchungssatz Soll	Buchungssatz Haben	Betrag
01.01.2020	Bilanz	Eigenkapital	120000
21.01.	Privat	Kasse	2000
20.03.	Liegensch.	Eigenkapital	500000
	Liegensch.	Hypothek	300000
	oder		
	Liegensch.	Hypothek	800000
		Eigenkapital	300000
15.05.	Privat	Büromaschinen	700
28.07.	Eigenkapital	Bank	100000
31.12.	Finanzaufwand	Privat	6000
31.12.	Eigenkapital	Privat	4500
31.12.	Jahresverlust	Erfolgsrechnung	5500
31.12.2020	Eigenkapital	Bilanz	515500

Soll	Eigenkapital		Haben
		AB	120000
100000			500000
4500			
515500			
620000			620000

Finanzwirtschaftliche Zusammenhänge

1.12.3 Buchungen in der Treuhandfirma Bruno Waser

a)

Nr.	Soll	Haben	Betrag
1.	Lohnaufwand	Bank	3 800
2.	Immobilien	Eigenkapital	200 000
	Immobilien	Hypotheken	300 000
3.	Privat	Bank	1 800
4.	Privat	Büromaschinen	900
5.	Privat	Bank	400
	Energie- und Entsorgungsaufwand	Bank	200
6.	Privat	Raumaufwand	300
7.	Werbeaufwand (Sonstiger Betriebsaufwand)	Kasse	360
8.	Verbindlichkeiten LL	Privat	1 400
9.	Finanzaufwand	Privat	13 000
10.	Lohnaufwand	Privat	9 000
11.	Erfolgsrechnung	Jahresgewinn	14 000
12.	Privat	Eigenkapital	20 000

b)

Soll	Privat	Haben
1 800		1 400
900		13 000
400		9 000
300		
20 000		
23 400		23 400

108 000 + 13 000 + 14 000 = 135 000

c) Er würde gleich bleiben: 9 000 + 3 000 + 24 000* = 36 000.
* Wegen des um 10 000 tieferen Finanzaufwandes wird der Gewinn um 10 000 höher.

b)

Datum	Geschäftsfall	Buchungssatz Soll	Buchungssatz Haben	Betrag	Eigenkapital Soll	Eigenkapital Haben
01.01.2021	Eröffnung Eigenkapital	Bilanz	Eigenkapital	515 500		515 500
01.01.	Verrechnung des Vorjahresverlustes mit dem Eigenkapital.	Eigenkapital	Jahresverlust	5 500	5 500	
31.12.	Der Gewinn von CHF 11 500 gemäss ER wird verbucht.	Erfolgsrechnung	Jahresgewinn	11 500		
31.12.	Abschluss Eigenkapital	Eigenkapital	Bilanz	510 000	510 000	
					515 500	515 500
01.01.2022	Eröffnung Eigenkapital	Bilanz	Eigenkapital	510 000		510 000
30.01.	Verrechnung des Vorjahresgewinns mit dem Eigenkapital.	Jahresgewinn	Eigenkapital	11 500		11 500
31.12.	Der Verlust von 2 800 gemäss ER wird verbucht.	Jahresverlust	Erfolgsrechnung	2 800		
31.12.	Abschluss Eigenkapital	Eigenkapital	Bilanz	521 500	521 500	
					521 500	521 500
01.01.2023	Eröffnung Eigenkapital	Bilanz	Eigenkapital	521 500		521 500
30.01.	Verrechnung des Vorjahresverlustes mit dem Eigenkapital	Eigenkapital	Jahresverlust	2 800	2 800	

Finanzwirtschaftliche Zusammenhänge

1.12.4 Eigenkapital- und Privatkonto am Jahresende

a)
Eigenkapital		Privat	
	440		11
	51		
	11		
S 502			

b) **Sollüberschuss**

Eigenkapital		Privat	
	AB 120 000		6 000
	12 500		
6 000			
S 126 500			

c)
Eigenkapital		Privat	
	AB 252		12
20			
12			
S 220			

1.13 Abschluss Aktiengesellschaft – Lösungen

1.13.1 Gewinnverbuchung bei der Rowald AG

a) 79 000

b) ER / Jahresgewinn 79 000

c) Jahresgewinn / Gewinnvortrag 79 000

d)
```
  Gewinnvortrag              1 000
+ Jahresgewinn             +79 000
= Bilanzgewinn              80 000
./. Reservenzuweisung      -10 000
./. Dividende (10% von 500 000)  -50 000
= neuer Gewinnvortrag       20 000
```

e)

Nr.	Text	Buchungssatz		Betrag
		Soll	Haben	
1.	Reservezuweisung	Gewinnvortrag / Reserven		10 000
2.	Dividendenzuweisung	Gewinnvortrag / Beschlossene Ausschüttungen		50 000

f) Beschlossene Ausschüttungen / Beschlossene Ausschüttungen   Bank   32 500
   Geschuldete Verrechnungssteuer   17 500

g) Nennwert der 200 Aktien: 200 × 10.00 = CHF 2000.00
   10% Dividende = 200.00
   Bank / Finanzertrag   130
   Guthaben Verrechnungssteuer / Finanzertrag   70

h) Geschuldete Verrechnungssteuer / Bank   17 500

1.13.2 Gewinnverteilung bei der Innovazionis AG

a) Jahresgewinn / Verlust- bzw. Gewinnvortrag   800 000

b)
```
  Jahresgewinn              800 000
- Verlustvortrag            300 000
= Bilanzgewinn              500 000
- Zuweisung an die Reserven 300 000
=                           200 000
- Dividende (4% von 4 800 000) 192 000
  Neuer Gewinnvortrag         8 000
```

c) Gewinnvortrag / Reserven   300 000
   Gewinnvortrag / Beschlossene Ausschüttungen   192 000

d) Reserven = 480 000 (180 000 + 300 000)

Finanzwirtschaftliche Zusammenhänge

e) Nennwert der 4000 Aktien: CHF 400000
4 % Dividende: CHF 16000

Bank / Finanzertrag CHF 10400
Verrechnungssteuer / Finanzertrag CHF 5600

1.13.3 Jahresabschluss der Katomba AG

a)

Schlussbilanz per 31.12.2020

Aktiven		Passiven	
Umlaufvermögen		**Fremdkapital**	
Liquide Mittel	30000	Verbindlichkeiten LL	30000
Forderungen LL	40000	Darlehensschuld	40000
Vorräte	70000	Hypotheken	400000
Anlagevermögen		**Eigenkapital**	
Mobilien	150000	Aktienkapital	1600000
Maschinen	350000	Reserven	330000
Immobilien	1900000	Gewinnvortrag	10000
		Jahresgewinn	130000
	2540000		2540000

b) Erfolgsrechnung / Jahresgewinn 130000

c) Jahresgewinn / Gewinnvortrag 130000

d)

Buchungssätze			
Bilanz	/	Gewinnvortrag	
Gewinnvortrag	/	Reserven	
Gewinnvortrag	/	Beschlossene Ausschüttungen	
Gewinnvortrag	/	Bilanz (Höhe Saldo)	

e) Nettodividende 1001 65%
Bruttodividende 1540 100% → 7%
Nennwert 22000 100%

1.13.4 Verlust der Ziwa AG

a) Jahresverlust / Erfolgsrechnung 2500

b) Gewinnvortrag / Jahresverlust 2500

c) Sollsaldo von 2000 (die Sollseite ist um 2000 grösser; das entspricht dem Nettoverlust nach Abzug des früheren Gewinnvortrags von 500) → Somit wird das Konto «Gewinnvortrag» in «Verlustvortrag» umbenannt.

d) Reserven / Gewinn-/Verlustvortrag 2000

1.13.5 Berechnung der Dividende

a) CHF 38000 Gewinn + CHF 1000 Gewinnvortrag = CHF 39000 Bilanzgewinn − CHF 10000 Reserve = CHF 29000 (max. Betrag für die Dividendenausschüttung)
CHF 300000 = 100 %
CHF 29000 = 9,67 % (muss abgerundet werden!) → 9 % Dividende

b) 9 % von CHF 300000 Aktienkapital = CHF 27000 Dividende

CHF 39000 Bilanzgewinn − CHF 10000 Reserve − CHF 27000 Dividende = CHF 2000 neuer Gewinnvortrag

Gewinnvortrag

Soll		Haben	
		AB	140000
	13000		
	112000		
	15000		
	140000		140000
		Saldo	140000

1.14 Grundsätze der Bewertung – Lösungen

1.14.1 Bewertung einer Produktionsmaschine

a)
- ☐ 97 200 ☐ 145 800 ☐ 147 052.80
- ☒ 148 000 ☐ 159 396 ☐ 162 000
- ☐ 29 600 ☒ 53 280 ☐ 58 320

c) bei a) Anschaffungswert
   bei b) Buchwert

1.14.2 Bilanzierung von börsenkotierten Aktien Ende 2020

a) 3800 (50 × 76)
b) 800

1.14.3 Bewertung des Warenlagers in einem Handelsunternehmen

a) 120 000   (Anschaffungswert → Niederstwertprinzip)
b) Es sind Stille Reserven von 30 000 vorhanden

1.14.4 Berechnung der Stillen Reserven

- ☐ Es bestehen Stille Reserven auf den Maschinen in der Höhe von 157 500.
- ☒ Es bestehen Stille Reserven auf den Maschinen in der Höhe von 225 000.
- ☐ Durch die Unterbewertung der Maschinen wird das Obligationenrecht verletzt.
- ☐ Durch die Unterbewertung zeigt die AG die Vermögenslage gegen aussen besser als sie tatsächlich ist.
- ☒ Die Unterbewertung der Maschinen entsteht durch höhere Abschreibungen als betrieblich notwendig wären.
- ☐ Die Unterbewertung der Maschinen entsteht durch Manipulation der tatsächlichen Zahlen.

1.14.5 Externe und Interne Schlussbilanz

a)

Interne Bilanz per 31.12.			
Umlaufvermögen		**Kurzfristiges Fremdkapital**	
Kasse	10	Verbindlichkeit LL	35
Bank	20	**Langfristiges Fremdkapital**	
Forderungen LL	45	Darlehen	45
Handelswaren	85	Hypotheken	120
Anlagevermögen		Rückstellungen	90
Fahrzeuge	80	**Eigenkapital**	
Mobilien	75	Aktienkapital	100
Liegenschaften	250	Reserven	50
		Gewinnvortrag	5
	565	Jahresgewinn	120
			565

b) 120 – 10 = 110

c) Kasse, Bank, Verbindlichkeiten LL, Aktienkapital

1.14.6 Richtige und falsche Vermögensbewertung in der Bilanz

Nr.	Aussage	Richtig	Falsch
1.	Das vor 12 Jahren zu 2.5 Millionen Franken gekaufte Gebäude hat heute einen Verkehrswert von mindestens 6 Millionen Franken. Es wird vorsichtig bilanziert mit 4 Millionen Franken. Korrektur: **Bilanzierung zum Anschaffungswert von 2.5 Mio.**		✗
2.	Eine Apotheke hat vor 6 Monaten 40 elektrische Zahnbürsten zu CHF 80 pro Stück beschafft. Ende Jahr sind noch 5 dieser Geräte im Lager. Inzwischen ist der Markt eingebrochen; die restlichen elektrischen Zahnbürsten können im nächsten Jahr höchstens noch zu CHF 30 abgesetzt werden. In der Bilanz werden wegen der gesetzlichen Vorschriften CHF 400 eingetragen. Korrektur: **maximal zu 150 (tieferer Wert!)**		✗
3.	Wegen eines angelaufenen Schadenersatz-Prozesses wurden vor zwei Jahren Rückstellungen von 600 gebildet. Im soeben erfolgten Gerichtsurteil wurde die Unternehmung freigesprochen. Der CEO verfügt, dass die Rückstellungen trotzdem bilanziert werden sollen, das sei gesetzlich nicht verboten. Korrektur:	✗	
4.	Ein Anfang 2019 zu CHF 80 000 gekauftes Fahrzeug wird linear mit 20 % abgeschrieben. Wenn es Ende 2020 mit CHF 42 000 bilanziert wird, so sind in diesem Posten Stille Reserven von 6000 enthalten. Korrektur:	✗	

1.15 Break-Even-Analyse / Deckungsbeiträge – Lösungen

1.15.1 Deckungsbeitrag und Nutzschwelle im Getränkehandel

a)
```
  Einstand            3.00   100%
+ Deckungsbeitrag     1.50    50%
= Nettoerlös          4.50   150%
```

b)
```
10000 × 1.50 = totaler DB    15000
               − GK          18000
                 Verlust      3000
```

c) GK 18000 ÷ 1.50 (DB pro Dose) ÷ 12000 Dosen

d) 12000 × 4.50 = CHF 54000

e)
```
  Gemeinkosten              18000
+ Reingewinn                 4500
= notwendiger Deckungsbeitrag 22500
DB 22500 ÷ 1.50 = 15000 Dosen → 15000 × 4.50 = CHF 67500.00
```

1.15.2 Die Autoscooter Wieland GmbH

a)
```
  Nettoerlös Einzelfahrt       5.00
− variable Kosten              1.00
= Deckungsbeitrag pro Fahrt    4.00
```

b)
```
  Fixe Kosten                 70000
+ geplanter Gewinn            35000
= notwendiger DB             105000
```

c) 70000 ÷ 4 = 17500 Fahrten   17500 × 5 = CHF 87500 Einnahmen

d) 50000 ÷ 4 = 12500 Fahrten zusätzlich

oder
```
70000 + 50000 = 120000       120000 ÷ 4 = 30000 Fahrten total
                                        − 17500 Fahrten (aus b)
                                        = 12500 zusätzliche Fahrten
```

DB total 12000 × 4.00 = 48000
− Fixe Kosten   70000
= Verlust   22000

105000 ÷ 4 = 26250 Fahrten

1.15.3 OpenAir St. Gallen

1. a)
```
Einnahmen/Tag:   27000 Besucher × CHF 102   = CHF 2754000
Fixkosten/Tag:                               − CHF 2900000
Erfolg/Tag:                                  − CHF  146000
Verlust/Tag:                                   CHF  146000
Total Verlust:           CHF 146000 × 4 Tage = CHF 584000
```

b) Fixkosten CHF 2900000 / CHF 102 = 28431.4 → **28432 Besucher**

2. a) Kosten CHF 8700000 / CHF 250 = **34800 Besucher mit Dreitagespass**

b)
```
Kosten      CHF 8700000
./. Verlust CHF  325000
DB          CHF 8375000 / CHF 250 = 33500 Besucher mit Dreitagespass
```

1.15.4 Berechnungen im Warenhaus Weco AG

a)
```
Warenaufwand   1200000   100%
Bruttogewinn   1440000   120%
Nettoerlös     2640000   220%
```

b)
```
  Bruttogewinn     1440000
− Gemeinkosten      800000
= Reingewinn        640000
```

c) Bruttogewinn = Gemeinkosten   800000.00   120%
   Nettoerlös   1466666.65   220%

d)
```
  Gemeinkosten    800000
+ Reingewinn      800000
= Bruttogewinn   1600000   120%
→ Nettoerlös    2933333.20  220%
```

1.15.5 Im Kleidergeschäft «Henry's Choice»

a)
```
  EP    100%
+ BG     43%       38700   (= Gemeinkosten)
= NErl  143%      128700
```

b)
```
  EP    100%
+ BG     43%      96320          BG  96320
= NErl  143%     320320      | − GK  38700
                             = RG   57620
```

1.15.6 Kalkulation für die Schulgemeinde

a)
```
  Einnahmen pro Kind                CHF  29.00
− Variable Kosten pro Kind          CHF  13.50
= Deckungsbeitrag pro Kind          CHF  15.50
```

b)
```
  35 × Deckungsbeitrag              CHF  542.50
− Fixe Kosten                       CHF  450.00
= Gewinn                            CHF   92.50
```
oder:
```
  Einnahmen 35 × 29                 CHF 1015.00
− Fixe Kosten                       CHF  450.00
− Variable Kosten                   CHF  472.50
= Gewinn                            CHF   92.50
```

c) Fixkosten 450 : DB 15.50 = 29.03 → **30 Kinder**

d)
```
  Deckungsbeitrag 16 × 15.50        CHF  248.00
− Fixkosten                         CHF  450.00
= Subvention                        CHF  202.00
```
oder:
```
  Variable Kosten: 16 × 13.50       CHF  216.00
+ Fixkosten                         CHF  450.00
− Einnahmen 16 × 29.00              CHF  464.00
= Subvention                        CHF  202.00
```

1.16 Analyse der Bilanz & Erfolgsrechnung – Lösungen

1.16.1 Kennzahlen in einer Handelsunternehmung

a)
1. Eigenkapitalrendite $\quad \dfrac{30\,000 \times 100}{276\,000} = \mathbf{10.9\%}$

2. Gesamtkapitalrendite $\quad \dfrac{(30\,000 + 11\,000) \times 100}{645\,000} = \mathbf{6.4\%}$

3. Umsatzrendite $\quad \dfrac{30\,000 \times 100}{1\,220\,000} = \mathbf{2.5\%}\ [2.46\%]$

4. Fremdfinanzierungsgrad $\quad \dfrac{369\,000 \times 100}{675\,000} = \mathbf{54.7\%}$

5. Anlagedeckungsgrad 2 $\quad \dfrac{(306\,000 + 230\,000) \times 100}{270\,000} = \mathbf{198.5\%}$

6. Liquiditätsgrad 2 $\quad \dfrac{(6\,000 + 15\,000 + 49\,000) \times 100}{20\,000 + 110\,000 + 9\,000} = \mathbf{50.4\%}$

b)

Kennzahlen	Beurteilung (ankreuzen)	Begründung
1. Eigenkapitalrendite	☒ gut / ☐ genügend / ☐ ungenügend	Ist klar mehr als die geforderten 6.5 %.
2. Umsatzrendite	☐ gut / ☐ genügend / ☒ ungenügend	Nur 2.5 Rp. pro Franken Umsatz statt 3 Rp.
3. Eigenfinanzierungsgrad	☐ gut / ☐ genügend / ☒ ungenügend	Sollte mindestens 50 % sein (gemäss Zusatzinformationen unter b) der Aufgabenstellung). Wenn Fremdfinanzierung 54.7 % → dann ist die Eigenfinanzierung 45.3 % (beide zusammen = 100 %)
4. Liquidität der Unternehmung	☐ gut / ☐ genügend / ☒ ungenügend	Sollte mindestens 100 % sein. Die Unternehmung ist konkursgefährdet!

1.16.2 Beurteilung eines Kreditgesuches

1.
a) Liquiditätsgrad 2
$$\dfrac{(\text{Flüssige Mittel} + \text{Kundenguthaben}) \times 100}{\text{kurzfristiges FK}} \quad \dfrac{(100 + 800) \times 100}{2\,100} = 42.9\%$$

b) Eigenfinanzierungsgrad
$$\dfrac{\text{Eigenkapital} \times 100}{\text{Gesamtkapital}} \quad \dfrac{700 \times 100}{3\,500} = 20\%$$

c) Anlagedeckungsgrad 2
$$\dfrac{(\text{langfrist. FK} + \text{EK}) \times 100}{\text{Anlagevermögen}} \quad \dfrac{(700 + 700) \times 100}{2\,000} = 70\%$$

d) Umsatzrendite
$$\dfrac{\text{Reingewinn} \times 100}{\text{Verkaufsumsatz}} \quad \dfrac{30 \times 100}{2\,500} = 1.2\%$$

e) Eigenkapitalrendite
$$\dfrac{\text{Reingewinn} \times 100}{\text{eingesetztes EK}} \quad \dfrac{30 \times 100}{670} = 4.5\%$$

f) Gesamtkapitalrendite
$$\dfrac{(\text{Reingewinn} + \text{Finanzaufwand}) \times 100}{\text{eingesetztes Gesamtkapital}} \quad \dfrac{(30 + 250) \times 100}{3\,470} = 8.1\%$$

2.
a) Liquiditätsgrad 2:
Völlig ungenügend. Er müsste mindestens 100 % sein. Die Unternehmung ist nicht in der Lage, ihre kurzfristigen Schulden zu bezahlen! Konkursrisiko!

b) Eigenfinanzierungsgrad:
Ungenügend! Er ist viel zu tief. Gemäss ungeschriebenem Gesetz müsste er mindestens 1/3 sein, also 33.3 %!

c) Eigenkapitalrendite:
Knapp: Die EK-Rendite ist zwar klar über dem Marktzins. Aber wegen des hohen Risikos sollte sie um einiges höher sein als der Marktzins.

d) Anlagedeckungsgrad 2:
Völlig ungenügend. Er sollte mindestens 100 % sein. Das AV ist nicht vollständig durch langfristiges Kapital finanziert, sondern teilweise durch kurzfristiges.

3. Empfehlung:
Nicht bewilligen: 1) der Liquiditätsgrad und 2) der Anlagedeckungsgrad sind völlig ungenügend. Oder 3) der Fremdfinanzierungsgrad ist jetzt schon zu hoch, wäre dann noch höher.

Finanzwirtschaftliche Zusammenhänge

1.16.3 Kennzahlen von COOP

1. Eigenkapitalrendite:

$$\frac{462\,000\,000 \times 100}{6\,800\,000\,000 \text{ (EK-Reingewinn)}} = 6.8\%$$

2. Eigenfinanzierungsgrad:

$$\frac{7\,262\,000\,000 \times 100}{16\,880\,000\,000} = 43\%$$

3. Umsatzrendite:

$$\frac{462\,000\,000 \times 100}{27\,000\,000\,000} = 1.7\%$$

4. Gesamtkapitalrendite:

$$\frac{(462\,000\,000 + 124\,000\,000) \times 100}{16\,418\,000\,000 \text{ [Gesamtkapital-Reingewinn]}} = 3.6\%$$

5. Fremdfinanzierungsgrad:
57% (100% – 43%)

1.16.4 Kennzahlen berechnen und beurteilen

Liquiditätsgrad 2

Formel und Berechnung	Kommentar
$\frac{\text{[fl. Mittel + Ford.]} \times 100}{\text{kurzfr. FK}} = \frac{(55 + 145) \times 100}{(130 + 175 + 15)} = 62.5\%$	Der Liquiditätsgrad ist viel zu tief. Er sollte mindestens 100% sein. Die kurzfristigen Schulden sind demnach nur zu knapp 60% gedeckt. Die Bankschuld ist zu hoch.

Anlagedeckungsgrad 2

Formel und Berechnung	Kommentar
$\frac{\text{[EK + langfr. FK]} \times 100}{\text{Anlagevermögen}} = \frac{(640 + 410) \times 100}{(190 + 680)} = 120.7\%$	Der Anlagedeckungsgrad 2 ist über 100%. Die Kennzahl ist gut. Das gesamte Anlagevermögen ist langfristig finanziert → goldene Bilanzregel eingehalten.

Eigenfinanzierungsgrad

Formel und Berechnung	Kommentar
$\frac{\text{EK} \times 100}{\text{Gesamtkapital}} = \frac{640 \times 100}{1370} = 46.7\%$	Das Eigenkapital ist mit knapp 46.7% fast die Hälfte. Das ist sehr gut im Branchenvergleich: andere Warenhäuser liegen bei nur 30 bis 40 %.

Eigenkapitalrendite

Formel und Berechnung	Kommentar
$\frac{\text{Reingewinn} \times 100}{\text{eingesetztes EK}} = \frac{40 \times 100}{600} = 6.7\%$	Die Eigenkapitalrendite ist gut für ein Warenhaus: 4.7% über dem Marktzins.

Umsatzrendite

Formel und Berechnung	Kommentar
$\frac{\text{Reingewinn} \times 100}{\text{Umsatz}} = \frac{40 \times 100}{3000} = 1.3\%$	Das ist genügend im Branchenvergleich (1–2%).

Gesamtkapitalrendite

Formel und Berechnung	Kommentar
$\frac{\text{RG + Finanzaufwand} \times 100}{\text{eingesetztes Gesamtkapital}} = \frac{(40 + 20) \times 100}{1330} = 4.5\%$	Das ist 2.2% tiefer als die EK-Rendite, also gut im Vergleich mit anderen Warenhäusern.

1.16.5 Veränderung von Kennzahlen

Nr.	Geschäftsfall oder Buchungssatz	Liquiditätsgrad 2	Eigenfinanzierung	Anlagedeckungsgrad 2
1.	Der Geschäftsinhaber erhöht das Eigenkapital durch Einzahlung auf das Bankkonto.	+	+	+
2.	Bank / Forderungen LL	0	0	0
3.	Kauf von Büromöbeln auf Rechnung.	–	–	–
4.	Mobilien / Kasse	–	0	–
5.	Fahrzeuge / Verbindl. LL	–	–	–
6.	Warenverkauf gegen bar.	+	+	+

1.16.6 Kennzahlen in einer Uhrenfabrik

Kennzahl	Auswirkung	Begründung
Eigenkapitalrendite	+	weniger Zinsen → höherer Gewinn
Eigenfinanzierungsgrad	+	weniger Zinsaufwand → höherer Gewinn → EK wird grösser
Liquiditätsgrad 2	+	weniger Zinszahlungen → mehr flüssige Mittel

2 Betriebswirtschaftliche Zusammenhänge

2.1 Unternehmungsmodell – Lösungen

2.1.1 Anspruchsgruppen eines Quartierladens

Nr.	Forderungen der Anspruchsgruppen	Anspruchsgruppe
1.	Wir wünschen uns, dass die Rechnungen für den Einkauf von Gemüse schneller beglichen werden.	Lieferanten
2.	Der Wettbewerb ist manchmal hart, trotzdem wünschen wir uns Fairness.	Konkurrenz
3.	Das Preis-Leistungs-Verhältnis soll stimmen.	Kunden
4.	Wir möchten einen angemessenen Gewinn erwirtschaften.	Kapitalgeber
5.	Wir möchten gerne, dass unsere Arbeitszeiten flexibel sind.	Mitarbeiter
6.	Wir wollen, dass die Steuern pünktlich bezahlt werden.	Staat
7.	Wir wünschen uns eine Beteiligung an der Entscheidungsfindung der Führungskräfte.	Mitarbeiter

2.1.2 Anspruchsgruppen der Migros und Zielkonflikte

a)
- Kunden
- Mitarbeiter
- Lieferanten
- Genossenschafter oder Kapitalgeber

b)

Anspruchsgruppe	Ansprüche
Kunden	schnelle Lieferung, gute Beratung
Lieferanten	pünktliche Zahlung, regelmässige Bestellung
Mitarbeiter	faire Entlöhnung, viel Ferien

c) Konkurrenz: faire Preise
Institutionen: Sponsoring, Umweltschutz
Staat: pünktliche Steuerzahlung, Einhaltung der Gesetze

d)

Anspruchsgruppen	Zielkonflikt
Kunden ⇢ Migros ⇠ Mitarbeiter	Kunden wollen günstige Preise → weniger Einnahmen → weniger Gewinn / Mitarbeiter wollen hohe Löhne → höhere Kosten → weniger Gewinn
Kapitalgeber ⇢ Migros ⇠ Institutionen	Kapitalgeber möchten hohe Gewinne / Institutionen wollen mehr Umweltschutz → höhere Kosten → weniger Gewinn

2.1.3 Zielkonflikte

a)

Anspruchsgruppen	Zielkonflikt
Mitarbeiter ⇢ Unternehmung X ⇠ Kapitalgeber	Mitarbeiter fordern hohe Löhne / Kapitalgeber fordern hohe Gewinne

b)

Anspruchsgruppen	Zielkonflikt
Kunden ⇢ Unternehmung X ⇠ Lieferanten	Kunden wollen möglichst günstige Preise / Lieferanten verlangen möglichst hohe Preise

Betriebswirtschaftliche Zusammenhänge

Lösungen 6

2.1.4 Zielbeziehungen

Nr.		Zielkonflikt	Zielharmonie	Zielneutralität
	Die Mitarbeiter fordern eine Lohnerhöhung. Die Kunden möchten hohe Preisnachlässe.	X		
	Die Lieferanten erwarten regelmässige Bestellungen, während die Mitarbeiter faire Arbeitsbedingungen möchten.			X
	Der Staat führt strengere Umweltvorschriften ein während der Verein ProNatura sich für die Renaturierung von Flussufern einsetzt.		X	
	Der Gewerbeverband startet eine Kampagne zur Förderung der Geschäfte in der Innenstadt. Die Konkurrenz eines Schuhgeschäfts in der Innenstadt erwartet faire Werbung.			X
	Der Staat erhöht die Mehrwertsteuer, während die Kunden tiefe Preise möchten.	X		

2.1.5 Umweltsphären einer Unternehmung

Nr.	Aussage	Umweltsphären
1.	Mehr und mehr ausländische Brauereien drängen mit Tiefst-Preisen auf den Schweizer Markt. Die Konkurrenz für die kleine Bierbrauerei in Olten wird härter.	C
2.	Die neue Film-Verordnung verbietet Alkohol-Werbung im Kino.	D
3.	In Deutschland wurde ein neues Brauverfahren zur Herstellung eines alkoholreduzierten Bieres entwickelt.	A
4.	Ein neues Umweltschutzgesetz schreibt Maximalwerte für den CO_2-Ausstoss von Autos und Heizungen vor.	D
5.	Die Brauerei beschliesst den Ersatz von Alu-Dosen durch Glas-Flaschen, weil letztere bei der Entsorgung weniger Schadstoffe hinterlassen.	B
6.	Weil zwei Konkurrenz-Firmen Konkurs gemacht haben, kann die kleine lokale Brauerei in Olten mehr Bier absetzen.	C
7.	Die Aufklärungskampagne «no drugs, no alcohol, no problems» der Suchtkommission hat dazu geführt, dass Jugendliche weniger Alkohol trinken.	D

2.1.6 Umweltsphären

Nr.	Entwicklung	Technologische Umweltsphäre	Ökonomische Umweltsphäre	Soziale Umweltsphäre	Ökologische Umweltsphäre
1.	Die *Arbeitslosigkeit* im Kanton Zürich sank im vergangenen Monat um 714 Personen und die Arbeitslosenquote um 0.1 Prozentpunkte auf 3.4 Prozent.		X		
2.	Die Nachrichten der Medien über die Finanzkrise haben dazu geführt, dass die *Leute wieder sparsamer* sind als früher. Wir stellen eine Abnahme bei den Onlinebestellungen fest.		X		
3.	Der *Arbeitsmarkt für Lehrkräfte* ist seit einem Jahr sehr trocken. Die Personalabteilung unserer Schule schaltet im Vergleich zum letzten Jahr fast doppelt so viele Stelleninserate auf.			X	
4.	Ein *neuer Gesamtarbeitsvertrag (GAV)* erhöht die Mindestlöhne für Bäcker und Konditoren. Wir spüren ein höheres Angebot an Arbeitskräften der Branche.			X	
5.	Auf der Messe Industrie, Wissenschaft & Technik wird eine *neue Nähmaschine* vorgestellt. Das neue Nähverfahren bringt qualitativ stark verbesserte Nähmöglichkeiten von Kleidungsstücken, was sich im Vergleich von verschiedenen Kleidungsstücken auf den Verkauf und damit auf unseren Verkaufsumsatz auswirken kann.	X			
6.	Die Grundeinstellung für Druckaufträge unseres Grossraumbüros wurde neu auf «beidseitiges Kopieren» eingestellt. Die IT-Abteilung beabsichtigt damit eine *Verringerung der Papierabfälle*.				X
7.	Die Einstellung grosser *Bevölkerungskreise* gegenüber dem Tabakkonsum und entsprechender Werbung wird zunehmend kritischer.			X	

2.1.7 Unternehmungsstrategie und Unternehmungsleitbild

Nr.	Aussage	Leitbild	Strategie
1.	… enthält allgemein gehaltene Aussagen in folgendem Stil: «Die Bedürfnisse unserer Kunden und die Anliegen unserer Mitarbeiterinnen sind uns sehr wichtig.»	X	
2.	… erlaubt interessierten Kreisen, sich über die Unternehmung zu informieren, z. B. per Internet oder in einer Broschüre.	X	
3.	… ist ein streng vertrauliches Papier, das nur der Geschäftsleitung und den höheren Führungskräften zugänglich ist.		X
4.	… dient auch der PR (Public Relations) und der Werbung für die Unternehmung.	X	
5.	… soll der Öffentlichkeit und den Mitarbeitern die grundlegenden Ziele und Absichten der Unternehmung aufzeigen.	X	

Betriebswirtschaftliche Zusammenhänge

2.1.8 Unternehmungskonzept eines Telekommunikationsanbieters

Nr.	Aussage	Lösung			
			Leistung	Finanzen	Soziales
1.	Der skizzierte Lebenszyklus des neu lancierten Mobiles zeigt, dass in drei Monaten erstmals ein Gewinn in der Höhe von CHF XY erzielt werden kann.	Ziele		x	
		Mittel			
		Verfahren			
2.	Das breite Angebot an internen Weiterbildungsmöglichkeiten ermöglicht es vor allem unseren Lehrabgängern, eine passende Abteilung zu finden.	Ziele			
		Mittel			
		Verfahren			x
3.	Der neue Shop im Stadtzentrum soll neu mit einer Bar ausgestattet werden. Wir benötigen dafür zwei neue Angestellte.	Ziele			
		Mittel	x		
		Verfahren			
4.	Die diesjährige Geräteserie soll neu auch über die beiden momentan führenden Mobilehändler in der Schweiz vertrieben werden.	Ziele			
		Mittel			
		Verfahren	x		
5.	Die in den Pausenräumen neu platzierten PET-Boxen sollen unsere Mitarbeiter für noch mehr Nachhaltigkeit sensibilisieren.	Ziele			x
		Mittel			
		Verfahren			
6.	Für die Realisierung unseres neuen Projektes benötigen wir zusätzlich sieben Millionen Franken Fremdkapital.	Ziele			
		Mittel		x	
		Verfahren			

2.2 Aufbauorganisation – Lösungen

2.2.1 Begriffe

a) Die Anzahl Stellen, die einer vorgesetzten Stelle/Abteilung direkt untergeordnet sind; z. B.: Abteilungsleiter mit vier unterstellten Mitarbeitern → Kontrollspanne = 4

b) Eine Stabstelle übernimmt beratende, überwachende und planerische Funktionen. Sie hat keine Weisungsbefugnisse.

c) Eine Linienstelle nimmt Befehle entgegen und erteilt Weisungen an die untergeordneten Stellen.

d) Der Dienstweg ist der vorgeschriebene formale Weg, über den alle Weisungen und Informationen fliessen.

e) Eine Hierarchie ist die Rangordnung, welche die Über- und Unterordnung der Angestellten zeigt.

f) Das Organigramm zeigt die Abteilungen und Stellen einer Unternehmung in einer grafischen Darstellung.

g) Das ist die Gliederung nach Produkten oder nach Märkten

2.2.2 Aussagen beurteilen

Nr.	Aussage	Richtig	Falsch
1.	Linienstellen sind befolgungspflichtig, aber nicht weisungsberechtigt. Korrektur: **Linienstellen können befolgungspflichtig, weisungsberechtigt oder beides sein.**		x
2.	Leitende Stellen sind auch immer eine Linienstelle.	x	
3.	Leitende Stellen sind weisungsberechtigt.	x	
4.	Leitende Stellen sind immer befolgungspflichtig. Korrektur: **Leitende Stellen können befolgungspflichtig sein, falls sie eine übergeordnete Stelle haben oder Ausführende Stellen sind immer befolgungspflichtig**		x
5.	Leitende Stellen können übergeordnete Stellen haben.	x	
6.	Die oberste leitende Stelle hat keine übergeordnete Stellen.	x	
7.	Ausführende Stellen sind nie eine Linienstelle. Korrektur: **Ausführende Stellen sind Linienstellen.**		x
8.	Stabstellen sind weisungsberechtigt, aber nicht befolgungspflichtig. Korrektur: **Stabstellen sind befolgungspflichtig, aber nicht weisungsberechtigt oder Oberste leitende Stelle sind weisungsberechtigt, aber nicht befolgungspflichtig**		x
9.	Ausführende Stellen sind nicht weisungsberechtigt oder Korrektur: **Ausführende Stellen sind nicht weisungsberechtigt oder Ausführende Stellen sind befolgungspflichtig.**		x

Betriebswirtschaftliche Zusammenhänge

2.2.3 Auswahlfragen zur Organisation

Nr.	Aussage	Richtig	Falsch
10.	Ausführende Stellen haben keine untergeordneten Stellen.	X	
11.	Ausführende Stellen haben immer übergeordnete Stellen.	X	

Nr.	Aussage	Richtig	Falsch
1.	Eine Tiefengliederung einer Organisation hat kleine Kontrollspannen, dafür mehr Hierarchiestufen.	X	
2.	Die Gesamtheit der Regelungen für die Aufteilung der Aufgaben und die Abläufe der Arbeiten bezeichnet man als Organisation.	X	
3.	Eine grosse Kontrollspanne kann dann sinnvoll sein, wenn die unterstellten Mitarbeiterinnen gleichartige Tätigkeiten ausführen.	X	
4.	Zwischen Unternehmungen gibt es in der Aufbauorganisation grössere Unterschiede als in der Ablauforganisation.		X
5.	Das Direktionssekretariat ist ein typisches Beispiel einer Linienstelle.		X
6.	Aus dem Organigramm einer Unternehmung kann man sehen, wie viele Mitarbeiter sie hat.		X

2.2.4 Lückentext

LS haben das Recht, den unterstellten Mitarbeitern Anweisungen zu erteilen und sind ihrerseits verpflichtet, die Anweisungen ihrer Vorgesetzten zu befolgen. Sie können bei ihrer Arbeit von **StS** unterstützt und beraten werden. Alle Informationen und Anweisungen in einer Unternehmung sollten über **DW** erfolgen.
StS müssen zwar auch Anweisungen von vorgesetzten Stellen befolgen, aber sie haben keine **LS** unter sich.

2.2.5 Stellenbeschreibung

a) 1. Aufgaben
    2. Kompetenzen
    3. Verantwortung

b) 1. ☒ Aufgabe ☐ Kompetenz ☐ Verantwortung ☐ gehört nicht zur Stellenbeschreibung
   2. ☐ Aufgabe ☒ Kompetenz ☐ Verantwortung ☐ gehört nicht zur Stellenbeschreibung
   3. ☐ Aufgabe ☐ Kompetenz ☒ Verantwortung ☐ gehört nicht zur Stellenbeschreibung
   4. ☐ Aufgabe ☐ Kompetenz ☐ Verantwortung ☒ gehört nicht zur Stellenbeschreibung
   5. ☒ Aufgabe ☐ Kompetenz ☐ Verantwortung ☐ gehört nicht zur Stellenbeschreibung

c) Entscheidungsbefugnis: was und wie viel jemand entscheiden darf.

2.2.6 Organigramm des Transportunternehmens LogistEx AG

a)

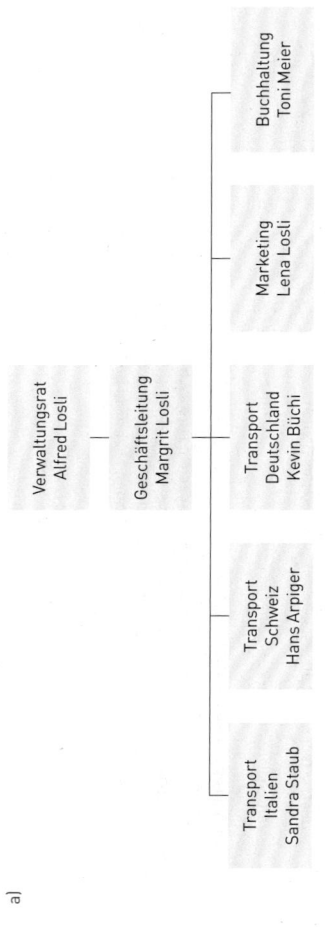

```
            Verwaltungsrat
             Alfred Losli
                  │
            Geschäftsleitung
             Margrit Losli
    ┌────────┬──────┴────┬────────────┐
Transport  Transport  Transport   Marketing    Buchhaltung
 Italien    Schweiz   Deutschland  Lena Losli   Toni Meier
Sandra     Hans      Kevin Büchi
Staub      Arpiger
```

b) 1. Dienstweg, Kontrollspanne, Hierarchie, Stelleninhaber
   2. Kompetenzen, Verantwortung (Lohn gehört nicht dazu)

2.2.7 Organigramm eines Computer-Vertriebs

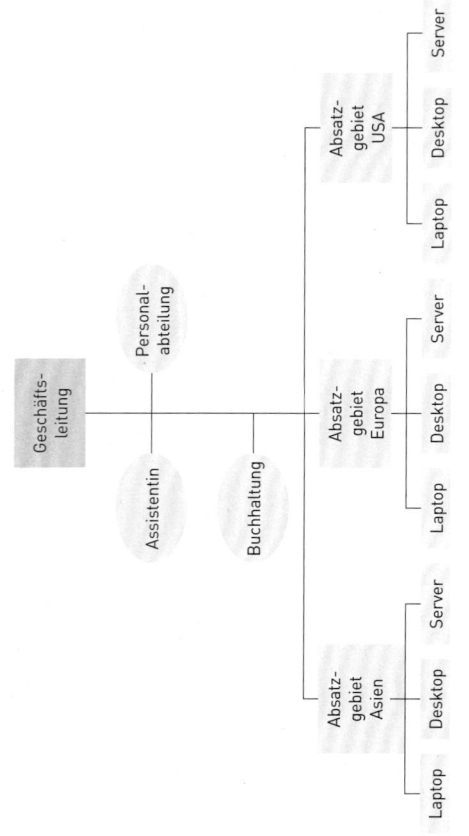

```
                  Geschäfts-
                   leitung
         ┌────────────┼────────────┐
    Assistentin              Personal-
                             abteilung
    Buchhaltung
   ┌──────────┬─────────────┬──────────┐
 Absatz-    Absatz-       Absatz-
 gebiet     gebiet        gebiet
 Asien      Europa        USA
 ┌──┬──┐    ┌──┬──┐       ┌──┬──┐
Laptop Desktop Server  Laptop Desktop Server  Laptop Desktop Server
```

2.2.8 Profit Center

a) Es kann eigenständig der Gewinn oder Verlust dieser Abteilung in einer Erfolgsrechnung ermittelt werden.

b) 1. bei der Gliederung nach Funktionen / Tätigkeiten
   2. In der Abteilung Einkauf oder Herstellung oder Verkauf kann nicht eigenständig ein Gewinn oder Verlust erzielt werden.
   3. die Gliederung nach Produkten und nach Märkten (geografisch oder nach Kundengruppen)

2.2.9 Funktionendiagramm

Stelle/Funktion (Wer?) (Was?) (Aufgabe/Tätigkeit)	Sportchef	Restauration	Finanzen	Präsident
Turnierplanung erstellen	P, A			E
Bestätigung Turnieranmeldung; Rechnung mit Turniergebühr versenden	P (A)	P, A (E)	E, A	
Getränke einkaufen		E		
Jahresbudget mit vierteljährlichen Controlling-berichten			P, A	E

in Klammer: andere mögliche Zuordnungen

2.3 Marketing – Lösungen

2.3.1 Begriff Marketing

	Handel betreiben.
	den Vertrieb und die Werbung für die Produkte und Dienstleistungen.
	das Ziel, den Leuten Dinge zu verkaufen, die sie nicht brauchen.
x	die Gesamtheit aller Massnahmen für den Absatz der Produkte und Dienstleistungen.
x	die Art und Weise, wie die Absatzverfahren eingesetzt werden.
x	eine unternehmerische Denkhaltung, die alle Aktivitäten auf die Kunden ausrichtet.

2.3.2 Markt- und Produktziele

a)

Nr.	Zielsetzung	Produktziel	Marktziel
1.	Wir benötigen eine Küche, in der täglich 80 Gerichte zubereitet werden können.	x	
2.	Die Speisekarte soll mindestens 5 Vorspeisen, 8 Hauptspeisen und 6 Desserts umfassen.	x	
3.	Wir wollen Bedürfnisse nach ganzen Menus sowie nach à-la-carte-Gerichten abdecken.		x
4.	Wir wollen bevorzugt junge, moderne, erfolgreiche Berufsleute als Gäste gewinnen.		x
5.	Im Kreis der gehobenen Restaurants streben wir einen Marktanteil von 5 % innerhalb von drei Jahren an.		x
6.	Unser Wochenumsatz soll am Ende des ersten Jahres bei ca. CHF 9 000.00 liegen.		x

2.3.3 Marktgrössen

a)

Nr.		Fachwort
1.	Gegenwärtig besuchen ca. 3000 Touristen täglich eine Strandbar in Rimini.	Marktvolumen
2.	Maximal könnten 10 000 Touristen täglich eine Strandbar aufsuchen, denn so viele Touristen tummeln sich täglich am Strand.	Marktpotenzial
3.	Bis in fünf Monaten wollen Anna und Paolo täglich 600 Touristen in ihrer Strandbar bedienen können.	Marktanteil

b) 3000 Touristen = 100 %
   600 Touristen = 20 % (1/5)

Betriebswirtschaftliche Zusammenhänge

Lösungen

c)

Marktvolumen	Marktpotenzial
Total der von allen Anbietern abgesetzten Menge an Produkten Gesamter Umsatz aller Anbieter	Maximale Aufnahmefähigkeit eines Marktes für ein bestimmtes Produkt

2.3.4 Marktsituationen

a) Marksättigung 98 %, Marktanteil 5 % (vom Marktvolumen)

b) Marksättigung 80 %, Wachstumspotenzial, Marktanteil 25 %

c) Marksättigung 75 %, Marktanteil 75 %

2.3.5 Produktlebenszyklus

Aussagen	Einführung	Wachstum	Reife	Sättigung	Degeneration
a) Wegen der hohen Entwicklungskosten sowie der Werbekosten entsteht ein Defizit.	x				
b) Wenn das Produkt nicht weiterentwickelt wird (Sonderedition, Spezialangebote), wird es noch rascher als geplant vom Markt verschwinden.					x
c) Der Gewinn erreicht seinen Höhepunkt. Gleichzeitig müssen jedoch wegen des Kampfes um Marktanteile die Preise gesenkt werden.			x		
d) Die ersten Konkurrenten treten mit Nachahmerprodukten am Markt auf.		x			
e) Das Marktvolumen erreicht das Marktpotenzial. Wegen des harten Verdrängungswettbewerbs müssen die Preise weiter gesenkt werden.				x	

2.3.6 Sortiment

a)

Nr.	Unternehmung	breit	schmal	flach	tief
1.	Vergleich auf dem **Getränkemarkt**				
	a) Getränkehandlung Lanz AG	x			x
	b) Selecta-Automat am Bahnhof			x	
2.	Vergleich von **Fluggesellschaften**:				
	a) Charterfluggesellschaft Robin-Air: fliegt drei Ferieninseln täglich 2× an		x		
	b) Fluggesellschaft Eurostar: fliegt 90 Destinationen 1× pro Woche an	x		x	
3.	Vergleich von **Supermärkten**:				
	a) MIGROS	x			x
	b) COOP	x			x

b) 1. Von einem Produkt hat es verschiedene Sorten (Farben, Grössen usw.)

2. Es hat viele verschiedene Produktgruppen zur Auswahl

c)

Auswahl	Sortiment	Begründung für Ihre Wahl
	tief und flach	
x	schmal und tief	nur 9 Weinmarken (schmal), aber jede in vielen Jahrgängen und Flaschengrössen (tief)
	breit und schmal	
	tief und breit	
	breit und flach	
	flach und schmal	

2.3.7 Marketing-Mix

a)

Englischer Begriff	Bedeutung (möglichst genau)
Price	Die Preispolitik, z. B. Aktionen, Zahlungsmodalitäten etc.
Place	Die Verkaufskanäle und die Transportwege von Produkten und DL.
Product	Die Produktgestaltung, z. B. Marke, Design, Verpackung etc.
Promotion	Die Werbung, z. B. AIDA-Formel, Werbeträger, Werbemittel etc.

b)

Nr.	Marketing-Instrument (englischer Begriff)
1.	Place
2.	Product
3.	Price
4.	Product

Betriebswirtschaftliche Zusammenhänge

2.3.8 Absatzweg

a)
Direkter Absatzweg:	Das Produkt gelangt vom Produzenten direkt zum Konsumenten.
Indirekter Absatzweg:	Das Produkt gelangt über Zwischenhändler zum Konsumenten.

b)
Direkter Absatzweg:	Online-Shop von Sony, Nike, usw. Fabrikladen z. B. Lindt / Verkauf ab Hof beim Bauern
Indirekter Absatzweg:	Coca-Cola ab Kiosk, im Restaurant Sony-Geräte über Media Markt Nike-Schuhe im Sportgeschäft

c)
Direkt	Indirekt
Brotverkauf direkt ab Bäckerei-Geschäft	Lieferung an Restaurant, an Kioske, an Hotels oder Verkauf von Michel Orangensaft, Ovomaltine Choco Drink (Markenprodukte)

2.3.9 Werbemittel

Nr.	Eigenschaften	Inserat / Plakat	Werbung im Lokalradio	Werbebrief / Flugblatt	Schaufenster	Fernsehspot
1.	spricht nur den Hörsinn an		x			
2.	sehr teuer					x
3.	geeignet für lokale Anbieter	x	x	x	x	
4.	spricht nur den Sehsinn an	x		x	x	
5.	sehr hohe Reichweite möglich					x

2.3.10 Werbekonzept

Nr.	Werbeträger	Werbemittel
Bsp	Schweizer Fernsehen SRF	TV-Spot
1.	Schweizer Illustrierte	*Inserat*
2.	Radio Energy	*Radio-Spot*
3.	Plakatwand im HB Zürich	*Plakat*
4.	Prospekt-Ständer im Kino Abaton	*Flyer*
5.	Facebook	*Bannerwerbung*

2.3.11 AIDA-Formel

	Englischer Begriff	Erklärung
A	attention	Es soll die Aufmerksamkeit geweckt werden.
I	interest	Es soll ein näheres Interesse für das Produkt erzeugt werden.
D	desire	Beispiel: Es soll der Wunsch geweckt werden, das Produkt zu besitzen.
A	action	Es soll die Kaufhandlung ausgelöst werden.

2.3.12 Werbung und Public Relations

	Werbung	Public Relations (PR)
An wen richtet sich die Werbung bzw. die PR?	Richtet sich an mögliche Kunden.	Richtet sich an die Öffentlichkeit.
Was soll damit erreicht werden?	Höher Verkauf der Produkte.	Vertrauen in das Unternehmen. Imageförderung
Je zwei Beispiele, wie Werbung bzw. PR gemacht wird.	– Inserate – Radiospots – TV-Werbung	– Pressekonferenzen – Sponsoring – Spenden für gute Zwecke – Tag der offenen Tür

2.4 Personalwesen – Lösungen

2.4.1 Begriffe zuweisen

Nr.	Begriff	Nr.	Begriff
1.	Stellenbeschreibung	6.	Mit den Mitarbeitern werden in regelmässigen Abständen die vereinbarten Ziele mit den erreichten Zielen verglichen und besprochen.
2.	Interview	5.	Freiwillige Zusatzleistungen wie Zusatzferien, Sportangebote oder nicht arbeitsbezogene Weiterbildungsmöglichkeiten.
3.	Personaladministration	1.	Aufgaben, Kompetenzen, Verantwortung, Eingliederung in das Organigramm.
4.	Personalentwicklung	4.	Massnahmen, die dazu dienen, Mitarbeiter auf ihre künftigen Herausforderungen vorzubereiten.
5.	Fringe Benefits	2.	Vorstellungsgespräch, bei dem sich ein neuer Mitarbeiter dem Unternehmen vorstellt.
6.	Personalbeurteilung	3.	Alle Arbeiten, die im Zusammenhang mit Mitarbeitern anfallen.
7.	Personalaustritte	7.	Mitarbeiter verlassen ein Unternehmen.

2.4.2 Gleichbedeutende Begriffe

PW: Personalwesen
PM: Personalmanagement
HRM: Human Resources Management

2.4.3 Aufgaben des Personalmanagements

a)

Hauptordner:	Personalbeschaffung	Personalbetreuung	Personalaustritt
Unterordner:	4., 5.	1., 2., 3.	

b)

Dateiname	Unterordner/Hauptordner
Excel-Liste Stellenwachstumsplan	4.
Arztzeugnis H. G.	2.
Protokoll Mitarbeitergespräch mit R. G.	1.
Bewerbungsdossier K. H.	5.
Arbeitszeugnis P. S.	Personalaustritt
Inserat für Stelle Empfangssekretariat	5.
Liste Gehaltsabrechnungen April	3.
Ablaufplanung Weihnachtsessen	2.

2.4.4 Personalbeschaffung

a)
- Wie viele Arbeitskräfte werden benötigt?
- Wann werden die Arbeitskräfte benötigt?
- Wo werden die Arbeitskräfte benötigt?
- Welche Qualifikationen (Ausbildung) müssen sie aufweisen?

b)

	Interne Rekrutierung	Externe Rekrutierung
Vorteil	– kostengünstig – schnelle Einarbeitung	– grössere Auswahl – externes Wissen und externe Erfahrung
Nachteil	– kein «neues Blut» von aussen – die alte Stelle muss neu besetzt werden	– teure und aufwendige Suche – grössere Gefahr von Fehlbesetzungen

c)

Nr.	Situation	intern	extern
1.	Zwischen Weihnachten und Neujahr kommen doppelt so viele Gäste wie im Jahresdurchschnitt und müssen bedient werden.		x
2.	Die Kassiererin Z hat sich Anfangs Saison die Hand gebrochen und fällt ca. vier Tage ganz aus; danach wird sie ca. einen Monat lang zu 50–80 % arbeiten können.	x	
3.	Von den total neun Mitarbeiterinnen des Betriebsbüros wird die Halbtags Angestellte Y einen unbezahlten Urlaub (zusätzlich zu ihrem normalen, vertraglichen Urlaub) von vier Wochen antreten.	x	

d) Ein Assessment-Center ist ein Auswahlverfahren, bei dem den Kandidaten unter Beobachtung verschiedene Aufgaben in Rollenspielen oder Gruppendiskussionen gestellt werden.

2.4.5 Personalhonorierung

a)

Prämienlohn	Leistungslohn
Der Mitarbeiter erhält einen Grundlohn (Zeitlohn) und zusätzlich eine Prämie für besondere Leistungen.	Die Lohnhöhe richtet sich alleine nach der Menge (Output) der Arbeitsleistung: Mengenakkord oder Zeitakkord.

b)

Nr.	Aussage	ZL	LL	PL
1.	Eine Textilmitarbeiterin erhält mehr Lohn, wenn sie wenig Abfall produziert.			x
2.	Die Lohnhöhe richtet sich nach Alter und Ausbildung, wobei die Leistung nicht genau gemessen wird.	x		
3.	Falls man immer die gleiche Leistung erbringt, erhält man auch immer den gleichen Lohn.		x	
4.	Zusatzleistungen werden zusätzlich belohnt.			x
5.	Bei dieser Lohnart besteht keine Gefahr eines hastigen Arbeitstempos.	x		
6.	Der Lohn steht in direktem Verhältnis zur erbrachten Leistung.		x	
7.	Diese Lohnart ist für die betriebliche Abrechnung am einfachsten.	x		

Betriebswirtschaftliche Zusammenhänge

Nr.	Aussage	ZL	LL	PL
8.	Wer von 15–17 Uhr einen WM-Match anschaut und dafür zwei mal, statt um 17 Uhr, erst um 18 Uhr nach Hause geht, der hat diese Lohnart.	x		
9.	Diese Lohnart ist nur anwendbar bei genau messbarer Arbeitsleistung.			x
10.	Wer eine «ruhige Kugel» schiebt, wird dafür finanziell nicht bestraft.	x		

c)

Lohnart	Nachteil (AN)	Nachteil (AG)
Zeitlohn	- Zusatzleistungen werden nicht direkt honoriert	- evtl. schlechte Qualität - kein Teamdenken - komplizierte Abrechnung
Leistungslohn	- höhere Unfallgefahr - Gefahr des Überarbeitens	

2.4.6 Aussagen beurteilen

Nr.	Aussage	R	F
1.	Das Ziel eines guten Personalmanagements ist es, die richtigen Leute in der richtigen Menge zur richtigen Zeit am richtigen Ort im Einsatz zu haben.	x	
2.	Das Interview beim Rekrutierungsprozess wird meistens nach einem ausgiebigen Assessment durchgeführt. Korrektur: **Das Interview erfolgt am Anfang des Rekrutierungsprozesses.**		x
3.	Ein Mitarbeitergespräch ist ein Gespräch zwischen zwei Mitarbeitern über das Arbeitsverhältnis in der Unternehmung. Korrektur: **Es ist ein (Beurteilungs-) Gespräch zwischen Vorgesetztem und Mitarbeiter.**		x
4.	Um einen kurzfristigen Personalbedarf zu decken (z. B. wegen Krankheit) sollte ein Betrieb eine externe Stellenausschreibung im Intranet oder am Anschlagbrett platzieren. Korrektur: **... eine interne Stellenausschreibung**		x
5.	Die Personaladministration umfasst alle Arbeiten, die im Zusammenhang mit dem Personal anfallen.	x	
6.	Unter Gratifikation versteht man die freiwillige Belohnung für Erfolg und Einsatz. Korrektur:	x	
7.	Extern rekrutierte Mitarbeiter können schneller eingearbeitet werden. Korrektur: **Intern rekrutierte Mitarbeiter ...**		x
8.	Die Entlöhnung von Spitalärzten mit einem Leistungslohn kann zu einer höheren Motivation und zu gesteigerter Sorgfalt führen. Korrektur: **Es besteht eher die Gefahr von weniger sorgfältiger Arbeit.**		x

2.4.7 Personalaustritte

- Pensionierung von Sara
- Tod von Sara
- Kündigung von Sara

2.5 Versicherungen – Lösungen

2.5.1 Versicherungsbegriffe

a) **Prinzip einer Versicherung:**
Viele Versicherte zahlen relativ **tiefe** Prämien an die Versicherung. Die Versicherungsgesellschaft bezahlt in relativ **wenigen** Schadensfällen den relativ **hohen** Schaden.

b) Solidaritätsprinzip

c) Sachversicherungen: Sie decken Schäden an eigenen Sachen.
Vermögensversicherungen: Sie decken selbstverschuldete Schäden an fremden Sachen (Sach-/Personenschäden).

d) Sachversicherungen: Motorfahrzeug-Kaskoversicherung (Teil- oder Vollkasko), Hausratversicherung
Vermögensversicherung: Motorfahrzeughaftpflichtversicherung, Privathaftpflichtversicherung

2.5.2 Sach-, Vermögens- und Personenversicherungen

a)

Nr.	Fall	PV	VV	SV
1.	Tina muss wegen einer akuten Darminfektion drei Tage ins Spital.	x		
2.	Beim Servieren verschüttet Tina versehentlich ein Glas Wein auf das weisse Seidenkleid einer Kundin. Reinigung bringt nichts, sie muss das Kleid ersetzen.		x	
3.	Der Barkeeperin zerspringt beim Öffnen eine Champagnerflasche zwischen den Fingern. Die Wunde muss genäht werden.			x
4.	Nach einem Jahrhundert-Gewitter muss die Bar wegen Wasserschadens für drei Tage geschlossen bleiben. Die Umsatzeinbusse ist beträchtlich.		x	
5.	Wegen des Wasserschadens müssen alle Teppiche ersetzt werden.	x		
6.	Als Tina bei einer Schlägerei vermitteln will, trifft sie ein Faustschlag ins Gesicht; sie bricht das Nasenbein und muss zum Arzt.			x

b)

Nr.	Versicherung	Sach-versicherung	Personen-versicherung	Vermögens-versicherung
1.	Rechtsschutzversicherung			x
2.	Betriebshaftpflichtversicherung			x
3.	Unfallversicherung		x	
4.	Motorfahrzeughaftpflichtversicherung			x
5.	Mobiliarversicherung	x		
6.	AHV/IV/EO		x	
7.	Garantieversicherung			x

c) AHV/IV/EO; Mfz-Haftpflichtversicherung; Unfallversicherung

Betriebswirtschaftliche Zusammenhänge

2.5.3 Unter-, Über- und Doppelversicherung

a) Unterversicherung

b)
1. 75000 / 100000 = 75 % → Die Unterversicherung beträgt 25 %. Nur 75 % des Schadens ist gedeckt. 75 % von CHF 100 000.00 = CHF 75 000.00
2. 75000 / 100000 = 75 % → Die Unterversicherung beträgt 25 %. Nur 75 % des Schadens ist gedeckt. 75 % von CHF 90 000.00 = CHF 67 500.00
3. 75000 / 100000 = 75 % → Die Unterversicherung beträgt 25 %. Nur 75 % des Schadens ist gedeckt. 75 % von CHF 50 000.00 = CHF 37 500.00

c) Überversicherung: Die Versicherung wird CHF 100 000.00 zahlen. Die Überversicherung bringt nichts, kostet aber mehr Prämien.

d)
1. Es besteht eine Doppelversicherung.
2. Die Versicherungen werden maximal CHF 1 200.00 zahlen. Der Schaden wird unter den Versicherungen aufgeteilt. Falls die Frau die Versicherungen nicht darüber informiert und doppelt kassiert, besteht ungerechtfertigte Bereicherung. Eventuell ist noch ein Selbstbehalt zu berücksichtigen.

2.5.4 Versicherungstyp

a) Teilkaskoversicherung
b) Private Spital-Zusatzversicherung bei der Krankenkasse
c) Hausratversicherung
d) Lebensversicherung (Todesfallversicherung oder Gemischte Lebensversicherung)
e) Privathaftpflichtversicherung

2.5.5 Versicherungen bei einem Unfall

a)

Nr.	Versicherung	Schaden am Opel von Kevin Fischer	Arztkosten von Kevin Fischer	Schaden am Auto von Sina Turnheer
1.	Unfallversicherung von Kevin Fischer		x [1]	
2.	Unfallversicherung von Sina Turnheer			
3.	Vollkaskoversicherung von Kevin Fischer			
4.	Vollkaskoversicherung von Sina Turnheer			x
5.	Privathaftpflichtversicherung von Sina Turnheer			
6.	Motorfahrzeughaftpflichtversicherung von Kevin Fischer	x		
7.	Motorfahrzeughaftpflichtversicherung von Sina Turnheer		x [1]	

[1] Kevins Unfallversicherung wird die Arztkosten rasch bezahlen, aber wegen der Schuld von Sina am Unfall den Betrag von ihrer Mfz-Haftpflichtversicherung zurück verlangen (Regress).

b) Die Versicherungsprämien der Motorfahrzeughaftpflicht- und der Motorfahrzeugkaskoversicherung von Sina werden ansteigen. Das ist das Bonus-/Malus-Prinzip.

c) Sinas Versicherung könnte Regress (Rückgriff) auf sie nehmen. Das heisst, sie müsste einen Teil des Schadens selber zahlen.

2.5.6 3-Säulen-Prinzip

a) Das 3-Säulen-Konzept als Vorsorge für
– Alter, – Tod und – Invalidität.

	1. Säule	2. Säule	3. Säule
Bezeichnung:	Staatliche Vorsorge	Berufliche Vorsorge	Private Vorsorge
Träger:	AHV/IV	Pensionskasse	Banken; Versicherungen
obligatorisch oder freiwillig:	obligatorisch	obligatorisch	freiwillig
Was soll gedeckt sein?	Existenzminimum	ca. 60 % des ursprünglichen Einkommens	gewohnte Lebenshaltung + weitere Wünsche

b)

1. Säule	2. Säule	3. Säule
Buchstaben: c), d), f) g), h), i), l), n)	Buchstaben: a), d), e), m)	Buchstaben: b), k), m)

Buchstaben, die zu keiner Säule gehören:
j)

c) Die einbezahlten Beiträge werden auf einem eigenen Konto gespart und bis zur Pensionierung verzinst. Ab dann wird einem das so gesparte Geld als Ganzes oder in Form von monatlichen Zahlungen (= Rente) wieder ausbezahlt.

Betriebswirtschaftliche Zusammenhänge

d) 1. Die aktuellen Arbeitnehmer zahlen für die aktuellen Rentner. Das in die 1. Säule einbezahlte Kapital wird also direkt wieder an die Pensionierten ausbezahlt (umgelegt).
2. Immer weniger Arbeitstätige zahlen Beiträge für immer mehr Rentner.
3. Die Familien haben immer weniger Kinder, und durch die medizinischen Fortschritte werden die Leute immer älter.
4. – *Einflussnahme auf den demographischen Wandel*
   – *Verstärkte staatliche Finanzierung (z. B. MWST-Erhöhung)*
   – Erhöhung der Beitragssätze
   – Anhebung des Rentenalters
   – Rentenkürzungen

2.5.7 Lebensversicherung

Berichtigung

	Richtig	Falsch
Die Versicherungssumme wird ausbezahlt, wenn der Versicherte während der Versicherungsdauer stirbt oder wenn er nach Ablauf der Versicherungsdauer noch lebt.	x	
Der dritten Säule		x
Um einiges tiefer		x

2.5.8 Umgang mit Risiken

Stufe	Bezeichnung im Risikomanagement	Wie wird das gemacht beim Töff-Fahren
1	Risiko vermeiden	Ganz Verzichten aufs Töff-Fahren / Nicht fahren bei Schnee und Nässe
2	Risiko vermindern	Vorsichtig fahren; Schutzanzug tragen
3	Risiko/Schaden überwälzen auf Versicherung	Unfallversicherung und/oder Todesfallversicherung abschliessen

2.5.9 Fragen zur Krankenkasse

a) Bei der Krankenkasse muss der Versicherte von jedem Schadensfall 10 % selber übernehmen. Dies nennt man **Selbstbehalt**. Zusätzlich muss er von den ersten Arztrechnungen jedes Jahres einen bestimmten Betrag (Minimum CHF 300.00) selbst bezahlen. Diesen Pauschalbetrag nennt man **Franchise**.

b) CHF 850.00 − CHF 300.00 = 550.00 − 55.00 = **CHF 495.00**
(Franchise) (10 % Selbstbehalt)

2.5.10 Probleme bei der Hausratversicherung

a) Unterversicherung

b) 120 000.00 − 100 %
   90 000.00 − 75 % → Unterversicherung 25 %

   Schaden 100 % CHF 20 000.00
   Übernahme 75 % − CHF 15 000.00
   − 300.00 (Selbstbehalt)
   = **CHF 14 700.00**

2.5.11 Demographischer Wandel

a) L1: Einstieg in Erwerbsleben (Abschluss der Grundausbildung)
   L2: Ausstieg aus der Erwerbstätigkeit (Erreichung des Rentenalters)

b) Bevölkerungsteil / Generation II: Die Erwerbstätigen (zwischen 20 und 65 jährig)

c) Bevölkerungsteil / Generation III: Die Rentner (ab 65 jährig oder früher bei Frühpensionierung)

2.5.12 Übersichtsaufgabe Versicherungen

	Gebäude-versicherung	Hausrat-versicherung	Mfz-Kasko-versicherung	Privat-Haftpflicht-versicherung	Mfz-Haftpflicht-versicherung
Sachversicherung	x	x	x		
Vermögensversicherung				x	x
Personenversicherung					
Staatliche Versicherung					
Private Versicherung	x	x	x	x	x
Obligatorische Versich.	x[1]				x
Freiwillige Versicherung		x	x	x[2]	

	AHV/IV/EO	Arbeitslo-senversi-cherung	Unfall-versiche-rung	Pensions-kasse	Kranken-versiche-rung	Lebens-versiche-rung
Sachversicherung						
Vermögensversicherung						
Personenversicherung	x	x	x	x	x	x
Staatliche Versicherung	x	x	(x)[3]			
Private Versicherung			x	x	x	x
Obligatorische Versich.	x	x	x	x	x[4]	
Freiwillige Versicherung					x[4]	x

1 in den meisten Kantonen 2 aber in manchen Kantonen obligatorisch für Tierhalter 3 nur die SUVA für bestimmte Branchen 4 Grundversicherung obligatorisch, Zusatzversicherung freiwillig

2.6 Finanzierung – Kapitalanlage – Lösungen

2.6.1 Finanzierungsarten

a)

```
                    Bilanz
         ┌──────────────────────────┐
         │ UV          │ FK         │ ← Kurzfristige
         │             │ kurzfristig│   Fremdfinanzierung z. B.
         │             │            │   Kontokorrentkredit
         │             │            │   Lieferantenkredit
         ├─────────────┼────────────┤
         │ AV          │ FK         │ ← Langfristige
         │             │ langfristig│   Fremdfinanzierung z. B.
         │             │            │   Obligationsanleihe
         │             │            │   Darlehen
         │             ├────────────┤
         │             │ EK         │ ← Beteiligungs-
         │             │            │   finanzierung
         │             │            │   z. B. durch Aufnahme von Aktien
         └─────────────┴────────────┘
```

Verflüssigungsfinanzierung ← → Fremdfinanzierung / Eigenfinanzierung

Innenfinanzierung | Aussenfinanzierung
Selbstfinanzierung

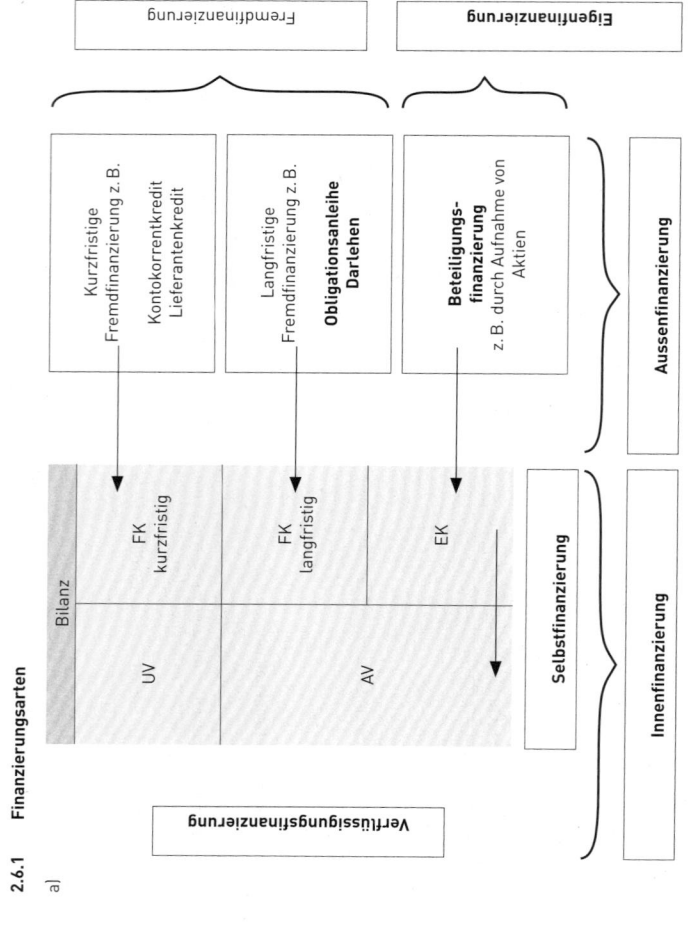

b)
- Bei der Innenfinanzierung wird das neue Eigenkapital aus der Betriebstätigkeit selber erarbeitet: die Gewinne werden im Geschäft belassen zur Erhöhung des EK
- Bei der Aussenfinanzierung kommt neues Kapital von Aussen: es wird von aussen einbezahlt, entweder von Eigentümern oder von FK-Gebern

c)
1. Anlagevermögen wird in liquide Mittel umgewandelt («verflüssigt»)
2. Eine Maschine wird gegen bar verkauft.

2.6.2 Kredite und ihre Sicherheiten

a) Realsicherheit: Eine Sache dient als Sicherheit
Personalsicherheit: Eine Person dient als Sicherheit

b) Personalsicherheit: Bürgschaftskredit
Realsicherheit: Faustpfandkredit

c)

Art des Kredites	Art der Sicherheit
Bürgschaftskredit	eine Drittperson garantiert die Rückzahlung
Faustpfandkredit	eine bewegliche Sache (Schmuck etc.)
Hypothekarkredit	ein Grundstück oder ein Haus
Blankokredit	keine spezielle Sicherheit

d)
1. Kreditprüfung
2. Kreditbewilligung
3. Kreditüberwachung

e)
1. Kreditwürdigkeit
Kreditfähigkeit
2. Kreditwürdigkeit: ob es eine «saubere» Unternehmung ist mit einem guten Namen: Geschäftsführung, Zahlungsmoral oder:
Ob das Geschäft den Kredit wird zurückzahlen können: erfolgreiche Geschäftstätigkeit
Kreditfähigkeit:

2.6.3 Auswirkung der Finanzierung auf die Kennzahlen

Nr.	Geschäftsfall	Kennzahl	Veränderung
Bsp.	Bareinlage des Geschäftsinhabers	LIQ2	+
1.	Einlage des Geschäftsinhabers auf das Bankkonto	FFG	–
2.	Der Jahresgewinn ist um 3 % gesunken	REK	–
3.	Aufnahme einer Hypothek bei der Bank	LIQ2	+
4.	Aufnahme einer Hypothek bei der Bank	EFG	–
5.	Barverkauf einer Maschine	REK	0
6.	Einkauf von Waren gegen Rechnung	LIQ2	–
7.	Einkauf von Büromaterial gegen Rechnung	EFG	–
8.	Umwandlung von Lieferantenschulden in ein langfristiges Darlehen	FFG	0
9.	Umwandlung von Lieferantenschulden in ein langfristiges Darlehen	LIQ2	+
10.	Ein Teil des Gewinns wird den Reserven zugewiesen	EFG	+
11.	Barverkauf eines Geschäftsfahrzeuges	LIQ2	+
12.	Warenverkauf gegen Rechnung	REK	+

2.6.4 Wertpapiere und ihre Merkmale

a) ☐ nur 1. ☐ 1+2 ☐ alle drei ☐ gar keine
☒ 2+3 ☐ 1+3 ☐ nur 2 ☐ nur 3

Betriebswirtschaftliche Zusammenhänge

2.6.5 Anlagefonds

a)
1. ein grosser Topf, in dem sich viele verschiedene Wertpapiere befinden
2. Banken und Fondsgesellschaften
3. er kauft einen Anteil am ganzen Fonds
4. -Aktienfonds, -Obligationenfonds, -Gemischter Fonds

b)
- Man kann sich mit kleinem Einsatz an verschiedenen Wertpapieren beteiligen.
- gute Risikostreuung (→ Diversifizierung des Risikos)
- Anteil am Wertzuwachs des Fonds
- liquide Anlage; die Anteile können täglich zurückgegeben werden

2.6.6 Anlageziele und Anlagestrategie

a)
Anlageziel	Umschreibung
Liquidität	Er möchte seine Geldanlage sofort wieder auflösen können
Sicherheit	Er möchte, dass seine Geldanlage ihren Wert erhält
Nachhaltige Verantwortung	Er möchte, dass seine Anlage für ökologisch korrekte, umweltgerechte Projekte genutzt wird.

b) zwischen Rentabilität und Sicherheit; wer viel Sicherheit will, muss auf hohe Rendite verzichten; wer hohe Rendite will, muss ein hohes Risiko (= wenig Sicherheit) in Kauf nehmen.

c)
Claire Bach	Maurice Clerc	Heinz u. Gabi Suter
Rendite	Sicherheit	Nachhaltige Verantwortung

2.6.7 Anlagestrategie

1. dynamische (aggressive) Anlagestrategie

2.
- 75% der Anlage in Aktien ist sehr hoch = hohes Risiko
- Ausländische Immobilien und Aktien in growing markets = hohes Risiko

3. ☒ hohe Liquidität ☐ mittlere Liquidität ☐ geringe Liquidität

4.
- Schweizer Aktien: **Jederzeit an der Börse verkäuflich**
- Aktienfonds: **Fondsanteile können jederzeit zurückgegeben werden**

5.
- Was bedeutet «Diversifikation»? **Streuung des Risikos**
- Wie zeigt sich die Diversifikation in der Anlage der CHF 100 000 bei Claire?
  - **Die Anlage ist aufgeteilt auf 5 verschiedene Anlagemöglichkeiten**
  - **Jeder Fonds hat in sich schon eine Risikostreuung**

---

b)
Merkmal	Obligationen	Aktien
Art des Papiers (Stellung des Eigentümers)	Forderungspapier (Gläubigerpapier)	Beteiligungspapier (Teilhaberpapier)
Art des Ertrages des Besitzers	feststehender Zinssatz	schwankende Dividende
Art des Mitspracherechts in der Unternehmung	keine Mitsprache	Teilnahme und Mitsprache an der GV
Zeitpunkt der Rückzahlung des eingezahlten Betrags	am Ende der Laufzeit	nicht vorgesehen, nur bei Liquidation
Risiko (gross/klein)	klein	gross

c)
- Der Aktionär hat Anspruch auf die Ausschüttung eines jährlich gleich bleibenden Gewinnanteils.
  Korrektur: **eines jährlich schwankenden**
- Bei einem Konkurs werden die Aktien zuerst zurückbezahlt.
  Korrektur: **zuletzt, wenn alle anderen Schulden gedeckt sind**
- Der Aktionär stellt der Unternehmung Kapital zur Verfügung und wird damit Gläubiger der Unternehmung.
  Korrektur: **Miteigentümer**

d)
Aussage	N	I
Der Aktionär erhält einen Gewinnanteil.	x	
Die Papiere können sehr leicht verkauft werden.		x
Die AG kennt ihre Aktionäre nicht.		x
Der Aktionär hat das Recht, an der Generalversammlung teilzunehmen.	x	
Der Anleger wird ins Aktienregister eingetragen.	x	
Der Nennwert muss voll einbezahlt sein.		x

e)
Aussage	Anleihens-obligation	Kassen-obligation
Herausgeber können nur Banken sein.		x
Die Obligation ist an der Börse handelbar.	x	
Die Anlage in dieser Obligation ist liquide.	x	
Der Obligations-Inhaber hat ein Stimmrecht an der Generalversammlung der die Obligation herausgebenden Unternehmung.		
Die Obligation gilt als ziemlich sichere Kapitalanlage.	x	x
Die Ausgabe erfolgt fortlaufend, also nicht zu einem festgelegten Ausgabezeitpunkt.		x
Am Ende der Laufzeit wird die Obligation zurückbezahlt.	x	x
Der Obligationsbesitzer erhält jährlich einen festgelegten Zins.	x	x

2.7 Methodenkompetenzen – Lösungen

2.7.1 Nutzwertanalyse

a, b und c) Entscheidungsfindung mit der Nutzwertanalyse

Eigenschaft	Gewich-tung	Modell 1		Modell 2		Modell 3	
		Note	Nutzen	Note	Nutzen	Note	Nutzen
Kaufpreis	2	5	10	4	8	3	6
Fahrleistungen	1	5	5	4	4	4	4
Kraftstoffverbrauch	4	4	16	5	20	6	24
Umweltfreundlichkeit	3	3	9	4	12	6	18
Nutzwert			**40**		**44**		**52**
Rang			3		2		1

→ Auch andere Lösungsvarianten können korrekt sein, bei anderer Gewichtung von Preis und Umwelt oder bei anderer Notenabstufung. Aber das Ergebnis bleibt!

2.7.2 Diagramme

Lebenserwartung Männer:
- 1981: 72.4
- 2001: 77.4
- 2012: 80.5

Lebenserwartung Frauen:
- 1981: 79.2
- 2001: 83.1
- 2012: 84.7

2.7.3 Baumstrukturen

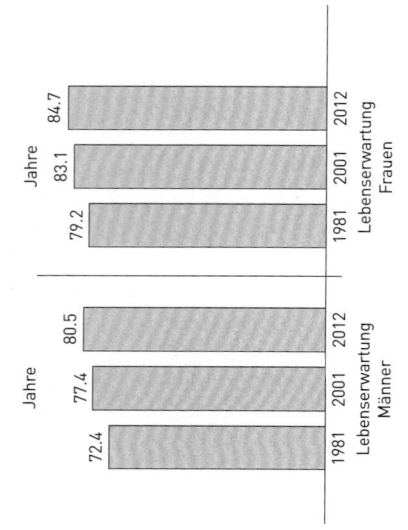

Versicherungen
- Personenversicherungen
  - Unfallversicherung
  - 3-Säulenversicherung
    - AHV-IV
    - Pensionskasse
    - Private Vorsorge
  - Arbeitslosenversicherung
- Vermögensversicherungen
  - Betriebshaftpflichtversicherung
- Sachversicherung
  - Betriebsversicherung
  - Gebäudeversicherung

2.7.4 Pro-/Contra-Listen

pro	contra
– ich kann lernen, wann ich will	– ich bekomme kein direktes Feedback
– ich kann zuhause lernen	– ich habe keine persönliche Lernbegleitung
– ich bezahle CHF 240 weniger	– ich habe niemanden zum Nachfragen
– ich spare die Fahrtkosten zur Schule	– ich habe vielleicht nicht die nötige Selbstdisziplin
– ich kann auch nachts Lektionen nehmen	– ich könnte durch technische Probleme aufgehalten werden
– ich kann mein eigenes Lerntempo wählen	– ich bin mit mir alleine, habe keinen Kontakt zu anderen Lernenden
– ich habe keinen «Papierkram» beim Lernen	– ich bin ganz alleine verantwortlich, es fehlt der natürliche Druck bei regelmässigen Terminen

3 Recht & Staat

3.1 Grundlagen des Rechts – Lösungen

3.1.1 Moral, Sitte, Recht

Nr.	Ethik, Moral	Recht	Sitte
1.		x	
2.	x		
3.	x		
4.			x
5.			x
6.		x	

3.1.2 Rechtsquellen

a)

	G	GWR	GR
Das Bezirksgericht Zürich hat erstmals einen Fall von «Sexting» zu beurteilen.			x
In der Stadt Zürich werden Mietwohnungen per Ende März und per Ende September gekündigt.			
«Sofern nicht etwas anderes vereinbart oder üblich ist, hat der Käufer einer Ware die Transportkosten zu bezahlen.»	x		
Das Bundesgericht beruft sich in seinem Urteil in einem komplizierten Scheidungsfall auf den Gesetzeskommentar von Prof. Schachtschneider der Universität St. Gallen.		x	
Zwei Fragen zum Finderlohn: Gesetz benützen!			
Wer einen Fundgegenstand dem Eigentümer zurückgibt, hat grundsätzlich Anspruch auf einen Finderlohn.	x		
Die Höhe des Finderlohnes beträgt nach einer Faustregel 10 % vom Wert des Fundgegenstandes.			x

b)

x	Ein Gerichtsurteil, welches für spätere Gerichtsurteile als Vorbild dient.
	Die Gesamtheit aller Gerichtsurteile des Bundesgerichts.
	Die in der Verfassung, Gesetzen und Verordnungen enthaltenen Vorschriften.
	Der Richter entscheidet eine Rechtsfrage so, als ob er sie selber Gesetzgeber wäre.

3.1.3 Rechtsgrundsätze

a) ZGB 2 Abs. 2: Der offenbare Missbrauch eines Rechtes findet keinen Rechtsschutz.

b)

	der Richter, das Gericht
	beide Parteien müssen immer je ihre Behauptungen beweisen
x	der Kläger
	der Beklagte

3.1.4 Prozessrecht

a)

	V	S	Z
Wegen einer Geschwindigkeitsübertretung von 2 km/h entzieht das Polizeirichteramt der Neulenkerin C den Lernfahrausweis. Sie findet das übertrieben und ergreift Rekurs.	x		
Joya hat sich mit einigen Clicks in einem Online-Shop Produkte angesehen. Jetzt erhält sie völlig überraschend ein Produkt mit Rechnung über CHF 120.00 zugestellt, Zahlungsfrist 10 Tage. Sie will sich dagegen zur Wehr setzen.			x
Gegen den Sozialarbeiter Q ist aufgrund mehrerer anonymer Meldungen eine Untersuchung wegen sexuellen Missbrauchs von Kindern eingeleitet worden.		x	
Die Erbin Z sieht sich um ihre Pflichtanteile betrogen und zweifelt vor Gericht die Rechtmässigkeit des Testamentes ihres Vaters an.			x
Der Ladendetektiv von Media Markt hat B mit einem geklauten Handy erwischt. B wird vom Geschäft bei der Polizei angezeigt wegen Ladendiebstahls.		x	
Wegen angeblicher Unfähigkeit der Lehrerin wollen die Eltern B ihre Tochter in eine andere Klasse versetzen lassen. Die Schulbehörde weigert sich, diese Versetzung vorzunehmen.	x		

b) 1. Zivilprozess

2. 1. Friedensrichter   2. Bezirksgericht   3. Obergericht

3. das Bundesgericht

3.1.5 Aufbau der Rechtsordnung

a)

Nr.	Aussage	ÖR	PR
1.	Die Gemeinde Zug kauft Frau Tobler ein Grundstück ab, um darauf ein neues Feuerwehrhaus zu bauen.		x
2.	Durch die Enteignung eines Grundstücks erwirbt der Kanton Uri ein Stück Land einer Privatperson, um die Kantonsstrasse erweitern zu können.	x	
3.	Luciano wird von einem Versandhaus betrieben.	x	
4.	Die Kantonsschule Wetzikon kauft 200 Pack Papier bei einer Papeterie ein.		x
5.	Durch Beschluss der Vereinsversammlung wird Frau Huber wegen ungebührlichem Verhalten aus dem Trachtenverein ausgeschlossen.		x
6.	Karl Kaufmann erhält den eidgenössischen Fähigkeitsausweis als kaufmännischer Angestellter.	x	

b) Der Staat ist übergeordnet [oder] Es geht um das Verhältnis Staat → Bürger

Recht & Staat

Lösungen

3.1.6 Arten von Rechtsvorschriften

a) Zwingende Rechtsvorschriften sind nicht abänderbar; sie müssen immer eingehalten werden. Ergänzende Rechtsvorschriften gelten nur dann, wenn zwischen den Parteien nichts anderes abgemacht wird.

b)

Nr.	Richtig	Falsch
1.	x	
2.		x
3.		x
4.	x	
5.		x
6.	x	

c)

Nr.	z oder d
1.	d
2.	d
3.	z
4.	z
5.	z
6.	d

3.1.7 Rechtssubjekt und Rechtsobjekt

	RS	RO
Die MIGROS *Genossenschaft* hat im letzten Jahr zweihundert Lehrverträge abgeschlossen.	x	
Walter M hat einen *Nachlass* von CHF 100 000 hinterlassen.		x
Die *10-jährige Anna* hat von ihrem Onkel CHF 50 000 geerbt.	x	
Das Reisebüro und Herr Z haben einen Rechtsstreit zum Ausfall der *Kreuzfahrt*, welche Herr Z gebucht und bezahlt hat.		x

3.1.8 Lösen von Rechtsfällen

a) 1. OR 621

2. OR 632 Abs. 1 und 2

3. OR 328 Abs. 1

4. ZGB 509 Abs. 1

b) 1. Antwort:
 – Es muss ein **Schaden** entstanden sein (in Franken bemessbar)
 – Der Schaden muss **widerrechtlich** entstanden sein (= Verschulden)
 – Der Schaden muss aus **Absicht** oder aus **Fahrlässigkeit** entstanden sein.
 – Die Handlung ist die direkte Ursache für den entstandenen Schaden (= adäquater Kausalzusammenhang)
 – Eventuell: Der Schaden muss bei einem Anderen (→ nicht bei sich selbst) entstanden sein.

2. Antwort:
 Corinne muss nur für den Beinbruch aufkommen, nicht für den Milzriss.
 Begründung: Für den Milzriss fehlt der adäquate Kausalzusammenhang.
 Oder: Mit ihrem Velo hat sie widerrechtlich den Beinbruch, aber nicht den Milzriss verursacht.

3.2 Entstehungsgründe von Obligationen – Lösungen

3.2.1 Auswahlantworten zur Obligation

	Sie ist ein Vertrag zwischen zwei Parteien.
	Sie ist ein Finanzierungsinstrument für den Staat oder für grosse Unternehmungen.
x	Sie ist ein Schuld-Forderungsverhältnis zwischen zwei Parteien.
	Jede Rechtsbeziehung zwischen zwei Menschen ist eine Obligation (z. B. Eheverhältnis, Arbeitsverhältnis, Erbschaft, Treueversprechen)
x	Eine Obligation im Sinne des Rechts kann immer auf einen der drei vom OR genannten Entstehungsgründe zurückgeführt werden.

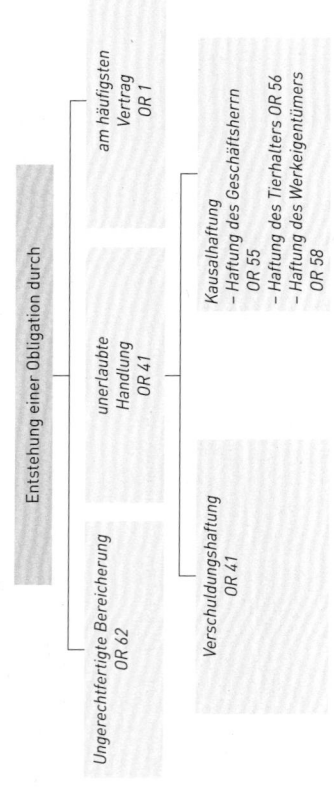

3.2.2 Entstehung von Obligationen

Entstehung einer Obligation durch

- *Ungerechtfertigte Bereicherung* OR 62
- *Verschuldungshaftung* OR 41
- *unerlaubte Handlung* OR 41
  - Kausalhaftung
    - Haftung des Geschäftsherrn OR 55
    - Haftung des Tierhalters OR 56
    - Haftung des Werkeigentümers OR 58
- *am häufigsten* Vertrag OR 1

3.2.3 Doppelte Obligationsentstehung

Sara Bossi fordert Board → schuldet Board Strandbad Wägi
         ←
         schuldet Geld   fordert Geld

Recht & Staat

3.3 Allgemeine Vertragslehre – Lösungen

3.3.1 Handlungsfähigkeit

a)

	H	U	B	Situation
	x			Eine 18-jährige Studentin kauft sich ein teures Auto per Kleinkredit
	x			Eine 70-jährige, pensionierte Buchhalterin, bucht bei Kuoni eine Weltreise
			x	Ein 14-jähriger Gymnasiast kauft sich einen ipod für CHF 65
		x		Nach dem Trinkgelage, mit 1.8 Promille im Blut, verkauft ein 30-jähriger seinen Porsche 911 für CHF 1 000 an einen Kollegen am Stammtisch.

b) Urteilsfähigkeit und Volljährigkeit / ZGB 13

3.3.2 Natürliche und juristische Personen

nP	jP	
x		Der amtliche Strafverteidiger M. Kurth
x		Der Jurist Dr. Martin Hemmi
	x	Die Franz Gallmann GmbH in Thalwil
x		Frau Benz, Direktorin der Globus AG
	x	Die Hans Waldmann AG in Worb / BE
x		Der Credit Suisse Prokurist B. Waser

3.3.3 Antrag und Annahme

a)

Fall	Unverbindlich	Verbindlich	wie lange?
Frage des Gastes im Restaurant Grotto: Was kostet die Pizza Calzone? Antwort des Kellners: So wie es auf der Karte steht: CHF 25.40		x	solange darüber gesprochen wird
Im Internet ist der Preis für ein Doppelzimmer im Hotel Ibis so angegeben: CHF 135 bei Buchung vor 16:00 Uhr, danach CHF 149	x		(wie Inserat, Zeitung, Katalog)
Sie erhalten am 2. Febr. eine persönliche Offerte der Garage Foitek: Fiat 500 Abarth zu sensationellen CHF 19 200, Angebot gültig bis 31. März.		x	bis 31. März
H&M-Inserat im 20-Minuten: Pulli Typ Mad, alle Grössen nur CHF 17.50, nur noch diese Woche!	x		
Heute trifft per Post ein schriftliches, persönlich adressiertes Angebot ein für einen ultra-günstigen Power-PC zu CHF 1230.		x	ca. 1 Woche

b) Ja, Schaufenster-Auslagen sind verbindlich, OR 7 Abs. 3

3.2.4 Gründe der Obligationsentstehung

Fall	KO	O	V	UH	UB
Fabio Rossi überfährt versehentlich ein Stopp-Schild und verursacht einen Unfall.		x		x	
Der Hobby-Sportler Martin Fausch stürzt mit dem Mountain-Bike und bricht sich den Arm und die Schulter.					x
Flavia Cecic bezahlt den Jahresbeitrag des Fussballvereins versehentlich an den Schwimmclub.		x		x	
Martina hat mit ihrer Freundin Sandra um 22:00 Uhr in der Disco abgemacht. Sie selber ist schon vorher dort, hat für den Eintritt CHF 30 bezahlt. Aber Sandra erscheint nicht, ohne Meldung. Enttäuscht geht Martina nach Hause: ihr Schaden beträgt CHF 30.	x				
Franz Maurer nimmt eine neue Arbeitsstelle als PC-Supporter bei einer Bank an.		x			
Marion hat mit ihrer Freundin Bea die Unterwasser-Kamera (Wert: CHF 1850) für die Ferien ausgeliehen. Zurückgekommen, entschuldigt sich Bea: ihr ist die Kamera bei einem Tauchgang aus der Hand gerutscht und im Meer versunken.		x	(x)	x	
Der Hund von Lana reisst sich plötzlich von der Leine und beisst ein vorbeirennendes Kind in die Waden.		x		x	
Der 6-jährige Boris zerschlägt mit einem Schneeball versehentlich eine Fensterscheibe im Hause seiner eigenen Familie.			x		

3.2.5 Tatbestandsmerkmale und Rechtsfolge

Tatbestandsmerkmal von OR 41	im vorliegenden Falle zutreffend?
– Schaden vorhanden	ja: bemessbarer Schaden: die Reparatur des Kratzers
– Widerrechtlichkeit	ja: sie hat Eigentum von Paul Borsch beschädigt
– adäquater Kausalzusammenhang zwischen Verhalten und Schaden	ja: zwischen Velo und Kratzer nein: zwischen Velo und Totalschaden
– aus Absicht oder Fahrlässigkeit	unabsichtlich geschehen (fahrlässig)

Rechtsfolge: Welchen Schaden muss Mara Guzzi direkt übernehmen? Sie muss den Schaden am Kratzer übernehmen, aber nicht den Totalschaden des Porsche.

Recht & Staat

Lösungen

3.3.4 Vertragsform

a)

Nr.	Sachverhalt	Form	Gesetz
1.	Frau Sauter kauft ein Ferienhaus in Bergün.	öB/öR	OR 216/ ZGB 656
2.	Lukas vereinbart mit seinem Arbeitgeber ein Konkurrenzverbot.	eS	OR 340
3.	Martina hat eine neue Stelle gefunden und schliesst den Arbeitsvertrag ab.	fg	OR 11
4.	Reto schliesst einen Lehrvertrag ab.	qS	OR 344a
5.	Hanna Moser gründet eine AG.	öB/öR	OR 629/ OR 640
6.	Der wohlhabende G kauft in einer Galerie ein Picasso-Gemälde für CHF 1.5 Millionen.	fg	OR 11

b) Es gilt die Formfreiheit, OR 11, also mündlich oder schriftlich. (Stillschweigend hier unmöglich)

c) OR 493 Abs. 1 u 2: Zusätzlich zur Schriftlichkeit muss der Haftungsbetrag genannt werden.

3.3.5 Inhalt von Verträgen

a) Der Vertrag gilt als nicht entstanden. Vertragliche Rechte können nicht zwangsweise durchgesetzt werden.

b)

Nr.	Fall	gültig	anfechtbar	nichtig	Grund
Bsp.	B kauft von A 1000 m² Marsoberfläche.			x	unmöglich
1.	Das von C neu gekaufte Auto ist überflüssig, weil ihm soeben der Führerschein für ein Jahr entzogen wurde.	x			–
2.	D stellt plötzlich fest, dass der vermeintlich auf 12 Tage abgeschlossene Mietvertrag für die Ferienwohnung auf 12 Monate lautet.		x		wesentlicher Irrtum
3.	E verkauft an F sein gut gelegenes Grundstück, weil F sonst den Sohn von E zusammenschlagen würde.		x		Drohung
4.	G engagiert H für eine Woche als Crack- und Hasch-Verkäufer.			x	widerrechtlich
5.	Die betagte Frau U bemerkt vier Tage nach dem Kauf, dass der Verkäufer ihr den Kochtopf dreimal teurer angedreht hat als zum üblichen Preis.		x		Übervorteilung
6.	Herr K stellt fest, dass der Garagist ihm ein Unfallauto als unfallfrei angedreht hat.		x		absichtliche Täuschung

c) Dann ist der Vertrag rechtsgültig (OR 31 Abs. 1)

3.3.6 Erfüllungsort

a) In Basel bei Novartis

b) Landwirt Weber: weil Erfüllungsort Basel, muss er die Ware dort abholen oder auf seine Kosten sie von Basel nach Esslingen transportieren

c) Erfüllungsort Basel, Erfüllungszeit innert 30 Tagen nach Vertragsabschluss: Weber muss den Betrag an Novartis überweisen

3.3.7 Unklarheit bei Vertragsabmachungen

a) Gattungsware (dieses Bügeleisen ist austauschbar, nicht einmalig)

b) Nein, OR 74 Abs. 2 Ziff. 3: Erfüllungsort ist FUST Winterthur

c) Nein, OR 75: Ohne spezielle Abmachung gilt als Erfüllungszeit: Zug um Zug, also Zahlung gleich bei der Mitnahme des Gerätes

d) Es würde das gegenseitige Einverständnis über beide Punkte (Versand/Zahlungsfrist) bei Vertragsabschluss brauchen

3.3.8 Mängel der Vertragserfüllung

Gläubiger	Vorgehen und Rechtsfolge	Gesetz
Warenhaus: Die in Italien bestellten Schuhe sind nicht wie vereinbart am 15.6. eingetroffen.	Das Warenhaus kann ohne weitere Mahnung (kaufmännischer Verkehr!) auf die Lieferung verzichten (→ Deckungskauf!) + Schadenersatz verlangen.	OR 190
Hobbysportler X: Für die im Online-Shop gekauften, bereits bezahlten Sportschuhe wurde Lieferung «in 10 Tagen» zugesichert. Aber gekommen ist nach 12 Tagen noch gar nichts.	Mahnung senden mit Fristansetzung. Wenn nicht eingehalten: Beharren oder Verzicht oder Rücktritt + Schadenersatzforderung	OR 102 OR 107–109
Handelsschule Enge: Für die Diplomfeier vom Sa, 10.7. hat man bei der Metzgerei Angst 100 Bratwürste bestellt, Lieferung bis spätestens 14:00 dieses Tages. Die Würste sind aber bis 14:30 Uhr nicht gekommen.	Nachfrist sinnlos wegen fixem Anlass: → Verzicht (wenn Ersatz woanders teurer) oder Rücktritt (wenn Ersatz woanders billiger) + Schadenersatz	OR 107–109

3.3.9 Verjährung

a) 5 Jahre, OR 128

b) Nein, sie ist ungültig! OR 129: Die Verjährungsregeln sind zwingendes Recht, und hier geht es klar um den «Kleinverkauf von Waren» nach OR 128

c) Nein, er kann es nicht zurückfordern. Der Arzt hat eine Leistung erbracht und erhält das Geld zu recht; es ist keine ungerechtfertigte Bereicherung des Arztes. (OR 63 Abs. 2)

d) OR 135: Sofort die Betreibung einleiten, oder sich von der Familie Frick die Schuld bestätigen lassen.

Recht & Staat

3.3.10 Sicherungsmittel zur Vertragserfüllung

a) und b)

Fall	Abkürzung	R/P
Es soll abgesichert werden, dass ein Bauwerk auf ein bestimmtes Datum fertig gestellt wird. Pro Zusatztag muss die Baufirma einen bestimmten Betrag zahlen.	Ko	P
Der Vermieter einer Wohnung will sich absichern, dass die Wohnung in ordnungsgerechtem Zustand zurückgegeben wird. Falls nicht, kann er auf einen bereitgestellten Betrag zurückgreifen.	Ka	R
Für einen Kredit an eine junge Unternehmerin verlangt die Bank, dass eine dritte Person einspringt, falls die junge Frau den Kredit nicht zurückzahlen kann.	So	P
Eine Autowerkstatt behält sich das Recht vor, das reparierte Auto nicht herauszugeben, bis der Kunde die Reparatur bar bezahlt hat.	Re	R
Beim Abzahlungskauf (Ratenkauf) einer teuren Heim-Kino-Anlage lässt sich die Verkaufsfirma das Recht absichern, dass sie bei Ausbleiben der Ratenzahlungen die Anlage wieder zurücknehmen kann.	Ei	R
Zur Absicherung eines Kredites verlangt die Bank vom Kunden die Hinterlegung von Wertpapieren (Aktien, Obligationen).	Fa	R

3.4 Kaufvertrag – Lösungen

3.4.1 Rechtsfragen bei einem Online-Einkauf

a) Unverbindliches Angebot. OR 7 Abs. 1: die Unverbindlichkeit ergibt sich aus den Umständen, wie bei Inserat.

b) 1. 8. April mit der Auftragsbestätigung (übereinstimmende Willensäusserung)

2. ☐ 2. April   ☐ 8. April   ☒ 16. April   ☐ 25. April
Übertrag des Eigentums erfolgt mit der Übergabe der Ware: ZGB 714

c) Ihre Empörung ist unberechtigt. Nach OR 189 Abs. 1 hat der Käufer die Transportkosten zu zahlen, wenn nichts anderes abgemacht ist.

d) Abmachung Franko-Lieferung im Vertrag

3.4.2 Handtaschen von Michelle Kard

a)

AGB	ja	nein	Gesetzesartikel
1	x		OR 7 Abs. 2
2	x		OR 7 Abs. 2
3	x		OR 189
4	x		OR 185 Abs. 2
5		x	OR 184 Abs. 2

b)

AGB	Ü oder A	Gesetzesartikel	Formulierung des Gesetzes
6.1	Ü	OR 1 Abs. 1 oder OR 205	Mit dem Kaufvertrag verpflichten sich Käufer und Verkäufer zur Übergabe des Kaufgegenstandes (Umtausch nicht vorgesehen). Ersatz (Umtausch) nur bei Mängeln möglich.
6.2	A	OR 210	Das Recht auf Gewährleistung verjährt erst nach zwei Jahren.
6.3	Ü	OR 201 Abs. 1	Der Käufer hat die Ware bei Erhalt zu prüfen und Mängel sofort zu melden.
6.4	Ü	OR 205 Abs. 1 und/oder OR 206 Abs. 1	Rabatt und Rücktritt sind möglich. Ersatz ist nur bei Gattungsware möglich.

3.4.3 Übergang von Nutzen und Gefahr

a) 1. Bei Vertragsabschluss: OR 185 Abs. 1

2. Wenn die Ware beim Verkäufer bezeichnet oder ausgeschieden ist (Platzkauf); bzw. wenn die Ware zum Versand aufgegeben ist (Distanzkauf): OR 185 Abs. 2

Recht & Staat

Lösungen

3.4.6 Entscheidungsfragen zum Kaufvertrag

	Richtig	Falsch
Ein Kaufvertrag, der nicht schriftlich abgeschlossen ist, kann innerhalb eines Jahres angefochten werden.		x
Gemäss OR gilt beim Kaufvertrag ein allgemeines Umtauschrecht: Innert 7 Tagen ab Verkaufsdatum kann der gekaufte Artikel unter Vorweisung der Quittung umgetauscht werden.		x
Wer eine Rechnung innerhalb von 10 Tagen nach Erhalt bezahlt, darf von Gesetzes wegen 2 % Skonto abziehen.		x
Ein Kaufvertrag umfasst zwei Obligationen. Deshalb ist der Verkäufer gleichzeitig Gläubiger und Schuldner im Kaufvertrag.	x	
Wenn nichts anderes abgemacht ist, haben Lieferung und Zahlung im Kaufvertrag gleichzeitig zu erfolgen.	x	
«Kaufmännischer Verkehr» bedeutet beim Kaufvertrag, dass sowohl Käufer wie Verkäufer Unternehmungen sind und nicht Privatpersonen.		x

3.4.7 Kauf eines Oldtimer-Autos

a) Formfreiheit, OR 11
b) Als Beweismittel im Falle von Streitigkeiten
c) Bei Übergabe am 22. Nov.
d) An der Ausstellung in Bern: OR 74 Abs. 2 Ziff 2: Spezieswaren ist da zu übergeben, wo sie sich bei Vertragsabschluss befindet.
e) Er kann nichts zurückfordern und muss sogar den Restbetrag bezahlen. → OR 185 Abs. 1: Bei Spezieswaren gehen Nutzen und Gefahr mit Vertragsabschluss auf den Käufer über.
f) 1. Die Gewährleistungspflicht gilt auch hier nach OR 197, da sie nicht explizite ausgeschlossen wurde nach OR 199
   2. Zwei Jahre lang, OR 210 Abs. 1 (vor 1.1.2013: nur ein Jahr)

---

b)

Nr.	Fall	Spezieswaren	Gattungsware
1.	Die Familie X kauft für die Tochter beim Pferdezüchter Y ein junges Pferd mit einem schwarzen Fleck zwischen den Augen. Es wurde aus einer Gruppe von 8 jungen Pferden auf der Weide ausgewählt.	x	
2.	Sie zeigen am Gemüsestand auf einen bestimmten Salat-Kopf und sagen: «Ich möchte diesen Salat!»	x	
3.	Sie bestellen einen fabrikneuen schwarz-silbernen Smart.		x
4.	Sie kaufen im Sportgeschäft ein Occasions-Snowboard.	x	
5.	Sie verlangen am Kiosk drei Millionenlose.		x
6.	Sie kaufen am Marktstand ein Kilo Tomaten.		x

c) 1. die Privatbank Dürrstein AG; OR 185 Abs. 2: die Ware muss ausgeschieden sein
   2. wenn die Ware noch gar nicht bereitgestellt wäre für den Kunden, sondern noch im Gesamtlager der Papeterie

d) Sie gehören der Bauernfamilie. Der Nutzen (und die Gefahr) gehen beim Gattungskauf mit dem Versand auf den Käufer über, sobald die Ware zum Versand aufgegeben ist, OR 185 Abs. 2.

3.4.4 Probleme bei der Lieferung

a) Beim Mahngeschäft ist der Liefertermin nicht festgelegt → Bei Nicht-Lieferung muss zuerst gemahnt werden, um den Verzug herbeizuführen. Beim Fixgeschäft ist der Liefertermin festgelegt. Der Lieferant kommt nach Ablauf sofort in Verzug.

b) 1. Nein. Es ist ein Fixgeschäft. Mit Überschreitung des Datums kam der Verkäufer in Verzug. Bei kaufmännischen Verkehr wird ein Fixgeschäft vermutet. (OR 190 Abs. 1)
   2. Der Fabrikant XY muss die Differenz bezahlen (Schadenersatz). (OR 191 Abs. 1 und 2)

c) Nein, sie kann nicht zurücktreten. OR 107: Es handelt sich um nichtkaufmännischen Verkehr mit Lieferdatum. Sie hätte eine Nachfrist setzen müssen und bei deren Nichteinhaltung zurücktreten können.

3.4.5 Mangelhafte Lieferung

a) 1. – Wandelung: Kauf rückgängig machen, OR 205 Abs. 1
     – Minderung: einen Preisnachlass verlangen, OR 205 Abs. 1
     – Ersatzlieferung: Umtausch der beschädigten Teller gegen neue, OR 206 Abs. 1
   2. – Für Ersatzlieferung aller kaputten und beschädigten Teller! Die Lieferung der 400 versprochenen ist trotzdem möglich, die anderen braucht man erst später.
     – Für Preisminderung von mindestens 10 %. 10 % der Teller sind beschädigt. Die leicht beschädigten könnte man immer noch billiger verkaufen, würde also nichts verlieren dabei.
   3. Ersatzleistung: ist bei Spezieswaren nicht möglich.

b) 1. Die Minderungsklage nach OR 205 Abs. 1 wird ausgeschlossen
   2. Alle drei Wahlrechte: Wandelung, Minderung und Ersatzlieferung!
   3. Die Gewährleistung dauert drei Jahre, nach OR 210 (neueste Ausgabe nur zwei Jahre.

Recht & Staat

3.5 Mietvertrag – Lösungen

3.5.1 Miete, Pacht und Leasing

a)

... für den Pachtvertrag	... für den Leasingvertrag
Formfreiheit	Qualifizierte Schriftlichkeit

b) Familie A will alle Zimmer für zwei Nächte benützen und dafür bezahlen. Familie B will das Hotel selber betreiben und damit Geld verdienen.

c₁)

... bei der Miete eines Autos	... beim Leasing eines Autos
B	B / S / N / R / St

c₂)

... das Auto least:	... das Auto kauft:
mit der Leasingfirma	mit dem Autohändler

c₃)

Leasing:	Kauf:
Er muss den Kaufpreis nicht zahlen, sondern eine monatliche Rate, wird aber nicht Eigentümer.	Er muss den Kaufpreis zahlen und wird Eigentümer des Autos.

3.5.2 Mietzins

a) Anfangsmietzins als missbräuchlich anfechten, OR 270, eine Herabsetzung verlangen; innert 30 Tagen nach Übernahme der Wohnung
b) Bei der kantonalen Schlichtungsbehörde, bis spätestens 30 Tage nach Übernahme der Wohnung, also bis 2. Mai

3.5.3 Neue Wohnung

a) CHF 3 450 (max. 3 Monatsmieten), OR 257e Abs. 2
b) A) Jan, gem. OR 259   B) Hr Plüss, gem. OR 259a

3.5.4 Wegzug ins Ausland

a) OR 264: Der Ersatzmieter muss zumutbar sein, das heisst: er muss zahlungsfähig sein, und er muss bereit sein, den Mietvertrag zu den gleichen Bedingungen zu übernehmen.
b) Nein, er kann keine weitere Miete verlangen. Sie hat die Bedingungen erfüllt, um vorzeitig aus dem Vertrag auszusteigen. Wenn er den Nachmieter nicht will, muss er selber einen ihm genehmen Nachmieter suchen, auf eigene Kosten.

3.5.5 Behauptungen zum Mietvertrag

	Richtig	Falsch
a) Nur schriftlich abgeschlossene Mietverträge sind rechtsgültig.		x
b) Das Untervermieten von Räumen ist nach OR erlaubt, nur muss der Vermieter informiert werden.		x
c) Für eine normale (ordentliche) Abnützung der Wohnung kann der Vermieter dem Mieter beim Auszug keine Kosten belasten.	x	
d) Der Vermieter muss dem Mieter eine Mietzinserhöhung mit handgeschriebenem Brief und mit Begründung mitteilen.		x
e) Wenn der Vermieter mündlich kündigt, ist die Kündigung nichtig.	x	
f) Das OR sieht sowohl befristete wie auch unbefristete Mietverträge vor. Aber in der Praxis sind unbefristete Mietverträge viel häufiger.	x	

3.5.6 Reguläre Kündigung

a) 3 Monate; OR 266c
b)

	auf Ende April	auf Ende Sept.	auf Ende März des Folgejahres
		x	
	auf den 24. März	auf Ende März	auf den 24. April

c) Schriftlich; Unterschrift von beiden; OR 266l und OR 266m
d) 30. September

3.5.7 Härtefall

a) Bei der kantonalen Schlichtungsbehörde, OR 273
b) Innert 30 Tagen nach Empfang der Kündigung, also bis 30.6.2015

3.5.8 Formvorschriften

Vorschrift	bei Kündigung durch den Mieter	bei Kündigung durch den Vermieter
Getrennte Zustellung an beide Ehepartner		x
Ehepartner muss ausdrücklich zustimmen	x	
Begründung auf Verlangen	x	x
Schriftlich	x	x
Mit amtlich genehmigtem Formular		x

3.5.9 Mieterin in Finanznot

a) OR 257d Abs. 1 und 2
b) Er kann ihr schriftlich eine Zahlungsfrist setzen von 30 Tagen und mit Kündigung drohen.
c) auf 31. August (30 Tage Zahlungsfrist, 30 Tage Kündigung auf Ende Monat → 31.08.)

Recht & Staat

3.6 Arbeitsvertrag – Lösungen

3.6.1 13. Monatslohn

1. Ja, es ist ein vertraglicher Bestandteil des Gehaltes (Art. 322d OR)
2. Die Hälfte, also CHF 2450

3.6.2 Krankheit

1. Gar nicht. Das Arbeitsverhältnis dauerte noch keine drei Monate.
2. Drei Wochen
3. Art. 324a Abs. 1 und 2 OR

3.6.3 Überstunden

a) TBMs OR 321c: Überstunden müssen geleistet werden ...
   – wenn sie betrieblich notwendig sind
   – wenn der Arbeitnehmer sie zu leisten vermag
   – wenn sie nach Treu und Glauben zumutbar sind
   Rechtsfolge: Sie darf ablehnen: Zwar sind die Überstunden notwendig und sie wäre dazu (körperlich / geistig) in der Lage; aber sie sind nicht zumutbar: sie kann nicht ihre Tochter im Stich lassen, wenn den Kinderhort zumacht.

b) Nein, sie kann nicht darauf bestehen. Nach OR 321c Abs. 2 ist ein Ausgleich mit Freizeit nur in gegenseitigem Einverständnis möglich.

3.6.4 Ferienbezug

Nein. Grundsätzlich bestimmt der Arbeitgeber den Zeitpunkt der Ferien, allerdings unter Rücksichtnahme auf die Wünsche des Arbeitnehmers. In einem Strandhotel ist August ganz klar Hochsaison, da kann der Arbeitgeber verlangen, dass der Kellner seine Ferien später bezieht (OR 329c Abs. 2).

3.6.5 Ferienarbeit

Tatbestandsmerkmale = TBM	zutreffend?
Arbeit während den Ferien	ja
Arbeit gegen Entgelt	ja
Arbeit für einen Dritten	ja
Interessen des Arbeitgebers verletzt * (Er kommt erholt zurück; Sizilien–Schweiz: keine Kundenkonkurrenz)	nein *

Rechtsfolge
Kein Lohnabzug, da nicht alle TBM erfüllt

3.6.6 Sorgfaltspflicht der Angestellten

a) Der Abzug ist nicht zulässig: Nach OR 321e Abs. 2 ist das Berufsrisiko zu berücksichtigen, und dieses ist beim Servieren immer gegeben.

b) Der Abzug ist zulässig: Sie hat trotz Anweisung des Chefs (OR 321d) weiter gemacht mit der «Risiko»-Methode; damit hat sie Sorgfaltspflicht verletzt.

3.6.7 Aussagen zum Arbeitsvertrag

Aussage	Richtig	Falsch
Eine 62-jährige Angestellte hat nach OR fünf Wochen Ferien zugute.		x
Die Probezeit darf höchstens drei Monate betragen.	x	
Eine Angestellte ist während des Jahresabschlusses zur Leistung von Überstunden verpflichtet, sofern sie diese zu leisten vermag und sie ihr nach Treu und Glauben zugemutet werden können.	x	
Eine missbräuchliche Kündigung ist nichtig.		x
Der Arbeitnehmer hat das Recht, den Zeitpunkt der Ferien selbst zu bestimmen, muss aber seine Pläne rechtzeitig bekanntgeben.		x
Erkrankt ein Arbeitnehmer während der Probezeit, so wird diese um die Krankheitstage verlängert.	x	
Ein mündlich abgeschlossener Arbeitsvertrag als Sekretärin in einer Modeagentur ist nichtig.		x

3.6.8 Fragen zur Kündigung

a) 1. Die Kündigung ist formfrei möglich, also auch mündlich (OR 11). Aber die andere Partei kann eine schriftliche Begründung verlangen (OR 335 Abs. 2)
   2. zwei Monate (OR 335c Abs. 1)
   3. Auf den 30. April (zwei ganze Monate).
   4. Ja, aber nur auf Verlangen des Arbeitgebers (OR 335 Abs. 2).

b)

	Datum
... wenn er nach 24 Dienstjahren am 24. März kündigt?	30. Juni
... wenn er seit fünf Jahren in der Firma ist und am 3. Juni kündigt?	31. August
... wenn er am Dienstag, 6. März in der zweiten Arbeitswoche kündigt?	Di, 13. März

3.6.9 Kündigungsschutz

a) Die Kündigung ist nichtig, da sie während der Sperrfrist Kündigungsschutz im 3. Dienstjahr, Art. 336c Abs. 1 lit. b OR) oder rechtlich ganz korrekt: Kündigung muss nach Ablauf der Sperrfrist wiederholt werden), (OR 336c Abs. 1 lit. c und OR 336c).

b) 1. Bis am 12. Dezember (90 Tage Kündigungsschutz im 3. Dienstjahr, Art. 336c Abs. 1 lit. b OR) oder rechtlich ganz korrekt: bis am 10. Dezember; die 90 Tage sind genau abzuzählen: 19 Tage im Sept. + 31 Tage im Okt. + 30 Tage im Nov. + 10 Tage im Dez.

2. Auf den 28./29. Februar (Kündigungsfrist im 3. Dienstjahr = 2 Monate, auf Monatsende)

Recht & Staat

3.7 Gesellschaftsrecht – Lösungen

3.7.1 Überblick Unternehmungsformen

a)

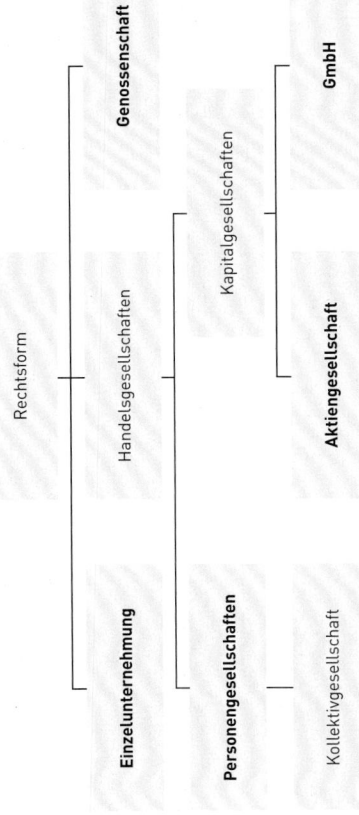

```
                    Rechtsform
         ┌──────────────┴──────────────┐
   Einzelunternehmung              Handelsgesellschaften
                              ┌────────────┴────────────┐
                      Personengesellschaften      Kapitalgesellschaften
                              │                          │
                      Kollektivgesellschaft       Aktiengesellschaft
                              │                          │
                         Genossenschaft                GmbH
```

b) Die Firma ist der offizielle rechtliche Name einer Unternehmung (z. B. Novartis, Nestlé).

c) Einstehen müssen (verantwortlich sein) für eine Schuld.

3.7.2 Einzelunternehmung

a)

Nr.	Richtig	Aussage
1.		Das Mindestkapital der Einzelunternehmung beträgt offiziell CHF 1. **Korrektur: Kein Mindestkapital vorgeschrieben**
2.		Der Name einer im HR eingetragenen Einzelunternehmung ist in der ganzen Schweiz geschützt. **Korrektur: Nur am Ort des Geschäftssitzes**
3.	x	Die Firma muss den Familiennamen des Inhabers enthalten, darf aber auch Zusätze enthalten.
4.		Für die Schulden des Geschäftes haftet der Besitzer auch mit seinem Privatvermögen, aber nur bis zur Höhe des eingetragenen Eigenkapitals. **Korrektur: Er haftet unbeschränkt mit dem Privatvermögen**
5.		Jede Einzelunternehmung ist verpflichtet, sich im HR eintragen zu lassen. **Korrektur: Erst ab einem Jahresumsatz von CHF 100 000**
6.	x	Nur eine natürliche Person kann Inhaber einer Einzelunternehmung sein.

b) Für CHF 15 000.00 (60 000.00 Verb. LL ./. 10 000 Bank ./. 10 000 Ford. LL ./. 25 000 Mob)

c) Durch die Aufnahme der Geschäftstätigkeit

3.7.3 Gesellschaft mit beschränkter Haftung

a)
1. Der Name kann beliebig gewählt werden. Der GmbH-Zusatz ist obligatorisch. (Art. 950 OR)
2. Mind. CHF 20 000.
3. Stammkapital
4. Stammanteil

b)

	GmbH-Beteiligungen sind Wertpapiere mit einfacher Übertragbarkeit.
	An der Gesellschafterversammlung hat jeder Gesellschafter eine Stimme, unabhängig davon, ob er einen oder mehrere Anteile besitzt.
x	Als Gesellschafter kommen sowohl juristische wie natürliche Personen in Frage.
x	Jeder Gesellschafter ist zur Geschäftsführung berechtigt, unabhängig davon, ob er einen oder mehrere Anteile besitzt.

3.7.4 Aktiengesellschaft

a)

Aussage	Reihenfolge Nr.
Die Gründeraktionäre zahlen das von ihnen gezeichnete Aktienkapital auf das Sperrkonto bei der Bank ein.	2
Die Statuten werden von den Gründeraktionären aufgestellt.	1
Die Statuten werden von der konstituierenden Generalversammlung genehmigt. Zusätzlich werden der Verwaltungsrat und die Revisionsstelle gewählt.	3
Die Aktiengesellschaft wird ins Handelsregister eingetragen.	5
Der Notar beurkundet öffentlich die Beschlüsse der konstituierenden Generalversammlung.	4

b) Die Aktiengesellschaft ist eine **juristische** Person. Zur Gründung braucht es mindestens **eine** Person. Das Aktienkapital muss mindestens CHF **100 000** betragen. Die Mitinhaber einer Aktiengesellschaft nennt man **Aktionäre**. Sie haben Anspruch auf einen Anteil am Gewinn, welchen man **Dividende** nennt. Die jährliche Zusammenkunft der Aktionäre nennt man **Generalversammlung**. Die **Statuten** stellen den Gesellschaftsvertrag der AG dar.

c)

Nr.	Aussage	GV	VR	RS
1.	Entscheid über die Geschäftsstrategie		x	
2.	Ernennung eines Direktors als Geschäftsführer		x	
3.	Festsetzung der Dividende	x		
4.	Aufstellen der Richtlinien zur Führung der Buchhaltung		x	
5.	Überprüfung, ob die Aktiven der Gesellschaft in der Bilanz nicht überbewertet sind.			x
6.	Wahl der Revisionsstelle	x		

d)
1. Nur das Geschäftsvermögen.
2. CHF 17 000 (seine Einlage)

Recht & Staat

3.7.6 Wahl der passenden Unternehmungsform

a) 1. Die beschränkte Haftung
2. Grosse Kapitalbeschaffung möglich
3. – Hohes Grundkapital (CHF 100 000) – Viele Rechtsvorschriften
   – Doppelbesteuerung – HR-Eintrag verpflichtend

b) 1.

Merkmale	Einzel-unternehmen	Aktiengesellschaft	GmbH
Vorgeschriebenes Mindestkapital	Kein Mindestkapital	CHF 100 000	CHF 20 000
Haftungsregelung (Wer haftet für die Schulden der Unternehmung?)	1. Geschäftsvermögen 2. Privatvermögen	nur das Geschäftsvermögen	nur das Geschäftsvermögen
Handelsregistereintrag	Ab Jahresumsatz von CHF 100 000 obligatorisch	obligatorisch	obligatorisch
Geschäftsführung	Inhaber	Verwaltungsrat	alle Gesellschafter gemeinsam
Organe	keine	– GV – Verwaltungsrat – Revisionsstelle	– Gesellschafterversammlung – Geschäftsführung – Revisionsstelle
Firmenbildung	Familienname (Zusätze möglich)	freie Bezeichnung + Zusatz AG	freie Bezeichnung + Zusatz GmbH

2. Einzelunternehmung, GmbH (für AG reicht das Eigenkapital nicht aus!)
3. Eigenkapital: 50 000, Kredit Lara: 40 000, Kredit Vater: 30 000
4. AG: AK 100 000, davon Cindy 50 000, Lara 40 000, Vater 10 000 Kredit des Vaters von 20 000

c) 1.

Merkmale	Einzelunternehmung	GmbH
Notwendiges Startkapital	+	–
Beschaffung von zusätzlichem Eigenkapital	–	+
Firmenschutz	–	+
Gründungsaufwand / Anzahl Regeln	+	–
Persönliches Risiko	–	+

2. Eigentlich GmbH: 3× +. Aber weil sie viele Regeln nicht gerne hat und ohnehin Erfolg haben wird, wird sie mit der Einzelunternehmung besser fahren!!!

e)

Nr.	Aussage und Korrektur
1.	Die AG erlangt ihre Rechtspersönlichkeit erst durch die notarielle Beglaubigung aller für die Gründung notwendigen Unterlagen. Korrektur: **Durch den HR-Eintrag**
2.	Für die Schulden einer AG haftet ausschliesslich das Aktienkapital und nicht das Privatvermögen der Aktionäre. Korrektur: **Nur das Geschäftsvermögen haftet**

f)

Nr.	Aktienkapital	Mindest-Einzahlung
1.	150 000	50 000
2.	300 000	60 000
3.	2 000 000	400 000

g) 1. Jeder einzelne Verwaltungsrat kann die AG gegen aussen vertreten, OR 718 Abs. 1

2. Alljährlich, innerhalb 6 Monaten nach Geschäftsabschluss, OR 699 Abs. 2

3.7.5 Handelsregister und Firma

a)

Nr.	Information	ja	nein
1.	Namen / Vornamen der Aktionäre mit einer Beteiligung von über 10 %		x
2.	Bilanzsumme und Reingewinn		x
3.	Unterschriftsberechtigte Verwaltungsräte	x	
4.	Zweck der Unternehmung	x	
5.	Anzahl Angestellte jeweils per 31. Dez.		x

b) 1. Es darf in der ganzen Schweiz keine andere Unternehmung den gleichen Namen eintragen.
2. – Strengeres Betreibungsverfahren – Publizitätswirkung – Betreibung auf Konkurs

c) Das ist die Gründungswirkung des HR-Eintrages; erst mit dem HR-Eintrag wird die GmbH oder AG handlungsfähig.

d)

Firma	ja/nein	Begründung	Gesetz
Aktiengesellschaft			
«E-Consulting»	nein	Zusatz AG fehlt	OR 950
«Bea Petris Aktiengesellschaft»	ja	AG ausgeschrieben = ok	OR 950
Einzelunternehmung			
Besitzer: Urs Hofer «Möbel-Hofer»	ja	Familienname enthalten, Zusätze erlaubt	OR 944
Besitzer: Maja Küng «Tanzschule Maja»	nein	Vorname genügt nicht; es fehlt der Familienname	OR 945
Besitzer: Hans Balli «HaBall Treuhand»	nein	Familienname nicht korrekt	OR 945

Recht & Staat

3.8 Familienrecht – Lösungen

3.8.1 Konkubinat und Heirat

a)
x	Unter dem Konkubinat versteht man das unverheiratete Zusammenleben.
	Das Konkubinat ist im Familienrecht geregelt.
	Damit ein Konkubinat rechtsgültig entsteht, müssen die Partner einen schriftlichen Konkubinatsvertrag abschliessen.
	Ein Konkubinat kann nur durch Gerichtsentscheid aufgelöst werden.

b) Bürgerort/-e: Aarau ZGB Art.: 161

c)
		Patrizia	Stefan
1.	Wenn sie bei der Eheschliessung nichts spezielles abmachen:	Hohler	Klee
2.	Wenn sie eine entsprechende Erklärung abgeben:	Hohler	Hohler
		Klee	Klee

d) Errungenschaftsbeteiligung

3.8.2 Verlobung und Eheschliessung

a) Kreuzen Sie die korrekten Aussagen an.
- ☒ Bei Auflösung der Verlobung können wertvolle Verlobungsgeschenke zurückverlangt werden.
- ☐ Jedes Paar muss sich zuerst verloben, bevor es heiraten darf.
- ☐ Wer die Verlobung schuldhaft auflöst, muss Schadenersatz bezahlen wegen unerlaubter Handlung.
- ☐ Wer sich verlobt hat, ist rechtlich verpflichtet, den Partner danach auch zu heiraten.
- ☐ Man kann sich im Laufe des Lebens höchstens dreimal verloben.

b)
- Einer ist nicht urteilsfähig
- Sie sind blutsverwandt in direkter Linie
- Jemand ist noch anders verheiratet

3.8.3 Wirkungen der Ehe

a)
Nr.	Aussagen	Richtig	Falsch
1.	Wenn bei der Heirat beide ihren Namen behalten, müssen sie gemeinsam entscheiden, welchen Ledignamen ihr Kind tragen soll.	x	
2.	Nach schweizerischem Recht muss Martina die Hauptverantwortung für die Erziehung der Kinder übernehmen.		x
3.	Solange Roman Martina genügend Haushaltungsgeld gibt, ist er nicht verpflichtet, ihr Auskunft über sein Einkommen zu geben.		x
4.	Roman darf die Mietwohnung in Zürich nicht ohne Zustimmung von Martina kündigen.	x	

b1) Roman

b2) ZGB 166 Abs. 1 (oder Abs. 2)

b3) Abs. 1: Es handelt sich nicht um laufende Bedürfnisse
Abs. 2: Sie hatte keine Zustimmung von ihm für diese zusätzliche Ausgabe

c) Fritz Müller braucht das Einverständnis seiner Ehefrau Aline Müller, da es sich um die sogenannte «Familienwohnung» handelt (ZGB 169 Abs. 1).

3.8.4 Ehe und Güterstand

a) Errungenschaftsbeteiligung
b) Gütergemeinschaft, Gütertrennung
c) Eigengut
d) Jeder verwaltet und nutzt das Eigengut und die Errungenschaft selbst (Art. 201 ZGB).
e) Sie müssen einen Ehevertrag abschliessen mit öffentlicher Beurkundung

3.8.5 Zwei Güterstände im Vergleich

	E-BE		G-GE	
	EG	ER	EG	GG
In die Ehe eingebrachte persönliche Gegenstände wie Schmuck und Kleider	x			x
In die Ehe eingebrachte Wohnungseinrichtung	x			x
Erbschaft eines Ferienchalets während der Ehe	x			x
Mieterträge eines in die Ehe eingebrachten Miethauses		x	x	
Aus dem eigenen Verdienst während der Ehe gekauftes Motorrad		x	x	
Während der Ehe als Geschenk erhaltene Wertschriften	x			x
Zinsen und Dividenden von den als Geschenk erhaltenen Wertschriften		x	x	

Lösungen

Recht & Staat

3.8.6 Vermögensaufteilung bei Scheidung

Eigengut Mann		Errungenschaft		Eigengut Frau	
Bargeld	600 000	Verdienst Mann	100 000	Bargeld	50 000
Erbschaft	300 000	Zinsen Mann	200 000		
		Verdienst Frau	250 000		
Total	900 000	Total	550 000	Total	50 000

3.8.7 Zuteilung der Vermögenswerte

Wert in Fr	Eigengut		Errungenschaft	
	Carla	Pietro	Carla	Pietro
70 000	x			
30 000		x		
600 000	x			
50 000				x
15 000	x			
5 000			x	
10 000	x			
30 000		x		

3.8.8 Ehe und Eingetragene Partnerschaft

Wahl des Güterstandes: Es gilt automatisch und nur die Gütertrennung
Adoptionsrecht: Es ist nur die Stiefkindadoption erlaubt.

Recht & Staat

3.9 Erbrecht – Lösungen

3.9.1 Wissensfragen zum Erbrecht

a)

Nr.	Richtig	Falsch
1.	x	
2.		x
3.		x
4.		x
5.	x	
6.	x	
7.		x

b)

Nr.	Verwandte	Erbanspruch Ehegatte (Bruchteil)
1.	direkte Nachkommen	½
2.	Eltern	¾
3.	Grosseltern	alles
	Artikel im Gesetz:	ZGB 462

3.9.2 Pflichtteile und Enterbung

a) Es ist der Teil, den man jemandem unbedingt als Erbe lassen muss, auch wenn man ein Testament gemacht hat.

b) – Wenn der Erbe gegen den Erblasser eine schwere Straftat begangen hat
– Wenn der Erbe familienrechtliche Pflichten gegenüber dem Erblasser schwer vernachlässigt hat (ZGB 477)

c) ZGB 471

d) 1. ¾ vom gesetzlichen Anspruch
2. Kein Pflichtteil-Anspruch; nur die Eltern selber sind Pflichtteil-Geschützt

3.9.3 Die gesetzlichen Erben

a)

x	Eigene Kinder
	Der überlebende Ehegatte
	Cousin / Cousine (Kinder von Onkel / Tante)
	Die Mutter
x	Geschwister des überlebenden Ehepartners
	Verstorbener Ehepartner
x	Der geschiedene Ehepartner
	Geschwister
x	Ehefrau des vorverstorbenen Sohnes
	Eigene Enkel (Kinder von Sohn / Tochter)

b) Der Verstorbene hat keine Nachkommen (niemand im 1. Stamm)

3.9.4 Erbteilung in Patchwork-Familie

a) Sandra, Carla und Boris je ⅓: je CHF 150 000

b) Ehefrau ½ = Rest an die drei Kinder: je CHF 75 000 (= je ⅙)
→ Sandra und Carla je CHF 75 000

3.9.5 Hinterlassenschaft mit Schulden

a) CHF 240 000

b)
Ehemann:	¾	CHF 180 000	(Anteil Mutter geht weiter nach unten)
Vater:	⅛	CHF 30 000	(Anteil Mutter geht weiter nach unten)
Schwester:	1/16	CHF 15 000	(Bruder1: 0; Bruder2: Anteil geht weiter)
Neffe / Nichte je 1/32 je 7500		CHF 15 000	
		CHF 240 000	

3.9.6 Bergtour mit Todesfolge

a) Sandra: CHF 155 000 (½)
Daniela und Philipp, je ¼ = je CHF 77 500

b) Daniela, Philippe und Mauro je ⅓ des Erbes = je CHF 90 000

3.9.7 Vergleich gesetzliche und testamentarische Erbteilung

a)
Ehefrau	½	CHF 90 000
Tochter	¼	CHF 45 000
Enkelin	⅛	CHF 22 500
Enkel	⅛	CHF 22 500

b)
Ehefrau	½	CHF 90 000	Pflichtteil	½ =	45 000	frei	45 000
Tochter	¼	CHF 45 000	Pflichtteil	¾ =	33 750	frei	11 250
Enkelin	⅛	CHF 22 500	Pflichtteil	¾ =	16 875	frei	5 625
Enkel	⅛	CHF 22 500	Pflichtteil	¾ =	16 875	frei	5 625
		Total		Gesetzl. Erben	112 500	REGA	67 500

Lösungen

6 Recht & Staat

3.9.8 Vorsorgeüberlegungen eines Familienvaters

a)
- von Anfang bis Ende von Hand geschrieben
- Angabe von Jahr, Monat und Tag (vgl. aber ZGB 520a)
- Unterschrift
- ZGB 505 Abs. 1

b) Ehefrau Martha $\frac{1}{2}$ von $\frac{1}{2} =$ $\frac{1}{4}$ des Nachlasses → $\frac{6}{24}$
Sara $\frac{3}{4}$ von $\frac{1}{2} = \frac{3}{24} = \frac{1}{8}$ des Nachlasses → $\frac{3}{24}$
Urs $\frac{3}{4}$ von $\frac{1}{2} = \frac{3}{24} = \frac{1}{8}$ des Nachlasses → $\frac{3}{24}$
Laura gesetzlich $\frac{1}{6}$ des Nachlasses → $\frac{4}{24}$
Laura freie Quote: Mutter $\frac{1}{4}$ → $\frac{6}{24}$
freie Quote Sara/Urs je $\frac{1}{4} = \frac{2}{24} = \frac{1}{12}$ → $\frac{2}{24}$
$\overline{\frac{24}{24}}$

3.9.9 Möglichkeiten der Erbvorsorge

a)

	Erbvertrag	Testament
Beteiligte Personen	*Erblasser und Erben*	*nur der Erblasser alleine*
Möglichkeit der nachträglichen Änderung	*nein; oder nur mit Einverständnis der Erben*	*jederzeit änderbar*
Zeitpunkt der Vererbung	*schon zu Lebzeiten des Erblassers*	*nach dem Tod des Erblassers*

b)
- **Eigenhändiges Testament**
- **Testament mit öffentlicher Beurkundung**

hier falsch: Mündliches Testament; da keine unmittelbare Todesgefahr

3.10 Schuldbetreibung und Konkurs – Lösungen

3.10.1 Begriffe und Fristen im Einleitungsverfahren

a) Betreibungsamt Locarno
b) Betreibungsbegehren
c) Das Betreibungsamt Locarno stellt Herrn Mahler den Zahlungsbefehl zu
d) 10 Tage
e) Nach 20 Tagen

3.10.2 Ablauf im Einleitungsverfahren

Reihenfolge	Einleitungsschritte einer Betreibung
4	Rechtsöffnung
5	Fortsetzungsbegehren
2	Zahlungsbefehl
1	Betreibungsbegehren
3	Rechtsvorschlag

3.10.3 Schutz des Schuldners

a) Existenzminimum
b) Kompetenzstücke
c) Rechtsstillstand während des Militärdienstes

3.10.4 Betreibungsferien und Rechtsstillstand

Nr.	Aussage	BF	RS	keines
1.	2 Wochen im Juli	x		
2.	2 Wochen vor den Weihnachten			x
3.	Verlobung des Schuldners			x
4.	Tod eines Angehörigen		x	
5.	7 Tage vor und nach Pfingsten			x
6.	Schwere Krankheit des Schuldners mit Arztzeugnis		x	

Recht & Staat

3.10.5 Betreibung auf Pfändung und auf Konkurs

Sachverhalt

	BaP	BaK	keines
Ausser lebensnotwendigen Dingen wird das ganze Vermögen des Schuldners beschlagnahmt		x	
Alle Gläubiger eines Schuldners werden aufgefordert, ihre Forderungen anzumelden		x	
Gläubiger, die sich nicht melden, können ihre Forderungen auch noch später anmelden	x		
Kann auch Forderungen betreffen, welche erst in der Zukunft fällig werden			x
Wenn der Schuldner die Forderungen nicht abdecken kann, wird eine Gefängnisstrafe vollstreckt			x
Nur die Gläubiger, welche von sich aus eine Betreibung verlangen, werden berücksichtigt	x		
Dem Schuldner wird nur so viel weggenommen, wie zur Deckung der eingereichten Forderungen notwendig ist	x		
Nur die Betreibung auf Pfandverwertung zählt dazu			x

3.10.6 Betreibungsarten im Vergleich

Vergleichspunkt	Betreibung auf Pfändung	Betreibung auf Konkurs
Wie viel Vermögen wird dem Schuldner weggenommen?	So viel, um die Schuld zu begleichen.	Das ganze Vermögen, ausser Kompetenzstücke.
Welche (wie viele) Gläubiger sind einbezogen in das Betreibungsverfahren?	Nur die, die betreiben.	Alle Gläubiger. (Schuldenruf)

3.10.7 Fortsetzungsverfahren

Tatbestand	Betreibungsart
Der Bankprokurist H. Rohner (die Prokura ist im HR eingetragen) hat mit einem grossen Bonus gerechnet, der dann nicht eingetroffen ist. Deshalb konnte er die bei Schubiger gekauften Möbel nicht bezahlen und wird jetzt dafür betrieben.	P
Die Bike AG, Import von Rennvelos, wird von der Kantonalen Steuerverwaltung betrieben, weil sie die Kapital- und Einkommenssteuern des letzten Jahres trotz Mahnung nicht bezahlt hat.	P
Das im HR eingetragene Treuhandbüro Zengger hat dem Software-Entwickler B. Kraft (nicht eingetragene Einzelunternehmung) einen Betriebskredit gewährt. B. Kraft verweigert die seit zwei Monaten fällige Rückzahlung; er sei übervorteilt worden. Jetzt leitet das Treuhandbüro Zengger die Betreibung ein gegen B. Kraft.	P
Herta Seiber, Sachbearbeiterin, hat ihre Vespa mit einem Kleinkredit finanziert. Als Kreditsicherheit musste sie den geerbten Schmuck ihrer Grossmutter hinterlegen. Nun wird sie von der Sparkasse Guttwil betrieben, weil sie die zweite Kreditrate trotz Mahnung nicht bezahlt hat.	V
Hans Mott, Inhaber der im HR eingetragenen «Gärtnerei Mott», hat für seine Privatwohnung ein Heimkino gekauft: einen Teil hat er sofort angezahlt, den Rest sollte er in zwei Monaten begleichen. Weil er dies trotz Mahnung nicht gemacht hat, wird er jetzt von der Fust AG betrieben.	K

3.10.8 Fragen zum Kollokationsplan

a) Bei der Betreibung auf Konkurs

b) Der Kollokationsplan ist ein Verteilungsplan (beim Konkursverfahren), wer in welcher Reihenfolge aus den Aktiven der Schuldnerfirma entschädigt wird.

3.10.9 Betreibung auf Pfandverwertung

a)

Art der Geldforderung	Wer kann Schuldner sein?
Es muss eine pfandgesicherte Forderung sein (Faustpfand od. Grundpfand)	Privatpersonen oder im HR eingetragene Firmen

b) - Die Pfändungsandrohung,
- Die Pfändung von Gegenständen beim Schuldner

3.10.10 Private Verschuldung

a) Mit der Insolvenzerklärung beim Konkursgericht

b) 1. Bargeldlose Finanzierungsinstrumente
2. Kreditkarte; Leasing; Abzahlungskauf;

c) 1. Die detaillierte Planung von Einnahmen und Ausgaben
2. – Monatslohn
– Miete
– Krankenkasse
– Fahrkosten
– Bekleidung

3.11 Steuerrecht – Lösungen

3.11.1 Grundfragen zu den Steuern

a)
- die Steuern dienen zur Umverteilung der Einkommen und Vermögen von Reich zu Arm
- die Steuern dienen als Lenkungsabgabe für eine gesündere Umwelt

b)

Nr.	Aussage / Berichtigung
1.	Der Lohn einer Kauffrau wird vom Wohnsitzkanton und von der Wohngemeinde besteuert. **… und vom Bund**
2.	Die Steuerpflicht in der Schweiz gilt nur für hier wohnhafte Schweizer Bürger und für Ausländer mit Aufenthaltsbewilligung C. **… gilt für alle in der Schweiz wohnhaften Personen**
3.	AHV-Bezüger, Sozialhilfeempfänger und Arbeitslose erhalten auf der Mehrwertsteuer eine Reduktion. **Die MWST ist für alle gleich**
4.	In jeder Gemeinde sind die Steuerfüsse unterschiedlich; aber die kantonalen Steuerfüsse sind in der ganzen Schweiz gleich hoch. **Die kantonalen Steuern sind auch unterschiedlich**
5.	Die direkte Bundessteuer wird auf dem Einkommen und auf dem Vermögen der Bewohner erhoben. **… nur auf dem Einkommen**

c) Unter Steuerprogression versteht man, dass höhere Einkommen mit einem höheren Steuersatz besteuert werden.

3.11.2 Fachbegriffe im Steuerrecht

a)

Steuerhoheit	Steuerobjekt	Steuersubjekt	Steuerträger
A, H	B, D	C, E, F	F, C, G

b)
1. Einkommenssteuer / Vermögenssteuer
2. a) Die Unternehmungen b) Die Konsumenten

c) Steuerprogression

3.11.3 Direkte und indirekte Steuern

a)

direkte Steuern	indirekte Steuern
B, F	A, C, D, E

b)

direkte Steuern	indirekte Steuern
- Sie werden direkt beim Steuerpflichtigen erhoben - Es gibt eine Steuerprogression (= sie nehmen Rücksicht auf die Leistungsfähigkeit) - Steuersubjekt und Steuerträger sind identisch	- Sie werden auf dem Konsum von Waren und Dienstleistungen erhoben - Es ist immer ein proportionaler Steuersatz - Der Konsument ist der Steuerträger, merkt aber die Steuer nicht automatisch

c) Juristische Personen (Unternehmungen: AGs, GmbHs)

3.11.4 Verrechnungssteuer

a) Die Steuerpflichtigen sollen dazu gebracht werden, die Steuererklärung korrekt auszufüllen.

b)
1. Der Bund
2. Der Sparer
3. Kapitalerträge, Wertschriftenerträge und Lotteriegewinne
4. Die Bank
5. 35 %
6. Proportionale Steuer

c)

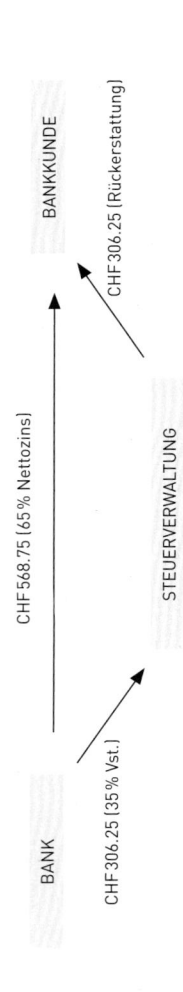

```
BANK  ───── CHF 568.75 (65 % Nettozins) ─────▶  BANKKUNDE
   │                                                 ▲
   │ CHF 306.25 (35 % Vst.)              CHF 306.25 (Rückerstattung)
   ▼                                                 │
        STEUERVERWALTUNG ────────────────────────────┘
```

3.11.5 Mehrwertsteuer

a)
- ✗ Sie wird auf dem Wege einer Ware vom Produzenten über den Handel zum Konsumenten mehrmals erhoben. Der Mehrwert-Steuersatz ist bei teuren Produkten höher als bei günstigen Produkten.
- Die gesamten Mehrwertsteuer-Einnahmen werden zwischen Bund und Kantonen aufgeteilt.
- ✗ Die Mehrwertsteuer ist eine indirekte Bundessteuer.
- ✗ Auf exportierten Waren wird keine Mehrwertsteuer erhoben; dagegen ist für importierte Waren die Mehrwertsteuer zu entrichten.
- Es gibt verschiedene Steuersätze bei der Mehrwertsteuer. Das ist die Steuerprogression.

b) Weil unterschiedliche MWST-Sätze gelten fürs dort essen oder fürs nach Hause nehmen.

Recht & Staat

3.17 Staatslehre – Lösungen

3.17.1 Rechtsstaat

a)

Aussage	S	G	L
Abgewiesene Asylbewerber erhalten wöchentlich einen minimalen Geldbetrag unter dem Stichwort «Nothilfe».	x		
Der Bundesrat führt Gesetze aus; aber er darf keine Gesetze erlassen.		x	
Es wäre nicht in Ordnung, wenn ein Steuerkommissär einer hübschen Frau aus Sympathie Rabatt auf die Steuern gibt.			x
Es wäre nicht erlaubt, dass ein Bundesrichter in seinem Wohnkanton Regierungsrat ist.			x

b) Totalitärer Staat

c) Staatliches Handeln muss sich streng nach den Gesetzen richten (oder sinngemäss)

3.17.2 Gewaltentrennung – Behörden

a) Gewaltentrennung ist die Aufteilung der Staatsmacht auf drei nach Personen und Aufgaben getrennte Behörden

b) – Verhinderung von Machtmissbrauch
– Gegenseitige Kontrolle der Behörden

c)

Behörde:	Parlament	Regierung	Gericht
Fremdwort:	Legislative	Exekutive	Judikative
Name der Behörde auf Bundesebene:	National- und Ständerat	Bundesrat	Bundesgericht
Anzahl Mitglieder?	200 + 46	7	38

d)

Beschreibung	Behörden-Abkürzung
Behörde, die vom Volk gewählt wird.	GeBe
Bundesbehörde mit Hauptsitz in Lausanne	RiBe
Die Landesregierung	AuBe
Bundesrätin Viola Amherd	AuBe
Die Bundesversammlung	GeBe
Sieben Departemente	AuBe

e) 1. Vereinigte Bundesversammlung

2. Wahl der Bundesräte und Bundesrichter/Wahl eines Generals im Kriegsfall
Wahl des Bundeskanzlers/der Bundeskanzlerin

f) 1. Im Ständerat

2. Jeder Vollkanton hat zwei Ständeräte (Halbkantone ein Ständerat), unabhängig von der Zahl seiner Einwohner. Die kleinen Vollkantone (z. B. Uri) sind also gleich stark wie die grossen Vollkantone (z. B. Zürich).

g)

Er pflegt die Beziehungen der Schweiz zum Ausland.	x
Er bestimmt die Regierungspolitik.	x
Er stellt neue Gesetze auf.	
Er wählt die Bundesrichter.	
Er sorgt für innere und äussere Sicherheit im Land.	x
Er beaufsichtigt die Bundesverwaltung (die Departemente).	x
Er beaufsichtigt die Kantonspolizei-Korps.	
Er entscheidet über Lohnerhöhungen der Arbeitnehmer/innen in der Schweiz.	

h)

Entscheide des Bundesrates werden nach aussen als gemeinsame Beschlüsse vertreten, auch wenn einzelne Bundesräte eine andere Meinung haben.	x
Die sieben Bundesräte müssen zueinander ein kollegiales Verhältnis haben. Wer dazu nicht in der Lage oder nicht willens ist, wird zwangsweise ausgewechselt.	
Sachfragen und Entscheide werden immer von demjenigen Bundesrat/von derjenigen Bundesrätin getroffen, die dafür die besten Kenntnisse und die beste Ausbildung hat.	

i) Von der Vereinigten Bundesversammlung; für ein Jahr

j) 1. Vier Sessionen pro Jahr; jede Session dauert drei Wochen

2. Sitzung, Zusammenkunft

3. Die Funktion als National- oder Ständerat ist ein Nebenjob. Jede(r) hat einen Beruf und ist nebenbei noch Parlamentarier.

3.17.3 Rechte und Pflichten

a)

Art der Rechte	Politische Rechte	Staatsbürgerliche Rechte	Menschenrechte
Wer hat diese Rechte?	Alle handlungsfähigen Schweizer Bürger(innen)	alle Schweizer Bürgerinnen und Bürger	alle Menschen

b) 1. Die Militärpflicht bzw. Pflicht zu zivilem Ersatzdienst

2. – Schulpflicht, – Steuerpflicht

Lösungen

6 Recht & Staat

3.17.5 Gesetzgebung auf Bundesebene

a)

Nr.	Aussagen	f oder o
1.	Zur Annahme braucht es das Volks- und das Ständemehr.	o
2.	Kommt dann zur Anwendung, wenn das Parlament ein neues Gesetz beschlossen hat.	f
3.	Es geht hier um eine Änderung der Bundesverfassung.	o
4.	Dafür müssen keine Unterschriften gesammelt werden.	o
5.	50000 Stimmbürger/innen verlangen eine Abstimmung.	f
6.	Das gibt es in keinem anderen Land in dieser Art.	f

b) Text zum Initiativrecht

	Fehlerkorrektur
Die Initiative, auch **Volksbefehl** genannt, stellt die **Pflicht** des Volkes dar, mittels **Geldsammlung** eine Abstimmung über einen neuen Artikel in der **Verordnung** zu verlangen.	Volksbegehren / das Recht / Unterschriftensammlung / Verfassung
Für eine Initiative auf Bundesebene braucht es **500 000** Unterschriften innerhalb von **sechs Monaten**.	100 000 / 18 Monaten

c)

Buchstabe	Aussage
–	Kann nur von politischen Parteien ergriffen werden.
I + R	Führt zu einer Volksabstimmung.
R	Dafür braucht es 50 000 Unterschriften.
I + R	Es sind politische Rechte.
–	Man zählt sie zu den Menschenrechten.
I	Damit will man etwas Neues einführen.

d) 1. 100 000 Unterschriften in 18 Monaten
2. 50 000 Unterschriften in 100 Tagen

e)

absolutes Mehr		doppeltes Mehr	x
einfaches Mehr		relatives Mehr	

f)

Fall	Volksstimmen		Ständestimmen (Kantone)		angenommen	
	Ja	Nein	Ja	Nein	Ja	Nein
1.	560 000	710 000	13	10		x
2.	730 000	640 000	15	8	x	
3.	740 000	590 000	11½	11½		x
4.	630 000	650 000	12	11		x

---

c)

Nr.	Aussagen	PoRe	StaRe	MeRe
1.	Man muss handlungsfähig und Schweizer Bürger(in) sein, um diese Rechte zu haben.	x		
2.	Jede Person hat diese Rechte.			x
3.	Dazu gehören das Niederlassungsrecht und der Schutz vor Auslieferung.		x	
4.	Dazu gehört das Recht auf freie Meinungsäusserung.			x
5.	Dazu gehört das Referendumsrecht.	x		
6.	Dazu gehört die Garantie des Rechts auf Eigentum.			x

3.17.4 Staats- und Regierungsformen

a) Volksherrschaft: demos = Volk; kratie = Herrschaft

b)

	direkte Demokratie	indirekte Demokratie	weder-noch
Die Bürger können nur das Parlament wählen, aber nicht über neue Gesetze abstimmen.		x	
Die Bürger können direkt an den Staatsgeschäften teilnehmen, aber hier gibt es keine Behörden und keine Wahlen.			x
Diktaturen und Monarchien gehören zu … .			x
Die Nachbarländer der Schweiz haben mehrheitlich diese Form.		x	
Landsgemeinde und Gemeindeversammlung sind typisch für … .	x		
Die Bevölkerung kann Einfluss nehmen auf Verfassung und Gesetzgebung.	x		

c) Halbdirekte Demokratie

d)

	Staatsform	Regierungsform
Frankreich	ES	ID
Nordkorea	ES	DI
Italien	ES	ID
EU (heutiger Stand)	SB	–

	Staatsform	Regierungsform
UNO	SB	–
Deutschland	BS	ID
USA	BS	ID
Syrien	ES	DI

e)

Frucht	Staatsform
Trauben	*Staatenbund*
Apfel	*Einheitsstaat*
Orange	*Bundesstaat*

4 Gesamtwirtschaftliche Zusammenhänge

4.1 Bedürfnisse – Güter – Produktionsfaktoren – Lösungen

4.1.1 Bedürfnisse

a) Unter einem Bedürfnis versteht man den Wunsch ein Mangelgefühl zu beheben.

b)
	Alle menschlichen Bedürfnisse können durch Güter oder Dienstleistungen der Wirtschaft befriedigt werden.
x	Erst wenn die Grundbedürfnisse befriedigt sind, können Wahlbedürfnisse befriedigt werden.
x	Je höher das Einkommen ist, desto mehr Wahlbedürfnisse können befriedigt werden.
	Die Kollektivbedürfnisse nehmen in dem Masse zu, wie die Individualbedürfnisse abnehmen.
	Das Gegenteil von Kollektivbedürfnisse sind Wahlbedürfnisse.
x	Je tiefer das Einkommen ist, desto grösser ist der prozentuale Anteil, den man zur Deckung von Grundbedürfnissen braucht.

c)
Bedürfnis	Individualbedürfnis	Kollektivbedürfnis	Existenzbedürfnis	Wahlbedürfnis
Bau einer neuen Kantonsschule		x	x	
Mitgliedschaft in einem Fussballclub	x			x
Kauf einer neuen Uhr	x			x
Neuerschliessung eines entlegenen Dorfs durch das Postauto		x	x	
Buchung einer Urlaubsreise	x			x

d)
Nr.	Individualbedürfnis	Kollektivbedürfnis
Bsp.	*Immer mehr Leute benützen ein Handy.*	*Netzantennen, (Satelliten)*
1.	Immer mehr Leute fahren Ski oder Snowboard.	Bergbahnen/Pisten
2.	Immer mehr Leute benützen elektrische Geräte.	Kraftwerke
3.	Immer mehr Leute haben ein Auto.	Strassen/Autobahnen
4.	Immer mehr Leute werden immer älter.	Altersheime

e) Wiederaufbau der Existenz steht im Mittelpunkt. Es müssen die Wasser-, Strom-, Sicherheits- und Gesundheitsversorgung wiederhergestellt, sowie Unterkünfte zur Verfügung gestellt werden.

4.1.2 Güter

a)
1. Sie sind in beliebiger Menge vorhanden. Sie kosten nichts.
2. Luft, Sonnenlicht, Wind
3. Beide haben Recht: Sonnenlicht ist ein freies Gut; elektrisches Licht ist ein wirtschaftliches Gut.

b)
Wasservorkommen	Freies Gut	Wirts. Gut
Wasser in einem Schwimmbecken eines Hallenbads		x
Regenwasser	x	
Leitungswasser		x
Abgefülltes Quellwasser (z. B. Evian)		x
Meereswasser	x	

c)
| | | Sachgüter | | Dienst- |
Nr.	Aussage	Konsumgut	Investitionsgut	leistung
1.	Der Computer der Gymnasiastin Claudia.	x		
2.	Die Kantonalbank besorgt die Vermögensverwaltung für Herrn Grob.			x
3.	Die Pizza als Mittagessen vom Pizzakurier.	x		
4.	Die Garage führt am VW von Frau Kurz den 10 000 km-Service durch.			x
5.	Das Auto des Pizza-Kuriers.		x	
6.	Der Computer am Büro-Arbeitsplatz von Markus.		x	
7.	Der Tennisschläger von Roger Federer.		x	
8.	Susi kauft sich bei H&M ein paar Jeans.	x		

d) Es kann beides sein:
1. Ein Handy der Unternehmung ist ein Investitionsgut; damit wird Geld verdient.
2. Ein privates Handy ist ein Konsumgut, damit führt man Privatgespräche.

Gesamtwirtschaftliche Zusammenhänge

4.1.3 Produktionsfaktoren

a)

Arbeit + Wissen	Boden	Kapital

b) Zur Herstellung von Gütern und Dienstleistungen.

c) Als Lieferant der Rohstoffe und als Standort der Fabriken.

d)

Gehört dazu:	**Profi-Fussball**
Gehört nicht dazu:	**Hobby-Fussball**

e) Nebst unzähligen Stunden geleisteter physischer Arbeit benötigt die Herstellung eines Roboters sehr viel (technisches) Know-how, um die Funktionalität zu gewährleisten (z. B. Fortbewegung, Steuerung, Robustheit)

f) Boden: Standplatz, Marronis
Arbeit: Arbeitszeit (Planung, Verkauf), Know-how (wie werden geniessbare Marronis erzielt)
Kapital: Geld für den Standplatz, Maschinen zur Herstellung von Marronis

4.2 Wirtschaftskreislauf – Wirtschaftsleistung – Lösungen

4.2.1 Erweiterter Wirtschaftskreislauf

a)

Nr.	Begriffe
1.	Haushalte
2.	Finanzinstitute
3.	Arbeit (Kapital)
4.	Kapital (Arbeit)
5.	Zahlung für Güter und Dienstleistungen
6.	Steuern
7.	Exporte
8.	Zinsen
9.	Ersparnisse

b) Bruttoinlandprodukt (Wert aller Sachgüter und Dienstleistungen). Es misst das Wirtschaftswachstum.

c)

Nr.	Leistung	Wirtschaftsteilnehmer	Gegenleistung
Bsp.	Arbeitsleistung in Unternehmen	Haushalte → Unternehmen	Lohn
1.	Private Ersparnisse	Haushalte → Finanzinstitute	Zinsen erhalten
2.	Kredite an Firmen gewähren	Finanzinstitute → Unternehmen	Zinsen bezahlen
3.	Service Public: Infrastruktur zur Verfügung stellen (z. B. Strassen)	Staat → Haushalte/Unternehmen	Steuern bezahlen
4.	Exporte	Unternehmen → Ausland	Einnahmen aus Exporten
5.	Lohnzahlungen an öffentliche Angestellte	Staat → Haushalte	Arbeitsleistung
6.	Aktienkapital zur Verfügung stellen	Haushalte → Unternehmen	Dividendenausschüttungen

Gesamtwirtschaftliche Zusammenhänge

4.2.2 Bruttoinlandprodukt

a)

Nr.	Aussage	Richtig	Falsch
1.	Das nominale BIP wird zu Preisen eines früheren Jahres berechnet.		x
2.	Das BIP umfasst den Wert aller Sachgüter und Dienstleistungen, die in einem Jahr im Inland und Ausland hergestellt wurden.		x
3.	Das Wachstum des nominellen BIP zeigt sowohl die mengenmässige Entwicklung als auch die Preisentwicklung.	x	
4.	Das reale BIP wird zu Preisen des laufenden Jahres berechnet.		x

b)

1. BIP = 10 × 10 CHF + 1200 × 1 CHF = 1300 CHF
2. BIP/Kopf = CHF 1300/100 = CHF 13/Kopf

c)

1. Das nominelle BIP misst das BIP zu aktuellen/**früheren** Preisen.
   Das reale BIP misst das BIP zu **aktuellen**/früheren Preisen.
2. Nominelles BIP 2019 = 200 000 × CHF 1.00 = CHF 200 000
   Nominelles BIP 2020 = 250 000 × CHF 1.10 = CHF 275 000
3. Nominelles BIP 2020 − Nominelles BIP 2019 = Nominelles Wachstum
   CHF 275 000 − CHF 200 000 = CHF 75 000
4. $\frac{\text{CHF } 75\,000}{\text{CHF } 200\,000} \times 100 = 37.5\,\%$
5. Reales BIP 2019 = 200 000 × CHF 1.00 = CHF 200 000
   Reales BIP 2020 = 250 000 × CHF 1.00 = CHF 250 000 (neue Menge zum alten Preis)

   Alternative: Nominales BIP 2020 = CHF 275 000, abzüglich Teuerung, aber mit Basis 2020:
   CHF 1.10 = 100 % ; CHF 1.00 = 90.909 % → 90.909 % von 275 000 = CHF 250 000 reales BIP
6. $\frac{\text{CHF } 50\,000}{\text{CHF } 200\,000} \times 100 = 25.0\,\%$
7.

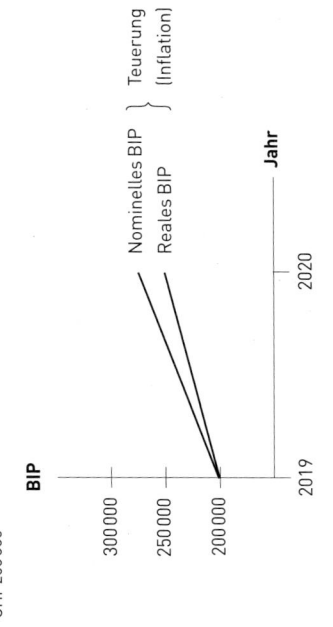

BIP

(Grafik: Achse BIP mit Werten 200 000, 250 000, 300 000; Achse Jahr mit 2019, 2020; Linien Nominelles BIP und Reales BIP; Differenz = Teuerung (Inflation))

8. Vergleiche Grafik in 7.

d)

Aussage	Privater Konsum	Staatskonsum	Investitionen	Aussenhandel
Ein Kunde kauft sich an der Bahnhofstrasse eine neue Uhr.	x			
Ein ausländischer Kunde bestellt bei ABB Schweiz eine neue Maschine.				x
Roche vergrössert ein bestehendes Gebäude in Basel um einen weiteren Pavillon.			x	
Die Swisscom kauft sich einen neuen Superrechner.			x	
Der Kanton Aargau vergibt einen Auftrag für den Einkauf von Software.		x		
Eine Urner Gemeinde beschliesst den Bau einer neuen Schule		x		

e)

Situation	BIP steigt	BIP sinkt	Kein Einfluss
Ein Freund hilft jemandem bei einem Wohnungswechsel. Dafür erhält er 50 Franken in bar.			x
Ein Skifahrer stürzt und bricht sich das Bein. Die Rega fliegt ihn ins nächste Spital.	x		
Aus Unsicherheit über die wirtschaftliche Entwicklung halten sich viele Kunden mit Käufen von Fahrzeugen zurück. Es werden weniger Fahrzeuge als im Vorjahr verkauft.		x	
Nach einem Erdbeben werden zerstörte Häuser wieder aufgebaut.	x		

Gesamtwirtschaftliche Zusammenhänge

4.3 Marktwirtschaft – Lösungen

4.3.1 Märkte

a)

Markt	Anbieter	Nachfrager
Markt für Mietwohnungen	Vermieter	Mieter
Gemüsemarkt	Verkäufer (Bauer)	Käufer (Kunde)
Stellenmarkt	Arbeitgeber	Arbeitnehmer
Aktienmarkt	Aktienverkäufer	Aktienkäufer (Aktionär)
Kapital	Sparer	Investoren

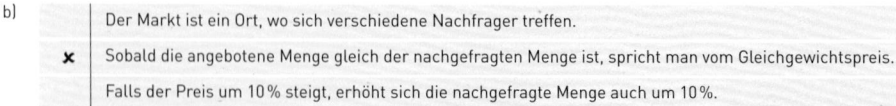

b)

Preis pro Sonnenbrille	Nachgefragte Menge in Stück
20	30
40	20
60	10
70	5

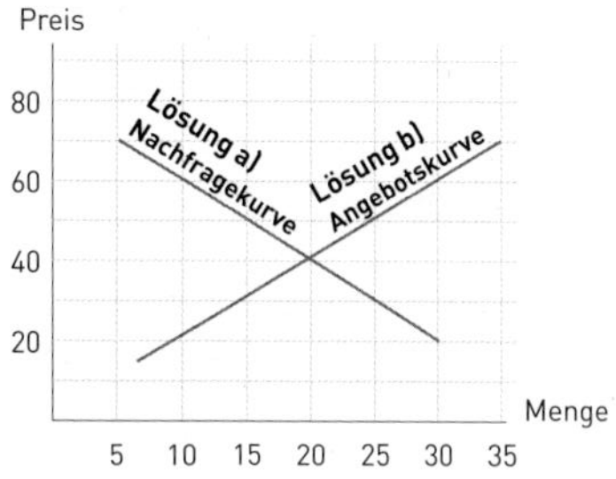

c)

Preis pro Sonnenbrille	Angebotene Menge in Stück
20	10
30	15
50	25
70	35

d) Es bildet sich ein Gleichgewichtspreis von 40. Zu diesem Preis werden 20 Sonnenbrillen verkauft.

4.3.2 Marktmechanismus

a)
1. Der Preis sinkt, da die Konsumenten auf die neue Generation warten. Deshalb ist für die alten Modelle die Nachfrage kleiner als das Angebot.
2. Die Preise steigen. Die Nachfrage ist viel grösser als das Angebot.

b)

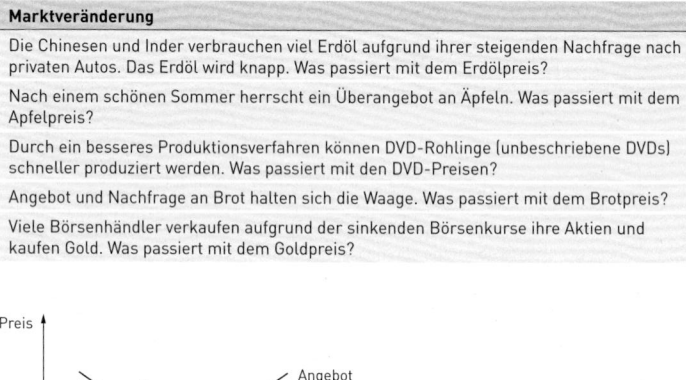

	Der Markt ist ein Ort, wo sich verschiedene Nachfrager treffen.
x	Sobald die angebotene Menge gleich der nachgefragten Menge ist, spricht man vom Gleichgewichtspreis.
	Falls der Preis um 10 % steigt, erhöht sich die nachgefragte Menge auch um 10 %.
x	Der Gleichgewichtspreis wird auch Marktpreis genannt.
	Falls die Einkommen durch eine wirtschaftliche Krise sinken, wird auch weniger an Gütern und Dienstleistungen nachgefragt.
	Der Preis einer Ware allein bestimmt die Nachfrage.

c) Wenn die Preise sinken, sinken normalerweise auch die Gewinne der Anbieter. Die Betriebe müssen vielleicht sogar Verluste in Kauf nehmen. Es werden evtl. Mitarbeiter entlassen, was wiederum zu einer tieferen Produktion führt. Einige Anbieter ziehen sich aus dem Geschäft zurück. Das Angebot sinkt merklich.

d) **Marktveränderung**

Die Chinesen und Inder verbrauchen viel Erdöl aufgrund ihrer steigenden Nachfrage nach privaten Autos. Das Erdöl wird knapp. Was passiert mit dem Erdölpreis?

Nach einem schönen Sommer herrscht ein Überangebot an Äpfeln. Was passiert mit dem Apfelpreis?

Durch ein besseres Produktionsverfahren können DVD-Rohlinge (unbeschriebene DVDs) schneller produziert werden. Was passiert mit den DVD-Preisen?

Angebot und Nachfrage an Brot halten sich die Waage. Was passiert mit dem Brotpreis?

Viele Börsenhändler verkaufen aufgrund der sinkenden Börsenkurse ihre Aktien und kaufen Gold. Was passiert mit dem Goldpreis?

Preis ...
steigt
sinkt
sinken
bleibt stabil
steigt

e)

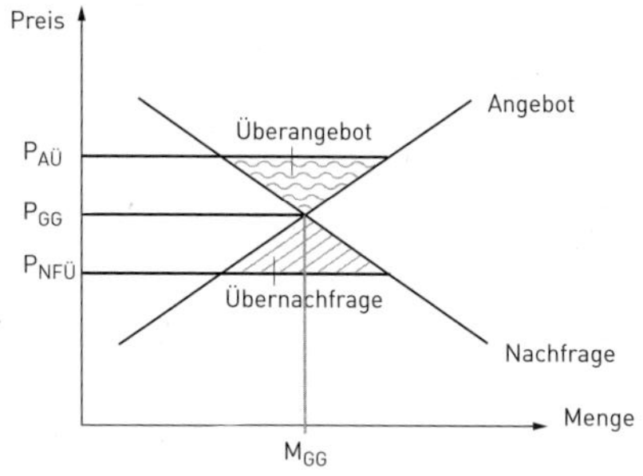

Gesamtwirtschaftliche Zusammenhänge

4.3.3 Veränderungen der Angebots- und Nachfragekurve

a)

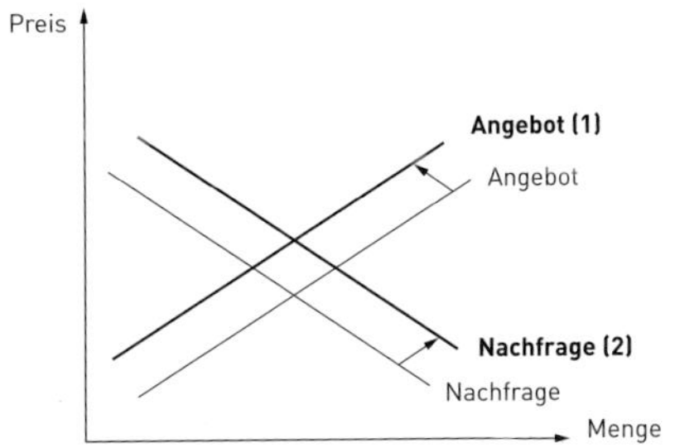

(Diagramm: Preis-Mengen-Diagramm mit Angebot (1), Nachfrage (2), Angebot, Nachfrage)

b)

	Veränderungen im Preis-Mengen-Diagramm für den Automobilmarkt	Veränderungen des Preises bzw. Menge
1.	(Diagramm: Angebot, Nachfrage, Nachfrage (neu), P_1, M_1)	Da die Preise des Substituts Generalabonnement stark steigen, wird es verstärkt Personen geben, welche sich ein Auto kaufen werden. Die Nachfragekurve verschiebt sich nach rechts. → Menge und Preis steigen.
2.	(Diagramm: Angebot, Angebot (neu), Nachfrage, P_1, M_1)	Die gestiegenen Stahlpreise führen dazu, dass die Produktionskosten steigen. Folglich verschiebt sich die Angebotskurve nach links. → Menge sinkt und der Preis steigt.

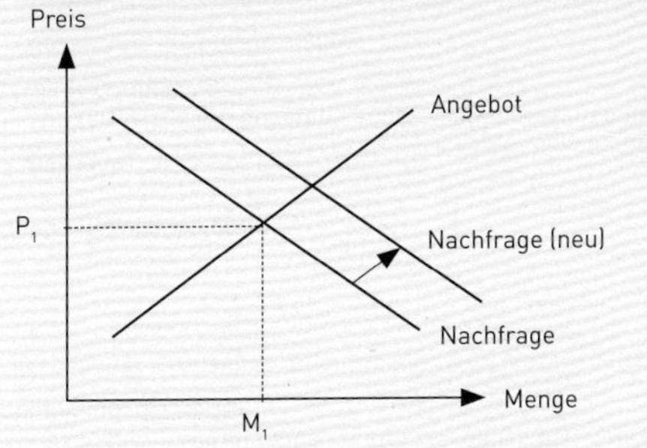

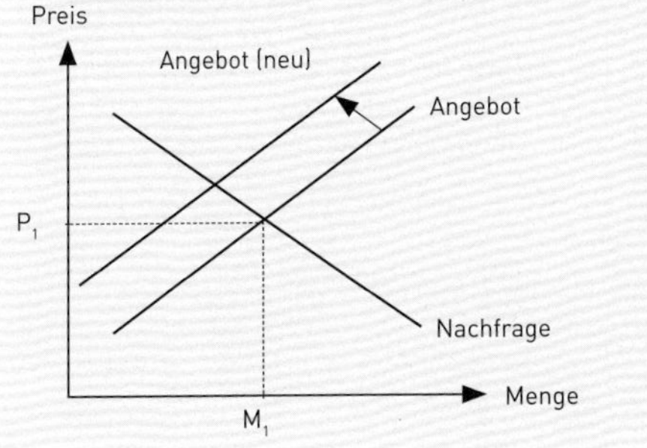

4.3.4 Preiselastizität

a)
1. Eine Nachfrage bezeichnet man als elastisch/**unelastisch**, wenn sich die nachgefragte/**angebotene** Menge von Gütern und Dienstleistungen mehr verändert als der Preis.
2. Eine Nachfrage/**ein Angebot** bezeichnet man als unelastisch, wenn sich die nachgefragte Menge von Gütern und Dienstleistungen **mehr**/weniger verändert als der Preis.

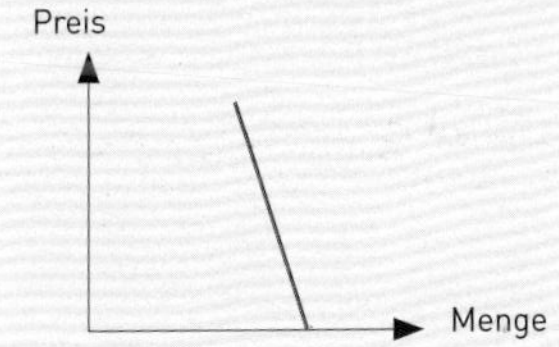

Begründung:
China, da der Reis in China zentraler Bestandteil der täglichen Grundnahrung ist und günstige Substitute weniger einfach erhältlich sind als in der Schweiz.

b) (Diagramm: Preis/Menge mit ansteigender Gerade)

c)

Güter	e/u
Schmuck	e
Kiwi	e
Milch	u
wichtige Medikamente	u
Ferrari	e
Zigaretten	u
Brot	u

4.3.5 Steuerungsfunktion des Preises

Aussage	Koordinations-funktion	Informations-funktion	Lenkungs-funktion
Um die Restbestände loszuwerden, bietet ein Warenhaus 20 % Rabatt an.	x		
Schlechtwetter führt zu einem Ernteausfall, was für sämtliches Obst höhere Preise als im Vorjahr mit sich bringt.		x	
Wegen neu gefundener Ölbohrstellen in der Antarktis steigt weltweit das angebotene Rohöl und der Preis sinkt stark.		x	
Der Staat beschliesst eine zusätzliche Steuer auf Heizöl.			x
Die Familie Zobrist kauft ihr Brot immer in der Bäckerei Zurrer, weil hier das Preis-Leistungsverhältnis am besten ist.	x		
Mit einem Road Pricing sollen die Nutzung der Strasse reduziert und die Stadtzentren vom Verkehr entlastet werden.			x

4.4 Wachstum & Strukturwandel – Lösungen

4.4.1 Wirtschaftswachstum

a)

Beispiel	Technische Innovationen	Staatliche Rahmenbedingungen	Arbeit und Wissen	Kapital	Boden
Einwanderungswelle von Hilfsarbeitern aus dem Ausland			x		
Eine leistungsfähigere Maschine ersetzt die bestehende, was zu einer Verdoppelung der Anzahl gefertigter Produkte führt.	x			x	
Die Schweizer Bevölkerung stimmt einer Beschränkung der Zuwanderung zu.		x			
Ein neues Stanzverfahren reduziert den Eisenausstoss während der Produktion um die Hälfte.	x				x
Das Rentenalter wird auf 67 erhöht.		x	x		

4.4.2 Wohlstand und Wohlfahrt

a)

Nr.	Aussage	Wohlstand	Wohlfahrt
1.	Für Vergleiche mit anderen Ländern verwendet man das BIP pro Kopf als Massstab.	x	
2.	Bezeichnet die Lebensqualität.		x
3.	Zeigt die optimale Versorgung der Bevölkerung mit Gütern.	x	
4.	Als Massstab dient z. B. das Bildungsniveau, die Gesundheitsversorgung und die Lebenserwartung.		x

b) Mit zunehmendem Wohlstand wird mehr gegessen, was die Gesundheit und somit die Lebensqualität beeinträchtigt. Mehr Autos (Wohlstand) führt zu mehr Verkehrstoten, zu Luftverschmutzung.

4.4.3 Strukturwandel

1. Da das Vermögensgeschäft vermehrt nach Asien abwandert und das Bankgeheimnis gelockert wurde, wird es im Schweizer Bankengeschäft eine Veränderung der Struktur geben. Die führende Stellung der Schweizer Banken im internationalen Bankengeschäft wird sich ebenfalls verändern.

2. Arbeitsplätze in der Schweiz werden abgebaut. Dies vor allem im Private Banking und Investment Banking, was wiederum zu Stellenabbau in der Administration führen wird. Eventuell werden auch Arbeitsplätze nach Asien verlagert.

4.4.4 Ursachen des Strukturwandels

a)

Geschehnis in der Wirtschaft	Ursache des Strukturwandels
Wegen immer besserer Handy-Kameras gerät die ganze Fotobranche stark unter Druck.	technologisch
Weil die Pendler ihre Einkäufe mehr und mehr unterwegs tätigen, kommen viele Dorfläden stark unter Druck.	sozial
Weil die back-office-Funktionen des Bankensektors im Ausland viel günstiger erledigt werden können, verändert sich die Bankbranche.	ökonomisch
Die alten «Dorfbeizen» sind bedroht, weil sich immer mehr Menschen in Fast-Food-Ketten und an Imbiss-Ständen verpflegen.	sozial
Neue Vorschriften zur Steuertransparenz führen zu einem Abbau von Arbeitsplätzen in der Finanzindustrie.	politisch

b)
1. Sie sollten die Öffnungszeiten anpassen: Frühstück von 05.30–9.00 h; kein Mittagessen, dafür am Abend von 17.00–24.00 h
2. Sie könnten anstatt oder zusätzlich zu den Tischen Fertig-Menus für take-away anbieten, ab morgens 06 h und auch abends.

4.5 Ziele der Wirtschafts- & Sozialpolitik – Lösungen

4.5.1 Wirtschaftspolitik

a)

Magisches Vieleck (Ziele der Konjunkturpolitik)	
Sozialer Ausgleich	*Gleichgewicht im Aussenhandel*
Wirtschaftswachstum	**Vollbeschäftigung**
Umweltqualität	**Preisstabilität**
Ausgeglichener Staatshaushalt	

b) Weil nicht alle Ziele gleichzeitig erreicht werden können. Es entstehen Zielkonflikte.

c)

Nr.	Ziele	Zielkonflikt	Zielneutralität	Zielharmonie
1.	Wirtschaftswachstum – Umweltqualität	x		
2.	Preisstabilität – Umweltqualität		x	
3.	Vollbeschäftigung – Sozialer Ausgleich			x
4.	Gleichgewicht im Aussenhandel – Preisstabilität			x
5.	Wirtschaftswachstum – Ausgeglichener Staatshaushalt			x
6.	Gleichgewicht im Aussenhandel – Ausgeglichener Staatshaushalt		x	
7.	Vollbeschäftigung – Gleichgewicht im Aussenhandel			x

d)

	Staatseingriff	Hauptziel (1)	Teilziel (2)	Zielbeziehung (3)
a)	Subventionen an Bauern	z. B. Sozialer Ausgleich	z. B. Umweltqualität	z. B. Zielharmonie
b)	Finanzierung staatlicher Kinderkrippen	z. B. Sozialer Ausgleich	z. B. Ausgeglichener Staatshaushalt	z. B. Zielkonflikt
c)	Bau einer zweiten Gotthardröhre	z. B. Wirtschaftswachstum	z. B. Umweltqualität	z. B. Zielkonflikt
d)	Mehrwertsteuererhöhung, um die AHV Finanzierung sicherzustellen	z. B. Ausgeglichener Staatshaushalt	z. B. Sozialer Ausgleich	z. B. Zielharmonie
e)	Abbau von Zöllen im Güterverkehr mit der EU	z. B. Wirtschaftswachstum	z. B. Gleichgewicht im Aussenhandel	z. B. Zielneutralität

4.5.2 Sozialpolitik

Reiche bezahlen mehr Steuern als Arme. Die (zusätzlichen) Steuern kommen auch den Ärmeren zugute, indem sie von den finanzierten staatlichen Leistungen profitieren.

4.6 Konjunktur – Lösungen

4.6.1 Begriffe und Konjunkturzyklus

a) Die Lage der Wirtschaft und ihre Entwicklung.

b) Der Zeitraum der Betrachtung:
Konjunktur beschreibt die kurzfristige Beurteilung der wirtschaftlichen Lage eines Landes. Wachstum beschäftigt sich mit der langfristigen Entwicklung (konjunkturunabhängig)

c) Diagramm mit BIP-Kurve über Zeit: Hochkonjunktur (Boom), Abschwung, Tiefpunkt (Rezession), Aufschwung

d)

Das BIP nimmt in dieser Situation zu.	
Die Wirtschaft befindet sich in einer Rezession.	x
Es besteht die Gefahr einer Inflation.	
Es gibt viele offene Stellen.	

e)

	Zahl		Zahl
Beschäftigungslage	8	Boom	4
Allgemeine Stimmung	5	Konjunkturindikatoren	9
Tiefpunkt	1	Abschwung	11
Aufschwung	3	Hochkonjunktur	7

Gesamtwirtschaftliche Zusammenhänge

Lösungen

4.7 Geldwertstörungen – Lösungen

4.7.1 Landesindex der Konsumentenpreise (LIK)

a) Er misst die Preisentwicklung in einer Volkswirtschaft (durchschnittliche Teuerung) und hilft den Geldwert zu bestimmen.

b) 1. $\frac{100.0 - 91.5}{91.5} \times 100 = 9.29\%$ (Inflation)

2. $\frac{101.7 - 102.8}{102.8} \times 100 = -1.08\%$ (Deflation)

3. $\frac{100.0 - 101.3}{101.3} \times 100 = -1.28\%$ (Deflation)

c) Teuerungsbereinigter Lohn = CHF 4 300.00 × $\frac{101.5}{100}$ = CHF 4 364.50

4.7.2 Inflation und Deflation

a) Die Geldmenge steigt schneller als die Gütermenge. Die Preise der Güter und Dienstleistungen steigen, der Wert des Geldes sinkt.

b) 1. A, C und F

2. Da die Rentenanpassungen erst verzögert erfolgen, können Sie sich mit ihrer AHV-Rente immer weniger kaufen. Die Kaufkraft nimmt ab.

c)

Nr.	Grösse	steigt/en	sinkt/en
1.	die Spartätigkeit		x
2.	die Investitionen	x	
3.	die Zinssätze	x	
4.	die Umlaufgeschwindigkeit des Geldes	x	
5.	die Löhne		
6.	die Kaufkraft		x
7.	das Preisniveau	x	

d) 1. Wenn die Notenbank die Geldmenge erhöht/**senkt**, wird mehr konsumiert, was zu einem Anstieg der Preise führt (**Deflation**/Inflation).
2. In einer Konjunkturphase der **Hochkonjunktur**/Rezession sind deflationäre Preise anzutreffen.
3. Eine Verteuerung der Rohstoffe führt zu tieferen/**höheren** Produktionskosten, was die Produzenten veranlasst die Preise zu erhöhen/**senken**.
4. Wenn eine Wechselkursverschlechterung dazu führt, dass ausländische Güter teurer werden, spricht man von einer importierten Inflation/**Deflation**.
5. Wenn die Konsumenten vermehrt sparen, führt dies zu **inflationären**/deflationären Preisen.

f)

Nr.	Aussage	Aufschwung	Hochkon- junktur	Abschwung	Tiefpunkt
1.	Leicht ansteigendes BIP-Wachstum.	x			
2.	Starke Zuversicht der Konsumenten.		x		
3.	Anstehende Investitionen werden verschoben.			x	
4.	Es werden viele Überstunden geleistet.		x		
5.	Die Preise sinken geringfügig.				x
6.	Die Kapitalzinsen verharren auf tiefem Niveau.				
7.	Die Auslastung der Maschinen nimmt ab.			x	x

g) 1.

Indikatoren	Aufschwung	Abschwung
BIP Produktion von Gütern und DL	nimmt zu steigt	nimmt ab sinkt
z. B. Arbeitslosigkeit	es werden neue Stellen geschaffen (Arbeitslosigkeit sinkt)	Es werden Stellen gestrichen (Arbeitslosigkeit steigt)
z. B. Staatseinnahmen und -ausgaben	Sinkende Staatsausgaben und steigende Staatseinnahmen	Steigende Staatsausgaben und sinkende Staatseinnahmen

2. BIP

4.6.2 Konjunkturpolitik

Staatseingriff	Primäres Teilziel	Zielkonflikt zu ...
1. Kurzfristige Erhöhung der Bezugsfrist der Arbeitslosengelder von 12 auf 18 Monate	Sozialer Ausgleich	Ausgeglichener Staatshaushalt
2. Die Schweizerische Nationalbank kauft Euros und bezahlt diese mit Schweizer Franken, um den Fall des Wechselkurses EUR/CHF zu stoppen	Preisstabilität	Aussenwirtschaftliches Gleichgewicht
3. Der Bund beschliesst eine vorzeitige Sanierung von Autobahnbrücken	Wirtschaftswachstum (fördern)	Ausgeglichener Staatshaushalt
4. Die Nationalbank erhöht den Leitzins, um einer Überhitzung vorzubeugen.	Wirtschaftswachstum (bremsen)	Preisstabilität
5. Der Bund unterstützt die Umschulung von Arbeitslosen durch die Finanzierung von Weiterbildungen.	Vollbeschäftigung	Ausgeglichener Staatshaushalt

Gesamtwirtschaftliche Zusammenhänge

4.8 Globalisierung – Lösungen

4.8.1 Freihandel & internationale Organisationen

a) Durch den Abbau von Handelsbeschränkungen wird ein vereinfachter Handel mit den Mitgliedsstaaten möglich. Davon profitieren beide Länder.
Beispiel: Zollabgaben zwischen Land A und Land B werden abgeschafft. Die Preise der importierten und exportierten Güter sinken gegenüber vorher. Dies führt zu einer erhöhten Nachfrage nach den Gütern, was wiederum zu Wachstum führt.

b) 1. Keine eigenen Rohstoffe → Import von Rohstoffen
Mehr Produktion als Absatz im Inland → notwendiger Export eigener Produkte
2. Rohstoffe, Energie, Nahrungsmittel, Autos
3. Uhren, Pharmaprodukte, Maschinen
4. Versicherungen, Tourismus

c) 1. Abkommen zwischen der EU und der Schweiz, welches verschiedene Bereiche zwischen der Schweiz und der EU regelt.
2. Folgende Bereiche sind betroffen: Personenverkehr, Luft- und Landverkehr, Forschung, Abbau technischer Handelshemmnisse, Freizügigkeit neuer EU-Mitgliedstaaten.

d)

Aussage	WTO	EFTA	EU	OECD	IWF	UNO
Bei dieser Organisation ist die Schweiz Mitglied	x	x		x	x	x
Diese Organisation fördert primär wirtschaftliche Interessen	x	x		x		
Diese Organisation setzt sich für den Schutz der Menschenrechte ein						x
Diese Organisation führt eine eigenständige Währungspolitik			x			
Diese Organisation besteht ausschliesslich aus europäischen Ländern.		x	x			

4.8.2 Der Begriff Globalisierung

a) Neue Informationstechnologien, schnelle und günstige Transportmöglichkeiten, internationale Arbeitsteilung

b)

Gesellschaftsgebiet	Positive Auswirkung	Negative Auswirkung
Ökologie	z. B. Einflussmöglichkeiten auch bei Entwicklungsländern	z. B. Vernachlässigung des Umweltschutzes
Politik und Recht	z. B. Wachstum durch Zuwanderung	z. B. Verlust der Souveränität (Eigenständigkeit)
Kultur	z. B. Gemeinsame Verständigung (Geschäftssprache Englisch)	z. B. Verdrängung und Entfremdung (Englisch im Kindergarten)
Wirtschaft	z. B. Schaffung von Arbeitsplätzen in Entwicklungsländern	z. B. Arbeitsplatzverlust in Industrieländern
Technik	z. B. Internationaler Austausch von Know-how	z. B. Durchsetzbarkeit von Patenten ist erschwert.

---

e) Eine Deflation ist das Gegenteil von Inflation, d. h. bei einer Deflation sinkt das Preisniveau.

f)

Beschreibung	Auswirkung (I/D)
Da die Konsumenten positiv in die Zukunft blicken geben sie mehr Geld für Luxusgüter aus.	I
Zahlreiche Meldungen über Entlassungen führen dazu, dass die Angestellten mehr sparen um sich abzusichern.	D
Prognosen sagen weiterhin sinkende Preise voraus.	D

g) Eine Deflation entsteht u. a., wenn die Konsumenten davon ausgehen, dass die Waren in der Zukunft billiger werden. Das führt dazu, dass sie ihren Konsum zurückstellen. Um trotzdem noch Waren abzusetzen, reduzieren die Anbieter ihre Preise. Das wiederum bestätigt die Einschätzung der Konsumenten, dem in schlimmsten Fall den Konsum weiter zurückstellen und damit dreht sich die Spirale munter weiter. Deflation ist u.a. deshalb problematisch, weil Unternehmen Material und Löhne vor bzw. während der Produktionsphase bezahlen müssen, die Umsätze jedoch geringer ausfallen als geplant, weil die Preise ja rückläufig sind.

h) Die Nationalbank müsste die Zinsen (Repo-Zins) senken, damit die Geschäftsbanken und somit auch die Investoren wieder Geld nachfragen.

4.7.3 Stagflation

Stagnation und Inflation

Lösungen

Gesamtwirtschaftliche Zusammenhänge

1. z. B. Billigere Arbeitskräfte, Reaktion auf Konkurrenz (Kostendruck), 24-Stunden-Erreichbarkeit

2.

Vorteile	Nachteile
z. B. Arbeitsplätze in Entwicklungsländern	z. B. Arbeitsplatzverlust in der Schweiz
z. B. Günstigere Produktionskosten	z. B. Know-how-Abfluss ins Ausland

c) 306

4.9 Ökologie / Energie – Lösungen

4.9.1 Klimawandel

a) Das Meerwasser erwärmt sich. Dadurch schmilzt das Polar- und Grönlandeis, was zu Überschwemmungen von flachen Küsten und Inseln führt. Durch das Auftauen des Permafrostes wird es mehr Steinschläge und Schlammlawinen geben. Im Winter wird es weniger Schnee geben und die Gletscher ziehen sich zurück. Es wird mehr Trockengebiete in den Tropen/Subtropen und mehr Regen in den gemässigten Zonen geben.

b) Die Klimaerwärmung ist ein globales Problem, welches nicht alleine vor Ort gelöst werden kann. Die Bewohner Venedigs können zwar nachhaltig leben und so zur Lösung des Problems beitragen, es braucht aber auch ein solches Umdenken zur Nachhaltigkeit bei allen anderen Menschen.

4.9.2 Umwelt

a) z. B. Verlust von Lebensraum für Pflanzen und Tiere
z. B. Verstärkung des Treibhauseffektes durch die Brände
z. B. Transport und Verarbeitung des Holzes führt zu Umweltbelastungen

b) z. B. Verschmutzung des Meeres (nur sehr langsame Regeneration)
z. B. Fisch- und Vogelsterben («verklebte» Kiemen/Flügel)
z. B. Tourismusausfall an den Badestränden
z. B. Hohe Kosten für die Schadensbekämpfung

c)

Abfallberge/Entsorgungsprobleme	Abholzung der Regenwälder
Klimaerwärmung	Ozonloch
Überfischung der Meere, Verknappung der Rohstoffe	Wasserverschmutzung, Luftverschmutzung

d) z. B. Zunahme von Abfall (v. a. Elektroschrott)
z. B. Häufiger Ersatz führt zu einer gestiegenen Produktionsmenge, welche die Umwelt durch die Produktion und den Transport mit zusätzlichen Abgasen und Treibhausgasen belastet.
z. B. Vernichtung von Rohstoffen

Gesamtwirtschaftliche Zusammenhänge

4.9.3 Energie

a)

Nr.	Aussage	Fossile	Kernenergie	Regenerierbare
1.	Energie aus Atomkraftwerken		x	
2.	Elektrizität aus Wasserkraftwerken			x
3.	Dieselöl	x		
4.	Erdgas	x		
5.	Windenergie			x
6.	Sonnenenergie			x
7.	Steinkohle	x		
8.	Wasserkraft			x
9.	Benzin	x		
10.	Elektrizität aus thermischen Kraftwerken	x		

b) Beim Verbrennen fossiler Energieträger entsteht Kohlendioxid (CO_2), welches die Luftschicht erwärmt. Dadurch wird die Treibhausgasschicht dichter.

c) Der Preis von fossilen Energieträgern (z. B. Benzin) ist immer noch zu billig, da die externen Kosten (Umweltverschmutzung, Transport etc.) bei der Preisberechnung nicht berücksichtigt werden. Die Herstellung von alternativer Energie ist im Vergleich immer noch zu teuer.

d) Sie sind nicht erneuerbar, d. h. die Vorräte gehen in absehbarer Zukunft zu Ende.

e) Wasser. In den Schweizer Alpen entspringen viele Flüsse. Darum kann die Schweiz in den Bergen Speicherkraftwerke und im Unterland Laufkraftwerke bauen.

f)

Vorteile	Nachteile
– Kein CO_2-Ausstoss – benötigt wenig Platz für Rohstofflager – billig zu produzierender Strom (ohne Folge kosten) – grosse Wärmeproduktion	– Gefahr der radioaktiven Verseuchung beim Betrieb – ungelöste Lagerung der radioaktiven Abfälle – ungenügend gedeckte Versicherungskosten – kleiner Wirkungsgrad

g) Die Nachteile überwiegen die Vorteile. Vor allem das Risiko der radioaktiven Verseuchung bei einem Unfall ist enorm. Diese Gefahr wurde durch den Vorfall in Fukushima klar vor Augen geführt. Zudem ist die Entsorgung der radioaktiven Abfälle immer noch ungelöst.

4.9.4 Nachhaltigkeit

a) Der Verbrauch von nicht regenerierbaren Energieträgern führt zu Belastungen für die Umwelt (z. B. CO_2-Ausstoss, Lagerung von Uran-Abfällen). Zudem ist ihr Bestand endlich.

b) Die Kosten von Umweltschäden (z. B. für die Beseitigung von Abfällen) sollen vom Verursacher getragen werden.

c) Abfallsack-Gebühr, vorgezogene Entsorgungsgebühr für TV-Geräte, CO_2-Abgabe

d)
1. Abfälle trennen, Energiesparlampen verwenden, Geräte vollständig abschalten, Materialien wiederverwenden, erneuerbare Energien nutzen (Sonnenenergie etc.)
2. Hybridauto verwenden, öffentlicher Verkehr benützen, mit dem Zug statt mit dem Flugzeug in die Ferien reisen, Carsharing
3. Abwärme von Kehrrichtverbrennungsanlagen und Atomkraftwerken nutzen. Energiesparende Geräte kaufen. Stand-by bei Geräten vermeiden

e) z. B. Recycling-Papier, PET Flaschen
z. B. Geldbörsen aus Milchpackungen

f)

Umwelt unterstützende Verhaltensweisen (+)	Belastende Verhaltensweisen (–)
– z. B. Recycling: Trennen von PET, Altpapier, Glas, separate Entsorgung von Batterien – z. B. Duschen statt Baden usw. – z. B. Öffentlicher Verkehr statt Auto, Carpooling	– z. B. Ferien in Übersee – z. B. Keine Recyclinganstrengungen

4.10 Fiskal- & Geldpolitik – Lösungen

4.10.1 Geld: Formen & wirtschaftliche Funktionen

a) Zahlungsmittel, Wertaufbewahrungsmittel, Wertmassstab

b) – Akzeptanz: Nicht gegeben. Man kann in einem Laden nicht mit Zigaretten bezahlen.
– Vertrauen in Wert: Gegeben. Der Wert einer Zigarette oder eines Päckchens Zigaretten ist beständig.
– Knappheit: Gegeben, da Zigaretten zwar laufend produziert werden, aber in gleichem Mass auch konsumiert werden. (Während der Hyperinflation in Deutschland 1926 waren Zigaretten ein akzeptiertes und anerkanntes Zahlungsmittel.)

4.10.2 Geldmenge

a)

Geldmenge M1 = **a + e + g**	Nicht enthalten:
Geldmenge M2 = **f + k**	**d + i + h**
Geldmenge M3 = **c + b**	

b)

Geschäftsbank
1. Verkauf von **Wertschriften**
2. SNB gewährt **Kredit**
3. Zahlung von **Repo-Zins** während der Dauer des Kredites
4. Geschäftsbank kauft die Wertschriften zurück nach **1 Tag bis ca. 2 Monate zurück**

SNB

c) Sparer zahlt CHF 10 000 an Bank → Bank vergibt CHF 7 000 Kredit an Handwerker → Handwerker kauft Maschine im Wert von CHF 7 000 → Verkäufer zahlt CHF 7 000 auf Bank ein → Bank vergibt davon CHF 4 000 Kredit an eine Studentin → Total CHF 11 000 Franken (7 000 + 4 000) Geldschöpfung aus CHF 10 000 Spareinlagen

d) Wenn zum Beispiel ein Sparer sein Geld wieder vom Sparheft abhebt und lieber bar halten möchte. Den grössten Teil seines Sparkapitals hat die Bank aber als Kredit ausgeliehen und hält nur eine kleine Reserve. Die Bank muss den Kredit kündigen oder auslaufen lassen. Mit dem Geld des Schuldners zahlt die Bank dem Sparer sein Guthaben aus und streicht den Kredit aus ihren Büchern. Damit ist die Geldmenge um den Kredit kleiner geworden. Es wurde Geld vernichtet.

e) Die Geldmenge sinkt.
Die Zinsen steigen.
Der Wechselkurs fällt (CHF wird stärker – z. B. von 1 EUR = 1.22 CHF zu neu 1 EUR = 1.21 CHF)

4.10.3 Geldpolitik der Schweizerischen Nationalbank

a) – Geld- und Währungspolitik → Preisstabilität
– Regelung des Geldumlaufs (Notendruck, Geldschöpfung)
– Erleichterung des elektronischen Zahlungsverkehrs

b) Beide Begriffe bezeichnen das Gleiche, nämlich eine Bank, die für die Geldversorgung eines Landes zuständig ist. Hinter dem Begriff «Notenbank» steht die Ausgabe von Banknoten. Der Begriff «Zentralbank» vermittelt die Idee einer zentralen Stelle, die Geld ausgibt, die Geldversorgung des Landes regelt und sich im Zentrum des Zahlungsverkehrs befindet.

4.10.4 Wechselkurse

a) Da aufgrund der Eurokrise der Wert des Euro sinkt, legen die Investoren ihre Ersparnisse in Schweizer Franken an – die Nachfrage nach CHF steigt und somit dessen Wert. Schweizer müssen somit weniger Schweizer Franken aufwenden, um Euros zu kaufen.

Auswirkungen auf Tourismus	Auswirkungen auf Exportwirtschaft
Touristen meiden die Hochpreisinsel Schweiz und verbringen die Ferien anderswo.	Ist der Schweizer Franken zu stark, steigen die Preise für Exportgüter an. Der Absatz geht zurück.

c) Für Anleger würde es noch attraktiver in Schweizer Franken zu investieren, falls die SNB heute die Zinsen anheben würde.
Würden die Zinsen ansteigen, könnte es für neue Hausbesitzer, die keine Festhypothek abgeschlossen haben, schwierig werden die Hypotheken zu finanzieren. Eine Immobilienkrise könnte dabei entstehen.
Heute nutzen allerdings viele Hausbesitzer das tiefe Zinsniveau, um Festhypotheken abzuschliessen.

4.10.5 Wirkungskette der Geldpolitik der SNB

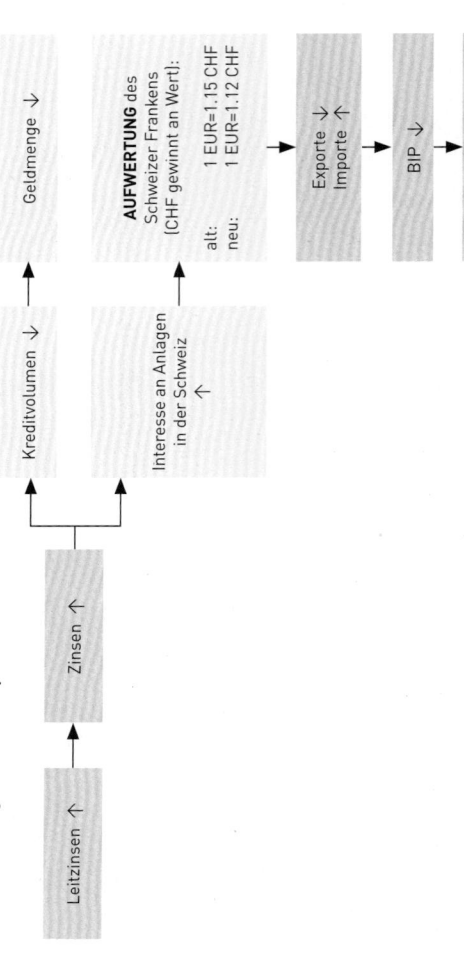

Leitzinsen ← Zinsen ← Kreditvolumen ← Geldmenge ↓

Interesse an Anlagen in der Schweiz ↑

AUFWERTUNG des Schweizer Frankens (CHF gewinnt an Wert):
alt: 1 EUR = 1.15 CHF
neu: 1 EUR = 1.12 CHF

→ Exporte ↓
Importe ↑
→ BIP ↓
→ Teuerung (Inflation) ↓

Gesamtwirtschaftliche Zusammenhänge

4.10.6 Fiskalpolitik

	Geldpolitik	Fiskalpolitik
Akteur	SNB	Staat (Bund, Kanton, Gemeinden)
Ziele	Hauptziel: – Preisstabilität Untergeordnete Ziele: – **Wirtschaftswachstum** – **Stabile Wechselkurse**	– **Konjunkturelle und strukturelle Ziele** – **Wirtschaftsziele des «magischen Vielecks»**
Instrumente	– Inflationsprognose – **Geldmengensteuerung**	Staatseinnahmen: – **Steuern** – **Gebühren** – **Abgaben** Staatsausgaben: – **Investitionen** – **Staatskonsum** – Finanzausgleich + Transferzahlungen – Subventionen

4.11 Arbeitslosigkeit/Sozialer Ausgleich – Lösungen

4.11.1 Formen von Arbeitslosigkeit

a)

Nr.	Art der Arbeitslosigkeit	konjunkturelle	saisonale	friktionelle	strukturelle
1.	Da die volkswirtschaftliche Gesamtnachfrage zurück geht, entsteht Arbeitslosigkeit.	x			
2.	Die Nachfrage nach Gütern lassen infolge von Sättigung in einem Wirtschaftsbereich nach.				x
3.	Durch verstärkten Einsatz der Datenverarbeitung werden Arbeitskräfte freigesetzt.				x
4.	Wetterbedingt geht im Winter die Bautätigkeit zurück.		x		
5.	Der Arbeitsplatzwechsel nimmt mehr Zeit in Anspruch als geplant.			x	
6.	Eine neuartige Produktionsmaschine macht die Arbeit eines Hilfsarbeiters überflüssig.				x
7.	Die Anforderungsprofile der offenen Stellen passen nicht mit den Qualifikationen der Arbeitssuchenden zusammen.				x

b) Gute Grundausbildung, regelmässige Weiterbildung, Flexibilität bei der Stellenauswahl bezüglich Ort und Tätigkeit

c) – Finanzielle Unterstützung für einen bestimmten Zeitraum (ist Bestandteil der Arbeitslosenversicherung)
– Förderung von Weiterbildungen und Umschulungen betroffener Personen (ist Bestandteil der Arbeitslosenversicherung)
– Konjunkturförderung einer antizyklischen Konjunkturpolitik
– Förderung von Innovation und technologischem Fortschritt
– Flexibilisierung des Arbeitsmarktes

Gesamtwirtschaftliche Zusammenhänge

4.12 Parteien & Verbände – Lösungen

4.12.1 Politisches Links-Rechts-Schema

a)

Partei	vollständiger Name
SVP	Schweizerische Volkspartei
FDP	Freisinnig-Demokratische Partei
SP	Sozialdemokratische Partei
CVP	Christlich demokratische Volkspartei

b)

Nr.	Einstellung / Meinung einer Partei	links	rechts
1.	Wir sind konservativ.		x
2.	Wir sind sehr sozial.	x	
3.	Wir sind eine bürgerliche Partei.		x
4.	Wir sind progressiv.	x	
5.	Wir wollen das urschweizerische Brauchtum pflegen.		x
6.	Wir setzen uns für die ArbeitnehmerInnen ein.	x	
7.	Wir sind gegen zu viele staatliche Eingriffe ins Wirtschaftsleben.		x
8.	Die persönliche Freiheit darf nicht noch mehr eingeschränkt werden.		x

4.12.2 Parteien

a)

SP	CVP	FDP	SVP
C, E	D, F	A	B, G

b)

Nationalrat		Ständerat	
1.	SVP (53)	1.	CVP (13)
2.	SP (39)	2.	FDP (12)
3.	FDP (29)	3.	SP (9)
4.	GRÜNE (28)	4.	SVP (6)

d)

Arbeitslosenquoten der Schweiz: 1999–Mai 2020

4.11.2 Sozialer Ausgleich

a)
- Der Staat stellt die Schule kostenlos zur Verfügung, das heisst die Schule kann von allen, unabhängig vom Einkommen besucht werden.
- Die Schule wurde durch Steuern finanziert. Durch die Steuerprogression haben Reiche einen relativ höheren Anteil daran finanziert als Ärmere. Somit findet eine indirekte Umverteilung von Reich zu Arm statt.

b) Alle Rentner erhalten eine gleich hohe Minimalrente. Aber Gut-Verdienende zahlen viel mehr in den AHV-Topf ein als Schlecht-Verdienende.

Gesamtwirtschaftliche Zusammenhänge

4.12.3 Interessensgruppen und Verbände

a)

Arbeitgeberverbände	Gewerkschaften	Weitere Interessensgruppen
– z. B. Economiesuisse – z. B. Schweizerischer Gewerbeverband	– z. B. UNIA – z. B. Schweizerischer Gewerkschaftsbund	– z. B. TCS – z. B. Schweizerischer Mieterverband

b)

Arbeitgeberverbände	Gewerkschaften
1, 4	2, 3, 5, 6

c)

Partei	B/G/U
SP	B
SVP	G
GLP	B
Grüne	B
FDP	U
CVP	B

d)

Partei	B/G
SP	B
SVP	G
GLP	B
Grüne	B
FDP	G
CVP	B

4.12.4 Wichtige politische Begriffe

a) Der Gesamtbundesrat ist für die Anschaffung der neuen Helikopter (da die Mehrheit der Bundesräte dafür ist). In die Entscheidungsfindung sind jedoch verschiedene Meinungen eingeflossen (oder zumindest angehört worden). Eventuell wurden gar Kompromisse getroffen.

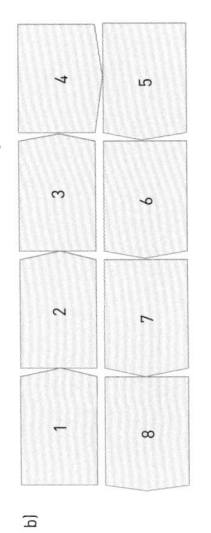

b) 1, 2, 3, 4, 5, 6, 7, 8

5 Fallstudien – QV-Simulation

Teil 1 Fallbeispiel NewSports AG – Lösungen

1. Zwangsvollstreckung (8 Punkte)

a) Mit dem Betreibungsbegehren, einzureichen beim Betreibungsamt in Scuol — 2P

b) Rechtsvorschlag, innert 10 Tagen — 1P

c) Betreibung auf Konkurs — 1P

d)

Aussage	Richtig	Falsch
Der Koplan ist eine Auflistung aller geschuldeten Beträge des Schuldners, geordnet nach der Höhe der Beträge.		x
Der Koplan enthält die Reihenfolge, in welcher die Gläubiger aus der Konkursmasse entschädigt werden.	x	
Derjenige Gläubiger, der als erster die Betreibung gegen einen Schuldner eingeleitet hat, erhält gemäss Kollokationsplan auch als erster Geld aus der Konkursmasse.		x
Wenn es überhaupt bis zum Kollokationsplan kommt, wird die NewSports AG schlechte Aussichten haben, noch etwas von ihrer Forderung zu erhalten.	x	

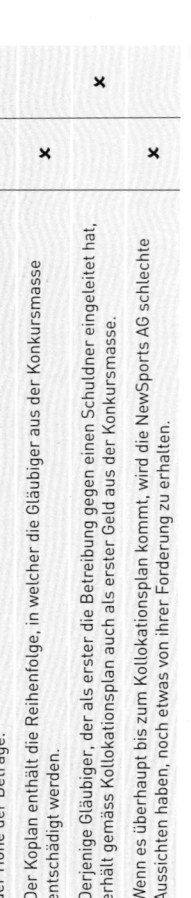

4P

2. Kaufvertrag (die Gesetzesbestimmungen sind nur anzugeben, wenn verlangt) (12 Punkte)

a) 1. Am 17. April: die Bestellung war nur ein Antrag, mit der Bestätigung ist die gegenseitig übereinstimmende Willensäusserung hergestellt. — 1P

2. Am 28.4., mit der Aufgabe zum Versand. OR 185 Abs. 2 — 2P

3. Am 29.4., bei der Auslieferung. ZGB 714 — 2P

4. Verzicht auf Lieferung und Schadenersatz verlangen, OR 190 — 2P

b) 1. – Wandlung (Rücktritt vom Vertrag) und Schadenersatz, OR 205 Abs. 1
– Ersatzleistung, OR 206 Abs. 1
– Minderung (Preisnachlass), OR 205 Abs. 1 — 3P

2. Wandlung macht keinen Sinn: Sie braucht die Hüllen dringend; die ersten 20 sind in Ordnung und können sofort eingesetzt werden. — 1P

3. Sie soll für 30 Hüllen raschen Ersatz verlangen.
Die 20 richtigen werden lange genug ausreichen, bis der Ersatz eintrifft.
Minderung macht wenig Sinn: Kunden wollen keine fehlerhaften Reissverschlüsse, auch nicht bei einer Gratis-Hülle. — 1P

3. Analyse von Bilanz und Erfolgsrechnung (6 Punkte)

a) $\text{EKR} = \dfrac{\text{Jahresgewinn} \times 100}{\text{Eingesetztes Eigenkapital}} = \dfrac{20 \times 100}{160} = 12.5\%$ — 1P

b) $\dfrac{(\text{Liquide Mittel} + \text{Forderungen}) \times 100}{\text{kurzfristiges Fremdkapital}} = \dfrac{74 \times 100}{33} = 224.2\%$ — 1P

c) Damit die Unternehmung immer in der Lage ist, die kurzfristigen Schulden zu bezahlen. Dafür müssen die Liquiden Mittel + Forderungen mindestens so gross sein wie das kurzfristige Fremdkapital. — 1P

d) $\dfrac{\text{Eigenkapital} \times 100}{\text{Gesamtkapital}} = \dfrac{180 \times 100}{388} = 46.4\%$ — 1P

e) – hohe Zinsbelastung für das Fremdkapital
– Abhängigkeit von den Kapitalgebern = Einschränkung des unternehmerischen Spielraums — 2P

4. Break-Even-Analyse (6 Punkte)

a)
895
−455
440 Bruttogewinn pro Board

110 × 440 = CHF 48 400 Bruttogewinn total
− CHF 52 000 Gemeinkosten
= CHF 3 600 Verlust — 2P

b) 52 000 ÷ 440 = 118.2 → 119 Boards — 1P

c) An diesem Punkt wird weder Gewinn noch Verlust erzielt. Der eingenommene Bruttogewinn deckt gerade die Gemeinkosten. Jedes mehr verkaufte Stück bringt Gewinn ein. — 1P

d) 52 000 ÷ 100 = CHF 520 notwendiger Bruttogewinn pro Board
CHF 455 + CHF 520 = CHF 975 Verkaufspreis — 2P

5. Organisation und Unternehmungsmodell (12 Punkte)

a) 1. Funktionsorientierte (Aufgabenorientierte) Gliederung — 1P

b) 2. Produktorientierte Gliederung — 1P

Fallstudien – QV-Simulation

Lösungen

b) 1. eine Stabstelle 1P

2. – keine Weisungsbefugnisse
   – nur beratende Funktion
   – keine Untergebenen in der Linienorganisation (innerhalb der Stabstelle kann ein Vorgesetzter sehr wohl Untergebene haben) 2P

3.

```
            Geschäftsleitung
                  |
Sports Consultant |
    ┌─────────┬───────────┬──────────────┐
  Einkauf  Verkauf   Marketing    Administration
```

c)

Aussage	UStr	ULb
Die NewSports AG strebt einen jährlichen Umsatzanstieg von 10 % an.	x	
Die NewSports AG eröffnet in den kommenden 3 Jahren zwei weitere Geschäfte in Winterthur und in Bülach.	x	
Die NewSports AG gewährt dem Personal den jährlichen Teuerungsausgleich und verteilt 10 % des Jahresgewinns als Boni an Mitarbeitende ab mindestens einem Dienstjahr.	x	
Die NewSports AG verfolgt aktiv alle neuen Sporttrends und bietet als Marktführerin die neuesten Produkte mit individuellem Kundenservice an.		x

4P

2.

Nr.	Unternehmungsstrategie	Unternehmungsleitbild
1.	geheim; nur fürs Management	öffentlich: für Kunden, Mitarbeitende, die Allgemeinheit
2.	konkrete Ziele (mit Zahlen)	allgemeine Beschreibung

2P

6. Marketing

a) Marktziele: 2)   4)   5)   6)   2P

Produktziele: 1)   3)   2P

(12 Punkte)

---

b)

Geschäft	Sortimentsbreite		Sortimentstiefe	
	breit	schmal	tief	flach
NewSports AG	x		x	
Coop		x		x

2P

c)
1. 16 500: Marktvolumen
   990: Marktanteil
   20 000: Marktpotenzial 3P

2. 16 500 – 100 %
   990 – 6 % 1P

3. Marktsättigung 1P

d)

Instrument	Massnahme
product	Beispiel: es wird ein neues «Ladie-Board» ins Sortiment aufgenommen.
price	Bei Barzahlung gewähren wir 5 % Rabatt.
place	Neben den Ladengeschäften vertreiben wir die Produkte auch per Internet in einem Online-Store.
promotion	Immer zu Herbstbeginn starten wir eine Serie von Radio-Spots.

3P

7. Rechtsform

(7 Punkte)

a)
1. Mindestkapital: CHF 20 000
2. Firma: frei wählbar, mit Zusatz GmbH
3. Haftung: nur das Geschäftsvermögen haftet (ev. per Statuten: Nachschusspflicht der Gesellschafter möglich)

3P

b) 1. beim Handelsregister (SHAB = falsch; dort sieht man nur Änderungen im Eintrag) 1P

2.
- ☐ Höhe des Aktienkapitals   ☐ Name der Verwaltungsräte
- ☐ Geschäftssitz   ☒ Zahl der Angestellten
- ☒ Organigramm   ☐ Geschäftszweck
- ☒ Umsatz und Gewinn des Vorjahres   ☐ Gründungsdatum
- ☒ erfolgte Betreibungen (> Betreibungsamt!) ☒ Höhe des Fremdkapitals

3P

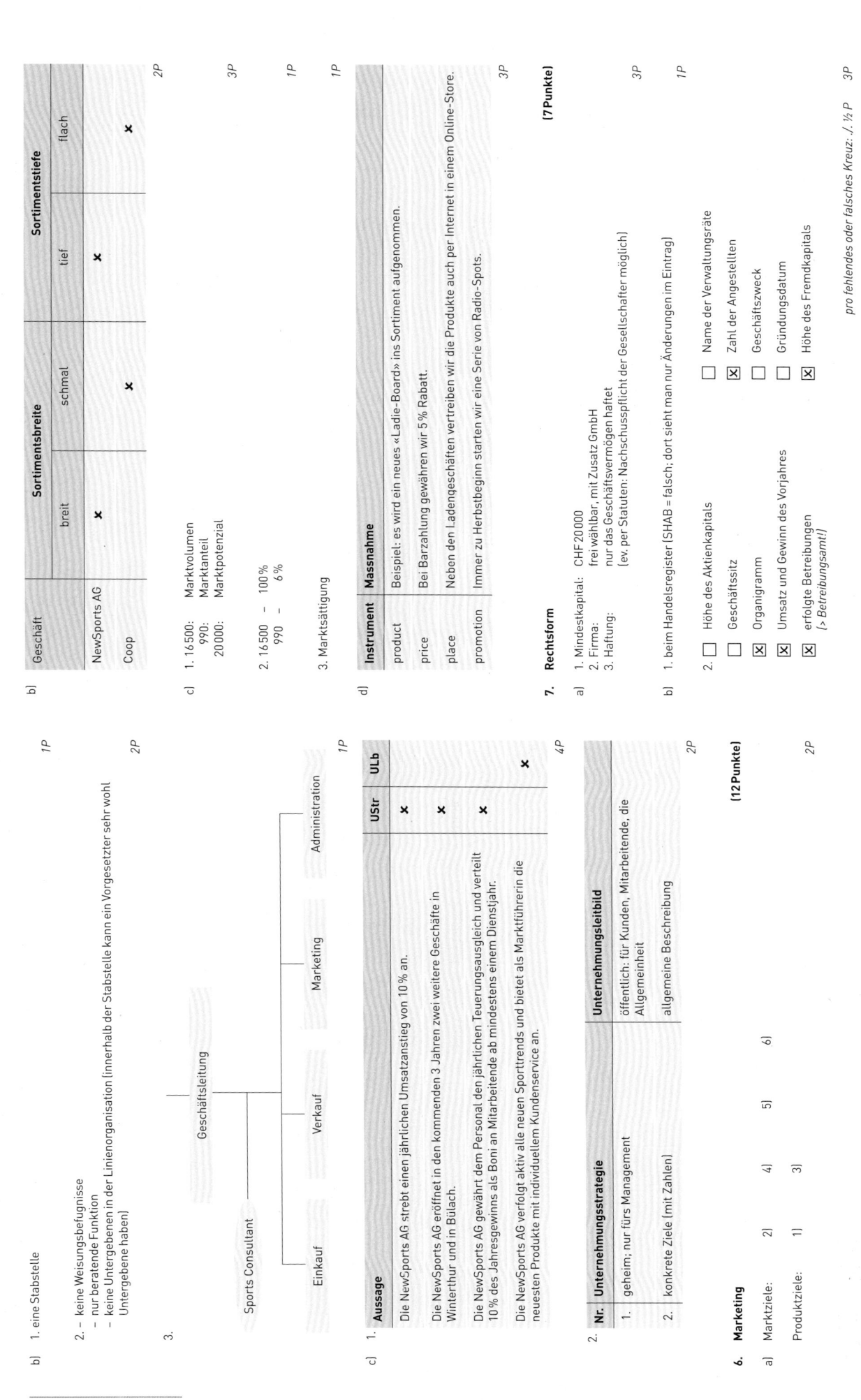

pro fehlendes oder falsches Kreuz: ./. ½ P

Fallstudien – QV-Simulation

Lösungen

8. Finanzierung

a) CHF 50 000.00   OR 632 Abs. 2

b) $\dfrac{FK \times 100}{Gesamtkap.} = \dfrac{308 \times 100}{488^*} = 63{,}1\%$ (5 Punkte)

1P

*wegen des Bankkredites steigt das Gesamtkapital der Bilanz um 100 000!

1P

c)

Sicherheit	ja/nein	Bedingung oder Begründung
Grundpfand (Hypothek)	nein	die AG besitzt weder ein Haus noch ein Grundstück, das belehnt werden könnte.
Faustpfand	ja	es müssten wertbeständige Gegenstände, z. B. Schmuck, Wertpapiere als Sicherheit gegeben werden
Bürgschaft	ja	eine Drittperson muss einstehen für die Rückzahlung der Schuld, falls der Schuldner nicht zahlen kann.

3P

9. Geschäftsfälle der NewSports AG   (23 Punkte)

a) **Buchungen während des Jahres**

Nr.	Geschäftsfall	Soll		Haben		Betrag
1.	Der Lieferwagen des Geschäftes (Neuwert 36 000, kumulierte Abschreibungen 28 000) wird gegen einen neuen eingetauscht, Kaufpreis netto 42 000. Für den alten Lieferwagen wird noch der Buchwert gutgeschrieben. Den Restbetrag wird Viola in 10 Tagen überweisen	1530 1539	Fahrzeuge Wertber. Fahrz.	2000 1530	Verbindl. LL Fahrzeuge	42 000 8 000 28 000
2.	Der Einkauf von 20 Paar Skis zu total 7 600 ist bereits vor 8 Tagen verbucht worden. Jetzt hat Carla die Rechnung mit Banküberweisung wie folgt beglichen: Abzug von 2% Skonto, Überweisung des Restbetrages. Die jetzt eingetroffene Bankbelastung beläuft sich auf 7 448. Verbuchen Sie den Skontoabzug und die Überweisung.	2000 2000	Verbindl. LL Verbindl. LL	4200 1020	Warenaufw. Bankguthaben (samt Postbank)	152 7 448
3.	NewSports AG liefert dem Sporthändler D. Marugg in Davos 6 Paar spezielle Schneeschuhe zu total 969,30, inkl. 7,7% MWST., gegen Rechnung	1100	Forder. LL	3200 2200	Warenertr. Geschuld. MWST.	900 69,30

Nr.	Geschäftsfall	Soll		Haben		Betrag
4.	Der Abteilungsleiterin wird der Lohn überwiesen: Bruttolohn 5400 Abzug Arbeitnehmerbeitrag 432 +ausgelegte Spesen auf einer Geschäftsreise 700 Überweisung per Post 5668 Verbuchen Sie die Auszahlung des Nettolohnes und der Spesenentschädigung.	5200 6500/6700	Lohnaufw. Verwaltaufw./ Übr. Betr.aufw.	1020 1020	Bankguthaben (samt Postbank) Bankguthaben (samt Postbank)	4 968 700
5.	Nach der Lieferung (vgl. Nr. 3) erhielt Carla einen Anruf aus Davos: 2 Paar Schuhe hatten Kratzer vom Transport. Sie sprach dem Kunden 10% Rabatt zu auf die ganze Sendung. Jetzt überweist D. Marugg den Restbetrag per Bank nach Abzug der 10% Rabatt. Die MWST ist zu berücksichtigen.	3200 2200 1020	Warenertrag Gesch. MWST Bankguthaben (samt Postbank)	1100 1100 1100	Forder. LL Forder. LL Forder. LL	90 6,95 872,35
	Abschlussbuchungen					
6.	Von der Bank erhält Carla eine Zinsgutschrift netto (nach Abzug der Verrechnungssteuer) von 169. Gutschrift und VSt. sind zu verbuchen.	1020 1176	Bankguthaben (samt Postbank) Verrechn.st.	6950 6950	Finanzertr. Finanzertr.	169 91
7.	Bei der Abrechnung mit der Steuerbehörde weisen die Mehrwertsteuer-Konten folgende Beträge auf: Geschuldete MWST 7880 Vorsteuer MWST 4330 Verbuchen Sie die Verrechnung der Vorsteuer und die Postüberweisung der geschuldeten Mehrwertsteuer.	2200 2200	Gesch. MWST Gesch. MWST	1170 1020	Vorsteuer Bankguthaben (samt Postbank)	4 330 3 550
8.	Die Zinsen für ein Darlehen von 120 000 zu 3,5% werden jeweils halbjährlich am 1.2. und 1.8. an die Bank überwiesen (nachschüssig). Jetzt am Jahresende ist die Rechnungsabgrenzung vorzunehmen.	6900	Finanzaufw.	2300	Passive Rechn. abgrenzung	1 750
9.	Carla hat Mitte Jahr 1000 stylische Flyer zu CHF 1,10 pro Stück gekauft und bezahlt. Jetzt am Jahresende sind noch 400 Flyer vorhanden, welche im kommenden Jahr verwendet werden können. Verbuchen Sie die Abgrenzung.	1300	Aktive Rechn. abgrenzung	6600	Werbeaufw.	440
10.	Buchung am 31. Dezember: Der Jahresgewinn von 20 000 ist zu verbuchen.	9000	Erfolgsrechnung	2979	Jahresgewinn	20 000

Jeder Buchungssatz 1P / Buchungssatz und Betrag = Einheit / Folgefehler ohne Abzug; Nr. 2 und 5: je 1 P für korrekte Beträge

b)
1. Indirekte Abschreibung der Mobilien und Einrichtungen in der Höhe von CHF 950
2. Direkte Abschreibung der Büromaschinen in der Höhe von CHF 1 600

2P

Fallstudien – QV-Simulation

10. **(9 Punkte)**

a) **Kalkulation**

	Italien			Schweiz	
	BKrAP	Euro	3800.00	BKrAP	CHF 4700.00
	Rabatt	Euro	190.00		
	NKrAP	Euro	3610.00		
	zu 1.15	CHF	4151.50		
	+ Transport	CHF	160.00		
	Einstand	CHF	4311.50	Einstand	CHF 4700.00

Italien ist günstiger, um CHF 388.50   3P

b) 1. Rascherer Kontakt zum Lieferanten, raschere Reaktion bei Problemen
2. Weniger Lieferprobleme wegen kürzeren Distanzen, keine Grenzüberschreitung
3. kein Währungsrisiko
4. Schweizer Gesetzgebung im Falle von Streitigkeiten   2P

c) Einstand   240 – 100 %
   Bruttogewinn 108 –   45 %   1P

d) | | | |
   |---|---|---|
   | Einstand | 243.60 | 70 % |
   | Bruttogewinn | 104.40 | 30 % |
   | Nettoerlös | 348.00 | 100 % | ←   1P

e) | | | |
   |---|---|---|
   | Einstand | 240 | 100 % |
   | Gemeinkosten | 72 | 30 % |
   | Selbstkosten | 312 | |
   | Reingewinn | 36 | |
   | Nettoerlös | 348 | 70 % | →   2P

Teil 2 Minicases – Lösungen

1. Betriebswirtschaftliche Zusammenhänge   **(18 Punkte)**

1.1 Versicherungen

a) **1. Säule**   **2. Säule**

Staatliche Vorsorge   Berufliche Vorsorge
Alters- und Hinterbliebenen-Versicherung   Pensionskasse
Existenzsicherung   normale Lebenshaltung
Umlageverfahren   Kapitaldeckungsverfahren   4P

b) 2. – Wenn Karin vor dem 65. Geburtstag stirbt (→ die Versicherungssumme wird an die gesetzlichen Erben bzw. an die im Vertrag festgelegten Personen bezahlt)
– Wenn Karin den 65. Geburtstag erreicht hat (→ die Summe wird an Karin bezahlt)   2P

1. – Es sollen Meldungen von Bagatellschäden vermieden werden (um den Administrationsaufwand der Versicherung zu verringern)
– Die Versicherungsnehmer sollen zu besserer Sorgfalt angeregt werden.   1P

2. **Fachwort:** Unterversicherung
   Massnahme: Die Familie hätte die Versicherungssumme auf den neuen Wert anpassen müssen.   2P

3. 20 000 – 80 %   80 000 (V-Summe)
   16 000 – 100 %   100 000

   Sie geht von einem Wohnungswert von CHF 100 000 aus.   2P

1.2 Geldanlage – Budget

a) 1. Das Geld soll nicht an Wert verlieren; sie möchte keine Verluste erleiden.
   (nicht ausreichend: «das Geld soll sicher angelegt sein» → man kann «Sicherheit» nicht mit dem gleichen Wort erklären!)   1P

2.

Anlageziele	Gewichtung	❶		❷		❸	
		Note	Nutzen	Note	Nutzen	Note	Nutzen
Sicherheit	5	2	10	4	20	6	30
Rendite	1	6	6	4	4	2	2
Liquidität	3	6	18	4	12	2	6
Totaler Nutzwert			34		36		38
Rang			3		2		1

1P für korrekte Gewichtung
1P für jede Zeile mit richtiger Bewertung und Nutzenberechnung = 3 P
1P für korrekte Zeile mit Totalnutzen und Rang   5P

Lösungen

Fallstudien – QV-Simulation

b)
Einkommen (beide)	CHF 9400
– Wohnen	CHF 1750
– Krankenkasse	CHF 790
– Monatsausgaben Budget	CHF 4360
Monatliche Ersparnis	CHF 2500

1P

2 Recht und Staat (31 Punkte)

2.1 Rechte und Pflichten im Staat

a) Allen in der Schweiz lebenden Menschen   1P

b) – **Eigentumsgarantie:** ein Grundeigentümer kann enteignet werden (gegen Entschädigung), wenn sein Grundstück dringend für eine Strasse (= im öffentlichen Interesse) gebraucht wird. (auch andere richtige Antworten möglich)
– **Meinungsfreiheit:** Die Meinungsfreiheit hört dort auf, wo jemand andere beleidigt oder in seiner Person abgewertet wird.   1P

c) **Staatsbürgerliche Rechte:** jede Schweizerin, jeder Schweizer
Politische Rechte: nur volljährige (und urteilsfähige) Schweizerinnen und Schweizer   1P

d) 1. Das Volk kann einen neuen Verfassungsartikel einführen.
2. Es braucht dafür 100 000 Unterschriften in 18 Monaten.   1P

2.2 Staatsrechtliche Fachbegriffe

Aussage	Fachbegriff
Die Regierungsform der Schweiz ist:	Halbdirekte Demokratie
Wenn ein Gesetz auf Bundesebene zur Abstimmung kommt, dann braucht es zur Annahme:	das einfache Mehr
Die Wahl der Bundesräte erfolgt durch:	die vereinigte Bundesversammlung
Der Ständerat gehört zu dieser Behörde:	Legislative

4P

2.3 Steuerrecht

a)
Aussage	DSt	ISt
Die Einkommenssteuer gehört zu:	x	
Die Gewinnsteuer gehört zu:	x	
Die Mehrwertsteuer gehört zu:		x
Die Steuerprogression gibt es bei:	x	
Die Tabaksteuer gehört zu:		x
Die Vermögenssteuer gehört zu:	x	

pro Fehler –1P   4P

b) – Die besser Verdienenden sollen mehr beitragen zum Gemeinwohl als die weniger gut Verdienenden
– Umverteilung von Einkommen und Vermögen   1P

Fallstudien – QV-Simulation

2.4 Vertragsrecht

a) 1. Ja, OR 335 Abs. 1
Absatz 2 sieht eine schriftliche Begründung vor auf Verlangen. Folglich ist die Kündigung selber auch mündlich möglich!
Oder: Wenn sie schriftlich verlangt wäre vom Gesetz, dann müsste es dazu einen eigenen Artikel haben; hat es aber nicht, darum ist Kündigung formfrei möglich.

2. Beginn am 1. Juni
Kündigungsfrist 2 Monate ab 11. März, Kündigungstermin Ende Monat → 31. Mai (OR 335c Abs. 1)

b) 1. – Die Kündigung muss an beide Ehepartner separat gerichtet sein, OR 266n
– Die Kündigung muss auf einem vom Kanton genehmigten Formular erfolgen, OR 266l

2. Die Kündigung muss auf ein Monatsende hin erfolgen und nicht auf den 20. August. OR 266c

3. Die Kündigung ist nichtig, OR 266o

2.5 Familien- und Erbrecht

a) 1. Sara   ½   CHF 125 000
Dejan   ½   CHF 125 000
Lejla und Amila
Clara

2. Dejan: ¾ von 125 000   →   CHF 93 750   freie Quote 31 250
Sara: CHF 125 000 +31 250 = CHF 156 250

b) 1. Konkubinat

2. Nachteil: kein Anrecht auf Auskunft von Behörden/Spitälern bei Unfall/schwerer Krankheit/kein Anrecht auf Erbe im Falle des Todes des Partners
Vorteil: unkompliziertes Zusammenkommen und Trennen auch andere richtige Antworten möglich

c) 1. Errungenschaftsbeteiligung

2. Sie gehört ins Eigengut von Sara.

3 Finanzwirtschaftliche Zusammenhänge

(14 Punkte)

3.1 Journalbuchungen

Nr.	Geschäftsfall	Soll	Haben	Betrag
1.	Die Ladenkasse ist leer. Marco füllt sie mit CHF 500 aus der Bürokasse und mit CHF 200 aus seinem eigenen Sack.	1001 Kasse Laden 1001 Kasse Laden	1000 Kasse Büro 2850 Privat	500 200
2.	Eine Camping-Familie droht mit einer Schadenersatzklage von CHF 15 000, nachdem ihr Wohnwagen wegen einer defekten, bei Marco gekauften Gasflasche in Brand geraten ist. Marco bildet eine entsprechende Rückstellung.	7000 Aussord.Aufw.	2600 Rückstellung	15 000
3.	Marco hat den Geschäftslieferwagen einer befreundeten Familie für einen 2-tägigen Umzug ausgeliehen. Sie bezahlen ihm dafür bar CHF 200.	1000 Kasse Büro	6200 Fahrzeugaufw.	200
4.	Als neuer Pächter hat Marco Ausbaupläne für den Ladenbereich. Zur Sicherung der Finanzierung überweist er von seinem privaten Postkonto CHF 12 000 auf das Bankkonto des Campingplatzes.	1020 Bank (inkl. PostFinance)	2800 Eigenkapital	12 000
5.	Ende letzten Jahres musste die Forderung von CHF 1400 gegenüber einem Turnverein, der eine Woche lang bei Marco campierte hatte, definitiv abgeschrieben werden. Um doch wieder in Luzern campieren zu können, hat der Verein jetzt die 1400 aufs Postkonto des Campingplatzes überwiesen.	1020 Bank (inkl. PostFinance)	7100 Aussord. Ertr.	1400
6.	Marco akzeptiert auch Barzahlung in Euro. Jetzt wurden die (noch nicht verbuchten) Euro-Dezember-Einnahmen fürs Campieren aufs Bankkonto einbezahlt und dort gutgeschrieben, nämlich Euro 670. Die Bank rechnet mit folgenden Kursen: Ankauf: Devisen 1.12 / Noten 1.11 Verkauf: Devisen 1.15 / Noten 1.16	1020 Bank (inkl. PostFinance)	3400 DL-Ertrag	743.70
7.	Das Mobiliar des Verkaufsladens, Neuwert CHF 18 000, hat Marco übernommen. Bei der Übernahme betrugen die kumulierten Abschreibung CHF 6000. Jetzt schreibt er 40% degressiv ab	6800 Abschreib.	1519 WB Mobiliar	4800
8.	Der Pachtzins für den Platz beträgt CHF 36 000 pro Jahr. Am 31. August hat Marco die Miete für die kommenden 6 Monate an die Stadt Luzern bezahlt. Jetzt ist die zeitliche Abgrenzung zu verbuchen.	1190 Aktive Rechn. abgrenz.	6000 Platzmiete	6000
9.	Marco bezieht alle Lebensmittel für den Laden vom gleichen Händler. Dieser hat ihm auf die Gesamtbezüge dieses Jahres von CHF 35 000 einen Bonus von 5% zugesagt. Der Bonus wird von der ersten Rechnung im neuen Jahr in Abzug gebracht werden.	1190 Aktive Rechn. abgrenz.	4000 Warenaufw.	1750

Lösungen

Fallstudien – QV-Simulation

Nr.	Geschäftsfall	Soll		Haben		Betrag
10.	Als neuer Unternehmer verrechnet sich Marco erstmals einen Eigenlohn von CHF 9 000 für die letzten 10 Monate.	5000	Lohnaufwand	2850	Privat	9 000
11.	Direkt vor dem Jahresabschluss weist das Privatkonto einen Habenüberschuss von CHF 16 000 auf. Dieser Betrag ist zu verbuchen.	2850	Privat	2800	Eigenkapital	16 000
12.	Die Erfolgsrechnung zeigt einen Reingewinn von CHF 3 800. Dieser ist zu verbuchen.	9000	Erfolgsrechn.	2870	Jahresgew.	3 800

pro Buchungssatz 1P; Nr. 6 + 1P / Buchungssatz und Betrag = Einheit 14P

4 Gesamtwirtschaftliche Zusammenhänge (37 Punkte)

4.1 Wirtschaftsleistung und Geldwert

Behauptung und Begründung oder Berichtigung (= B.)	Richtig	Falsch
«Eine Stagflation liegt dann vor, wenn die Wirtschaft stagniert und gleichzeitig eine Deflation vorhanden ist.» B: Stagnation + Inflation		X
«Wenn die Gütermenge und die Geldmenge eines Landes im gleichen Verhältnis ansteigen oder sinken, dann bleibt der Geldwert stabil.» B: Der Geldwert ändert sich nur, wenn Güter- oder Geldmenge nicht im Einklang sind.	X	
«Wenn der Landesindex der Konsumentenpreise von 109 auf 115 ansteigt innerhalb eines Jahres, so bedeutet dies, dass die Konsumenten mit ihrem Geld mehr Waren einkaufen können als im Vorjahr.» B: ... weniger Waren kaufen können. Der Geldwert ist gesunken, die Preise sind gestiegen.		X
«Der Unterschied zwischen dem realen und dem nominalen BIP besteht darin, dass beim realen BIP auch die sonst nicht erfassten Tätigkeiten einbezogen sind, z.B: die Arbeit der Hausfrauen, Freiwilligen-Einsätze sowie unbezahlte Tätigkeiten.» B: reales BIP: um die Teuerung korrigiertes BIP		X

4P

4.2 Konjunkturverlauf

Nr.	Konjunkturindikator	Veränderung im Abschwung
Bsp.	Bruttoinlandprodukt	nimmt ab
1.	Konsumentenpreise	sinken
2.	Arbeitslosigkeit	wird grösser
3.	Investitionen	nehmen ab

(auch andere Lösungen können korrekt sein!) 3P

4.3 Geld- und Fiskalpolitik

a) 1. a) die Nationalbank

    b) der Bund, die Kantone 2P

    2. Erhöhung der Leitzinsen (→Kredite werden teurer → weniger Kredite nachgefragt → Verringerung der Geldmenge) 1P

    3. Erhöhung der Steuern (zur Verringerung der Kauftätigkeit) 1P

b) 1. Angemessenes Wachstum
   2. Preisstabilität
   3. hoher Beschäftigungsgrad 3P

Fallstudien – QV-Simulation

4.4 Landesindex der Konsumentenpreise

1. CHF 4200
   + 1%   CHF 42   neuer Reallohn
   CHF 4242
   (Senkung des LIK = Steigerung des Reallohnes)   1P

2. LIK 120 – 100%
   LIK Erhöhung 6 – 5% → 5% von 4 200 = __CHF 210__   1P

4.5 Marktwirtschaft

1. Diagramm: Camping-Übernachtungen (N) vs. Campingpreise; Kurven 2b) UN, 3b) G, A   1P / 1P

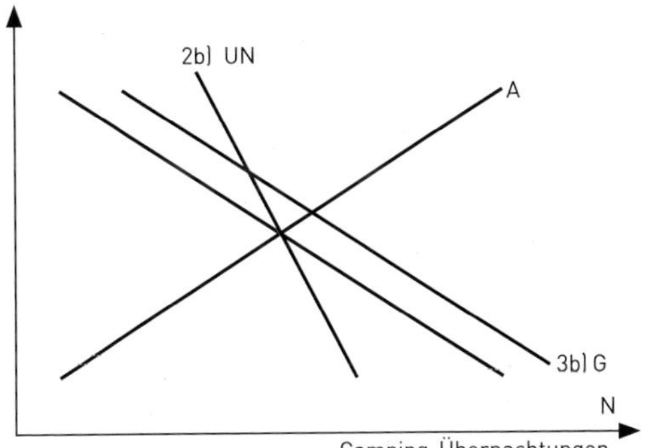

2. a) Auch wenn die Campingpreise steigen, wird fast gleich viel nachgefragt wie vorher; oder: Bei steigenden Campingpreisen reagiert die Nachfrage wenig.   1P
   b) UN in Grafik   1P

3. a) Wenn Hotelübernachtungen teurer werden, wechseln viele Gäste auf Campingübernachtungen. Oder: Statt Hotelübernachtungen können die Gäste Campingübernachtungen nachfragen.   1P
   b) G in Grafik   1P

4.6 Bedürfnisse und Güter

a) – bei einem abgelegenen Wohnort   – beim Beruf als Velokurier oder als Profi-Radrennfahrer   1P

b) 1. Konsumgut   1P
   2. – Velos eines Fahrradverleihs
      – Velo für den Beruf: Fahrradkurier / Profi-Radrennfahrer   1P

4.7 Ökologie – Energie

a) 1. Die Natur soll so genutzt werden, dass die späteren Generationen keinen Schaden davon haben. Oder: Die Natur soll so genutzt werden, dass die nachfolgenden Generationen gleich gute Bedingungen antreffen.   1P

2. – Die Bäume könnten ausgegraben und woanders wieder eingesetzt werden. Oder:
   – Es könnten woanders 6 neue Bäume angepflanzt werden, oder:
   – Die Gemeinde könnte einen Betrag einzahlen in einen Naturschutz-Fond   1P

b) 1. – Erdöl ist ein nicht erneuerbarer Energieträger (oder: ein fossiler Energieträger); es ist absehbar, dass es irgendwann gar kein Erdöl mehr geben wird.   1P
   – Heizen mit Erdöl entlässt CO_2 in die Luft und ist direkt umweltschädigend.   1P

2. a) Wasser   Verbauen von Flüssen durch Stromwerke
      Staumauern in den Bergen   1P
   b) Wind   Windräder verschandeln die Landschaft   1P

4.8 Parteien und Verbände

a) rechts: SVP: Schweizerische Volkspartei
   links: SP: Sozialdemokratische Partei der Schweiz
   Mitte: Christlichdemokratische Volkspartei
   Freisinnig-demokratische Partei («die Liberalen»)
   Grün-liberale Partei   2P

b) Mindestens ein Parteimitglied von ihr ist im Bundesrat vertreten.   1P

c)

	SKV		ecs	
	+	–	+	–
Mindestlohn von CHF 4 000 für alle!	✗			✗
Kündigung aller bilateralen Verträge mit der EU		✗	✗	
Senkung der Gewinnsteuern für Unternehmungen	✗			✗
Ergänzung des Mutterschaftsurlaubes durch einen staatlichen Vaterschaftsurlaub		✗		✗

4P

Anhang

Stichwortverzeichnis

Stichwortverzeichnis

A

Ablauforganisation 175
Absatz 191
Absatzweg 191
Abschluss Aktiengesellschaft 126
Abschlussbuchungen 17
Abschluss Einzelunternehmung 117
Abschreibungen 92
Abschwung 409
Absichtliche Täuschung 268
Absolutes Mehr 363
Abstimmungen 363
Adäquater Kausalzusammenhang 252
AHV 112, 208, 209, 211
AIDA-Formel 192
Akkordlohn 200
Aktie 225, 230, 231
Aktiengesellschaft 126, 311, 312
Aktienkapital 126
Aktiven 12
Aktive Rechnungsabgrenzungen 102
Aktivkonto 13
Aktivtausch 13
Alters- und Hinterlassenenversicherung 211
ALV 110
Analyse der Bilanz & Erfolgsrechnung 151
Anfangsbestand 13
Anfechtbarer Vertrag 267
Anfechtung Mietzins 295
Angebot 389
Angebotsinflation 415
Angebotskurve 391
Ankaufkurs 41
Anlagedeckungsgrad 153
Anlagedeckungsgrad 2 153
Anlagefonds 230
Anlageinstrumente 230
Anlagestrategie 233
Anlagevermögen 12
Anlageziele 232
Anleihensobligation 230
Annahme 264
Annahmeverzug 284
Anschaffungswert 92, 136
Anspruchsgruppen 164
antizyklisches Verhalten 410
Antrag 264
Arbeitgeberbeiträge 110
Arbeitgeberverbände 455
Arbeitnehmerbeiträge 110
Arbeitnehmerverbände 455
Arbeitslosenversicherung 209
Arbeitslosigkeit 446

Arbeitsvertrag 301
Assessment-Center 199
Aufbauorganisation 175
Aufgaben 177
Aufschwung 409
Auftrag 301
Aufwand 14
Aufwandkonto 15
Aufwandnachtrag 103
Aufwandvortrag 103
Ausschüttung der Dividende 128
Aussenbeitrag 384
Aussenfinanzierung 226
Aussenhandel 410

B

Bargeld 436
Baumstrukturen 240
Bedürfnis 376
Behörden 359
Beleg 20
Berichtsform 82
Berufliche Vorsorge 211
Beschränkte Handlungsunfähigkeit 263
Besitz 274
Bestandesänderung 48
Beteiligungsfinanzierung 226
Beteiligungspapiere 230
Betreibung 341
Betreibungsarten 339
Betreibungsferien 342
Betriebliche Kalkulation 69
Betriebskredit 228
Bevölkerungswachstum 428
Beweislast 249
Bewertung 134
Bezugskosten 46, 70
Bilanz 12
Bilanzgewinn 127
Bilanzstichtag 12
Bilanzsumme 12
BIP 384
Blankokredit 228
Bonität 227
Bonus 200
Bonus-Malus-System 210
Break-Even-Analyse 142
Break-Even-Punkt 142
Breitengliederung 179
Bringschulden 269
Bruttogewinn 47, 69, 70, 142
Bruttogewinnquote 70
Bruttogewinnzuschlag 71

Bruttoinlandprodukt 384
Bruttolohn 110
Buchgeld 436
Buchungssatz 16
Buchwert 92, 136
Budget 343
Bund 360
Bundesgericht 359
Bundespräsident 361
Bundesratspartei 450
Bundesstaat 356
Bundessteuer 350
Bundesversammlung 360
Bürgerrechte 362
Bürgschaft 228, 272
Businessplan 227
BVG 211

D

Dachverband 455
Darlehen 226
Datenanalyse 188
Debitorenverluste 87
Deckungsbeitrag 142
Definitive Rechtsöffnung 340
Deflation 414
Degeneration 190
Degressive Abschreibung 93
Demographischer Wandel 212
Demokratie 357
Devisenkurs 41
Diagramme 240
Dienstleistungen 377
Dienstweg 177
Differenzbereinigung 456
Diktatur 357
Direkte Abschreibung 94
Direkte Demokratie 357
Direkter Absatzweg 191
Direkte Steuern 350
Dispositives Recht 250
Distanzgeschäft 282
Distributionspolitik 191
Diversifikation 232
Dividenden 126
Divisionale Gliederung 180
Divisionen 180
Doppel-Smile 16
Doppeltes Mehr 363, 365
Doppelversicherung 210
Dreisäulenprinzip 211
Dreistufige Erfolgsrechnung 81

E

Ehe 322
Ehefähigkeit 323
Ehehindernisse 323
Eherecht 322
Ehevertrag 324
Eigenfinanzierung 226
Eigenfinanzierungsgrad 152, 153
Eigengut 324
Eigenkapital 13
Eigenkapitalgeber 230
Eigenkapitalrendite 153
Eigenlohn 117
Eigentum 274
Eigentumsgarantie 362
Eigentumsübertragung 281
Eigentumsvorbehalt 251, 272
Eigenzins 117
Einfache Gesellschaft 310
Einfacher Wirtschaftskreislauf 383
Einfache Schriftlichkeit 265
Eingetragene Partnerschaft 322
Einheitsstaat 356
Einkaufskalkulation 69
Einkommenssteuer 348
Einleitungsverfahren 339
Einstandspreis 70
Einstandswert 47
Einstufig 69, 142
Einzelarbeitsvertrag 301
Einzelhandel (Detailhandel) 191
Einzelunternehmung 117, 310
Elastische Nachfrage 392
Energie 426
Energiepolitik 429
Energieträger 428
EO 208
Erblasser 330
Erbrecht 330
Erbteilung 330
Erbvertrag 332
Erfolgsrechnung 14
Erfolgsunwirksam 14
Erfolgswirksam 14
Erfüllung 269
Erfüllungsort 269
Ergänzendes Recht 250
Ergänzungsleistungen 211
Erneuerbare Energieträger 429
Eröffnungsbilanz 13
Eröffnungsbuchungen 17
Errungenschaftsbeteiligung 324
Ersatzleistung 284
Ertrag 14
Ertragskonto 15
Ertragsnachtrag 103
Ertragsvortrag 103

Stichwortverzeichnis

Erweiterter Wirtschaftskreislauf 383
Erwerbsersatzordnung 214
Ethik 246
Europäische Union 420
Exekutive 359
Existenzbedürfnisse 376
Existenzminimum 342
Externe Bilanz 136
Externe Kosten 426

F

Fahrniskauf 281
Fakultatives Referendum 366
Fälligkeitsprinzip 13
Familienname 311
Faustpfand 272
Finanzierung 225
Firma 311
Firmenschutz 311
Fiskalpolitik 440
Fixe Kosten 142
Fixgeschäft 283
Flussdiagramm 175
Föderalismus 360
Fonds 231
Forderungspapiere 230
Formen der Arbeitslosigkeit 446
Formfreiheit 265
Formvorschriften 263, 293
Fortsetzungsbegehren 340
Fortsetzungsverfahren 339
Fossile Energieträger 428, 429
Fraktion 455
Franchise 213
Freie Güter 377
Freie Quote 333
Freihandel 420
Fremde Währungen 40
Fremdfinanzierung 226
Fremdfinanzierungsgrad 153
Fremdkapital 13
Fremdkapitalgeber 165, 230
Friktionelle Arbeitslosigkeit 446
Fringe Benefits 200
Funktion 177
Funktionen 177, 180
Funktionendiagramm 177
Furchterregung 268

G

Gattungsware 269, 282
Gebrauchsgüter 377
Gebrauchsüberlassungsverträge 292
Gebühren 348

Gefahrengemeinschaft 207
Geldmengen 436, 437
Geldpolitik 416, 436
Geldschöpfung 437
Geldstrom 382
Geldwertstörungen 414
Gemeinkosten 70, 142
Gemeinkostenzuschlag 71
Gemischte Lebensversicherung 214
Gerichtliche Rechtsfindung 247
Gesamtarbeitsvertrag 302
Gesamtkapitalrendite 154
Gesättigter Markt 189
Gesellschaft mit beschränkter Haftung 310
Gesellschaftsrecht 310
Gesetzgebung 364
Gesetzgebungsverfahren 456
Gesetzliche Erbteilung 330
Gewährleistung 284
Gewährleistungspflicht 284
Gewaltentrennung 358
Gewerkschaften 455
Gewinnsteuer 350
Gewinnverbuchung 119
Gewinnverteilung 126
Gewinnverteilungsplan 127
Gewinnvortrag 126
Gewohnheitsrecht 247
Gleichgewichtspreis 390
Gliederungsarten 180
Gliederungsebene 176, 180
Globalisierung 421
GmbH 311, 312
Gratifikation 200
Grosshandel 191
Grundpfand 272
Grundrechte 358
Gründungsablauf 311
Grundversicherung 213
Güter 377
Güterarten 377
Gütergemeinschaft 324
Guter Glaube 249
Güterrecht 324
Güterstrom 382
Gütertrennung 324

H

Haben 13
Habenüberschuss 118
Haftpflichtversicherung 208, 211
Haftung 311
Handelserlöse 46
Handelsmarge 70
Handelsregister 311
Handelswaren 46

Handelswarenaufwand 46
Handlungsfähigkeit 251, 263
Hausratversicherung 210
Hierarchie 175
Hierarchiestufen 176
Höchstbewertungsvorschriften 134
Holschulden 269
Human Resource Management 199
Hypotheken 226

I

Importierte Inflation 415
Indikator 409
Indirekte Abschreibung 94
Indirekte Demokratie 357
Indirekter Absatzweg 191
Indirekte Steuern 350
Individualbedürfnisse 376
Inflation 414
Inhaberaktie 230
Inhaltsvorschriften 263
Initiativrecht 362
Innenfinanzierung 226
Instanzenweg 248
Institutionen 165
Interessengruppen 455
Internationale Arbeitsteilung 421
Internationale Organisationen 420
Internationaler WährungsFonds 421
Interne Bilanz 136
Interne Kalkulation 69
Interview 199
Invalidenversicherung 211
Inventar 48
Investition 225
Investitionsgüter 377
Investitionskredit 228
IV 112, 208

J

Jahresgewinn 119, 126
Jahresverlust 119, 127
Judikative 359
Judikatur 247
Juristische Personen 251

K

Kalkulation 69
Kalkulationsschema 69
Kanton 360
Kapital 30
Kapitalanlage 225

Kapitalbeschaffung 13
Kapitaldeckungsverfahren 211
Kapitaleinsatz 311
Kapitalrückzahlung 13
Kapitalsteuer 350
Kassenobligation 230
Kaufkraft 414
Kausalhaftung 260
Kausalzusammenhang 252
Kaution 272
Kennzahlen 151, 229
Kernenergie 428, 429
Klimawandel 426
Kollegialitätsprinzip 361
Kollektivbedürfnisse 376
Kollokationsplan 341
Kommission 455
Kommunikationsgestaltung 192
Kompetenzen 177
Kompetenzstücke 342
kongruent 177
Konjunkturelle Arbeitslosigkeit 446
Konjunkturindikatoren 409, 410
Konjunkturpolitik 410
Konjunkturzyklus 409
Konkordanz 456
Konkubinat 322
Konkurs 339, 341
Konkursdividende 87
Konsumgüter 377
Kontenhauptgruppe 19
Kontenklasse 19
Kontenplan 18
Kontenrahmen 18
Kontierungsstempel 20
Kontokorrent 33
Kontokorrentkonto 33
Konto Privat 117
Kontrollspanne 177
Konventionalstrafe 272
Koordinationsabzug 110
Kostenvorschuss 87
Krankenversicherung 213
Kreditfähigkeit 227
Kreditwürdigkeit 227
kumulieren 94
Kündigung 295, 303
Kündigungsfristen 295
Kündigungsschutz 295, 303, 304
Kursblatt 40
Kurstabelle 40

L

Lagerabnahme 48
Lagerzunahme 48
Landesindex der Konsumentenpreise 414

Stichwortverzeichnis

laufende Bedürfnisse 323
Leasingvertrag 292
Lebensqualität 399
Lebensstandard 399
Lebensversicherung 214
Lebenszyklus 190
Legalitätsprinzip 358
Legislative 359
Lehrvertrag 302
Leitbild 167
Leitzins 438
Lenkungsabgaben 348, 429, 430
Lieferverzug 283
LIK 414
Lineare Abschreibung 92
Linienorganisation 178
Linienstelle 176
Links-Rechts-Schema 450
Liquditätswirksam 14
Liquidationswert 93, 136
Liquidität 151
Liquiditätsgrad 2 152
Liquiditätsprinzip 12
Lobbyismus 456
Lohnabrechnung 110
Lohnarten 200
Lohnfortzahlung 302

M

Magisches Vieleck 405
Mahngeschäft 283
Majorzwahlverfahren 363
Mängel der Vertragserfüllung 270
Mangelhafte Lieferung 284
Mängelrüge 284
Markenprodukt 190
Marketinginstrumente 190
Marketing-Mix 188
Marktanalyse 188
Marktanteil 189
Markterkundung 188
Marktforschung 188
Marktmechanismus 390
Marktpotenzial 189
Marktpreis 390
Marktsegmente 189
Marktsegmentierung 189
Marktversagen 426
Marktvolumen 189
Marktwert 136
Marktwirtschaft 389
Marktziele 188
Mehrstufige Erfolgsrechnung 80
Mehrwertsteuer 56, 350
Meinungsfreiheit 362
Meldepflicht 284

Mengenmässige Nutzschwelle 144
Mengen-/Preisdiagramm 390
Menschenrechte 362
Methodenkompetenzen 240
Mietvertrag 292
Mietzinskaution 294
Milizsystem 361
Minderung 284
Mindesteinzahlung 313
Minus-Ertragskonto 87
Minus-Passivkonto 127
Mitarbeitergespräch 201
Mitwirkungsrechte 230
Mobiliarversicherung 210
Moral 246
Motivation 181, 201
Motorfahrzeug-Haftpflichtversicherung 209

N

Nachfrage 389
Nachfrageinflation 415
Nachfragekurve 391
Nachhaltige Entwicklung 430
Nachhaltige Verantwortung 232
Nachhaltigkeit 430
Nachlass 330
Nachlassvertrag 87
Namenaktie 230
Nationalbank 438
Nationalrat 359
natürliche Personen 263
Natürliche Ressourcen 426
NBU 110
Nettoerlös 70
Nettolohn 110
Nettomethode 57
Nichterfüllung 270
Nichtigkeit 266
Nichtstaatliche Organisationen 455
Niederlassungsfreiheit 362
Nominales BIP 384
Notenbank 438
Notenbankgeldmenge 437
Notenkurs 41
Nutzen und Gefahr 282
Nutzschwelle 142
Nutzungsdauer 93
Nutzwertanalyse 240, 241

O

Obligation 225, 259
Obligationenanleihen 226
Obligationenrecht 250
Obligatorisches Referendum 366

OECD 421
öffentliche Beurkundung 266
Öffentliches Recht 249
Öffentliches Register 266
Ökologie 426
Organigramm 175
Organisation 175
Ort der Erfüllung 269

P

Pachtvertrag 292
Parlament 359
Parteien 450
Passiven 12
Passive Rechnungsabgrenzungen 102
Passivkonto 13
Passivtausch 13
Pensionskasse 110, 211
Personaladministration 200
Personalaustritte 201
Personalbedarf 199
Personalbedarfsplanung 199
Personalbeurteilung 201
Personalentwicklung 201
Personalhonorierung 200
Personalmanagement 199
Personalrekrutierung 199
Personalsicherheiten 272
Personenversicherungen 208
Pfandausfallschein 341
Pfändung 341
Pfandverwertung 341
Pflichten Arbeitgeber 302
Pflichten Arbeitnehmer 302
Pflichten der Vertragsparteien 294
Pflichtenheft 177
Pflichtteile 330
Place 191
Platzgeschäft 282
Politische Rechte 362
Portfolio 233
Prämienlohn 200
Preiselastizität 392
Preisgestaltung 191
Preisstabilität 405, 410, 438
Price 191
Privatbezüge 117
Private Verschuldung 342
Privathaftpflichtversicherung 208
Privatkonkurs 343
Privatrecht 249
Pro-/Contra-Listen 240
Product 190
Produktgestaltung 190
Produktionsfaktoren 377
Produktlebenszyklus 190

Produktziele 188
Profit-Center 181
Progressive Besteuerung 406
Promotion 192
Proporzwahlverfahren 363
Provision 200
Provisorische Rechtsöffnung 340
Prozessrecht 248, 250
Prüfpflicht 284
Public Relations 192

Q

Qualifizierte Schriftlichkeit 265

R

Rabatte 47
Rating 227
Reales BIP 384
Realsicherheiten 272
Rechnungsabgrenzung 102
Rechte und Pflichten 362
Rechtsfähigkeit 251
Rechtsfolge 252
Rechtsgrundsätze 249
Rechtsmittelbelehrung 248
Rechtsobjekte 251
Rechtsöffnung 340
Rechtsordnung 247
Rechtsquellen 247
Rechtsstaat 358
Rechtsstillstand 342
Rechtssubjekte 251
Rechtsvorschlag 340
Referendum 366
Referendumsrecht 362
Regenierbare Energieträger 429
Regierungsform 356
Regierungspartei 450
Regress 210
Reingewinn 47
Reingewinnzuschlag 71
Relatives Mehr 363
Relativ zwingendes Recht 250
Rendite 154, 232
Rentabilität 151
Repo-Geschäft 437
Reserven 126
Ressourcen 377, 426
Restriktiven Geldpolitik 440
Retentionsrecht 272
Rezession 409
Richterliches Ermessen 247
Risiko 208
Risikomanagement 208

Rückbuchung 103
Rückkaufswert 214
Rückstellungen 104
Ruhendes Konto 46

S

Sachgüter 377
Sachversicherungen 208
Saisonale Arbeitslosigkeit 446
Saldo 15
Saldomethode 59
Saldosteuersatz 59
Sättigung 190
Schlechterfüllung 270
Schlichtungsbehörde 295
Schlussbestand 13
Schlussbilanz 13
Schuldbetreibung 339
Schuldenbremse 441
Schutzbestimmungen 295
Schweizerische Nationalbank 438
Schwellenländer 401
Selbstbehalt 209, 213
Selbstfinanzierung 226
Selbstkosten 69
Shareholder 165
Sicherheit 151
Sicherheiten 227
Sicherungsmittel 272
Sitte 246
Skonto 48
SNB 416, 438
Sockelarbeitslosigkeit 446
Solidarbürgschaft 228
solidarische Mithaftung 323
Solidaritätsprinzip 207
Soll 13
Sollüberschuss 118
Sorgfalts- und Treuepflicht 302
Sortiment 189
Sortimentsbreite 191
Sortimentsgestaltung 190
Sortimentstiefe 191
Sozialer Ausgleich 405, 447
Sozialhilfe 447
Sozialpolitik 406
Sozialversicherungen 110
Sozialversicherungsbeiträge 110
Speziesware 269, 282
Sprungfixkosten 142
Staatenbund 356
Staatsaufgabe 405
Staatsbürgerliche Rechte 362
Staatshaushalt 405, 410
Staatsquote 441
Stab-Linienorganisation 178

Stabstelle 176
Stagflation 416
Stakeholder 165
Ständemehr 365
Ständerat 359
Stellenbeschreibung 175
Steuererklärung 351
Steuerhoheit 349
Steuern 348
Steuerobjekt 349
Steuerprogression 349
Steuersatz 349, 350
Steuersubjekt 349
Steuerträger 349
Steuerungsfunktion des Preises 392
Steuerzweck 348
Stille Reserven 136
Stimmrecht 362, 363
Strafprozess 248
Strafrecht 250
Strukturelle Arbeitslosigkeit 446
Strukturwandel 400
Subsidiarität 360
Subventionen 406

T

Tageberechnung 30
Tatbestandsmerkmale 252
Testament 330
Teuerung 414
Teuerungsausgleich 414
Tiefengliederung 179
Transitorische Aktiven 102
Transitorische Passiven 102
Transportkosten 282
Treibhauseffekt 426
Treu und Glauben 249

U

Überalterung 212
Übereinstimmende gegenseitige Willensäusserung 264
Übergang des Eigentums 281
Überstunden 302
Überversicherung 210
Übervorteilung 267, 268
Umlageverfahren 211
Umlaufvermögen 12
Umsatz 142
Umsatzbeteiligung 200
Umsatzrendite 154
Umsatzsteuer 56
Umverteilung 348, 406
Umwelt 426

Umweltressource 427
Umweltschutz 348
Umweltsphären 164
Unerlaubte Handlung 260
Unfallversicherung 214
Ungerechtfertigte Bereicherung 259
United Nations Organization 421
Unmöglicher 266, 267
UNO 421
Unterhaltskosten 292
Untermiete 294
Unternehmereinkommen 119
Unternehmungsformen 310
Unternehmungskonzept 167
Unternehmungsleitbild 167
Unternehmungsmodell 164
Unternehmungsstrategie 167
Unterversicherung 210
Urteilsfähigkeit 263
Usanz 247
UVG 214

V

Variable Kosten 142
Vaterschaftsurlaub 214
Verantwortung 177
Veräusserungswert 136
Verbände 450
Verbrauchsgüter 377
Vereinigte Bundesversammlung 360
Verfalltagsgeschäft 283
Verfassung 364
Verflüssigungsfinanzierung 226
Verfügungsfreiheit 330
Verjährung 271
Verjährungsfristen 271
Verjährung von Forderungen 271
Verkaufsförderung 192
Verkaufskalkulation 69
Verkaufskurs 41
Verkaufssonderkosten 69, 70
Verkaufsumsatz 142
Verkaufswert 47
Verlobung 323
Verluste aus Forderungen 87
Verlustschein 87, 341
Verlustverbuchung 119
Vermögensrechte 230
Vermögenssteuer 350
Vermögensversicherungen 208
Vernehmlassungverfahren 455
Verordnung 364
Verrechnungssteuer 31, 128, 350
Verschuldenshaftung 260
Verschuldung 342
Verschuldungsfallen 342

Versteckte Mängel 284
Vertrag 259
Vertragsentstehung 263
Vertragserfüllung 269
Vertragsfähigkeit 263
Vertragsinhalt 266, 267
Vertragsmängel 267
Vertragssicherung 272
Vertragsverletzung 283
Vertriebsgestaltung 191
Verwaltungsprozess 248
Verwaltungsrecht 250
Verwertungsbegehren 341
Verzug 270
VeSoko 71
Vinkulierte Namenaktie 230
Volksabstimmung 366
Volksinitiative 366
Volksmehr 365
Vollbeschäftigung 405, 410
Volljährigkeit 263
Vorsteuer 56

W

Wachstum 384
Wachstumsmarkt 189
Wahlbedürfnisse 376
Wahlrecht 362, 363
Währungspolitik 440
Wandelung 284
Warenaufwand 46
Warenertrag 46
Warenlager 48
Warenvorrat 50
Wechselkurse 440
Werbekonzept 192
Werbemittel 192
Werbeträger 192
Werkvertrag 301
Wertaufbewahrungsmittel 436
Wertberichtigung 20
Wertberichtigungskonten 20
Wertberichtigungskonto 94
Wertmässige Nutzschwelle 144
Wertmassstab 436
Wertpapiere 225, 230
Wesentlicher Irrtum 267, 268
Widerruf 265
Willensäusserung 263
Wirkungen der Ehe 323
Wirtschaftliche Güter 377
Wirtschaftskreislauf 382
Wirtschaftsleistung 382
Wirtschaftspolitik 405
Wirtschaftssektoren 401
Wirtschaftswachstum 399, 405, 428

Stichwortverzeichnis

Wohlfahrt 399
Wohlstand 399
Working Poor 447
World Trading Organisation 420
WTO 420

Z

Zahlungsbefehl 340
Zahlungsbereitschaft 151
Zahlungsmittel 436
Zahlungsverzug 284, 294
Zeit der Erfüllung 269
Zeitliche Rechnungsabgrenzung 102
Zeitlohn 200
Zentralstaat 356
Zession 272
Zielbeziehungen 406
Zielgruppen 189

Zielharmonie 406
Zielkonflikt 166
Zielkonflikte 233
Zielneutralität 406
Zielvereinbarung 201
Zins 30
Zinsformel 30
Zinsfuss 30
Zinspolitik 440
Zirkulationsgeld 437
Zitieren von Rechtsvorschriften 252
Zivilgesetzbuch 250
Zivilprozess 248
Zusatzversicherung 213
Zuschlagssätze 71
Zwangsvollstreckung 339
Zweistufig 69, 142
Zweistufige ER 81
Zwingendes Recht 250

Notizen